李向玉　刘泽生　主编

名家专论

MONOGRAPHS OF DISTINGUISHED SCHOLARS

澳門理工學報叢書

《澳门理工学报》专栏文萃〔2011~2017〕

JOURNAL OF MACAO POLYTECHNIC INSTITUTE
COLUMN SELECTIONS
2011-2017

社会科学文献出版社
SOCIAL SCIENCES ACADEMIC PRESS (CHINA)

李向玉 1975 年毕业于北京外国语大学英语系，同年赴澳门攻读葡萄牙语言文化课程三年，后赴葡萄牙里斯本大学深造一年。中山大学历史学博士、里斯本大学荣誉博士。1999 年至今任澳门理工学院院长、教授，《澳门理工学报》编辑委员会主任。兼任国家行政学院教授、北京语言大学名誉教授、广东省社会科学院客座教授、英国伦敦大学名誉教授、葡萄牙里斯本科学院外国通讯院士、葡萄牙雷利亚理工学院名誉教授。主要著作有《汉学家的摇篮：澳门圣保禄学院研究》等。担任的主要社会职务有：中国人民政治协商会议第十一届、第十二届、第十三届全国委员会委员，澳门特别行政区人才发展委员会委员，葡语国家高等教育管理论坛副主席。获澳门特别行政区政府 2017 年度教育功绩勋章。

刘泽生 1982年毕业于中山大学历史系。现任澳门理工学院教授、澳门理工学院理事会顾问、《澳门理工学报》总编辑。曾任广东省社会科学院研究员、教授，孙中山研究所副所长，广东社会科学报刊出版中心副主任，港澳研究中心主任，广东港澳经济研究会常务副会长，《港澳经济》杂志社社长、总编辑，《广东社会科学》杂志社社长、总编辑。兼任中国人民大学、暨南大学等高等院校特邀研究员、客座教授，广东省第九届政协委员。主要从事港澳研究与教学工作，主持学术期刊的编辑出版。个人学术成果或主持的研究项目曾获第九届中国图书奖、第八届全国城市出版社优秀图书一等奖、广东港澳经济研究会10年优秀研究成果特等奖等奖项。获"全国高校社科期刊优秀主编"奖。

总　序

澳门理工学院院长　李向玉

　　学报之于大学，其重要性是不言而喻的。当年蔡元培先生为《北京大学月刊》撰写发刊词时，就高瞻远瞩地提出要把办好学报看作是将北京大学办成高水平学府的一个必要条件，认为要"尽吾校同人力所能尽之责任"，"破学生专己守残之陋见"，"释校外学者之怀疑"。其海纳百川、兼容并蓄的理念，成了大学学报办刊宗旨与原则的经典阐述。澳门理工学院正是秉承这样的一种理念，二十年如一日，坚持不懈地努力办好《澳门理工学报》。

　　澳门理工学院（Macao Polytechnic Institute）位于澳门半岛之东望洋山下，面朝大海，毗邻金莲花广场，成立于 1991 年 9 月 16 日。澳门理工学院以"普专兼擅，中西融通"为校训，以"教学与科研并重"为方针，以"小而美、小而精、出精品"为方向，以"扎根澳门，背靠祖国，面向世界，争创一流"为理念，以"教学标准国际化、科研工作规范化、校园设施电子化、行政工作法治化"为治校标准。学院下设语言暨翻译高等学校、管理科学高等学校、公共行政高等学校、艺术高等学校、体育暨运动高等学校、高等卫生学校等六所高等学校，以及社会经济与公共政策研究所、中西文化研究所、"一国两制"研究中心、澳门语言文化研究中心、葡语教学暨研究中心、博彩教学暨研究中心、文化创意产业教学暨研究中心等研究机构。2014 年，澳门理工学院成为亚洲地区第一所通过英国高等教育质量保证局（QAA）院校评鉴的高等院校。澳门理工学院还是亚洲太平洋大学协会和葡萄牙语大学协会会员、葡萄牙理工高等院校协调委员会特邀委员、香港理工大学发起的持续教育联盟成员，在国际和区域间开展卓有成效的学术交流与广泛合作。澳门目前共有10所高等学校，澳门理工学院是其中成立较早的一所公立、多学科、应用型的高等学府。建校二十多年来，尤其是回归以来，澳门理工学院取得了跨越式的发展，已经成为澳门地区一所富有活力和影响的综合性高校，为社会培育了大批栋梁之才。《澳门理工学报》（人文社会科学版）正是依托澳门这块具有独特历史文化盛名、中西文化汇聚的莲花宝地，由澳门理工学院主办的综合性人文社会科学学术理论期刊。

《澳门理工学报》还是一份很年轻的刊物，创刊于1998年，最初为年刊、半年刊，后改为季刊。本人参与了学报创刊的全过程，在当年极其简陋的条件下创业，筚路蓝缕，几许艰辛，令人感慨。直至2011年，由于特殊的机缘，《澳门理工学报》得以改版，历史进入了一个全新的发展时期。

办好一本高质量的学报，乃理工人所追求之夙愿，学院理事会对此寄予厚望。2010年底，学院特别敦聘刘泽生教授前来主持《澳门理工学报》的改版工作。经过半年多时间的紧张筹备，2011年10月，一份全新的《澳门理工学报》（人文社会科学版）终于面世。新版《澳门理工学报》设有名家专论、港澳研究、总编视角、中西文化、文学研究、语言翻译等特色专栏，其学术之厚实、品位之高雅、特色之鲜明、编辑之规范，给读者留下了深刻的印象，受到学术界、期刊界的广泛好评。本刊发表的文章，广为《新华文摘》、《中国社会科学文摘》、《高等学校文科学术文摘》、中国人民大学"复印报刊资料"等二次文献转载。以"复印报刊资料"中国高校学报全文转载排行榜为例，改版次年（2012），《澳门理工学报》转载率为9.28%，位居全国第56名；2013年转载率为23.26%，位列第13名；2014年转载率为33.71%，上升至第6名。其后排名一直稳定在全国前列，2015年转载率为31.33%，名列第6位；2016年其转载率更上升至

38.2%，名列第 4 位，其转载量则为 34 篇（排名第 5 位），综合指数达到 0.658152（排名第 5 位）。改版七年来，《澳门理工学报》坚持开门办刊、海纳百川的风格，取得了很大的成功，被誉为学术期刊界异军突起的一匹"黑马"，甚至被学界称为一种值得研究的"《澳门理工学报》现象"。这是令人值得欣慰的事。

在本刊近年的专栏文章中，比较集中受到学界关注的是名家专论、港澳研究、总编视角、中西文化、文学研究等栏目。由于目前发行、传播渠道等条件的限制，本刊的学术影响受到较大的局限。承蒙广大读者、作者的厚爱，为加强海内外同行的学术交流，弥补学术传播上的缺陷，促进学科建设的发展，经学院理事会研究决定，将陆续精选《澳门理工学报》的部分专栏、专题文章，按专栏或学科、作者等不同类别重新编辑，以及部分知名学者精选的学术著作、由学报编辑部主办或承办的部分学术研讨会论文集等，分期分批出版"澳门理工学报丛书"。正是由于有了《澳门理工学报》近 20 年的艰辛努力，尤其是 2011 年以来的成功改版，有了学术界、期刊界以及广大读者朋友的支持，有了一支来自五湖四海、学识渊博、经验丰富的专家团队的热心参与，有了刘泽生总编辑主持的这个编辑团队卓有成效的工作，才有了这套丛书的陆续问世。这也是编辑出版本套丛书的缘起。

在七年前的本刊改版号贺词中，笔者曾经真诚地表示，学术乃天下之公器。学报既是学院的窗口与桥梁，又是学术的旗帜与殿堂。学报与大学、社会是不可分割的整体。学报之路与大学之道，其理相通。《澳门理工学报》不仅仅属于理工学院，属于澳门，更属于国际人文社会科学界。我衷心祝愿《澳门理工学报》、"澳门理工学报丛书"越办越好！谨此向我们尊敬的作者、读者和编者，向关爱我们的社会各界人士，致以由衷的感谢和诚挚的敬意！

2018 年 1 月 9 日于澳门

目录
Contents

前　言

刘泽生

在长年的编辑生涯中，编者与作者往往结下深厚的情谊，相遇、相识而相知。以文会友，以刊结缘，廿载春风，情深意厚，久久难以忘怀。

回望主编《澳门理工学报》的八年时光，与海内外众多学者，尤其是"名家专论"作者的交往，竟是如此历历在目、亲切感人……

镜头一：北京·西坝河

2011年春节后不久，我从澳门专程前往北京组稿，为筹备改版《澳门理工学报》四处奔波。那一年，北京似乎比往年寒冷，与南方的气候截然不同，天空也有点灰暗。承蒙友人引荐，第一位拜访的学者就是耿云志先生。耿先生系中国近代史研究的名家，中国社会科学院学部委员，时任中国现代文化学会会长、胡适研究会会长、中国近代思想研究中心理事长，长期从事中国近代政治史、思想史和文化史的研究。虽然以前也曾多次因参加学术研讨会聆听过耿先生的演讲，但单独拜访总有点不太踏实。如约于是日下午5时敲开先生位于西坝河小区的家门，受到先生的热情接待。在听取了我简要的学报改版汇报与约稿请求后，耿先生就当前近代史研究中的若干重大选题、本人的近期研究计划做了详细的介绍，并对《澳门理工学报》的"名家专论"与历史栏目的定位、选题等等提出富有指导性的意见。虽然先生比我年长一轮，但相谈甚欢，寒夜小酌，令人感慨万千。下楼时已经是晚上9点多了，先生坚持要送我上车。当年西坝河交通尚不方便，也无所谓"滴滴"打车，在空旷的马路边上整整等了10分钟，寒风伴着小雪，一直到我上了出租车，车已开出了一段路，我回头还看到先生在挥手，那一刻，我的眼睛都模糊了。四个月后，先生完成了大作，真是如期如约如意如愿！这就是当年《澳门理工学报》改版第一期"名家专论"的开栏之作——《呼唤新青年　传递新思想——〈新青年〉的出世及其反响》。

回首想想那是一个怎样的场景、怎样的情怀！其时改版的一切还仅仅是停留在筹划之中，如何谋划新刊、设置专栏，尚属尝试。笔者所领悟的是耿先生那一份沉甸甸的关爱与希冀——难得的名家名作，深情厚谊，无声激励，催人前行——终于有了亮丽的改版第一期！

还有续集的故事呢。大作发表后，我们一直都保持着联系，时不时还会听到耿先生对学报的点评与鼓励。次年，我赴京出席某次研讨会，顺道拜访先生。有了这一年多的交情，这次赴京，已经没有了最初的拘谨，偶尔还幽默几句。席间，先生突然动情地说：我来当一回主持人如何？给你组一个关于国家与民族主义的研究专栏。我们一拍即合，求之不得呀！这就是 2012 年第 4 期的特别策划——"近代国家观念与民族主义"专栏。先生亲自撰写了"主持人语"，同时推出了邹小站、孙宏云、翁贺凯三篇佳作。除了感动，还是感动！

镜头二：天津·南开园

叶嘉莹先生系中央文史馆馆员、南开大学中华古典文化研究所所长，加拿大皇家学会院士、不列颠哥伦比亚大学（UBC）终身教授。先后获中华诗词终身成就奖（2008 年）、中华之光"传播中华文化年度人物"（2013 年）、首届全球华人国学传播奖（2014 年）、影响世界华人终身成就奖（2016 年）等。2014 年 8 月，本人应邀赴加拿大访问，其间专程前往温哥华 UBC 图书馆参观叶嘉莹先生藏书手稿展，这是第一次如此近距离领略叶先生的学术风采，萌发了拜访先生的想法。拜访名家学者有时还真的是挺讲究缘分的。回国后，通过友人很快与叶先生取得了联系。

为了拜访叶先生，本人事前做了大量的资料准备工作，也阅读相关的学术著作与采访笔记，对先生的学术思想与治学为人有了一定的了解。2015 年 9 月 15 日，那是一个阳光明媚的日子。依照约定的时间，准时来到位于南开大学的叶先生家，聆听了先生两个多小时的谈话。从年轻时的家国情怀与求学经历，到成年后的半世坎坷与治学之路，先生之渊博学识与温文尔雅，其惊人之记忆力与语言之穿透力，使后学为之肃然起敬。对敝刊的点评与慨然应允为"名家专论"赐稿，乃至对自己拟写内容的严谨表述，让我这个已经不算年轻的编辑深深为之叹服。其后形成的这篇大作，就是发表于次年敝刊第 2 期的"名家专论"——《用西方文论诠释诗词文本的

"多义"与"潜能"》，洋洋洒洒近 3 万字。叶先生还特意在文末写下如此的鸣谢：承《澳门理工学报》总编辑刘泽生先生之真诚邀约，遂有此文，以示对晚辈编辑工作之鼓励。末了，当我希望与先生拍照留念时，先生坚持要站着合影，并笑称"这才平等"，令人感慨系之。叶先生时年九十有二！

叶先生也有感人的续集。时隔一年后，先生秘书来函，称"叶先生嘱我代向您问候"，并咨询近期敝刊之组稿计划，称近日正好完成题为《从〈花间〉词的特质到史词的产生》的文稿，"不知《澳门理工学报》是否还刊登该类稿件"。本人当即回复，"能在敝刊发表先生大作，乃是莫大的荣耀"。次日，即收到先生发来的大作全文（近 2 万字）。现已完成后期编辑，将于创刊二十周年纪念特刊（2018 年第 2 期）正式发表。

镜头三：北京·建国门

2016 年 3 月 29 日，中国人民大学逸夫会议中心。我和黄长著先生同时应邀出席当天举行的"2016 中国人民大学人文社科成果评价发布论坛"并先后在会上发言。会前我们在贵宾室休息期间就期刊评价问题详细交流了意见，黄先生对敝刊给予了颇高的评价，并答应以此次会议的演讲内容作基础，为敝刊的"总编视角"专栏撰写文章。

黄先生系著名语言学家，中国社会科学院学部委员、中国社会科学院国际中国学研究中心主任，原中国社会科学院文献信息中心主任、中国社会科学院图书馆馆长、联合国教科文组织国际哲学人文科学理事会副主席。黄先生之为人为学、长者风范，实在令人感佩。这次北京之行收获甚丰，稍为遗憾的是，黄先生的大作后因人民大学方面需要收入该校的论文集而作罢。先生为了安抚我，特别提议为敝刊另外撰写论文，并解释说，"我的专业方向与研究重点其实是语言学，可以在这方面为贵刊做点贡献"。在京期间，我又就文稿事专门到建国门拜访了先生，从选题策划到栏目要求、学术规范，一一落实。先生也是性情中人，说到做到，半年后，一篇长达 3 万字精心构筑的大作就摆在了我的案头——这就是 2017 年第 2 期发表在敝刊"名家专论"的佳作——《语言多样性与文化传承》。在整个写作过程中，本人与先生进行过多次的沟通，从编辑的角度对文稿又提出了一些建议，先生均极其认真地分别作了修订或解释，其严谨的程度已经是近乎苛刻，文章发表后学界反应甚佳，《新华文摘》、《中国社会科学文摘》、《高等学校文科学术文摘》和中国人民大学"复印报刊资料"等内地"四大文摘"均同时全文转载。

我与黄先生有较深的交往，亦师亦友，故有时言语间颇为随意。我曾调侃他，成也萧何败也萧何，以你如此认真较劲的风格，总有一天会累坏的，尤其不宜承接太大的课题。先生闻言大笑，说咱俩是习性相投，共勉吧！殊不知去年 10 月中他竟然又提起年前"总编视角"论文"失约"的事，说黄金周期间，已经完成了"总编视角"的初稿（即本刊近期将发表的《学术期刊的职责与使命——门外看学术期刊建设与期刊评价》），近日正在做最后的润色。我竟一时"无语"。

从事学报编辑的职业总是甜、酸、苦、辣、咸，五味杂陈。人生相处，很是讲究缘分。我曾在三家不同的学术期刊从事过编辑工作，在长达 25 年的总编生涯中，有缘结识了很多很多的学者，经历过太多太多由衷的感动，留下的多是难以忘怀的美好记忆。他们著作等身而又谦和有加。他们的学术坚守与家国情怀，他们的治学品位与深厚功底，他们的人格魅力与长者风范，他们对晚辈的关爱提携以及对敝刊的勉力扶持，深为后学所景仰。尤其是在编辑"名家专论"的过程中，几乎是每位学长都有一个动人的故事，说是编辑，也是学习，更是一种享受。上述三位学者只是其中的一个缩影。

应该说，"名家专论"是《澳门理工学报》的品牌栏目，也是精心打造的第一个专栏。虽然每期只有一篇，但都是悉心策划与精心锻造的精品。本文集共收录自 2011 年第 4 期改版以来至 2017 年第 4 期的 25 篇文章，总共约 60 万字，内容涉及文学、哲学、历史学、经济学、社会学等学科，作者分布于北京、天津、上海、武汉、济南、广州、澳门等地，可谓名家云集，佳作迭出。除了上文所列耿云志、叶嘉莹、黄长著三位先生的大作外，还有章开沅教授的《〈贝德士文献〉述略》、江蓝生教授的《生活中的语言学》、杨义教授的《先秦诸子研究与现代文化建设》、陈来教授的《生气流行——朱子德论中的气论影响》、王学典教授的《中国崛起进程中的史学变迁——近 30 年间大陆历史研究的几种主要趋势》、罗钢教授的《从"现代化"拯救传统——中国古代文论研究的危机与生机》、詹福瑞教授的《经典：世界性的文化遗产》、陈平原教授的《此情可待成追忆——中国大学内迁的历史、传说与精神》、桑兵教授的《"新文化运动"的缘起》、郭英德教授的《喧嚣与寂寞——1616 年前后剧作家汤显祖的自塑与他塑》、陈其泰教授的《司马迁：历史叙事的永久魅力》、李伯重教授的《反思"新经济史"：回顾、分析与展望》、魏明孔教授的《中国传统工业的近代命运》等佳作，为敝刊的学术品位作了最好的诠释。此外,本文集目录按文学、历史、哲学、经济、综合等大致的版块排列,书末另附按发表先后而排的文章索引,以方便读者诸君的检阅。

本集《名家专论》,除了收入自改版以来的全部 25 篇专栏文章外,还特别收录了《新华文摘》原总编辑张耀铭先生发表于《清华大学学报》(2017 年第 2 期)的《一本期刊与其崇尚的"海纳百川"——〈澳门理工学报〉现象分析》,该文对敝刊自 2011 年改版以来的变迁作了深入的透析,也许对诸位读者全面了解敝刊有所裨益。

《澳门理工学报》还是一份年轻的刊物,今年将迎来她创刊二十周年的纪念。二十年来,得到了海内外学术界和社会各界的精心呵护,我们一直铭记在心。"名家专论"作为敝刊的一个特别专栏,期待着各界一如既往的关注,期待海内外专家学者惠赐佳作,共创明天。

2018 年 2 月 16 日

生活中的语言学

江蓝生

[提　要] 本文从语言文字与文化、语言间的接触与影响、汉语语法的意合倾向、语用中的创新与变异、语言的约定俗成等五个方面说明语言学与人们日常生活和工作的密切关系，论证语言是民族精神的外在表现，学习某个民族的语言必须跟学习这个民族的历史与文化相结合。文章介绍了改革开放以来大陆与港澳、台之间语言的密切接触，探讨了汉语与西方语言的本质区别，倡导既尊重群众的约定俗成又进行必要规范的语言观，并大力提倡国人努力提高本国语言文字的修养。

[关键词] 语言　文字　文化　语言接触　约定俗成

引　言

语言是人类社会交际的工具，人们靠它沟通思想，协调行动。不管什么专业背景的人，在日常生活中都要跟他人交流，都要阅读书报杂志，或动笔写字、做文章。因此，即使不是专门学习语言学的人士，实际上也离不开语言学。有一则俄罗斯谜语："不是蜜，但是能粘住一切。"它的谜底就是语言。谜语的创造者能如此深刻地认识到语言对于维系人类社会的巨大作用，令人惊叹与佩服。语言学如影随形，时刻围绕着您。从身边的很多例证，可以看出语言学无处不在。

港澳地区将日本产的汽车品牌 Mazda（松田）称作"万事得"，这一方面是因为 Mazda 的读音与粤语的"万事得"相近，另一方面是香港人喜欢讨吉利的文化心理在起作用。在中国内地，Mazda 被译为"马自达"。译名的不同，反映了方言与普通话的差异。港澳地区通行粤语，粤语的"万"声母为双唇音［m］，与 Mazda 的 m 同音，而普通话的"万"读 wàn［uan］，与 Mazda 的 m 不同音，所以不会选用"万"字打头，而选择了与 Mazda 音同的"马"字打头。不过，尽管两地 Mazda 的译名各不相同，但取名的方式、手段却如出一辙：音义结合。这反映了汉字表义性的特质。"马自达"的译名尤其精彩，以"马"喻"车"，跨上这匹快马，就能自动到达目的地。译名之贴切、巧妙，使音义浑然一体，这种文化的再创造令人拍案叫绝。①

澳门在早期中西文化交流史上具有特殊的地位。从语言学的角度来看，她可以称作中西语言文化接触的温床，是西方汉学家的摇篮和我国现代语言学的催生地之一。1553 年葡萄牙人入据澳门，中西语言间的交流现实地提上日程。1594 年创办的澳门圣保禄学院，成为培训来华耶稣会传教士的重要机构，而汉语汉字是该教的必修课。著名传教士利玛窦（Matteo Ric-ci）、汤若望（Adam Schall von Bell）等进入中国内地传教前都曾在那里接受培训。从这一点上，说西方人是在澳门开始系统认识汉语、学习汉语的，恐不为过。1588 年问世的第一部外汉辞典《葡华词典》也与澳门密切相关。辞典的编纂者罗明坚（Michel Ruggieri）与利玛窦当时尝试用拉丁字母给汉字注音。在利玛窦的《西字奇迹》（1605）和金尼阁（Nicolas Trigault）的《西儒耳目资》（1626）中，可以看到西方人设计的中文拼音框架。西方人用拉丁字母给汉字注音的尝试，对清末以来的中文拼音化运动应该有直接的影响。早期的澳门，即与语言学结下了不解之缘。

法国伟大的艺术家罗丹（Auguste Rodin）说："美是到处有的，并非美在我们的眼目之前付之阙如，而是我们的眼目看不见美。"②换句话说就是"生活中并不缺少美，而是缺少发现美的眼睛"。套用这句话，生活中处处都有语言学，就看您是不是有心人。本文尝试从五个方面谈谈生活中无所不在的语言学。

一　语言文字与文化

关于语言文字与文化的关系，可用一个例证来说明。1994 年狗年春节，笔者所在的语言研究所开联欢会，本人用包含"狗"或"犬"字的词语创作了一个小节目。我惊奇地发现，凡是用"狗"或"犬"字组成的成语和惯用语几乎都是贬义的、负面的。例如：

> 三字的：狗强盗、狗腿子、狗吃屎、狗屎堆、狗咬狗、狗脾气、癞皮狗、狗仔队、丧家犬；
>
> 四字的：狗胆包天、狗苟蝇营、狗急跳墙、狗皮膏药、狗屁不通、狗头军师、狗尾续貂、狗血喷头、狗仗人势、狗眼看人、狼心狗肺、猪狗不如、鸡鸣狗盗；
>
> 四字以上的：狗改不了吃屎、狗嘴里吐不出象牙、狗拿耗子多管闲事。

在上述这些短语、成语和惯用语中，"狗"简直成了万恶之源，凶恶、下贱、粗暴、肮脏、丑陋、奸诈、卑鄙、势利、谄媚等，几乎所有的恶劣品质都加在了"狗"的身上。表示正面意思的极其少见，我搜索枯肠只找到一例：儿不嫌母丑，狗不嫌家贫。

关于这种语言现象出现的原因，伍铁平先生认为，在西方文化里，犬的形象是正面的、受推崇的。中国学者出版的图书，翻开扉页，通常会看到"献给我的母亲"或"献给我的老师"一类，而在有些西方学者的书中，会看到"献给我的狗"之类。汉语中的"你是幸运儿"，英语中相对应的是"lucky dog"；与"爱屋及乌"这个成语相对应的西方谚语是"love me, love my dog"。这种文化上的差异在不经意间往往闹出笑话：北京语言大学的一位老师在操场上跑步，一位外国留学生过来打招呼说："老师，你跑得真快，像狗一样快。"令老师实在哭笑不得。这就是不同文化间的小小碰撞。

翻开字典，在部首"羊"和"犬"下找到下列两组字：

> 羊：祥、美、善、义、羑、鲜、羹
>
> 犬：犯、猥、狎、狂、狱、猜、戾、狰狞、狡猾、猖獗

不难发现，上面两组字中第一组从"羊"的字意思都是褒义的，而第二组从"犬"的字基本上都是贬义的。为什么会如此？许慎《说文解字》解释："羊，祥也"。段玉裁对《说文》进行注释时，引《考工记》中之说"羊，善也"。《说文》如是解释"独"："羊为群，犬为独。"段玉裁注："犬好斗，好斗则独而不群。""群"是什么意思呢？"群"这个字的来源就

是"群羊相积",很多羊聚在一起。段注又说"独","犬相得而斗也"。从这两组字的义符构件中可以看出我国先民的好恶,看出中华民族深层的文化价值观:爱好和平,厌恶争斗。我们现在促进整个中华民族的大团结,强调中国的领土和主权完整,倡导构建和谐社会,正体现了自古以来一直流淌在我们民族血液中的价值观念,而这种深层的、核心的价值观念能从某些汉字最初的造字心理中窥见一斑,实在令人惊奇、令人感动。

语言文字中渗透着文化,文化通过语言文字来折射。只要稍加留意,生活中处处可以看到语言学的影子。

正因为语言跟我们每个人的生活和文化传统有非常密切的关系,所以一些著名的语言学家对语言的重要性都有一些论述。德国语言学家洪堡特(Wilhelm von Humboldt)说:"语言可以说是各个民族的精神的外在表现,他们的语言即是他们的精神,他们的精神即是他们的语言,人们怎样想像两者的一致都不过分。"③这位语言学家所说可能稍微有些绝对,但语言的重要性确实不容忽视。法国语言学家梅耶(A. Meillet)的说法则比较全面:"不明白使用那种语言的民族的生活情况,就不能了解这些语言,不了解这些人的语言,也就不能真正明白他们的宗教和社会习惯。"④这说明,学习某个民族的语言,只有跟学习这个民族的历史文化结合起来才能得其真谛,得其精髓;反之,要想了解一个民族的历史和文化,也必须掌握这个民族的语言。

二　语言间的接触与影响

改革开放以来,在全国各地民众的大流动、大迁徙和相互交往中,语言相互接触,相互影响,使各自的语言迅速发生变化,呈现出空前的活力。珠江三角洲地区开放较早、经济比较发达,再加上毗邻港澳,使得粤语北上,迅速影响其他地方的语言。

在语言诸要素中,受影响最大的是词汇。过去内地人多不知"按揭"为何物(怀疑它是个外来语),⑤而今不仅"按揭",香港有关房地产的词语诸如"楼宇、楼盘、楼花、置业、物业、写字楼、广场、花园、烂尾楼"等已成套地进入内地,为社会广泛使用。粤语的方言词像"埋单、搞掂、生猛、靓女、焗油、炒鱿鱼"等已是全国各地耳熟能详的口头语,而且将其中一些粤方言词加以本地化,如把"埋单"改说成"买单","搞掂"改说成"搞定"。甚至连广州人的习用语"有冇搞错"也经常出现在北京人的口语中,只不过改说成"有没有搞错啊",等等。粤港澳通行的外来词也很有生命力，如由"巴士"衍生的"大巴、中巴、小巴"已在内地普遍使用。由"的士"分解出的"的"已成为一个可以自由使用的语素，它可以做宾语，如可以说"打的"，也可以说"打不着的"，还可以组成偏正结构的名词"面的、摩的、板的"和"的哥、的姐"等，"的"已经变成一个汉化了的语素。过去"的"字有三个音：的确 dí、目的 dì、我的 de，刚出版的《新华字典》第11版根据语言的新变化为"的"字新增了一个阴平音：打的 dī。同样，"拜"字除了去声音（拜见 bài）外也增加了一个阳平音：拜拜 báibái。

语言的影响总是伴随着文化的渗透，例如对于数字"八"（谐音"发"）的崇拜和对于数字"四"（谐音"死"）和十三的忌讳，就分别受到粤港地区或西方文化的影响。

随着两岸经济文化交流成为一种常态，两岸间的词语也互相借用。不少台湾地区词语逐渐登陆，例如：

愿景、考量、修理、双赢、管道、整合、作秀、创意、影碟、挺（支持）

台湾的"智障、视障、听障"这一组词体现了对残障人士的尊重，迅速替代了大陆通行的"弱智、弱视、聋哑"等词。

交流是双向的，内地也有很多词语进入港澳台地区，例如：

说法、白条、保底、报批、瞒报、病退、批量、封顶、表态
领导班子、好人好事、与时俱进、要团结一切可以团结的力量

大陆名词作形容词用的"火、牛、雷"等则很受台湾青年学生追捧，已进入使用领域。

语法是语言诸要素中最为稳定的，一般不容易被改变，但近年来即使在语法层面也能看到内地受粤港澳台影响的影子，比如"有+动"的说法就是一例：

普通话：刚才你看到过她吗？
粤港澳台：刚才你有看到过她吗？

可以看出，普通话和粤港澳台的否定式相同，都用否定词"没有"或"冇"，但肯定式却不同，粤港澳台用"有+动"，普通话不用"有"（疑问句也如此）：

普通话：我去过澳门（肯定式）。我没有去过澳门（否定式）。

粤港澳台：我有去过澳门（肯定式）。我冇/没有去过澳门（否定式）。

这就是说，在普通话和绝大多数方言里，"有"通常不能修饰动词性成分，这一点跟粤港澳台地区明显不同。但是，最近几年在内地一些年轻人和某些媒体中开始流行"我有去过澳门"、"刚才你有看到过她吗"的说法。这种"有+动"的新说法的流行，有人认为是由类推心理引起的，即既然肯定式"有+名"（这布有一米长）的否定式是"没有+名"（这布没有一米长），那么否定式"没有+动"的肯定式就可以是"有+动"：

"有+名"肯定：这布有一米长。否定：这布没有一米长。

"有+动"否定：我没有去过澳门。肯定：我有去过澳门。

这是从北方方言或普通话内部找原因。这种解释诚然有一定道理，但无法解释为何在改革开放之前较长的历史时期内，北方方言或普通话未发生这种类推现象。显然，仅用类推机制来解释是不够的。我们倾向于用内地与港澳台地区的语言接触来解释。港澳台地区语言的影响（加上福建、广东地区的闽粤语联合作用）是直接动因，汉语肯定、否定表达讲究对称的句法和心理是内因。需要注意的是，虽然"我去过澳门"跟"我有去过澳门"语义相同，但后者因为加上了"有"，增加了主观强调的语义色彩。

南北方言的密切接触，也对北京话的语音有所影响。我们发现，老北京土话的腔调和发音方式在向普通话靠拢，吐字逐步清晰化；某些不区别意义的轻声词有读本调的趋势，例如"暗处、肮脏、白天、打磨、看望、小姐"等；某些不区别意义的必读儿化的词有两可的现象，例如"开心丸儿、里间儿、下本儿"等。这些变化是北京音向外地人（报载目前占北京人口的35.9%，其中主要是南方人）和港澳台地区的人所说的普通话读音靠拢的反映。目前正在修订的《现代汉语词典》第6版的注音将适时地反映这种变化。

粤语对普通话的影响以及国内英语热的兴起（包括字母词 GDP、CPI、DNA 等的运用）与持续说明，在人类交往的过程中，不同的文化、语言总是互相影响的，当然这种影响并不均衡，一般是强影响弱。从语言影响的强弱，可以看到一个地区或国家经济、文化力量的强弱。雷颐认为，语言也是非常"势利"的。从道理上讲，不同民族、不同国家的语言影响应该是相互的、平等的、双向交流的。但在实际情况中，语言的影响主要是单向的，即从经济文化发达的地区向落后地区流动。这是因为：人们从心理上愿意使用经济文化发达地区的语言。近代上海是当时中国经济、文化最发达的地方，上海方言词汇有不少进入普通话，例如"尴尬、弄堂、阿飞、瘪三、拆烂污、寻开心、大块头"等。⑥赵元任先生说当时江浙人看不起北方人，视北京话为老妈子讲的话。⑦但是，经济文化不发达地区的词汇、语言在一定情况下也会影响普通话，进入主流语言。由于赵本山连续多年在央视春节联欢晚会上表演小品，电视台的转播使得全国各地的人们对某些东北方言词有了深刻的印象和较多的了解，比如"忽悠（哄骗：他是在忽悠你）、指定（肯定：这事儿指定能办成）、唠嗑儿（聊天：忙得没工夫跟你唠嗑儿）、嘚瑟（炫耀；显摆：开着辆新车到处嘚瑟）"等。

改革开放以来，随着我国综合国力的提升，汉语的国际地位也在不断增长。孔子学院遍布世界各地，汉语国际推广方兴未艾，汉语在一些国家已成为学生选修的第二大外语。目前，新加坡、马来西亚、泰国政府规定华人社会使用简化汉字，联合国也把简化字作为中文的规范字体，成为国际标准。1982 年 8 月，国际标准化组织（ISO）决定以汉语拼音方案作为文献中拼写有关中国的专门词语的国际标准，而且经过联合国的认证、注册。我国语言文字国际影响的增强，反过来又折射出我国综合国力的提升。

社会语言学十分关注不同语言背景的人们之间在接触、交往过程中对彼此语言所产生的影响以及由此发生的变异。一位广州朋友的太太是江西人，在广州生活了近四十年，平时讲普通话。有一天夫妻俩要出门，妻子有点事让丈夫先走，说："你先走先。"这是一句非常怪异的话。按照粤语的语序，应该说"你行先"，或者说"你走先"，但这位女士却说成既非广州话又非普通话的"你先走先"。这个两不像的句式是普通话跟粤语互相影响的混合式：

你先走 + 你走先──→你先走先

同样的现象在历史上也发生过。《水浒传》里有这样一句话：

这位便是东京八十万禁军枪棒教头林武师林冲的便是。

这个句子可以简化为"这位便是林冲的便是"，用符号来代表就是"A便是 B 的便是"。现在这类句子并不像是很规范的汉语语句，但类似现象在《水浒传》或元代白话文献中非常常见。

《水浒传》：

我这仁兄是梁山泊好汉中神行太保戴宗的便是。（四十四回）
小人便是白虎山前庄户孔亮的便是。（五十八回）

元杂剧：

贫道是司马德操的便是了。（《单刀会》二折白）
小人是屠家张千的便是。（《替杀妻》楔子白）

上述现象反映了语言接触的影响问题。这种句式出现在蒙古族入主中原的元代。蒙古语的句法是"主宾动"即"SOV"这样一个语序，而汉语是"主谓宾"即"SVO"这样一个语序。为了便于实施统治，蒙古人就要尽量地学习汉语和汉族的制度文化；而汉族人尤其是一些官员或读书人，也要讲一种蒙古族人能够听得懂的汉语，在高度交际压力下，诱发了两种语言的相互协商、折中，于是产生了兼有两种语言特点的混合式：

SOV + SVO→SV1OV2　　A 是 B + AB 是→A 是 B 是

例如，汉语说"我是学生"，蒙古语说"我学生是"，这两种句式一融合，就变成了"我是学生是"。在"是"前加上语气副词"便"就成了"我便是学生（的）便是"，有时加个"的"，有强调的作用。

我国西北地区长期以来多民族聚居，操阿尔泰语（包括满—通古斯语族、蒙古语族、突厥语族）的少数民族在与汉族交往以及共同生活的过程中，语言相互影响，因此有些地方的汉语在语序上带有明显的阿尔泰语"主宾动"（SOV）的特征。[⑧]例如：

（1）宾语在动词前面

> 青海西宁话：你茶喝，馍馍吃（你喝茶，吃馍馍）
>
> 甘肃临夏话：他他的成绩知道了（他知道了他的成绩）
>
> 别人家背后你的脊梁不要叫戳着（不要叫别人在背后戳你的脊梁）

（2）表示领有的句子"有"字位于句末

> 西宁话：家里人有吗？（家里有人吗？）
>
> 临夏话：解放前河州城里医院没有，西医没有（解放前河州城里没有医院，没有西医）

（3）在判断句中，把判断词放在句末

> 临夏唐汪话：那是老师晒，我是学生晒（他是老师，我是学生；晒：是＋唉）
>
> 临夏话：我谦虚的不是，也保守的不是（我不是谦虚，也不是保守）

此外还有许多与标准汉语语法不同的特点。这些差异归根结底，都是阿尔泰语（主要是蒙古语）或藏语（藏语的语序也是"主宾动"）对西北汉语的影响。笔者曾详细考察过这类问题，此处不赘。[⑨]

三　汉语语法的意合倾向

汉语和西方屈折型语言有很大不同，它没有表示语法关系的词尾变化，短语或句子的语义往往靠意合。拿动词"吃"的组合式为例：

> 吃米饭、吃馒头（吃某种食物）　吃大户（到大户家去吃喝或夺取财物）
>
> 吃馆子（到馆子吃）　吃大碗（用大碗吃）

吃劳保（靠劳保金为生）　靠山吃山，靠水吃水（靠山、水谋生）

　　例句中"吃"后面的名词从形式上都是"吃"的宾语，但"吃"跟名词宾语之间有什么样的语义关系，则根据人们的常识或语境来确定，这就是意合。

　　汉语有些结构相同的短语在字面上不合逻辑，但中国人不会产生歧解，原因是人们会依据常识进行合理的解读。例如：

　　恢复健康（恢复到健康状态）　恢复疲劳（从疲劳状态中恢复过来）
　　打扫垃圾（"垃圾"是打扫的对象）　打扫卫生（"卫生"是打扫的目的、结果）

　　由于语言跟逻辑思维的关系密不可分，语言逻辑的制约为语言结构的意合提供了余地，并通过社会群体的约定固定下来。但语言最终要受逻辑制约。比如语言学中有一个很不好解释的问题，就是"差一点摔倒"和"差一点没摔倒"这两句话，前者是肯定句，后者是否定句，但奇怪的是两句话的基本意思一样，都是没摔倒，这是为什么？

　　肯定句：差一点摔倒——没摔倒
　　否定句：差一点没摔倒——没摔倒

　　按理说，既然"差一点摔倒"的意思是没摔倒，那么跟它相对的"差一点没摔倒"的意思就应该是摔倒了，为什么人们会把"差一点没摔倒"也理解为没摔倒呢？笔者曾有专文从概念叠加与句式整合的角度对此问题做过分析讨论，[①]这里仅从根本原因——逻辑制约加以说明。

　　"摔倒"是人们所不希望发生的事情，不希望的事情是人们不喜欢、想要避免的，因此说不希望的事情差一点儿发生有意义，有交际价值。就是说不希望的事情差一点发生是非正常情况，属于意外，需要去说；而说不希望的事情差一点儿没有发生则没有意义，因为意外的事情没有发生是正常情况，属于常态，无须用"差一点"去说。再说，不希望的事情（摔倒、矿难、死亡）如果已经发生了，还说"差一点＋没发生"就更无意义了。也就是说，当"差一点"修饰不希望的事情时，由于逻辑事理（这是每一个思维正常的人都具备的）的限制，或曰在一般逻辑事理的背景知识作用下，人们不会把"差一点没摔倒"理解为通常的否定句"差一点＋没摔倒"，而是自动认解为肯定句的强调式"差一点没＋摔倒"，其中的"没"表示含主观性的情感色彩——后怕。即

> 肯定句：差一点＋摔倒——没摔倒（客观叙述）
> 肯定句的强调式：差一点没＋摔倒——没摔倒（后怕，情感色彩强）

汉语中有些复词偏用现象也跟逻辑有关。例如：

> 万一有个好歹，可就不好办了。
> 他要有个三长两短，全家人的生活就没了指望。

为什么"好歹"偏指"歹"，"三长两短"偏指"短"，显然是由事理逻辑决定的。

四 语用中的创新与变异

亚里士多德说："人们喜欢被不平常的东西所打动。"[①]在当今这个思想活跃、个性张扬的时代，人们特别是青年人感到日常语言的单调、贫乏，就借助网络这个自由的平台和土壤，大展身手，突破某些语言规范的束缚，竭力加大语言的表现力，使得语言发生变异。

网络语言中有许多超出汉语语法常规组词造句的情况，归纳起来，大致有以下几种：

（1）名词直接作动词：别忘了伊妹儿我、回头电话你、雷人；

（2）名词直接带数量补语：搜狐一下、百度一下、网恋一把；

（3）名词直接用作形容词：很淑女、很生活、太喜剧、最现代；

（4）程度副词修饰状态形容词：非常软绵绵、相当干干净净；

（5）新兴程度副词：巨好看、超乏味、腰身暴粗、雷震撼。

网络语言的这种超常变异主要是为了应对交谈便捷的需要，满足求奇求新的心理需要，有的句子（如"伊妹儿你"、"电话你"）显然受了英语的影响（Don't forget to e-mail me）。"雷人"的"雷"本是名词，这里转用作动词：使人震惊。

其实，名词转用为动词，古已有之，语法学上叫作词类活用。例如：

　　燕雀乌鹊，巢堂坛兮。（屈原《楚辞·涉江》）

句中名词"巢"用作动词，义为"筑巢"，但这只是一种词类临时性的活用，"巢"并没有产生出动词义项。再如成语"卿卿我我"：

　　晋王戎妻语戎为卿。戎谓曰："妇那得卿婿？"答曰："我亲卿爱卿，是以卿卿，我不卿卿，谁当卿卿？"（《太平广记》引《启颜录》）

翻译成白话就是：晋王戎的妻子用"卿"称呼王戎。王戎说："女人哪能用'卿'来称呼自己的丈夫？"其妻回答说："我亲你爱你，所以称你为'卿'，我不叫你'卿'，谁该叫你'卿'？"

"卿"本是第二人称代词的爱称，在这个成语中第一个"卿"用作动词，"卿卿"的意思是"称呼你卿"或"用卿来称呼你"。但是"卿"的动词用法仅限于"卿卿我我"这一成语，并没有扩大开来。

在生活中有些名词的临时转类用法被固定下来，由此产生了新的义项。例如我们说某人"很绅士"，是指这个人具有绅士那样的做派、风度。"绅士"本是名词，当"很绅士"之类用多了，如"特绅士、非常绅士、这人绅士极了、一点儿也不绅士"等，就使"绅士"产生出形容词性，意思是：有修养、有风度（用于男士）。但是，并不是任何一个名词都有可能转化为形容词的，能否转化"是受到特定语义条件的限制的"，只有那些"能够从气质、作风、样式、气味、势态等方面反映出说话人的某种特异感受"的名词才有可能发生转类现象。[12]能否把临时性的转类固定下来、进而产生新的义项还取决于社会的使用情况，只有社会大众接纳了这种用法，才有可能站稳脚跟。"很淑女、很生活、太喜剧、最现代"的用法能否被大众接受，名词"淑女、生活、喜剧、现代"最终能否兼做形容词，现在下结论为时尚早。

网络语言是现实自然语言在网络上的变异形式。在网络上人们有用自己喜欢的方式进行交际的自由，其中一些有表现力的语汇、格式或用法会被吸收到全民语言中来，增强民族语言的活力，如"酷、雷人、给力"等已成功赢得社会的认同，有的已经或将在正式的字典、词典中占得一席之地。但是，由于网络语言有时在一定程度上偏离了全民通用语言，有的表达意思并不准确，因此，在官方文件、新闻媒体和学校教学中应该避免不加选择地使用网络语言、语汇。同时，语言的社会功能也会促使网络语言在语言的经济性和交际的准确性要求两方面进行自动调节，使它与全民语言的距离控制在一个有限的范围内。

五　语言的约定俗成

像一切事物一样，语言的发展变化是有规律可循的，一般都遵循着理性的原则；但语言在发展过程中也有虽不具合理性却习非成是的约定俗成，即，有一些词语或句式开始是由少数人的误解误用产生的，其后这种误解误用被大多数人接纳，从而习非成是，被认定沿用下来，取得了合法的地位。生活中此类例子随处可见，仅举最常见的三类情况加以说明。

（1）谐音别用：逃之夭夭

《诗经·周南》："桃之夭夭，灼灼其华。"这两句本形容桃花繁盛美艳，光彩照人，但却因"逃"与"桃"同音而改作"逃之夭夭"，借来指逃跑（含诙谐意）。这种变异毫无理据可言，但因约定俗成而被社会认同使用。

（2）望文生义：宁馨儿

《晋书·王衍传》："何物老妪，生宁馨儿？"意思是：什么老太婆，生了这么个孩子！"宁馨"是方言词的记音字，意思为"这样"，今吴语仍用，也写作"那亨"。但后来人们根据"宁馨"的字面义误解为"安宁、馨香"，于是有"大家都祝贺她生了一个宁馨儿"的用法，这就是"望文生义"。但"望文"所生之义如被大众普遍认可沿用，我们就要承认这个现实。所以《现代汉语词典》对"宁馨儿"的解释是："原意是'这么样的孩子'，后来用作赞美孩子的话。"

（3）语义衰退造成冗余：凯旋归来

《现代汉语词典》对"凯、旋、凯旋"的解释如下：

凯：胜利的乐歌：～歌｜～旋｜奏～而归。

旋：返回；归来：～里｜凯～。

【凯旋】战胜归来：战士～｜欢迎～的体育健儿。

但是，在生活中我们常常听到"凯旋归来"、"胜利凯旋"的说法。严格来说，这两种说法都有毛病，因为"凯旋"就是"胜利归来"，它已经包含着

"胜利"和"归来"这两个意思在内,说"凯旋归来"或"胜利凯旋"在语义上都有冗余。可是,这两个有毛病的句子多数人并不介意。这是为什么呢?因为"凯"和"旋"的上述语素义在现代汉语里已经大为衰退,不能独立使用,只存在于复音词"凯旋"之中。现代人不了解上述古旧的语素义,所以把"凯旋"或者理解为"胜利",或者理解为"归来",就造出了上面意思冗余的句子。这种冗余句已被越来越多的人认可,大有习非成是的趋势。

遵从规范与习非成是是一对矛盾,我们的态度是:要遵从规范,引导规范,对那些合乎规范、有表现力的新的语言形式应该加以推广;同时,对某些新的、已经习非成是的语言形式应该大度地予以认可。对待网络语言,同样持这个态度。应该既尊重约定俗成,又进行必要的引导,使语言向着健康的、合乎规范的方向发展。

结　语

语言是人类交际的工具,也是人类思维的工具,正因为如此,大科学家爱因斯坦说:"一个人的智力发展和它形成概念的方法在很大程度上是取决于语言的。"[⑬]一个思维清晰、逻辑性强的人不一定善于言辞,而一个善于表达的人一定思维清晰、逻辑性强。语言是所有人类活动中最足以表现人的特点的,它对于我们的生活、事业非常重要,甚至能影响我们的人生,我们实在有必要下一番工夫把祖国的语言文字学好、用好。从大的方面来说,一个主权国家的语言文字,不仅是公众间的交际工具,也是国家主权和民族自尊的表现之一。正因为如此,各国法律都规定,在公开场合、外交场合都要使用官方的语言和文字。可以说,一个热爱祖国的人,也会爱祖国的语言文字,爱国可以从爱祖国的语言文字开始。

多年前我读到过哈佛大学前校长查尔斯·艾略特(Charles W. Eliot)的一句话:"我认为有教养的青年男女唯一应该具有的必备素养,就是精确而优雅地使用本国的语言。"我还记得当时自己是怎样反复咀嚼、回味这句话的,它深深打动了我,粘住了我的思绪。我注意到,他说的是"唯一应该具有的必备素养"——唯一、必备;我还注意到,他说的是"精确而优雅地使用"——精确、优雅,这不是我们应该追求的境界吗?我们希望每一个中国人都努力做到:

讲一口纯正优雅的中国话,写一手规规矩矩的中国字,做一个堂堂正正的中国人。

①港澳地区将日本电器品牌 Canon 称作"锦囊"（内地叫"佳能"），将 Sharp 称作"声宝"（内地叫"夏普"），都出于同样的道理。内地把德国汽车 Benz 译作"奔驰"，也是音义结合的神来之笔。

②葛赛尔：《罗丹艺术论》（插图本），傅雷译，傅敏编，北京：中国社会科学出版社，1999，第 149 页。沈琪译本的文字是："美到处都有，对于我们的眼睛，不是缺少美，而是缺少发现。"见罗丹口述，葛赛尔记《罗丹艺术论》，沈琪译，北京：人民美术出版社，1978，第 63 页。

③威廉·冯·洪堡特：《语言与人类精神》，北京：北京师范大学出版社，1997，第 25 页。

④梅耶：《历史语言学中的比较方法》，北京：科学出版社，1957，第 1 页。

⑤"按揭"的"按"义为"抵押"；"揭"义为付息借贷，是个地道的汉语词。

⑥雷颐：《语言的力量——近代以来中国"新词语"的演变》，北京：《光明日报》2007 年 4 月 5 日。

⑦赵元任家老辈说常州话，但他母亲说一口纯正的北京话，所以他在兄弟中最先会说"元寒"，有一天跟兄弟说不要把元寒读得没有鼻音韵尾，他哥哥听了气的不得了，说：干嘛学老妈子说话的声音？参见赵元任《我的语言自传》，原载台北《中央研究院历史语言研究所集刊》第 43 本第 3 分，1971，收入吴宗济、赵新那编《赵元任语言学论文集》，北京：商务印书馆，2002。

⑧澳门大学程祥徽教授年轻时曾在青海工作过多年，早在 20 世纪 80 年代就曾撰文揭示青海话与普通话的差异。参见程祥徽《青海口语语法散论》，北京：《中国语文》第 2 期。此后有多位西北地区的语言学者描写了青海、甘肃、宁夏、陕西等西北汉语方言句法上的诸多特点。

⑨江蓝生：《从语言渗透看汉语比拟式的发展》，北京：《中国社会科学》1999 年第 4 期；江蓝生：《重读〈刘知远诸宫调〉》，北京：《文史》1999 年第 3 辑；李泰洙、江蓝生：《〈老乞大〉语序研究》，武汉：《语言研究》2000 年第 3 期；江蓝生：《语言接触与元明时期的特殊判断句》，北京：《语言学论丛》2003 年第 28 辑。

⑩江蓝生：《概念叠加与构式整合——肯定否定不对称的解释》，北京：《中国语文》2008 年第 6 期。

⑪亚里士多德：《修辞学》第三卷第二节，见伍蠡甫《西方文论选》（上卷），上海：上海译文出版社，1988，第 86 页。

⑫邢福义：《"很淑女"之类说法语言文化背景》，武汉：《语言研究》1997 年第 2 期。

⑬许良英、张中立、赵宜三编译《爱因斯坦文集》第一卷，北京：商务印书馆，1977，第 395 页。

参考文献

[1] 江蓝生：《也说"汉儿言语"》，将刊于 *Breaking Down the Barriers*：*Interdisciplinary Studies in Chinese Linguistics and Beyond*（Cao Guangshun, Hilary Chappell, Redouane Djamouri, Thekla Wiebusch, eds.），台北：中研院语言学研究所《语言暨语言学》专刊外编。

[2] 詹伯慧：《语文杂记》，广州：暨南大学出版社，2010。

[3] 中国社会科学院语言研究所词典编辑室：《现代汉语词典》（第5版），北京：商务印书馆，2005。

作者简介：江蓝生，中国社会科学院学部委员、文哲学部主任、语言研究所研究员、研究生院教授。兼任国务院学位委员会学科组成员、国家社会科学基金语言学科评审组组长、国家语言文字工作委员会咨询委员、中国语言学会常务理事、中国辞书学会会长、北京大学中文系语言学研究中心学术委员会主任。先后毕业于北京大学中国语言文学系及中国社会科学院研究生院语言系，历任中国社会科学院语言研究所研究室副主任、主任及该所副所长、所长，后担任中国社会科学院副院长（1998~2006）。学术专长为汉语历史语法与词汇，出版专著、工具书、论文集七部，如《魏晋南北朝小说词语汇释》、《近代汉语虚词研究》（合著）、《唐五代语言词典》（合著）、《近代汉语探源》、《江蓝生自选集》、《近代汉语研究新论》等；译著四部，如《汉语史通考》（〔日〕太田辰夫著）、《中国中世语法史研究》（〔日〕志村良治著）等；发表专题学术论文六十余篇，序言、书评等其他学术文章三十余篇。代表作为《近代汉语探源》与《近代汉语研究新论》。在词汇研究方面，对近代汉语白话词语进行考释，主持并编写近代汉语断代语言词典，探讨词义演变规律与词语考释方法。在语法史方面，主要研究虚词源流、语法化问题和语言接触问题。学习和继承吕叔湘先生把语音、语义、语法、语用结合起来综合考察的研究方法，同时又具有把描写与解释相结合、归纳与演绎相结合、历史文献材料与现代汉语方言材料相结合的个人风格。2006年以来，担任中国社会科学院重大项目《现代汉语大词典》主编，并主持修订《新华字典》第11版和《现代汉语词典》第6版。

[责任编辑：刘泽生]

（本文原刊2012年第1期）

语言多样性与文化传承

黄长著

[提　要] 本文从描述当代世界诸语言的现状入手，分析了它们在使用人口和地域分布方面的严重不平衡现象，以及人类应该如何正确认识世界诸语言的各种不同的统计数字及其变化原因。文章通过大量事例探讨了大批分布区域小、使用人口少的语言所面临的严峻形势，指出优势语言会争取更大的发展空间，而劣势语言则会争取必要的生存空间。文章着重讨论了濒危语言产生的原因及划分标准，以及在语言竞争的大环境下对濒危语言实行政策性抢救的必要性；强调了语言生态和语言多样性对于民族文化建设的重要意义。作者对英语作为一种国际通用语的利与弊进行了比较，分析了它的发展历史及与其他语言的关系。

[关键词] 濒危语言　语言多样性　已消亡语言　英语　文化传承

　　语言是一种社会现象，它不仅是社会控制的工具，也是与人类关系最为密切，而且须臾不能离开的一种传递信息的工具。但现实生活中往往有这样一种现象：越是与人类关系最密切的东西，越是容易被忽略，我们天天都在使用的语言，就是属于这种情况，比如全世界到底有多少种语言？这些语言的生存状况如何？他们跟文化到底是什么关系等等？我们对这些问题往往考虑很少。

一　当代世界诸语言现状

　　语言最重要的职能之一是交际职能，即用于人类传递信息和沟通。基督教《圣经》中有关语言的描述曾经对19世纪以前的语言起源理论和语言分类研究产生过重要影响。虽然这些描述并没有得到科学的验证，但还是常有学者在自己的研究中引用，乐此不疲。《圣经》中关于巴别塔的著名传说便是一例。《旧约·创世纪》中提到，诺亚的后代拟建一座巴别塔直通天上，世人据此称其为"通天塔"，但这事惹恼了上帝，为了使建塔的计划半途夭折，上帝"变乱他们的语言，使他们彼此无法沟通"。[①]在建塔之初，诺亚的后代们相互之间讲的是同一种语言，因此沟通并无困难，而现在上帝却让他们各自讲相互都听不懂的语言。由于无法沟通，不能协调一致地工作，建通天塔的计划遂半途而废。这虽是个传说，但至少说明了两点：

1. 语言对于人类相互间沟通至关重要，如果人类使用不同的语言又听不懂对方的语言，则语言传递的信息就是无效的，从而导致语言丧失最基本的沟通职能。

2. 语言起源的"单源说"和"多源说"一直是人类关注的问题，即今天人类的数千种语言，是由一种最古老的原始母语逐渐分化而来的呢，还是衍生自远古的若干种语言？这涉及人类最初的语言形式是什么等一系列重要问题，但由于缺少文字记载和考古学上的证据，语言学家和人类学家基本上是通过假设和推论来提出自己的看法，结论往往莫衷一是。巴别塔关于人类语言的传说，不过是刺激了人类寻找自己最初的语言形式的热潮，却并没有带来多少令人信服的结论。

今天人们越来越关注我们生活的这个星球上到底有多少种语言？它们的基本状况如何？语言多样性是否会增加不同民族间交流与沟通的障碍？全球化背景下保护语言和文化的多样性有何意义等等？对这些问题的深入分析研究，有助于我们更有针对性地制定科学的语言政策，促进民族语言和文化的发展，以及不同民族之间的沟通。世界上到底有多少种语言？这是一个人们问了千百遍的问题。看似简单，实际上是一个世界性的难题，不同的机构和不同的语言学家曾经有过非常不一致的统计，不同统计数据可能多达数百种乃至上千种之多：从早期法兰西学院公布的2796种[②]到新近美国夏季语言学院（SIL，又作"美国少数民族语文研究院"，下同）发布的7097种不等。[③]还有的只给出一个模糊的统计，比如4000～6000种、4000～8000种等等，在上限和下限之间保留了较大的模糊性和余地。造成统计混乱的根本原因之一是语言识别的困难，迄今为止世界上还没有一种得到语言学家普遍认同的划分语言和方言的标准。何为语言、何为方言？

是一个争议颇多的问题，其间往往并没有一条非此即彼的分界线。我们可以观察一个实际例子：西班牙加利西亚自治区使用的加利西亚语（Galician），虽然从政治疆界的划分看它在西班牙的范围之内，但从语言学的标准看，它却更接近于葡萄牙语，甚至有的学者认为它不过是葡萄牙语的一种方言而不是独立语言。这里我们暂且把争议搁置一边，那么从葡萄牙语到加利西亚语再到西班牙语，其间几种语言的等语线（isoglottic line）到底应该划在何处？每种语言始于何处、止于何处？这比政治疆界的划分要复杂得多，它们之间的分界线绝非泾渭分明的，有些地区的语言疆界必定会比较模糊。难怪有的语言学家把加利西亚语视为从葡萄牙语到西班牙语的过渡性语（方）言。[④] 从一种语言到另一种语言是一个渐变的过程。某些语言学家把某种语言看作是"方言"，便可能将其排除在统计范围之外；而另一些语言学家认为它是语言，便将其统计在语言之内，这种分歧随处可见。更重要的是，全世界有六七千种语言，学者们除了对其中极少数使用人口众多，同时又有重要政治和文化影响的语言研究比较深入外，对其他许多语言的认知却非常差，比如对中、南美洲的许多印第安语、巴布亚新几内亚的800多种语言、南太平洋诸岛的众多语言、澳大利亚原住民的语言，以及非洲的许多本土语言，外界知之甚少。有些语言的名称稀奇古怪，可能用当地某个地名、植物名、动物名，甚至小孩儿名命名。有的同一种语言可能由于读音习惯不同等原因而拥有多个不同的名称，外界许多语言学家对这些情况不甚了了，据此把它们误作数种语言，经常给不懂这些语言的学者造成判断上的困难和混乱，进而造成统计数字上的差异。仅以地处西南太平洋的岛国巴布亚新几内亚为例，人口不足500万，却拥有多达800多种语言，而其中至少有二三百种语言甚至连系属关系都不清楚。在其远离中心城市的偏远地区，由于许多地方山高林密、交通不便，不同语言社团的人往来甚少，有时甚至几个相邻的村庄间，或大山两侧居民所用的语言都无法沟通。到底哪些算作语言？哪些只是同一种语言的不同方言，外界很难做出准确判断。在这种情况下，试图对语言数量做出接近真实情况的统计，往往是一件很难的事情。有时看似精确的统计数字可能并不精确，权当一家之言罢了。在对世界诸语言尚缺乏广泛调查和准确识别的情况下，比较科学的办法是允许近似的统计，而且在统计数字的上、下限之间留有一定的伸缩余地。这可能是符合当今世界诸语言研究和识别水平的切实可行的统计方法。个人的语言知识是非常有限的，世界上的语言多达几千种，语言能力再强的人，也只能懂得其中极小的一部分。对其中的绝大多数，人类所知极为有限，因此语言识别的工作量极大，靠语言学家个体的力量，是难以做出比较接近实际的统计的，即使做出了统计，也没有太大实际意义。鉴于此，依靠机构或语言学家群体并有广泛参与度的统计方法，可能是今天世界诸语言统计工作的一种有效的方法。美国夏季语言学院组织语言学家们开展的语言描写和统计工作是这方面一个比较成功的例子。他们已经出版了 19 版的 *Ethnologue：Languages of the World*（《文化人类学视角的世界语言志》，以下简称 *Ethnologue*），这是专门研究和发布世界诸语言分布与分类等信息的最权威、最有影响力的成果之一。其特点是内容更新速度较快，比较准确、及时地反映了当代世界诸语言的动态变化情况；学者的参与面广，许多国家和地区的语言学家甚至一般读者都可以向它提供最新的研究数据和信息。2016 年第 19 版（网络版）*Ethnologue* 发布了世界诸语言的最新统计数据 7097 种（其中包含了许多国家和地区的主要符号语言、克里奥耳语和皮钦语及部分方言），这是迄今为止我们见到的最新的数据，但如果把符号语言和混合型语言及方言排除在外，单纯的自然语言应该不到 7000 种。下面是按起源地划分的世界上 7097 种语言的具体分布和使用人口情况：

表 1　世界诸语言分布表

地区	现用语言		使用者人数	
	数字	百分比	总计	百分比
非洲	2139	30.1	847791487	13
美洲	1062	15	49090069	0.8
亚洲	2296	32.4	3929931706	60.4
欧洲	287	4	1672591291	25.7
太平洋	1313	18.5	6854607	0.1
总计	7097	100	6506259160	100

（本表所据数据来自 2016 年第 19 版 *Ethnologue*，特此致谢）[5]

从表 1 可以看出，世界诸语言及其使用人口的分布非常不平衡。亚洲语言数量最多，接近全世界语言数量的三分之一，使用人口也最多，占全世界人口一半以上。欧洲语言虽然数量最少，仅占全世界语言的百分之四，但却拥有占世界人口四分之一以上的使用者，这主要是因为欧洲拥有世界上数量最多的国际性语言，这些语言的使用人口都非常多，如英语、西班牙语、俄语、葡萄牙语、法语、德语等。欧洲的全部 287 种语言中，每种语言的平均使用人口均超过 580 万，领先于位居世界第二的亚洲三倍多，更是远远超过太平洋地区每种语言平均使用人口的 1000 多倍。太平洋地区的语言数量不算少，比南北美洲的语言加起来还多，按地区计算全球排第三，但使用人口很少，只占全世界人口的百分之零点一，平均每种语言只有5200 多人使用，反映出地域分散的岛屿语言的突出特点。

从现象看，*Ethnologue* 2016 年发布的 7097 种语言与 2009 年的第 16 版相比增加了 188 种，除此之外还发布了晚近时期陆续消亡的 360 种语言的名称。既然语言消亡的速度很快，那为什么在 7 年中不减反增呢？其实语言增减的变化一直都在进行中，既不是光减不增，也不是光增不减。在一个时期中，可能减少得多一些，而在另一个时期中，可能增加得多一些。这种增减的变化是一种常态，从未停息过，是造成不同时期语言统计数据动态变化的直接原因之一。下面是从 1988 年第 11 版 *Ethnologue* 到 2016 年的第 19 版所公布的世界诸语言的统计数据，由此可以窥见近 30 年来世界诸语言数量的动态变化情况（参见表 2）：

表 2　1988～2016（*Ethnologue* 第 11～19 版）期间世界诸语言的数量统计表

版次	年份	编者	语言统计数字
11	1988	Grimes	6253
12	1992	Grimes	6662
13	1996	Grimes	6883
14	2000	Grimes	6809
15	2005	Raymond G. Gordon, Jr.	6912
16	2009	M. Paul Lewis	6909
17	2013 2014 年更新	M. Paul Lewis, Gary F. Simons, and Charles D. Fenning	7106
18	2015	Lewis, Simons, & Fennig	7472
19	2016	Lewis, Simons, & Fennig	7097

（本表所据数据来自 2016 年第 19 版 *Ethnologue*，特此致谢）[⑥]

表 2 中数据的变化呈现出有增有减的总体趋势，但基本格局是增多于减。这说明，语言消亡的步伐虽然一直没有停止，但新发现和新识别的语言数量还是略多于已消亡的语言。语言统计数据的常态性变化原因很多，

大体有如下一些：

1. 语言学家缺乏统一的语言划分标准，导致对语言和方言的各种认识差异，这可能是造成语言统计数字差异的最根本的原因之一。这样的例子很常见，比如马来语、马来西亚语和印度尼西亚语被许多语言学家视为同一种语言，而另一些语言学家却将其视为两种甚至三种语言。同样的例子还有中国的粤方言、闽方言、吴方言、客家方言等，不少西方学者（甚至也有个别中国语言学家）根据是否能互通的原则来划分语言和方言，于是将官话方言、粤方言、闽方言等看作是几种不同的语言，而不是汉语的几种方言，理由是它们之间及它们与官话方言之间不能互通，却忽视了它们有着相同的书面语言。即使是在国际学术界有着重要影响的 *Ethnologue* 也未能摆脱这种认识上的局限。有些带连字符（—）的语言到底是两种语言还是一种语言，更是经常成为争议的焦点，如印地—乌尔都语（Hindi-Urdu）、塞尔维亚—克罗地亚语（Serbo-Croatian 或 Croato-Serbian）这类语言名称，不同学者经常有不同看法，从而造成语言统计数字的差异。

2. 学者们新发现了语言，会使语言统计数字增加。比如过去通常认为中国的语言有"80 种以上"。[⑦]经过中国语言学家长期艰苦的田野调查和语言识别工作，又陆续新发现了几十种语言，在 2007 年出版的研究成果《中国的语言》一书中，按语系正式发布了 129 种语言，并逐一进行了描写，[⑧]在原有基础上增加了近 50 种。类似的情况在世界上其他许多地区均不鲜见，如南美洲的亚马孙地区、非洲的热带雨林地区、西南太平洋的巴布亚新几内亚等地均不断有新发现的语言走进公众的视野。随着田野调查和语言识别工作的深入，加上探险活动和经济开发活动的增加，差不多每年都可能有新发现语言。这些，都会影响到语言数量统计的结果。

3. 原有的语言中，由于有些语言使用人口极少，缺乏有效的使用，逐渐失去生命力，成为濒危语言甚至极度濒危语言，最终走向消亡，造成语言统计数字的减少。如在美洲、澳大利亚等许多地区都发生过语言大批消亡从而导致语言减少的例子，不幸的是，这一现象并未终结。甚至有语言学家通过研究得出结论说，世界上现用的六七千种语言比一万年前的语言少多了。[⑨]

4. 语言学家田野工作的进展和研究的深化，有可能导致过去语言或方言的认定发生变化。如原先认定的某种方言后来有可能被视为一种独立的语言，或原先获得共识的某种语言可能后来被认为只是一种方言，甚至一种语言分化为几种独立的语言的情况也会有，这些都会造成语言统计数字的变化。如南亚次大陆的某些语言和方言就有这种情况。缅甸北部和印度阿萨姆邦使用的那加语（Naga）就是一个典型例子，传统上曾被语言学家视为一种语言，而现在倾向于认为它已分化为多种语言，刘易斯（M. Paul Lewis）的书甚至认为有 40 多种不同的那加语。[⑩]以上只是语言统计数字不断发生变化的部分主要原因，这样的情况越多，反映在数量上的变化就越明显。

下面是世界上使用人口数量超过 5000 万（第一和第二语言使用者合计）的 24 种语言的排名（见表 3）：

表 3 使用人口最多的前 24 种语言排名

	语言名称	使用人口（单位：亿，第一、二语言合计）		语言名称	使用人口（单位：亿，第一、二语言合计）
1.	汉语	约 13	13.	旁遮普语	1.46
2.	英语	近 10	14.	日语	1.30
3.	西班牙语	5.70	15.	波斯语（法尔斯语）	1.10
4.	印地语	近 4.0	16.	斯瓦希里语	1.10
5.	阿拉伯语	3.85	17.	泰米尔语	超过 0.90
6.	俄语	2.60	18.	意大利语	0.85
7.	孟加拉语	近 2.60	19.	爪哇语	超过 0.84
8.	葡萄牙语	2.50	20.	泰卢固语	超过 0.81
9.	马来语（含印度尼西亚语）	2.50	21.	越南语	0.78
10.	法语	2.20	22.	朝鲜语（韩语）	超过 0.77
11.	德语	2.10	23.	马拉蒂语	0.75
12.	乌尔都语	1.62	24.	土耳其语	0.71

说明：本排名参考了 2015 年出版的第 18 版 *Ethnologue* 和 E. V. Gunnemark 的 *Countries, Peoples and Their Languages*（《国家、民族及其语言》，1992，p. 167）的相关数据，特此致谢。

表 3 中列出了世界上使用人口最多的前 24 种语言，这些数字未必很精确，主要是有的语言（特别是英语等国际性语言）作为第二语言的使用者人数，很难准确统计，比如熟练到什么程度就算是第二语言使用者，可能不同的人会有不同的认识。以英语为例，有的学者认为其第一和第二语言使用者加在一起可达 17.5 亿。[⑪]另外，表中印地语和乌尔都语是分别作为两

种语言单列的，但有的语言学家认为它们之间没有根本性的差异，只是使用的文字不同（印地语采用梵文天城体书写，受梵语影响较大；乌尔都语则采用波斯—阿拉伯文书写，受波斯语影响较大），因而主张合二为一，作为一种语言看待，统称为"印地—乌尔都语"（Hindi-Urdu）或沿用旧称"印度斯坦语"（Hindustani），等等，这些都会使人口数量的计算结果很不一致。即便如此，上述排名总体上还是比较可靠的。虽然从数量上看，这24种语言只占全世界7000来种语言的大约三百分之一，但却集中了63亿多使用人口（包含了第二语言的使用人口），可以明显看出极少数语言的强势地位，与此同时反衬出绝大多数语言的弱势地位。

由于历史形成的原因，当代世界诸语言的使用人口非常不平衡，像汉语和英语等少数超大型语言的使用人口相当多，而大多数语言的使用人口则很少。2009年美国夏季语言学院做过一个后来在国际语言学界产生了重要影响的统计，即多达94%的语言只有占全世界人口6%的人在使用，而近6%的语言（约389种）的使用者却占了全世界人口的94%。[12]这个比较是对上表中反映出的语言状况的进一步概括和诠释。这389种语言中每一种的使用人口都超过100万，其中单是使用人口超过300万的语言就有172种。[13]瑞典语言学者古纳马尔克（Erik V. Gunnemark）提供了另一个角度的统计数据，认为全世界使用人口超过100万的家用语言（home languages）就有200种以上。[14]据笔者自己的估算，这个数字还是比较保守的，实际数字可能会超出不少，或者说自古纳马尔克的著作面世以来，情况已经发生了很大变化。世界诸语言使用人口上的这种严重不平衡的状况可能在相当长一个历史时期都难以改变。这表明，许多语言的生存状况都不容乐观，其中有些甚至变成濒危语言直至消亡。语言和文化多样性正遭受前所未有的威胁。如果不对弱势语言特别是濒危语言的生存和发展采取相应的政策性保护措施，势必会对语言生态和文化生态造成严重的问题。在这一点上，中外学术界，甚至包括许多政府机构，是有共识的。

二 濒危语言与语言生态学

在多语社会的世界格局中，语言之间的竞争是一个很常见的现象。语言分布的不平衡和生存状态的巨大差异，往往是语言竞争的直接诱因，同时也可能造成新的不平衡和新的差异。自语言诞生之日起，它们之间的竞争就没有停息过。在全球化时代，这种竞争不仅没有减弱的迹象，反而更加激烈、残酷。加拿大社会语言学家沃道夫（Ronald Wardhaugh）在一本名为 *Languages in Competition*（《语言竞争》）的书中对这一现象做了很好的归纳："语言的传播与衰落并非始自今日，有一切理由相信，语言本身有多古老，其传播和衰落现象就有多古老；一旦语言通行的'领地'受到别的语言的入侵，语言间的竞争就不会停息"。[15]在国际社交场合（包含政治的、经济的、文化的、学术的等等），以及在使用不同语言的族群的交往过程中，始终有一个语言选择的问题，即采用什么语言来进行彼此的沟通？即使在像联合国这样的国际组织中，虽然确定了多种工作语言，但在很多场合下，同样存在语言使用的偏好及使用的孰多孰少问题。在使用人口众多的"大族群"的语言之间尚且如此，在那些"大族群"的语言和"小族群"的语言之间，这种竞争就更加激烈。在全球化时代语言接触和语言竞争的大背景下，一方面是优势语言的不断发展和扩充"领地"，另一方面是弱势语言的生存环境日益变差，两极化的趋势格外明显。使用人数众多的语言在分布区域、使用范围等方面通常都是处于优势地位，而使用人数较少的语言，却往往处于劣势，那些处在国际性通用语言包围中的小族群的语言，情况可能更糟，有的甚至在生存与消亡的边缘苦苦挣扎。现实告诉我们，语言之间的生存和发展竞争已经成为一个不争的事实：优势语言会争取更大的发展空间，而劣势语言则会争取必要的生存空间。

因此，讨论语言多样性和语言生态的问题，说到底是要探索如何解决那些境遇不佳的语言的生存和保护问题，从而达到优化语言生态环境的目的。但是语言竞争并不完全等同于自然界的物竞天择、适者生存的法则，后者是指物种之间及生物内部之间相互竞争的一种优胜劣汰的自然法则。物种与自然之间的抗争，能适应自然者便被选择存留下来。而人类的各种语言与使用它们的各个族群一样，是不存在优劣之分的，不管使用人口的多与少，分布地区及使用范围的大与小，都是一律平等的，它们都执行着传递信息、促进使用者彼此沟通的相同职能。由于经济社会和历史形成的原因，不同语言所处的生态环境有很大差异。生存条件差的语言，如果其生态环境长期得不到改善，就可能逐渐变为濒危语言。因此，我们在论及语言的生存环境和语言多样性时，是无法避开濒危语言问题的。近年来，语言生态环境、语言多样性和濒危语言的问题不仅受到越来越多的语言学家的关注，也得到国际社会的广泛关注。

濒危语言通常具有以下特点：使用人数很少，且使用者多为老人，而后代不愿使用或干脆弃用：学校不再讲授，不能有效执行语言的交际职能，其生存受到威胁，一旦无人使用便消亡。由于这些语言通常没有文字，也没有录音等形式的纪录，消亡后甚至不会留下任何痕迹，他们所传承的相关文化也随之不复存在。本节将着重从政策层面考察濒危语言和语言消亡可能产生的后果和对文化多样性的影响，以及人类应该采取的因应措施。

关于濒危语言的具体划分，不同的机构或个人有不同的划分标准。在联合国教科文组织的直接支持下，几十位语言学家经过较长时间的调研和工作，于 2009 年庆祝"国际母语日"期间出版了最新版的《世界濒危语言地图集》（*Atlas of the World's Languages in Danger*，以下简称《地图集》）。语言学家们把使用人口在 1000 以下的语言划归濒危语言之列，认为这些语言实际上已缺乏生命力和传承能力。根据这一标准，该地图集在揭示世界诸语言最新的分布格局时，告诉了我们一个令人震惊的事实：21 世纪初世界上的 6000 来种语言中，大约 2500 种已成为濒危语言（其中部分语言已消亡），与 2001 年编制的上一版地图集列出的大约 900 种濒危语言相比，8 年间又有了成倍的增加，只有 600 种左右是安全的；有 199 种语言的使用人数不足 10 人，另有 178 种语言的使用人数也仅在 10～15 人之间。⑯与此同时，学者们居然还调查到有 51 种语言分别只有一个人使用，其中 28 种在澳大利亚，8 种在美国，3 种在南美洲，3 种在非洲，6 种在亚洲，3 种在太平洋岛屿，⑰多为原住民的语言。从理论上讲这些只有一个使用者的语言似乎可勉强算是"活语言"，但语言的基本职能是作为交流工具来传递信息，如果没有交流和使用对象，怎么有效地执行传递信息的职能呢？这些完全失去活力的语言实际上跟已消亡语言无殊。即使是那些有十多个、几十甚至几百个人使用的语言，由于基本上是年逾古稀的老人使用，后继乏人乃至后继无人，也差不多是危在旦夕，一旦这些老人去世，便会带走他们所使用的语言，语言和文化的传承就此终止。

《地图集》根据生命力（vitality）程度把世界诸语言中的近 2500 种列为"濒危语言"（含已消亡语言），并将其划分为五级：1）不安全的语言（607 种）；2）明显的濒危语言（632 种）；3）严重濒危的语言（502 种）；4）极其濒危的语言（538 种）；5）已消亡的语言（200 多种）。这些数据由于是在几十位语言学家调研的基础上以联合国教科文组织的名义发布的，因此具有某种官方的色彩，也格外引起国际社会的关注。

此外，还有一些划分标准也产生过不同程度影响，如语言学家金凯德

（M. D. Kincade）把世界诸语言划分为五类，其特点是他区分了"安全"与"不太安全"这两个概念：1）能生存下去的语言（使用人口足够多，且有发展潜力，足以表明其长期生存不会受到威胁）；2）能生存下去但使用人口很少的语言（使用人口超过1000，且在独立的族群中使用，具有健全有力的内部体制，这种体制有助于族群成员把自己的语言变成族群的身份标志）；3）濒危语言（虽然有足够的人口使用从而具有生存的可能，但条件是必须具有有利的生存环境，同时族群必须提供持续性的支持）；4）接近消亡的语言（通常认为生存条件已不具备，主要是因为只有很少数老人还在使用）；5）已消亡的语言（最后一个熟练的本族语使用者去世，而且没有任何能复活的迹象）。[18]

已故联合国教科文组织负责濒危语言拯救工作的有关机构的荣誉主席、澳大利亚著名语言学家温棣帆（Stephen Wurm）致力于无生命力语言的研究，他也提出了五个级别的濒危语言的划分标准：1）潜在的濒危语言（其社会和经济状况均不佳的语言，处于使用人口众多的语言的重压之下，儿童已开始弃用）；2）濒危语言（只有少数儿童学习或没有儿童学习的语言，最年轻的熟练使用者也已逐渐成年）；3）严重濒危的语言（最年轻的熟练使用者也已年届50或更老）；4）濒临消亡的语言（只剩下很少熟练使用者，且均已进入古稀之年）；5）已消亡语言（已无使用者）。[19]还有一些语言学家也纷纷提出了自己划分濒危语言等级的指标体系。应该说，这些划分标准都有自己的特色和侧重点，并没有根本性的差别，因此它们的关系是互补的，不存在彼此否定的问题。在观察世界诸语言生存及发展状况时，我们可以综合使用，互为参照。

涉及众多濒危语言评价指标体系的出现，反映了越来越多的机构和个人对当代语言状况特别是濒危语言的持续性关注。当然，在人类对大多数语言仍然缺乏必要的研究和认知的情况下，任何划分标准和指标体系都不可能是完美无缺的，即使是像教科文组织发布的在学术界产生了重要影响的濒危语言划分标准，虽然有几十位语言学家参与，但也还是存在少数瑕疵，比如《地图集》把使用于英国康沃尔郡的康沃尔语（Cornish）和马恩岛上的Manx（马恩语）均归类于"已消亡语言"，这个判断未能跟踪到这两种语言最新的发展，因此与实际情况并不完全一致。康沃尔语和马恩语均属海岛凯尔特语，康沃尔语作为社团的第一语言虽然在18世纪后半叶已消亡，但当地政府出于文化和宗教方面的考虑做出许多努力复活它并取得一定成效，现在已经有大约 500 人能够使用该语言，另有 100 来人可以讲得很流利，甚至还有一些 20 岁以下的青少年作为第一语言学习和使用。马恩语的情况与此有相似之处，虽然 1974 年以前已无使用者。由于复活该语言的措施比较得力，现在已有数百人作为第二语言使用，当然主要是成年人。另外，儿童游戏组也学马恩语，自 2001 年以后还建立了讲马恩语的小学。现在该语言也在一些公共事务中得到使用。根据上述情况，把康沃尔语和马恩语视为"已消亡语言"显然理据不足。《地图集》除了这两个疏漏外，还有少数被认定的濒危语言似乎也比较牵强，难免引起争议。这些语言主要分布在欧洲，如巴斯克语、莫尔多瓦语等。巴斯克语使用人口多达近 60 万，该语言本族语使用者的民族意识强，民族身份的认同度较高，受到国际学术界的关注也多，又有文字，还有巴斯克语的广播电视节目和报纸。虽然使用人口有所减少，但当地政府采取相应措施来抵消负面的影响，至少目前还看不到成为濒危语言的迹象。莫尔多瓦语的使用人口甚至比巴斯克语还多，既有文字，又有文学标准语，目前更看不出有成为濒危语言甚或消亡的迹象。当然，数量这么大的濒危语言的识别和划分工作，是一件非常细致而难度极大的事情，除了必要的判别标准外，其实很难排除"仁者见仁，智者见智"的成分，有些更需要时间的验证。能做到当前的程度，已属不易。

复活康沃尔语和马恩语所取得的成功，不由得使人产生"亡羊补牢"的联想，但是这两种语言的复活毕竟是两个比较极端的例子，它们具有别的很多已消亡语言所不具备的有利条件，况且它们都有文字留存下来，因此其他很多语言不具有可比性和可复制性，与其不得已在语言消亡之后再下大力气去开展成功率极小的复活工作，毋宁赶在它们消亡之前多做未雨绸缪的抢救工作，比如记录、识别、描写、建语料库等等，效果反而好得多，投入也会少得多。尽管如此，我们还是应该肯定，复活康沃尔语和马恩语的工作是人类历史上一次重要的语言抢救实践和尝试，具有标志性和示范性意义。虽然它们只是极为罕见的两个例子，但却鼓舞了其他一些地区的有志者，比如新喀里多尼亚已消亡的语言 Sishee（西希语）在人们的努力下，也得到一定程度的复活。[20]

在当代语言的竞争环境中，弱势语言所面临的严峻形势已不再是"狼来了"的吓人空喊，而是真真切切地发生在我们身边的事情。仅在中国的近 130 种语言中，就有不少处于濒危状态。虽然学术界对我国濒危语言的准确数字可能会有一些不同意见，但存在不少濒危语言却是无法否认的事实，如有些人口很少的少数民族在与汉民族和其他民族的长期接触中，逐步放弃自己的语言而转用汉语或其他语言，导致使用人口越来越少，最终进入濒危状态。贵州毕节地区的羿语、东北的哈卡斯语（东北柯尔克孜语）以及台湾地区平埔族使用的南岛语系中的不少语言实际上已经消亡了。还有一些语言如中国大陆的赫哲语、满语、鄂伦春语等，台湾地区的巴则海语、赛夏语、邵语等虽未消亡，但若不采取强有力的抢救措施，说它们面临生存危机也绝非空穴来风。[20]

在美洲，印第安语数量的减少非常明显。尽管在一些地区建立了印第安人保留地，但也无法阻止印第安语消亡的步伐。在哥伦布时期，北美洲可能有数千种语言，由于历史上连绵不断的战争、疾病和同化，印第安语只剩下不到 200 种了。有些印第安语言只有几个或几十个老人还在使用，年轻人为了更快地融入外部世界和寻找更好的工作，往往不愿再使用父辈的语言而改学英语，这种情况不啻雪上加霜，久而久之，它们的传承就中断了。其中许多接近消亡，或者面临被英语所取代的危险。南美印第安语的状况也不乐观，历史上最多时曾达到 2000 种以上，如今已剩下不到 500 种了。问题在于，这一减少的趋势并未停止。像前面提到的亚马孙地区，虽然陆续新发现了一些语言，但它们中不少本来就是濒危语言，使用人口非常少，少到只有几个、几十个人（而且多为老人）使用，在现代文明和一些有影响的、使用人口众多的语言如英语、西班牙语和葡萄牙语的冲击下，反而加快了消亡的速度，形成一边发现、一边消亡的怪圈。

澳大利亚的语言状况同样令人堪忧。当欧洲移民最初来到澳大利亚时，这片大陆的原住民语言远远超过 200 种，统计表明，到今天为止已消亡了至少 50 种以上，幸存下来的 100 多种语言只有几个或几十个老人还在使用，鲜有使用人口超过 1000 的语言，它们未必能生存多长时间。[22]按照教科文组织出版的《地图集》划分濒危语言的标准，其命运可想而知。19 世纪 70 年代前在塔斯马尼亚使用的语言，今天已经无一幸存。使用这些语言的原住民，不是死于战乱便是疾病，没有为我们留下任何文字记录，他们的语言消失得如此彻底，以至我们今天对它们几乎一无所知，不仅不清楚它们与其他地区的语言的关系，甚至对它们内部的系属关系也不甚了了。

同样的情况还有非洲撒哈拉沙漠以南广袤地区的许多当地语言。该地区纵横交错地分布着大约 2000 种语言，联合国教科文组织提供的数据表明，在21世纪末，这个地区的语言可能至少会减少200种以上。再看一个具体的例子，赤道非洲分布着一个独特的族群俾格米人（Pygmy），他们今天讲的并非自己最初时候的语言，因为在与周围强势民族和语言的接触中，俾格米人已经完全放弃了自己的语言，转而使用从西非传来的尼日尔－科尔多凡语系中的一些语言。他们最初使用的那些语言今天已经荡然无存，这不仅对俾格米人语言本身是一个很大的损失，更糟糕的是，他们早期独特文化中的许多细节由于失传，人类今天已经无法获知了。

南亚次大陆的印度既是世界上语言多样性最突出的国家之一，也是濒危语言最多的国家之一，达196种，而印度尼西亚也有近150种语言面临消亡的危险。可以说，处于濒危状态和消亡威胁的语言在全世界每一个洲都能见到，因为"世界上90%的语言的生存状况都不乐观"。[23]

以上国家和地区多在海上丝绸之路沿线范围之内，涉及的语言也特别多，因此关注这些地区的语言特别是濒危语言的状况，对于通过文化与语言接触了解历史上海上丝绸之路沿线各国、各地区人民交往的情况，以及促进这些地区的人文发展和民族和谐具有特殊的意义。

让我们再看看陆上丝绸之路沿线的语言状况。从这些地区遗存的用多种文字书写的铭文中得知，当地民族和语言都很多，素有"语言富矿"之称，因此语言多样性的问题非常突出，濒危语言和已消亡语言的数量也不少。仅中亚一地的丝绸之路沿线的语言就包括：1）突厥语族中的许多语言，如维吾尔语、哈萨克语、柯尔克孜语（境外称"吉尔吉斯语"）、乌孜别克语（境外称"乌兹别克语"）、塔塔尔语（境外称"鞑靼语"）、图瓦语、撒拉语、西部裕固语等；2）蒙古语族的语言，如卫拉特语、达斡尔语、东部裕固语、东乡语、土族语、保安语等；3）满—通古斯语族的语言，如锡伯语、鄂温克语（境外称"埃文基语"）等；4）藏语；5）印欧语言，如俄语、瓦罕语、萨里库尔语等；6）一些混合型的语言。[24]

但是，历史上仅欧亚大陆一地就有数百种语言终止使用，我们能叫出名字的如党项语（唐古特语）、粟特语、阿兰语、于阗语、大夏语、萨尔马特语、图木舒克语等，这些语言没有任何一种后裔语言幸存下来。[25]人们只能通过极为有限的书面文献或考古遗存来对它们先前的情况进行构拟。不幸的是，许多语言由于缺少或根本就没有留下书面文献，我们今天连它们的名称都叫不出来，遑论其他细节，从而为这些语言的研究留下了空白。特别是那些混合型语言，是丝绸之路沿线不同语言和文化接触后产生的一种非甲非乙的特殊语言形式，从某一个侧面反映了这些地区不同民族交往的历史和文化史，具有重要的研究价值，受到国际学术界的关注。从文化史研究的角度看，一种语言的消亡，总是意味着该语言所传承的文化的消亡，也意味着一种以观察为依据的重要资源遭到了无可挽回的损失。以党项语（唐古特语）为例，11 世纪上半叶，该语言的使用者创制了世界上最复杂、最有特色的文字之一，拥有多达 6000 个左右的表意字，该文字被用来创作本民族的文学作品，也用来翻译汉语的佛教典籍和世俗文献。^①党项语的消亡，致使对该语言和文字的进一步解读，以及对使用该语言的民族和社会、经济和文化方面许多细节的研究增加了许多困难。

联合国教科文组织把使用人口不足 1000 作为划定濒危语言的界限标准，但这只是相对而言，判断一种语言是否面临生存危机，是否濒危语言，往往需要做具体的个案研究，有时并不完全取决于多几个或少几个使用者的问题，单凭该语言的使用人口来衡量，有可能陷入判断失误的境地。实践表明，某种语言的使用人口所起的作用，有时还没有使用者年龄分布因素起的作用大。比如法国布列塔尼半岛的凯尔特语言布列塔尼语，其使用人口多达 50 万人，但 25 岁以下的年轻使用者却不足 2000 人，根据推算，21 世纪内该语言的生存状况同样令人堪忧。类似情况在美国的印第安人原住民语言中、在路易斯安那州南部法裔居民的语言和印度尼西亚的一些南岛系语言中都存在，只是规模和范围可能小一点。这些语言的本民族使用人口可能都不算少，但绝大多数已进入高龄，而年轻人通常不再愿意学父辈的语言，这些语言实际上面临后继无人的严峻情况。反观分布于意大利部分地区的拉迪恩语（Ladin），其使用人口仅占布列塔尼语的十七分之一左右，但由于小学就开设了拉迪恩语及其方言的课程，几乎所有儿童都作为母语来学习，而且自 1800 年以来就有书面语言。如果当地政府支持拉迪恩语的政策不发生改变，21 世纪中无生存危机之虞。

20 世纪 90 年代中期，在美国的一个"濒危语言基金委员会"成立大会上，与会学者们在审慎地研究了世界范围内的语言生存状况后达成共识，他们发表的一项声明强调指出：语言消亡的情况虽然古已有之，但是世界上许多语言以现在这样的规模和速度消亡，以致危及我们生存的这个星球，却是前所未有的。作为语言工作者，我们正面对一个严酷的现实：今天大家接触到的许多语言和文化，也许我们的后几代人将不再可能接触到。我们目睹许多民族的文化遗产正在遭到瓦解，而我们却在当旁观者。难道我们愿意背上袖手旁观和一事无成的骂名?[22]许多语言学家、国际组织和语言学团体纷纷发声，呼吁国际社会从不同角度关注濒危语言和语言多样性问题，并采取抢救性措施改善濒危语言的生存环境。

联合国教科文组织前总干事、世界遗产委员会前主席松浦晃一郎也表达了类似的担忧，他指出："一种语言的消亡意味着非物质文化遗产的许多方面的消失，特别是使用该语言的族群的传统及口传的珍贵遗产会随之消失，其损失是无法估量的……失去一种语言，会殃及人类对生物多样性的认知，因为该语言会传递很多有关大自然和宇宙的知识。"[23]从这个意义上说，语言多样性不仅与文化多样性关系极大，同样也与生物多样性息息相关。特别是在全球化背景下，如果任由语言消亡的势头继续和发展，许多有"活化石"(living fossils) 之称的没有文字的古老语言，就会在走向消亡的道路上处于首当其冲的位置。在最近几十年间，人类已经失去的语言多达数百种，我们可以举出许多有名的例子：喀麦隆阿达马瓦省的卡萨贝语 (Kasabe)、西高加索语言乌布赫语 (Ubykh 或 Ubuh，曾经使用于土耳其)、坦桑尼亚的阿萨克斯语 (Aasax)、阿拉斯加的埃雅克语 (Eyak)、澳大利亚昆士兰州北部的莫宁顿岛的达民辅助语 (Damin auxiliary language) 等等。随着这些语言的最后一个使用者逝去，他们也带走了有关这些语言的几乎一切细节，而这些语言所传承的作为人类知识宝库重要组成部分的文明和文化也随之消失殆尽。

早在 20 世纪 90 年代初，在加拿大召开的世界语言学家大会就一致通过了一项声明，警示国际社会语言消亡可能给人类带来的无可挽回的损失，同时呼吁联合国教科文组织和各国学术界采取各种行之有效的措施拯救濒危语言。随后教科文组织和英、美、中、日等许多国家都采取了相应措施，而中国更是早于许多国家用实际行动拯救濒危语言，中华人民共和国建国后对少数民族语言和濒危语言开展过多次大规模田野调查的工作。仅以 20 世纪 70 年代后期以来的调查为例，早在 1976 年，民族语文工作者就对使用于中印边界地区的少数民族语言进行了综合调查，发现了门巴语、仓洛语、义都语、崩尼—博嘎尔语、苏龙语、崩如语、达让语和格曼语，并出版了相应的著作。这以后，语言识别的工作被提到了非常重要的地位，陆续发现了一批新的语言，如白马语、尔苏语、史兴语、纳木依语、扎坝语、尔龚语、却域语、倈语、拉基语、普标语、回辉语、村语、炯奈语、巴亨语、桑孔语、毕苏语、柔若语、阿依语、浪速语、勒期语、茶洞语、康家语等等，这个时期发现的语言多达三四十种。举凡新发现的语言，几乎全都有专人进行深入研究，并出版了《中国新发现语言研究丛书》，已出版30多卷。这一工作仍在进行中。语言学家们付出的这些努力，对于廓清中国少数民族语言特别是濒危语言状况有重大意义，为进一步的抢救保护工作进行了必要的资料和数据准备，奠定了坚实的研究基础。同时，台湾地区的少数民族语言工作者也对分布于台湾地区的少数民族语言进行了广泛而深入的调研和描写工作，对布龙语、阿美语、排湾语、雅美语、赛夏语、葛玛兰语、泰耶尔语、卑南语、邵语、鲁凯语、邹语、巴则海语和赛德克语等13种语言进行了逐一描写，出版了《台湾南岛语言》（2000）。㉙这些语言虽不是新发现的语言，但由于其中有一些已经处于濒危状态，对这些语言的调查、记录和描写工作，实际上具有抢救性质，可以帮助有关部门制定有针对性的保护政策，以有利于它们的生存与发展。

事实证明，人类在挽救濒危语言方面是可以有所作为的。有些濒危语言的使用由于得到政府和社会团体的持续性政策支持，生存环境逐渐得到很大改善，语言活力得到增强，如秘鲁的印第安语言克丘亚语（Ouechua，也做"凯楚亚语"）和艾马拉语（Aymara），其使用人口都有大幅度的增加。而新西兰大力促进少数民族语言毛利语的使用更是一个成功的例子。新西兰政府首先是通过立法确立毛利语的平等语言地位，具体措施包括：创办毛利语和英语的双语学校，甚至建立只讲授毛利语一种语言的学校，这一政策从初级教育一直实施到大学，现在居然已经有了只使用毛利语的高校；政府和企业创造了更多的使用毛利语的工作岗位；现在新西兰甚至出现非土生土长的毛利人讲毛利语的情况，或者把毛利语作为家用语言、看毛利语电视、听毛利语广播，或在学校中学习毛利语。学者们认为，对面临濒危语言问题困扰的其他国家而言，这可以成为一个具有示范性的例子。㉚在这一点上，政策上的支持尤为重要，巴拉圭对瓜拉尼语，美国、加拿大和墨西哥对一些濒危的印第安语的政策性抢救，都取得了一定成功。像前面提到的，甚至有少数已消亡的语言，由于人类采取的措施得当，居然获得了某种程度的复活，成为世界诸语言中几个罕见的特例。不幸的是，在现实生活中，生物物种的消亡，往往很容易引起社会的关注，而平均每两周几乎就会有一种濒危语言消亡，却似乎已习以为常，并没有引起大家必要的关注。语言的生存危机和连续不断的消亡，对人类的语言及文化多样性而言无异于一场灾难，其破坏性并不亚于人类的生存环境所遭遇的灾难。

一种语言的消亡，不仅意味着它所传承的文化的中止，更意味着该语言的使用者认识和解释世界的一种独特的要素随之消失，最终将导致文化的消亡。从这个意义上说，保护濒危语言和语言多样性就成了保护文化多样性的紧迫任务，也是全人类共同的历史责任。

三 语言竞争中的英语：有争议的霸主地位

在世界诸语言中，就绝对数字而言，尽管英语并不是使用人口最多的语言，但却是使用范围和通行地区最广泛的语言。虽然我们无法得到世界上以英语为母语的人的准确数字，比较保守的估计认为远远超过 4 亿，而作为第二语言使用的人口更是多得多，是世界上使用人口最多的第二语言，把它作为外语学习的人也最多。在国际交往中，英语还是外交、金融与贸易、旅游、机场与空中交通管制、国际体育比赛、广告业等众多领域的主要语言，同时也是国际学术交流的主要语言，全世界三分之二以上学者用英语写作，以便使自己的研究成果具有更大的国际学术影响力。平心而论，英语称得上是一种国际通用语言（international lingua franca 或 world's lingua franca）。根据 Web of Science 等数据库的文献统计，世界上用不同语言发表的科学文献中，以英语出版的文献数量遥遥领先，占了绝大多数。采用英语发表的人文社会科学的著述虽然不及科学技术文献多，但其数量也仍然远远多于用其他语言发表的。苏联的解体，客观上有助于英语地盘的扩张，也更加有利于美国成为世界科学的中心。从学术角度看，美国丰富的研究资源、各种庞大而便捷的书目数据库和引文索引数据库都助推了英语优势地位的巩固。[①]90% 以上的互联网信息用英语发布，约 80% 的电子文献用英语存储和检索。这些因素，使全球"英语学习热"持续升温，进一步加快了英语走向世界性通用语言的步伐。

当国际社会日益认识到全球化背景下语言和文化多样性的重要性，并且语言生态的概念越来越深入人心时，世界语言格局中英语的特殊优势地位却受到了空前的关注。质疑声不仅来自非英语本族语使用者，有相当多的英语本族语使用者甚至包括知名学者在内纷纷提出了批评。比如英国著名语言学家克里斯托尔（D. Crystal）曾经毫不客气地批评道："如果英语继续像现在这样发展……也许有一天我们就只剩下一种语言可以学了。如果这种情况真的发生，我敢说这将是我们这个星球上前所未有的'知识领域最大的灾难'"。[②]德国杜伊斯堡－埃森大学荣誉教授、语言学家阿蒙（Ulrich Ammon）

干脆把英语的特殊地位称之为"英语的霸权"（hegemony of English）。晚近时期，更有一位叫作奥斯特勒（Nicholas Ostler）的英籍语言学家通过分析历史上一些通行范围曾经很广泛的语言如希腊语、拉丁语、波斯语、阿拉伯语、法语等的衰落过程，预言英语和其他一些通用语言"将走向最终的衰落"，"英语不仅会在不太久的将来失去其世界性语言的地位，而且它将成为世界上最后一种通用语言……""英语将会逐渐回归到它本来的疆域中去"。③他不赞成把英语的影响力过分夸大。他认为，既然像拉丁语和梵语这样在历史上曾经产生过重要影响的语言都消亡了，英语也会步其后尘。在过去的四个世纪中，英语的强势地位主要归因于主导世界事务的强国讲英语，但是全球化正在促使权力平衡发生改变，像巴西、俄罗斯和中国这样的国家，其民族传统与英语并无渊源关系，虽然全球化有助于英语的发展，但贸易、移民、经济发展和技术创新现在正在改变他们接受和使用英语的方式。奥斯特勒的结论是：人类正在走向一个更加明显的多语未来和更加多样化的未来，同时，一旦英语的地位下降，再不可能有任何一种语言能取代它的地位……英语本族语使用者最后的竞争优势很快就将消失在历史中。③以上论断是奥斯特勒在一本影响很大的新作《最后的通用语言：巴别塔重现前的英语》（*The Last Lingua Franca*：*English Until the Return of Babel*，2010）中的结论性观点。由于他是"濒危语言基金会"主席，他的这一身份使他的预测和论点受到国际社会的更多关注。虽然许多欧美学者都对英语的强势地位表示担忧甚至批评，但像奥斯特勒那样把英语未来的命运看得如此不堪的学者却并不多。不知是巧合还是有意而为之，在他的书出版几年后，另一位美国学者马丁内斯（Andres Martinez）在 2014 年 11 月 13 日的《华盛顿邮报》撰文表达了完全相反的意见，在历数英语优于其他许多语言的各种长处之后，认为"英语将永远是世界通用语言"（English Will Always Be the World's Lingua Franca），并以此作为他文章的标题。

应该说，奥斯特勒的立意是好的，他强调了发展民族语言和保护小社团语言的重要性。他对历史上许多通用语言衰落过程的分析也符合实际情况，但其推论确实有失偏颇。因为英语的情况与他所列举的那些通用语言的情况虽不乏共同点，却有着根本性的差异。的确，历史上大帝国的语言总是能够在超出其疆域的地区通行，以扩大其影响，但是即使是强大帝国的语言，一旦该帝国衰败或崩溃，其语言也会受到影响，有可能缩小其使用地区，逐渐淡出人们的日常生活甚或遭到废弃。在这方面，希腊语的经历是很典型的。公元前 4 世纪，希腊建立了跨越欧、亚、非三洲的大帝国。公元前 323 年，以希腊语为媒介，促成了希腊传统文化与亚非文化融合而进入了"希腊化"（Hellenistic）时代，在科学、思想、艺术等诸多方面相互影响，形成了独特的希腊文化、历史和艺术。这一风格辗转东传，更经印度、大夏，一度于魏晋时期，进入中国，为华夏所吸收融通。⑮但是随着希腊帝国的衰落和希腊化的终止，希腊语的影响力也大大缩小了。历史上，拉丁语、法语和德语也都在不同领域对世界产生过重要影响，但现在均无法与英语抗衡。

在中世纪，拉丁语曾是国际交流的媒介语言，也是科学、哲学和神学的语言。罗马天主教传统上用拉丁语作为正式语言和礼拜仪式语言。中世纪末与近代初期，拉丁语开始逐渐失去其口语功能，但书面拉丁语的一种相对标准的变体，仍然使用于行政管理、法律、教育和教堂，并在条件成熟时作为中世纪拉丁语传播到欧洲的更大范围，成为西方国家共同的学术语言。直到近代，通晓拉丁语仍然是西方文科教育不可或缺的前提条件。但是自 17 世纪始，拉丁语作为学术交流的一种通用媒介语言的地位，在英语作为一种现代国际性语言兴起之后就开始衰落了，从此，英语逐渐取代拉丁语而成为科学和哲学著作的语言。

让我们再看看另一种重要的文化语言法语的情况：17 ~ 18 世纪时，法语曾经是举足轻重的国际语言，欧洲不少国家的王公贵族以会讲法语为荣，但第二次世界大战后，法国地位下降，法语的重要地位受到波及，影响逐渐式微。法国人一向对英语的发展不以为然，经常对英语和英语文化日益增长的影响表示不满，以致曾在媒体上引发大辩论，法语纯语主义者和语言自然主义者两种意见争论不休，但是法语最终还是难挡英语的入侵，特别是在学术领域，学者们还是倾向于用英语发表论文，以确立自己的学术影响力。在网络时代，英语对法语的影响更甚，像 Internet 等一大批英语词堂而皇之地进入了法语，甚至像 ordinateur personnel 这种纯法语词的缩写通常也不写作 OP，而是采用更常用的英语的 PC（personal computer）。

德语影响力降低的情况也许更为明显。德语一度是世界科学技术领域的主要用语，直到 1910 年，自然科学著作更多的是用德语而非英语出版。到了 20 世纪中叶，德国由于成为第二次世界大战的战败国，国家地位下降，最终导致了语言地位的下降。此外，纳粹政权执政时期曾经解雇了很多犹太人德语教授。这种釜底抽薪的方式，从长远看恐怕也是影响德语教学的发展，最终影响德语本身传播的原因之一。世界上还有许多语言都经历过这种由强及衰的命运，如伊朗的波斯语、埃及帝国的古埃及语，以及苏美尔王朝的苏美尔语等。

但是英语的情况却比较特殊。英语的优势地位的形成具有深刻的历史和社会原因。16 世纪时，英语还只是英格兰几百万人的母语，但是由于英帝国在世界各地的扩张和殖民活动，加上基督教的传播，把英语带到了许多国家和地区，英语早已不是某一个国家、某一个民族或某一个人种的母语，而是一种中性的通用信息媒介。两次世界大战后美国逐渐成为世界科学、经济、军事和教育中心，拥有的世界一流大学最多，使世界各国的青年学人趋之若鹜，同时也激发了各国学者的交流热情。美国还拥有发达的大众传媒和极易传播的大众娱乐方式，它们的传播，客观上促进了英语的发展。另外，当代全球化进程刺激了各国对国际通用语的需求，已经具有最广泛使用范围的英语自然容易成为首选，以减少国际交往中各个领域的沟通障碍和翻译过程中概念理解的失真，等等。更重要的是，世界上以英语为官方语言的国家和地区最多，达 70 个以上（含英语与其他语言并列官方语言的国家和地区）。有些国家和地区虽未正式宣布它为官方语言，但实际上给予其官方语言的地位。世界上数千个大大小小的国际组织中，以英语为工作语言或工作语言之一的也最多，只有少数几个例外。即使在多语言并列为工作语言的国际组织中，英语的使用频率通常也远高于其他语言。历史上某个时期发挥过重要作用，后来因为种种原因地位下降甚至消亡的语言中，在使用范围的广泛性、使用人口的数量以及生存活力等许多方面，没有任何一种堪与英语相比。除希腊语等极个别语言外，跨洲使用的语言就那么几种。即使将来某个或某些英语国家在国家实力、政治、经济影响力等方面发生弱化，也不足以对历史长河中形成的当代世界语言的使用格局构成整体性的影响，至少在可以预见到的将来都不可能产生颠覆性的变化，因为这种长期形成的格局已经具有相当的稳定性。以英语今天在世界范围内的发展速度和使用的广泛性而言，我们还看不到它衰败的迹象。在遍及全世界的许多国家和地区——无论是在俄罗斯、中东欧、中南美，还是在亚太地区——英语越来越多地成为非英语国家学校外语教学的首选外语。这些都将成为支撑英语继续发展的后续力量。

几年前高盛公司曾经预测中国经济将在 2027 年前超过美国，但认为中国人似乎并未下大力气让世界掌握自己的语言，更多人反而仍然热衷于学英语，"每年新增加近 2000 万会说英语的中国人"。㊳ 2000 万人这个数字是如何统计出来的？我们不得而知，其可信程度如何也值得怀疑，因为按他们的这个估计，中国 10 年就将增加两亿说英语的人，显然与我国人口结构状况和教育实际不相符。但是即便如此，我国学习英语的人数逐年较大幅度递增确实是事实。美国传媒巨头迪士尼公司和其他许多英语培训机构甚至在中国开设了专门针对儿童学习英语的连锁学校。2014 年 11 月 13 日《华盛顿邮报》也信心十足地预测，到 2020 年全世界将有 20 亿人掌握实用英语，其中绝大多数人是把它作为第二语言学会的。㊴情况表明，英语的优势地位不仅没有削弱，还在进一步增强。

除了外部因素外，从语言学角度讲，英语本身的特点也比较有利于自己的发展。在 1000 多年的发展过程中，它的词形变化和句子结构已大大简化，而且它是一种开放性的语言，从世界上几十种语言引进词汇，外来语来自大多数欧洲国家以及非洲、亚洲和南太平洋的许多国家。这些，都增加了英语非本族语使用者对英语的心理接受程度。

以英语为代表的少数几种使用人口众多、使用范围广泛的国际性语言是否直接构成了对濒危语言的生存环境的威胁，学者们的认识并不完全一致。如澳大利亚语言学家、《地图集》主编莫塞莱（Christopher Moseley）就不同意过分简单化地把英语、法语和西班牙语等前殖民者的那些"大语言"看作是"杀手"（killers），而把所有使用人口少的语言一律视为"受害者"（victims），认为"大语种"和"小语种"之间存在着微妙的相互作用的问题。㊵莫塞莱教授是一位长期关注濒危语言生存环境的学者，他这样说应该有一定道理，任何语言的存在都是为了传递信息。从这个意义上说，所有语言都是平等的，无论是英语等使用人口众多、通行范围广泛的语言，还是使用人口少、通行范围极为有限的"小语种"，语言本身都无过错，关键在于相关语言政策能否公正对待不同语言，语言本身并不存在孰优孰劣的问题。我们说过，今天全世界的语言格局是长期历史发展进程中形成的，具有深刻的社会经济和地域基础，想要彻底改变殊不易，绝非一朝一夕的事情，最重要的是着眼于未来，采取实事求是的态度。

但是我们也必须看到，改变语言分布及使用的严重失衡，缩小生存环境的巨大差异，我们是可以有所作为的。语言本身确实无错，但是语言政策的制定、决策者的语言态度、社会财富和语言教育资源的分配、语言教学大纲的制定与实施等等，这些都是人为的。一旦解决好了，可以改善那些境遇不佳的语言特别是濒危语言的生存状况，促进它们的健康发展。像英语这样使用人口众多、通行范围极广的国际性语言，其快速发展，客观上会挤压其他语言特别是濒危语言的生存空间，使它们的地位和作用遭到进一步的削弱，有时甚至会遭到一定程度的同化，这就需要对不同语言的均衡发展给予更多的关注。在双语或多语国家，如果官方语言是英语等有重要影响语言，更需重视这个问题。因为双语或多语环境容易导致语言使用发生转移或同化。特别是当一种语言具有更高声望、更多的使用者和更广泛的使用范围时，或者是强势语言使用者一方具有更强的政治和经济实力时，更容易造成语言政策向强势语言的倾斜，资源分配更容易不公，从而形成强势语言更强、弱势语言更弱的巨大反差。弱势语言使用者会发现使用有声望的"大语种"的种种好处，便有可能放弃原有的弱势语言而转用强势语言。夏威夷语便是一个典型的例子。该语言曾经是夏威夷岛上的主要语言，20世纪初有近4万人把它用作第一语言，但在英语不断的挤压下，现在只有不到1万人还能使用，而且这个数字还在减少，几近消亡。勉强还在使用的夏威夷语，已经很难再称为夏威夷语了，因为该语言中不断混杂进了大批英语词语，不是演变为克里奥耳英语便是皮钦英语，只有夏威夷群岛中的尼豪岛（Ni'ihau）是一个例外，那里的几百个夏威夷人过着自给自足的宁静生活，甚少与外界接触，其语言基本上不受英语的冲击，被语言学家们称为"最纯粹的夏威夷语"。这个例子充分说明强势语言对弱势语言的影响和作用有多大。

实际上，在加拿大和美国的大部分印第安人，都面临着类似的严峻现实。年轻的印第安人为了争取更好的工作和更好的生活环境，不愿再学习和使用自己的母语，老人出于同样目的，不愿再把本族群的语言传给后代。在美国新墨西哥州、亚利桑那州等地，使用纳瓦霍语（Navaho 或 Navajo）的近10万纳瓦霍印第安人，虽然生活在保留地里，但仍能深切地感受到，他们获得的条件远不能与大城市中心受英语教育的公民所获得的条件相比。[⑨] 即使是在国际学术交流中，也存在着事实上的语言不平等：由于英语的广泛使用，以英语为母语的学者总是处于一种十分有利的地位，他们可以轻而易举地用英语进行交流，而英语的非本族语使用者则不得不做出比本族语使用者更大的努力，既要做学术准备，又要做语言准备，否则就不得不靠同传来进行交流。一方面是非英语国家在努力推进英语和外语教学，可另一方面，英美这样的传统英语国家却在充分利用英语作为世界性语言所带来的种种好处，他们对外语学习的热情和重视程度反而很低。英国语言学家克里斯托尔曾经指出：英国的中学约 60% 的学生学了 3 年外语就扔掉了。有些学生虽然通过了外语考试，但实际运用外语能力也不高，甚至还有人建议取消外语课程。[40]美国的情况也与此有不少相似之处，虽然英美最近一直有人在呼吁重视和改善外语教学，但若要看实际效果，恐尚需时日。联合国有关机构经过几十年的实践和思考，越来越意识到，在世界各民族中推行一种共同的交际媒介语并不是一个优先的选择，或者说根本就用不着急于做出这种选择，即使政治家们可能出于既得利益的考虑而不鼓励推行一种共同的国际通用语，也可以原谅他们。或许，就像《旧约》中的上帝一样，他们预见到了这样做的风险。[41]这一倾向性的意见，反映了联合国对推行一种单一的国际通用语的某种担忧，虽然单一的国际通用语对国际交流和沟通确实有好处，而且成本费用比推行多种通用语言要低很多，但是，且不说实际操作起来会遇到许多意料之中和意料之外的困难，其他因素可能更不应忽视：无论选择哪种现用语言，单是来自非本族语使用者心理上和情感上的抗拒情绪就无法平息。即使是像英语那样使用人口的分布区域那么广泛、使用范围那么普遍，已经具有全球通用语的许多条件的语言，一旦要以某种官方的形式正式在全体非英语国家推行，恐怕就不那么容易了。

尽管我们不认为英语的强势地位永远都不会改变，但是至少在可以预见的将来都难以改变。即使发生变化，从当前世界诸语言的使用及分布格局看，也无法找到另一种合适的语言去充当世界通用语。假设有一天真有某种语言取代它了，那又会出现新的类似的问题。就以汉语为例，它虽然是世界上使用人口最多的语言，但与英语相比，其使用和通行范围以及国际认可程度都尚难望其项背。这并不是说我们就可以妄自菲薄，而是要积极创造条件促进和改善汉语教学，在可能的情况下逐步扩大其在国际上的影响力。坚持改革开放政策，"一带一路"战略的实施，以及中国综合国力的全面提升，都会有助于汉语国际地位的提高。

四 语言与文化多样性是世界大格局中的常态

一种文化是某个人类族群共有的思想、感情、知识、信仰和行为等综合而成的一个复杂的系统。社会科学家和人类学家都对人类文化进行过反复、深入的探讨，并给出了各种各样的定义，数量多达几十或上百种。但无论对文化如何理解，都无法否定文化与语言的密切关系，以及语言是文化的重要组成部分的论点。准确说，语言本身就是一种重要的文化现象，文化的阐释与传承，都必须靠语言来完成。而文化和文化环境对语言的影响，首先就反映在词汇中。一个生活在赤道非洲的人与一个生活在北极地区的因纽克人讨论雪的问题，由于所处的文化地理环境差异太大，可能会有完全不同的感受、理解和表述方式。非洲人对雪的理解可能就是最一般的常识性印象，根本无法理解因纽克人为什么一定要用一大堆词语来区分"正在下的雪"、"飞旋的雪"、"地上的雪"、"用来建拱形圆顶冰雪屋的大块雪"，还是"干雪"、"细雪"、"软雪"……反过来因纽克人可能也无法理解为什么非洲人对雪的理解那么简单。这就是文化环境的差异造成语言理解上差异的一个例子。印度安德拉邦的科亚人使用的科亚语（Kova）不区分雨、雪、露等，却用许多词去区分当地特有的各种竹子；贝都因人用大批词语去称呼与骆驼相关的概念、北欧的拉普人用许多词语去表达与驯鹿有关的概念等等，只是从一个侧面通过语言表达族群的独特文化特别是少数民族文化的案例，类似的例子还很多，恕不一一列举。正是各种语言中的这些各具特色的词语和表述方式，既反映了语言使用者的智慧和思维方式，也从多个侧面折射出它们所传承的文化的多姿多彩，它们共同构成了世界文化和知识宝库的不可或缺的重要组成部分。由此可看出，不同语言对同一文化现象的解释可能是很不一致的。语言不仅仅是对现实的客观反映，它在很多情况下实际上是构筑了现实。语言和文化是不断相互作用、相互影响的，文化影响着语言的结构和用法，反过来语言又影响着文化对现实的诠释。语言和文化的这种相互依存关系，为语言是文化的载体和传承工具这一说法做了最好的脚注。

我们这个世界的构成要素很多，但民族、文化和语言永远都是其不可缺少的部分。正因为有了语言和文化的多样性，有生物物种的多样性，我们生活的世界才会绚丽多彩，充满活力。单一的语言和文化未必就意味着和谐。多民族、多语言和多文化的和谐相处，才能使我们生活的世界更加美好。有些对语言多样性的重要性持怀疑态度的人，可能会以"巴别塔"之说为自己的观点找借口，认为只要有一种或少数几种通用语言就行了，语言越多，形成语言障碍的可能性就越大，势必增加沟通的难度和教育的成本。因此语言（特别是那些使用范围有限的小族群的语言）自然消亡未必是一件坏事，这种看法实际上是抹杀了文化的本质，一旦某种语言消亡了，它所依附、所传承的文化也会逐渐消亡，从而造成整个知识和文化宝库的缺失，对那些没有文字的语言来说就更是如此。小至一个民族，大至整个人类，这都是无可挽回的损失。语言作为文化生存和传承的一种载体，与它所深深植根于其中的文化是不可能截然分开的，它们之间的关系是一种共生关系，是宝贵的无形资产。况且，把语言的多寡与沟通的难易完全等同起来的看法也未必科学。自从人类有语言以来，各个民族的接触、沟通一直没有中断，社会照样进步，生活照样继续。聪明的人类总是能够通过相互学习对方的语言，找到沟通和交流的最佳途径和方法。历史上海上和陆上丝绸之路涉及那么多国家、那么多民族和语言，贸易和文化往来依然硕果累累。今天，消除人类语言交流障碍最好的办法，仍然是各个民族彼此学习、尊重对方的语言和文化，有计划、有步骤地培养各类外语人才，既掌握国际通用语言，也掌握一些有特定需要的语言。此外还要进一步提高本民族语言和文化的素养，既尊重和促进本国少数民族语言和文化，也要尊重和学习其他民族的语言和文化。如果各民族都朝这个方向努力，解决世界范围内的语言沟通问题就会容易得多。

语言的沟通职能固然很重要，但它只是语言的基本职能之一，除此之外语言还是传承人类文化，阐述知识、完成记忆和体现价值的工具，是文化表述和非物质文化遗产传承最根本的媒介，而这些对于族群和个人的身份认同同样至关重要。这些重要作用，不仅得到了语言学家的承认，也成为越来越多的有识之士和民众的共识。所有非物质文化遗产领域，包括从宇宙到各种礼仪和宗教仪式的知识，从表演艺术到手工艺的知识，都需要依赖于语言来完成日复一日的实践及代代相传。在口传领域，语言不仅仅是非物质文化遗产的媒介，它本身就是非物质文化遗产的重要组成部分和精髓。它反映某个族群独特的文化观和整个文化系统，反过来这种文化观和文化系统又促进了族群的思想、族群的哲学体系及其对外部世界认知方式的形成。

对濒危语言和濒危文化的排斥，不是唯物主义的态度，因为持这种态度的人看不到丰富多彩的语言和文化对人类的价值和意义。从文化角度看，语言对于人类交际和沟通造成的部分障碍，恰好可以帮助不同族群发展自己的个性特点，使不同语言所传承的不同文化始终各具特色，而不是让它们的个性在千篇一律中被最终抹去。语言是在很多世纪中文化发展的产物，是我们的祖先代代相传下来的全部智慧、诗歌、传说和历史的传播工具。

语言就像精心雕刻打磨出来的一件精美的艺术品，它是体现人类创造能力的一座崇高的丰碑。㊷我们应该把坚持语言和文化多样性作为我们不懈努力的方向，维护它们的健康发展，为人类的语言和文化事业作出应有的贡献。

---

①*The Holy Bible*, New International Version, New York：New York International Bible Society，1978，p. 11.

②Bodmer, Frederick, *The Loom of Language*, London：Allen and Unwin, 1944, p. 405.

③⑤⑥⑪Lewis, M. Paul, Gary F. Simons, and Charles D. Fennig（eds.）, *Ethnologue：Languages of the World*, 19ᵗʰ edition. Dallas, Texas：SIL International. Online version：http://www. ethnologue. com. 2016.

④⑩⑫⑬Lewis, M. Paul et al.（eds.）, *Ethnologue：Languages of the World*, USA：SIL International, 16ᵗʰ edition, 2009, p. 575, pp. 393 – 396, p. 19, pp. 20 – 26.

⑦中国大百科全书语言文字编辑委员会：《中国大百科全书语言·文字》卷，北京：中国大百科全书出版社，1988，第523页。

⑧㉑㉙参见孙宏开、胡增益、黄行主编《中国的语言》，北京：商务印书馆，2007，第1~10、2185~2231、16~43页。

⑨Atal, Yogesh, "Globalization and Linguistic Diversity," in Anura Goonasekera et al（eds.）, *Cultural Rights in a Global World*, Eastern Universities Press, Nanyang Technological Press, 2003, p. 176.

⑭㊷Gunnemark, Erik V., （ed）, *Countries, Peoples and Their Languages*（Revised edition）, Gothenburg：The Gothenburg County Government Printing Office, Sweden, 1992, pp. 169 – 171, p. 254. 另，"家用语言"指家庭成员间偏好使用的语言，通常为使用者的本族语或第一语言，使用者对它们的忠诚度通常超过其他语言。p. 16.

⑮Wardhaugh, Ronald, *Languages in Competition*, New York：Basil Black Inc, in association with André Deutsch, 1987, p. 7.

⑯㉓㉝International Mother Language Day：UNESCO launches new atlas of endangered languages, http://www. eurolang. net/index. php？option = com_content&task = view&id = 3143&Itemid = 0, 2009 – 3 – 9.

⑰⑲㉗㉜Crystal, David, *Language Death*, Cambridge：Cambridge University Press, 2000, p. 15, pp. 20 – 21, p. Ⅶ, p. Ⅷ.

⑱Kincade, M. D., "The Decline of Native Languages in Canada," in Robins and Uhlenbeck（eds.）, *Endangered Languages*, Oxford and New York：Berg. 1991, pp. 160 – 163.

⑳Quechua, Aymara included in UNESCO endangered language list, http://www. andina. com. pe/Ingles/Noticia. aspx？Id = a6ZY1q9W6Rg = 2009 – 3 – 9.

㉒Dixon, R., "The Endangered Languages of Australia, Indonesia and Oceania," in R. Robins and E. Uhlenbeck (eds.), *Endangered Languages*, Oxford: Berg. 1991, pp. 229 – 256.

㉓Hale, Ken, "On the Endangered Languages and the Importance of Linguistic Diversity," in L. A. Drenoble and L. J. Waley (eds.), *Endangered Languages: Current Issues and Future Prospects*, Cambridge University, 1998, p. 192.

㉔Wurm, Stephen A., "The Silk Road and Hybridized Languages in North-Western China," in *Diogenes*, no. 171, 1995 by ICPHS, UNESCO, pp. 53 – 54.

㉕㉖Sinor, Denis, "Languages and Cultural Interchange along the Silk Roads," in *Diogenes*, no. 171, 1995 by ICPHS, UNESCO, pp. 4 – 5, p. 4.

㉚UNESCO Fights to Keep Endangered Languages alive, http://www.unmultimedia.org/radio/English/detail/69982.html, 2009 – 3 – 9.

㉛参见 Ammon, Ulrich, The Hegemony of English, in *World Social Science Report* 2010: *Knowledge Divides*, UNESCO, Chapter 4, 2010, p. 154, 55。

㉝www.amazon.com/The-Last-Lingua-Franc…2012 – 11 – 17.

㉞参见 *The Last Lingua Franca*, http://tushu.hao123.com/book/info/9781846142154, 2013 – 3 – 25。

㉟参见台湾"故宫博物院"编辑委员会编《华夏文化与世界文化之关系图录》（秦孝仪跋），1989，第三版，第6页。

㊱参见《英语会衰落吗?》,《金融时报》（FT）2010年12月29日，人民网。

㊲Martinez, Andres, "English Will Always Be the world's Lingua Franca," in *The Washington Post*, Nov. 13, 2014.

㊴Paolillo, John C., Das, Anupam, Evaluating Language Statistics: The Ethnologue and Beyond-A report prepared for the UNESCO Institute for Statistics, Research Gate, Publication & raquo, 2006. p. 7.

㊵参见 Crystal, David, *The Cambridge Encyclopedia of Language*, Cambridge, New York: Cambridge University Press, 1988, pp. 368 – 369。

㊶Pei, Mario, One Language for the World, http://www.geocities.com/Athens/Troy/1642/onelang.html, 2000 – 10 – 18.

作者简介：黄长著，中国社会科学院学部委员、研究员。1964年毕业于四川外语学院。先后在中国社科院语言研究所和院文献信息中心工作，曾任中国社科院文献信息中心副主任（1985~2000）、主任、院图书馆馆长（2000~2006）、联合国教科文组织国际哲学人文科学理事会副主席

（1996～2000）、中国社科院翻译系列正高级职称评审委员会主任（第1~6届）等。1994年被国家人事部授予"国家有突出贡献中青年专家"称号。现任国家哲学社会科学研究专家咨询委员会委员、国家社科基金图书馆·情报与文献学学科组召集人、中国社科院国际中国学研究中心主任、中国社会科学情报学会荣誉理事长。研究领域：世界语言的分类及分布，语言与社会、文化的关系等；图书馆学情报学学科建设及发展战略等。著有《世界语言纵横谈》、《各国语言手册》、《世界语言的分类》、《全球化背景下的世界诸语言：使用及分布格局的变化》、《网络环境下图书情报学科及实践的发展趋势》（合著）等。总计出版专著（含合著）及主编图书十余种，发表论文200余篇（含用英、法文在国外发表的20余篇）。成果曾获中国社科院优秀科研成果论文二等奖，专著、译著三等奖，四川省优秀图书一等奖等。

［责任编辑：刘泽生］

（本文原刊2017年第2期）

用西方文论诠释诗词文本的
"多义"与"潜能"

叶嘉莹

[提　要] 本文通过"细读"的方式，从"读者接受"的角度比较了五代北宋的三首小词，指出中国小词中隐藏有一种能够引发读者产生丰富联想的能力，它类似于西方接受美学家沃夫冈·伊塞尔所提出来的"潜能"。前辈词学家在他们深厚的传统文化基础上对此虽有体会，但由于在表达上有模糊化和概念化的缺点，所以不易被传统文化根基不深的现代青年人所理解。因此本文尝试运用西方文论中的一些概念来进行阐释说明，以期打通古典诗词与现代青年的隔阂，使中国古典诗词的研究赏析能与现代接轨。

[关键词] 潜能　多义　文本　小词　现代西方理论

我今天要讲的这个题目，是一个中西"截搭"的题目。所谓"截搭"，本来是古代科举考试中的用语，是"截断牵搭"的意思。在我的这个题目中，"诗词"是中国传统的词语，"文本"、"多义"和"潜能"则是西方文论中的词语。我把它们截搭在一起，目的是借用西方文学批评的视角，来反观我们中国的古典诗词和诗词理论。当然了，我的论说仍然主要是立足于中国的文学批评，之所以借用西方理论，是因为我们传统的文学批评中有很多说法是非常模糊非常概念化的，我希望能够在西方理论的观照之中对我们中国传统的诗词和诗词批评进行一个反思。这就好比你的房间里只有一面的窗户，你平时所看到的你房间里的一切都是光线从这一面照射进来所造成的效果，现在你房间的另一面又开了一个窗户，于是你就看到了一种不同于往日的效果。平时也许你只能看清楚物体的这一边，可是现在有了这道新的光线，你就把物体的那一边也看清楚了。

先说"文本"，它的英文是 text，这在英文中是广泛使用的一个字。一首诗、一篇文章、课本上的一篇课文都是 text，它的意思就是指这一篇作品的本身，所以可以翻译为"本文"。可是为什么我现在用"文本"而不用"本文"呢？因为在现代西方文学批评术语中，法国学者罗兰·巴特（Roland Barthes）曾经给了 text 这个词一种新的含义，以区别于"本文"的含义。① 他认为，"本文"仅仅指一篇固定下来的死板的作品，而"文本"则具有可以和读者互相融会与演变的多种质素。为什么要强调"和读者互相融会与演变"呢？这与现代西方文学批评的重点已经从作者转移到了作品，又从作品转移到了读者有关，这个我们等一下再讲。

再说"多义"，这个词也是从西方借来的。现在我先简单地介绍它的起源，然后用我们中国的诗词为例证来讨论这个概念。在西方近代文学批评里，"多义"这一概念有个发展的过程。最早是一位英国学者威廉·燕卜荪（William Empson）写了一本 *Seven Types of Ambiguity*（《七种暧昧的类型》），朱自清先生将其译为《多义七式》。② 这个"ambiguity"，本来不是个褒义词，它有"暧昧"、"模棱"或者"不清楚"的意思。在这本书里燕卜荪说，在英国文学，尤其是英国诗歌中，有时候一句话里面所包含的意思是暧昧的、模糊的、不清楚的，你无法确定它说的是什么。燕卜荪分列了七种类型，每一种类型都举了例子。我想我们没有必要详细地介绍他这七种类型的例子，现在我只简单地举一个中国人常说的故事为例。小时候，我到同学家去玩，忽然下起雨来了，我的同学就和我们开玩笑说："下雨天留客，天留我不留。"就是说，下雨是天替主人留客，可是纵然天想留你，主人我却是不想留你的。但是这句话，若是把标点的位置稍微改换一下，还可以有另外两种意思，而这些意思是完全不同的。一个是改成客人问主人的问句："下雨天，留客天。留我不留？"再一个是改成主客问答的对话："下雨天，留客天。留我不？留！"像这样一段文字，如果没有标点的话，所表达的意思实在是暧昧和含混不清的。这就是燕卜荪说的"ambiguity"。

在中国古典诗歌的文本里，同样也存在不少这种"ambiguity"的现象。比如杜甫有一组诗叫作《戏为六绝句》，其中第五首的开头两句说："不薄今人爱古人，清词丽句必为邻。"③这个"不薄今人爱古人"就是有多义的。若是你在"不薄"后边停顿，那就是说：对于"今人爱古人"这件事情，我是不会鄙薄的。但杜甫并不是这个意思啊。这句话应该在"今人"后边停顿，他是说：我既不薄今人同时也爱古人。怎见得应该这样解释？因为杜甫在第六首诗中还说："转益多师是我师。"他主张的是，写诗必须从多方面汲取营养，既不该一味地推崇古人鄙薄今人，也不该一味地称赞今人而鄙薄古人。但我们要是不读他的整组诗而只看这一句，能够确定他是什么意思吗？恐怕不能。所以这和刚才我举的那个"下雨天留客"一样，都是所谓"ambiguity"的现象。就是说，这一句诗可以有不只一种的解释，而这些不同的解释在作品的文本中是完全不能够同时并存的。类似句子，其实还有杜甫这组诗中第三首的"纵使卢王操翰墨，劣于汉魏近风骚"。④对这两句有人认为应该在"劣于"处停顿，就是说，当今这些诗人的诗是比不上汉魏诗的，因为只有汉魏诗更接近于风、骚。可是还有人在"汉魏"处停顿，说是当今这些诗人的诗没有汉魏诗好，但是它们却更接近于风、骚。这两种意思，显然也是不能够并存的，所以也是 ambiguity。

不过有的时候，诗人在其显意识之中，也可能有意地使文字中包含有多种的解释。像杜甫的《秋兴八首》里有两句："同学少年多不贱，五陵衣马自轻肥。"⑤这"同学少年"是谁？是杜甫当年的同学吗？有人认为，杜甫不是指他当年的同学而是指现在的年轻人：现在的年轻人追求的是眼前的名利和富贵，他们自己轻裘肥马，对国家的危难却视若无睹。而且这个"自轻肥"的"自"字，突出了得意的口吻，有一种"自炫轻肥"的意思。可是也有的人另有解释，他们说杜甫这是说他自己当年的同学少年，说他们只顾自己的高官厚禄、轻裘肥马，对颠沛流离衰老多病的杜甫完全不加关怀，故人之情是十分冷漠的。所以说，这两句诗里的"同学少年"是 ambiguity 的，这种 ambiguity 就使得读者在读诗的时候联想到多种解释的可能性。

我们再看《古诗十九首》里的第一首，这里边也有"多义"的句子。

> 行行重行行，与君生别离。相去万余里，各在天一涯。道路阻且长，会面安可知。胡马依北风，越鸟巢南枝。

开头两句"行行重行行，与君生别离"里边的"生"字就可以有两种不同的解释。人生有生离有死别，这个"生别离"当然是指与"死别"相对而言的活着的别离。但是,"生别离"还可以有一个解释,它是"硬生生的别离"。什么是硬生生的别离?我把这两张纸分开,那不叫硬生生;我把这一张纸撕成两半,那就是硬生生了。这两种解释,是可以同时并存的。再看后边的"胡马依北风,越鸟巢南枝"两句,这首诗从"行行重行行"到"会面安可知"都是叙述,然后忽然就用了这两句形象的比喻。对这两句比喻,隋树森的《古诗十九首集释》引了前人好几种不同的解释。一个是《文选》李善注引《韩诗外传》的说法,说是"诗云:'代马依北风,越鸟翔故巢',皆不忘本之谓也"。⑥就是说,连马和鸟都知道不忘它们的故乡,游子你难道就忘了你自己的故乡吗?再一个是引了《吴越春秋》的句子来做解释,说是"胡马依北风而立,越燕望海日而熙",这是"同类相亲之意也"。⑦就是说,马和鸟都要找它们的同类相处在一起,所以游子你也一定会回来和我相聚。他还引了清初纪晓岚的说法,认为"此以一南一北,申足'各在天一涯'意,以起下相去之远"。⑧就是说,这胡马和越鸟的一南一北,是和前边的"各在天一涯"那句相呼应的,以此来强调我和你现在相去之远。对这两句诗之所以有不同的解说,主要是由于它所用的典故有不同的出处。因此前人的这几种不同的解说,也是可以同时并存的。

这种"多义"并存的句子,有的时候还可以非常之妙。这个我举俞平伯先生讲过的一个例子,俞先生在他的《读词偶得》一书中提到南唐李后主写的一首《浪淘沙》:

> 帘外雨潺潺。春意阑珊。罗衾不耐五更寒。梦里不知身是客,一晌贪欢。独自莫凭栏。无限江山。别时容易见时难。流水落花春去也,天上人间。

结尾这四个字"天上人间",没有主词也没有述语,它是什么意思?俞平伯先生提出,对于这四个字,可以有四种不同的解释。第一种是问话的口气:"春天到底向哪里去了?去了天上还是去了人间?"第二种是感叹的口气:"春归了,天上啊!人间呀!"第三种是今昔感慨的口气:"春归去也,昔日天上,而今人间矣!"——李后主曾经说过,"还似旧时游上苑,车如流水马如龙"(《望江南》),昔日贵为天子如今成为臣房,他从天上一下子就跌到人间来了。俞先生还提出了第四种的解释,他说这个"流水落花春去也,天上人间"实在就是承接了前面那一句"别时容易见时难"所说的意思。也就是说，"流水落花春去也"是说离别之容易如此；"天上人间"是说相见之难如彼。⑨因为李后主也说过，"四十年来家国，三千里地山河"、"最是仓皇辞庙日，教坊犹奏别离歌"（《破阵子》），他写的就是那种悲惨而且绝望的别离。

所以你看，作为一个读者，俞平伯先生就从李后主这句词中读出了四种意思。这也是一种 ambiguity。但这种 ambiguity 和刚才我举的那些例子都不大一样，诗句的"多义"使其有了更为丰富的感情内涵，从而成为千古名句，能够感动我们这些千载以下的读者。为什么会产生这种现象？我个人以为，由于李后主是一个纯情的诗人，他不是用理性的思考来写诗，而是任凭自己感情的直觉来创作。他心里的那些极为敏感极为丰富的感受，完全不加思考和修饰就脱口而出，也许连他自己都来不及想清楚自己到底要说什么，而像"天上人间"这四个字里边就已经包含了非常丰富复杂的感情，从而能够引起读者多方面的、丰富的联想。所以，这样的"多义"就是好的现象而不是坏的现象了。

燕卜荪先生的 *Seven Types of Ambiguity* 实际上也承认：ambiguity 这种暧昧模棱的现象有的时候不但不是坏事反而是一件好事。因为它使得这一首或者这一句诗有了更丰富的、可以同时并存的、多方面的含义。但是，中国传统的诗学有一个观念，认为我们所要追寻的一定得是作者的原意。俞平伯先生显然也受到这种传统观念的影响，所以他在《读词偶得》里边虽然列出了四种解释的可能性，但是他认为前三种解释都不好，只有第四种才是正确的。可是，那果然就是李后主的意思吗？真的既不多也不少完全是作者的原意？恐怕没有一个人敢这样说。而西方的"诠释学"（hermeneutics）则认为：所谓作者的原意根本就是找不到的，每一个诠释者的解释只不过是作为读者所得到的自己的一些个解释。他们有一个说法，叫"诠释的循环"（hermeneutic circle）。⑩就是说，作为一个诠释者，你有你读书的背景，有你自己的性情修养，有你自己的生活经验，你从你自己的这个基础上出发去追寻作者的原意，结果常常是发现绕了一圈之后又回到了你自己，最终所得到的仍然是你自己的意思。

由于 ambiguity 这种现象有好的一面，但这个词本身却是贬义词，所以后来西方文学批评就用其他名词来代替它。于是，有人就使用 multiple meaning 或者 plural significance 来表达这种现象，而不再用 ambiguity 这个词来表达这种现象了。

　　近代西方文学批评的发展是日新月异的。传统的西方文学批评本来也很注重追求作者的本意，可是后来，他们就开始从作者转移到作品了。曾经盛极一时的 new criticism（新批评）理论认为：作者在完成了他的作品之后也就脱离了作品，这个作品就独立了，所以作者并不重要，作品的好坏并不能够代表作者的好坏。作者在行为和事业上可能是个伟大的人物，但这个伟大的人物不见得能写出同样伟大的诗篇来，诗的成功与否和作者并没有必然关系。我们中国传统文学批评经常认为，像屈原、杜甫等诗人的诗之所以好，是因为他们忠爱缠绵，是因为他们人格伟大。可是按西方"新批评"学派的观点来说，这就是完全错误的，是一种所谓"重心的误置"。所以说，"新批评"派所注重的完全在作品本身，即 text 的作用。⑪不过，西方理论中还有"意识批评"（criticism of consciousness）的一派，这一派就非常注重作者的意识。他们所注重的，还不是作者在创作时的现实之我的心理分析，他们所要探讨的乃是作品中所表现的一种意识形态（patterns of consciousness）或感知的形态（patterns of perception）。他们认为，凡是伟大的作者，都可以从其作品中找出这样一种基本的意识形态。⑫现代的这些西方理论，各有优点也各有其可商之处，但对我们都有启发的作用。以中国诗歌作品而言，像屈原和杜甫这样的作者，他们既有很高尚的人格，同时也有很杰出的艺术表现能力。在他们身上，这二者是结合的。只谈作者人格而摒弃作品的艺术表现当然不对，只注重艺术表现而把作者撇到一边也同样不对。那么后来呢，随着认识的不断深入发展，西方就又出现了"读者反应论"（reader's response）和"接受美学"（aesthetics of reception）。他们认为：虽然作者和作品的文本都很重要，但无论多么优秀的作者写出来的多么优秀的作品，倘若没有读者来读，它就仅仅是一个艺术成品（artifact）而不是一个美学客体（aesthetic object）。⑬屈原写的《离骚》是那么好的作品，倘若你把它读给一个没有一点点古典基础和文学素养的人听，他不见得能够欣赏。因此，当一个艺术成品还没有成为美学客体的时候，它也就没有美学上的生命和意义。所以归根结底，读者才是最重要的。

　　既然作品、作者和读者都需要被重视，那么当作者和读者在作品文本中相遇的时候呢，就会产生出一些新的东西来。而表达这些新的东西，当然也就需要一些个新的名词。我刚才提到的"文本"是一个，"多义"也是一个。现在我要再提出一个词来，那就是"potential effect"。这个词，是西方接受美学家沃夫冈·伊塞尔（Wolfgang Iser）提出来的，我把它译为"潜能"。我觉得这是很简洁而且很准确的一个词。但是很可惜，西方并没有很多人把这个词用到他们的文学批评里边去，中国文学批评用这个词当然就更少。沃夫冈·伊塞尔认为，potential effect 是隐藏在作品里边的一种可能的效果。他还认为，这种被他称为"潜能"的效果，是读者使其得以显现出来的。⑭此外，还有一位法国女学者朱丽亚·克里斯特娃（Julia Kristeva）创立了"解析符号学"（semanalyze）的文学批评。她曾把符号（sign）的作用分为两类，一类是"符示"（semiotic）的，一类是"象征"（symbolic）的。她认为一般语言作为表意的符号，其作用大抵属于"象征"之层次。也就是说，它的符表与符义之间的关系是固定的和可以确指的。但诗歌的语言则往往有"符示"的作用，也就是说，它的符表与符义之间的关系有的时候带有一种不断在运作中生发（productivity）的特点。而诗歌的"文本"，就是作者与读者之间互相生发运作的一个融变的场所，因此她还提出了一个词语叫作"transformer"，意思是"互相融变"，打个比方就好像用变压器使电流交融变化那样。她说，text 就是这样一个 transformer 的场所，作者和读者在这里相遇之后互相感应、互相变化，就产生出一种新的效果和能力。⑮

需要注意的是，沃夫冈·伊塞尔的 potential effect 并不是我们刚才所说的那个"作者的原意"，而是读者在读作者所写的这个文本的时候可以引起丰富联想的那种微妙的作用。这种微妙作用所引起的读者的联想，不必然是作者的原意，甚至还可以不合乎作者的原意。这个观点，是一位意大利学者弗兰哥·墨尔加利（Franco Meregalli）提出来的。他曾经用了一个词"creative betrayal"来说明这个问题，译成中文我把它叫"创造性的背离"。他认为，当读者读文本的时候，可以有一种自己的创造性的感受和诠释，这诠释不一定合乎作者原来的意思，所以叫"创造性的背离"。⑯

以上我简单介绍了西方文学批评的几个术语，下面就要结合这些术语来看我们中国的古典诗词了。在中国的古典诗词文本中，诗和词这两种体式在其美学特质上是有所不同的。比较而言，诗是作者显意识之中的创作，因为它是"言志"的。拿杜甫的一些诗来说，就算我们不能百分之百地肯定说杜甫就是这个意思，但我们可以说百分之八十他是这个意思。比如杜甫经过安史之乱的流离之后，听说官军已经把河南河北收复了，他很高兴，就写了一首《闻官军收河南河北》，说是"剑外忽传收蓟北，初闻涕泪满衣裳。却看妻子愁何在，漫卷诗书喜欲狂"。这不是把他自己的感情说得很明白吗？杜甫还有一首诗题目很长，叫作《至德二载甫自京金光门出间道归凤翔乾元初从左拾遗移华州掾与亲故别因出此门有悲往事》。这个题目是说：肃宗至德二载我杜甫沦陷在被叛军占领的长安城中，后来我从长安城的金光门逃出去，由小路投奔皇帝行在的所在地凤翔。现在首都光复了，我也回到长安了，可是皇帝把我从左拾遗的位置上贬出去，贬到华州做司功参军，我仍然是从金光门出去的。你看，他把他所有的感动甚至所有的肺腑之言在题目里就都说出来了。《毛诗大序》说："诗者，志之所之也，在心为志，发言为诗。"所以我们说，诗是显意识的。

词与诗有什么不同呢？词在发展的早期并不是言志的，它是配合燕乐的曲子所填写的歌词。燕乐，是隋唐之间新兴起的一种音乐，它结合了清乐、胡乐和宗教的法曲，演奏起来非常动人。最早为曲子填写歌词的都不是诗人文士，而是市井之间那些没有什么文化的人。他们写的歌词庸俗浅拙，不被重视，因而失传，直到晚清才在敦煌的莫高窟被发现。而在当时呢，由于燕乐的曲子好听，但配的词却不够美，所以后来就有高级知识分子的诗人文士们亲自下手来为这些曲子填写新的歌词了。第一本由文人填写歌词的集子，就是晚唐五代的《花间集》，西方译为 *Songs Among the Flowers*——在花丛里唱的歌。花间词所写的内容都是美女与爱情，因为它的用途就是在歌酒筵席的场合由文人才子们填写出来交给美丽的歌女们当筵歌唱的。诗是言志的，文是载道的，但是文人内心也有很多浪漫的感情，不能够公开地写在诗与文里，现在好了，有了词这种体裁，于是就有越来越多的文人下手来填写这种美女和爱情的小词了。但是，儒家主张"士当以天下为己任"，写这些美女爱情的小词到底有什么价值有什么意义？所以文人诗客们写了小词之后心里又觉得不安，内心产生了很大的困惑。

宋人笔记中记载了一个小故事，说北宋诗人黄山谷写诗也写词，有一位佛家的大师法云秀就劝他："诗多作无害，艳歌小词可罢之。"他说你多写诗是好事，但那些男女艳情的小词以后最好别再写了。黄山谷就说："空中语耳，非杀非偷，终不至坐此堕恶道。"他说，小词里写的那些内容都不是真的，并不代表我自己的思想和感情，我并没有做那些事情，总不至于因此遭到六道轮回的惩罚吧？^①宋人笔记里还有一个故事，说是王安石初做宰相的时候，有一天读了晏殊的小词就问："为宰相而作小词，可乎？"——晏殊是北宋仁宗时的宰相，也是一个很有名的词人。王安石问，一个做宰相的人也可以填写这种美女爱情的小词吗？王安石的弟弟王安国就回答说，晏殊有自己的事业和成就，偶尔填些小词是不打紧的。而当时也在座的吕惠卿则认为，孔子都说过要"放郑声"，做宰相的岂可带头写那些东西![⑱]这段故事，它的主旨虽然不在于词，但客观上也写出了北宋士大夫对填写小词的矛盾心理。然而，小词的音乐这么美，美女和爱情这么浪漫，写词的诱惑力实在太大，尽管文人士大夫写了之后觉得不好意思，但还是忍不住要写。于是他们就开始为写词找理由了。像黄庭坚的理由就是说那是"空中语"，完全不代表他自己的思想。宋人笔记还记载了晏殊的儿子晏几道为他父亲写词辩护的故事：有一次晏几道和蒲传正谈到他父亲作词的时候说："先君平日，小词虽多，未尝作妇人语也。"说我父亲虽然写小词，但从来不说女人和爱情之类的话。蒲传正马上就举出晏殊的两句词来说，"绿杨芳草长亭路，年少抛人容易去"那不就是妇人语吗？这两句的意思是：当春天草青柳绿的时候，那个少年郎就抛下我走了。确实是妇人语。可是晏几道就为他的父亲辩解了：你以为"年少"就是指"所欢"（那女子所爱的人）吗？倘若"年少"即是"所欢"，那么白居易有两句诗"欲留年少待富贵，富贵不来年少去"，是否就可以改为"欲留所欢待富贵，富贵不来所欢去"呢？[⑲]故事里说，蒲传正听后就无言以对了。但实际上，晏几道完全是强词夺理。白居易诗中的"年少"固然是指年少的光阴，而晏殊词中的"年少"分明就是指"所欢"的少年郎嘛！

中国的词学也走上了这样的一条路，就是要给这些个写美女和爱情的艳歌小词找到一个合理的解释。中国的诗不是有"比兴寄托"的传统吗？从屈原的《离骚》开始，美人香草不就被用来比喻君子了吗？所以词到了清代就出了张惠言的常州词派，张惠言就把那些写美女爱情的小词都讲成了有《离骚》忠君爱国的意思。比如他说，温庭筠的《菩萨蛮》（小山重叠金明灭）是"感士不遇也"，有"《离骚》初服之意"。[⑳]还说，欧阳修《蝶恋花》的"庭院深深"是《离骚》的"闺中既以邃远也"；"楼高不见"是《离骚》的"哲王又不悟也"；"章台"、"游冶"是"小人之径"；"雨横风狂"是"政令暴急也"；"乱红飞去"是"斥逐者非一人而已"；末尾还说，这首词"殆为韩、范作乎"？[㉑]可是到了王国维——他是清末民初的人，比张惠言的思想要新一点儿了——就反对张惠言的说法。他在《人间词话》中说："固哉，皋文之为词也。飞卿《菩萨蛮》、永叔《蝶恋花》、子瞻《卜算子》，皆兴到之作，有何命意。皆被皋文深文罗织。"[㉒]他说像温庭筠和欧阳修这些写美女爱情的小词有什么忠爱的寄托？全都被张惠言牵强附会罗织到他那个比兴寄托的大纲里边去了。

好，王国维批评了张惠言，可是他自己呢？他在他的《人间词话》里还说过：

> 古今之成大事业、大学问者，必经过三种之境界："昨夜西风凋碧树，独上高楼，望尽天涯路"，此第一境也。㉓

"昨夜西风凋碧树，独上高楼，望尽天涯路"是晏殊的小词《蝶恋花》里的句子，其内容是写思妇等待和盼望她所爱的人。王国维说这是成大事业大学问的第一种境界。为什么？他没有解释。我以为这是因为，当一夜西风把你窗前大树上的叶子都吹落了，你就摆脱了树叶对你的蒙蔽，可以望得更高更远——倘若你每天眼迷乎五颜六色，耳乱乎五音六律，世上那些声色犬马和利禄把你的神智都迷乱了，你还能有高瞻远瞩的思想和目光吗？因此要想成大事业大学问，第一步就要摆脱繁华世界对你的迷乱。好，这是王国维在读晏殊这两句词时所产生的感发和联想。可是过了几天王国维再看到晏殊这两句词时，他又有另外的联想了：

> "我瞻四方，蹙蹙靡所骋"，诗人之忧生也。"昨夜西风凋碧树，独上高楼，望尽天涯路"似之。㉔

"我瞻四方，蹙蹙靡所骋"是《诗·小雅·节南山》里的句子。诗人说，我看一看四方，朝廷的政治越来越败坏，在我的前方没有一条好走的路。这当然是诗人的忧生了。王国维说，晏殊的这两句词和《节南山》里的那两句诗一样，也是"诗人之忧生"的意思。这就很妙了，刚才我讲过"多义"，晏殊这两句词是多义吗？王国维的解释符合晏殊的原意吗？显然都不是。张惠言把欧阳修的"庭院深深深几许"那首词讲成忠爱寄托，说是为韩琦、范仲淹之被贬而写的，那是牵强附会，因此很多人不同意。王国维批评了张惠言的说法，可是他自己又把晏殊写思妇怀念远人的小词说成是"成大事业、大学问"的第一种境界和"诗人之忧生"，难道他就对了吗？但是你一定要注意，他在"成大事业、大学问"那一段的最后还有几句话：

此等语皆非大词人不能道。然遽以此意解释诸词，恐为晏欧诸公所不许也。㉕

他说像"昨夜西风凋碧树，独上高楼，望尽天涯路"这样的词句，不是最好的词人就写不出来。但如果你一定要说这些词句就是写成大事业大学问的三种境界，恐怕晏殊和欧阳修他们都不会同意。这是什么？这就是读者的反应，这就是接受的美学。而在王国维那个时候，西方这些学说还都没有兴起呢！王国维在他的《人间词话》里当然没有讲那么周密的理论，他只是说，并不是所有的词都可以让读者读出这么多意思的，只有最伟大的词人才能够做到。而且，那也只是你读者读出来的意思，并不一定是作者原来的意思。这实在就是我们今天所说的作品里的 potential effect 的作用了。王国维所看到的这些意思，完全是他自己在阅读的时候才把它们读出来的，所以它不是"多义"，而是"潜能"。潜能是一种非常微妙的现象，而在我们中国的小词里边，这种现象特别多。

其实，比王国维更早的词学批评家也发现了这种现象，但是他们不用西方那种有周密逻辑的理论来解说。中国是一个诗的民族，所以他们常常用一些美丽的形象和比喻来传达他们的这些体悟。下面我们看清代常州词派的继起者周济的一段词论：

读其篇者，临渊窥鱼，意为鲂鲤，中宵惊电，罔识东西。赤子随母笑啼，乡人缘剧喜怒。㉖

他说，这些小词被写出来之后，我们读词的人读了它就有一种感受。像什么呢？他说像是走到一个很深的渊渚旁，看见水中隐隐约约有鱼的影子，是鲂鱼还是鲤鱼呢？根本就看不清楚，只知道里面一定是有鱼的。他说，这种感受还像是深宵的子夜，忽然间天空一个闪电过去了，它从哪个方向来向哪个方向去？你还没搞清楚它就已经消失了。就是说，一首词它给了我们一种惊动或感受，使我们产生了一种联想，但作者是否有这种意思，你根本就说不清楚。接下来周济还说，当读者被作品感动时，其实就像是一个无知无识的婴儿，他还完全不懂人世间的哀乐悲欢，但是也会随着母亲的高兴而笑，随着母亲的悲伤而哭；又像乡下人看野台戏，他们对戏中的历史并不见得清楚，但也会随着演员表演的喜怒哀乐而高兴或者悲伤。其实，我们读古人的词有时候也是这样子的。诗，是显意识的言志，杜甫诗把什么都说清楚了，所以你读了也比较清楚。而词是给歌妓酒女写的，都是美女都是爱情，黄庭坚说是"空中语耳"。但在小词之中，这美女爱情里边常常就包含了许多的 potential effect，这真是很奇妙的一件事情。当然了，有一件事是需要注意的，刚才王国维也说了，并不是每一首作品里都包含这么多的潜能，有的小词里有，有的小词里就没有。所以王国维特别指出，"非大词人不能道"——只有最好的作者，他的词里才有这么多的潜能。

关于小词里的潜能，以上我说了这么多其实还是空谈，要想说清楚这个问题必须有词为证。比如说，同样写美女爱情，同样写美女服饰打扮的美丽，什么样的作品有潜能？什么样的作品没有潜能？只有具体的比较才能看得出来。下面，我们就来比较三首小词，第一首是《花间集》里边欧阳炯写的《南乡子》：

> 二八花钿。胸前如雪脸如莲。耳坠金环穿瑟瑟。霞衣窄。笑倚江头招远客。

欧阳炯写的是一个摆渡船的女子，说她年方二八一十六岁——不管在东方还是西方，十六岁都是指少女美好的芳龄，我曾看到北美有一个专卖少女服装的店铺，店名就叫 Sweet Sixteen——她戴着满头珠翠花钿的装饰，胸前的肌肤像雪一样洁白，脸像莲花一样美丽。"耳坠金环穿瑟瑟"，耳朵上戴了一对黄金耳环，耳环上还串有珠子之类的饰物。"霞衣窄"，她穿的衣服像五彩云霞一样，而且是紧身的衣服，可以显露出她美妙的身材。这女子满面笑容，正站立在江头招呼远来的客人——这使我想起了沈从文《边城》里边那个摆渡船的翠翠。

第二首也是《花间集》里边的，薛昭蕴的《浣溪沙》：

> 越女淘金春水上。步摇云鬓佩鸣当。渚风江草又清香。不为远山凝翠黛，只应含恨向斜阳。碧桃花谢忆刘郎。

薛昭蕴写的是一个淘金的女子。越女当然是美丽的，杜甫说"越女天下白"嘛。"步摇"是一种插在头发上的首饰，白居易说"云鬓花颜金步摇"，女子一走路，她的珠花垂饰就会晃动，所以叫步摇。"鸣当"是身上带的玉佩，一走路它就会响。这个女子在水边淘金，水边的沙洲上有花也有草，风一吹有花香也有草香。下阕说，这个女子眉毛微蹙，却并不是凝眉观看远山，而是面对斜阳满怀幽恨。因为她想起了她所爱的男子离开之后就再也没有回来。这里用了一个典故，说的是东汉永平年间刘晨、阮肇入天台山采药遇仙女的故事，刘晨和阮肇走了以后就再也没有回来。

这两首词是《花间集》里常见的叙写，词中所写的女性形象、女性装饰，如果套用西方女性主义西蒙·波伏娃（Simone de Beauvoir）的话来说，那就叫作 male gaze——男子的凝视。他们写的是一个被男性注视中的女性。小词写得很细腻很精致。欧阳炯的那一首写女子的容颜装饰都很美，却只是表面的美，并没有更深一层的意思。薛昭蕴那一首写了一些女子的感情，"碧桃花谢忆刘郎"，有一点儿孤独寂寞的感觉，但仅此而已，也不属于有很丰富的潜能的那种。那么究竟什么样的词才包含那种引发读者联想的潜能呢？现在我们看第三首，欧阳修的《蝶恋花》：

> 越女采莲秋水畔。窄袖轻罗，暗露双金钏。照影摘花花似面。芳心只共丝争乱。
>
> 鸂鶒滩头风浪晚。雾重烟轻，不见来时伴。隐隐歌声归棹远，离愁引着江南岸。

欧阳修写的是一个采莲的江南女子，给读者的感觉与前面两首不同。古人像谭献的《谭评词辨》就认为这首词中的句子是有寄托的，只不过他所说的寄托我不大赞成。他说这首词的"窄袖"一句是说"小人常态"，"雾重"一句是说"君子道消"。[⑳]这乃是一种政治上的比附，在文本中是找不到根据的。我认为，读者在读作品的时候可以有自己的联想，但引发联想的根源必须存在于 text 的本身之中。政治上的比附非但不能丰富作品的含义，反而会限制它。但是中国诗人从传统上就喜欢用政治上的比附，像唐朝有个虚中老和尚编有一本《流类手鉴》，里边就写了一大串，说什么"日午"、"春日"就是"比圣明也"；"残阳"、"落日"就是"比乱国也"；"昼"是"比明时也"；"夜"是"比暗时也"；等等。这样来解释诗，实在太牵强附会了。意大利符号学家安伯托·艾柯（Umberto Eco）在他的《开放的诗学》（The Poetics of the Openwork）中也说过：如果你用固定的形象来

解释文本，表面上看起来好像你给了它多一层的意思，可实际上你是给它加了一个限制，把它约束起来了。㉘

西方新批评学派使用"细读"（close reading）的方式，他们非常重视文字本身在作品中的作用。艾柯曾提出一个词叫作 microstructure（显微结构）。㉙什么是显微结构？打个比方来说：你说这张桌子是用木头做的，这个不够。它是什么木头？是黄杨木还是桃花心木？这种木头上有什么样的花纹？你摸上去手感怎么样？文字也是一样，你一定要注意到这一首诗里边每一个字的最微小最纤细的那一点作用。而我们所说的"潜能"，常常就是透过这 microstructure 被读者感觉到的。那么现在我就用这样的眼光来分析一下欧阳修的这首小词。

欧阳修这首《蝶恋花》和薛昭蕴那首《浣溪沙》一个写的是采莲的女子，一个写的是淘金的女子，采莲和淘金都是现实生活中的工作，但当它们被写到文本之中的时候，给人的联想就不同了。为什么不同？因为文化语码（cultural code）的缘故。瑞士符号学先驱、结构语言学家索绪尔（Ferdinand de Saussure）说，作为表意符号的语言，其作用主要可归纳为两条轴线，即语序轴（syntagmatic axis）和联想轴（associative axis）。语言传达的意义并不仅仅是根据语序轴的排列而出现的那一串实质的语言，同时也还要依赖联想轴上的一串潜藏的语言来做界定。要想了解一个字或一个词的全面的意义，除了这个字或这个词汇在语序轴中与其他字或其他词汇之关系所构成的意义之外，还需要注意到这个字或这个词汇在联想轴中所出现的可能与之有关的一系列的"语谱"（paradigm）。㉚以中国文学为例：假如我们要写一个美丽的女子，可以联想到"美人"、"佳人"、"红粉"、"蛾眉"等一系列的语谱。在选择此一语汇不用彼一语汇之时，就此一语汇作为符号而言，在选择间就已经传达了一种信息。比如温庭筠有一首《菩萨蛮》说"懒起画蛾眉"，你一看"蛾眉"就会产生一个反应，想到屈原《离骚》中的"众女嫉余之蛾眉兮"；一看"画蛾眉"就会联想到李商隐《无题》诗中的"八岁偷照镜，长眉已能画"。当一个语言的符号在一个国家、一个民族、一个社会的文化传统里有了这样普遍联想的作用之时，它就是一个"文化语码"了。也就是说，当你一按下这个键，就有了这一连串的联想。这一说法，是俄国符号学家尤里·米哈伊洛维奇·洛特曼（J. M. Lotman）提出的。他说，语言文字符号的社会文化背景很重要，每一个语言文字符号，在一个特定的文化环境中，是会形成一定之效果的。㉛举例来说，"蛾眉"和

"画蛾眉"这样的词语，只有在我们中国的文化传统中才会产生这样的联想作用，只有熟悉中国历史文化传统的读书人才能够产生这样的联想。所以，它们就成了我们中国文化中的一个"语码"了。

那么现在，我们就可以讨论"采莲"给读者的感觉为什么和"淘金"不同了。因为在中国文化的传统中，从《楚辞》开始，美人香草就代表了一种美好的品质。屈原《离骚》说，"制芰荷以为衣兮，集芙蓉以为裳"、"佩缤纷其繁饰兮，芳菲菲其弥章"。屈原说他用碧绿的荷叶做上衣，用美丽的荷花做下裳，身上带了很多香草的装饰，散发着传得很远的香气。司马迁《史记》在屈原的本传里就说"其志洁，故其称物芳"，说因为屈原的心志高洁，所以他所写的那些事物也都是芬芳美好的。当你读过《诗经》和《楚辞》之后，就要读《古诗十九首》了，其中有一首说："涉江采芙蓉，兰泽多芳草。采之欲遗谁，所思在远道。"诗中女子涉江去采莲花，岸边长满了芬芳的香草，她采了莲花做什么？是要送给远方她所思念的那个人。古人云，"士为知己者死，女为悦己者容"，你的美好是需要有人欣赏的，你有这么美好的东西，你要把它奉献给一个值得你奉献的人。晏殊也说过，"莫将琼萼等闲分，留赠意中人"（《少年游》），说你不要把你那如珠玉般美丽的花朵随便就分给别人，你要留下它送给一个最值得赠送的人。这就是"采莲"这个文化语码中所包含的传统文化信息了。更何况，六朝民歌中也常常利用莲子的"莲"谐音怜爱的"怜"，一说到"越女采莲"，我们就会产生对爱情有所期待愿意把自己的美好奉献出来的这样一种联想。至于作者有没有这种想法你不要管它，是他作品的文本里边本身就有这种"潜能"的。当然了，"越女采莲秋水畔"整个的句子也很美，王勃《滕王阁序》说，"落霞与孤鹜齐飞，秋水共长天一色"，《庄子》里边也有《秋水篇》，这越女采莲的背景也是很美的。

接下来"窄袖轻罗，暗露双金钏"，它和薛昭蕴的"步摇云鬓佩鸣珰"都是描写女子的装饰，但它们给读者的感觉也不同。"步摇云鬓佩鸣珰"，一走就摇，一走就响，是炫耀的，是要引人注目的。采莲女子也戴有黄金的手镯，但却藏在袖子里只是隐约可见。在中国古代，最早被人描写传颂的美女是《诗·卫风·硕人》里的庄姜夫人："硕人其颀，衣锦褧衣"，"齐侯之子，卫侯之妻"。这位夫人身材修长，贵为卫侯的夫人，又是齐侯的女儿，身份如此高贵，可是她一点儿也不炫耀。"褧衣"是麻制成的罩衣，当她穿着美丽的锦衣时，外边总是罩着一件不耀眼的麻衣。什么意思呢？这涉及中国传统的修养。在这方面，西方与东方、传统与现代的思维是不同的。现代人喜欢速成，年轻人要赶快打出知名度。古代就不一样了，《论语》里子禽问于子贡曰："夫子至于是邦也，必闻其政，求之与？抑与之与？"子贡曰："夫子温良恭俭让以得之，夫子之求之也，其诸异乎人之求之与？"（《论语·学而》）孔老夫子之所以得到别人的尊敬爱戴，是因为他性格的温和、品德的善良、行为的恭敬、进退的礼让。他不是那种不择手段地求取和炫耀自己的人。中国古代讲究的是谦卑、含蓄及隐藏，传统的修养是以谦退为美德的。另外，欧阳炯的摆渡女子是"霞衣窄"，欧阳修的采莲女子虽然也是"窄袖"，但它与"轻罗"连接，"窄"和"轻"两个形容词之精微细致，再加上"暗露"的"暗"，都给人一种谦卑和不夸张的感觉。不过，这两句还不是最好的，接下来的两句才是真正的神来之笔。这真是，作者有什么样的精神境界，就会写出什么样的作品来。

"照影摘花花似面，芳心只共丝争乱"，他说当这个女子低下头去摘一朵莲花的时候，突然间就发现了自己在水面上的倒影竟然和莲花一样美丽。有的人活了很多年，就从来没有过这样的一个觉醒。每个人都有你自己值得贵重的地方，你自己应该知道珍重爱惜你那些值得宝贵的东西。这个采莲女子无意中看到了自己的花光人面，因此而产生了美的自我觉醒。可是有了自我觉醒之后又当如何？白居易说"天生丽质难自弃"（《长恨歌》）——你知道了你的美好，你要把它献给何人？左思说"铅刀贵一割"（《咏史八首》其一）——就算我是一把很钝的铅刀我也想要割它一次，如果我一辈子都没有割过，我有什么资格叫作刀呢？一个人应该实现自己，对于男子来说就是要求得知用，对于女子来说就是要求得赏爱。诸葛亮受刘备三顾茅庐之恩，从此就为他鞠躬尽瘁死而后已，这是被千古士人所艳羡的事情。杜甫说"许身一何愚，窃比稷与契"，他把他的一生许给了稷与契那样的事业。在古代诗文之中，经常有以女子口吻来喻托士人求知遇的作品。刚才我提到李商隐的两句诗"八岁偷照镜，长眉已能画"，这首《无题》诗的全文是这样的：

> 八岁偷照镜，长眉已能画。十岁去踏青，芙蓉作裙衩。十二学弹筝，银甲不曾卸。十四藏六亲，悬知犹未嫁。十五泣春风，背面秋千下。

这个小女孩八岁的时候就懂得爱美要好，而且已经能够把自己的眉毛画得修长美丽。十岁的时候她跟女伴去郊外踏青，身上穿着绣满了芙蓉花的长裙——你看，"芙蓉"这个语码又在这里出现了。这女孩不但美丽而且有才能，十二岁就非常用功地学习弹筝的技艺了。按照中国礼法，女孩子长到十四岁就不能随便出见外人，因为女孩子是要嫁人的，而她还没有许配人家呢。"十五泣春风，背面秋千下"，十五岁她还没有找到对象，当春风吹来时她在秋千下背着脸偷偷地流下泪来。李商隐身为男子而写了一个美丽女子的成长过程，她不但有如花美貌，还有一身的才艺，但却没有人来求聘，就像那兰花蕙草，过时不采则将随秋风而枯萎。这其实是李商隐喻托他自己枉有一身才学却无人赏识的悲慨。李商隐还有一首诗说"飒飒东风细雨来，芙蓉塘外有轻雷"，东风夹杂着细雨吹过来，荷塘外隐隐传来雷声。这是春天来了，雷声把草木惊醒了，把冬眠的昆虫惊醒了，把人的爱情也唤醒了。他说是"贾氏窥帘韩掾少，宓妃留枕魏王才"，美丽的女子都希望能够找一个年少而多才的意中人许身给他。而李商隐的一生是失意的，所以他下了一个结论说，"春心莫共花争发，一寸相思一寸灰"（李商隐《无题》）。说你的春心不会得到报偿，徒然唤起相思，到头来都会化成灰烬。这是李商隐这样的诗人，才会写出这样的诗句来。

欧阳修的身世性格与李商隐完全不同，他其实是个很有情趣，喜欢与人同乐的人。他曾写过十首《采桑子》，每首的第一句都以"西湖好"结尾。前边还写了一篇序言叫《西湖念语》，其中说"因翻旧阕之词，写以新声之调，敢陈薄伎，聊佐清欢"。他说在你们这些能歌善舞的美女之前，我一个老翁能表演什么呢？我就展示我的这一点才能，用我的歌词来增加你们的欢乐吧。欧阳修他是真的很有兴致和情趣，而像这首《蝶恋花》当然也是给歌女们写的歌词。但妙就妙在这里，以欧阳修的学问和修养，在不知不觉之间从他的潜意识里就流露出一种与众不同的丰富内涵。他笔下的这个采莲女子在清澈如镜的秋水之上低下头去摘莲花的时候忽然发现了自己的美好，女孩子的那一颗芳心突然就觉醒了，想到自己的美好应该有一个托付，但是却还没有一个值得托付的人出现，因此才会"芳心只共丝争乱"。

下半首，"鸂鶒滩头风浪晚，雾重烟轻，不见来时伴"。鸂鶒是水鸟，比鸳鸯大，多为紫色，经常是双双对对的。他说现在风起了，浪大了，天开始黑下来了。好的词常常是意蕴丰厚，这真是日月逝矣，时不我与。《离骚》说，"日月忽其不淹兮，春与秋其代序"；柳宗元说，"苍然暮色，自远而至"（《始得西山宴游记》）。在那远远的天水之间，一片烟雾迷茫。——中国人写诗词喜欢用"烟"字，我女儿在国外受的教育，有一次在 UBC（加拿大不列颠哥伦比亚大学）我跟她说："你看今天远山上有一层烟。"她说："妈妈那不是烟哪，烟是 smoke，烧火才有烟。"但古人常说"烟柳"、"烟月"，"烟花三月下扬州"，这个烟它不是烧火的烟，它也不像雾那么浓。"雾重烟轻"，在黄昏的景色中向远山远水望去，远方迷茫的那就是"雾重"，近处似有若无的那就是"烟轻"。这是说，天色已经暗下来了，是该回去的时候了。

　　"不见来时伴"也很妙。你要知道女孩子外出最喜欢结伴了，柳永说："岸边两两三三，浣纱游女。避行客，含羞笑相语。"采莲也是如此。这女子来的时候是和其他女孩子结伴而来的，而当她要回去的时候忽然发现，那些同来的女伴都不见了。哪里去了？这真是奇怪。但是陶渊明在他的《归园田居》中也曾说过，"试携子侄辈，披榛步荒墟"——有一天我带着我家的一群小孩子们，分开野草，在荒墟之间散步。但后边写到回去时他忽然说，"怅恨独策还，崎岖历榛曲"——我带着满怀的惆怅幽恨，拄着拐杖经过曲曲折折的长满了荆榛的小路，独自一个人走回来了。那些子侄辈都到哪里去了？这很妙，因为当一个人沉入到自己的思想境界中的时候，他的意念不是别人都能够理解和同步的。王国维说"昨夜西风凋碧树，独上高楼，望尽天涯路"是成大事业大学问的第一种境界，那是因为一个人必须要经过这样一个孤独、反省、沉思的阶段，才能够发现你自己，以及发现宇宙间真正有价值的事物。这个采莲女子，当她"照影摘花花似面，芳心只共丝争乱"的时候，她沉浸在自己的醒悟和反思之中，那些个最精微、最美好、最高远的情思，不是可以和女伴们分享的。所以，女伴们归去的小船伴随着她们采莲的歌声都越来越远了。你要知道，古人常写的《采莲曲》、《采莲歌》都是相思和爱情的歌曲。当这个女孩子有了自觉的醒悟而且满怀着奉献的期待之时，这水面上越飘越远的采莲的歌声就把她那些相思怀念之忧愁从渺茫的水面一直引到整个江南的岸边。这时候，从天上到水面到岸边，就都弥漫和充满了相思期待与怀想的这一片哀愁。——这就是王国维论词所说的"境界"了。原来，小词是可以写得如此美妙的。

　　从这三首小词的分析我们可以看出：凡是意蕴丰富能够使读者产生幽微丰美之联想的词就是好词；如果写的只是 male gaze，一种男性对女性的情欲之凝视的描写，那就是次一等的词了。所以王国维也说过："词之雅郑，在神不在貌。"（《人间词话》）词的雅郑之分，在于其精神品质而不在于它的外表写了些什么。同样写美女写装饰写相思，其中果然就有着深浅、广狭与高低之不同。

说到这里本来已该结束，但是我又想起来况周颐《蕙风词话》里边的一段话。况周颐说有人问他本朝词人谁写的词最好，他回答说是金风亭长——金风亭长是清代著名词人朱彝尊的别号。那人又问他，金风亭长的哪一首词最好，他回答说是《桂殿秋》。®这首小词是这样写的：

> 思往事，渡江干。青蛾低映越山看。共眠一舸听秋雨，小簟轻衾各自寒。

朱彝尊是清代浙西词派的创始人，他曾与他的妻妹有过一段不为社会伦理所容的恋情。这首词的内容，其实就是朱彝尊回忆他们那一段恋情的。朱彝尊年少时家贫，所以入赘到他妻子家中。他们都是江南人，当年可能因逃避战乱，也可能因出门旅行，他曾和妻子的全家人都住在一条船里边。"思往事，渡江干"应该就是当年在那船上的一段往事。古人常常用山比眉或用眉比山，"青蛾"是女子的蛾眉，"越山"就是江南两岸的远山。"青蛾低映越山看"，古人不是也说过"一双愁黛远山眉"（韦庄《荷叶杯》）吗？朱彝尊说，当时我和那个女孩子都住在这一条船上，是"共眠一舸听秋雨"；可是我们不能够同衾共枕，甚至我们的感情都不能够说出来被人知道，所以是"小簟轻衾各自寒"。她有她的一条竹席，我有我的一条竹席；她有她的一床薄被，我有我的一床薄被；她要孤独地忍受她的寒冷，我也要孤独地忍受我的寒冷。你们看，这首小词有什么好？金风亭长写过许多被大家称道的好词，为什么况蕙风偏要说这一首小词是最好的？

其实况蕙风真的是一个会读词的人，他是真的体会到中国小词里边那种微妙的 potential effect 的作用了。读小词，有的时候你不要管它整体内容写的是什么，像南唐中主李璟的那首《山花子》，作者所要写的绝对是词中所说"细雨梦回鸡塞远，小楼吹彻玉笙寒"的那一种思妇怀人之情，可是王国维《人间词话》却说：

> 南唐中主词："菡萏香销翠叶残，西风愁起绿波间。"大有众芳芜秽，美人迟暮之感。乃古今独赏其"细雨梦回鸡塞远，小楼吹彻玉笙

寒",故知解人正不易得。[33]

思妇怀人是一个感情的事件,而王国维所把握的是感情的境界,所以他说"故知解人正不易得"。中国古代女子以色事人,色衰则爱弛。故而女子最重视自己的容颜,她们对年华之逝去和容颜之衰老是非常敏感和恐惧的。所以《古诗十九首》中也说:"思君令人老,岁月忽已晚。"但是古代女子的这种感情,却与屈原《离骚》中所说的"众芳芜秽,美人迟暮"的感情有所暗合。李璟所写思妇怀人的主题是比较狭小的感情世界,王国维则把它推而广之了。"菡萏香销翠叶残,西风愁起绿波间",这两句真是写出了一个风雨飘摇,一切美好事物全都被西风摧残和毁灭了的大环境。这就是王国维所主张的"境界"了。所以说,会读词的人,就是能够从这种写美女和爱情的很不重要的小词里边产生更深更广之感发的人。当然了,这种感发并不是凭空产生的,必须是在这一首词的 text 里边本来就存在着这样的一种"潜能"。而朱彝尊的这一首小词里边,确实就存在有这样的潜能。他所要写的虽然只是他和他所爱的女子之间的悲哀,但是"共眠一舸听秋雨,小簟轻衾各自寒"的感觉,不也是我们这个世界上很多人都曾有过的一种共同的感觉吗?我们生活在同一个世界上,生活在同一个国家、同一个社会,我们每个人都有自己的家庭,一家人生活在同一个屋顶之下。可是,"家家有本难念的经",你有你的痛苦烦恼,我有我的痛苦烦恼;你的痛苦烦恼不是我能够理解能够替你承担的,我的痛苦烦恼也不是你能够理解能够替我承担的。在我们每一个人独自承担自己的痛苦的时候,我们所能够拥有的是什么?只有各自身下这么窄小的一领竹席和身上这么轻薄的一床棉被而已。诗人李商隐就也有过这样的感受,他说:"远书归梦两悠悠,只有空床敌素秋。"(《端居》)

从以上的几个例子中我们可以看到:沃夫冈·伊塞尔所说的那种"potential effect"的潜能,在我们中国的小词里是蕴藏最丰富的。小词这种体裁,在早期只有牌调,连标题都没有。但奇妙的是,当一个词人游戏笔墨,随随便便地为一首好听的曲子填上美丽的歌词之时,往往在无意之中反而把自己内心深处最深隐幽微的某种感受或某种品格流露出来了。所谓"词之雅郑,在神不在貌",这正是词的妙用,也是一首好词所需要具备的一种特殊的美学特质。

所以当我们把中国古典诗词的创作与批评同西方理论结合起来研究的

时候会发现：我们古代虽然没有西方那些细密的批评术语，但是我们中国的诗词确实有这种境界，而且我们古代的词学批评家对这种境界也早有体悟。只不过由于传统的习惯和古今的隔阂，现代年轻人不太容易读懂古人的这些体悟。所以中国的古典诗词研究，也像中国其他一些传统宝藏如针灸、中药等一样，有待我们用新的理论和新的方法来理解和证明它们的意义和价值，从而能够在世界文化的大坐标中找到它们应有的位置。

课后答问

问：我是研究中国道家的，我在研究中也遇到过您今天讲的"多义性"的问题。比如对老子的《道德经》，古人和今人就有过许多种不同的解释，它们常常是可以并存的。在这种情况下，我就想向您请教一个问题。文学作品存在多义性，读者、研究者、批评者对它有不同的理解，这是完全合理的。这些我都承认。但是我想问的是：有没有一个标准，它能够分辨出来某个说法就是合理的，某个说法就是错误的？我的意思是：第一，应该不应该可能不可能有这样一个标准？第二，如果有这个标准的话，它是否也只能是一种只可意会不可言传的东西？

答：关于这个问题，西方女学者凯特·汉柏格（Kate Hamburger）曾经提到过几个条件。第一是你要熟悉诗人所用的语言：如果作品是西方的文字，你就要对西方语言有相当的熟悉；如果作品是古典的文字，你就要对古典的语言有相当的熟悉；如果作品是诗词，你就要对诗词的语言也相当熟悉。第二就是我刚才讲到的 cultural code——那些带有历史文化背景的"语码"，你对它们也不应该陌生。第三是你自己本身，如果你要解释的是诗词，那你本身也应该多少有一些诗人的气质才行。这是一些基本的条件，只有具备了这些条件，你的解释才不会落入荒谬的妄言。

刚才讲演时我没有举这些妄言的例子，其实这种例子是不少的。比如唐诗中李益的《江南曲》说，"早知潮有信，嫁与弄潮儿"，他是说女子所爱的男子远游不归，于是女子说："我要是早知道潮水能够如此信守来去的时间，我还不如嫁给一个弄潮的年轻人呢！"可是过去曾经有一度，西方流行把什么都讲成 sex，所以有人就说了，说这个"信"就同那个"性"，因此"潮有信"的意思就是"潮有性"。这是完全错误的！首先他对 language 就不熟悉，"信"的结尾是"in"的声音，"性"的结尾是"ing"的声音，这两个字的发音并不相同。其次，他对历史的文化也不熟悉，要知道中国古人即使说到

"性",也常常是"人之初,性本善"的"性",而不是西方所说的 sex。

还有西方的一个作者在他的一本书中讲到中国《诗经》里的一首诗《将仲子》,诗中有一句说:"仲可怀也,父母之言亦可畏也。"这首诗是写一个女子不让她所爱的仲子跳墙来和她相会,她说:"仲子啊我当然是怀念你的,可是父母的责备我也很害怕呀!"而这位作者是怎么翻译的?他把这个男子的名字用大写 Zhong,然后加个冒号,下边是一个 quotation,说是 I'll hold you in my arms。(笑声)他说"仲可怀也"就是"仲子说:我可以怀抱你"。这就是因为作者对诗中的语言不熟悉,才会有这样荒谬的解释。

所以我要说,并不是有了 potential effect 就可以随便乱讲,像以上这些讲法就是不可以的。因此,不管是阐释者还是翻译者,都需要具备一些基本的条件,包括你的教育背景、你的语言文字修养、你自身的气质等等。这些个条件结合在一起,才能够对作品有一个正确的理解和合理的解释。

问:刚才您提到了作品的结构问题。我想,对于一篇作品来说,作者为什么用这样的结构而不用那样的结构,这应该是由作者本身的各种因素决定的,比如说他的性格、他的天才、他的思路等等。但是西方最近的学说却认为这不是重要的,而把读者的思路放到更重要的地位。而且我注意到,您在讲词的时候,有时也会通过您的联想来赏析一首词。于是对诗词的解释现在就存在有两个途径,一个是从作者出发的途径,一个是从读者出发的途径。现在我想问,一篇作品的意义,到底是由这两个途径中的哪一个决定的呢?

答:你提的这个应该属于 intertextuality(互为文本)的问题。我刚才没有写出这个词,这是 Julia Kristeva 提出来的。她认为,一个文本就是一个 mosaic 的 art,就是像意大利嵌石那样的艺术品。她说它是 mosaic of quotation。就是说,是把许多别人用过的语言拼凑在一起而组成的。所以在读这个作品的时候,它的每一个语言的符号里边都有 quotations,而这个 quotation 是从哪里来的?是从 many many other texts 来的。Saussure 和 Roman Jakobson(雅克慎)也有这种观点。Saussure 说过,语言有两条轴线,一个是语序轴(syntagmatic axis),一个是联想轴(associative axis)。语序轴是词语次序的文法结构,比如"我要上学",那就是一种词语次序的排列。然而语言所传达的意义绝不仅仅是这个表面的语串这么简单,它同时还包括联想轴上的隐藏的语言,其实是很繁复的。作者之选用这一个语汇而不选用另一个语汇,那是由于这两个语汇在联想轴中潜藏的语谱不同。例如,"佳人"、"红粉"、"蛾眉"这几个词同样都可以指美女，但它们所提供的文本的信息是不同的，从而读者因它们而产生的对前人诗句的联想也大不相同。因此 Jakobson 就讲到语言的"六面六功能"，其中有一种就是 poetic function（诗歌的功能）。[33]他说，在语序轴上结合了联想轴的一条轴线，它所形成的就是一个很繁复的语串，除了表面结构的意思之外，还有许多隐藏着的、能够引起你各种联想的意思。

Jakobson 的这种说法，和 Julia Kristeva 的 intertextuality 的意思是相近的。就是说，诗人用的每一个语言的符号都有可能给读者很多联想，启发他们想起很多前人作品的文本。而这样的诗歌，就是蕴藏有 potential effect 的作品。诗人在写作的时候为什么用这个字而不用那个字？为什么用这样的语序而不用那样的语序？这里边当然有他自己的文化背景起着作用。而读者呢，如果你的文化背景跟作者的很接近，那你就比较容易掌握他的作品里边的那个 potential effect。反之，如果你对他那个文化背景一点儿也不了解，那你就比较困难了。

同时我还要提醒大家注意到一点，那就是传统小词里边的 potential effect 跟诗歌里的比喻、象征等手法不同，它并不是作者的显意识安排的，而常常是作者的一种无心的流露。这种作用是十分微妙的。

问：我明白了，这样就回到了您刚才所讲的作者和读者的 interact。

答：对了，就是一种相互的作用。所以我赞同 Julia Kristeva 的观点，她说文本就是作者和读者共同融合与运作的一个场所。

问：我觉得读懂一首诗特别是中国古典的诗，真是太难了。仅仅搞清楚它的中文意思还不够，还必须懂得它的文化传统，甚至有时候只读那个作者的一首诗还不行，还要读他的全集，才能对他所用的词语有一个总体的把握。

答：我想你说得很对。为了避免产生像刚才我所说的那些荒谬的、错误的解释，做好这些准备的功夫是很有必要的。

问：现代西方文学理论让读者也参与到作品的运作中去，这应该是它对文学理论的一个巨大的贡献。这要是在过去的话，读者只是被动地接受，一般是不大敢参与的。

答：是的，接受美学的理论就是如此的。他们说，不管是一首诗还是一首乐曲，当没有一个读者去读它或者没有一个演奏者去演奏它的时候，就只是一个 artifact。必须要有了读者和演奏者，才能使作品的生命活起来，这时候才可以称为 aesthetic object。杜甫的诗再好，把它给一个没有文化修养或者不认识中国字的人去阅读，它对他不产生任何作用。所以作品本身并不代表一切，作品的价值意义是由读者把它 realize 出来的。

问：Empson 研究心理学、语言学、文学，同时也写诗。他在 Cambridge 的时候，曾经叫他班上的学生解释一首诗。学生们的卷子交上来之后，答案有许多，其中当然有错的，但对的也不只一种，可能有六七种都是对的。这个问题就回到刚才您讲的：一首好诗常常有好几种不同的意思可以同时存在。当然，其中有解释得特别好的，还有一些是虽然不是特别好但也可以站得住脚的。

答：对，我刚才提到过朱自清先生翻译的 *Seven Types of Ambiguity*，他把它译为《多义七式》。其实朱自清谈诗也讲到过诗的多义。他曾经说，如果一首诗可以有多种解释，其中必有一个最好的，他把它叫作"主意"，另外那些他叫作"从意"。"从意"虽然不像"主意"那么好，但也是可以成立的。当然，也还会有一些解释属于不能够成立的。

问：那么一个解释只要能够站得住脚，可以自圆其说，就是可用的吗？

答：这里边当然是有层次的。像王国维讲成大事业大学问的"三种境界"，他自己虽然说"遽以此意解释诸词，恐为晏欧诸公所不许也"，但他也绝不是胡乱发挥。因为这几首词中最基本的意思王国维是懂得的，他之所以引申发挥他的联想，是由于词中的 potential effect，是词中本来就隐藏有可以被他如此发挥的可能性。

问：叶老师曾经说您的学生里头有一些人翻译诗词翻译得很好。那我想知道，他们是怎样翻译的？在不同文化的语言之间，在需要跨语言跨文化的时候，他们怎样解决语言的多义这个难题？要知道，翻译所依据的只有文本，而且在多义里边也只能取其一种啊。

答：确实这就是翻译的遗憾之所在。汉语的文法比较宽松，它没有西方语言那么多时态的变化，也不要求一句话必须要有主语述语什么的。所以造成了诗词多义的可能性。而你在翻译的时候，又得把这些东西都加上。于是就形成了一种限制。我的学生里边有一些翻译比较好的，特别是一个叫 Grace Fang 的女学生，她现在在 Montreal 的 McGill University 教书。她跟我写的论文是论吴文英的词。吴文英这个词人的感觉非常之艰深细微，他的词真是很难翻译。但是 Grace Fang 的感觉非常好，所以她对吴文英词的把握也非常好。

一般来说，在诠释的时候你可以发挥，但翻译的时候你只能取用一个意思，这当然是个限制。我的学生交来的作业有时候翻译得很奇妙，特别是有些西方的学生。因为他们毕竟对中国的语言不是很熟悉。比如五代韦庄有一句词："春雨足，染就一溪新绿。"（《谒金门》）这个"足"就是充足的足，所谓"雨足郊原草木柔"（黄庭坚《清明》）嘛。可是有一个学生说：那是春雨的脚走过去把溪水都染绿了。（笑声）这个虽然想入非非，但创意还是很妙的。

所以他们写论文和翻译诗词之后，一般都是拿来大家讨论，讨论之后再修改，然后看看哪种译法最好就用哪种。

问：如果原诗是多义的，通过翻译之后只取用其中一种意思，那这个译本就已经和原诗不同了啊。

答：最好的翻译，就是要在译文里边留下原诗的多义性，也就是把那个 ambiguity 仍然保留在译文里边。当然，这是很难做到的。这也就是为什么大家都觉得，把中国古典诗词翻译成另一种语言是一件很不容易的事情。

（本文是我多年前在新加坡国立大学任访问教授时所做的一次讲演和问答的整理。当时的听众大多是新加坡国大中国文学系的教师，他们几乎全部是从美国各大学东亚系获得学位的青年博士，而我当时也正热衷于用西方文论来诠释中国诗词。于是，他们遂邀请我做了一次有关文本中"多义"与"潜能"的讲演。讲演结束后，他们的反应非常热烈，提出了许多极有意义的问题。私意以为，他们所提出的问题也正是一般诗词诠释者所共同感到的困惑。近承《澳门理工学报》总编辑刘泽生先生之真诚邀约，遂将此文公开发表。本文由安易女士协助整理，并此致谢。）

---

①参见叶嘉莹《北宋名家词选讲》，北京：北京大学出版社，2007，第 94 页。

②㉛参见叶嘉莹《唐宋词十七讲》，北京：北京大学出版社，2007，第 87、37 ~ 38 页。

③④⑤仇兆鳌：《杜诗详注》，北京：中华书局，1979，第 900、898、1484 页。

⑥萧统编《六臣注文选》，李善等注，北京：中华书局，1987，第 538 页。

⑦⑧隋树森：《古诗十九首集释》，北京：中华书局，1957，第 1 页。

⑨俞平伯：《读词偶得》，上海：开明书店，1934，第 35 ~ 36 页。

⑩⑪⑫⑬⑭⑮⑯㉘㉙㉚㉞参见叶嘉莹《词学新诠》，北京：北京大学出版社，2008，第 4、28、190 ~ 191、177 ~ 179、180、84 ~ 85、46 ~ 47、177、184、20、175 页。

⑰释惠洪：《冷斋夜话》卷十，明稗海本。

⑱魏泰：《东轩笔录》卷五，明刻本。

⑲胡仔:《苕溪渔隐丛话·前集》,北京:人民文学出版社,1962,第178页。

⑳㉑张惠言:《张惠言论词》,唐圭璋编《词话丛编》第2册,北京:中华书局,1986,第1609、1613页。

㉒㉓㉔㉕㉝王国维:《人间词话》,唐圭璋编《词话丛编》第5册,北京:中华书局,1986,第4261、4245、4244、4244、4242页。

㉖周济:《宋四家词选目录序论》,唐圭璋编《词话丛编》第2册,第1643页。

㉗谭献:《谭评词辨》,《清人选评词集三种》,济南:齐鲁书社,1988,第151页。

㉜况周颐:《蕙风词话》,唐圭璋编《词话丛编》第5册,第4522页。

作者简介:叶嘉莹,北京人,1945年毕业于辅仁大学国文系,文学学士。中央文史馆馆员、南开大学中华古典文化研究所所长,加拿大皇家学会院士、不列颠哥伦比亚大学荣休教授。自1954年起,在台湾大学任教15年,其间被聘为台湾大学专任教授,淡江大学与辅仁大学兼任教授。此后曾被美国哈佛大学、密西根大学、哥伦比亚大学、明尼苏达大学等校聘为客座教授。1979年以来,曾被中国大陆十多所大学聘为客座教授或荣誉教授。2015年10月,被加拿大阿尔伯塔大学授予荣誉博士学位。此外,还曾受聘为中国社会科学院文学研究所名誉研究员,并曾获得香港岭南大学荣誉博士(2002),台湾辅仁大学杰出校友(2005),台湾斐陶斐荣誉学会第十一届杰出成就奖(2006),中华诗词终身成就奖(2008)、中华之光"传播中华文化年度人物"(2013)、2014中华文化人物、2014首届全球华人国学传播奖、2016影响世界华人终身成就奖等。英文专著有 *Studies in Chinese Poetry*,由美国哈佛大学亚洲研究中心出版;中文专著有《王国维及其文学批评》、《杜甫秋兴八首集说》、《迦陵论诗丛稿》、《中国词学的现代观》、《唐宋词十七讲》等数十种。1997年河北教育出版社出版《迦陵文集》10册;2000年台北桂冠图书公司出版《叶嘉莹作品集》24册。近年来由中华书局和北京大学出版社联合出版"迦陵说诗"七种、"迦陵讲演集"七种、"迦陵著作集"八种等系列丛书。与缪钺合著之《灵溪词说》荣获1995年教育部"全国高等学校首届人文社会科学研究优秀成果"一等奖。专著《人间词话七讲》获"2014中国好书"奖。

[责任编辑:刘泽生]

(本文原刊2016年第2期)

从"现代化"拯救传统

——中国古代文论研究的危机与生机

罗　钢

[提　要] 1990 年代以来，"中国古代文论的现代转换"问题在学术界引起了广泛讨论。通过"现代转换"，中国古代文论有望从一种特殊的、地方性的话语，转变为一种普遍的、全球性的话语，从而参与国际对话。然而，在这种"现代化"完成的同时，中国传统诗学符号就被西方知识挪用和收编，不可避免地西方化了，"意境"理论的"现代化"就是典型的例子。实际上，"中国古代文论的现代转换"和"中国古代文论的现代阐释"，都是从 20 世纪初开始的"传统现代化"学术工程的组成部分。在这种"传统现代化"范式中，中国学者只有借助由西方理论方法和话语策略所建构的叙述框架，才能再现自己的历史和传统，这导致了中国古代文论研究的危机。值得注意的是，朱自清采用了一种与"传统现代化"相对立的"抵抗"范式，它或许揭示了从"现代化"拯救传统的某一可能。

[关键词] 古代文论　现代转换　"传统现代化"　"抵抗"范式　拯救

一

从 1990 年代开始，国内文论界展开了一场关于"中国古代文论的现代转换"的讨论，这场讨论持续了十余年，至今尚未完全落下帷幕，据学者统计，仅在 1995~2004 年十年间，参与讨论的论文就达 760 多篇，是近年来文论界最为热衷的一个话题。引发这场讨论的导火索是在 1990 年代中期，一些学者指出，当代中国文艺理论和批评面临的严峻局面是所谓"失语"，当代中国文论"基本上是借用西方的一整套话语，长期处于文论表达、沟通和解读的'失语'状态"。①这种"失语"导致的一个直接后果是，中国学者不能在国际对话中发出自己的声音，于是，这些学者提出，为了改变这种局面，我们必须建立自己的文论话语。问题在于，我们应当去何处寻求这种"自己的文论话语"呢？在寻觅中，人们很自然地把目光投向了丰富的中国古代文论遗产，然而，中国古代文论毕竟是过去时代的产物，要使它重新焕发生机，进入当代文论的话语体系，必须对它进行一番"现代转换"，只有通过这种"转换"，它才能成为现代诗学观念，才能成为我们进行国际对话的理论工具。在讨论中，人们对这种"现代转换"的必要性通常不持异议，他们担心的是这两种不同的文论话语能否顺利地实现"转换"。在这种背景下，由王国维奠基，经朱光潜、宗白华、李泽厚等一批中国现代美学家建构起来的所谓"中国古代意境说"脱颖而出，受到学界的关注，毕竟在众多的中国古代文论术语中，它是迄今为止唯一通过华丽转身，顺利地实现了这种"现代转换"的诗学符号。

古风在《意境理论的现代化和世界化》一文中把这种"现代转换"称为"现代化"，他在文中指出，"'意境'之所以在文学批评中成为一个古今通用的概念"，就是因为它在一个长期的历史过程中"已经实现了现代化"，"从梁启超的'新意境说'到王国维的'境界说'，拉开了意境理论现代化的序幕，随后从宗白华、朱光潜、李泽厚的意境研究，到八十年代以来的'意境热'，经过我国文论和美学界的百年奋斗，意境理论已经基本现代化了"。②

那么，意境理论是如何实现现代化的呢？古风指出，其中的关键是"将现代的新思想'化入意境论之中'"。他继而把这种新思想分为两个方面，一是"以现代思想重写传统"。他举例说："如李泽厚便是在传统'情'与'景'的基础上"，"用哲学认识论和艺术形象说阐释意境，并强调其创造性特点，还扩展了'情'与'景'的内涵"。二是"以西方现代文艺美学来阐释意境，给传统意境论注入外来血液，使现代意境研究产生了重大变革"。他具体指出，其中"梁启超带来了'欧洲意境'"，王国维"给意境说赋予了一个现代思想体系的框架"，朱光潜"以克罗齐的'艺术即直觉'论阐释意境"，"进入八十年代，还有用西方'形象说''典型说''意象说''模糊说'和接受美学观点来阐释意境的"。古风所说的"两个方面"归结起来只是一种途径，即用西方理论来改写和阐释意境。他说的第一个方面是"用现代思想来重写传统"，这种"现代思想"究竟是什么呢？按照作者的解释是"哲学认识论和艺术形象说"，这两种观念同样源自西方近代美学，就此而言，它与古风所说的第二个方面，即"以西方现代文艺美学思想来阐释意境"并无二致，因此，从根本上说，意境的"现代化"即是其符号价值和意义的西方化，它的"现代转换"即是其符号价值和意义的西方转换。不过，在古风看来，这种"现代化"并不是最终目的，更重要的是要通过"意境"的现代化来实现其"世界化"。他充满信心地写道："我们现在要将意境推广到西洋文艺中去，即实现意境的'世界化'（internationalize）可能吗？我认为，这不仅是可能的，而且是中外文论与美学交流的一项重要任务，既然是交流，就是双向的；既要将外国文论和美学术语拿来（鲁迅语），又要将中国文论和美学范畴'送去'（季羡林语），为他们服务，因为任何一种美好的文化，都应当是人类共同的财富。"古风最后充满信心地呼吁："我们应当在当今世界形形色色的文艺批评中高扬'意境'批评的旗帜，建立'意境'批评的流派。……将意境等系列术语建构在世界文论和美学中，从而丰富世界文论和美学的内容，为人类的审美文化作出贡献。"③

作者将"意境""送去"的一片苦心固然值得同情，但让我感到疑惑的是，经过"现代化"和"现代转换"的"意境"已经改变了自己的性质，改变了自己的诗学内涵，成为一个承接和容纳近代西方各种美学和文论的思想容器。在经过这样一番脱胎换骨的改造之后，它是否还能被视为一个中国的诗学观念，是否还能代表中国诗学在国际对话中发出自己的声音呢？我们不妨设想下面一幕情景：在某一国际学术会议上，一位中国学者以"意境"为题，响亮地发出了自己的声音。发言甫毕，一位隆鼻深目的外国学者起身问道："究竟什么是意境呢？"中国学者答曰："意境即情景交融。"但外国学者仍有不解，继续追问道："什么是情景交融？"中国学者再答曰："即主客观的统一。"见外国学者似有所悟，他又进一步补充说："即自然的人化与人的自然化。"外国学者恍然大悟，颔首坐下，场内掌声雷动，至此，"意境"总算是成功地"送去"了。不料掌声刚刚停歇，那位外国学者又一脸惶惑地站起来了，"请问，'自然的人化和人的自然化'的说法本出于我们欧洲近代某一思想流派，你怎么说它来自于中国古代诗学，还为它起了一个中国的名字，叫做'意境'呢？"

　　尽管这幕情景纯粹是虚构的，但它却真实地折射出在当前国际背景下，在一种不平等的权力/知识关系中，中国学者在试图进行国际对话时所面临的某种尴尬处境。因为"失语"，我们转而求助于中国古代文论的话语，而为了使这种话语能被西方学术界承认和接受，能够参与"国际对话"，我们又必须对之进行"现代化"或"现代转换"，使其从一种特殊的、地方性（local）的话语，转变为一种普遍的、全球性（global）的话语。然而，正如在"意境"身上发生的那样，一旦这种"现代化"和"现代转换"得以完成，这个中国传统的诗学符号就被西方知识挪用和收编，不可避免地西方化了。当我们在新的意义上使用这个诗学符号的时候，以为可以借助它发出中国的声音，其实却是在一种更深刻的意义上"失语"。这使我不由想起沃勒斯坦的告诫，普遍性是强者赠送给弱者的礼物，对于弱者来说，不接受是失败，接受同样是一种失败。[④]

　　如果说，"中国古代文论的现代转换"还存有争议，那么，"中国古代文论的现代阐释"则是近年来被普遍接受的主张，在我看来，二者犹如一对思想上的孪生姐妹，更准确地说，前者乃是后者的一种实用主义发展。党圣元发现，这种"现代阐释"包含着一个怪圈，他在文章中写道，"一方面，我们期待着通过对中国古代文论资源的利用来促进当代中国文论的民族化，另一方面，又坚信这种利用必须以现代诠释为中介，而所谓的现代诠释又只能是在以西方文论为范型、为工具的前提下方可实现，这难道不是一个怪圈、一个悖论吗？"[⑤]作者的观察，与我们在"意境"的"现代转换"过程中发现的矛盾是一致的。我对此并不感到吃惊，令我吃惊的是，在清醒地意识到在"现代阐释"中包含的这种"怪圈"和"悖论"之后，人们仍然不改初衷，仍然坚持既有的选择，党圣元接着写道："然而我们也大可不必气馁"，"我们在文论方面的中与西、古与今的对话交流，多少年来就这么艰难地进行着"，"也可能就在这对话交流中，人们可以为古代文论在未来的文论体系中找到一个生长点"。[⑥]

　　尽管作者感到乐观，我却难以避免一种沮丧的情绪。萨义德在《东方学》一书中指出："东方学家和东方人之间的差异是，前者书写后者；而后者则被前者书写。"[⑦]通过这种书写，东方学家借由一系列理论方法、话语策略所构成的叙述框架，对东方与东方人进行"再现"（representation）。萨义德告诉我们，西方对东方的支配和控制，西方对东方所拥有的文化霸权，很大程度上就是通过这种"再现"来实现的。现在研究主体发生了改变，中国学者取代东方学家成为书写的主体，然而当他们书写自己的历史和传统的时候，他们仍然不得不依赖由西方的理论方法和话语策略所建构的叙述框架来再现自己的历史，来对自己的传统进行所谓的"现代阐释"和"现代转换"，在这种情况下，东方学家在东西方之间建构起来的那种不平等的权力/知识关系并没有改变。

二

为什么我们一定要以"西方文论为范型"来对中国传统文论进行"现代阐释"和"现代转换"呢？一个直接的原因可能是由于中国古代文论缺乏理论性和系统性。除刘勰的《文心雕龙》和叶燮的《原诗》等少数著作，中国古代大量的诗话词话一类著作都缺乏严密的思想体系，人们通常认为，这与中国人独特的思维方式和思维习惯有关。王国维曾经对中国人与西方人的思维特征做过一番对比，"西洋人之特质，思辨的也，科学的也。长于抽象而精于分类"，"我国人之特质，实际的也，通俗的也"，因而"吾国人之所长，宁在于实践之方面，而于理论之方面，则以具体的知识为满足"。[⑧]这种认识，应当是促使王国维在建构自己的"意境"理论时，转而求助西方美学的一个重要原因。王国维的描述很可能并不是得之于自己的观察，而是从当时流行的观念中掇拾来的。在东方学家的著作中，上述东西方民族心智的对比可谓俯拾即是，并且在东方主义谱系中形成了一个源远流长的知识传统。直到1938年，著名哲学家胡塞尔在一次讲演中还做过类似的比较："东方哲学（主要是印度和中国哲学）"与"希腊—欧洲科学（普遍意义上的哲学）"的差异就在于，后者生产一种"绝对的理论洞见"，而前者只具有一种"实践的普遍性"，它只能提供一种"通俗"和"直接"的知识。[⑨]在萨义德的《东方学》问世之后，这种带有明显的欧洲中心主义偏见的观念受到了沉重的打击，但它对20世纪中国思想和学术造成的影响却是不可小觑的，对于缺乏体系的中国古代文论而言，要实现"现代化"，以逻辑周密的"西方文论为范型"似乎是一个不容置疑的选择。

但是，这仍然不是中国古代文论的"现代阐释"和"现代转换"演变为"西方阐释"和"西方转换"的唯一原因，甚至也不是主要的原因。党圣元把"现代阐释"描述为"中与西、古与今的对话交流"，在这一表述中，中与西属于空间和地缘政治的范畴，而古与今则属于时间和历史的范畴，性质是不同的。但在20世纪的中国思想语境里面，"中"与"古"，

"西"与"今"常常是重叠的，二者具有某种对等性。中国近代社会、思想、文化的转型是从晚清开始的，正如罗荣渠所说，从晚清到五四新文化运动"对现代化认识的理论根据一般都是西方化"。[⑩]五四时期，陈独秀提倡新文化，反对旧文化，他心目中的新文化就是西方文化，而旧文化就是以儒家学说为代表的中国传统文化。"欧洲输入之文化与吾华固有之文化，其根本性质极端相反"，[⑪]因而"吾人倘以新输入之欧化为是，则不得不以旧有之孔教为非；倘以旧有之孔教为是，则不得不以新输入之欧化为非。新旧之间，绝无调和两存之余地"。[⑫]陈独秀所谓"欧化"就是"西方化"。但是，人们对"西方化"的普遍信仰很快就遇到了挑战。第一次世界大战的浩劫，使西方知识界对资本主义文明产生了深刻的怀疑，这种恐惧和失望的情绪也影响和感染了一部分中国知识分子，于是在 20 世纪二三十年代连续爆发了激烈的东西方文化论战，正是在这种论战的背景下，"现代化"取代"西化"，"传统与现代"的对立取代"中国与西方"的对立，成为了占据主导地位的叙述框架。1940 年代初，冯友兰曾指出这种变化的合理性："从前人常说我们要西洋化，现在人常说我们要近代化或现代化，这并不是专有名词上的改变，这表示近来人的一种见解上的改变，这表示一般人已渐觉得以前所谓西洋文化之所以是优越的，并不是因为它是西洋的，而是因为它是近代的或现代的。我们近百年来之所以到处吃亏，并不是因为我们的文化是中国的，而是因为我们的文化是中古的。这一觉悟是很大的。即专就名词说，近代化或现代化之名，比西洋之名，实亦较不含混。"[⑬]冯友兰说这种转变意味着一种"很大的"觉悟，恐怕夸大了其中的意义。早在五四时期，陈独秀在《法兰西人与近世文明》一文中就指出，印度、中国文化的性质是"其实犹古之遗也"，而欧洲文化的性质才是"近世"的。[⑭]更重要的是，仅仅改换一个名称，并不足以改变它的思想实质。后殖民理论家查克拉巴蒂指出，西方的殖民史学在叙述第三世界民族的近代史时，惯常采用一种"过渡叙事"，如英国殖民者在描述印度近代史时，便笼统地称之为从"中古向现代的过渡"，这种"过渡叙事"后来扩展到包括中国在内的许多第三世界国家，成为它们的近代史中一种最重要的书写模式，它的变体还有"从专制向民主的过渡"、"从封建主义向资本主义的过渡"等，其中使用得最普遍的就是"从传统向现代的过渡"。[⑮]正如酒井直树所说，作为一种殖民理论，它的功能就是把现代的西方与前现代的非西方强行嫁接在一起，使一个地缘政治的谓语可以轻易地被翻译为一个历史的谓语。在这种"过渡叙事"中，东方国家被描绘为传统的、专制的、封建主义的，而欧美国家则被描绘为现代的、民主的、资本主义的。在这一幅历史线性进步的图式中，西方国家始终占据着历史发展的高级阶段，充当着历史前进的火车头，引领着未来发展的方向，而东方民族的任务就是沿着西方国家的来路拼命追赶，因此它们向现代的过渡，就是向西方的过渡。这种"过渡叙事"原本是殖民主义者为自己对外侵略和扩张进行辩护的一种托词。现代并不意味着西方，第三世界国家的现代化也并不意味着西方化，但对于接受了这种"从传统向现代过渡"的叙述框架的第三世界学者来说，没有西方作为楷模，作为参照系，他们就很难想象出一种可以作为其替换的别样的"现代"。在文艺理论方面也是如此，在五四新文化运动以后，西方近代的各种文艺思潮，如人道主义、浪漫主义、现实主义、现代主义、新人文主义等联袂进入中国，成为中国作家和批评家建构现代文艺理论的基础，正如茅盾所说，"中国一向没有正式的什么文学批评论；有的几部古书如《诗品》、《文心雕龙》之类，其实不是文学批评论，只是诗赋、词赞……等等文体的主观定义罢了，所以我们现在讲文学批评，无非是把西洋的学说搬过来，向民众宣传"。[16]20 世纪的中国文学思想史，在颇大的程度上就是一部"把西洋的学说搬过来"的历史。这就是为什么尽管人们已经意识到"中国古代文论的现代阐释"中所包含的"怪圈"和"悖论"，却依然不肯或是不能改弦易辙的原因。因为除了"西方阐释"之外，他们很难想象还可能存在另外一种"现代阐释"。

三

如果说"现代阐释"是为中国古代文论走向"现代化"量身定制的，那么"现代转换"就是它实现"世界化"的必经之路。从 20 世纪二三十年代胡适倡导的"整理国故"运动开始，"现代阐释"就逐步地付诸学术实践。而"现代转换"则是近年来为了满足与国际接轨和"国际交流对话"的需要提出来的口号。从表面上看，这种要求是十分合理的，古代文论是中国古代文学创作经验的概括和总结，如果原封不动地把这些中国古代的文论术语拿来，显然不能满足"国际交流对话"的要求，因为它们不具备现代的、可以畅行无阻地进行国际交换的符号意义，因此必须进行"现代转换"。从"意境"的例子可以看出，为什么在比兴、格调、神韵、气、势等众多的中国古代文论术语中，"意境"能够率先实现"世界化"，就是因为它已经把诸如“直觉说”、“形象说”、“典型说”、“模糊说”、“接受美学”等西方理论都内化为自身的理论主体，因此具备了进行国际符号意义交换的条件。从古风所说的这些“现代转换”的内容，可以看出这种“世界化”其实就是“西方化”，或者主要是“西方化”。不过在古风为这种“世界化”的成功感到鼓舞的时候，我却忍不住想提出一个也许不合时宜的问题：当西方的理论术语要实现“世界化”的时候，是否也需要对其进行“现代转换”呢？答案似乎是否定的。例如，张隆溪在寻找能够在跨文化语境中流通的诗学术语时，选中了西方的“讽喻”（allegory）。他认为，这个术语在不同的语言和文化传统中具有充分的普遍性和共通性，可以成功地跨越文化差异的鸿沟。张隆溪指出，这个术语的“基本元素”就包含在古罗马批评家昆提连的一句话里：“言在于此而意在于彼。”“讽喻”是一个西方古代的诗学术语，张隆溪今天企图将其扩展到其他文化的时候，非但不要求对它进行“现代转换”，反而一再申明正是这个术语最古老、最原始的意义，是最适宜于“世界化”的。⑰这个例子再次凸显了迄今为止存在于东西方之间的那种不平等的知识/权力关系，中国古代诗学术语需要进行“现代转换”才能够“世界化”，而西方古代诗学术语不需要“现代转换”就能“世界化”。换言之，只要是“西方的”，无论其为古代还是现代，天然就是“世界的”。

与“西方即现代”一样，“西方即世界”也是几个世纪以来西方文化霸权所生产出来的一种殖民话语。卡萨洛娃曾提出一个“世界文学空间”的概念。她指出，如同民族国家所构成的地缘政治空间一样，这种“世界文学空间”也是由一种等级结构构成的，如同民族国家在政治、经济、军事上的不平等一样，“文学资源总是带有民族的印记，也因此而不平等，并且在各民族文学之间是不平等分配的”，这种文学资源的不平等分配在“世界文学空间”中造成了中心和边缘的差异。卡萨洛娃把“世界文学空间”的形成划分为三个阶段，第一个阶段可以追溯到16世纪中叶法国七星诗社的建立，这些作家在知识阶层中提倡俗语，反抗拉丁语的统治，从而创造出一个超越国家的现代文学空间。第二阶段始于18世纪末，涵盖了整个19世纪，在这一阶段，伴随欧洲各国民族主义运动的兴起，各种民族语言和民族文学也随之勃兴，并为民族主义运动提供了精神的象征。第三个阶段是指20世纪的去殖民化的运动，在这一运动中，原先被“世界文学空间”拒之门外的亚洲、非洲等国的文学也纷纷加入进来，造成了这一空间的最新的扩展。卡萨洛娃的历史描述无疑是站在一种欧洲中心主义的立场上做出的，但也正是借由她的目光，我们可以观察到在这一"世界文学空间"内部第三世界文学所处的边缘位置，按照卡萨洛娃的描述，这个"世界文学空间"在第三世界文学进入之前若干世纪便已形成，第三世界文学作为新来者，必须服从其既有的秩序和规则，而这种秩序和规则一直是由欧洲制订的。例如，卡萨洛娃指出，在很长的时间里，巴黎不仅是法国的中心，也是世界的中心，巴黎掌握着世界文学的真理和标准，一个作家在巴黎得到承认，就等于获得了世界的承认。当然，这个中心也可能转移，例如从巴黎转移到纽约，但"西方即世界"这一标准是不会发生改变的，在这一空间里，文化资本和权力形式是语言，大国和中心的语言掌握着进入这个"世界文学空间"的入场券，小国和边缘的语言只有翻译成大国和中心的语言，才能进入国际符号价值的交换和流通。[18]一部文学作品是这样，一个理论术语也是这样，它只有翻译成在国际上占支配地位的欧美理论话语，才能获得西方理论界的承认、接受和理解，才能"世界化"，这就是为什么一个好端端的"意境"必须被"转换"，必须被翻译成"直觉说"、"形象说"、"典型说"等的原因。

从表面上看，对"失语"的焦虑是一种话语焦虑，但实际上，它掩盖的是一种主体的焦虑。拉康在关于"镜像阶段"的论述中认为，主体正是通过与他者的想象性认同，建构起理想的自我形象。但从拉康的观点来看，此时主体建构的道路才刚刚走了一半，想象性认同之后是所谓"象征性认同"，在后一阶段，主体回应他者（Other）的召唤，在象征秩序的能指链中取得一个主体位置。如果说想象性认同是"我想成为什么"的意象认同，象征性认同则是对象征秩序中某一位置和身份的认同，在这一位置，主体被观察和评价，最终获得象征秩序的承认和接纳。在此之后，个体才能通过对象征秩序中某一位置的占有，最终成为话语的主体。但是为了获得承认，为了进入象征秩序，个体不得不做出牺牲，不得不进行一种"自我阉割"，所以拉康把进入象征秩序的主体写作一种经过"自我阉割"的主体，通过这种"自我阉割"，个体内化他者的欲望，抛弃那些不适应象征秩序的因素，使自己成为符合象征秩序要求的合格的主体。从这种意义上说，所谓"中国古代文论的现代转换"，就是拉康所说的"自我阉割"，是中国学者为了进入国际理论的象征秩序，为了得到这一象征秩序的认可，而不得不进行的"自我阉割"。通过这种"自我阉割"，诸如"意境"这样的中国诗学符号中原本负载和积淀的、从中国古代诗学传统中流传下来的种种固有的意义遭到小心翼翼的清除，从而蜕变为一个个西方理论的载体，这种"阉割"后的理论主体预期可以得到西方的承认和接纳，并在西方建构的象征秩序中获得一个主体位置，这就是一些中国学者所渴望的"在当今世界形形色色的文艺批评中高扬'意境批评'的旗帜，建立'意境批评'的流派"。[19] 不过，我仍然认为，这很可能是作者的一厢情愿，原因之一是，中国学者用来进行"现代转换"的诸种学说，如直觉说、形象说、典型说，等等，在西方早已是明日黄花，早已被许多更加"现代"或"后现代"的理论取代了，尽管被我们一片热心地"送去"了，要"为他们服务"，却很可能得不到西方主顾的赏识。在这种情形下，我们不妨思考一下很久以前鲁迅提出的另一条"世界化"的途径，这是一条不需要经历"自我阉割"的途径，即"越是民族的，就越是世界的"。

四

无论是"中国古代文论的现代阐释"，还是"现代转换"，都是从 20 世纪初开始的"传统现代化"学术工程的一个组成部分。

追根溯源，胡适在 1920 年代发动的"整理国故"运动，可以视为自觉的、大规模的"传统现代化"的开端。余英时说，胡适的"《中国哲学史大纲》所提供的并不是个别的观点，而是一整套关于国故整理的信仰、价值和技术系统……换句话说，便是一个全新的典范"。[20] 余英时说的"典范"即是库恩所谓的"范式"。胡适当年不知道这些新词，但他对这部著作的自我评价却与余英时不谋而合。胡适的自信，也是建立在其所展示的"方法与态度"之上。他写道："以后无论国内国外研究这门学问的人都躲不了这一部书的影响。凡不能用这种方法和态度的，我可以断言，休想站得住。"[21] 那么，胡适当年究竟采用了什么新的"范式"，采用了什么新的"方法与态度"呢？胡适批评说，古人的学术著述，"没有条理，没有头绪，没有系统"，"我的这部哲学史的最大奢望，在于把各家的哲学融汇贯通，要使他们各成有头绪条理的学说"，而"我们若想贯通整理中国哲学史的史料，不可不借用别系的哲学，作一种解释演述的工具"。[22] 不言而喻，这里所说的"别系的哲学"就是"欧美哲学"。

回顾历史，作为一门学科，中国文学批评史正是在"整理国故"的历史条件下孕育产生的，最初一批中国文学批评史的写作都不约而同地采用了胡适创立的这种新的范式。如杨鸿烈在《中国诗学大纲》中明言，该书的宗旨是"把中国各时代所有的论诗的文章，用严密的科学方法归纳排比起来，并援引欧美诗学家研究所得的一般诗学原理来解决中国诗学里的许多困难问题"。[23]同一时期出版的陈钟凡的《中国文学批评史》也声明，该书的写作方法是"以远西学说，持较诸夏"。[24]杨、陈的著作比较粗糙，不为时人所重。就中国文学批评史学科的创立而言，真正具有奠基意义的，是郭绍虞的《中国文学批评史》（上、下卷）。这部著作的上卷出版于1934年，下卷出版于1947年，积20年之功，称得上是一部精心结撰之作，它的意义首先在于大致确定了中国文学批评史的学科范围。正如朱自清所说，该书"取材范围之广，不限于诗文评，也不限于人所熟知的'论文集要'一类书，而采用史书文苑传或文学传序，笔记，论诗诗等"。[25]正是郭绍虞、罗根泽等人筚路蓝缕的工作，为中国文学批评史的研究奠定了广泛的文献学基础。但在研究方法上，郭绍虞仍然被裹挟在时代的潮流之中，当他在所觅集的文献基础上，建构某种历史叙述的系统时，他仍然不得不在"别系"的思想中去寻求支持。

在建构整体的历史框架时，郭绍虞所凭借的，除了胡适提倡的"历史进化的眼光"之外，便是由康德美学肇端的近代审美独立性的理论。二者的结合，构成了他描述和评论历史的理论基础。郭绍虞把中国文学批评史划分为三个阶段，第一阶段从先秦到魏晋南北朝，他名之曰"演进期"；第二阶段的时间涵盖隋唐和北宋，郭氏名之曰"复古期"；第三阶段包括从南宋到清代的文论，郭氏名之曰"总结期"。毫无疑问，从总体上看，郭绍虞的叙述体现出当时十分流行的"历史进化的眼光"，但在区分三个阶段的时候，郭绍虞依据的是一种"纯文学"与"杂文学"二元对立的观念。例如，郭绍虞认为，从先秦到六朝，是所谓文学观念的"演进期"，在这一阶段，文学观念的进化体现为由"混"而"析"。到了南北朝时期，"文艺重在美感，始与近人所云纯文学相似"。郭绍虞评价说，这一时期文学观念发展的总体趋势是"渐趋正确"。为什么隋唐时期被称为文学批评的"复古期"呢？郭绍虞的理由是，在隋唐和北宋，为了荡涤齐梁的浮靡文风，文论家们重新强调文学的社会功用，重新把文学与政治教化联系在一起。在郭绍虞看来，这是文学观念进化过程中的一股逆流。在书中，他分别以"诗国的复古论"和"文坛的复古论"为题来概括这一时期的诗论和文论。

但郭绍虞始料未及的是，他所采取的两种理论在应用到同一历史过程时，无意之间发生了矛盾。例如，在胡适以"白话文学"为中心的文学进化论的历史叙述中，白居易的"新乐府运动"获得很高的评价，胡适称"元和长庆的时代真是中国文学史一个很光荣灿烂的时代"，而在郭绍虞以审美独立性或"纯文学"为评价标准的文学进化史观看来，白居易等人却是"下了决心要完成他们复古的文学主张"。如何解释二者之间的矛盾呢？郭绍虞既不愿意否定以白话文学为主轴的文学进化论，又不愿意放弃纯文学的理念，于是他只能将其归结为文学进化过程中出现的一种特殊现象。郭绍虞在书中解释说："社会上一切文物的进化，大都是循环式的进化，波浪似的进化。作家之受批评界之影响，固也；但是批评界的复古说尽管高唱入云，而历史上的事实，终究是进化的。"郭绍虞把当时的情形概括为"由文学言则为进化，由批评言则为复古"。㉕

　　然而征诸历史，我们就会发现，郭绍虞所说的这种文学与批评的错位实际上是并不存在的。在批评上，白居易继承初唐陈子昂对"彩丽竞繁而兴寄都绝"的齐梁浮靡文风的抨击，主张"文章合为时而著，歌诗合为事而作"，而"不为文而作"。在郭绍虞看来，这些观念无疑是从六朝"纯文学"的立场上后退了，是一种"复古"的逆流。但这些主张与白居易要求诗歌采用平易畅达的语言和通俗易懂的表现方式，不仅没有矛盾，反而是高度一致的。白居易在《新乐府序》中明确地指出"其辞质而径，欲见之者易谕也"，"其体顺而肆，可以播于乐章歌曲也"。正是为了让诗歌更好地发挥"泄导人情，补察时政"的社会功能，产生更为广泛的社会影响，白居易才要求"讽喻"类的诗歌应当尽可能地采用通俗易懂的语言和形式。所以郭绍虞在这里发现的矛盾其实是一个"伪问题"。郭绍虞发现，如果从白话文学的理论看，白居易的主张是一种进化，从"纯文学"的角度看，他的批评又是一种"退化"。然而无论是"进化"还是"退化"，都不过是研究者依据某种理论模式做出的主观的描述和评价，是依据外来观念进行的一种"解释演述"。

　　令人遗憾的是，这些不同的外来理论系统之间的矛盾和纠缠耗费了研究者太多的精力。1950 年代以后，郭绍虞转而采用苏联社会主义现实主义的理论模式，对三四十年代的旧作做了大幅度的修改，他放弃了原书中"纯文学"与"杂文学"的对立，改用"现实主义与形式主义"的对立来建构中国文学批评史。在这一新的理论烛照下，原本被归入"杂文学"观念的儒家文论一变而为现实主义传统的忠实维护者，而原先备受推崇的六朝文论反过来成了"形式主义"的罪魁祸首。在这种以现实主义和反现实主义的斗争为主轴的历史中，白居易的诗论不再被视为"复古的逆流"。郭绍虞这时称赞白居易"正确地了解诗的意义和作用，所以接触到现实主义的实际"，又说"他（白居易）所谓六义实际上即是现实主义的标准，现实主义的尺度"。㉗白居易的诗论忽而是"逆流"，忽而是"主流"，这种翻云覆雨的做法，不禁使人联想起陈寅恪在批评"整理国故"时说的"几若善博者能呼卢成卢，喝雉成雉之比"。㉘

"文革"结束以后，人们对郭绍虞在五六十年代修改旧著的做法普遍感到惋惜，认为他是有意用政治标准来评判古代文论。于是一些学者在撰写中国文学批评史时重新回到一种接近郭氏早年的立场，他们用"政教中心主义"与"审美中心主义"的对立来概括中国文学批评发展的"内部规律"。其实，就本质而言，二者都属于外来的理论模式，"纯文学"与"杂文学"的观念，并不比现实主义和形式主义的观念更接近中国文学批评的实际。早在 1940 年代，朱自清在为郭绍虞《中国文学批评史》撰写的书评中，就已经明确指出这一点："'纯文学'、'杂文学'是日本名词，大约从 De Quincey 的'力的文学'与'知的文学'而来，前者的作用在'感'，后者的作用在'教'。这种分法，将知的作用看得太简单，未必切合实际情形。"㉙德·昆西是 19 世纪英国浪漫派的一位二流批评家，他关于"力的文学"与"知的文学"的说法形象易解，故而流传甚广，其实他只是以一种新颖的方式重申了作为西方近代美学基础的感性和理性的区分。日本学者将之表述为"纯文学"与"杂文学"，进一步凸显了原本蕴含的审美独立性的意味。也许，朱自清说这种观念"未必切合实际情形"时，想到的是他非常熟悉的中国诗学中最古老的"诗言志"的命题。朱自清把"诗言志"称为中国诗歌"开山的纲领"，而"诗言志"之"志"便无法简单地拆分为所谓的"情"与"知"。朱自清接着写道："书中明说各时代文学观念不同，最好各还其本来面目，才能得着亲切的了解，以纯文学、杂文学的观念介乎其间，故多一番纠葛。"㉚

郭绍虞熟悉中国文学批评史的史料，也具有"在古人的理论中间，保存古人的面目"的自觉，为什么还会一次又一次深陷于朱自清所说的"纠葛"之中呢？问题仍然出在胡适提供的那个基本范式。由于中国古代文论"没有条理，没有头绪，没有系统"，换言之，无法在它自身的基础上建构一种具有内在逻辑关系的历史叙述，所以郭绍虞只能从"别系"的思想中借来诸如"历史进化论"、"纯文学"、"杂文学"、"现实主义与反现实主义"等理论体系作为"解释演述"的工具，使之呈现出"条理"、"头绪"和"系统"。郭绍虞面对的是一个世纪性的难题，受过现代学术训练的学者一直在为中国古代文论缺乏"体系"而苦恼，努力为它生产出各种"体系"乃至"潜体系"，似乎只有拥有了这样的体系，才能证明中国古代文论是一种成熟的思想。这些学者坚持不懈的热情和努力，一定会使那些深陷于种种"体系"的囚牢、千方百计要从这些"体系"中突围出来的西方后结构主义思想家感到困惑。弗朗索瓦·于连在《圣人无意》一书中指出，西方的哲学体系通常是从某一观念开始的，"它把一开始提出的观念当成原则，其它的观念都是由此而产生的。思想由此而组成了体系"。③但是，于连认为"这恰恰是个陷阱"，它会造成"一开始就定出方向，然后再由这一方向统霸一切的局面"，"因为你在提出某个观念的同时，已经把其它观念压制下去"，"或者更准确地说，提出的观念已经扼杀了其它观念"。②因此任何体系都不可避免地会产生片面性和封闭性。于连把与西方哲学异质的中国思想称为"智慧"，拥有智慧的"圣人知道，在提出一个观念的同时，对现实就有了一定的偏见"，"逻辑联系现象是一束线，如果你选择了其中的一根，选择这根而不选择那根，想把它抽出来，取其一而弃其余，那么你的思想就倒向了许多方面中的一个方面"。③于连所说的"圣人无意"，就是中国圣人拒绝某一先入为主的偏见，如此一来也就拒绝了生产任何的思想体系，但是这种拒绝并不意味着"幼稚"或"不成熟"，而是一种"智慧"的表现。

在中国古代文论研究中，对"比兴"的态度似乎可以作为一种试金石。凡是习惯于朱自清所说的"直用西方分类来安插中国材料"的著作大多会忽视"比兴"，而对这种方式自觉或不自觉地有所警惕和抵制的著作则会对"比兴"给予更大的关注。例如，朱自清批评郭绍虞的批评史的疏失之一就是忽视"比兴"："如（诗）六义中'赋'、'比'、'兴'三者影响后世诗论极大，而'比兴'更是历代论诗的金科玉律，甚至清代词人也用此标准，书中'经学家之论诗见解'专评此层，仅云'汉人解诗之失只在泥于王道'，似乎是不够的。"③郭绍虞忽视"比兴"，原因是汉儒提出的美刺比兴"泥于王道"，执着于诗歌的政教功能，与他所谓"由混而析"的历史进化趋势背道而驰。在这方面，可资比较的另一部著作是刘若愚的《中国文学理论》，和郭著一样，这部著作在中国古代文论研究中也具有里程碑式的意义，它是一部用英文撰写的、旨在向西方世界系统介绍中国文学理论的专著。

刘若愚以美国学者艾布拉姆斯的"四因论"为蓝本，把中国古代文论区分为形而上学理论、决定论、表现论、技巧论、审美论、实用论等六种，逐一加以评价。㉟然而，被朱自清称为"金科玉律"的"比兴"，在刘若愚的著作中同样被忽略了，仅在"实用理论"一章中，介绍孔子的兴、观、群、怨说时一笔带过。和郭绍虞一样，刘若愚未必不了解历代中国诗人对"比兴"的重视，未必不了解"比兴"在中国诗学中"金科玉律"的地位，但在依据艾布拉姆斯的蓝本建构的分类体系中，他无法为"比兴"找到一个合适的位置。例如，"比兴"作为一种艺术手法，似乎应当归入刘若愚所谓的"技巧论"，而美刺比兴或比兴寄托，又应当归入所谓"决定论"与"实用论"，作为感兴，似乎应当纳入"表现论"，而"兴趣"、"兴象"等，又应当属于"审美论"。

在《镜与灯》一书的导论中，艾布拉姆斯从文学活动中概括出宇宙、艺术家、作品、读者等四种因素，以这四种因素为基点，生发出四种基本的观念或原则。如对应于"宇宙"的是"摹仿"，对应于艺术家的是"表现"，对应于作品与读者的也有相应的观念和原则。艾布拉姆斯指出，西方历史上的各种文艺理论体系，都是依据这些观念和原则中的某一种建构起来的。㊱《镜与灯》的副标题是"浪漫主义文论及批评传统"，所谓批评传统是指从古希腊到18世纪欧洲的古典主义文论。这种理论体系把"摹仿"看作一切艺术的本质，其他的观念都围绕着"摹仿"展开，如亚里士多德在《诗学》中就明确地指出：一切艺术都是"摹仿"，它们的区别只在于"所用的媒介不同，所取的对象不同，所用的方式不同"。而在18世纪末19世纪初浪漫主义兴起之后，浪漫派批评家推翻了在西方雄霸了两千多年的"摹仿说"的统治。华兹华斯说，"诗，是强烈情感的自然流露"。浪漫派批评家把作家的自我表现看作艺术的本质，然后围绕着"表现"这一观念建构起一种新的文艺理论体系，这就是艾布拉姆斯书中"镜"与"灯"两种象喻的由来，两派理论家各自开辟了一个独立的理论视角。但与此同时，也就关闭了其他的理论视角，他们习惯于"一条道走到黑"，拥护"摹仿"说的批评家很少关注"表现"或者把"表现"也解释为"摹仿"，而支持"表现"说的批评家又坚决地摒弃"摹仿"的观念，因此西方文艺理论的发展，不同的理论体系之间的更迭，常常表现为以理论上的一种片面性否定另一种片面性。

郝大维和安乐哲两位学者在《通过孔子而思》一书中指出，中国思想的发展具有自身的特征，中国古代思想在萌生和发展过程中常常避免与传统做公开的决裂，而是通过追溯、利用和改造传统，即所谓"托古改制"的方式来实现变革。他们在书中写道："中国传统中的许多创新都受到从未间断对圣人孔子权威征引的遮蔽。事实上，那些与孔子有重大分歧的学说一直以来都因其促进传统价值承传的倾向而被归于孔子。"⑳这样在孔子的论述与后人的阐释之间就形成了一种生机勃勃的关系，在中国古代思想中，"'孔子'就是一个社群，一个社会，一个生动的传统"。㉑这种描述不仅适合于儒家哲学，也适合于儒家诗学。在中国古代，《诗》具有经的地位，故而诸如"比兴"这样的观念也便成为一个穿越漫长历史的"活的传统"，但这种传统并不是"体系"。

和西方诗学中的"摹仿"与"表现"不同，"比兴"原本只是《诗》的两种表现方法，并不是某种对于诗歌本质的概括，所以无法成为构造某种体系的原则和基础。它后来逐渐由"方法变成了纲领"，是由于在不同的历史阶段，中国古代诗人把他们对诗歌的种种独得之秘不断地注入这个术语，使得它的意义变得越来越丰富，越来越重大。和西方林林总总的理论体系不同，"比兴"始终保持自己的思想开放性，这就使它能够避免那种执一而死的理论偏见，对诗歌获得一种逐步扩展、逐步丰富、逐步完整的认识和理解，这些意义之间的关系不是相互取代、相互否定，而是相互渗透、相互补充，这就使它很难在刘若愚通过改造"四因论"而获得的体系中被准确地定位。例如在刘若愚的分类中，决定论与审美论是对立的，而清代常州词派的"比兴寄托"却把二者有机地结合在一起，它既是"力"的文学，又是"知"的文学，既是政教中心主义，又是审美中心主义。

本文绝不是想否定或贬低郭绍虞、刘若愚等人对中国文学批评史研究做出的历史贡献，郭绍虞、刘若愚都是国内外久享盛誉的学者，他们的视野开阔，学识渊博，治学严谨，对中国文化怀抱着真挚的情感，力图发掘和展示中国古代文论所蕴含的意义和价值。刘若愚坦言，他写作《中国文学理论》一书的目的，就是要告诉英美学界，在西方文论之外，中国也有着历史悠久的文论传统。因此他们在研究中遭遇的困难，很大程度上并不应当归因于个人，而是出自那种由胡适开创并在 20 世纪广泛流行的研究范式。

五

那么，在这种范式之外，我们能够找到另一条通向中国传统的道路吗？

在 20 世纪的中国文论研究中，我们能够发现对于这一范式的有意识和有成效的抵抗吗？在这方面，我不能不提到朱自清和他的《"诗言志"辨》。

朱自清是一位经历过五四新文化运动洗礼的学者，具有一种开放的、世界性的学术眼光，他曾长期担任清华大学中文系主任，而在此期间，"清华国文系与其它大学最不同的一点"即是"第一个把新旧文学、中外文学联系在一起的"。㊴就对西方文论的最新成果的了解，在那一代学者中，朱自清也是不后于人的。例如，直到 1980 年代初讨论"朦胧诗"时，国内绝大多数学者对英美新批评关于诗歌"含混"（ambiguity）的研究仍然懵然无知，而早在 1930 年代燕卜荪的《含混七式》出版不久，朱自清就曾撰文讨论这一问题。㊵他的《"诗言志"辨》与前述郭、刘的著作一样，也是中国文学批评史这门学科的经典之作，但在这部著作中，朱自清却有意识地拒绝与抵制那种流行的用西方理论的系统来条理中国文学批评史的做法，为中国文学批评史的写作提供了另外一种选择。与《"诗言志"辨》一道，朱自清还发表了两篇著名的论文《评郭绍虞〈中国文学批评史〉上卷》和《诗文评的发展——评罗根泽〈中国文学批评史大纲〉》。

在这些著作中，朱自清表现出一种清醒的批评意识，我把它称为"抵抗的意识"。㊶这种抵抗的意识开始于对"中国文学批评"这一学科性质的反思，作为现代文学学术体制的一部分，中国文学批评原本就是西风东渐的产物，正如人们今天所说的文学已不是《论语》中"文学：子游、子夏"那种意义上的"文学"，㊷而是西文 literature 的一种中译，"文学批评"一词也是舶来品，即"literary criticism"。在最早出现的一批《中国文学批评史》的开端，都会长篇累牍地引用西方学者关于"文学批评"的种种界说，以之作为中国文学批评史建构的基础。而朱自清却指出通常为这些学者所忽略的另一种历史传统，即中国古代"诗文评"的传统。朱自清写道："文学批评是一个译名，我们称为诗文评的，与文学批评可以相当，虽然未必完全一致。我们的诗文评有它自己的发展，现在称为文学批评，因为这个名字清楚些，确切些，尤其郑重些，但论到发展，还不能抹煞那个老名字。"㊸

朱自清首先指出，"文学批评"这个概念是一个译名，并不是中国固有的。五四之后，它在文学批评界、学术界已经得到广泛的接受和承认，所以朱自清并不反对使用这个概念，甚至认为它"清楚些，确切些，尤其郑重些"。但朱自清同时也为它设下了一个界限，"论到发展"，即回到中国历史中去的时候，我们不能忘记在中国古代其实早已存在一个"与之相当"

却"未必完全一致"的概念——"诗文评"。因此，在返回历史的时候，"我们还不能抹煞那个老名字"。既然"文学批评"与"诗文评"相当，我们为什么不能用前者完全取代后者呢？在 20 世纪出版的绝大多数《中国文学批评史》中，这种取代其实已经是一种普遍的既成事实。朱自清强调不能抹煞这个"老名字"，是因为在这个"老名字"或者说这个名字所概括的文类中，包含着中国人对"诗文"的独特的理解，如果"论到发展"，即在历史研究中，我们用"文学批评"来取代"诗文评"，就会忽略这种独特的理解，忽略两个概念之间那些"未必完全一致"的地方。朱自清用这种方式提醒我们，在我们今天建构中国文学批评史的时候，不应当把它看作西方文学批评的横向移植，更不能因为这种横向移植遮蔽了对中国传统的了解，割断了它与中国传统文论的历史继承关系。

同时，这种抵抗意识还表现在，在进入中国古代文论领域的时候，尽管朱自清也看到"我们的诗文评断片的多，成形的少"，但他并没有像胡适等人那样，去"别系"的思想中借取某种"系统"，相反，他对这种"系统"怀抱着高度的警惕。朱自清把这种"系统"称作"套子"，他说"并不是现代的套子，就可以套在史实上"。朱自清所说的"套子"后来被余英时称作"外国框框"。余英时说："如果治中国史者先有外国框框，则势必不能细心体会中国史籍的'本意'，而是把它当报纸一样翻检，从字面上找自己所需的东西。"⑭朱、余二人的看法可谓不谋而合。

朱自清对这种"套子"或"外国框框"的抵制体现在下述三个方面。第一，《"诗言志"辨》是一部专题的中国文学批评史，但朱自清并未采用当时流行的"历史进化论"或"杂文学"、"纯文学"等西方观念来杜撰所谓的"历史规律"，他的工作原则是"从历史文献中，分头搜集资料，寻出各个批评意念如何发生，如何演变——寻出它们的史迹。这个得认真的考辨，一个字不放松，像汉学家考辨经史子书。这是从小处着手，希望努力的结果可以阐明批评的价值"。⑮在这里，朱自清坚持的是一种历史地理解思想的途径，他反对"以我们的标准"衡量古人，他认为"各时代的环境决定各时代的正确标准，我们也是各还其本来面目为好"。⑯第二，朱自清还反对"以西方观念为范围来选择中国的问题"，所以他不像刘若愚那样，以西方分类来安插中国材料，而是从中国文论自身的历史发展中寻找和发现问题。例如在诗言志之外，他还拟定了论比兴、论教化、论兴趣、论渊源、论体性、论字句等六个问题，这些工作有的完成了，有的没有来得及完成，但就其所拟定的题目来看，他的"问题意识"无疑是中国的。第三，朱自清对"洋套子"的警惕还体现在，他对在中国文学批评的研究中采用西方的批评术语抱着一种十分谨慎的态度。对于热衷于对古代思想进行"现代阐释"的中国学者，这些概念工具是必不可少的，他们常常将这些概念与中国古代文学批评的术语作一种"格义"式的比附。如将比兴等同于形象思维，将情景交融等同于主客观统一，将"象外之象，景外之景"等同于"想象之美"，等等。然而在《"诗言志"辨》中，这些舶来的术语却消失无踪，朱自清坦言"借用外国名字，苦于不贴切，自定名字，又嫌闭门造车"。[47]在书中，朱自清集中精力对若干中国文学批评的术语进行了深入的历史考辨和分析，他最后得出结论说，"在诗论中，我们有三个重要也可以说是基本的观念，诗言志，比兴，温柔敦厚的诗教，后世论诗，都以此为金科玉律"。[48]在儒家诗学的范围之内，朱自清的结论是令人信服的，因为它不是出自某一外来的体系、外来分类或外来观念，不是根据某一外国"套子"所做的演绎。

其实，朱自清撰写《"诗言志"辨》的目的之一，就是要纠正当时一些学者用西方的"套子"来套中国思想所产生的偏见。五四新文学运动以后，周作人出版了《中国新文学的源流》一书，力图在中国的思想与文学传统中为新文学运动寻求一种内在的历史依据，为此他把中国文学史概括为"载道"与"言志"两种相互冲突的观念起伏消长的历史，他的这种分类与郭绍虞的"纯文学"、"杂文学"出于同一种"套子"，即康德以后流行的功利与非功利的二元对立，根据这种二元对立，中国古代的"言志"就成了"载道"的对立面。周作人认为"文学只有感情没有目的。若必谓为是有目的的，那么也单是以'说出'为目的"。[49]这实际上是用近代西方浪漫主义的"自我表现"来改写中国古代"言志"的观念。在《"诗言志"辨》中朱自清对古代文献中呈现的"诗"与"志"的关系进行了细致的考辨，他通过对"献诗陈志"、"赋诗言志"、"教诗明志"、"作诗言志"等不同情形的分析发现，在中国古代，"载道"与"言志"的意思差不多，两者并不冲突。例如，在《诗经》里，谈到作诗的有十二处，而这些诗的作用不外乎讽与颂，其中"讽比颂多"。[50]朱自清证明，周作人对"言志"的解释，以及他宣扬的"载道"与"言志"之间的对立，与历史的事实不符。从历史上看，"中国文学史，文学批评史，诗史的最大主潮还是为政教而文学"。[51]

尽管不像胡适那样大谈"态度与方法"，也不像胡适树立的范式一样转移风会，引领潮流，对 20 世纪中国学术产生了一种支配性的影响，但在上述著作中，朱自清同样为我们提供了一种范式，一种与胡适的范式相抗衡的"抵抗"范式。朱自清当时采用的种种策略，如反对"直用西方分类来安插中国材料"；反对"以西方观念为范围去选择中国问题"；反对不加反省、不加区别地在中国文论研究中滥用西方的概念与术语等，今天对于我们仍然具有重要的意义。而这一切的目的，用朱自清的话说，即是"将中国的还给中国"，我认为，朱自清的这种选择，代表了与"传统现代化"对立的、从"现代化"拯救传统的努力，当然，这里的"现代化"必须而且只能被理解为"西方化"。

经历将近一个世纪的"传统现代化"之后，要实现朱自清所说的"将中国还给中国"却并不是一件轻而易举的事。早在 1930 年代，陈寅恪就明确指出："其真能于思想上自成系统，有所创获者，必须一方面吸收输入外来之学说，一方面不忘本来民族之地位。此二种相反而适相成之态度，乃道教之真精神，新儒家之旧途径，而二千年吾民族与他民族思想接触史之所昭示者也。"②在今天看来，这一立场仍然是正确的，现在出现的新问题是，在陈寅恪眼中依然清晰的"本来民族之地位"，在今人眼中变得模糊起来，正如"意境说"所显示的，一种"外来之学说"建构起来的"中国古代传统"，在不知不觉之间窃取了"本来民族之地位"，这就造成了空前的民族文化认同危机。要走出这种危机，仅仅依赖所谓"古典训练"是不够的，如果不改变我们在现代学术体制中建构的理论主体，不改变我们在面对古典文献时所具有的西方"前见"，仍然坚持"以西方观念为范围去选择中国问题"，或"用西方分类来安插中国材料"，那么，无论我们将中国古典文献如何烂熟于心，倒背如流，仍然是无济于事的。在这里，最重要的是改变为"这一家或那一家西方理论"所塑造的理论主体，正是这种理论主体所设置的"前见"，更乐于认同"意境说"所代表的"中国诗学传统"，而非朱自清所捍卫的"中国诗学传统"。这就是当代学者尽管认识到在"现代阐释"和"现代转换"中存在某种"悖论"和"怪圈"，却不能走出这种"悖论"和"怪圈"的最终原因，因为对它们的否定就意味着某种自我否定。

在通往中国古代文论传统的道路上，我们可能需要重新出发。

---

①曹顺庆：《文论失语症与文化病态》，长春：《文艺争鸣》1996 年第 2 期。

②③⑲古风：《意境理论的现代化与世界化》，北京：《中国社会科学》1998年第3期。

④参见沃勒斯坦《作为一种文明的近现代世界体系》，北京：《国外社会学》1991年第5期。

⑤⑥党圣元：《传统文论范畴体系之现代阐释及其方法论问题》，北京：《文艺研究》1998年第3期。

⑦爱德华·W.萨义德：《东方学》，王宇根译，北京：三联书店，1999，第396页。

⑧王国维：《论新学语之输入》，谢维扬、房鑫亮主编《王国维全集》第1卷，杭州/广州：浙江教育出版社、广东教育出版社，2009，第126页。

⑨Edmund Husserl, *The Crisis of European Sciences and Transcendental Philosophy*, Evanston：Northwestern University Press, 1970, pp. 281 – 285.

⑩罗荣渠编《从"西化"到现代化》，北京：北京大学出版社，1990，第2页。

⑪陈独秀：《吾人最后之觉悟》，上海：《新青年》第1卷第6号。

⑫陈独秀：《答佩剑青年（孔教）》，北京：《新青年》第3卷第1号（按：1917年初《新青年》编辑部迁往北京，该期出版时间是1917年3月）。

⑬冯友兰：《新事论》，《三松堂文集》第4卷，郑州：河南人民出版社，2000，第225页。

⑭陈独秀：《法兰西人与近世文明》，上海：《青年杂志》第1卷第1号。

⑮Dipesh Chakrabarty, *Provincializing Europe*：*Postcolonial Thought and Historical Difference*, Princeton：Princeton University Press, 2000, p. 32.

⑯茅盾：《"文学批评"管见一》，《茅盾文艺杂论集》（上），上海：上海文艺出版社，1981，第101页。

⑰Zhang Longxi, *Allegoresis*：*Reading Canonical Literature East and West*, Ithaca：Cornell University Press, 2005, pp. 2, 63, 87.

⑱Pascale Casanova, *The World Republic of Letters*, Cambridge：Harvard University Press, 2004, p. 135.

⑳㊹余英时：《论士衡史》，上海：上海文艺出版社，1999，第310、459页。

㉑㉒胡适：《中国哲学史大纲》，石家庄：河北教育出版社，2001，第29页。

㉓杨鸿烈：《中国诗学大纲》，台北：台湾商务印书馆，1970，第1页。

㉔陈钟凡：《中国文学批评史》，南京：江苏文艺出版社，2008，第4页。

㉕㉙㉚㉞㊸㊻朱自清：《朱自清序跋书评集》，北京：三联书店，1983，第234、237、239、237~238、239、237页。

㉖郭绍虞：《中国文学批评史》上卷，上海：商务印书馆，1934，第216页。

㉗参见郭绍虞《中国古典文学理论批评史》上册，北京：人民文学出版社，1959，第171~177页。

㉚陈寅恪：《冯友兰中国哲学史上册审查报告》，《金明馆丛稿二编》，北京：三联书店，2001，第280页。

㉛㉜㉝弗朗索瓦·于连：《圣人无意——或哲学的他者》，闫素伟译，北京：商务印书馆，2004，第9、7、8页。

㉟参见刘若愚《中国文学理论》，杜国清译，南京：江苏教育出版社，2005。

㊱参见M. H. 艾布拉姆斯《镜与灯》，郦稚牛等译，北京：北京大学出版社，1989，导论。

㊲㊳郝大维、安乐哲：《通过孔子而思》，何金俐译，北京：北京大学出版社，2005，第24、25页。

㊴杨振声：《为追悼朱自清先生讲到中国文学系》，北京：《文学杂志》第3卷第5期，1948年10月。

㊵参见朱佩弦（朱自清）《诗多义举例》，上海：《中学生》总第56期，1935年。

㊶参见朱自清《朱自清序跋书评集》，第234~252页。

㊷杨树达：《论语疏证》，上海：上海古籍出版社，1986，第253页。

㊺㊽㊿朱自清：《"诗言志"辨》，上海：上海古籍出版社，1956，第9、45、4~5页。

㊼朱自清：《中国文评流别述略》，徐葆耕编《瑞恰兹：科学与诗》，北京：清华大学出版社，2003，第85页。

㊾周作人：《中国新文学的源流》，上海：华东师范大学出版社，1995，第13页。

51朱自清：《"诗言志"辨》，上海：开明书店，1947，封面文字。

52陈寅恪：《冯友兰中国哲学史下册审查报告》，《金明馆丛稿二编》，第284~285页。

作者简介：罗钢，清华大学中文系教授，清华大学—哥伦比亚大学跨语际文化研究中心中方主任，《清华大学学报》主编，中国文艺理论学会副会长，中外文艺理论学会常务理事，中国比较文学学会理事，中国美学学会理事。1988年毕业于北京师范大学，获文学博士学位。1988~1989年任香港中文大学比较文学中心客座研究员，1992~1993年任香港大学比较文学系访问学者，1995~1996年任香港大学兼职研究员，1996年任澳大利亚麦克理大学访问教授，2003~2004年任美国加州大学洛杉矶校区访问学者。主要研究方向为文学理论、比较诗学、后殖民理论等。在《中国社会科学》、《文学评论》、《文艺研究》、《外国文学评论》、《文史哲》、《野草》等国内外刊物发表学术论文数十篇。主要学术专著有《浪漫主义文艺思想研究》、《历史汇流中的抉择——中国现代文艺思想家与西方文学理论》、

《叙事学导论》、《毛泽东文艺思想的起源》（韩文版）等，与人合作主编有《中外比较文学的里程碑》、《后殖民主义文化理论》、《文化研究读本》、《消费文化读本》等。译著《批评的诸种概念》曾获第一届全国优秀外国文学图书奖。曾主持国家社科基金项目"马克思主义文艺理论在中国"与"跨文化语境中的王国维诗学"、教育部人文社会科学项目"后殖民主义文化诗学"、美国李氏基金会项目"西方马克思主义文论研究"等。

［责任编辑：刘泽生］

（本文原刊 2014 年第 3 期）

喧嚣与寂寞[*]

——1616 年前后剧作家汤显祖的自塑与他塑

郭英德

[提　要]　"临川四梦"成就了一代文豪汤显祖的千秋万代名，但成为剧作家并非他一生"立言"的终极意愿。尽管如此，在 1616 年前后，他还是渐渐褪去传统文人士大夫的本色，自我塑造并且被塑造成为一位剧作家，一位因才情卓著而与沈璟相提并论的"另类"剧作家。在成为剧作家的喧嚣之中，隐含着汤显祖深层的寂寞之心。描述汤显祖成为剧作家的过程及其在这一过程中的自我表述、自我体验和自我嘲谑，将引导我们走进汤显祖本人的内心世界，走进汤显祖时代的文化场景，抉发他作为一个文化符号的深层意蕴。

[关键词]　汤显祖　剧作家　"临川四梦"　立言

一　引言：剧作家汤显祖

四百年前，明万历四十四年六月十六日（1616 年 7 月 29 日），一代文豪汤显祖（1550~1616）溘然病逝于故乡江西抚州府临川县，享年六十七岁。^①

第二年秋天，汤显祖晚年好友、浙江钱塘人黄汝亨（1558~1626）任

---

*　本文系 2011 年度国家社会科学基金项目"明清戏曲序跋全编"（项目号：11BZW065）的阶段性成果。

江西学政，亲莅临川，撰文祭祀汤显祖，盛赞他："睥睨千秋，自辟堂奥。英灵郁秀，尊古得道。大雅擅场，好词绝妙。单言霏霏，大言浩浩。名流寓宇，垂光分照。"[②]大约同一年，浙江乌程人沈演为《玉茗堂尺牍》撰序，称誉汤显祖："当代史笔无双，千古才名可念。"[③]盖棺论定，时人无不赞誉汤显祖堪称一代文豪。

作为一代文豪，汤显祖早就以诗文著称于世。万历二十三年（1595）稍前，汤显祖四十多岁，同乡好友帅机称许他的诗文为"明兴以来所仅见者矣"，"可谓六朝之学术，四杰之俦亚，卓然一代之不朽者矣"。[④]浙江鄞县人屠隆评价汤显祖的诗歌乃天壤间所仅有，"岂惟独步方今，且将凌轹往古"。[⑤]福建同安人蔡献臣甚至夸张地说："窃谓今操觚家，当以足下为第一。"[⑥]此后，汤显祖的诗文名气与日俱增。万历三十五六年间（1607～1608），四川达县人卫承芳致函汤显祖说："仰惟门下雄才天授，邃学海涵。节概清霜皎日，悬高表于后生；文章赵璧隋珠，享大名于当世。"[⑦]浙江钱塘人虞淳熙将汤显祖与诗文作家徐渭、王世贞、袁宏道并称，许为当时文坛"四子"。[⑧]

饶有趣味的是，在六十七年的生命历程中，汤显祖从未以剧作家自诩。虽然人们称他为"今日词人之冠"，"二百年来，一人而已"，[⑨]对"临川四梦"赞不绝口，尊为典型，但是对"世但赏其词曲而已"的状况，[⑩]汤显祖生前并不以为然，至少是心有遗憾的。

汤显祖去世十九个月后，万历四十六年（1618）上元日，他的三子开远撰文，转述他生前的话："吾欲以无可传者传。"[⑪]汤显祖留下的"临川四梦"，尤其是传奇《牡丹亭》，成为中国文化史上一份极其珍贵的戏曲遗产，犹如璀璨的明星，彪炳百代，但对汤显祖来说，这居然是"无可传者"。

"以无可传者传"，一代文豪汤显祖的命运是幸还是不幸？数十年后，剧作家李渔不禁深深慨叹："汤若士，明之才人也。诗、文、尺牍，尽有可观，而其脍炙人口者，不在尺牍、诗、文，而在《还魂》一剧。使若士不草《还魂》，则当日之若士，已虽有而若无，况后代乎？是若士之传，《还魂》传之也。"[⑫]

那么，在1616年前后，汤显祖如何渐渐褪去传统文人士大夫的本色，自我塑造并且被塑造成为一位剧作家？他自我塑造并且被塑造成一位什么样的剧作家？在成为剧作家的喧嚣之中，隐含着汤显祖何种寂寞之心？这些问题将引导我们走进汤显祖本人的内心世界，走进汤显祖时代的文化场景，抉发剧作家汤显祖作为一个文化符号的深层意义，因此值得我们深长思之。

二 知我与罪我:"立言"的焦虑

"临川四梦"无疑成就了汤显祖的千秋万代名,但汤显祖却绝不仅仅是一位剧作家。读书人、诗人、赋家、文章家、八股名家、官员、儒者、乡绅、居士……所有这些构成汤显祖丰富多彩的文人士大夫身份,而这正是他最基本的社会身份和文化身份。

中国传统士人的身份定位,早在先秦时期就有所谓"三不朽"之说:"大上有立德,其次有立功,其次有立言。"[13]这也成为后代文人士大夫一生的终极追求。在文人士大夫的文化语境中,当"立德"、"立功"皆不得如愿时,所谓"其次有立言",既隐含着"退而求其次"的意味,也隐含着自我选择的信念和自我放逐的无奈两相交织的情怀。尽管曹丕早就宣称:"盖文章经国之大业,不朽之盛事。年寿有时而尽,荣乐止乎其身。二者必至之常期,未若文章之无穷。"[14]但是,先秦以来"学而优则仕"、"士志于道"等"老生常谈",毕竟早已积淀为文人士大夫内心中始终无法抹杀或淡忘的文化志向,制约着他们的人生选择与人生理想。身为文人士大夫的汤显祖自然也不例外。

他有两段很值得品读的文字,第一段是作于万历四十四年的《负负吟》诗序:

> 予年十三,学古文词于司谏徐公良傅,便为学使者处州何公镗见异,且曰:"文章名世者,必子也。"为诸生时,太仓张公振之期予以季札之才,婺源余公懋学、仁和沈公楠并承异识。至春秋大主试余、许两相国,侍御孟津刘公思问,总裁余姚张公岳,房考嘉兴马公千乘、沈公自邠,进之荣伍,未有以报也。四明戴公洵、东昌王公汝训至为忘形交,而吾乡李公东明、朱公试、罗公大纮、邹公元标转以大道见属,不欲作文词而止。瞻言负之,为志愧焉。[15]

临终之前,汤显祖怅然回首往事,以他人的评价与期许,扼要地记叙了作为文人士大夫的一生行迹。他在少年时代即以文章名世,得到名公称赏。但是,入学为诸生时,有"异识"的先贤却不特别看重他的"文章",而是"期予以季札之才",热切期望他凭借自身的才能,在政治事功上有所成就。[16]而其后同乡理学家李东明等人"转以大道见属",则说的是汤显祖曾有过一段"学道"、"明道"的经历，然而最终他还是以"作文词而止"。所以他说："睠言负之，为志愧焉。"

曾子曰："鸟之将死，其鸣也哀；人之将死，其言也善。"[17]汤显祖临终前的这段文字，以留恋、哀怨而愧悔的笔调，描绘了自己完整的生命历程：从"文章名世"起步，经由"季札之才"、"大道见属"的途径，最终回归"作文词而止"。"立言"—"立功"—"立德"—"立言"，这形象地展现了一位传统文人士大夫的生命历程。我们注意到，在汤显祖这幅生平"自画像"中，只有"文章名世"和"作文词而止"两个词组，若隐若显地浮现出他的"剧作家"形象。

第二段文字是约作于万历三十年（1602）前后的《答张梦泽》。[18]张梦泽，名师绎，万历二十八年（1600）任江西新喻县知县，与汤显祖同为"以文章妙天下者"。[19]在这段文字中，汤显祖评述自己一生"立言"的追求，既有剖心沥肝的肺腑之言，也有难以名状的内心苦衷，值得我们细细品读。

首先，汤显祖对"事关国体"的"馆阁典制著记"、"馆阁大记"的由衷向往，隐含着由"立言"而"立功"的自我期许。

"馆阁"指翰林院，主要职责是为朝廷起草文告，这是汤显祖终身羡慕而难以获得的荣誉。以"立言"为宗旨，汤显祖心中景仰的社会角色典型是明初馆阁大臣宋濂。汤显祖晚年一再推崇宋濂，他说："本朝文，自空同已降，皆文之舆台也。古文自有真，且从宋金华着眼。"[20]他甚至将宋濂视为明朝数百年文坛上众星拱卫的北斗星。[21]而他最为看重的是宋濂的"馆阁之文"："仆观馆阁之文，大是以文懿德。第稍有规局，不能尽其才。久而才亦尽矣。然令作者能如国初宋龙门极其时经制彝常之盛，后此者亦莫能如其文也。习而畅之，道宏以远。"[22]宋濂入明后，累官至翰林院学士承旨、知制诰，久操礼乐制作之柄，撰作"其体绚丽而丰腴"的"台阁之文"，[23]因此被推为"开国文臣之首"。[24]宋濂"极其时经制彝常之盛"，这不正是文人士大夫由"立言"而"立功"的典型吗？这也成为汤显祖发奋有为的文化践行和心向往之的人生理想。[25]但是，由于名位不显，屡遭贬谪，屈居边僻之地，因此晋身为撰写"馆阁大记"的"大手笔"，这毕竟只能是汤显祖的一场难以实现的"春梦"。[26]

其次，汤显祖对"作子书自见"、"成一家言"的深刻省思，隐含着由"立言"而"立德"的内心希冀。

汤显祖早年在诗文之外，博通"诸史百家"，旁及"天官、地理、医药、卜筮、河籍、墨兵、神经、怪牒诸书"。[27]当他晚年反思一生为文"不朽"的努力时，不无遗憾地说："文章不得秉朝家经制彝常之盛，道旨亦为三氏原委所尽，复何所厝言而言不朽？"[28]

文人在世，进既不得撰著经世治国的"馆阁之文"，退或可追求弘扬"道旨"的"一家之言"。宋濂终生以继承儒家道统为己任，认为"其文之明，由其德之立；其德之立，宏深而正大，则其见于言自然光明而俊伟"。[29]因"弘道"而"立德"，因"立德"而使"立言"不朽，由"立言"而达致"立德"人格，这也是汤显祖的人生理想。万历二十年（1592）汤显祖贬官徐闻时，曾撰写《明复说》、《贵生书院说》等"道学"文章，[30]同年进士刘应秋赞叹说："读文（丈）《贵生》、《复明（明复）》二说，具见近况，业已蒸蒸大道矣。"[31]约第二年秋，包括《贵生书院说》、《明复论》的《粤行五篇》刊刻，理学家高攀龙读后，感慨地说："又惊往者徒以文匠视门下，而不知其邃于理如是。……门下诸篇，迥别时说，何胜为吾道之幸。"[32]汤显祖晚年还整理、刊刻一生研治《尚书》的著作《玉茗堂书经讲意》，他的弟子周大赏称他："数十年究心理学，得其精要。"[33]

然而，汤显祖由"成一家言"而得以跻身圣门的努力，终究未能如意，于是他最终只能无可奈何地回归以文章"立言"。当然，对汤显祖来说，以文章"立言"也还有"长行文字"、"举子业"与"韵语"等不同文体的选择，而他最终能期许"不朽"的竟然只能是"等而下之"的"韵语"，这却是他始料所不及而内心所致憾的。

汤显祖少年时已有相当丰厚的古文词修养，曾自称："泛滥词曲，荡涤放志者数年，始读乡先正之书，有志于曾、王之学。"[34]时人对汤显祖的古文成就有很高的评价，如虞淳熙称：当李攀龙、王世贞称霸文坛之时，"所不能包者两人，顾伟之徐文长、小锐之汤若士也"。[35]但是在汤显祖看来，他"既不获在著作之庭"，[36]则所撰作古文，原本与世道民生无关，又不能"深极名理，博尽事势"，[37]只能是一种"民间小作"，既是不足为的，也是不可传甚至速朽的。[38]因此他甚至决绝地说："不佞极不喜为人作诗古文序。"[39]在"长行文字"中，他聊借"白云自怡悦"的，无非那些尺牍之类的"小文"而已。[40]

毋庸置疑，在1616年前后，汤显祖作为诗赋家、八股文名家乃至剧作家的名气，要远远大于作为文章家的名气。他去世不久，友人丘兆麟称：

"时论称先生制文、传奇、诗赋昭代三异。"[41]

汤显祖早年就以擅长八股文而名重天下，得到时人的推崇。友人汤宾尹说："制义以来，能创为奇者，义仍一人而已。"[42]丘兆麟说："我朝举业文字，惟汤义仍一派，孤行宇宙，而不可有二。至今天下信而奉之，盖皆以为圣云。"[43]但是，汤显祖早就清醒地认识到，八股文不过是昙花一现，根本不可能达致"不朽"，他说："制举义虽传，不可以久。"[44]

而真正让汤显祖自己看好的是"韵语"（包括诗赋），他说："韵语自谓积精焦志，行未可知"。[45]还在少年时，汤显祖即已专力讲求"古今文字声歌之学"。[46]隆庆四年（1570）秋试中举后，他更"于古文词而外，能精乐府歌行五七言诗"，乃至"名敝天壤"。[47]

但是，汤显祖撰作诗歌作品的心境，和撰作传奇戏曲的心境是迥然不同的。因为古人以为，诗乃文之馀，词乃诗之馀，而曲更是词之馀。从文化等级的角度看，文—诗—词—曲是"等而下之"的文体序列。因此，在明代，一位写作者选择撰作戏曲，他的内心中必有难以明言的苦衷，也有不吐不快的骨鲠。[48]所以，汤显祖晚年为好友邹元标《太平山房集选》撰序，称自己中年时"激发推荡歌舞诵数自娱"。[49]而他的弟子周大赉也说，汤显祖归乡后，"日但寄兴声歌，以舒其平生豪迈之气，故《牡丹亭》、'二梦记'、玉茗堂词赋等集盛行海内"。[50]对汤显祖而言，戏曲写作既是一种"闲处求欢"的心理疗治活动，[51]更是一种"因情成梦，因梦成戏"的精神升华过程。[52]钱谦益的评述也许略近其实："胸中块垒，陶写未尽，则发而为词曲。'四梦'之书，虽复留连风怀，感激物态，要于洗荡情尘，销归空有，则义仍之所存略可见矣。"[53]

无论今人对汤显祖"因情成梦，因梦成戏"这一命题做何种解释，这一命题的基本内涵是大多数论者都认可的，即汤显祖认为，在戏剧创作中，"情"是本原，是基于自我体认的人生世界，因而是"戏"之"核"；"梦"是衍生，是基于自我体认的人生世界借以展现的艺术世界，因而是"戏"之"境"；而"戏"则是"情"、"梦"相因相生这一精神活动的最终产品。[54]

"临川四梦"就是"因情成梦，因梦成戏"的产物。所以汤显祖既说"弟传奇多梦语"，[55]又说"曲中传道最多情"。[56]大约此"梦"、此"道"即此"情"，他说："道心之人，必具智骨；具智骨者，必有深情。"[57]又说："情致所极，可以事道，可以忘言。"[58]"情"与"道"互为表里，因缘生发，不可或缺，而凝聚于"戏"，所以他说："弟之爱宜伶学'二梦'，道学也。"[59]

有见于此，汤显祖在致友人的书信中，略带嘲谑地自塑以戏曲"立言"的剧作家形象。他说："学道无成，而学为文。学文无成，而学诗赋。学诗赋无成，而学小词。学小词无成，且转而学道。犹未能忘情于所习也。"⑩

我认为，汤显祖借戏曲所传之"情"即为"三不朽"之情，并将"三不朽"之情幻化为戏曲之"梦"——包括"立功"之梦和"立德"之梦，融入戏曲之中，正如他说的："岂非以人情之大窦，为名教之至乐也哉。"⑥

反过来看，也正是因为汤显祖将对"立功"、"立德"等人生意义的思考与探索，沉淀为寄寓着"生命不朽"这一价值期盼的"立言"，因此他的戏曲作品便含蕴着极其丰富的政治内容、社会关怀、人生理想和生命价值。当江西吉水人罗大纮批评他"著作过耽绮语"时，汤显祖才可以坦然地回答说："'二梦'已完，绮语都尽。"⑫然而，戏已成，梦即醒，情何系？汤显祖深深感慨道：

> 弟妄意汉唐人作者，亦不数首而传，传亦空名之寄耳。今日侥得诗赋三四十首行为已足。材气不能多取，且自伤名第卑远，绝于史氏之观。徒塞浅零诤，为民间小作，亦何关人世，而必欲其传。词家四种，里巷儿童之技，人知其乐，不知其悲。大者不传，或传其小者。⑬

在汤显祖的内心中，始终躁动着渴求"人知"的"立言"焦虑——不仅知其文，更要知其意、知其心。他非常明白，"临川四梦"虽然可以传之久远，但这毕竟不是他寄托了"不朽"价值期待的"立言"所在，"剧作家"的社会身份和文化身份与他作为文人士大夫的人生追求相去甚远，因此他想要借"立言"之传世以达身名之"不朽"的愿望终竟归于泡影。他更明白，当人们瞩目于"临川四梦"的文词秾丽与剧场喧嚣之时，必然痴迷于剧作的虚幻故事所呈现的欢乐而娱悦的审美趣味，而漠视甚至无视剧作所隐含和透露的对社会历史、世道民生、人生性命等丰富多彩的思考与追问，更无法体会剧作家彷徨求索、怅然若失的寂寞情感。果不其然，时隔一百多年，剧作家蒋士铨在《临川梦》传奇中还深致慨叹："唤做词人心骨痛。史册弹文，后世谁能诵？"⑭

《孟子》记载，孔子修《春秋》而乱臣贼子惧，但却仍然由衷感慨："知我者，其惟《春秋》乎？罪我者，其惟《春秋》乎？"⑮汤显祖撰"临川四梦"而享有剧作家的美誉，也许他同样地反躬自问：知我者，其惟"临川四梦"乎？罪我者，其惟"临川四梦"乎？

三　家传而户诵：传播的助力

　　然而，无论成为剧作家是否符合汤显祖"立言"的初衷和"不朽"的意愿，在1616年前后，他毕竟一直自觉地塑造自身的剧作家形象，而人们也不断着力地塑造他的剧作家形象。

　　文人写作，希求藏之名山、传之后世的"身后名"，那只是一种对"养在深闺人未识"的生存状态聊以自慰的纾解，其实文人内心还是焦虑地期盼着生前名誉的，汤显祖也非例外。所以黄汝亨祭祀汤显祖时，便如此慰藉亡友："呜呼世人，死亦其常。造物忌名，公名乃当。惟三不朽，孰与文章。是物最神，存而不亡。日月经天，壹视彭殇。君去而仙，予何以伤。"⑥

　　的确，如果汤显祖的戏曲写作只是一种纯粹的自娱自乐的文学活动，在他生前无论如何也不可能成就剧作家的声名。恰恰相反，汤显祖在每一部剧本问世以后，总是对剧本的传播有着相当明确也相当自觉的诉求；而当时的人们，无论与汤显祖相识还是不相识，也都热衷于用传抄、阅读、刊刻、贩卖、演出、改编等各种各样的传播方式，促成"临川四梦"的传播。于是，在1616年前后，剧本的广泛传播成为重要的"推手"，造就了汤显祖"剧作家"的美名。

　　汤显祖生前格外重视用各种方式传播"临川四梦"，赢得社会舆论的普遍好评，以塑造自身的剧作家形象。

　　汤显祖的剧作问世后，在友人之间的抄写与借阅，就包含着传播的推介作用。《牡丹亭》传奇脱稿于万历二十六年（1598）秋。⑥ 万历二十九年（1601），进士同年吕胤昌从汤显祖处得到《牡丹亭》抄本，寄送安徽宣城人梅鼎祚。梅是汤青年时代的好友，以传奇《玉合记》蜚声剧坛。他回函致谢，评价《紫钗》"亦是荆璧，使刻楮叶，良工尚不无束手耳"；《牡丹亭》"丽事奇文，相望蔚起"。⑧ 同年或次年初，汤显祖致函张师绎，说："谨以玉茗编《紫钗记》操缦以前，余若《牡丹魂》、《南柯梦》，缮写而上。"⑨ "操缦"指和弦，此处或指演奏。"缮写"即抄写。⑩ 可知此时《牡丹亭》、《南柯记》尚未正式刊刻，汤显祖还只能以抄录本转达友人。

　　万历三十年秋，汤显祖将《牡丹亭》抄本赠送黄汝亨，黄极为赞赏："政雀鼠喧填时，得《牡丹亭记》，披之，情魂俱绝。三昧游戏，遂尔千秋乎？"⑪ 同年，黄的受业门人、浙江仁和人卓发之得阅《牡丹亭记》抄本，并特意抄录副本，藏之箧中。[72]万历三十三年（1605），黄汝亨以进贤知县内召，升南京礼部祠祭司主事，先行返回故乡杭州，带回抄本《牡丹亭》，浙江秀水人沈德符得以阅览，称赞"真是一种奇文"。[73]

当然，剧作的抄写费时费工，毕竟难以流传。剧作要广泛流传，必须借助于刊刻。明代刊刻印刷业极为发达，为戏曲作品的流传提供了坚实的物质基础。尤其在万历中期以降，戏曲剧本的刊刻成为一时风气，为汤显祖"临川四梦"的传播提供了成熟的物质条件和文化背景。

《紫钗记》应是汤显祖第一部刊刻的剧作。万历二十三年，汤显祖在遂昌撰写《紫钗记题词》，准备将剧本付印。[74]这年七月帅机卒，剧本刻成后，汤显祖寄送帅机之子，致函云："《紫钗记》改本寄送惟审穗帐前，曼声歌之，知其幽赏耳。"[75]该剧初刻本已佚，现存明万历三十年金陵继志斋刻本，署题《重校紫钗记》，应该是重刻本。

《牡丹亭》最早的刻本，可能是万历金陵唐振吾刻本，但下落不明。[76]而《南柯梦记》、《邯郸梦记》现存万历间金陵唐振吾刻本，题《镌新编出像南柯梦记》、《镌新编全像邯郸梦记》，署"临川（一作'邑'）玉茗堂编，门人周大赍校"，《南柯梦记题词》署"万历丙午夏至清远道人书"，《邯郸梦记题词》署"丙午中秋前一日题于清远楼"。这两个版本明确标示，在万历三十四年丙午（1606），金陵唐振吾确曾刊刻汤显祖传奇，并广为流行。[77]

剧本刊刻资金昂贵，而汤显祖剧作的刊刻资金从何而来呢？按汤显祖《临川汤海若玉茗堂文集》（即《玉茗堂集选》）十六卷，现存万历三十四年夏金陵周如滨文裻堂刻本。该书卷十六只收《刘氏类山序》一文。《刘氏类山》作者为安徽桐城人刘胤昌（一作刘孕昌），万历三十二年（1604）进士，任宜黄知县，三十四年调任临川知县。《刘氏类山》初刻于万历三十三年，卷首有这一年中秋李希哲序。徐朔方说："适《玉茗堂集选》刊行之前一年也。或刘氏慨任刻印之资，故破例以此序文一篇为一卷也。"[78]如果这一推测接近事实，则金陵唐振吾刊刻汤显祖传奇剧本，其刻印之资也许与刘胤昌大有关系。明万历间以刊刻戏曲而著名的唐氏书坊主人，大多来自江西金溪。而金溪与临川毗邻，明代同属抚州府。所以万历间"临川四梦"的刻本，多由汤显祖江西老乡刊刻。[79]

万历三十五年，汤显祖致函钱希言说："贞父（即黄汝亨）内征过家，兄须一诣西子湖头，便取'四梦'善本，歌以丽人，如醉玉茗堂中也。"[80]"善本"可以有两种解释，一为"缮本"即抄本，一为刻本，此处当为后者。这一"四梦"刻本，应该刊刻于杭州。[81]大约在万历三十五六年间，安徽休宁人吴敬在杭州，"汇若士先生制，合而刊之"，编刻出版《玉茗堂乐府》。[82]这一合刻本今已不可见，也许就是汤显祖所说的"'四梦'善本"。

也是在万历三十五年或稍后，沈璟曾以《牡丹亭》为蓝本，撰写《坠钗记》；又删改《牡丹亭》传奇为舞台演出本，署题《同梦记》，又名《串本牡丹亭》。[83]他阅读的应该就是《牡丹亭》刻本，可见当时《牡丹亭》刻本已在苏州一带流传。

综上所述，万历三十四年后若干年内，"临川四梦"在南京、杭州出现多种刻本，并广为流传，于是剧本的传播受众大大增加，激发了人们对"临川四梦"的阅读与批评，而作为剧作家的汤显祖也愈益得到读者大众和文人批评家的交口称赞与慨慕景仰。如浙江秀水人陈懿典，时任翰林院编修，致函汤显祖说："曾睹《牡丹亭》传奇，情致幽渺，逼真元诸词家，而序更玄远，读之不觉爽然。"[84]"临川四梦"甚至流传闺阁中，一些"阅读故事"脍炙人口，不胫而走，如江苏扬州女子冯小青嗜读《牡丹亭》，[85]娄江（今江苏苏州）女子俞二娘疏注《牡丹亭》等。[86]

当然，戏剧毕竟是一种舞台表演艺术，剧本的最终价值与功能，不是案头阅读，而是舞台表演。不能搬上舞台的剧本，极而言之，只是一个"死的剧本"，而不是一个"活的剧本"。汤显祖早就明白这一点，所以万历十六年（1588）在南京太常博士任上，他就坦然接受友人帅机对《紫箫记》的批评："此案头之书，非台上之曲也。"并以"台上之曲"的标准，将《紫箫记》改编为《紫钗记》。[87]其实，《紫箫记》虽未完成，却已经流传剧场，万历二十一年（1593）前后杭州曲家胡文焕编选《群音类选》，就收录其中四出，略加删削，成为舞台演出的折子戏。[88]

1600年前后，《牡丹亭》、《南柯记》、《邯郸记》三部剧作先后问世，汤显祖更是自觉而频繁地将剧本搬上氍毹，授诸演唱，借助于舞台传播以塑造自身的剧作家形象。万历二十七年（1599），他有诗道："往往催花临节鼓，自踏新词教歌舞。"[89]友人记载道："每谱一曲，令小史当歌，而自为之和，声振寥廓，识者谓神仙中人云。"[90]

晚明时期，文人士大夫置办家班，演唱自己撰写或友人撰写的剧本，已经成为时尚。[91]汤家原本相当殷实富有，但到汤显祖辞职归乡时，家庭经济已经颇为拮据，使他常有"速贫"之叹。[92]所以，汤显祖无论多么喜好戏曲，也无力置办家班。"临川四梦"的演唱，主要依靠宜黄县一带职业或半职业戏曲演员（所谓"宜伶"）。㉝宜黄戏曲班子和戏曲演员需要新戏，而汤显祖的剧作则需要演唱，两相契合，这就促成了汤显祖戏曲的舞台传播。

从相关的记载中我们看到，汤显祖多次亲自指导宜伶，在玉茗堂演唱"临川四梦"。约万历二十七年，即《牡丹亭》脱稿第二年，他有诗道："玉茗堂开春翠屏，新词传唱《牡丹亭》。伤心拍遍无人会，自招檀痕教小伶。"㉞在招待来宾时，汤显祖也常常开樽演戏。如万历三十二年秋，他和次子大耆、三子开远一起，招待友人钱希言和帅机二子从升、从龙，观演"二梦"传奇。㉟

为了扩大"临川四梦"的影响，汤显祖还曾多次委托宜伶到外地演出。如万历四十二年（1614）秋，他托宜伶带信至安徽宣城，慰问友人梅鼎祚，梅观看演出后，作书《答汤义仍》说："宜伶来，三户之邑，三家之村，无可爱助。然吴越乐部往至者，未有如若曹之盛行，要以《牡丹》、《邯郸》传重耳。"㊱宜伶的演出，使《牡丹亭》、《邯郸梦》等得以在安徽传播。

还在汤显祖生前，"临川四梦"便已流传到江苏、浙江等地，由昆腔戏班演唱。昆腔是当时流行地域最为广泛的戏曲声腔，因此由昆腔演唱"临川四梦"，无疑大大有助于汤显祖"剧作家"形象的塑造。万历二十四年（1596）冬，松江华亭人冯时可至江苏吴县，范允临强邀他赴宴，观看范家昆班演唱"《紫箫》新声"（当即《紫钗记》）。㊲万历三十四年，江苏无锡人邹迪光致函汤显祖，邀请他前往无锡，观看邹家昆班演出《紫箫记》、《牡丹亭》。㊳汤显祖欣然应邀，只因盘缠不足，此行未果。㊴万历三十五年，江苏苏州人王锡爵被召返内阁，再三辞免。此年或稍后，应天巡抚、江西临川人周孔教到王家劝驾，王氏家乐上演《牡丹亭》，王锡爵观剧时感慨地说："吾老年人，近颇为此曲惆怅。"㊵

关于昆腔演唱《牡丹亭》最翔实的记载，见于客居江苏南京的安徽徽州人潘之恒《鸾啸小品》。㊶该书卷三记载，潘之恒在《牡丹亭》问世之初，即爱不释手，"见此记辄口传之，有情人无不嘘唏欲绝，恍然自失"。万历二十八年前后，丹阳人吴太乙到南京，携一生名亦史，在佳色亭演出《牡丹亭》，"亦史甚得柳梦梅恃才恃声，沾沾自得，不肯屈服景状。后之生色，极力模拟，皆不能及"。十年后，潘之恒在吴琨家，又五次观看《牡丹亭》演出，撰《情痴——观演〈牡丹亭还魂记〉书赠二孺》一文。二孺即江孺、昌孺，潘之恒认为他们的表演，"以凄怆于声调之外，一字不遗，无微不极"，深得汤显祖"至情"深髓，达至"情痴"。

当然也有不符合汤显祖本意的昆腔改本，如万历三十五年前后出现的所谓"云便吴歌"的"吕家改本"。汤显祖愤然指斥道："昔有人嫌摩诘之冬景芭蕉，割蕉加梅，冬则冬矣，然非王摩诘冬景也。其中骀荡淫夷，转在笔墨之外耳。"[102]尽管如此，昆腔演出本流传各地，毕竟大大推进了"临川四梦"跨地域的舞台传播，对塑造汤显祖的剧作家形象功不可没。

1616年汤显祖去世后，"临川四梦"以其高超的戏曲艺术，更加得到时人的青睐和热捧。"临川四梦"的文本传播和舞台传播，犹如落石于水，激起层层涟漪，呈现出逐渐扩展的传播圈，汤显祖的剧作家形象也愈益昭彰鲜明。

剧场的选择是多样化的，既不完全以剧作家的意愿为转移，也不完全受改编者的努力所左右，而更多的是受到剧坛风貌和观众趣味的影响与制约。汤显祖在世时是折子戏风行的时代，[103]"临川四梦"的演出大抵也是折子戏。如钱岱家女优擅长演唱包括《牡丹亭》在内的十种传奇戏曲，"就中只摘一二出，或三四出"。[104]汤显祖在玉茗堂请宜伶演唱"二梦"传奇，"一夜红氍四百钱"，[105]应该也是折子戏演出。而1616年后，剧坛上的"全本戏"演出如春潮涌动，其势汹汹。[106]于是"缩长为短"成为一时剧坛风气。[107]像《牡丹亭》传奇如此冗长的篇幅，便受到人们的批评："识者以为此案头之书，非当场之谱，欲付当场敷演，即欲不稍加窜改而不可得也。"[108]

汤显祖去世两年后，万历四十六年（1618），他的友人臧懋循的改编本《玉茗堂四梦》（一名《玉茗堂四种传奇》），以图文并茂的精美版式刊刻出版。臧懋循批评"临川四梦"是案头之作，"不可奏之筵上"，"常恐梨园诸人未能悉力搬演"，为"便于当场"，不得不大加删改。[109]如《紫钗记》由原作五十三出删并为三十七折，《牡丹亭》由原作五十五出删并为三十六折，而且曲词也多有删略。我认为，作为文人兼书商，臧懋循的改编更多的是出于商业营销的考虑，对全剧出目与曲词大加删削，不过是达到减省刻资的目的，而"便于当场"云云，则无非是作为剧本售卖的广告。所以，臧懋循虽然一厢情愿地认为，"临川四梦"经过改编，便可"点铁成金"，但是当时舞台演出却几乎不用臧改本。[110]由此可知，臧氏改本的真正价值，乃在于阅读而不在于演出。

冯梦龙更是晚明时期著名的通俗文学改编能手，并且与苏州一地的出版商有着密切的联系。崇祯初年（约1630年前后），他改编并刊刻《墨憨斋更定三会亲风流梦》、《墨憨斋重定邯郸记》等，我认为也有着明显的售卖与赢利目的。当然，因为冯梦龙通晓舞台实践，当他将五十五出的《牡丹亭》删并为三十七折的《风流梦》时，其中个别出目的改编还是相当成功的，如《春香闹学》、《拾画叫画》等，成为后世演唱的蓝本。[⑪]

除了面向舞台而"缩长为短"的"全本戏"改编本以外，"临川四梦"的重刻本和评点本，则更强调"悉遵玉茗堂原本"，旨在"为临川存羊"，从而成为流传极广的阅读文本。[⑫]如万历四十七年（1619）左右，江苏苏州人袁于令评点"玉茗堂四梦"，以"柳浪馆批评"本的形态问世。[⑬]泰昌元年（1620），茅暎出版朱墨套印本《牡丹亭》。天启元年（1621），浙江书坊闵光瑜刊刻朱墨套印本《邯郸梦记》。天启四年（1624），王思任批点本《清晖阁批点玉茗堂还魂记》问世。崇祯九年（1636）独深居点定《玉茗堂传奇》出版，有沈际飞评点。这些重刻本、评点本的刊刻与售卖，极大地推进了"临川四梦"的传播速度和传播范围，甚至达到人手一册的地步。[⑭]

汤显祖去世后，"临川四梦"愈益成为剧坛歌场的热门剧目，由文人家乐、民间戏班、妓女串客等广为演唱。[⑮]明末如王锡爵、钱岱、吴琨、邹迪光、李明睿、沈自友等家乐，都演唱过"临川四梦"。[⑯]秦淮妓女如李香君，"十三岁，从吴人周如松受歌玉茗堂四传奇，皆能尽其音节"。[⑰]昆曲串客如徐凤仪、赵必达、王怡庵等，也多以演唱《牡丹亭》著称。[⑱]

1616 年前后，借助于抄录、刊刻、阅读、评点、演唱、批评与改编，"临川四梦"得到了极其广泛的传播，这种传播作为强有力的"推手"，终于成就了汤显祖作为剧作家的不朽名声。

四　才情与矩矱："误读"的导向

然而，在晚明剧坛上，作为剧作家的汤显祖实属"另类"，而难以跻身"主流"。而他的"另类"剧作家形象，既是他自身的"故作姿态"，更是在时人对他的普遍"误读"中逐渐显影、定格而彰明的。

汤显祖一生欣赏孔子所赞赏的"狂狷"人格，[⑲]性格耿介倜傥，富于"狂斐之致"，[⑳]人称"狂奴"。[㉑]因此，当人们将汤显祖作为剧作家，与当时名满宇内的戏曲家沈璟相提并论时，特别强调他才情横溢、逾规越矩、超迈时俗的个性特征。

万历三十八年（1610）年春，戏曲家王骥德和吕天成相聚一堂，"剧谈词学，穷工极变"。[㉒]其中一个重要话题便是评论前辈戏曲家沈璟与汤显祖的异同，二人意见颇相投契。吕天成记载道：

吾友方诸生曰:"松陵具词法而让词致,临川妙词情而越词检。"善夫,可为定品矣。……予谓二公譬如狂狷,天壤间应有此两项人物。不有光禄,词硎弗新;不有奉常,词髓孰抉?倘能守词隐先生之矩矱,而运以清远道人之才情,岂非合之双美者乎?[123]

在这段话里,"松陵"、"光禄"、"词隐先生"指沈璟,"临川"、"奉常"、"清远道人"指汤显祖;"词致"、"词情"、"词髓"是剧作家"才情"的标识,"词法"、"词检"、"词硎"是剧作家"矩矱"的指称。而所谓"二公譬如狂狷",王骥德解释道:"郁蓝生(即吕天成)谓临川近狂而吴江近狷,信然哉!"[124]

两年前,万历三十六年,与汤显祖有二十多年交谊的梅鼎祚撰《长命缕记序》,第一次将汤显祖与沈璟相提并论:"问尔时某某何如?曰才矣。问词隐何如?曰法矣。"[125]明眼人不难看出,所谓"某某"当指汤显祖。这段对话应该是梅鼎祚凭空设置的"虚拟情境",表达的是他自己的看法:汤显祖是才情横溢的"文学家",沈璟是严守法度的"曲学家"。这一"虚拟情境"昭示出,随着"临川四梦"的广泛传播,在当时剧坛上已经出现将汤显祖与沈璟相提并论的趋向了。

万历三十九年(1611)或稍后,吕天成为单本《蕉帕记》传奇作序,再次以沈、汤并提,明确地将他们作为"剧作家"的两种典型:"词隐先生之条令,清远道人之才情。""词隐取程于古词,故示法严;清远翻抽于元剧,故遣调俊。"[126]

在《曲律》一书中,王骥德也同样从两种类型剧作家的角度评论汤显祖与沈璟:"临川之于吴江,故自冰炭。吴江守法,斤斤三尺,不欲令一字乖律,而毫锋殊拙。临川尚趣,直是横行,组织之工,几与天孙争巧,而屈曲聱牙,多令歌者齚舌。"[127]在王骥德看来,作为剧作家,汤显祖和沈璟虽然个性鲜明,而且各造其极,但难免"剑走偏锋",导致"过犹不及"。作为剧作家,汤显祖驰骋"才情",沈璟遵循"矩矱",二人"固自冰炭",这不仅表现为他们戏曲创作取径迥异,更表现为他们戏曲创作旨趣相左。[128]

沈璟在万历十七年(1589)致仕后,家居昆山二十余年,精研曲学。他以蒋孝《旧编南九宫谱》为蓝本,从宫调、曲牌、句式、音韵、声律、板眼诸方面,对昆腔格律做出严格的规定,约于万历三十四年编成出版《南曲全谱》,[129]为昆腔传奇建立了较为完备的格律体系。时人称赞他:"其于曲学，法律甚精，泛澜极博……盖词林之哲匠，后学之师模也。"⑩ "订世人沿袭之非，铲俗师扭捏之腔，令作曲者知其所向往，皎然词林指南车也。"⑪

然而，沈璟苦心孤诣的曲学成就却未能得到汤显祖的好评。沈璟撰曲学论著《唱曲当知》，万历三十四年稍前，吕天成的父亲吕胤昌将此书寄给汤显祖，汤回信说：

> 寄吴中曲论良是。"唱曲当知，作曲不尽当知也"，此语大可轩渠。凡文以意趣神色为主。四者到时，或有丽词俊音可用，尔时能一一顾九宫四声否？如必按字摸声，即有窒滞迸拽之苦，恐不能成句矣。⑫

这封信表面上首肯"吴中曲论"即沈璟的曲学论著，但实际上，汤显祖明确表示了自己作为剧作家，与沈璟迥然不同的戏曲创作旨趣，即戏曲创作不能被"按字摸声"束缚，而应"以意趣神色为主"，"顾九宫四声"的斟酌必须服从于用"丽辞俊音"的选择。

大约万历三十五年，汤显祖进士同年、沈璟友人孙如法将《南曲全谱》寄给汤显祖。汤显祖回信，在称许"曲谱诸刻，其论良快"的同时，批评该书泥于格律的做法，说："此亦安知曲意哉。"并且再次申言："弟在此自谓知曲意者，笔懒韵落，时时有之，正不妨拗折天下人嗓子。"⑬

在沈璟看来，剧作家首要的标志与职责，并不是驰骋文词才情，而是谨守声律法度。所以，他虽然由衷地赞赏汤显祖的《紫钗记》、《牡丹亭》，⑭但是对汤显祖的戏曲创作旨趣却不以为然，并严厉反驳："名为乐府，须教合律依腔。宁使时人不鉴赏，无使人挠喉捩嗓。说不得才长，越有才越当着意斟量。……纵使词出绣肠，歌称绕梁，倘不谐音律，也难褒奖。耳边厢，讹音俗调，羞问短和长。"⑮这里所说的"挠喉捩嗓"，很容易使人联想到汤显祖说的"正不妨拗折天下人嗓子"；而"讹音俗调"，不也正是时人对汤显祖传奇的普遍批评吗？

其实，对汤显祖来说，就像他从未将江苏太仓文人王世贞视为"文坛正宗"一样，也从未将沈璟视为"曲坛正宗"。

在万历中后期，视昆腔为"正声"的观念已经渐渐成为一种超越地域限制的"通识"，人们普遍认可，无论是作曲还是唱曲，都应以吴音、昆腔作为标准和典范。如江苏曲家潘之恒说："魏良辅其曲之正宗乎！"⑯浙江曲家王骥德说："在南曲，则但当以吴音为正。"虽然"昆山之派"随地变迁，

109

"然其腔调，故是南曲正声。"[133]安徽曲家梅鼎祚也说："填南词必须吴士，唱南词必须吴儿。"[134]以昆腔为正声已经成为一时趋会，风靡全国。

身为江西临川人，汤显祖虽然曾在江苏南京、浙江遂昌等地生活过较长时间，与一些吴地文人有着密切的交往甚至友情，但是他与那些在诗文领域把持"话语权"和在戏曲领域主导演唱声腔的吴地人士，却一直保持着一种明显而微妙的心理距离。这里既有文化传统的缘由，也有现实政治的倾向，此不具论。[135]因此，戏曲创作是否应该"便吴歌"，[136]即适合昆腔演唱，这原本就不在汤显祖的顾忌之中，甚至不在他的考虑之内。在内心中，汤显祖对沈璟戏曲创作旨趣的强烈批评，隐含着对"曲坛正宗"的不屑一顾，并由此为自己建构了一个"假想敌"，从而彰显自身"非正统"的"另类"剧作家身份。汤显祖剧作的改编者沈璟、臧懋循、冯梦龙等都是吴人。他们自以为得天独厚，是南戏以至传奇的嫡派正宗，而其他所有非吴地文人都是旁门外道。[137]这不仅表明一种地域优越感，而且表明一种文化优越感，不免引起"狂奴"汤显祖的极度反感。

于是，借由"自谓知曲意者"的自我标榜，[138]汤显祖将自身塑造成为一个不屑与时人为伍的"另类"剧作家。这种"另类"剧作家，濡染着更为浓重的"作者"的色彩，亦即携带着更为鲜明的文人本色。[139]在汤显祖看来，"其中骀荡淫夷，转在笔墨之外耳"，[140]这才是剧作家应有的审美追求。

逞才情而越矩矱，仍不失为戏剧作家，甚至更能彰显传统文人的"作者"本色；而守矩矱而扼才情，虽然中规中矩，但充其量只是一个戏剧匠人或戏剧艺人。正是有见于此，陈继儒说："独汤临川最称当行本色。"[141]王骥德指出："然曲喉易得，而曲才不易得，则'德成而上'与'艺成而下'之殊科也。"[142]因此他认为汤显祖"才情在浅深、浓淡、雅俗之间，为独得三昧"，堪称当代"词人之冠"。[143]崇祯六年（1633），孟称舜撰《古今名剧合选序》，更淋漓尽致地吐露了文人曲家的心声："迩来填辞家更分为二：沈宁庵崇尚谐律，而汤义仍专尚工辞。二者俱为偏见。然工词者不失才人之胜，而崇尚谐律者，则与伶人教师登场演唱者何异？"[144]

从万历三十八年开始，以吕天成、王骥德发端，牵扯有关《牡丹亭》改本的纠葛，时人将汤显祖与沈璟二人的"隔空质难"描述为一场颇为激烈的"汤沈之争"，各取所需地叙述故事，并进而随心所欲地加以"误读"。[145]在明代末年，所谓"汤沈之争"的反复叙述，产生了一种滚雪球式的增殖效应，汤显祖最终被塑造成一位"另类"剧作家形象：不受"矩矱"束缚，而以"才情"见长，肆意逾规越检，纵情驰骋词场。然而，这不正是文人学士"高山仰止，景行行止"般的理想的剧作家形象吗？还是王骥德的论述最为透辟："词隐之持法也，可学而知也；临川之修辞也，不可勉而能也。大匠能与人规矩，不能使人巧也。其所能者，人也；所不能者，天也。"[53]

在1616年前后的文人剧评中，由于作为戏剧作品的"临川四梦"不符合"戏剧性"的理想标准，因此作为"剧作家"的汤显祖并不太被看好；而得益于"临川四梦"超出流俗的审美趣味和文化品位，作为"文学家"的汤显祖却得到几乎一致的高度赞赏。其实，无论是将汤显祖视为剧作家，还是将汤显祖视为文人才子，都是一种"误读"，即人们根据传统的文化观念，按照自己习以为常的思维方式来理解与定义汤显祖。当然这也都是"有价值的误读"。因为在对汤显祖"另类"剧作家形象的自塑与他塑中，彰显出突破讲究规范、严守法度的传统艺术思维和文化意识，追求创新逐奇、超凡脱俗的近代审美趣味和文化思想的独特时代意义，直到今天仍然富于深刻的文化启示。

五 结语："明星"汤显祖

对剧作家汤显祖来说，1616年前后无疑是一个喧嚣的"造星"时代。历时三四十年，借由"临川四梦"的撰写、抄录、刊刻、阅读、演唱、评论、改编、模仿……汤显祖自我塑造和被塑造成剧坛上乃至文坛上一位光彩耀人的"明星"。

从戏曲表演界来看，"临川四梦"成为当时风头最盛的戏曲演唱剧目。沈德符说："汤义仍《牡丹亭梦》一出，家传户诵，几令《西厢》减价。"[59]伴随着"临川四梦"，尤其是《牡丹亭》传奇的盛演，汤显祖作为"剧作家"的名声如日中天，举世无双。

从戏曲创作界来看，模仿"临川四梦"成为文人戏曲创作的一种时尚风气。王思任说："于是'四梦'熟而脍炙四天之下，四天之下，遂竞与传其薪而乞其火，递相梦梦。"[82]当时直接袭用《牡丹亭》关目的传奇，至少有沈璟《坠钗记》、范文若《梦花酏》和吴炳《画中人》、《西园记》等。明末清初的文人曲家纷纷以汤显祖为榜样，以《牡丹亭》为典范，争取自身在剧坛乃至文坛上的一席之地。[63]

从图书出版界来看，"汤显祖"、"玉茗堂"等称号成为热门抢手的"文化名片"，标示"玉茗堂"的文本成为市场上畅销的文化产品，包括戏曲、小说、诗词、散文、八股文、尺牍……尤其是以"玉茗堂批评"作为招牌的戏曲作品，一时充斥市场，流布宇内。⑭伴随着这些文化产品的畅销，汤显祖的"明星效应"愈益广泛而深入。

这一喧嚣的"造星"过程及其轰动的社会效应，得益于汤显祖生前的自我塑造，得益于与汤显祖相识或不相识的文人群体作为"铁杆粉丝"或批评家的热捧与指斥，得益于"临川四梦"在厅堂剧场的广为演唱，得益于平民大众出于观赏与娱乐需求的"追星"热忱，当然，归根结底也得益于"临川四梦"自身远迈群伦的文化价值与审美价值。

时隔四百年，时代的车轮碾进了 21 世纪，2016 年我们又迎来了一个百年一遇的"汤显祖年"。在这一年里，汤显祖再度成为中国剧坛上乃至文坛上一位光彩耀人的"明星"，和汤显祖及"临川四梦"相关的舞台演出、新闻报道、学术评论等等风靡中国，流布世界。

面对剧坛乃至文坛上"汤显祖热"的甚嚣尘上，当我们再一次重塑汤显祖形象的时候，我们是否应该冷静地思考：汤显祖仅仅是一位剧作家吗？"临川四梦"仅仅是四部戏剧作品吗？当我们将汤显祖与英国戏剧家莎士比亚交相媲美的时候，我们的着眼点是两位"戏剧大师"登峰造极的艺术创作，还是两位"文化名人"超迈时流的哲理思考与精神探索？

让我们细细地品味汤显祖晚年的心声："乱世思才，治世思德。惟中世无所思。然吾辈不能不为世思也。高卧北窗，亦何可便得。"⑮万历四十一年（1613），他还对朋友说"知兄已为远志，如近事何？天下忘吾属易，吾属忘天下难也。"⑯让我们再一次引录汤显祖饱含不为人知的苦涩的心声："词家四种，里巷儿童之技，人知其乐，不知其悲。大者不传，或传其小者。"⑰

我想，今天我们阅读汤显祖，纪念汤显祖，应该努力成为他遥隔时空的知己，不是一味地陶醉于他的喧嚣之名，而是更多地体谅他的寂寞之心；不是仅仅将他看作一位名垂史册、享誉中外的剧作家，而是更多地将他看作一位在中华文化的传统中汲汲不倦、矻矻前行的思考者、探索者和践行者。

---

①徐朔方：《晚明曲家年谱》第三卷《汤显祖年谱》，杭州：浙江古籍出版社，1993，第 465~467 页。

②⑯黄汝亨：《寓林集》卷二十《祭汤若士先生文》，《续修四库全书》第 1369 册，影印明天启四年（1624）吴敬、吴芝等刻本，上海：上海古籍出版社，2002，第 319、319 页。

③⑪汤开远编《玉茗堂尺牍》卷首，明万历四十六年（1618）刻本。

④帅机：《汤义仍玉茗堂集序》，帅机等编《临川汤海若玉茗堂文集》（一名《玉茗堂集选》）卷首，明万历三十四年（1606）金陵周如湟刻本。

⑤屠隆：《汤义仍玉茗堂集序》，帅机等编《临川汤海若玉茗堂文集》卷首。

⑥蔡献臣：《清白堂稿》卷九《寄汤若士遂昌（乙未）》，《四库未收书辑刊》第6辑第22册，影印明崇祯间刻本，北京：北京出版社，1998，第240页。"乙未"为万历二十三年（1595）。

⑦卫承芳：《曼衍集》卷五《答汤义仍遂昌》，明万历间刻本。转引自叶晔《珍稀明集中新辑九家十二通与汤显祖尺牍的考释》，杭州：《杭州师范大学学报》（社会科学版）2008年第5期，第92页。

⑧㉟虞淳熙：《虞德园先生集》卷四《徐文长集序》，《四库禁毁书丛刊·集部》第43册，影印明末刻本，北京：北京出版社，1997，第200页。

⑨⑫⑬⑭⑭⑮王骥德著，陈多、叶长海注释《曲律注释》卷三十九《杂论下》，上海：上海古籍出版社，2012，第331～332、307、308、302～303、360、331～332、311页。

⑩㊾钱谦益：《列朝诗集小传》丁集中《汤遂昌显祖》，上海：上海古籍出版社，1983，第564、563页。

⑫李渔：《闲情偶寄》卷一《词曲部》，中国戏曲研究院编《中国古典戏曲论著集成》第7册，北京：中国戏剧出版社，1959，第7～8页。

⑬杜预注，孔颖达疏《春秋左传注疏》卷三十五，阮元：《十三经注疏》，北京：中华书局影印本，1980，第1979页。

⑭曹丕：《典论·论文》，萧统编，李善注《文选》卷五十二，北京：中华书局影印本，1977，第720页。

⑮⑱⑲㉑㉒㉓㉚㊱㊲㊳㊴㊽㊺㊻㊾㊼⑤⑤⑥⑤⑤⑤⑥⑥⑥⑥⑥⑦⑦⑧⑧⑧⑨⑨⑨⑩⑩㉑㉒㉓㉔㉔㉕㉕㉖㉗汤显祖著，徐朔方笺校《汤显祖全集·诗文》，北京：北京古籍出版社，1999，第714、1451～1452、1209、689、1410、1409、1225～1228、1399、1516、1411、1483、1391、1411、1452、1112、1098、1464、1395、786、1074、1098、1464、1436、1188、1401、1411、1157～1158、1324、1466、1157、567、1395、791、700、710、822、1137、1302、1392、1442、1392、1442、1346、1469、1411页。

⑯季札是春秋时著名的贤人，多次辞让王位。《左传·襄公二十九年》记载季札至鲁国观乐的故事，杜预注以为是"依声以参时政，知其兴衰也"，"论声以参政也"；孔颖达疏以为是"听音而知治乱，观乐而晓盛衰"。见杜预注，孔颖达疏《春秋左传注疏》卷三十九，阮元：《十三经注疏》，第2006、2008页。

⑰杨伯峻：《论语译注·泰伯篇第八》，北京：中华书局，1980，第79页。

⑳钱谦益著，钱曾笺注，钱仲联标校《牧斋有学集》卷四十九《读宋玉叔文集题

辞》引，上海：上海古籍出版社，1996，第1588页。"空同"指李梦阳，"宋金华"指宋濂。此信作于万历三十四年至三十五年间，参见汪超宏《汤显祖二十三题》之《汤显祖与钱谦益》，汪超宏：《明清曲家考》，北京：中国社会科学出版社，2006，第318～320页。

㉓宋濂：《宋学士文集》卷二十四《蒋录事诗集后序》，《四部丛刊初编》第246册，影印明正德间刻本，上海：上海书店出版社，1989。

㉔《明史》卷一二八《宋濂传》："在朝，郊社宗庙、山川百神之典，朝会宴享、律历衣冠之制，四裔贡赋赏劳之仪，旁及元勋巨卿碑记刻石之辞，咸以委濂，屡推为开国文臣之首。"张廷玉：《明史》，北京：中华书局，1974，第3787～3788页。

㉕万历十九年（1591），汤显祖任南京礼部主事，上《论辅臣科臣疏》，这是他撰著"馆阁大记"的文化践行。《明史》卷二三〇因此为他立传，未像他的朋友屠隆、李维桢、焦竑、袁宏道等被归入《文苑传》。

㉖此段论述参考程芸《汤显祖与晚明戏曲的嬗变》第三章"'大道'、'文词'与'立言'"，北京：中华书局，2006，第57～72页。

㉗㊼⑨邹迪光：《调象庵稿》卷三十三《汤义仍先生传》，《四库全书存目丛书·集部》第160册，影印明万历间刻本，济南：齐鲁书社，1997，第6、6、9页。

㉙宋濂：《宋学士文集》卷十《赠梁建中序》。

㉛刘应秋：《刘大司成文集》卷十四《与汤若士》之四，明万历间吉水刘同升家刻本。

㉜高攀龙著，陈龙正编《高子遗书》卷八上《答汤海若》，《景印文渊阁四库全书》第1292册，台北：台湾商务印书馆，1986，第499页。参见徐朔方《晚明曲家年谱》第三卷《汤显祖年谱》附录甲《汤显祖诗赋文集考略》，第474～475页。

㉝㊿周大赍：《汤临川先生书经讲意叙》，汤显祖：《玉茗堂书经讲意》卷首，明万历间刻本。参见郑志良《汤显祖著作的新发现：〈玉茗堂书经讲意〉》，北京：《文学遗产》2016年第3期。

㉞钱谦益著，钱曾笺注，钱仲联标校《牧斋初学集》卷三十一《汤义仍先生文集序》引，上海：上海古籍出版社，1985，第905页。"曾"指曾巩，"王"指王安石，名列"唐宋八大家"，皆是汤显祖的江西前辈。

㊶丘兆麟：《诗集原序》，沈际飞选辑《独深居点定玉茗堂集》本《玉茗堂诗集》卷首，明崇祯间刻本。

㊷汤宾尹：《睡庵稿》卷四《四奇稿序》，《四库禁毁书丛刊·集部》第63册，影印明万历间刻本，第75页。

㊸丘兆麟：《玉书庭全集》卷十二《重刻汤友尼觉花编序》，明崇祯间丘子旦、丘子画等刻本。

㊽如李贽论戏曲写作："夺他人之酒杯，浇自己之垒块；诉心中之不平，感数奇于

114

千载。"李贽：《焚书》卷三《杂说》，北京：中华书局，1961，第97页。

㉛汤显祖《牡丹亭》第一出《标目》"蝶恋花"："忙处抛人闲处住，百计思量，没个为欢处。白日消磨肠断句，世间只有情难诉。"汤显祖著，徐朔方笺校《汤显祖全集·戏曲》，第2067页。

㉞参见楼宇烈《汤显祖哲学思想初探》，江西文学艺术研究所编《汤显祖研究论文集》，北京：中国戏剧出版社，1984，第152～173页；肖鹰：《以梦达情：汤显祖戏剧美学论》，北京：《文艺研究》2013年第8期。

㉠蒋士铨著，周妙中点校《蒋士铨戏曲集》，北京：中华书局，1993，第218页。

㉥赵岐注，孙奭疏《孟子注疏》卷六下《滕文公章句下》，阮元：《十三经注疏》，第2714页。

㉧参见徐朔方《晚明曲家年谱》第三卷《汤显祖年谱》附录乙《玉茗堂传奇创作年代考》，第484～488页。

㉨梅鼎祚：《鹿裘石室集·书牍》卷十一《答汤义仍》，《续修四库全书》第1379册，影印明天启三年（1623）玄白堂刻本，第606页。参见徐朔方《晚明曲家年谱》第三卷《梅鼎祚年谱》，第178页。

㉩汤显祖著，徐朔方笺校《汤显祖全集·诗文》卷四十七《答张梦泽》，第1450～1451页。万历二十八年，张师绎任江西新喻知县，至三十年（1602）夏丁忧离任。徐朔方笺证，认为此信作于万历二十八年，《汤显祖年谱》则认为此信作于万历二十九年，参见徐朔方《晚明曲家年谱》第三卷《汤显祖年谱》，第401页。

㉪如梅鼎祚曾向汤显祖索求文稿，说："倘以原草见借，当什袭驰还。肯缮录一部寄示，犹幸。"可知"缮录"即是抄写。梅鼎祚：《鹿裘石室集·书牍》卷六《与汤义仍祠部》，第537页。

㉫黄汝亨：《寓林集》卷二十五《复汤若士》，第421页。

㉬卓发之《漉篱集》卷二十二《与汤海若先生》："某生十龄，而得读先生经义……又五年，而得读先生《牡丹亭记》，至与《楞严》共函，藏之箧中，与同卧起。嗣后便索《玉茗堂集》读之……迄今又十年矣。"《四库禁毁书丛刊·集部》第107册，影印明崇祯间传经堂刻本，第653页。据此，这封信应作于万历三十九年。参见郑志良《汤显祖佚文三篇考论》，北京：《文献》2004年第1期。该文考定《与汤海若先生》作于万历四十年，实误。

㉭㉛沈德符：《万历野获编》卷二十五《词曲》，第648、643页。

㉰毛效同《汤显祖研究资料汇编》第十编《著作板本》记载此本，云："郑振铎藏。四卷。"上海：上海古籍出版社，1986，第1421页。

㉱参见金文京《〈邯郸梦记〉明万历间唐振吾刊本初探》，李晓、金文京校注《邯郸梦记校注》附录，上海：上海古籍出版社，2004，第262～277页。黄仕忠认为，万历丙午应当是二剧初次付刻的时间，唐氏刻本当即"二梦"的初刻本；并推测周大赉"很

115

可能就是周如漥一族中人"。参见黄仕忠《"玉茗堂四梦"各剧题词写作时间考》，北京《文学遗产》2011年第5期。按汤显祖《玉茗堂书经讲意》刻成于万历四十年壬子（1612），卷首周大赉《汤临川先生书经讲意叙》云："故《牡丹亭》、'二梦记'、玉茗堂词赋等集盛行海内。"据此可知《牡丹亭》与"二梦"之唐振吾刻本刊刻于万历四十年之前，可作为旁证。参见郑志良《汤显祖著作的新发现：〈玉茗堂书经讲意〉》。

⑦⑧徐朔方：《晚明曲家年谱》第三卷《汤显祖年谱》附录甲《汤显祖诗赋文集考略》，第476页。

⑦⑨参见吴书荫《"玉茗堂四梦"最早的合刻本探索》，《戏曲研究》第72辑，北京：文化艺术出版社，2007，第1～11页。

⑧①现存万历四十五年丁巳（1617）石林居士序刻本《牡丹亭还魂记》，刊刻于杭州，可能与此本有渊源关系。

⑧②吴之鲸：《瑶草园初集》卷一《玉茗堂乐府总序》，明刻本。据吴书荫《"玉茗堂四梦"最早的合刻本探索》考证，此序约撰于万历三十五六年间。而吴敬编刊《玉茗堂乐府》也应成书于此时。

⑧③参见徐朔方《晚明曲家年谱》第一卷《沈璟年谱》，第315～316页；周育德：《汤显祖论稿》，北京：文化艺术出版社，1991，第304～306页。

⑧④陈懿典：《陈学士先生初集》卷三十四《汤义仍祠部》，《四库禁毁书丛刊·集部》第79册，影印明万历间刻本，第610页。

⑧⑤佚名：《小青传》，张潮：《虞初新志》卷一，石家庄：河北人民出版社，1985，第20页。

⑧⑥汤显祖著，徐朔方笺校《汤显祖全集·诗文》卷十六《哭娄江女子二首》诗序，第710～711页。参见张大复《梅花草堂笔谈》卷七，《四库全书存目丛书·子部》第104册，影印明崇祯三年（1630）刻、清顺治十二年（1655）补修本，第381页。

⑧⑧胡文焕：《群音类选》，北京：中华书局，影印明刻本，1980。

⑨①⑪⑥参见刘水云《明清家乐研究》，上海：上海古籍出版社，2005，第50～91、523～525、529～530、545、539～541、571～572、573～575页。

⑨③关于汤显祖与宜伶的密切交往，参见周育德《"临川四梦"和戏曲舞台》，《汤显祖论稿》，第227～229页。

⑨⑤钱希言：《二篚篇》卷上《今夕篇》序，参见徐朔方《晚明曲家年谱》第三卷《汤显祖年谱》，第416～417页。

⑨⑥梅鼎祚：《鹿裘石室集·书牍》卷十三，第641页。参见徐朔方《晚明曲家年谱》第三卷《梅鼎祚年谱》，第192～193页。

⑨⑦冯时可：《超然楼集》卷三《入浙记》，明万历二十五年（1597）刻本。转引自田仲一成《明末文人心目中的汤显祖的人物形象》，《戏曲研究》第81辑，北京：文化艺术出版社，2010，第32页。

⑨⑧邹迪光：《调象庵稿》卷三十五《与汤义仍》，第 56 页。按姜绍书《无声诗史》卷四《邹迪光》记载，邹家班"音律之妙，甲于吴中"。《续修四库全书》第 1065 册，影印清康熙五十九年（1720）李光暎观妙斋刻本，第 535 页。

⑩①潘之恒：《鸾啸小品》，明崇祯二年（1629）刻本。

⑩②汤显祖著，徐朔方笺校《汤显祖全集·诗文》卷四十七《答凌初成》，第 1442 页；卷四十九《与宜伶罗章二》，第 1519 页。"吕家改本"可理解为吕胤昌改本，也可理解为吕氏寄来的改本，参见徐朔方《论汤显祖及其它》，上海：上海古籍出版社，1983，第 121~124 页。

⑩③参见曾永义《曾永义学术论文自选集·论折子戏》，北京：中华书局，2008，第 292~306 页；郭英德：《明清传奇史》，北京：人民文学出版社，2012，第 579~589 页。

⑩④据梧子：《笔梦叙》，新文丰出版公司编辑部：《丛书集成续编》第 214 册，影印《香艳丛书》本，台北：新文丰出版公司，1998，第 404 页。

⑩⑥参见陆萼庭《昆剧演出史稿》，上海：上海文艺出版社，1980，第 89~115 页。

⑩⑦参见郭英德《明清传奇史》，第 380~389 页。

⑩⑧冯梦龙：《风流梦·小引》，《墨憨斋重定三会亲风流梦》卷首，《古本戏曲丛刊初集》，影印明末墨憨斋刻本。

⑩⑨臧懋循：《负苞堂文选》卷三《玉茗堂传奇引》，《续修四库全书》第 1361 册，影印明天启元年臧尔炳刻本，第 89 页。

⑩⑩佚名《紫钗记序》批评道："臧子非知音者也，附和时流而已。"汤显祖：《紫钗记》卷首，明末刻本。

⑪⑪⑪⑤参见周育德《"临川四梦"和戏曲舞台》，《汤显祖论稿》，第 245~248、225~233 页。

⑪⑫张弘：《凡例》，汤显祖：《玉茗堂还魂记》卷首，清乾隆五十年（1785）冰丝馆增图重样本。

⑪⑬参见郑志良《袁于令与柳浪馆评点"临川四梦"》，北京：《文献》2007 年第 3 期。

⑪⑭清初林以宁据传闻记载道："书初出时，文人学士案头无不置一册。"林以宁：《还魂记题序》，陈同、谈则、钱宜：《吴吴山三妇合评牡丹亭还魂记》卷首，清康熙三十三年（1694）梦园刻本。

⑪⑦侯方域著，王树林校笺《侯方域集校笺》卷五《李姬传》，郑州：中州古籍出版社，1992，第 262 页。按周如松即苏昆生，河南固始人，明末流寓江苏南京，著名昆曲教师。

⑪⑧参见徐扶明《牡丹亭研究资料考释》第三编《演唱》，上海：上海古籍出版社，1987，第 145~146 页。

⑪⑨汤显祖著，徐朔方笺校《汤显祖全集·诗文》卷五《郡贤赞》组诗序、卷三十

二《合奇序》，第 155、1138 页。《论语·子路》："子曰：'不得中行而与之，必也狂狷乎！狂者进取，狷者有所不为也。'"杨伯峻：《论语译注》，第 141 页。

⑫邹元标：《邹子存真集》卷四《汤义滴朝阳尉序》，明天启间李生文、张瑞等刻本。梅鼎祚《鹿裘石室集·诗集》卷三《五君咏·临川汤孝廉显祖》亦云："又少我辈人，狂鲜与世偶。"

⑫吕天成：《曲品自叙》，吕天成著、吴书荫校注《曲品校注》，北京：中华书局，1990，第 1 页。《曲品》初版撰写刊刻于万历三十八年，增补修订于万历四十一年，参见上书附录三《吕天成和他的作品考》，第 429～432 页。

⑫吕天成著，吴书荫校注《曲品校注》，第 37 页。

⑫王骥德著，陈多、叶长海注释《曲律注释》卷四《杂论下》，第 309 页。"郁蓝生"即吕天成。《曲律自序》署"万历庚戌冬至后四日"，"庚戌"即万历三十八年。但此书嗣后又屡有增补，直至天启三年秋王骥德病逝前，才交由友人毛以燧付梓。

⑫⑬梅鼎祚：《鹿裘石室集·文集》卷四《长命缕记序》，第 171 页。

⑫转引自凌蒙初《谭曲杂札》，《中国古典戏曲论著集成》第 4 册，第 259 页。吕天成原序已佚。《蕉帕记》作于万历三十八年至四十一年之间，见郭英德《明清传奇综录》，石家庄：河北教育出版社，1997，第 217 页。

⑫约万历十四年（1586），汤显祖在南京祠部任上，曾与江苏苏州人刘凤有乐律之争，刘主"乐理"而汤主"乐情"，这是汤、沈之争的前奏。参见郑志良《论汤显祖和刘凤关于乐律之争》，《九州学林》2010 年秋季卷，上海：上海人民出版社，2011。

⑫参见徐朔方《晚明曲家年谱》第一卷《沈璟年谱》，第 313 页。

⑬徐复祚：《曲论》，《中国古典戏曲论著集成》第 4 册，第 240 页。

⑬据沈自晋《南词全谱·凡例》，在《坠钗记》传奇卷首"西江月"词中，沈璟还"推称临川"。沈自晋：《南词新谱》卷首。今存各本《坠钗记》均佚此曲。

⑬沈璟：《博笑记》卷首"商调二郎神"套曲，明天启三年刻本。此曲作于万历三十五年或稍后，见徐朔方《晚明曲家年谱》第一卷《沈璟年谱》，第 315 页。

⑬汪效倚辑注《潘之恒曲话》，北京：中国戏剧出版社，1988，第 8 页。

⑬王骥德著，陈多、叶长海注释《曲律注释》卷二《论腔调第十》，第 131、133～134 页。

⑬如汤显祖《答王淡生》云："客曰：吴士文而吾乡质。文常有余，质常不足。以不足交有余，辩给固不能相当，精微亦不能相致，无所相益，有以相损。因自引避，不敢再谒尚书之门，一参公子之席，其风性然也。"《汤显祖全集·诗文》卷四十四，第 1303 页。"尚书"指王世贞，"公子"指世贞子士骐（号淡生）。汤显祖出仕之后，或显或隐地流露出维护江右地域文化传统的意识，与领袖群伦的吴地文人多有矛盾，参见崔洛明《汤显祖的江西意识及其与吴文人的矛盾》，上海：《戏剧艺术》2001 年第 1 期。

⑭如臧懋循《负苞堂文选》卷三《玉茗堂传奇引》批评汤显祖："今临川生不踏吴

门，学未窥音律，艳往哲之声名，逞汗漫之词藻，局故乡之闻见，按亡节之弦歌。"（第89页）这正如其前王世贞《曲藻》批评李开先《宝剑记》、《登坛记》时说："公辞之美，不必言。第令吴中教师十人唱过，随腔字改妥，乃可传耳。"《中国古典戏曲论著集成》第4册，第36页。也如崇祯间张琦《衡曲麈谭》指斥汤显祖说："近日玉茗堂《杜丽娘》剧，非不极美，但得吴中善按拍者调协一番，乃可入耳。"张琦：《吴骚合编》附刻，《四部丛刊二编》，影印明崇祯十年（1637）刻本。他们都是吴地人士，所以腔调如出一辙。

⑭周育德认为，汤显祖的"临川四梦"是"一种文学剧本"，而"不是专为某种声腔而撰写的台本。"周育德：《汤显祖论稿》，第234页。程芸也认为，"临川四梦"更类乎作为"文章之事"的"文学文本"，而与为特定声腔剧种写作的"舞台脚本"有较明显的差异。这也是明代后期文人戏曲写作的共同特点。程芸：《汤显祖与晚明戏曲的嬗变》，第152～221页。

⑭陈继儒：《王季重批点牡丹亭题词》，《清晖阁批点玉茗堂还魂记》卷首，明天启四年（1624）跋会稽张氏著坛刻本。

⑭孟称舜：《古今名剧合选》卷首，《古本戏曲丛刊四集》，影印明崇祯间刻本，上海：商务印书馆，1958。清初李渔本此，在《闲情偶寄》卷一《词曲部·结构第一》中说："文词稍胜者，即号才人；音律极精者，终为艺士。"《中国古典戏曲论著集成》第7册，第11页。

⑭有关20世纪后半叶"汤沈之争"研究的成果，参见程芸《20世纪后半叶汤显祖、沈璟研究述评》，《戏曲研究》第58辑，北京：文化艺术出版社，2002，第41～58页。

⑮王思任：《春灯谜序》，阮大铖：《春灯谜》卷首，《古本戏曲丛刊二集》，影印明崇祯间刻本，上海：商务印书馆，1955。

⑮明末清初文人曲家借《牡丹亭》传奇来认定或抬高自身剧作价值的史料，参见徐扶明《牡丹亭研究资料考释》第四编《影响》，第225～245页。

⑮1616年前后刊刻的戏曲剧作，现存于世的有《玉茗堂批订董西厢》、《玉茗堂批评异梦记》、《玉茗堂批评焚香记》、《玉茗堂批评红梅记》、《玉茗堂批评节侠记》、《玉茗堂批评种玉记》、《玉茗堂批评续西厢升仙记》、《玉茗堂批评西楼记》等。清顺治初年，沈自晋撰"解醒乐"套《偶作·窃笑词家煞风景事》批评道："那得胡圈乱点涂人目，漫假批评玉茗堂？坊间伎俩，更莫辨词中衬字，曲白同行。"张树英点校《沈自晋集·越溪新咏》，北京：中华书局，2004，第203页。

作者简介：郭英德，福建晋江人，文学博士，北京师范大学文学院教授、北京师范大学教学指导委员会主任，兼任国务院学位委员会中文学科评议组成员、复旦大学中国古代文学研究中心学术委员会委员、中国明代文学研究会（筹）副会长、中国古代戏曲学会副会长等。曾任美国圣路易斯华盛顿大学、意大利那不勒斯东方大学、日本京都外国语大学、台湾东吴大学、香港大学访问教授或客座教授。1996 年入选北京市"培养跨世纪理论人才百人工程"，2000 年入选教育部人文社会科学跨世纪优秀人才。长期从事中国古代文学、中国古典文献学、中国古代戏曲、中国文学学术史等领域的研究，在《中国社会科学》、《文学评论》、《文学遗产》等刊物上发表《传奇戏曲的兴起与文化权力的下移》等学术论文二百余篇，出版《明清传奇综录》、《明清传奇史》、《明清文学史讲演录》、《建构与反思——中国古典文学研究思辨录》、《中国古代文体学论稿》、《中国散文通史·明代卷》等专著，以及《中国古代文学史》、《中国古典文献学的理论与方法》等教材。主持国家社科基金重点项目"中国古代文学教育与文学的生成、发展及传播"、国家社科基金重大项目"中国古代散文研究文献集成"等。获首届国家社会科学基金项目优秀成果奖、教育部第四届人文社会科学优秀成果二等奖、第二届北京市高等学校教学名师奖、北京市第十三届哲学社会科学优秀成果奖特等奖等。

［责任编辑：刘泽生］

（本文原刊 2016 年第 3 期）

呼唤新青年　传递新思想

——《新青年》的出世及其反响

耿云志

[提　要]《新青年》是引领一代新思潮的标志性刊物。其主要作者陈独秀、胡适等在反思辛亥革命之得失与民初社会混乱的基础上，得出结论：必须首重人们思想观念的转变，以渐求达到改造国家的目的。为此，他们把希望寄托于青年。他们向青年们灌输的新思想、新观念最主要的是个性主义与世界化。青年们基本接受了这些思想观念，无论其理解的正确程度如何，他们后来参加革命、投入各种事业，都与接受这些基本观念有一定关联。

[关键词]《新青年》　个性主义　世界化

一

　　无论是研究近代政治史，还是思想史、文化史，人们都无例外地把五四新文化运动作为一个重点时段来考察。而要考察五四新文化运动，便不能忽略《新青年》杂志。这个杂志的出现，及其所凝聚的力量、所发生的影响，都非常大，非常重要。它是中国近代思想史光芒四射的一页。

　　《新青年》出世的最大动因，是辛亥革命所创建起来的共和国让人们感到失落，先觉者们于混乱与苦闷中，力图为国家、民族寻找新的出路。

　　辛亥革命的主动力是以孙中山为首的革命党，它领导的武装起义严重地打击了清朝的统治力量。但革命党未能独力完成推翻帝制的大业。清朝最后退出历史舞台，是通过由革命党和立宪派为一方，与袁世凯为代表的、仍打着清王朝的招牌却亟亟于取而代之的旧势力为另一方，进行谈判所达成的结果。因此，民国建立后，主要有三种政治势力：一是以革命党为基本核心的革命势力；一是以清末立宪派为核心的改革派；一是以袁世凯为代表的、在辛亥之变中谋得清政府实权的旧官僚势力。革命党势力中，有一部分人仍想用革命的方式夺取政权，只苦于力有不逮。另一部分人走政党政治之路，力求通过谋得政治优势以掌握政权，他们取得了相当的进展，以致引起袁世凯势力的高度紧张，乃暗杀其领导人，以图消弭这一政治势力，结果引起"二次革命"。革命党积聚不起足以打败袁世凯的力量，"二次革命"迅即失败。立宪派历来不赞成暴力革命，对革命党中的激进派非常不满，称之为"暴烈派"，并指望袁世凯铲除"暴烈派"后，能够接受他们的指引，逐步走上宪政之路。而袁世凯在镇压"二次革命"后，先是取消国会中国民党议员的资格，然后又解散国会，立宪派也被踢到一边。表面上，袁世凯似乎使天下"定于一"了，实际上他的有效统治只限于北方数省。革命党与立宪派分别在南方数省保持着很大的影响力。但真正拥有权力、衣租食税的，除袁氏之外，是各地大小军阀、政客。

承清末数十年腐败政治，加以数年革命与动乱，人民早已穷蹙不堪，外债累累，外患频仍，内则官、军征伐，土匪遍地，复以灾荒连年。于是变乱迭出，民不聊生。身历清末民初的革命、改革与动乱的梁启超有一段话最能表明当时人们的失望心理。他说："我国民积年所希望，所梦想，今殆已一空而无复余。惩守旧而谈变法也，而变法之效则既若彼；惩专制而倡立宪也，而立宪之效则既若彼。曰君主为之毒也，君主革矣，而其效不过若彼；曰乱党为之梗也，乱党平矣，而其效不过若彼。二十年来，朝野上下所昌言之新学、新政，其结果乃至为全社会所厌倦，所疾恶。言练兵耶，而盗贼日益滋，秩序日益扰；言理财耶，而帑藏日益空，破产日益迫；言教育耶，而驯至全国人不复识字；言实业耶，而驯至全国人不复得食。其他百端则皆若是。"他形容当时社会之险象"譬犹悬千石之钟于环宇，而恃一发以系之，旁无化身，而后无替人，天下险象，孰过于是"。①坐是之故，全国人之心理几以中国必亡为深忧。身历此时代之种种艰难困苦的陈独秀亦称："自国会解散以来，百政俱废，失业者盈天下。又复繁刑苛税，惠及农商。此时全国人民，除官吏兵匪侦探之外，无不重足而立，生机断绝，不独党人为然也。"②

　　在这种状况下，先觉分子们秉承中国历代士大夫以天下为己任的使命感，乃苦苦寻觅国家的出路。陈独秀是其中特别有代表意义的人物。他是清末著名革命党人，却不曾参加同盟会。安徽响应起义独立后，他被安徽都督孙毓筠委任为都督府秘书长。当时，曾在清末办过芜湖科学图书社的同乡老友汪孟邹去找他，意思是新国开幕，想为国家做点事。据载，陈独秀"光着眼"（大约是瞪大眼睛的意思——引者）对汪说："做什么！这里是长局吗？马上会变的。你还是回去卖你的铅笔、墨水、练习簿的好。你还是到上海去再开一个书店的好。"可见，陈独秀在革命烽火正盛之时，仍保持着难得的清醒。"二次革命"后，他即欲办杂志，从改变人们的思想观念入手，为国家寻找走出愚昧、穷困、动乱，朝向长期发展之路。他赴上海向汪孟邹称，要办一个杂志，"只要十年、八年的工夫，一定会发生很大的影响"。③这就是他创办《青年杂志》的最初动机。

　　为何以"青年"为刊名？这是因为，当时头脑比较清醒的人都认为，中国社会积腐太深，中年以上的人大抵都为旧污所染，旧习所困，唯有青年是国家民族一线生机之所系。李大钊说，"国中分子，昏梦罔觉者去其泰半，其余丧心溃气者又泰半"，④希望只能寄托于青年。陈独秀认为，当下"充塞社会之空气，无往而非陈腐朽败焉，求些少之新鲜活泼者，以慰吾人窒息之绝望，亦杳不可得。循斯现象，于人身则必死，于社会则必亡"。所以他说："予所欲涕泣陈词者，惟属望于新鲜活泼之青年，有以自觉而奋斗耳！"⑤高一涵是陈独秀创办《青年杂志》的积极支持者和主要撰稿人。他说："澄清流水必于其源，欲改造吾国民之德知，俾之脱胎换骨，涤荡其染于专制时代之余毒，他者，吾无望矣，惟在染毒较少之青年，其或有以自觉，此不佞之所以专对我菁菁苗苗之青年而一陈其忠告也。"⑥梁启超亦如是认为。他对青年学生们说："以诸君一己之命运，即吾中国将来之命运也。我辈年已老大，对于国家，已负莫大之罪孽。国家之所由致此者，皆吾辈中年人之责也。而吾国将来唯一之希望，即未来之学生，即今日在座诸君是也。"⑦他断定"吾国处飘摇欲倒之境，所恃者厥为青年"。⑧他们都认为，创造一个新国家，求得真共和，只能把希望寄托于青年。所以他们的杂志主要是面对青年说话。其创刊号所揭登的《社告》第一条即明言："国势陵夷，道衰学弊，后来责任，端在青年。本志之作，盖欲与青年诸君商榷将来所以修身治国之道。"而这一期的重头文章就有陈独秀的《敬告青年》与高一涵的《共和国家与青年之自觉》。汪叔潜所写的《新旧问题》，实际也是向青年说话，其文章最后一语即请"吾社会未来之主人翁"对新旧问题要"急择所趣舍"。陈独秀翻译的《妇人观》，无疑也是对青年女子说话。还有自署"一青年"者翻译美国人的《青年论》。

从《青年杂志》（后改名《新青年》）"通讯"栏的内容也可以看出，对这个刊物感兴趣并做出回应的，也恰恰主要是青年人。他们有问求学门径的，有希望介绍新书的，有讨论卫生、女子、文学、统一国语、政党、国体、对孔子的态度等问题的，等等。尤其值得注意的是，一位青年读者毕云程致信陈独秀说："先生撰著，虽多鞭策勖勉之语，然字里行间，恒流露一种悲观。"他认为这会对青年发生消极影响，故诚恳地劝告陈独秀不要悲观，务以教育青年之重任，坚持"一意著述，造福青年"。陈独秀说他自己也反对悲观主义，但又不禁感叹"执笔本志几一载，不足动青年毫末之观听"，⑨还是不自觉地流露出悲观情绪。在下一期的《通信》里，毕云程则致函陈独秀称，悲观是不必要的，他坚信，只要耕耘，只要播种，就一定会有收获。并说，《新青年》"出版迄今，仅有八册，然我青年界所受之影响，已属不可数记。仆之友人，爱读大志者甚多"。⑩此言非虚。湖南青年舒新城说："贵杂志不啻为吾国青年界之晨钟。"⑪山东青年王统照说："校课余暇，获读贵志，说理新颖，内容精美，洵为最有益青年之读物。绎诵数过，不胜为我诸青年喜慰也。"⑫

《青年杂志》出版后，很受青年人欢迎。第 1 卷第 2 号已登出在全国各地代派处 76 处。据汪原放回忆，《青年杂志》初办时，每期只印千余册，后来增加到一万五六千册，这一数字，可能是到五四前后了。但从第 2 卷改称《新青年》后，发行量应有较大增长。《青年杂志》改称《新青年》，原属偶然。教会借口办有《上海青年》，反对他们用"青年"的名号，负责印行《青年杂志》的群益书社经理人遂提议将《青年杂志》改名《新青年》，未料想这正中陈独秀及其朋友们的下怀。《新青年》出世，带动了受新思想、新观念影响的一代"新青年"的出世。

二

《青年杂志》和《新青年》（以下只提《新青年》）是用什么样的新思想、新观念来熏陶和鼓动一代新青年的呢？多年来，研究五四新文化运动者一致认为，《新青年》所倡导的新思想、新观念最主要的是科学与民主。这种说法固然不错，但仔细考察《新青年》所着力倡导并加以深刻论述和身体力行的，应该还可以有更具涵盖力也更容易与清末以来先觉者们所大力宣扬的东西有所区别的说法。十六七年前我曾提出，这一说法可用个性主义和世界化来概括。民主和科学作为一种观念，在清末流传已较普遍。在新文化运动中，这两个概念显然更为充实和深刻。我们正应努力表现出这些思想、观念比清末更高、更深的意蕴来。

陈独秀在《青年杂志》创刊号上所发《敬告青年》一文，实相当于发刊词。他提出六条倡议：一，自主的而非奴隶的；二，进步的而非保守的；三，进取的而非退隐的；四，世界的而非锁国的；五，实利的而非虚文的；六，科学的而非想象的。其中第二、三两条基本是进化主义观念，在清末已相当流行；第五条与嘉道以来的经世致用显然有相承关系；科学，上文已言及。第一条"自主的而非奴隶的"，陈独秀所发挥的是个人主义的精义。因个人主义在汉语文献中经常被扭曲，《新青年》的作者们更多地使用个性主义的提法。这种个性主义观念，清末虽有梁启超宣传过，但不曾普及。《新青年》的作者们把个性主义看作青年们是否能够觉醒、民主制度能否在中国得到落实的最大关键。第四条"世界的而非锁国的"，应当说是比较新鲜的提法，而且它可以涵盖更多东西，其基本要义是开放的观念。个性主义追求的是人的解放，个人的解放，个人的创造精神、创造力的解放。世界化追求的是与世界文化的充分互动。他人有好的东西，我们尽量地学习、借鉴；我们自己有好的东西，则要尽量地介绍给别人，完全打破"夷夏之防"，消除"中西文化"的困惑。一个国家，一个民族，能够解放自己的每一个成员的创造力，又能够没有人为障碍地学习和借鉴世界先进文化，如此，还有什么力量能够阻止她的进步与发展呢？根据对《新青年》和新文化运动的研究，我认为，个性主义和世界化，就是当年陈独秀们和他们所呼唤的新青年们热烈追求的目标，也是他们要传递给全体人民的主要的新思想、新观念。

从创刊到五四运动爆发前，《新青年》主要作者们，如陈独秀、胡适、高一涵等，发表了大量思想性较强、较有分量的议论文章，从中可以看出他们所强调的重心所在。

1. 陈独秀

从 1915 年 9 月《青年杂志》创刊，到 1919 年 4 月 15 日《新青年》第 6 卷第 4 期止，陈氏在《青年杂志》和《新青年》上所发表之较重要文章约有 20 篇。这些文章大都曾着力强调个性主义与世界化这两个基本观念。

试举例以明之。

《敬告青年》。前文已述及，此处不赘。

《今日之教育方针》。他强调，"盖教育之道无他，乃以发展人间身心之所长而去其短"，发挥人之身心所长，当然是主张伸展个性。又谓，谋教育之方针，"以求适世界之生存而已"。⑬"求适世界之生存"，意即求得与现代世界相协调，拥有自尊和自信地立于世界民族之林。这显然是追求世界化。

《东西民族根本思想之差异》。文中说："国家利益，社会利益，名与个人主义相冲突，实以巩固个人利益为本因也。"又说："欲转善因，是在以个人本位主义，易家族本位主义。"⑭这明显地都是在提倡个性主义。

《一九一六年》。文章有很大篇幅张扬个性主义，批判儒家三纲之说。如谓："尊重个人独立自主之人格，勿为他人之附属品。"又谓："集人成国，个人之人格高，斯国家之人格亦高；个人之权巩固，斯国家之权亦巩固。"接着批判三纲说，称"儒者三纲之说，为一切道德政治之大源。君为臣纲，则民于君为附属品，而无独立自主之人格矣；父为子纲，则子于父为附属品，而无独立自主之人格矣；夫为妻纲，则妻于夫为附属品，而无独立自主之人格矣。率天下之男女，为臣、为子、为妻，而不见有一独立自主之人者，三纲之说为之也。缘此而生金科玉律之道德名词——曰忠，曰孝，曰节——皆非推己及人之主人道德，而为以己属人之奴隶道德也"。其结论是："人间百行，皆以自我为中心，此而丧失，他何足言？"⑮这也是明明白白地提倡个性主义。

《吾人最后之觉悟》。此文中心意思为，自西洋文明输入以来，人们渐次觉悟，初知学术不如人，次则知政治不如人，如今当知伦理道德不如人，如伦理道德仍不觉悟，则等于没有彻底觉悟。陈氏在说明政治上应有的觉悟时，称"吾国欲图世界的生存，必弃数千年相传之官僚的、专制的个人政治，而易以自由的、自治的国民政治也"。在他看来，自由、自治的民主政治之下，才能有"世界的生存"。这是以世界化的眼光来看待中国的政治革命与改革问题。他又强调，"所谓立宪政体，所谓国民政治，果能实现与否，纯然以多数国民能否对于政治，自觉其居于主人的、主动的地位，为唯一根本之条件"。"自觉其居于主人的、主动的地位"，这又是强调个人的真正独立，是个性主义之在政治上的必然要求。谈到伦理的觉悟时，他说："盖共和立宪制，以独立、平等、自由为原则，与纲常阶级制为绝对不可相容之物，存其一必废其一。"⑯仍是强调个人的自主、自立，强调个人的解放。

《新青年》。这篇文章可用陈独秀自己的一句话来概括之：要做新青年"则不得不内图个性之发展，外图贡献于其群"。[17]

《孔子之道与现代生活》。此文之意旨亦十分清楚。陈独秀说："现代生活，以经济为之命脉，而个人独立主义，乃为经济学生产之大则，其影响遂及于伦理学。故现代伦理学上之个人人格独立，与经济学上之个人财产独立，互相证明，其说遂至不可摇动，而社会风纪，物质文明，因此大进。"[18]而孔子所倡之道德、所垂示之礼教，皆孔子生存时代之旧物，孔子后学以三纲为教，个人无独立性，与现代生活之大则截然相反。所以说，孔子之道完全不适应现代生活。

《近代西洋教育》。文中强调，西洋教育远在中国之上，应当虚心学习、借鉴。这自然是其世界化眼光的体现。对西洋教育，他主要指出三点：一，西洋教育是自动的而非被动的，是启发的而非灌输的；二，西洋教育是世俗的而非神圣的，是直观的而非幻想的；三，西洋教育是全身的，而非单独脑部的。第二点强调务实，第三点强调全面发展，而第一点最关紧要。陈氏说："西洋近代教育……自幼稚园以至大学，无一不取启发的教授法，处处体贴学生心理作用，用种种方法启发他的性灵，养成他的自动能力，好叫人类固有的智能，得以自由发展。"[19]启发智能，启发性灵，无疑是强调个性主义，无疑是近代个人主义或者说个人解放主义的明确表现。

《人生真义》。在这篇文章中，陈氏以列举的方式讲人生意义的几个主要方面，应当说基本意旨是要阐明个人与社会、与群体的关系，以及个人所当追求者何在。他指出，"社会的文明幸福，是个人造成的，也是个人应该享受的"；"社会是个人集成的，除去个人，便没有社会；所以个人的意志和快乐，是应该尊重的"；"执行意志，满足欲望（自食色以至道德的名誉，都是欲望），是个人生存的根本理由"；"人生幸福，是人生自身出力造成的，非是上帝所赐，也不是听其自然所能成就的"；等等。[20]这些都使人明白，个人的地位，个人的意志、欲望的合理性，以及个人只有依靠自己去造成个人的幸福。这是与中国传统的人生观截然不同的以个性主义为核心的新人生观。

《再质问〈东方杂志〉记者》。此文批评《东方杂志》记者思想模糊，概念混淆，表面并不反对民主共和，而实际宣扬尊君尊孔，名教纲常。指出，"立宪共和，倘不建筑于国民权利之上，尚有何价值可言？"[21]

实际上，在我们所讨论的这段时间里，陈独秀在《新青年》上发表的数十篇短文，包括随感录、通信等，很多都已谈到上述主题，而且非常明确犀利。这里所引证者，只是一部分而已。

2. 胡适

胡适在《新青年》上发表文章，是从第 2 卷第 1 号发表其翻译小说《决斗》开始的。但直到《新青年》第 4 卷第 1 号止，其所发文章除有关文学革命的文字和翻译小说之外，就是其所作诗词及《藏晖室劄记》。

《归国杂感》。胡适第一篇思想性很强、有影响力的文章是 1918 年 1 月发表在《新青年》第 4 卷第 1 号上的《归国杂感》。胡适说他写这篇文章时，已归国 4 个月，应是写于 1917 年 11 月间。此文用很大篇幅谈到他归国后的所见所闻，特别是学术界、教育界和出版界的现状，差不多都还是清朝末年他离开祖国时的老样子，深深感到遗憾。他显然是从世界化的眼光来观察中国的问题。在谈到学校中的英文教育问题时，他说："我们学西洋文字，不单是要认得几个洋字，会说几句洋话。我们的目的在于输入西洋的学术思想。所以我以为中国学校教授西洋文字，应该用一种'一箭射双雕'的方法，把'思想'和'文字'同时并教。"他还深为中国人普遍的不爱惜时间、不尊重生命、不尊重人的现象感到难过。

《易卜生主义》。这篇文章曾被誉为"个性解放的宣言"，可见它在当时发挥了巨大的影响。胡适此文的第一要点，是他借易卜生之口，揭露社会势力、社会习惯以及所谓"社会舆论"，怎样压制和排斥，甚至疯狂迫害有独立思想、有真知灼见、主张维新变革的人。要保护这些人，就必须提倡尊重个人、尊重个性："社会最大的罪恶，莫过于摧折个人的个性，不使他自由发展。"此文的第二要旨，是胡适在深入理解易卜生主义的核心思想与西方自由思想的基础上，结合中国的国情，给个性主义提出了一种明确、清晰的界说："发展个人的个性，须要有两个条件：第一，须使个人有自由意志；第二，须使个人担干系，负责任。"既然讲个性主义，则自由意志是绝对第一要件。一个人如果没有自由意志，就只是别人的工具、奴隶和玩偶，还有什么个性可言？所以，讲个性主义，第一要强调个人意志自由。一切欲望，一切言论主张，一切行为，皆出自自我，出自个人的自由意志。正因为这些都出自自我，出自个人自由意志，所以很自然的，就必须要对自己的欲望、言论主张和行为，要负完全的责任。此文的第三要旨，是揭示出个性主义与社会进步之间的关系："社会最爱专制，往往用强力摧折个人的个性，压制个人自由独立的精神。等到个人的个性都消灭了，等到自由独立的精神都完了，社会自身也没有生气了，也不会进步了。"他又说："自治的社会，共和的国家，只是要个人有自由选择之权，还要个人对于自己所行所为都负责任。若不如此，决不能造出自己独立的人格。社会国家没有自由独立的人格，如同酒里少了酒曲，面包里少了酵，人身上少了脑筋，那种社会国家决没有改良进步的希望。"[22]所以，后来胡适又更加明确地说："自由平等的国家不是一群奴才建造得起来的。"[23]

《贞操问题》。此文严厉批评文人舞文弄墨，表彰"贞节"、"烈女"、"节妇"、"烈妇"之类的滥调文章乃是"全无心肝的贞操论"。指出，"劝人做烈女，罪等于故意杀人"。文章对于号称民国的国家，竟然有褒扬烈女、烈妇之类的法律，认为此种法律"都是野蛮残忍的法律，这种法律，在今日没有存在的地位"。胡适提出他自己对于贞操问题的看法。他说："我以为贞操是男女相待的一种态度，乃是双方交互的道德，不是偏于女子一方面的。"所以，男子对于女子，丈夫对于妻子，也应有贞操的态度。男子若有嫖妓纳妾之类的行为，社会亦应像对待不贞的女子一样来对待男子。女子对于无贞操的丈夫，没有守贞的义务。[24]其实，文章的基本立场还是尊重个人，尊重个性，提倡人格独立。女子也是人，这一点，谁也不敢公然否认。但长期以来，男人统治的社会，实际上并没有把女人真正当作人看待，尤其是没有把女子当作有独立人格的人来对待。试问，残害妇女的缠足风俗，片面的贞操论，竟至要求女子自杀从夫，这哪里有一丝一毫独立人格的存在？所以我说，胡适的贞操论，完全是基于他对个性主义的坚持，对人的解放的价值追求。而这又是同他的世界主义的人类共同发展进步的观念分不开的。

《美国的妇人》。如果说，在《贞操问题》一文中，个性主义的精神还须透过纸背才能看出，在《美国的妇人》里，便是"明火执仗"地鼓吹个性主义的"自立"精神了。胡适说："别国的妇女大概以'良妻贤母'为目的，美国的妇女大概以'自立'为目的。'自立'的意义，只是要发展个人的才性，可以不倚赖别人，自己能独立生活，自己能替社会做事。"胡适提倡女子解放的目的，就是男女都成为"自立"的个人。"人人都觉得自己是堂堂的一个'人'，有该尽的义务，有可做的事业。有了这些'自立'的男女，自然产生良善的社会。"所以，他认为，"自立"的精神，"其实是善良社会绝不可少的条件"。胡适在这篇文章里，不仅阐发了自立的个性主义精神，而且还从一个非常有实践意义的角度阐明了世界化的精神。他说："我们观风问俗的人，第一大目的，在于懂得人家的好处。我们所该学的，也只是人家的长处。"他又说："我因为痛恨这种单摘人家短处的教士，所以我在美国演说中国文化，也只提出我们的长处；如今我在中国演说美国文化，也只注重他们的特别长处。"[25]这是胡适一生都坚守的一项原则，这正是一个世界主义者应有的胸怀。

《不朽》。[26]这篇表达胡适一种新人生观的文字，既彰显了他的个性主义，也发挥了他的世界主义。因为他强调个人对历史、对周围世界的责任。

3. 高一涵

高一涵是《青年杂志》创刊时期一位极其重要的作者。他在日本留学，习法政，在《甲寅》时期即经常发表文章，故与陈独秀相识甚早。他可能是《青年杂志》创刊的重要推动者和支持者。《青年杂志》第 1 卷的第 1～6 号，每期都有他的重要文章发表（第 6 号是译文）。

《共和国家与青年之自觉》。[27]文章强调，青年须了解共和国家之本质，指出"共和国家，其第一要义，即在致人民之心思才力各得其所。所谓各得其所者，即人人各适己事，而不碍他人之各适己事也"。他要求"青年立志，要当纵横一世，独立不羁，而以移风易俗自任"。他更强调说："共和国家之本质，既基于小己之言论自由。"如此强调个人自由，这是个性主义之表现于政治上必有之义。高氏将共和时代之道德，归结为自利利他主义。他说："何言乎自利利他主义？必以小己主义为始基也。共和国民，其蕲向之所归，不在国家，乃在以国家为凭借之资，由之以求小己之归宿者也。国家为达小己之蕲向而设，乃人类创造物之一种，以之保护小己之自由权利，俾得以自力发展其天性，进求夫人道之完全。质言之，盖先有小己，后有国家；非先有国家，后有小己。为利小己而创造国家，则有之矣；为利国家而创造小己，未之闻也。"他以个性主义来澄清个人与国家之间的真实关系，实言人所未曾言者。他又从此出发揭示中国政治社会落后的原因："吾国数千年文明停滞之大原因，即在此小己主义之不发达一点。在上者持伪国家主义，以刍狗吾民，吾民复匿于家族主义之下而避之，对于国家之兴废，其爱护忠敬之诚，因之益薄。卒致国家、社会、小己，交受其害，一至于此。"他相信，"一己之天性，完全发展，即社会之一员，完全独立。积人而群，积群而国，则安固强盛之国家，即自其本根建起"。这种说法与西方自由主义大师们的思想是完全相契合的。

《一九一七年预想之革命》。㉘此文批判专制主义之变种，即所谓"贤人政治"者。他指出，往岁之革命为形式，今岁之革命在精神。精神之革命，在求精神之独立，思想之解放。故他说："人群进化之原动力，宜万而不宜一；宜互竞于平衡，而不宜统摄于一尊。"因此他又进而提出，"至教育主义，隶属于专制思想而下，则群众之心灵汨没，而进化之机息矣"。他再次强调，"国家惟一之职务，在立于万民之后，破除自由之阻力，鼓舞自动之机能，以条理其抵牾，防止其侵越，于国法上公认人民之政治人格，明许人民自由之权利。此为国家唯一之职务，亦即所以存在之真因"。所以，任何人，包括国家，都不得束缚人群之思想自由。

《读弥尔的自由论》。㉙高一涵把弥尔的《论自由》归结于"反对好同恶异"和"任人人之自择"，大体上是恰当的。在弥尔那里，个人之自由远比平等更重要。他坚决反对以所谓多数的习俗与多数的舆论，来压制个人或少数人自由地表达其意见。

《非"君师主义"》。㉚针对北洋政府大总统所颁提倡道德的命令，高氏发表感想谓，民国本应脱离中世纪的政教合一，总统不应还是"身兼天地君亲师之众责"。总统只是人民公仆，人民是主人。"主人的道德，须由主人自己培养，不能听人指挥，养成奴性道德。""道德必须由我们自己修养，以我们自己的良知为标准，国家是不能攒入精神界去干涉我们的。"中国作为共和国家而出现总统命令，干预道德，是因为"单换一块共和国招牌，而店中所买（卖）的，还是那些皇帝御用的旧货"。作者的指向明显是提倡思想革命，使人们都自觉自己的主人地位，彻底摆脱奴性的精神羁绊。

其他如李大钊、鲁迅、陶孟和等在《新青年》上所发表的文章，也有明确揄扬个性主义和世界化的内容。李大钊的《青春》㉛、鲁迅的《我之节烈观》，都充溢着鼓舞青年自立、奋进的个性主义精神；陶孟和的《女子问题》与《我们政治的生命》，也大力批判专制时代遗留下来的旧制度、旧道德、旧风俗、旧习惯，提倡自主、自立的新国民精神。

由上可见，《新青年》的作者们所最为关注的，第一是呼唤国民的自觉，养成独立、自主、自尊的人格，去除奴性的遗毒，使人的个性得以解放。而从个人与国家的关系上阐明个人应有的地位，直接将个性主义同民主政治能否落实联系起来，尤其值得注意。第二是要人们睁眼看世界，知所进取，造成一个"世界的国家"，使中国成为一个有资格立于20世纪的真正民主共和国。

三

《新青年》的主要作者（亦即新文化运动的领袖们）所着意传播的新思想、新观念，在青年中引起了怎样的反响？或者说，受到《新青年》思想影响的一代新青年，是怎样摆脱旧思想的羁绊，走上改造自我、改造社会的新舞台的？

前文在论述《新青年》的主要作者们阐扬他们的新思想、新观念时，主要考察他们在五四运动爆发之前的作品。而考察青年们在他们的新思想、新观念影响下作何反响时，就不能不将考察的时间段适当后延至五四运动爆发后（可以1920年为限）。因为一种新思想、新观念对受众发生影响，需要一段吸收、容受以至发酵的过程。就思想、观念层面来说，五四运动是新文化运动，亦即以《新青年》为代表的新思想、新观念在青年中发酵的结果。

首先，《新青年》的读者们受该杂志的感发，出黑暗而见光明，产生奋然进取、自觉并进而觉他人的责任心。如湖南学生舒新城表示："迭读嘉言谠论，心焉向往，振聋启聩。……新城不敏，愿提倡社会服务于青年界，冀成风俗，以改良社会。"[32]又如山东学生王统照说："贵志出版以来，宏恉精论，夙所钦佩。凡我青年，宜手一编，以为读书之一助。而稍求其所谓世界之新学问、新知识者，且可得借知先知先觉之责任于万一也。"[33]青年读者顾克刚表示："及今春一读大志，如当头受一棒喝，恍然悟青年之价值，西法之效用，腐旧之当废，新鲜之当迎。于是连续购读，如病者之吸收新鲜空气，必将浊气吐出。迄今虽不能如先生所云之完全新青年，然自认确能扫除往日脑中之旧式思想。"[34]武昌中华大学中学部"新声社"（负责人恽代英）致函《新青年》编者称："我们素来的生活，是在混沌的里面，自从看了《新青年》，渐渐的醒悟过来，真是像在黑暗的地方见了曙光一样。我们对于做《新青年》的诸位先生，实在是表不尽的感谢了。我们既然得了这个觉悟，但是看见我们的朋友还有许多都在黑暗沉沉的地狱里生活，真是可怜到万分了。所以我们'不揣愚陋'，就发了个大愿，要做那'自觉觉人'的事业，于是就办了个《新声》。"[35]

上引几条材料颇具代表性。《新青年》给他们打开了一个新世界。他们被唤醒，产生了理想，起了向前进取之心。那么，他们的理想是什么？他们向前进取的目标是什么？这要看他们从《新青年》那里吸收的主要是些什么东西。由是观察，他们接受的主要是《新青年》的主要作者们所着意阐扬的个性主义与世界化的观念，前文已有引证。

著名作家茅盾曾回忆说："（五四）那时候我主张的新思想只是'个性解放'、'人格独立'等等资产阶级民主主义的东西。"㊳这是茅盾后来回忆时的说法。五四青年们当时的说法虽没有这么清晰，但其意义指向还是比较明确的。例如，一位叫孔昭铭的青年在读了《新青年》之后慨言："仆以为今日中国之社会之政治，信堕落腐败矣。然积人成国，我固社会中之一分子，人人苟能标榜个体改良主义，积极进行，互事劝勉，积之既久，安知他日之中国，不朝气光融，欣欣向上耶？故仆年来颇确守'个人与社会宣战主义'。"㊴这里虽没有个性主义的字样，然其追求个性解放的豪气却跃然纸上。湖北武昌日新社的《自励词》称："我不是来瞎混的，我也不是来乱闹的，我确是来求学问、讲道德，把我自己弄成一个顶好的人。"㊵通过求学问、讲道德，把自己弄成一个顶好的人，这正是个性主义的必然追求。新民学会会员蔡林彬在给毛泽东的信中说："吾人之穷极目的，惟在冲决世界之层层网罗，造出自由之人格，自由之地位，自由之事功。"㊶《浙江新潮》的《发刊词》提出，人类怎样能够得"生活的幸福和进化"呢？答案是：要达到这种目的，必须有三个条件，而第一条就是自由。并解释说，自由"就是我的思想、感情、言语、动作，都要凭着我的自身；我只受我良心的支配，不受我以外的种种羁缚"。㊼《〈新潮〉发刊旨趣书》中所说的"造成战胜社会之人格，不为社会所战胜之人格"也同样是揄扬个性的意思。一位化名"宏图"的青年发表《平民教育谈》，其中指出："平民教育第一个宗旨，是要人民都有独立的人格。所以其教育的方法首在发展儿童的本能，尊重儿童的个性。"㊸河南省第二中学学生组织的"青年学会"发表其宗旨称："青年学会的宗旨是：发展个性的本能；研究真实的学问；养成青年的真精神。"㊷《浙江第一中学校学生自治会半月刊发刊词》中说："自从今天起，学生拿自己管束自己，尊重个人的人格，发展个人的本能。凡一切言行举动，凭天职做去，统出于自然轨范，毫不勉勉强强的。总之，处自动地位，不处于被动地位。扫去旧日陈腐的习惯，改造出一种异彩夺目的新花样。"㊹

个性主义所追求的是人——每一个个人——的解放，所以女子的解放、男女平等自然是题中必有之义。《新青年》的个性主义也感召了当时的青年女子。她们读过《新青年》，也奋然兴起，发出自我的声音。一位化名晔的女青年写信给陈独秀说："余不幸为女子身，更不幸而为中国积威渐约曰家、曰族之礼教女子身。意非无所议，口非无所道，自分长兹已矣，当闭口不向人言。……得阅贵杂志，独欲为女子扬眉，是则女子之人格，其或由贵杂志而人其人，斯二万万之奴隶幸福不浅，余其一也。"㉔一位署名 Miss N. U. Mou 的女青年致函《新青年》诸位编者："你们所编的《新青年》我是十分欢喜读的，我自去秋读起，直到现在，觉得增了许多智识。此乃诸君之所赐也。我是一个女学生，所以我要同诸君讨论点女子问题，不悉诸君亦肯指教否？想诸君既以改革社会、引导青年为己任，谅亦不为我却。我自愧智识浅陋，眼界狭小，每欲有所发挥，辄恐不当。……我想做一新女子！并使他人也做新女子！但是我的新女子，不是现在一辈轻薄的女学生，假自由、平等的好名辞，以行他的邪僻、淫乱的意思。我的新女子，乃要合着二十世纪新潮流的趋势！除去四千余年玩物的名字，及免终身做男子的婢女，享国家平等的幸福。既然有了以上三种，就不可以没有以下四条：'（1）学他们西洋女子的志趣高尚，学识充足，以致能够自立（我的自立并非一定要独身主义，乃能以相当的才力，对于社会有效用的意思）；（2）要明白世界的大势；（3）对于我们自己的国家有何等责任。'这四条（实际只有三条——引者）对不对？是不是做新女子的要素？有没有讨论来的价值？"㉕

　　从上面所引证的材料可以看到，新文化运动中我国的青年男女们在《新青年》主要作者（亦即新文化运动的领袖们）所传递的新思想、新观念的启发下，如何热烈地追求个性解放，企望使自己成为一个独立的、有自由意志的、能够自主自择地为社会和国家进步贡献力量的人。那时候的青年男女从他们的导师们那里接受过来的个性主义的新思想、新观念，是纯洁而健全的。他们所要的只是如日新社《自励词》中所说的"把我自己弄成一个顶好的人"，只是追求"人人苟能标榜个体改良主义，积极进行，互事劝勉，积之既久，安知他日之中国，不朝气光融，欣欣向上耶？"可见，那种攻击个性主义是废弃道德、人欲横流的指责，纯属无稽之谈。

　　《新青年》所传递的世界化的新思想、新观念，在当时的青年界同样引起了相当的反响。这与当时中国所处的国际环境，或者说，与当时的世界大势有密切关系。著名的少年中国学会的主要组织者之一王光祈说："世界潮流排山倒海直向东方而来，中国青年受此深刻刺激，顿成一种不安之象，对于旧社会、旧家庭、旧信仰、旧组织以及一切旧制度，处处皆在怀疑，时时皆思改造，万口同声的要求一个'新生活'。"⑥在世界潮流冲击下，原有的思想观念产生动摇，新的思想观念便容易被接受。当时在北大读书的张崧年致信《新青年》编者："居今讲学，宜以能与世界学者共论一堂为期。苟不知人之造诣，何由与人共论？今之世界所谓大通之世，处斯时世，傥欲有所树立，必应受世界教育，得世界知识，有世界眼光，具世界怀抱，并令身亲种种世界事业。"⑥这已是很清楚的世界化的观念。傅斯年所写的《〈新潮〉发刊旨趣书》明确提出："同人等以为国人所宜最先知者有四事：第一，今日世界文化至于若何阶级？第二，现代思潮本何趣向而行？第三，中国情状去现代思潮辽阔之度如何？第四，以何方术纳中国于思潮之轨？持此四者刻刻在心，然后可云对于本国学术之地位有自觉心，然后可以渐渐导引此'块然独存'之中国同浴于世界文化之流也。"⑥他坚认中国应"同浴于世界文化之流"。这是当时被唤醒的一代青年们很可宝贵的觉悟。事实证明，近代以来，凡是中国较开放的时期，或多少表现出一点愿意"同浴于世界文化之流"之时，中国的进步与发展便快些；相反，则会停滞，甚至倒退。有这种觉悟的青年实在很多。如《少年世界》发刊词谓："全世界的事业和一切待解决的问题，应由全世界的少年采'包办主义'。我们既是世界少年团体的一个，所以把它标出来，以表明中国青年要与世界青年共同负改造世界的责任。"⑥《北京大学学生周刊》发刊词称："中国是世界的单位，所以不能不和世界的潮流同其步骤。"⑥《湘潮》特刊号的发刊词在谈到"研究社会的解放与改造"的问题时说："现在世界的制度，一日一日的文明，人类的思想，也一天一天的彻底，现在什么'人道'、'意志自由'、'平等'、'互助'、'提倡劳工'、'打破私产'、'女子解放'的声浪，唱得高入青云，研究这些问题的思想文字，也如雨后春笋一般的发生了。这是文化进步一种大变革，我们既是人类的一部分，总应该设法去应付这种潮流，细心去研究适应环境的方法。……所以我们救湘救国以外，也还应注意到人类社会的问题——迎合世界潮流，应付环境的重要问题。"⑥当时所讲的世界潮流、世界文化，其实都是指西方潮流、西方文化。一些保守人士对于西方文化始终有所抗拒，他们有一种根深蒂固的观念，以为若论物质文化，中国或不如西方；但若论起精神文化来，中国是最好的。他们完全不了解西方的真实情况。只有了解西方文化，而且是真正有所了解，才能加以比较，才能知道他人的进步和我们自身的不足。这样，才有可能产生"同浴于世界文化之流"的觉悟。傅斯年在答余斐山信中说："人类文明的进化，有一步一步的阶级，西洋文化比起中国文化来，实在是先了几步，我们只是崇拜进于我们的文化。我们的文化也是人类进步上的一种阶级，他们的文化也是人类进步上的一种阶级，不过他们比我们更进一步，我们须得赶他。"㉚要追赶世界先进的东西，必须努力去了解，必须大力翻译介绍外部世界的东西。有许多青年写信给《新青年》的编者们，请教阅读西书方面的指导意见。而当时不少报刊都把"灌输世界新思潮"作为自己的主要宗旨。㉝

青年们被世界化的新观念鼓动起来之后，有时表现出比较急激的追求世界化的情形，例如他们对于世界语的态度。最早在中文世界里提倡世界语的是清末无政府主义者办的《新世纪》杂志，但当时响应者寥寥。到新文化运动时期，因有一部分《新青年》的编者参与提倡和鼓吹世界语，如陈独秀、钱玄同、鲁迅、周作人等，于是，一些青年以为得着可以推进世界化的捷径，也跟着大力宣扬世界语。黄凌霜、区声白、胡天有、姚寄人、周祜等都先后在《新青年》上发表意见，拥护在中国推广世界语，大赞世界语的种种好处，乃至赞同钱玄同废弃汉字的主张。㉞当时《新青年》诸编者中，只有胡适、陶孟和等少数人明确表示不赞成推行世界语的主张，他们无疑是比较理性、稳健的一派。钱玄同等人的主张明显不切实际。由此可见，世界化观念在当时的青年中确实有很大反响，尽管有些是不够健全的。

世界化，决不是拿某种所谓"世界的文化"来取代我们固有的文化，而只是提倡一种健全的文化心态，用开放的眼光看世界，与世界各民族、各国家在文化上建立起一种良性的互动关系。从而既可无障碍地学习别人的好东西，也可无障碍地将自己的好东西贡献于世界。这是谋求人类的共同进步与发展，或者说是在人类的进步发展中实现自己的进步与发展。

世界化与个性主义，是近代文化发展的两个根本趋势。清末以来，有极少数先觉者逐渐意识到这一点。但直到第一次世界大战时期，因中国多少主动地参与世界进程，由一批先觉者，引领差不多一代青年之有觉悟者，循着这两个根本趋势，努力奋斗。他们有的参加了革命，有的投身各种社会事业，其中不乏佼佼者。当然，无论在个性主义的问题上，还是在世界化的问题上，都曾出现某些负面的现象。这并不足为奇。海涅曾说，我播下的是龙种，生出来的却是跳蚤。这是没有办法的事。我们不应当因为有某些负面现象，就否定整个进步发展的大潮流。

① 《发刊词》，上海：《大中华》第 1 卷 1 期，1915 年 1 月。

② 《生机》，东京：《甲寅》第 1 卷第 2 号，1914 年 6 月 10 日。

③ 汪原放：《回忆亚东图书馆》，上海：学林出版社，1983，第 20、32 页。

④ 李大钊：《厌世心与自觉心》，《李大钊文集》第 1 卷，北京：人民出版社，1999，第 141 页。

⑤ 陈独秀：《敬告青年》，上海：《青年杂志》第 1 卷第 1 号，1915 年 9 月。

⑥ 高一涵：《共和国家与青年之自觉》，上海：《青年杂志》第 1 卷第 1 号。

⑦ 梁启超：《在上海南洋公学之演说词》，上海：《时事新报》1916 年 12 月 21 日。

⑧ 梁启超：《在南开学校演说词》，天津：《校风》第 56 期。

⑨ 见上海《新青年》第 2 卷第 2 号，1916 年 10 月 1 日，《通信》。

⑩ 见上海《新青年》第 2 卷第 3 号，1916 年 11 月 1 日，《通信》。

⑪㉜见上海《新青年》第 2 卷第 1 号，1916 年 9 月 1 日，《通信》。

⑫㉝㊲见上海《新青年》第 2 卷第 4 号，1916 年 12 月 1 日，《通信》。

⑬上海：《青年杂志》第 1 卷第 2 号，1915 年 10 月 15 日。

⑭上海：《青年杂志》第 1 卷第 4 号，1915 年 12 月 15 日。

⑮上海：《青年杂志》第 1 卷第 5 号，1916 年 1 月 15 日。

⑯上海：《青年杂志》第 1 卷第 6 号，1916 年 2 月 15 日。

⑰上海：《新青年》第 2 卷第 1 号。

⑱上海：《新青年》第 2 卷第 4 号。

⑲上海：《新青年》第 3 卷第 5 号，1917 年 7 月 1 日。

⑳上海：《新青年》第 4 卷第 2 号，1918 年 2 月 15 日。

㉑㉖上海：《新青年》第 6 卷第 2 号，1919 年 2 月 15 日。

㉒上海：《新青年》第 4 卷第 6 号，1918 年 6 月 15 日。

㉓胡适：《介绍我自己的思想》，《胡适论学近著》，上海：商务印书馆，1935，第 635 页。

㉔上海：《新青年》第 5 卷第 1 号，1918 年 7 月 15 日。

㉕上海：《新青年》第 5 卷第 3 号，1918 年 9 月 15 日。

㉗上海：《青年杂志》第 1 卷第 1、2、3 号连载。

㉘上海：《新青年》第 2 卷第 5 号，1917 年 1 月 1 日。

㉙上海：《新青年》第 4 卷第 3 号，1918 年 3 月 15 日。

㉚上海：《新青年》第 5 卷第 6 号，1918 年 12 月 15 日。

㉛李大钊还有不少重要文章发表在《甲寅》日刊、《言治》季刊、《晨钟报》等报刊上。

㉞㊹见上海《新青年》第 2 卷第 5 号，《通信》。

㉟见上海《新青年》第6卷第3号，1919年3月15日，《通信》。

㊱《五四运动回忆录》（上），北京：中国社会科学出版社，1979，第201页。

㊳㊴张允侯、殷叙彝、洪清祥、王云开编《五四时期的社团》（一），北京：三联书店，1979，第140、17页。

㊵㊸㊿51中共中央马恩列斯著作编译局研究室编《五四时期期刊介绍》第2集下册，北京：三联书店，1979，第587、599、560、576页。

㊶㊷张允侯、殷叙彝、洪清祥、王云开编《五四时期的社团》（三），北京：三联书店，1979，第19、101页。

㊺耿云志主编《胡适遗稿及秘藏书信》第24册，合肥：黄山书社，1994，第647～649页。

㊻张允侯、殷叙彝、洪清祥、王云开编《五四时期的社团》（二），北京：三联书店，1979，第369页。

㊼见上海《新青年》第5卷第4号，1918年10月15日，《通信》栏《劝读杂志》。

㊽北京：《新潮》第1卷第1期，1919年1月1日。

㊾53中共中央马恩列斯著作编译局研究室编《五四时期期刊介绍》第1集下册，北京：三联书店，1979，第403、416页。

52见北京《新潮》第1卷第3期，1919年3月1日，《通信》。

54见上海《新青年》第5卷第2号、第5卷第5号、第6卷第1号、第6卷第2号，《通信》。

作者简介：耿云志，中国社会科学院学部委员、近代史研究所研究员、博士生导师，兼任中国现代文化学会会长、胡适研究会会长、中国近代思想研究中心理事长等职。辽宁海城县人。毕业于辽宁大学哲学系，后进入中国科学院哲学社会科学部（中国社会科学院前身）近代史研究所工作。曾任中国社会科学院近代史研究所副所长。长期从事中国近代政治史、思想史和文化史的研究，尤以思想史研究为主。著述20余种。主要著作有：《胡适研究论稿》、《胡适年谱》、《胡适新论》、《蓼草集》、《蓼草续集》、《耿云志文集》、《近代中国文化转型研究导论》等；合著有：《中华民国史》第1卷（上、下）、《梁启超》、《西方民主在近代中国》等；编有大型学术资料书和工具书《中华文化辞典》（第一副主编）、《胡适遗稿及秘藏书信》（42卷，主编）、《近代中国文化转型研究》（9卷，主编）等。发表论文和文章二百余篇，其中影响较大的有：《胡适与五四时期的新文化运动》、《论清末立宪派的国会请愿运动》、《孙中山与梁启超——中国现代化的选择》、《五四新文化运动再认识》、《中国新文化的源流及其趋向》等数十篇，其中有多篇被翻译成英文。20世纪90年代初创立中国近代思想史研究室，该室被评为中国社会科学院第一批重点学科。相继主持并完成中国社会科学院重点课题"近代中国人对民主的认识与实践"、院重大课题"近代中国文化转型研究"等。目前正主持编写多卷本《中国近代思想通史》。

[责任编辑：刘泽生]
（本文原刊 2011 年第 4 期）

"新文化运动"的缘起

桑 兵

[提　要] 近年的研究显示，新文化运动兴起于五四运动之后，国民党人应是最早提出新文化运动的运动家。不过，新文化运动的发生演化，绝非仅此而已。五四运动平息后，江苏教育会和北京大学既要避免学生失控再度危及其共有的势力盘基，又要在社会上继续鼓动学生对安福系主导的北京政府造成冲击，这与南方国民党的政治诉求相呼应。三方合谋发起的"新文化运动"，在迎合世界潮流、反对官僚军阀恶政、改造社会文化的理想追求之下，若隐若显地展现了联手反对安福系政权的政治同盟关系。江苏教育会组织系统的社会动员，对于新文化运动的迅速蔓延至关重要。在此过程中，《新青年》与北京大学的关联作用逐渐得到认定并日趋明确。

[关键词] 新文化运动　北京大学　江苏教育会　国民党

　　1920 年 9 月 11 日，北京大学举行始业仪式即开学典礼，自任教于北京大学以来连年参加这一活动的胡适，抱病出席，在演讲中声称：中国"现在并没有文化，更没有什么新文化"，[①]当然也就没有新文化运动。此时胡适已被称为新文化运动的领袖，北京大学又被视为新文化运动的发源和中心，可是作为领袖之一的胡适，在中心地带却宣布根本没有新文化运动，没有新文化，甚至没有文化，不禁令人好奇为何有此说和如此说。[②]如果在胡适的眼中根本没有新文化运动，那么当时已经被描述得盛极一时的"新文化运动"究竟是什么，又是如何被指称出来；如果"新文化运动"的确存在，其发生演化的本来面目如何；新文化运动的历史和历史上的新文化运动，有何联系及分别；胡适以外，其他新文化运动领袖关于此事有着怎样的说法。凡此种种，必须以材料为依据，梳理史事的联系，才能接近历史的本相和前人的本意。限于篇幅，本文最多说到入题，而且各方面只能点到即止，详情及后续的种种问题，将由正在写作的关于历史上新文化运动及其认识发生衍化的专题新书予以呈现。

一 "新文化运动"缘起的先行研究

一般而言，坊间和学界并不在意或是完全没有意识到新文化运动的时代意见和历史意见之间是否存在差别。③通行的看法是，新文化运动兴起于1915年《青年杂志》创刊，五四运动前后的新文化运动在内容、趋向等方面发生了重大变化。按照这样的时代意见撰写的通史和教科书，作为国民教育的组成部分，无疑也是常态。可是，作为专门研究者，在著述中仅仅表达时代意见而忽略历史意见，对于史事和材料就不免有些隔膜，容易误读错解，难以体察历史本来具有的丰富与多彩。所得出的结论和所做出的解释，总是无法贯通所有的材料和事实，时时处处显得不相凿枘，似是而非。

也有细心的学人察觉到上述差异，从不同方面提出问题并有所论述阐释。较早研究五四运动的周策纵就注意到，"新文化运动"这个名称在1919年5月4日以后的半年内开始流行。他特别提到那年12月《新潮》编者在答读者问时，指出他们的运动是"新文化运动"。而五四前的那些目标远大的思想和有关活动，直到"五四事件"后才被新知识分子作为一种新文化运动而系统地加以提倡。④因此，他并没有将五四以前相关的思想和活动，统称为新文化运动。

邓绍基的《关于"新文化运动"这一名称》，是专究"新文化运动"成名史的文章。他从鲁迅所说"新文化运动"这个名称是由原先反对白话文、嘲骂《新青年》的人最早提出来的入手，考察这个人是谁或是哪些人，可是查了几种现代文学史著作，关于"新文化运动"这一说法是何人何时创立的，没有找到答案。虽然作者自谦"并无'考据癖'，再说也没有条件去作考证，退而求其次，只想知道在新文化运动先驱者和当时著名人物中，是谁最早采用'新文化运动'这一说法"。其做法却颇富启发性。他分别考察了持主张、赞成或异议、反对意见的鲁迅、章士钊、胡适、陈独秀、蔡元培、梁漱溟、吴宓、郭沫若等人最早使用"新文化运动"一词以及相关指称的情形，指出陈独秀在1919年12月1日《新青年》第7卷第1号上发表的《调和论与旧道德》，是其所见新文化运动先驱者最早采用"新文化运动"这一名称的"文本"；"五四"运动发生之后，"新文化运动"这个名称十分流行；虽然胡适等人对于"新文化运动"的指称一度持有异议，可是其他不同意见者不仅将其视为发端者，而且将新文化运动与五四运动前的《新青年》扯上关系，最后胡适也逐渐接受了这一指称。⑤

王奇生大体继承了前人的研究并有所进展，所撰《新文化是如何"运动"起来的》一文的第四部分"新文化形成'运动'"，着重探讨了"当'新文化'真正被'运动'起来后，'新文化运动'这一概念也应运而生"的历史进程，并指陈以往多认为"新文化运动"一词是孙中山于1920年1月29日《致海外国民党同志函》中最早提出来的，与事实不合，因为1919年12月出版的《新青年》第7卷第1号上，陈独秀已多次提及"新文化运动"。

关于新文化运动与五四运动的关系，"与后来史家以《新青年》创刊为开端不同的是，在20年代初，知识界所认知的'新文化运动'多以五四为端绪。""就《新青年》和'新文化'在全国各地传播的进程而言，'新文化运动'以五四为开端，大体代表了当时人较为普遍的看法。""当'新文化运动'这一名词流传开来后，对于什么是'新文化'，知识界竞相加以诠释，却没有形成大体一致的看法。"⑥陈独秀专门诠释"新文化运动"的文章《新文化运动是什么》甚少为后来史家所提及，而胡适"重新估定一切价值"的解释也没有普遍认同。围绕相关问题，蔡元培、郑振铎、陈启天、章士钊等人的意见，重点不在新文化运动，而在什么是新文化运动。这与历史上的新文化运动如何演化为后来新文化运动的历史认识，关系紧密。

欧阳军喜发表于《南京大学学报》2009年第1期的《国民党与新文化运动——以〈星期评论〉、〈建设〉为中心》，在注释中指出，《星期评论》和《建设》在1919年8月底9月初已经在《新文化运动的武器》和《从经济上观察中国的乱原》等文中分别使用"新文化运动"一词，比《新青年》早得多。"新文化运动"一词最早由国民党人提出的可能性极大，而不是鲁迅所说由反对者最早提出。只是文章的重心在于论述国民党的主张与新文化运动的呼应关系，未依照时序与同时其他方面比较印证，相关问题点到即止。

经过上述各人的持续努力，研究这一问题的取材范围不断扩大，一些问题的症结逐渐浮现并逐步澄清，"新文化运动"的指称发生于五四之后，相关各人当时的解说各异，以及陈独秀、胡适、孙中山、蔡元培、章士钊等人在"新文化运动"缘起中的作用，依据所获资料大体得到梳理，纠正了一些以讹传讹的说法，确认了一些基本事实。

在学术研究中，问题的发现到终结需要长期努力。在已经取得的成果之上，显然还有不少可以扩展的空间。就资料而言，主要检讨他指、后认的新文化运动诸领袖或反对者的言论，仍有假定"新文化运动"的指称由他们发生和演化的想当然之嫌。既然在新文化运动领袖们表态之前，"新文化运动"已经相当流行，究竟哪些人物、团体、机构在指称的兴起和流行方面起到至关重要的作用，应当不带任何成见、从无到有地进行爬梳和检讨。就问题而言，如果"新文化运动"是被"运动"出来的，那么，究竟是被"五四运动"所运动，还是被"运动家"所运动；如果是后者，真正的运动家是谁，又是如何运动起来的；五四以后知识人关于新文化和新文化运动的众说纷纭，作为历史形态和进程，按时序具体如何呈现；所谓各式各样的竞相诠释却并没有形成大体一致的看法，详情如何；这些竞相诠释彼此之间的关联，其中一部分如胡适、陈独秀、章士钊、鲁迅、吴宓等，已经有所论列，而更多的情况仍然缺乏必要的交待。或许研究者觉得意思不大，将注意力转向他们认为更为重要的事情上面；或许情况过于复杂，难以梳理清晰，只能含糊其辞；又或许今人想当然地判定他们与"新文化运动"无关或不过从属次要，因而不在考虑之列，以致视而不见。此外，新文化运动的历史如何由个别或一些人的看法逐渐演化为一定范围内统一的标准化认识，在举证之上，还需要系统梳理，进而展现全程和全貌。

二 恢复原状与创造新文化

按照胡适等人的思维，欲知新文化运动，应该先知什么是新文化，还要上溯什么是文化。而要追究"文化"的发生及其入华辗转传衍、意涵变迁的历史，至少是一本或数本专书的任务。五四前后国人普遍感到困惑的文化与文明的纠结，早在清末已经出现，究其实，当是由法国与德国历史文化的恩怨情仇演化出来的明治思想史的一段故事。国人不知就里，从定义解读，陷入文化定义数以百计，看完更加不知何为文化的知识陷阱。每一次文化论争，都免不了循环反复地旧事重提。本来历史上的各说各话并没有什么是非正误，只要符合本相本意，都是事实，都可以叙述为真实的历史。可惜研究者也往往重蹈前人的覆辙，总要试图究其一是，结果将历史变成自己心中的思想史。

"新文化"之说，清季已经出现。1909 年 4 月 17 日，《申报》为"二十五巨册，一万七千页，图解三千，每册四十二万言"的《万国历史汇编》做预订广告，就不无夸张地宣称："此环球历史，其内容详叙泰西之奇特进化，由欧人昔日野蛮渐进于今日文明景象，一一辑载。今日尚有此良机购书，中华好学精思之士及通晓英文惓怀国事者，允宜勿失佳遇，而即行定购此万国奇珍也。……今者中国吸入新文化，必以各国之往事为指南，凡国内之进化，人类兴衰，其为故事，甚大益人智慧，讨论寻味，固无论矣。凡此种种，备载是书，大雅君子，欲研求立宪知识，求诸书中，了若指掌。熟读是书，则各国之兴衰成败了然于胸，惩彼覆辙，资吾殷鉴，历史者诚能益人智慧，为人类进步之归宿。吾人处世，沿革沧桑，无时或已，苟洞识环球历史，于事物之变化，豁然贯通，庶于中国无忝新民之职。"⑦

以泰西为新文化的渊薮，大体符合近代中国以西为新的意念。进入民国，新文化的指称仍然未必流行。1918 年 7 月 1 日，《申报》刊登北京大学罗家伦来函，对于上海召开各界救国联合大会感到欢欣鼓舞，并提出救国之举，要有二端，一是"联合全国青年学生作一有机体之组织，以爱国之朝气，按分功之原理，赴同一之目标"，这已有大中华民国学生爱国会为之发动；二是成立一种光明正大之言论机关，以惊醒国民之痴梦而灌以应有之常识，尚寂然无闻，因此建议办一《爱国报》，贯彻五项宗旨，其中第三项就是"灌输国民常识且旁及高深之学问，以立中国新文化之基础"。⑧

来华外国人士在主张新文化方面有所作用。1918 年 12 月 6 日广州《英文时报》发表社论，鉴于"中国之人对于和平之曙光莫不欢迎之，希望中国之武力主义终得打破。中国若不受此主义之束缚，则可以对新文化之鹄向缓缓进行也"。⑨而基督教的青年会自诩牺牲自我，服务社会，"凡诸牺牲一贯之精神，无非为福我青年，增高其人格，新我社会，建设其事功，巩固国家亿万年郅治之丕基，应世界新文化勃兴之隆运耳"。⑩

如果说五四运动前提倡新文化，主要是为了打破武力主义，迎接世界的科学新文化，改造中国，经历了五四学潮的冲击和震荡之后，新文化的鼓吹者则有希望引导青年由政治运动转向文化改造的意向。1919 年 7 月 19 日，蔡元培告北京大学生及全国学生联合会书由《时事新报》刊载，清晰地表达了"恢复五四以前教育原状"的意见：

北京大学生诸君并请全国学生联合会诸君公鉴：

> 诸君自五月四日以来，为唤醒全国国民爱国心起见，不惜牺牲神圣之学术，以从事于救国之运动，全国国民既动于诸君之热诚，而不敢自外，急起直追，各尽其一分子之责任，即当局亦了然于爱国心之可以救国，而容纳国民之要求。在诸君唤醒国民之任务至矣尽矣，无以复加矣，社会上感于诸君唤醒之力，不能为筌蹄之忘，于是开会发电无在不愿与诸君为连带之关系，此人情之常，无可非难。然诸君自身岂亦愿永羁于此等连带关系之中，而忘其所牺牲之重任乎？世界进化，实由分功，凡事之成，必资预备……诸君自思在培植制造时代乎，抑在贩卖时代乎？我国输入欧化六十年矣，始而造兵，继而练军，继而变法，最后乃始知教育之必要。其言教育也，始而专门技术，继而普通学校，最后乃始知纯粹科学之必要。吾国人口号四万万，当此教育万能、科学万能时代，得受普通教育者，百分之几，得受纯粹科学教育者，万分之几。诸君以环境之适宜，而有受教育之机会，且有研究纯粹科学之机会，所以树吾国新文化之基础，而参加于世界学术之林者，皆将有赖于诸君。诸君之责任，何等重大，今乃为参加大多数国民政治运动之故，而绝对牺牲之乎？抑诸君或以唤醒同胞之任务，尚未可认为完成，不能不再为若干日之经营，此亦非无理由。然以仆所观察，一时之唤醒，技止此矣，无可复加。若令为永久之觉醒，则非有以扩充其知识，高尚其志趣，纯洁其品性，必难幸致。自大学之平民讲演，夜班教授，以至于小学之童子军及其他学生界种种对于社会之服务，固常为一般国民之知识，若志趣，若品性，各有所尽力矣。苟能应机扩充，持久不怠，影响所及，未可限量。而其要点，尤在注意于自己之知识，若志趣，若品性，使有左右逢源之学力，而养成模范人物之资格，则推寻本始，仍不能不以研究学问为第一责任也。

正是鉴于学生已有"恢复原状"、"力学报国"的决心，而所谓"原状"，主要就是学潮发生前"诸君专研学术之状况"，蔡元培才考虑同意再度出山，"自今以后，愿与诸君共同尽瘁学术，使大学为最高文化中心，定吾国文明前途百年大计，诸君与仆等当共负其责焉"。[①]

9月20日，为北京大学开学之日，上午九时，全体学生和教职员相继在法科大礼堂开大会欢迎蔡元培重新长校，是日到会的学生和教职员三千余人，"为从来未有之盛况"。学生欢迎会由张国焘主席，方豪致辞，其预拟的欢迎词先期刊登于当天的《北京大学日刊》第442号，其中说道："大学肩阐发新学昌明旧术之巨任，为最高尚最纯洁之学府，生等必谨以之行，潜研学业，修养德性，答海内之殷望，树国家之基础。自经此番之阅历，顿生绝大之觉悟，现代人材破产，学术窳败，诚引为至可凄恻之事。愿破除一切顽固思想，浮嚣习气，以创造国家新文化、吾身新生命、大学新纪元。先生告生等有曰：'自今以后，愿与诸君共尽瘁学术，以大学为最高文化中心，定吾国文明前途百年大计。'前此蒋教授代表先生主持校务，亦曾以'改良社会，创造文化'相敦勉。故今日之欢迎先生，非感情的，非虚伪的，乃欢迎国家（之）新文化、国立大学之新纪元、学生等之新生命。"⑫

　　蔡元培在欢迎会上的致词和开学式上的演讲，着重强调大学应该研究学理，北京大学能动能静，而且以静为常态。其时正好杜威博士来华游历，到北大讲授哲学，也出席了开学式，并由胡适翻译，发表了演说，题为"大学事业之性质"（又作"大学任务之性质"）。他与北大师生的主张相呼应，声称人类有两种需要，一为将以往最高尚的学术、经验与智识，永久保存，传于后人，二为将所传下者变化，使其适应于人之新环境。包括大学在内的教育之职务，即为应此二种需要。"中国有数千年不断之旧文化，今又输入欧美之新文化，二者亟待调和，以适应于人之新环境。故世界各国负有使新旧文化适合之责任及机会者，无过于今日之中国，无过于今日之北京大学。此种新旧文化之适合，可谓之新旧文化之结婚。大学的职务为做媒，使夫妻和睦，孳生蕃盛。在中国的大学，其做媒的机会较别处多，故责任亦较别处大。这是世界对于此校的宣战书，我们能答应么？做媒的人如能称职，则将来夫妻和睦，必可产生自由的进步的昌盛的儿子。我能在此尽做小媒人之职务，这是我很欣幸的。更贺诸君有做大媒人之机会。"⑬

　　由此看来，"恢复原状"，进入静态，以创新文化，是五四以后北大校方的主要诉求。学生对此表示接受，以免被安福系乘虚而入，重陷数月来的痛苦状态，虽然内心未必诚服。

三　国民党提出"新文化运动"为革命方法

　　恢复秩序，为学运退潮后的北京大学所必需，却与全国的形势有些脱节。尤其是南方的国民党受到五四运动的激励鼓舞，正在寻找新的力量，准备重新回到革命的路线上。⑭发现新的社会动力和探索新的革命形式，成为国民党的当务之急。而青年学生无疑是可以一身二任的现成社会群体。

一度有学人认为"新文化运动"的指称最早是孙中山于 1920 年 1 月开始使用，这一说法在后来的研究者检索了《新青年》之后，发现"新文化运动"一词 1919 年 12 月已经多次出现于陈独秀等人的文章中，因而予以否认。这样的曲折，或许多少反映了人们认为国民党人对五四新文化的态度仍然有所保留的基本认识，所以首先还是想到后认的"新文化运动"的运动家们在这方面当居主动地位。然而，抛开一切先入为主的成见，进一步放眼搜寻资料，陈独秀等人 1919 年 12 月在《新青年》第 7 卷第 1 号的四篇文章中使用"新文化运动"一词，也并非最早，而如欧阳军喜所说，国民党方面率先提出"新文化运动"这一指称的可能性的确相当高，至少迄今为止是所见文献中最早使用的之一。

五四以后，国民党创办了两份重要刊物，即《星期评论》和《建设》，前者为周刊，1919 年 6 月 8 日创刊，后者为月刊，同年 8 月 1 日创刊，二者均发刊于上海，实际上是国民党积极呼应五四以后的新形势，努力参与并推动形势继续发展的重要体现。其目的之一，就是要解决将五四学生运动引向何方的问题，使之为实现国民党的政治目标张本。正是在这两份刊物上，国民党重要人士不约而同地率先提出了"新文化运动"的概念，并且作为中国现阶段革命运动的主导方法。

1919 年 8 月 31 日，《星期评论》第 13 号刊登署名"先进"（李汉俊）的《新文化运动的武器》，文中引"吴稚晖先生说：'中国的新文化运动，单靠白话体的文章，效果很小的。那多数不识字的工人，整天要作十来点钟的工，即使有人教他的文字，他那里有学的时间，目下只有图注音字母的普及。这种音符，是最简单的，倘若就地拼音，就可以用注音字母写信了。要他们能够作文字的交通，然后我们才可以灌输他们的智识。'"并就此提出："这件事确是很要紧的。我希望新文化运动者合力在这上面用工夫。"⑮

8 月中旬以后，吴稚晖在上海多次演讲注音字母，只是相关报道未见提及"新文化运动"一词，查询吴稚晖的各种文集文萃，也未能落实，或为李汉俊的听讲记忆或直接交谈所得。不过，吴稚晖的说法和李汉俊的呼应，虽然使用了"新文化运动"的指称，却存在一定的偶发性，时间上或有"先驱"的意义，内容却不过是就事论事。

几乎与此同时，1919 年 9 月 1 日，戴季陶在《建设》第 1 卷第 2 号上发表署名文章《从经济上观察中国的乱原》，作为结论，作者跳出了经济的范畴，宣称：

> 我们看中国过去及现在种种的变象，都是由欧美日本的压迫所诱发出来的。中国的社会本来有许多缺陷，不过这些个缺陷，受了这外界的压迫，都彰明较著的表现出来罢了。但是这压迫是甚［什］么东西？总动力是在甚么地方？我们详详细细的把世界近代的文明史研究起来，就晓得一切压迫东方的力量都在科学的进步上面，欧美各国国家的社会的缺陷暴露也在科学的进步上面。现在各国的缺陷都一致的暴露出来，所以国家改造和社会的改造已经成了全世界一致的声浪。中国国（家）里面的内乱，我看一时是不能便静止的。为甚么呢？因为中国国家社会组织的缺陷刚才在暴露的正当中。进步的趋向是很明了的，助成进步的新文化运动是很猛烈的，但是大多的人还是在睡梦当中，一般旧文化势力圈内的人，阻止新文化运动进行的力量也是很大的。在生活争斗的上面加上一层文化竞争，这一个极大的震动如果不到新文化运动成功的时候，不会静止的。新文化运动是甚么？就是以科学的发达为基础的"世界的国家及社会的改造运动"。非有大破坏，不能有大建设。但是一面破坏着，同时就要一面建设着。各式各样的努力都是向着有必要到来运命的新世界走。⑯

这里的"新文化运动"，已经成为具有普遍意义、全面、根本的国家和社会改造运动。十天后，戴季陶回复康白情的来函，解答"革命！何故？为何？"的问题，更加明确地提出：

> 我个人的意思可以总和起来，用几句狠简单的话表明他：
> 1. 全人类的普遍的平等的幸福，是革命究竟的目的。
> 2. 中国国家和社会的改造，是革命现在进行的目的。
> 3. 中国人民全体经济的生活改善和经济的机会平等，是现在进行目的的理想形式。
> 4. 普遍的新文化运动，是革命进行的方法。
> 5. 智识上思想上的机会均等和各个人理智的自由发展，是新文化运动的真意义。
> 6. 文字及语言之自由的普遍的交通和交通器具的绝对普及（如注

音字母），是造成理智上机会均等的手段。

　　7. "平和的组织的方法及手段"，是革命运动的新形式。[17]

　　9月28日，戴季陶在《星期评论》第17号以和朋友谈话的形式更加简洁地表达了自己的政治主张：中国要解决社会不发达和官僚军阀的恶政，不能仅仅用武力革命的方式。"平和的新文化运动，这就是真正的革命！这就是大创造的先驱运动！"要想救亡，"还是只有猛力做新文化运动的工夫"。[18]

　　国民党的政治判断，缘于五四以后他们认定中国革命"这一个大责任要靠谁？就是要靠全体觉悟了的青年大家自己担负的！"[19]正如沈定一（玄庐）所断言，老旧罪恶的中国，"除却青年无希望"，"中华民国前途的责任，除却青年诸君，更有谁人负担。诸君的真学问，不是仅仅在课本上黑板上几句现成讲义。诸君的人格和责任，不是同暑假一齐放得掉。杜威博士说：学校为社会的一种组织。教育既须从群体的生活进行，故学校不过为一种团体生活，内中集合各种势力，使学生得享受一个种族或人类的遗传产业，使他能够用他自己的能力，造成社会幸福。……诸君是吸收新教育空气的人，是明白自由平等博爱的人，是在民主国家的里面振起互助精神的人，是不染'旧污'不蔽'物欲'的人。依据这几种资格，来改革制度，改革思想，改良社会，改造世界，果能勇猛精进，何患不得胜利？"[20]

　　之所以对青年寄望如此之大，正是从五四运动看到青年学生的能力和思想鼓动的威力。"五四运动之后，中国的前途，仿佛从黑暗里杀开一条血路！一线光明，总在前面，只要我们活泼泼地迎合上去。此事的原因，十八九归功蔡孑民先生和几位大学教授。我虽是承认这话，但回顾从前中国的思想界，仿佛有一块无缝的大石头，压在思想上面。辛亥革命，这块顽石已经震裂了。虽说依旧压着，但思想的萌芽，就从他裂缝里发生了出来。蔡先生和几位教授，不过下点培植的工夫。"[21]这样的说法，既指明了发起"新文化运动"的政治必要性，又为寻找"新文化运动"的渊源有利于己的联系开启了先例，却使得"新文化运动"的发生演化与对"新文化运动"的认识认定出现分离开启了通道。

四　江苏教育会组织"新文化运动"演讲赛

　　蔡元培重掌北大以及北大校方师生就恢复原状达成共识，使得北大在创造国家新文化的中心地位得以凸显。不过，不仅在北大师生的眼中心里，中国当时并没有什么新文化运动，而且他们也不准备以运动的方式来创造中国的新文化。恰恰相反，蔡元培等人希望学生回到静的状态，潜心于以科学为中心的学术。至于学生方面，虽然未必完全同意这样的主张，鉴于五四以来数月的痛苦经历，以及着眼于个人和国家的前途，也只能委曲求全。

随着学潮的平息，整个社会也开始安静下来。然而，1919 年 10 月 29 日，江苏省教育会发出《致本省中等以上各学校函》，宣布将于 12 月 22 日在南京举行第二届演说竞进会。该会于 1918 年发起，业经举行一次，"兹者青年思想日益发达，各校方盛倡社会服务，课外讲演之举，随地而有，则此项演说人才尤须广造"。并附奉简则细则各一份，请通告各学生先期练习，报送赴会演说员名单。按照简则，演说竞进会由江苏省教育会组织，暂以江苏境内中等以上各学校同程度之学生为会员；演说分组进行，以大学及高等专门学校学生为一组，甲种各实业学校各师范学校各中学校学生为一组；每年于十一月内由江苏省教育会确定会期，提前两个月预定演说题之范围及细则，通知各校；演说员以能操国语为及格，每组最优胜之三人由江苏省教育会赠以名誉之纪念，先期举行预赛，每组选定六人或九人；演说员以各校各级学生先在本校比赛之结果，每校选出一人或二人；演说员前往集会地的旅费由各校以公费开支；各县教育会得比照该会简则，以本县高等小学及同等学校之学生组织演说竞进会。这样一来，等于利用现有教育机构进行"新文化运动"的动员和组织实施，影响势必广泛而深入。

根据该会细则，1919 年度会议的演说题范围为"关于新文化运动之种种问题及其推行方法"，12 月 21 日在南京举行预赛，次日午后二时正式比赛。演说时间每人限十分钟，由评判员判定优劣，前三名优胜者依次颁发红、黄、蓝色锦旗。②

鉴于当时社会上"新文化运动"的指称还不大流行，相关的实事也不够普遍，这样的讲题很可能令各地的组织者及演讲员感到困惑，11 月 1 日，江苏省教育会特地发布印刷品，标题为《解释新文化运动》，作为"简单的解释以备各校参考"。这份文件从六个方面大略解释了新文化运动的内容：

　　一、新文化运动是继续五四运动传播新文化于全国国民的作用，其进行方向在唤醒国民，改良社会，发展个人，增进学术，使我国社会日就进化，共和国体日形巩固。二、新文化运动要文化普及于大多数之国民，不以一阶级一团体为限（例如推广注音字母，传播白话文，设立义务学校、演讲团，都是这个意思）。三、新文化运动是以自由思想、创造能力来批评、改造、建设新生活（例如现在各种新思想出版物）。四、新文化运动是谋永远及基本的改革与建设，是要谋全国彻底的觉悟（继续现在的新运动，从基本上着想，使之永远进步也）。五、新文化运动要全国国民改换旧时小的人生观，而创造大的人生观，使生活日就发展（例如从家族的生活到社会的生活）。六、新文化运动是一种社会运动、国民运动、学术思想运动。

此外，"还有他种事业及种种问题及推行方法，是要大家研究"。㉓这样的解释与其说是说明现行事物，毋宁说是描绘未来愿景。

江苏省教育会的解释似乎未能令社会释怀，1919 年 11 月 12 日《兴华》第 16 卷第 44 册"逐日新评"栏以《新文化运动之解释》为题，全文转载了这份文件，并附加识语："读江苏省教育会通函《新文化运动的解释》，简括新文化大旨，确是二十世纪中国人民所需要者，但未审大多数人民之心理，是否有此倾向耳。"㉔

《兴华》编者的担心的确反映了愿望与现实的差异，并非多余。不过，江苏教育会此举对于鼓动起"新文化运动"，绝不仅仅是推波助澜的作用。如果说"新文化运动"是被"运动"起来的，江苏教育会显然位于第一批"运动家"之列。相较于国民党宣传的号召，通过教育会和中等以上学校的组织运作，至少在鼓动学生关注和响应"新文化运动"方面产生了广泛而实在的影响。各地在落实江苏教育会的通告过程中，实际上对于当地学界乃至社会各界进行了普遍动员。以南京为例，12 月上旬就组织了颇具规模的预备演说比赛，为正式比赛热身。据《申报》报道：

南京演说竞进会由南京学术讲演会发起，分两组比赛，高等专门大学为一组，中等各学校为一组。高等专门以上学校于十二月六日午后三时，假本城金陵中等大会场开第一次演说会，由赵厚生君主席，与赛者为高等师范学校代表张君钟藩，法政专门学校代表张君恩辅，暨南学校代表陈君希贤，金陵大学代表谢君承训，金陵女子大学代表郝女士映青，金陵神学代表杨君镜秋等六校，讲题为"新文化运动之意义及其促进之方法"。众推举钱强斋、仇亮卿、过探先三君为评判员。评判结果，以高等师范学校学生张君钟藩为第一，金陵大学学生谢君承训为第二，由教育厅长胡玉荪君当场发给纪念品。中等学校于十二月十二日午后四时假本城法政专门学校举行预赛，由王伯秋君主席，杨杏伟、廖世承、陈鹤琴三君评判。到会者有省立第一女子师范学校代表顾品月，省立第四师范学校代表徐君鸿基，省立第一工艺学校代表杨君家禄，省立第一农业学校代表陈君谟，暨南学校代表邝君荣耀，省立第一中学校代表李君苇，钟英中学校代表卢君光娄，高等师范学校附属中学代表王君作榘，金陵大学附属中学代表刘君经邦，汇文女学代表刘席珍，基督女学代表李宏莹，基督中学代表陈君烈文，求实学校代表孙君剑鸣，华中公学代表朱君公桢等十四校，演题为"发展南京之计划"。十三日午后三时，复假南京高等师范学校举行决赛，由陶知行君主席，张轶欧、赵厚生、郭秉文三君为评判员。评判结果，省立第一中学学生李君苇为第一，基督女学李女士宏莹为第二，由省公署教育科长汪伯行君当场发给纪念品。前后两组演说比赛，到会旁听者皆千数百人，可谓极南京学界之大观矣。㉕

从上述报道可知：（1）比赛的题目，在省教育会所定范围的基础上有所调整，高等以上将种种问题限定于意义一点，中等各校则改为与各自切身相关且易于把握的讲题，以免知识阅历不足、年龄尚幼的学生凿空逞臆。（2）优胜者只取前两名。（3）参与赛事的学校共计20所，教育行政当局和教育界知名人士担任主持或评判，前来旁听的学生人数众多。

12月21日，按照江苏省教育会的约定，江苏中等以上学校演说竞进会假南京通俗教育馆如期开赛，演说题即事先拟定的"新文化之运动及其种种推行方法"。当天下午二时举行预赛，"与会者中等组二十四校，演说员三十九人，高等组四校，演说员六人，由钱强斋君主席，沈信卿、庄百俞、黄任之三君为评判。结果中等组选九人，为暨南学校黄国元，浦东中学校江建魁，省立第六师范学校徐永庆，省立第二师范学校杜心熙，高等师范附属中学校姚允明，上海沪江大学中学部张元鼎，省立第二农业学校仇武林，省立第一女子师范学校吕莹，省立第一师范学校王志瑞；高等组六人，为高等师范学校余天栋、蒋希曾，沪江大学校李峻华，中华职业学校职业教员养成科辛景文，法政专门学校张恩辅，中华职业学校职业教员养成科吴梓人。二十二日午后二时决赛，胡玉孙君主席，蒋梦麟、张轶欧、吴济时三君为评判，助以高等师范学校及第一女子师范学校音乐。演说毕，由主席照章给奖散会。录优胜员姓名如后：（中学组）第一名黄国元（暨南学校），第二名姚允明（高等师范附属中学校），第三名吕莹（省立第一女子师范学校）；（高等组）第一名余天栋，第二名蒋希曾（高等师范学校），第三名辛景文（中华职业学校职业教员养成科）"。㉖

江苏教育会组织的演讲比赛，不仅广泛动员了本省各地中等以上的学生关注"新文化运动"，也引起有心人士的思考。1919年11月17日，"进之"在《教育周刊》第39号发表《新文化运动》，便针对演讲比赛谈了自己的看法，他说：

> 国民运动的倾向，已从消极的而变为积极的，已从浮泛的而变为根本的，是政治运动已变为新文化运动了。现在各地所办的义务教育、学术演讲会、注音字母、白话文和那各种出版物，提倡社会解放和改造等等，岂不是新文化运动的起点么？本届江苏各校演说竞进会之演题，也已由省教育会定为《新文化运动之种种问题及推行方法》，并把新文化运动的意义简略的解释一番。

> 但我以为，凡欲解决各种问题，必先有一个标准放在胸中，方能井然有条。新文化运动不能没有一个确切不移的标准，这个标准究竟是什么，大家急应研究研究。有人说新文化运动是谋永远及基本的改革和建设的，不过，所谓改革和建设究竟从何做起。有人说是要谋全国彻底的觉悟的，不过究竟觉悟什么。从我的意见看起来，新文化运动是必要增高个人人格的，这个人格，从康德说就是 Personality，从边沁说就是此亦一人彼亦一人，Every man to count as one，从陆象山说就是人人要做堂堂的一个人。我们必本此主义，以解决政治、经济、法律、教育、道德各项问题，方能达新文化运动的目的。㉗

作者所主张的标准，未必能够得到广泛认同，可是公开提出问题并试图解决，就会增加"新文化运动"这一议题的吸引力，从而引起更多人的关注和讨论。

五 "新文化运动"的兴起与北大

江苏教育会发动新文化运动，就内容取向而言，与北京大学创造新文化的理念相吻合，就活动形式而言，却似乎与北京大学校方及师生由动而静的共识相冲突。

清季以来，由于教育经费几乎百分之九十由教育界而非各级教育行政机关控制等因缘，江苏教育会及其前身在近代中国的学界政坛据有举足轻重的位置。国民政府统一之前，江苏教育会利用其长期持续主导全国教育界的有力地位，不仅掌控着全国教育界的动向，而且试图进而影响全国政局的走向。蔡元培本来是江苏教育会将势力伸向北方的重点依靠，也是该会与掌控北京政坛的安福系角逐的重要凭借，双方不仅彼此支持，在五四运动中还相互配合，南北呼应，与安福系主导的北京政府斗法。更为重要的是，在学潮一度失控、迫使蔡元培等人离职去位、江苏教育会北进的努力严重受挫的情况下，双方很快就达成共识，力争北京大学恢复原状，抵制安福系人马控制北京大学和教育部的企图，以便收复失地，努力挽回被动局面。[28]

不过，恢复原状的考量之一，是避免给不肯善罢甘休的安福系以侵占的口实，双方希望恢复原状的范围，仅限于北京大学内部，而在校园之外，蔡元培和江苏教育会并不希望重归旧态。打破安福系的军阀统治与改造社会，是他们共同努力的相辅相成的事业。[29]只是鼓动学生直接参与政治运动很容易导致局势失控，反而有损自己的利益和计划，因而在校外改用文化运动的形式。1919年9月，蒋梦麟在《新教育》第2卷第1期发表署名文章《新文化的怒潮》，以宣言的形式，正式提出了"新文化运动"的口号，鼓吹用运动的方式来鼓起新文化的大潮，他说："凡天下有大力的运动，都是一种潮，这种潮澎湃起来，方才能使一般社会觉悟。若东抽些井水，西挑几桶湖水，浇将起来，这些水就被干燥的泥土吸去，我们虽终日为挑水劳苦，究竟没有什么结果！大凡惊天动地的事业，都是如潮的滚来。"西洋文化的转机，就是那文运复兴的潮。法国大革命的革命潮，二十世纪的科学潮，都有原因。"凡一个大潮来，终逃不了两个大原因，一个是学术的影响，一个是时代的要求。换言之，一个是思想的变迁，一个是环境的变迁。"杜威认为社会学说是因为社会有病而生，社会有病，学者便要研究什么病，生出学说。所以环境变迁，就会生出新学术，用以改变环境。"环境更加改变，要求学术的人更多，于是愈演愈大，愈激愈烈，就酿成新文化的大潮。"中国二十年来环境变化大，还没有新学术供给要求，社会的病日益加重，必至无可救药："因为社会病，所以我们要讲新学术来救他。讲到这事，我们就说着这回五四学潮以后的中心问题了。这个新学术问题，就是新文化运动的问题，预备酿成将来新文化的大潮，扫荡全国，做出惊天动地的事业！……新文化运动的目的，是要酿成新文化的怒潮，要酿成新文化的怒潮，是要把中国腐败社会的污浊，洗得干干净净，成一个光明的世界！"他希望青年决百川之水，不要在一担一桶水里费尽心力，办法是："（1）愿青年自己认作富于感情、思想、体力，活泼泼底一个人；（2）用活泼泼的能力讲哲学、教育、文学、美术、科学种种的学术；（3）用宝贵的光阴在课堂、图书馆、试验室、体育场、社会、家庭中作相当的活动；（4）抱高尚的理想拼命做去；（5）多团体活动，抱互助精神，达到团体的觉悟。""青年青年，你们自己的能力，就是水；运用千百万青年的能力，就是决百川之水；集合千百万青年的能力，一致作文化的运动，就是汇百川之水到一条江里，一泻千里，便成怒潮——就是新文化的怒潮，就能把中国腐败社会洗得干干净净，成一个光明的世界！"⑩

这一宣言，使得在率先提出"新文化运动"方面国民党不能独步。而这样的大声疾呼，显然并不是希望青年学生由动而静。还在五四运动前夕，与北京大学尚无渊源的蒋梦麟在其主持的《新教育》上，已经公开鼓吹以北大作为中心点的新旧两派思想学术竞争，应如文艺复兴席卷欧洲那样蔓延到全国。"今日吾国之新潮发轫于北京古城，犹文运复兴之发轫于义大利古城也。其弥漫全国之势，犹文运之瀰漪全欧也。"⑪

在《新文化的怒潮》发表的前一期，蒋梦麟发表了《改变人生的态度》，认为文艺复兴时期欧洲人基本改变了生活的态度，"成一个新人生观。这新人生观，生出一个新宇宙观。有这新人生观，所以这许多美术、哲学、文学蓬蓬勃勃的开放出来。有这新宇宙观，所以自然科学就讲究起来。人类生活的态度，因为生了基本的变迁，所以酿成文运复兴时代。西洋人民自文运复兴时代改变生活态度以后，一向从那方面走——从发展人类的本性和自然科学的方面走——愈演愈大，酿成十六世纪的大改革，十八世纪的大光明，十九世纪的科学时代，二十世纪的平民主义。……这回五四运动，就是这解放的起点，改变你做人的态度，造成中国的文运复兴，解放感情，解放思想，要求人类本性的权利。这样做去，我心目中见那活泼泼的青年，具丰富的红血轮，优美和乐的感情，敏捷锋利的思想，勇往直前，把中国委靡不振的社会，糊糊涂涂的思想，畏畏缩缩的感情，都一一扫除"。⑫"新文化运动"几个字，已经是呼之欲出了。

6月以前，蒋梦麟的文章中没有"新文化运动"的指称，显示在他心中还没有形成这样的概念。7月，在江苏教育会的支持下，作为该会理事而与北京大学毫无瓜葛的蒋梦麟北上为蔡元培代理校务，象征着双方的联系进一步加强，甚至说合为一体也不为过。[33]蒋梦麟公开提出"新文化运动"的主张与江苏教育会定议组织"新文化运动"演讲赛的行动在时间点和主旨方面高度一致，很难用英雄所见略同的巧合加以解释，应该事先有所协商，才能够配合得如此默契。《新教育》这份刊物，本来就是由江苏省教育会和北京大学共同出资倡办，编务由蒋梦麟负责，社址设在上海西门外江苏省教育会内。[34]江苏教育会组织的"新文化运动"正式比赛时，蒋梦麟担任决赛的评判，足以显示他们在鼓动"新文化运动"方面步调一致。

蒋梦麟等人的主张与国民党也高度吻合，蔡元培是老革命党，蒋梦麟也曾为孙中山服务，并与主办《建设》、《星期评论》的胡汉民、戴季陶等人往来密切。虽然没有证据显示北京大学、国民党和江苏教育会共同预谋，至少蔡元培、蒋梦麟分别与江苏教育会、国民党协商定议的可能性相当高。也可以说，三方面都是"新文化运动"的倡导鼓动者，他们共同组成了所谓"运动家"的阵营。

由于五四前后安福系到处伸手，扩张势力，进占教育部和北京大学，派人到上海运动江苏教育会改选事务，并与南方的国民党针锋相对，使得三方被迫协同抗争。北京大学、国民党和江苏省教育会发起"新文化运动"，表面上的遥相呼应以及迎合世界潮流、反对官僚军阀恶政、改造社会文化的理想追求之下，若隐若显地展现了联手反对安福系政权的政治同盟关系。在当时的语境中，各式各样看似普遍的思想文化主张往往有着具体的政治指向。虽然这些不为外人道的所指并不影响主张的普遍意义及社会影响，可是完全脱离具体指向，对主张的解读难免过于虚悬，无法理解相关的言论行为。况且，若是简单地以主张为准则，"运动家"自己也可能进入判罚的行列。国民党不必论，江苏省教育会的一些人事也颇受时人诟病。[35]

1919年12月以前，虽然"新文化运动"的说法已经在多家媒体上出现，可是无论国民党的《星期评论》、《建设》，还是江苏教育会和北京大学的《新教育》，乃至被称为新文化运动发源的《新青年》，基本上仍然处于呼吁鼓吹的造势阶段，后来被统称为"新文化运动"的一些具体事情已经存在，可是尚未用"新文化运动"的集合概念来指称，所以整体而言仍然没有"新文化运动"的实事，以至于在后认之时，究竟哪些属于"新文化运动"，哪些不属于，各家还有所争议。在各方鼓动尤其是江苏教育会组织演讲的动员之下，"新文化运动"在江浙乃至各省迅速被鼓动起来。在此过程中，各地又多次发生学生与当局的冲突，使得五四运动的声气在"新文化运动"的形式下继续延展，并且很快形成"新文化运动"十分流行的局面。

"新文化运动"发展至此，至少形式上与后认的新文化运动先驱者或领袖们没有多少关系。蔡元培、蒋梦麟乃至江苏教育会及国民党方面，虽然与陈独秀、胡适等人关系不错，但在鼓动"新文化运动"这件事情上，显然并没有事先与之沟通。因此，循着这些先驱和领袖的思想轨迹探寻历史上的新文化运动，反而显得有些隔膜、疏离，他们彼此之间在认识上也存在种种歧异。由于这样的缘故，当"新文化运动"十分流行之际，他们的反应不仅多少有些滞后，而且整体上不大协调，有的积极应对，并试图重新主导，如陈独秀；有的不以为然，持有异说，如胡适；有的甚至对突如其来的"新文化运动"泛滥以及自己到处被尊为新文化领袖而感到有些彷徨。

六　并非结语

历史上的新文化运动与新文化运动的历史认识之间，存在显而易见的差异。后来认为的新文化运动发端之时，并没有诸如此类的文化现象被统称为"新文化运动"的实事。严格说来，"新文化运动"不仅是由五四运动所引发，而且在一定意义上是作为延续五四运动的替代形式。只是运动"新文化运动"的运动家大都并非通常以为的新文化运动先驱或领袖，至关重要的江苏教育会和国民党的作用基本被忽视，或是虽有提及却未能放在整体联系之中观察评判，无法尽显其本意和要义。

将史事当作文学作品进行二次解读已被视为常态，后认将历史的起点逐渐拉长是相当普遍的现象，因而揭示历史的实际进程或许不至于改变后来将《青年杂志》或《新青年》的创办作为新文化运动起点的认定。可是，这样的认定同样受到"新文化运动"渊源流变的影响。由于当事人意见分歧，其中有人有意无意地将五四以前以《新青年》和北京大学为中心的新思想的传播以及社团活动与新文化运动的兴起联系起来，为后来将新文化运动的发端提前并且作为五四运动的思想和组织准备的历史再造留下伏笔，从而造成与历史上的新文化运动若即若离的感觉。

不过，若即若离也就是不即不离，完全脱离历史上的新文化运动，在新文化运动的历史认识上难免穿凿附会，脱离实情，妄加揣测。例如关于德先生和赛先生的论述，后者是当时人认定的西方新文化的基色，而统一的西方本来就只是存在于东方人或中国人的心中，欧美各国对于科学的认识各有不同，近代以来中国人不言而喻的科学观念，更是言人人殊。至于前者，并不一定是对于国家政体形式的追求。在代议制破产的语境下，新文化运动的民主取向主要体现于教育和社团组织的自律自治，与社会上由间接民权转向直接民权的诉求相适应。之所以使用音译，是因为开始用意译，"致有民本、民主、民众、民治、唯民、平民、庶民等名词，继而以为未甚妥适，不如迳用其音，包含较广，且名称可划一，由是所谓'德谟克拉西'者，乃成为一种新思潮之惯用语矣"。⑧此类名词及思潮，反映了代议制遭到唾弃和对直接普遍民权的热切向往，而与今人的解读或认定相去甚远。也就是说，即使要鉴古知今，也必须首先了解历史究竟沉淀了多少、积淀了什么在现今当中，才能避免望文生义地强古人以就我，以至于无从理解前人与前人、今人与前人以及今人与今人之间的聚讼纷纭究竟有无交集，又是如何交集。

无论历史上新文化运动的发生演化，还是后来对于新文化运动的认识，由众说纷纭到逐渐统一的变化进程（后者一直持续到20世纪后半叶，且有范围的限定），都是历史的组成部分，都能够成为历史研究探讨的客观对象并且可以用适当的形式加以表述。仔细梳理二者的联系与分别，对于认识新文化运动的全过程与各层面，是必不可少的应有之义。问题是，材料的比较与事实的连接，应当以本来时空状态下史事所具有的各种联系为凭借，可以有所侧重，不能随心所欲。若是跳跃着任意取舍，强作解人，无论多么具体，仍然深陷自己心中历史的陷阱而无法自拔。至于那些望文生义的穿凿附会，以及以偏概全的"我认为"，更是与史事无涉，何足道哉。"新文化运动"即将百年，如果百年之后纪念者的历史认识仍是一笔理还乱的糊涂账，真要愧对于九泉的先驱者了。

---

①欧阳哲生编《胡适文集》第12册收入时题为《提高与普及》，称："本文为1920年9月17日胡适在北京大学开学典礼上的演讲，陈政笔记。原载1920年9月18日《北京大学日刊》，又载1920年9月23日《晨报副刊》。"此说时间有误。据《申报》1920年9月14、15日"国内要闻·北京通信"连载的野云所写《纪北京大学始业式》："今日（九月十一日）北京大学在第三院举行始业仪式，虽属照例行礼致词，但是日颇有较

为重要之演说与报告，足以表示该校革新进步之精神。"《北京大学日刊》1920年9月13日第691号第二版"本校新闻"所载"本校开学纪略"明确记载："本校开学礼已于十一日（星期六）举行。是日上午九时，全体教职员学生及来宾齐集于第三院大礼堂，行礼毕，由校长蔡先生致开会词，教务长顾先生、总务长蒋先生相继致词。旋由蔡先生介绍新聘教授颜任光、任鸿隽、陈衡哲、谭仲逵、燕树棠诸先生相继演说。旧教授胡适之、陈惺农两先生亦均有演说。至十二时余，宣布散会，并摄影以为纪念。诸先生演词甚长，容另日登出。"各人的演说从9月16日开始刊登，胡适的演说词载于9月18日第696号第三版。

②关于胡适对新文化运动的质疑以及当时人对新文化运动的批评，在拙作《近代中国学术的地缘与流派》（北京：《历史研究》1999年第3期）一文中已经有所论及。

③关于历史意见与时代意见的意涵及其分别与关联，详见钱穆《中国历代政治得失》，北京：三联书店，2001，第4~7页。

④周策纵：《五四运动：现代中国的思想革命》，周子平等译，南京：江苏人民出版社，1996，第265页。

⑤中华书局编辑部编《学林漫录》第14集，北京：中华书局，1999，第69~75页。

⑥王奇生：《新文化是如何"运动"起来的》，北京：《近代史研究》2007年第1期，后收入《革命与反革命：社会文化视野下的民国政治》（北京：社会科学文献出版社，2010）为第一章。

⑦《万国历史汇编》广告，上海：《申报》1909年4月17日，第二张第六版。

⑧《罗家伦来函》，上海：《申报》1918年7月1日，专件，第11页。

⑨《外报论南北讲和要点》，上海：《申报》1918年12月17日，要闻二，第6页。

⑩聂其杰：《温佩珊君之决志服务社会与其影响》，上海：《申报》1919年1月21日，第11页。梁启超在《欧游心影录》中说："我希望我们可爱的青年，第一步，要人人存一个尊重爱护本国文化的诚意；第二步，要用那西洋人研究学问的方法去研究他，得他的真相；第三步，把自己的文化综合起来，还拿别人的补助他，叫他起一种化合作用，成了一个新文化系统；第四步，把这新系统往外扩充，叫人类全体都得着他好处。"（《饮冰室合集》专集之二十三，北京：中华书局，1989，第37页）此文虽然自署写于1918年，连载却在1920年，或有改动的可能。

⑪《蔡孑民先生告北京大学生及全国学生书》，上海：《时事新报》1919年7月19日，来函，第三版。《申报》1919年7月20日刊载，题为《京学界将回复原状》。这封公开信，高平叔和中国蔡元培研究会编《蔡元培全集》（分别由中华书局1984年和浙江教育出版社1997年出版）均依据《北京大学日刊》暑期7月23日，高平叔撰著的《蔡元培年谱长编》（北京：人民教育出版社，1996，中册，第230页）说法相同。而根据《申报》刊登的时间，写作至少应在7月20日之前。蔡元培日记1919年7月17日载："致蒋梦麟、罗志希、段锡朋快函（罗、段两函，附有《告北京大学学生》文）。……

以《告北京大学学生》文分送浙江三日报。"（中国蔡元培研究会编《蔡元培全集》第16卷，第86页）从时间判断，所提到的《告北京大学学生》文，即是《时事新报》所登公开信。

⑫《学生欢迎蔡校长回校之词》，北京：《北京大学日刊》第442号，1919年9月20日，本校纪事，第2版。

⑬《二十日之大会纪事》，北京：《北京大学日刊》第443号，1919年9月22日，本校纪事，第1~3版。

⑭孙中山从来不以代议制为然，护法不过顺势。经过民初实验的失败和欧洲的检讨反省之声日强，原来最热衷于开国会和议会政治的汤化龙、张君劢、梁启超等人相继宣称代议制在中国乃至世界已经破产。在此背景下，国民党的护法实际上已经渐成鸡肋。参见桑兵《辛亥国事共济会与国民会议》，北京：《近代史研究》2015年第2期。

⑮先进：《新文化运动的武器》，上海：《星期评论》第13号，1919年8月31日，随便谈，第4页。

⑯戴季陶：《从经济上观察中国的乱原》，上海：《建设》第1卷第2号，1919年9月1日。

⑰戴传贤：《革命！何故？为何？——复康君白情的信》，上海：《建设》第1卷第3号，1919年10月1日。

⑱季陶：《我和一个朋友的谈话》，上海：《星期评论》第17号，1919年9月28日，短评，第4页。

⑲戴传贤：《革命！何故？为何？——复康君白情的信》。1990年与唐文权教授编辑出版《戴季陶文集》时，已经注意到戴季陶关于新文化运动的这些论述，可惜未能特别留意时间点的问题。

⑳玄庐：《除却青年无希望》，上海：《星期评论》第4号，1919年6月29日。

㉑玄庐：《就是自然》，上海：《星期评论》第7号，1919年7月20日，随便谈，第4页。

㉒《演说竞进会定期在宁开会》，上海：《申报》1919年10月31日，本埠新闻，第10页。

㉓《演说竞进会演题之解释》，上海：《申报》1919年11月2日，本埠新闻，第10页。

㉔《新文化运动之解释》，青岛：《兴华》第16卷第44册，1919年11月12日，逐日新评，第27~28页。本文部分期刊资料的收集，得到博士生余露的帮助，谨此致谢。

㉕《学术讲演会演说竞进会纪事》，上海：《申报》1919年12月18日，"地方通信·南京"，第8页。

㉖《演说竞进会第二次开会纪》，上海：《申报》1919年12月25日，第10页，本埠新闻。

㉗进之:《新文化运动》,上海:《教育周刊》(《时报》附张随报奉赠)第39号,"世界教育新思潮·教育小言",1919年11月17日。

㉘关于五四前后江苏教育会参与北方角力之事,参见陈以爱《"五四"前后的蔡元培与南北学界》,载吕芳上主编《论民国时期领导精英》,香港:商务印书馆,2009,第336~361页;《五四运动期间江苏省教育会的角色》,"纪念五四运动90周年学术研讨会"论文,北京:中国社会科学院近代史研究所,2009;《五四运动初期江苏省教育会的南北策略》,台北:《国史馆馆刊》第43期,2015年3月。

㉙中国原来少有军阀之说,使用"军阀"和"北洋军阀"的概念并对军阀予以抨击,五四前后是一个密集期。当时反军阀的具体指向主要就是安福系,南方的国民党和直系遥相呼应,这与蔡元培及江苏教育会的目标基本一致。至少在鼓动舆论方面,各方实属不谋而合甚至可以说是共谋。参见桑兵《"北洋军阀"词语再检讨与民国北京政府》,广州:《学术研究》2014年第9期。

㉚蒋梦麟:《新文化的怒潮》,上海:《新教育》第2卷第1期,1919年9月,第19~22页。

㉛蒋梦麟:《学术进步之好现象》,上海:《新教育》第1卷第3期,1919年4月,第225~226页。

㉜蒋梦麟:《改变人生的态度》,上海:《新教育》第1卷第5期,1919年6月,第451~454页。

㉝关于蒋梦麟代掌北大的因缘,详见陈以爱《"五四"前后的蔡元培与南北学界》;蒋梦麟:《西潮》,沈阳:辽宁教育出版社,1997,第101页。

㉞上海:《新教育》第1卷第1期,1919年2月,版权页。

㉟社会舆论之外,同道之间也不尽协调。如胡适对于黄炎培在学界和社会上颇具影响就很不以为然,但又不解其何以能够如此。或指黄炎培毫无政治野心,从来不搞政治,1927年国民党上海市特别党部将其列名学阀予以通缉为无端受祸。其实黄炎培数十年剪报不断,用心不仅在于教育,其参与主导的江苏教育会又影响政坛学界社会极大,国民党要实现统一集权的政治目的,势必要进行打压,使之收缩于国家政权可以容许的范围。

㊱木心:《教育与德谟克拉西》,上海:《教育杂志》第11卷第9号,1919年9月,第1页。

作者简介:桑兵,河北威县人,1956年生于广西桂林。现任中山大学逸仙学者讲座教授、近代中国研究中心主任、孙中山研究所所长。先后就读于四川大学、中山大学、华中师范大学,获历史学硕士和博士学位。历任广东省珠江学者特聘教授、教育部长江学者特聘教授。曾到东京亚细亚大学、台北中研院近代史研究所访问研究;曾任韩国延世大学、台湾政治大

学、香港中文大学、京都大学人文科学研究所、东京大学客座教授。出版
《晚清学堂学生与社会变迁》、《清末新知识界的社团与活动》、《国学与汉
学——近代中外学界交往录》、《孙中山的活动与思想》、《晚清民国的国学
研究》、《庚子勤王与晚清政局》、《晚清民国的学人与学术》、《治学的门径
与取法——晚清民国研究的史料与史学》、《交流与对抗：近代中日关系史
论》等专著。主编《近代中国的知识与制度转型》及同名丛书、《先因后创
与不破不立：近代中国学术流派研究》、《清代稿钞本》（一至六辑共 300
册）、《各方致孙中山函电汇编》（10 卷）、《辛亥革命稀见文献汇编》（45
册）、《国家图书馆藏清代档案文献汇编》（100 册）。合编《近代中国学术
批评》、《近代中国学术思想》、《国学的历史》、《戴季陶卷》、《读书法》。
在《中国社会科学》、《历史研究》、《近代史研究》等刊物发表论文 150 余
篇。近期主要研究近代中国的知识与制度转型，清代以来的学人与学术，
大学与近代中国，晚清民国的社会、政治与文化，孙中山史事编年等。

［责任编辑：刘泽生］

（本文原刊 2015 年第 4 期）

中华革命党时期党人歧见
与孙中山党国方略的转折[*]

王奇生

[**提　要**] 中华革命党的建立，意味着国民党从"议会政党"重新回归"革命党"。孙中山的革命理念与党国方略亦随之发生重大转折，并直接影响了此后中国政制的历史走向。长期以来，学界普遍认为孙中山晚年的党治主张乃1924年以俄为师的结果。若细致梳理孙中山的心路历程即可发现，以俄为师恰是孙中山自中华革命党以来革命思想演变之自然产物。作为中国国民党的重要历史节点，1914年从议会政党向革命党的转型与回归，比1924年的改组更具转折意义。而对于孙中山思想方略的转变，党内异议的声音十分强烈。各派虽均以反袁为目标，但党人之间的歧见与纷争比学界既有认知更为多元、复杂和激烈。

[**关键词**] 中华革命党　欧事研究会　孙中山　汪精卫　吴稚晖　蔡元培

中国国民党由同盟会（1905~1912）、国民党（1912~1914）、中华革命党（1914~1919）演化而来。学界对同盟会、国民党与中国国民党的历史均有丰富而深入的探讨，而对中华革命党的研究则相对薄弱。相对于之前同盟会的反清革命、国民党的议会政治运作以及之后中国国民党的北伐

* 本文系教育部人文社会科学重点研究基地项目（项目号：14JJD770033）资助之成果。

与训政，中华革命党的"事功"确实显得逊色得多。然而，看似平淡的历史背后，仍有值得深入探讨之处：民国建立后，为顺应国人对共和民主的追求，同盟会亦随之改组为依托议会开展合法政治活动的"政党"。但在宋教仁案发生后，孙中山再起革命，重建中华革命党，从"议会政党"回归"革命党"。而这一次回归，影响深远，因为它不仅仅是一次党名的改变，而是孙中山革命理念与建国方略的重大转折，并直接影响了此后中国政制的历史走向，之后孙中山以俄为师"改组"国民党乃至北伐之后的党国体制，均是这一时期孙中山思想脉络的延续与实践。亦因为此，中华革命党时期孙中山建党治国方略的形成与演变，以及党人的意见与反应，仍有进一步细究与阐释的空间。

一　党人歧见

中华革命党于 1914 年 7 月 8 日在日本东京正式成立，到 1919 年 10 月 10 日在上海改称为中国国民党，其间为时六年。学界对这一时期孙中山与黄兴以及中华革命党与欧事研究会之间的分歧早有关注，[①]但因相关资料的不足，尚有许多史事细节难以清晰勾勒。台北中国国民党党史馆所藏吴稚晖档中，有一批留欧学人汪精卫、吴稚晖、蔡元培、李石曾、钮永建等人的往来信函，内容涉及 1914~1916 年间各地党人对孙中山及其中华革命党看法的私密性言论，颇为鲜活翔实地呈现了当时党人之间思想行动的复杂情形。

反袁的"二次革命"失败后，大批革命党人流亡海外，其中少数前往欧美，多数亡命日本。因革命失败，大家对未来革命前途与行动方略有不同的主张。1914 年 2 月 27 日，在法国的蔡元培致信吴稚晖，转引张继（溥泉）所述在日同志情形称：

> 张溥泉先生昨日来。渠自东京偕李协和赴星嘉坡，乃自星嘉坡抵此也。据言留寓日本之同志约分四派：（一）急进派，主张随处发难，可动即动，中山为代表，英士亦在此派中；（二）缓进派，主张收拾残局，待时而动者，克强为代表；（三）政法研究会，李根源、潘榘诸君曾在议院者组织之；（四）军事研究会，李协和集其他有军事知识者组织之。同志中虽所见不同，然尚不至因失败而互相攻讦，贻笑于外人。惕生不久将赴美，克强亦然，汉民不甚有所主张，愿任杂志事。至留东同志所希望于留欧同志者，以使欧人知中国真相为第一义。[②]

　　孙中山于 1913 年 8 月 9 日抵达日本，随后迅速着手新革命党的构想与"第三次革命"的行动计划。从 9 月 27 日开始，即有王统等五人向孙中山立誓约、押指模，表示服从孙先生再举革命，但在张继离开东京时，中华革命党尚未正式成立。而张继所述在日同志分成四派，除以孙中山为代表的急进派和以黄兴为代表的缓进派外，还有以李根源、潘榘为代表的政法研究会和以李烈钧（协和）为代表的军事研究会。除此之外，尚有胡汉民等无明确主张者，游离于各派之外。四派之中，后三派实际均倾向于"缓进"，只有孙中山主张"急进"。此点与孙中山本人所述大体相合：流亡东京的党人"精神溃散"，"意见纷歧"，"或缄口不谈革命，或期革命以十年，种种灰心，互相诟谇"，"惟文主张急进"。③

　　与孙中山所述"互相诟谇"不同，张继在东京时所见同志之间虽意见不同，但还不至于互相攻讦。不过四个多月后，蔡元培在致吴稚晖的另一封信中透露：孙中山与黄兴已公开冲突，且在各自刊物言论中表现出来。黄兴派背景的《甲寅》与孙中山派背景的《民国》之间已隐约交锋。不过据蔡元培的观察，两派的冲突，并非为了报章，而是因为金钱的关系。④金钱关系的详情如何，蔡氏没有细说。⑤

　　1914 年 7 月 8 日，孙中山在东京举行大会，宣布正式成立中华革命党。孙自称其立党旨意说："此次立党，特主服从党魁命令，并须各具誓约，誓愿牺牲生命、自由权利，服从命令，尽忠职守，誓共生死。"⑥不仅如此，《中华革命党总章》还规定党员按入党先后分为三等（首义党员、协助党员、普通党员），并许诺于革命成功之后分别给予不同的政治待遇（元勋公民、有功公民、先进公民）。⑦

　　由于国民党并没有宣布取消，意味着孙中山在国民党之外另建新党。对此，党人有明确表示反对者。据称张继与何天炯等人曾劝告孙中山不要另立新党，但孙中山不听。⑧中华革命党成立不久，欧战爆发。在欧党人就欧战引发东亚危机的可能性展开讨论。吴稚晖等人非常担心欧洲战火延及东亚，并忧欧战得胜的一方有进一步侵吞中国的危险。而在蔡元培看来，欧洲列强自顾不暇，在近期内不大会有侵略中国的可能性，"至于日本承侵略青岛之便，肆其侵略中国之素志，诚所难免"。值得注意的是，蔡元培更担心中华革命党与日本联手，助桀为虐："而又有中华革命党为之伥，其可虑诚甚于前者。"但他又断言："所谓'中华革命党'者，既无基本军队，又不得大多数昏百姓之欢迎，日本既力能侵吞中国，何必利用此赘旒之伥?"⑨从蔡元培的文字中，不难察觉他对孙中山的中华革命党怀有极其负面的看法，而负面之源，主要是忧虑孙中山"联日"。

9月17日，汪精卫致函吴稚晖，对孙中山及其中华革命党发表了更为严厉的批评性言论：

> 年来国民党人受人诽谤，有甚于千夫所指，然无论如何，诽谤终不至自失其立脚地。今中山党纲已成，则并立脚地而自失之矣，尽千万侦探之造谣，千万文人之曲笔，当亦不能想到杜撰出如此之党纲以污革命党人之面目，今竟自做出来，想一般侦探文人皆亦为之舌挢，以为此等伟人之心思，真不可想度也。我等白白与中山相识一场，直至其臭腐到如此田地，始与绝交，可为一哭，却怪竟有如许人与之絮聒，与之调停，甚至与之议改章程，真不可思议。东海有逐臭之夫，信不诬也。⑩

本来在"宋案"发生后，如何对付袁世凯，国民党内意见分歧甚大，一派主张武力倒袁，一派主张法律倒袁。孙中山力主再起革命，而相当多的党人则希望与进步党携手以法律的手段对付袁世凯。如汪精卫、蔡元培等都极不主张动武。当时一般舆论多非难国民党，认为首先动武的是国民党，袁氏纵然不对，只应该以正当的法律手段解决。据李剑农的研究，当时知识阶级多有"非袁不可"的袒袁心理。而这种心理又与当时人心"厌乱"有关。其实以"后见之明"看，相对于后来的"大乱"，民初的"乱"还算不了什么。"一般人以为辛亥革命的小小战事就是'乱'，（二次革命）赣宁的军事就是'乱'，不知道还有无数次南北混战的'大乱'种子，伏在北洋军阀里面。"当时人多认为国家的混乱局面只有军事强人袁世凯才能收拾。⑪国民党也因此被讥为"暴民党"、"暴民专制"，"有破坏而无建设"。⑫所以汪精卫认为，国民党因发起二次革命而导致在国人心目中的形象大跌，大有千夫所指之势，而中华革命党的新党章使革命党人的形象更加不堪。中华革命党党纲中，最遭党内外批评的莫过于"元勋公民"之等级制。本来民国建立后，革命党人难免专擅，不能容纳其他党派的意见，被别党人以"革命元勋"相揶揄。如今孙中山在新党章中彰明昭著地将"首义党员"定为"元勋公民"，作为一种阶级的特权以及参与革命的回报，"太与普通社会心理相违反"。⑬所以汪精卫才痛感孙中山的新党纲之失当，认为新党纲无异于自判死刑，以至于要与孙中山绝交。中华革命党总章颁布后，吴稚晖即在上海报纸上公开讥刺"东京革命党自号元勋公民"。[14]汪精卫在给吴稚晖的私信中更戏讽说：

> "元勋公民"四字，苦思竟不得确对，前读《儒林外史》，见胡屠户之称"贤婿老爷"不得其对，后读蒋心余《临川梦传奇》有"舍侄公相"之称，叹为绝对，今"元勋公民"四字，不知何时始得巧对也。读其党纲，如读彼等死刑之宣告。彼等死矣，无可再生，不须更为之一计将来，但痛恨既往之逐臭而已。[15]

汪精卫不仅对中华革命党的党纲痛加指斥，且疑贬孙中山的个人品行：

> 铭不满于中山久矣，数年以前，同在安南谋捣乱，其妻苦热，中山语之曰："尔畏热乎，待我打到北京，给颐和园与尔住"。铭闻之愕然，自是恒不乐，然不解何故，直至去岁在上海时，亲见其种种作为，犹不与之绝，则铭之逐臭亦久矣。璧君自民国成立后，即痛恨彼辈，摈不与面，每谈及，辄骂詈，铭恒以为过，数月前，子民先生饭于铭家，亦以璧君之言为过。由今思之，璧君虽亦尝逐臭，但其省觉为犹早也。[16]

汪氏夫妇所不满于孙中山的"种种作为"，具体何指，没有细说。而"痛恨"乃至要"绝交"的情态已跃然纸上。联系"元勋公民"党纲及拟住颐和园之想法，可推想汪精卫等人所反对者，大体指向孙中山言行之与民主平等理念相悖之处。

中华革命党成立不久，李根源等人发起成立了欧事研究会。鉴于前述李根源等人早有政法研究会之组织，欧事研究会很可能由政法研究会演变而来。[17]1914年8月13日该会发起人李根源、彭允彝、殷汝骊、冷遹、林虎、程潜等拟《协议条件》四条，类似其会纲：

一、力图人才集中，不分党界；

二、对于中山先生取尊敬主义；

三、对于国内主张浸润渐进主义，用种种方法，总期取其同情为究竟；

四、关于军事进行，由军事人员秘密商决之。⑱

与孙中山的急进路线不同，欧事研究会主张采"浸润渐进主义"，并强调"不分党界"。故欧事研究会成立后，试图联合中华革命党之外的其他各派力量，分别与在美国的黄兴等人及在欧洲的吴稚晖、蔡元培、汪精卫等人发信联络。黄兴复信表示同意加入，但未有更进一步的协同行动。而吴稚晖、蔡元培、汪精卫等人则没有积极响应。1915 年 1 月 26 日欧事研究会所列会员名单 51 人，汪精卫、蔡元培、吴稚晖等人亦列名其中，但注明"惟欧洲（会员）尚未复信"。⑲据汪精卫 1915 年 1 月 7 日致吴稚晖函，其不愿加入欧事研究会的原因，主要基于下列考虑：

> 欧事研究会诸君，其中虽有三四人为铭所不欲与之共事者，然大体皆铭所敬信，先生谓宜具函慰藉，此情理所应尔，铭特恐此非空言慰藉所可了事，一经往还，关系遂生，此后不为之尽力驰驱，则微特于势有所不能，且亦于心有所不妥，为之尽力驰驱，则铭年来梦想付诸一掷，此最足踌躇者也。⑳

汪精卫年来的"梦想"，大体从教育启蒙入手。据陈其美 1915 年 6 月 2 日致孙中山函云："精卫兄为人不变宗旨，小德出入，或受夫人（陈璧君）之牵制亦未可知；但决其必不致妨碍进行。其所主张由教育着手，乃留欧之知名者皆同一之见识也。"㉑吴稚晖、李石曾、蔡元培、汪精卫等留欧知名者皆主张从教育入手，故既不愿加入激进的中华革命党，也无意加入缓进的欧事研究会。欧事研究会的会员，很多人不过挂名而已。而汪精卫、蔡元培、吴稚晖等人则连挂名也是虚拟的，并未征得本人同意。

欧事研究会名单中还有钮永建。而当时尚在英国的钮永建亦未同意加入欧事研究会。据钮永建 1915 年 1 月 9 日与吴稚晖的通信，吴稚晖曾劝他另立一党自作党魁。钮氏自感魄力、智能、人望均不足以自树一帜，表示愿与吴稚晖、汪精卫、蔡元培等合组一团体，共同行动。对于孙中山与袁世凯的态度，吴稚晖建议他或"独立而两攻孙、袁"，或"偏助孙氏"。钮表示既不必助孙，也不可攻孙，以为"袁氏必攻者也，正义必倡者也。孙氏则未可遽为助，因其为正义之似是而非者也，然亦未敢遽为攻，因吾党攻袁在也。孙氏亦攻袁者也。以吾党攻孙，则是以攻袁者而攻攻袁者。夫攻攻袁者岂非即助袁者乎。吾以攻袁为目的，而以助袁为事实，断无此办法"。在钮永建看来，大家的目标都是反对袁世凯，自不可与孙中山为敌，但他又认为孙中山的革命"正义"，有些似是而非，故也不愿与孙联合。但他又考虑到"孙派久占革命上之主动，今既不与合，又不与仇，而所为之事，所处之地，无不有互相触碍之势，此时而欲策一合宜之办法，实属至难"。㉒吴稚晖写给钮永建的信已无存。从钮永建的信中不难体会到此时吴稚晖对中华革命党与欧事研究会的态度，大体是中立的，或稍偏于欧事研究会一边。钮永建所言在"助孙"与"攻孙"之间两难的处境，想必也是吴稚晖等人的犹疑处。

另据钮永建观察，在英国利物浦的一般国民党人比较亲近孙中山，并对"元勋公民"的未来许诺暗含期待："彼等颇有慕义之心，加以攀龙附凤之意，又有党会之习惯，更歆羡第一次成功（辛亥革命）之梦想，口虽不赞元勋，心实不止在公民也。"㉓可见各地一般革命党人对孙中山的"元勋公民"的态度并非一致，有反对鄙弃者，亦有赞同期许者。

1915 年 2 月下旬，钮永建来到美国。他在 3 月 18 日致吴稚晖的信中，谈及在美国的革命党人："黄克强，不开店，惟收集古董来此贩卖之意，主张养晦待时，及保存财力，不与党事，而极反对孙派，逢人必骂孙，且料孙不久必倒，以其当此时而尚主张盲进也。"㉔黄兴与孙中山之间的分歧实际已公开化，当时国内媒体亦有报道。㉕而在钮永建看来，中华革命党内部其实也是貌合神离："谢英伯、林森，对于孙氏颇不谓然，亦极主张改良孙氏，惟以党务关系，不能不取服从主义，然已三次往电劝孙去日来美，或赴南洋，并设法劝其改良党务，但孙均不听，故彼等均极悲观，要之，孙派解体之状已跃露，此时如有大力者，不难为之改造（拆卸）。"㉖

在钮永建看来，中华革命党几乎面临解体。4 月 5 日，钮永建再次致信吴稚晖，报告其在美观感。因正值日本提出"二十一条"后，钮氏述在美革命党人与侨商学生的反应称：

> 弟到此后已逾六周，间北游抱斯顿，南游华盛顿，所见地方情形及侨商学生颇为不少，近皆注意于对日问题，而对袁事皆暂为阁［搁］起。惟谢英伯、陈剑虹、钟荣光、林森辈，马醴馨辈（尚未见面，得其信及少年报之论说），皆不以某党魁之意见为然，惟该党之组织含有

公司营业性质，故虽稍有异见，仍不能不随之行动。美洲华侨对于某氏信仰颇坚，亦其一优胜点也（此点因其尝为总统居多）。㉗

钮永建信中所称的"某党魁"、"某氏"，显指孙中山。钮氏认为，在美党人除了黄兴极力反孙外，谢英伯、陈剑虹、钟荣光、林森、马醴馨辈也只是名义上顺从孙中山，并不认同孙的党见。值得注意的是，在钮氏眼中，中华革命党的组织含有公司营业性质，并说美洲华侨对孙中山信仰颇坚乃多缘于孙曾经担任总统之故。更有意思的是，钮氏自承对孙中山怀有负面情感，虽自觉不妥，却难以抑制：

> 惟弟到此有一失着，乃不免略有攻讦孙氏之语（因其近日之行为太不合宜），虽孙派人物与弟未有恶感，惟再三自省，此事终有不妥，恐将来不免因此生出种种之阻难，但现在似尚无此现象，虽然弟固心知其不妥，无如偶一启口，不知不觉反对孙氏之言论已随地涌出。弟向无此等不检之行为，而对孙则往往蹈此失，奈何?! 奈何?!㉘

一个多月后，钮永建又致函吴稚晖，仍指责孙中山"倒行逆施"：

> 此间国党要人对于某氏虽主拥戴，然并未反对他派，盖亦心知其行为之谬，惟以群盲迷信过深，不能骤与更张，且生计上之关系，各人均有不可言之苦衷，故如大有为之事发现，弟意其必随重心而移动，由此益以见某氏之倒行逆施，自弃其惟一之资望为可惜也。㉙

在钮永建看来，在美国的革命党要人一方面对孙中山的做法并不认同，另一方面又不能不拥戴孙中山，其中因素除"群盲迷信"外，乃为生计所迫。因当时流亡海外的党人难以谋生，一些人在经济上仰赖孙中山的接济。㉚孙中山也不得不通过支付生活费用来笼络和怀柔部分党人。㉛钮永建还认为孙中山对其他各派缺乏包容性。而钮永建本人显然尚在中华革命党与欧事研究会之间游移：

> 林森之为人，善演说，而作事颇有条理，现留美革党已悉由其人操纵。近数月来，到处推广，党势大振，其人虽属中山一系，然办法

极为变通。盖中山主孤行，而彼主联合。此乃根本上之不同，然对于中山又绝对服从（但对黄则甚不合，对二李尚可），又力任筹饷，故极为粤侨所信任。现在冯自由、谢英伯、马醴馨、邓家彦、钟荣光、钱世芬，几无不受其指挥。此人将来必为革党极要分子。……

弟此次至东，拟先劝中山包容各派，因中山之宗旨在尽屏本派外之各派，而弟意则欲尽连袁派外之各派。虽中山之意亦有好处，究竟召敌太多，必难成功。如中山略能将就，则弟亦无不可将就中山也。若必执而不化，则当与黄、李等共事。弟意黄现在暂不便出，则弟当力佐二李（烈、根），另创一派矣。②

"二十一条"危机爆发后，梁启超等人倡排日主战甚力，指斥革命不利于一致对外。在美国康奈尔大学留学的中国学生会代表任鸿隽、过探先、杨铨、唐钺亦联名致函在法国的蔡元培，认为外患急迫，而"政治革命对内则曲高和寡，对外则开门揖盗"，请其劝说孙中山与黄兴两人宣言不再革命。③蔡元培则认为，"但要求民党变其方针，而不要求政府开诚布公革新政略，则民党一方似有降服之嫌，不特宣言一层必难实行，即求其暂停革命运动，在中山方面亦未必遽能赞同，且亦能发未必能收，惟辍其'利用日援'之旧策则可耳"。④正如蔡元培所断言，孙中山不仅没有停止革命，且未停止"利用日援"之旧策。而黄兴则联合李烈钧、陈炯明、柏文蔚、钮永建等人一度宣告暂停革命，一致对外。

"二十一条"的消息出来后，汪精卫不顾吴稚晖、蔡元培等人的劝阻，毅然从欧返国，力图亲身参与救亡活动。抵达上海后，汪与国内革命党人多有接触。他将各方所闻所见详细报告给在欧的吴稚晖、蔡元培、李石曾、谭仲逵、李圣章等人，也因此留下了难得的历史记录。1915 年 5 月中旬，汪精卫致吴稚晖、蔡元培、李石曾、谭仲逵、李圣章函，转述谷钟秀（九峰）对孙中山与日本关系的看法：

九峰谷君言，近与进步党人联为一致，中山一派无联日之事，外间评议概属谰言。然目的所注既在彼而不在此，则凡有碍于其目的之进行者，必所不为，故抗日之谋，实彼所认为有碍而断然排斥者也。外间以为日本实重视彼，不知彼已不免于轻视，但求免于仇视已足。条约未缔定以前，日本虽轻视彼，尚欲利用之以行其威胁利诱之技，彼以欲免于仇视之故，甘为人所利用而不辞，故致与本初分谤。今条约已缔定，恐彼将终不免于仇视也。然则前此之求免而今率不免者，亦所谓既有今日，何必当初者矣。㉟

当时外界对孙中山联日有各种传闻，㊱真假难辨，有相信属实者，有斥为无稽之谈者。在美国的黄兴显然也听到了类似传闻，为此致函孙中山称："或谓中日交涉未解决，吾侪正可借此谋革命，振臂一呼，援者立至，苟能乘时勃起，必能收疾风扫箨之效。此言似焉而实非。我同志既以爱国为标帜，以革命相揭橥，无论借他国以颠覆宗邦，为世界所窃笑，而千秋万岁后，又将以先生为何如人也！"㊲当时媒体所传孙中山所签中日条约的具体内容虽不确，但后来史家证实了孙中山与日本民间人士确实签订了《中日盟约》。㊳谷钟秀虽然认为外间所传孙中山联日乃无稽之谈，但认为孙中山一心一意以反袁为目标，不愿因抗日而妨碍其反袁目标之实现；日本方面并不重视孙派，不过利用孙而已，而孙为免于日本人仇视，也甘为日本所利用。

确实，在孙中山心目中，反袁革命高于一切。只要有利于反袁革命，策略性的联日也可采用。所以，他认为无论"二十一条"危机，还是欧战，均有利于反袁革命，因为"欧洲大战，无暇东顾，袁所恃为外债军火之接济者，今已绝其来源，此尤吾辈恢复大业之机会也"。㊴而汪精卫则认为，欧战恰恰给日本提供了在中国独逞野心的机会，反袁革命将可能为日本提供干涉中国之借口：

> 弟以为，今日之中国，其形势已大异于前，吾人前此敢于力持"革命不致外人干涉"之说者，全以均势主义未破，不容一国独逞野心，亦难于各国一致行动。此于第一二次革命已足证吾人持说之未误。惟今则欧战方亟，日本独逞野心，他国莫如之何，且日本今方偿其大欲而去，一朝革命军起，政府力能平之，不必言，苟力不能平，日本必为之代平，此殆必然之势，故起革命军，适以促亡而已。㊵

汪还分析了再起革命所面临的内部困难。在他看来，革命的最大难题是社会动员的不易：

> ……第一次革命，为满汉而战也，舆论于此尚能辨得清楚，故一

时军人皆以助满攻汉为耻；第二次革命，为君主专制与民主立宪而战也，舆论于此，太不清楚，故一时军人不以助君主专制为耻，此第二次失败之大原因也。……今日人民能辨满汉而不能辨君主共和立宪专制者，以满汉观念较为单简，易于领悟耳。我等本欲革满洲君主专制之命，而为中国民主立宪，舆论所了解者，仅满洲君主之不可而已，故其结果乃得中国民主专制。我等又欲革中国民主专制之命，而为中国民主立宪，舆论于此，不能了解，故其结果，几于反为中国君主专制。此中原因，历历可寻，满汉之辨最为简单，最先成就；君主民主之辨，则须明乎国体者始能辨之；而立宪专制，则更须明乎政体者始能辨之。其理愈复，则其成就愈难。[41]

汪精卫认为，辛亥革命以"反满"为号召，口号简单而明晰；而推翻清朝之后，再以"民主"、"立宪"来发动革命，则人民难以理解。正是基于这样的考虑，汪精卫不同意孙中山的急进革命路线，而主张从教育入手，先致力于革命的启蒙工作，使一般民众的思想"由简单而趋于复杂"。他的这一主张，大体为吴稚晖、蔡元培、李石曾等留欧学人所认同。他们商议，由汪精卫赴南洋募集款项，进而筹设书局，编译出版书刊，开展革命"播种"工作。但因为孙中山、陈炯明、李烈钧等各派均派人往南洋筹款，竞争非常激烈，汪精卫的筹款计划也因之而搁浅。[42]

汪精卫在上海、南洋等地辗转约大半年，与革命党各派要人多有接触。他将所了解的各派情形详细报告给留欧诸友。如称陈炯明（竞存）与李烈钧在南洋自树一帜，另组织"国民党实行部"，而陈、李之间又因竞争理事长而生矛盾，内讧之烈甚至超过孙（中山）陶（成章）交恶之时：

> 协和一派，以弟南来所闻（有闻诸旁人者，有闻诸中山一派所言者），似去于我等在杜（鲁斯）所梦想者尚远。陈竞存组织"国民党实行部"，而自为理事长，以理事属协和，而协和弗受，以是颇有违言。弟以问协和一派之人，则言"组织实行部事良确，竞争理事长则不确"。然即以组织实行部论，已非吾人所期，且钟动君曾著《失败》一书，诋竞存甚力，而协和引之为股肱，则陈、李龃龉，事或不虚。其他如此者，尤不可数。内竞之烈，百倍于孙、陶时代。[43]

最为详尽的一封信，要数 1915 年 6 月 20 日汪精卫致吴稚晖、蔡元培、李石曾、谭仲逵、李圣章函。⑭汪将在南洋、上海等地与各方人物的接触所得，做了一篇长达数千字的报告。汪自述其写信时"述而不议"的立场：

> 关于孙中山、李协和之事，有不得不先为诸先生言之者。弟草此书，凡数易稿。因弟于述所闻之中，往往掺入己意为议论，今尽削去议论，专凑述所闻以告，俾诸人之言入于诸先生之耳，如入于弟之耳，庶诸先生可不为弟见所蒙，而自得其真也。

对于李烈钧与孙中山不和的原因，汪转述李烈钧的说法称：

> 弟初到星加坡，晤协和等，论不能与中山相合之原因有四：（甲）誓约；（乙）元勋公民；（丙）中山好为零零碎碎的起事，无益于事，徒自损实力，我辈所苦心成就者，为其破坏已自不少，言之忿然；（丁）中山联日，四者之中，此为最坏。对于前三项，坚忍待之，对于第四项，不能不自救，故与克强等发一电，林虎等又自发一电，均对于国人表明无联日之举动，而中山等指为软化，大肆攻击，居正公然遍发通告，宣布罪状，其无意识至此。（以上协和等之言，弟闻之于协和者，言时忿甚）

当时很多党人持有与李烈钧相似的看法。"誓约"者，乃反感孙中山党魁集权；"元勋公民"者，不满革命党专擅；零碎起事者，不认同孙中山躁急冒进的革命谋略；而最招反对者，则在孙中山联日。不过，来自孙中山一派的说词又有不同。汪称：

> 弟在庇能，晤中山特使何天炯。何之言曰：李烈钧于失败后来东京，即排斥孙、黄，曾语英士，第三次革命不可用孙、黄。英士不然。来南洋后，暗与陈炯明组织"国民党实行部"，不料选举之结果，陈为部长，李只理事而已。李大不悦，又无如何，因是陈、李交恶，其在南洋，诬蔑中山是其唯一职务，最可恨者，乃至诬为联日，甘与袁党同一口气，此必不可恕者……弟问何天炯对于誓约及元勋公民意见如何。何极言其不满意，但既已无可如何，与其入他党，不如仍入此党

也。中华革命党无论如何，总非渠等自组之党所能望云云。（弟按：弟晤中华革命党要者十余人，无一不持此说，几可云普遍之心理）

中华革命党内部虽对"誓约"与"元勋公民"亦相当普遍的不认同，但都矢口否认孙中山有"联日"之事：

> 弟自香港与许崇智同船至上海。许之言曰："我此次奉中山命来南洋，晤陈、李，求其同心协力，陈、李不允，而联日谰言曰出彼辈之口，以诬中山，彼辈殆以为中山无甚罪状，惟此足以坑之也。南洋同志始尚疑贰，经我解释，转为奇忿，佥谓非宣布其罪状不可，故我涉历各埠，大肆攻击，尽坏彼等之信用然后已。彼等不诬中山，我何至出此手段，今后只视为敌人耳。彼等已组织兴汉社矣，内部暗潮甚多，陈为一派，李为一派，谭人凤又为一派，争首领，争意见，可笑可怜！"（以上许君对弟之言，言时忿甚）

汪精卫在信中介绍了朱执信被迫入党的情形以及对孙中山与中华革命党的态度：

> 在东京，中山招之入党，执信以誓约与元勋公民为耻，坚不肯，中山怒云："如此，以后不许你革命！"其后，党人有事于粤，招执信归，以款无所出，筹集于南洋，得三四万，中山闻之，驰书南洋党人，谓执信非同志，不当助之。党人（邓）泽如等愕而致书中山，谓对于十余年生死相共之同志，忍为此语？！然亦一面劝执信签名。近见执信致泽如等书，略谓"中山为人，长于推诚，短于驾驭。故所云事权统一，不过其名，事权久已旁落，而窃弄于三数小人之手。此三数小人者，阳奉统一之名归之中山，实以厚其怨而孤其助，便于己之可以无所不为也。此历史上君主专制之结果。不图以党魁而蹈之。"（弟读此数语，深感其切当不移。执信为弟之甥，其识见行事，弟素自以为弗如。展堂亦然。弟在东京所为，度亦不能踰执信也）

汪还转引方声涛的说法，说明中华革命党确有胁迫人入党的情形：

方声涛云："在东京见一班中华革命党，专以气凌人，凡同志之不入党内者，一概视为敌人，欲以此胁人入党，我岂肯为威所胁，你会骂，我也会骂，你会打，我也会打，打一个，和一个，你来两个，就不是人。"（弟对于此言有几分赞成）

据汪精卫所述，邓子渝入党的情形又有所不同：

邓子瑜云："我亦迟迟始入党，所以迟迟者，耻于打手指模于誓约及耻于为元勋公民，所以终入党，以为感情所迫，且与其入他党，不如入此党也。但中山尝云：'先要战胜同志，方能战胜敌人。战胜以降伏为完满。一纸誓约，打手模打上，此降伏于我之凭据也。不降伏于我者，即为敌人，无问其为同志与否。'"（邓在新加坡为中华革命党支部长，所言如此，非虚构中山者也）

在汪精卫的笔下，柏文蔚入党更具戏剧性：

柏文蔚云："我先与中山固争，誓约宜去，章程宜改。中山云：'此时尔乃外人，不能有发言权，尔欲有所言，非先入党不可。'我云：'如此，我即签名'，一面签名，一面说道：'此后我要发言了'。中山欢喜道：'何止发言，我还要请你做军务总长呢。'我力辞。过了几天，我约了展堂同去，商量改革。中山不听，说'第二次革命你们不服从我的命令，以致失败，今又如此，何日可成？'我正色道：'第二次革命，我怎么不服从命令？我在安徽受了命令，日日夜夜预备讨袁，谁知后来我的军心都变了，我仔细一查，却是先生派人带了八万银子来运动我的军队，那时我手下的人见我既不见容于袁世凯，又不见信于孙中山，一时皇惑，人人贰心，我今要请问，到底是我党员不服从命令，还是你党魁瞎捣乱？'中山张目语塞，又盛怒道：'你既签名服从了我，如今又要反抗，这是叛逆！应该治罪的。'我道：'请你治罪罢！'不久我便宣告死刑了。但我现在还是不反对中山的，只望里头搅好了就是了。"（此烈武之言也，闻者感情如何？）

张静江被孙中山任命为中华革命党的财政总长。据汪精卫记述，张对誓约及任职亦不积极：

> 弟在上海，见静江，语弟以中山相待之状言：中山拿誓约要我写，我想我是容易说话的，便写了；中山又任我为财政总长，我想从来没听见革命党如此闹法的，况且我病着不能管事，所以我不肯做。中山道：你的信用最好，除了你，没有别人的。我道：只要信用么，便把我的名字摆上罢。以后一切公事，我都不管，都是他们替我签名。昨天英士送了一张浙江财政次长的委任状来，要我签名，我道：以前都是别人替我签的，如今也是叫别人替替罢。（静江在东京，因日本下哀的美敦书，即回上海，承认之后，复偕民谊同赴东京。静江之大度，弟不能不服，然亦不能学也）

中华革命党时期，陈其美是孙中山最为倚重的人，陈对孙中山也最为信仰。汪转述陈其美的话称：

> 弟在上海晤英士二次。英士云：自（二次革命）失败后，深思己过，而最大之过，在不服从中山命令，年来与中山共事，始知我等思想程度与中山相去太远，不啻小学生之与大学教授，而不思听受，反与争辩，其不自量，非惟可笑，抑亦可怜。故今只有服从，一切奉行，出以诚心，期以补过云云。英士又劝弟即往东京，云政务部长胡汉民兹已辞职，员缺弟若往即以补授；又云到东京后，对于誓约，千万勿固执。（英士处，弟第一次往见，因有旁人，小坐即归，约第二次长谈，及第二次，谈约二句钟，其所言大约如右所述。弟二次晤英士后，英士语方声涛云："精卫第一次来见我，见有多人在座，匆匆即去，约明日来谈。我当时本欲问他，未请璧君夫人的示，明日能来么？谁知明日我见他果然来了，倒出于意外的"，其对于弟亦是利用主义，与协和等同也）

汪精卫最后在信尾总结说：

> 以上十则，弟之所闻，简括已尽。一般同志也有帮这边的，也有帮那边的，也有不问是那一边，见钱就骗的，也有故意从中挑拨，弄

得两面受害，却两面讨好的，也有因此灰心的，也有本来灰心，借此乐得有名的。

弟之判断如左：

（一）中山要人打手指模于"附从孙先生"之誓约，又为元勋公民之规定，以理而言，宜与之绝交。

（二）协和等已暗中自结团体，而欲利用弟为彼不知不识之筹款的动物，且可对人言"与中山亲稔如精卫，亦在我这一边"，可以关其口而夺之气。以理而言，亦宜与之不相往来。

（三）但袁既不可不倒，则革命党不可不有，虽是他如此，以"不可不有"之心，不得不认其当存在。

汪精卫自称写这封信曾数易其稿，信末写有"阅后乞即焚之"，可见其写信情态之郑重以及所述内容之隐秘。信函原稿长达十页，包含的信息量甚大。内中至少有两点值得特别注意：

一是李烈钧与陈炯明均有强烈的政治欲望，两人在欧事研究会之外，在南洋另组"国民党实行部"，而彼此又因争权而交恶。李烈钧等人对孙中山的不满，除其自述四项外，与其另树一帜的政治意图亦当有密切关系。

二是中华革命党内部，虽有陈其美那样对孙中山敬仰有加者，而更多如何天炯、张静江、朱执信、邓子瑜、柏文蔚、胡汉民、廖仲恺、邓铿等人，对誓约与元勋公民的规定亦极为不满，只是怀着"与其入他党，不如仍入此党"的心理而加入中华革命党。此点可从何天炯稍后致宫崎滔天的信中得到印证。1915 年 8 月 27 日何天炯致宫崎函云："弟自南洋回中后，个人经济已困不堪言，而顾瞻党事，益愤懑无聊。前月底曾致函于胡汉民、廖仲恺、邓铿诸兄，嘱其切劝中山公改订誓约，以维系人心。鄙函痛哭流涕，指陈得失，质之良心，尚无愧怍。闻三君对于此事，俱太息无法挽回。当时该函为孙公所见，不独毫无反悔之心，且责弟为不明事体，然则民党前途毫无希望，弟尚何有东来筹谋一切之事乎！"[65]此函可证汪精卫所言不虚也。在何氏看来，"誓约"并非无足轻重，而是能否维系人心的关键。何天炯在函中还讥讽孙中山一人包办革命，亦与汪函所述孙对朱执信怒云"如此，以后不许你革命！"之神态极相近似。朱执信更以专制君主讽孙之党魁独裁。在汪信之后不久，中华革命党党务部第三局职员钟鼎[66]发表致孙中山的公开信，宣布与孙中山断绝关系，亦是指责孙中山"唯我独尊"、"包办

革命"。㊼

由于各派均以南洋为筹款基地，故各派在南洋地区的竞争最为激烈。汪感慨说："弟在南洋，不难于向南洋同志筹款，而难于与来南洋筹款者争款。"㊽对于各派在南洋的竞争，汪精卫亦有详细的描述。如在吉隆坡，一派以陈占梅为领袖，加入中华革命党；一派以孙子光为领袖，偏向陈炯明。"两派之人互相诟谇，甲谓乙为陈炯明之私党，乙谓甲为孙中山之私党，感情日恶，决裂日甚，旧日陶成章君之党人，全数加入乙党，构煽之结果，敌忾益扬，已俨然恢复孙陶交恶时之情状而加甚矣。"㊾蔡元培读到汪精卫的信后，深为慨叹："夫现今政治革命之阻力，莫大于革命党之内哄。"㊿

汪精卫虽对两派均有不满，但在南洋党人的请求下仍试图调和两派："弟拟一办法，先往星加坡见陈竞存、李协和诸先生，要求不可另建他党，即已建者，亦停之。如彼允此要求，再请其将所要求于中山者，缮一长函签名以与中山，为正式之谈论。双方不相见以诚为日久矣。如此做去，当有小效。若陈、李不允取消其已成立之党，则事无可为。弟不须去东京。如中山不容要求，则事无可为，弟可即回南洋，从此自为所当为者。"㉛但汪之调解并不成功。据汪精卫的说法，调解不成，主要因为双方均不能诚意相待。汪称与孙中山书信往来七八次，"劝中山改誓约、打手指模、元勋公民等事，始终不理"；"劝陈、李勿多设兴汉社、水利速成公司、少年再造党等以淆耳目，亦皆始终不理且秘不以告"。㉜但两派又皆极力拉汪精卫以冀其协助各自在南洋筹款。中华革命党方面拉汪尤力。而汪精卫则认为，"元勋公民之等级制，附从孙先生之誓约，盖手指模之规定，弟不出反对之、破坏之，已觉对良心不住，宁能俛入其范围"。㉝可见在何天炯、汪精卫等一批党人心目中，立誓约、盖指模以及元勋公民等，关系民心、党心与个人良心，看得非常重，故而"痛哭流涕，指陈得失"，或极力反对之、破坏之，甚至于要宣布与孙中山绝交。

今人恐怕很难理解当时那些革命党人的心理感受。本文不厌其烦地引述党人之间的来往信函，也是希望今人对那时的情境更多一层"同情"与理解，而不是简单地以后来的立场去判决对错与责任。

二 孙中山党国方略之转折

孙中山认为："先要战胜同志，方能战胜敌人"；战胜以"降伏"为完满；"降伏"者即视为同志，不"降伏"者即视为敌人。㉞而孙中山"降伏"

党人的手段又极为粗率。押手模等做法被党人视为侮辱人格。孙的本意是想加强党员对党魁的服从，却使党人产生强烈反弹，或弃之而去，或阳奉阴违。本想强化党的组织凝聚力，反催化了党人之间的纷争与分裂。

孙中山于两次革命失败后，反思革命失败之因，认为有两大关键：一是党员不服从党魁的命令；二是革命党于革命成功后没能继续掌控政权。故孙中山建立中华革命党时，分别从权利与义务方面出台两大新策：一是强制性的，要求党员必须立誓约、押手模，宣誓效忠党魁；一是引诱性的，许诺革命成功之后，党员享有"元勋公民"等政治特殊待遇，且以之确保未来新政权继续掌握在革命党人手中。

在孙中山看来，自同盟会时代起，"立党徒眩于自由平等之说，未尝以统一号令，服从党魁为条件"，仅以主义号召同志，不重视党的组织建设，党员有类散沙，"党魁则等于傀儡"。[55]确实自同盟会以来，党内对革命宗旨与方略一直存有分歧。孙中山的党魁地位也一直受到挑战。尤其是二次革命失败，孙认为根本原因在国民党内部的分歧，"本来第二次革命的时候，我们这方面较袁氏地大力充，财足兵多，何以竟至失败？这个缘故，就是袁氏统一，民党不统一"。[56]孙感慨第二次革命时，"厨师太多，煮糟了汤"；[57]"第二次之失败，全在不听我之号令耳"，并称自己今后要做"真党魁"，不想再做"假党魁"。[58]前引汪精卫等人私密信函中所流露和呈现出来的对孙之不满与不敬，反映了孙中山在当时部分精英党人心目中的负面形象。欧事研究会提出要"对于中山先生取尊敬主义"，在某种意义上恰反映当时党人对孙中山失敬者不在少数。1915年2月4日陈其美在致黄兴信中，详述自己对孙中山由反对而转向敬仰的过程。陈称在辛亥以前，党内即有"孙氏理想，黄氏实行"之说，意为推重黄兴富有行动力，而轻视孙中山之"理想"流于空疏，"盖以中山先生所提议者，胥不免远于事实"；坦承自己也曾"泥于'孙氏理想'一语之成见"，而"贸贸然反对之"；并称党内"迄至今日，犹有持此言以反对中山先生者也"。[59]大致道出了当时党人对孙中山的成见所在。陈其美自称"最大之过，在不服从中山命令，年来与中山共事，始知我等思想程度与中山相去太远，不啻小学生之与大学教授，而不思听受，反与争辩，其不自量，非惟可笑，抑亦可怜"。党人中如陈其美这样"深思己过"者并不多见。而陈自述其对孙中山的态度转变，亦不过"年来"之事。1917年2月章太炎在为孙中山所著《会议通则》作序时，亦称"世人之议公者，皆云好持高论，而不剀切近事"。[60]"好持高论"与"孙氏理想"

之说相类似。

面对部分党人的歧见与轻忽，孙中山却自信满满。有人当面质疑誓约所书"服从孙先生再举革命"之语，表示革命只应服从主义，不应服从个人。而孙回应说："革命必须有唯一（崇高伟大）之领袖，然后才能提挈得起，如身使臂，臂使指，成为强有力之团体人格"；"革命党不能群龙无首，或互争雄长，必须在唯一领袖之下，绝对服从"。孙反复强调"我是推翻专制，建立共和，首唱而实行之者。如离开我而讲共和，讲民主，则是南辕而北其辙"；"再举革命，非我不行"，"非服从我不行"；"我敢说除我外，无革命之导师"。[60]面对各方的异议与反对，孙中山毫不退让和妥协。从世界革命的经验观之，革命作为一种非常的暴力行动，其成功确实仰赖强有力的革命党与集权超凡的党魁统一领导。而在当时的中国，除了孙中山，也确实没有更合适的革命领袖。

为了证明和说服党员接受他的党魁集权制主张，孙中山还转借了意大利学者密且儿（Robert Michels，今译为罗伯特·米歇尔斯）新出的政党社会学著作为凭据。1914 年六七月间，孙中山两次致南洋同志书，申言"意大利密且儿作政党社会学，谓平民政治精神最富之党派，其日常之事务，重要行动之准备实行，亦不能不听一人之命令。可见无论何党，未有不服从党魁之命令者，而况革命之际，当行军令，军令之下尤贵服从乎！"[62]密且儿是德裔意籍政治社会学家，其著作《现代民主制度中的政党社会学》（*Zur Soziologie des Parteiwesens in der Modernen Demokratie*）于 1911 年用德文写成，之后不久，相继翻译为意大利文、法文和日文出版。孙中山看到的很可能是刚出版不久的日文版。[63]张朋园认为，孙中山读了密且儿的著作，"大受感动，思想随之转趋激进"，意谓孙中山的党魁集权思想完全是受密且儿著作启发的结果。而谢俊美则认为，孙中山的党魁集权思想主要是总结之前革命失败的经验教训而被迫做出的重大抉择，密且儿的著作只是用来作为说服党员接受党魁集权制的论据。[64]而张、谢两位均未注意到的是，孙中山信函中所转述的密且儿之见，其实并非密且儿的本意。密且儿认为，现代社会的组织，无论是官僚组织，政党组织，还是其他大规模组织，均难以摆脱少数人对组织的控制。"正是组织使当选者获得了对于选民、被委托者对于委托者、代表对于被代表者的统治地位。组织处处意味着寡头统治！"[65]寡头统治是任何试图实现集体行动的组织的必然结果，是任何有着良好愿望的人们无法改变的"铁律"。即使强烈信奉社会民主原则的社会主义政党也难逃走向寡头统治的命运。少数人最终凌驾于多数人的意志之上，党组织成立时期的目标成为少数人维护其既得利益和权威的牺牲品。密且儿的本意是想通过揭示这样一条"寡头统治铁律"，以使民主体制堕落为寡头统治的危险降低到最低限度，亦即对现代民主制度的发展前景提出警示。而孙中山反其意而用之，当非误读，而是有意转借，亦即借用密且儿的"寡头统治铁律"作为其建立党魁集权制的理论依据。

在密且儿看来，大众没有能力参与决策过程，所以他们渴望强有力的领袖。"大众在组织上的脆弱性最明显的证据在于：当他们的行动失去领袖时，他们便纷纷做鸟兽散；他们似乎天生就缺乏重新组织起来的能力，除非有新的领袖出现并取代原来的领袖，他们始终是一盘散沙"；"大众的无能使得领袖的统治地位获得了理论上的合理性"。⑥⑥密且儿对强力领袖与无能大众关系之见解，无疑深获孙中山的认同。孙中山有关中国人是一盘散沙，以及先知先觉、后知后觉与不知不觉之论述，与密且儿所见相暗合。据宫崎蹈天转述，中华革命党时期，孙中山非常自信地表示，"中国人都是无能之辈，只有我一人是豪杰，我是中国的救世主，大家都要服从我的命令"。⑥⑦类似豪迈十足的话，孙中山不止一次说过。如 1921 年 12 月与共产国际代表马林谈话时，孙中山告诉马林，他发展一个青年军官加入国民党时，曾向其解释"我是从孔子到现在的中国伟大的改革家的直接继承者，如果在我生前不发生重大的变革，中国的进步发展将推迟六百年"。⑥⑧

值得注意的是，密且儿一方面认为，"领袖无论在技术上还是在组织上都是必要的"；"政党组织的寡头化和官僚化在技术上和实践中都是必要的。这是任何组织都无法避免的结果"；"组织的集权化始终是迅速做出决断的重要保证"；"作为战斗堡垒的政党组织需要一套等级结构，如果缺乏这一等级结构，该政党将如同野蛮的黑人战斗队一样，沦为一盘散沙"；"在组织的日常活动中，一定程度的专制独裁有利于政令的迅速传递和执行"；"民主本身并不利于组织立即采取行动"。⑥⑨但密且儿也敏锐地提示，"职业化领袖的出现即意味着民主走向末路的开端"；"民众手中唯一的权利就只有定期选择一群主子这一'可笑的特权'了"；"选举一旦结束，作为选民的普通大众对当选者的控制便告终结"；"民主制度往往最终被简化为大众定期选择他们的主人的权利。而在选举间隔期，他们只有无条件地服从他们所选择的主人"。⑦⓪

孙中山显然有选择地吸纳和借鉴了密且儿的"精英民主理论"，强调党的组织与领袖集权对于革命行动的重要意义，而淡化了寡头化与民主相悖的警示。孙中山特别强调，中华革命党是秘密结社，不是公开活动的议会政党。[71]议会政党依托议会开展合法政治竞争；而革命党则以颠覆现政权和现行体制为目标。中华革命党与辛亥前的同盟会同一性质，却与民初改组成立的国民党之性质完全不同。在民初国民党时期，孙中山其实深谙议会政党之行为规则，如他一再强调"党与党之关系，非仇雠，是对党。人之入党，当视其自己之心志如何。今日赞成第一党之政策，即可入第一党，明日赞成第二党之政策，即可入第二党，均属正当之事"。[72]这样做，"并非于气节上有所损失"，也不存在对某一特定政党及其党魁表示忠诚与服从的问题。袁世凯解散国民党和刺杀宋教仁案发生后，孙中山对议会政党体制显然彻底绝望。建立中华革命党，意味着他完全抛弃了依托议会开展合法政治竞争的路径。他强调革命党与议会政党完全不同，为了颠覆和夺取政权，革命必须有严密的组织，有统一的领导。议会政党重民主，而革命政党重集中。"盖以军国大事，必如万派朝宗，方能风起水涌。"[73]很多党人对中华革命党的党章和党纲不认同，恰是因为不明革命党与议会政党在功能和性质上的区别。他们一方面赞成反袁革命[74]，另一方面却未能理解党的性质随之转变之必要。后来学者指责孙中山的思想倒退了，也是无视当时历史情境来论历史人物，不明孙中山为应对政局转变而不得不再起革命，再起革命不得不重组革命党，重组革命党势必强调党魁集权与组织统一。

除了区分革命党与议会政党之外，孙中山还提示党人，党员不同于国民，党员与党的关系，有别于国民与政府的关系，却似官吏与国家之关系。孙强调革命党内不能争平等自由，党员必须统一号令、服从党魁；为国民谋自由平等，当先牺牲一己之自由平等，犹如官吏之于国家，必须绝对服从国家。[75]孙还申言"政治上专制之名词，乃政府对于一般人民而后有之，若于其所属之官吏，则惟有使服从命令而已，不闻自由意思也"。[76]孙批评党人误用和滥用了自由、平等与民主之学说。

数年之后，孙中山追述中华革命党时，进一步强调治党与治国的不同。他认为治国重法治，而治党应重人治，并主张"国事"与"党事"要分开来办。他说：

　　中华革命党有几个条件，当时老同盟会中人觉得不好，很有许多反对的；辛之至于分道扬镳，不肯加入。其实他们很不了解，因为党与国原有不同之处，最要分得清楚。党所重的是有一定的主义；为要行一定的主义，就不能不重在人。本来旧国家的政治也是重人，现代新国家乃重在法。但法从何来？须要我们人去造成他。所以党的作用，也就不能不重人。党本来是人治，不是法治。⑰

孙认为，党用人治的长处很多，用法治的效力甚小。孙中山所称的"治党"之"党"，专指革命政党。革命政党与议会政党完全不同。议会政党是在既有政权体制和框架内多党和平竞争。而革命政党的目标是要暴力颠覆旧政权，建立新政权；所以议会政党必须在民主法治的前提下竞选，而革命政党必须依赖英明领袖的集权才能取得胜利，革命必须集权而不能民主。这些都是孙中山领导革命所得的经验教训。密且儿的"精英民主理论"也将希望寄托在超凡魅力领袖人物身上。问题的关键是，民初的孙中山，尚未得到同时代党人的一致认同与崇拜敬仰，并非后来被神化的"国父"和"伟大先行者"。而孙中山的"救世主"与"先知先觉"之自我角色设定，却又远超于同辈党人对他的认同与期许。两者之间的巨大差距，导致党魁与党员严重脱节。在这种情景下，以签誓约、押指模等简单粗率的方式强制党人服从，孙固认为是理所应当，而党人则多以为异。其结果，不仅没有达成党内统一的既定目标，反而激化部分党人的反弹与组织的分裂。

1918 年，孙中山在上海闭门数月，撰出《行易知难》一书，并首次以自己的名字命名为《孙文学说》。当时人多从哲学意义上解读该书，唯有胡适等少数人敏锐地察觉出孙中山写作的真实意图，即孙中山不再以简单粗率的方式强制党人服从，而是试图从学理上建构党人应当服从领袖的理论。与之前著述由他人代笔不同，《行易知难》一书由孙亲自撰写。孙在书的序言中称："不图革命初成，党人即起异议，谓予所主张者理想太高，不适中国之用；众口铄金，一时风靡，同志之士亦悉惑焉。是以予为民国总统时之主张，反不若为革命领袖时之有效而见之施行矣。"孙认为党人之所以信仰不笃、奉行不力，实多因思想错误所致，而思想之错误，乃受中国数千年来流传的"知之非艰，行之惟艰"之说所毒害。⑱《行易知难》书中将人群分而为三：先知先觉者为创造发明；后知后觉者为仿效推行；不知不觉者为竭力乐成。孙自然自我定位为"先知先觉者"，而希望党人与民众仿效与服从。这一思路沿袭自中华革命党成立以来的精英与大众关系模式。孙中山特别将中华革命党时期陈其美致黄兴的长信附于书末，尤具意味。因陈其美在信中针对当时党内流行的"孙氏理想，黄氏实行"之说予以反驳。而"行易知难"的真意义是要说明"行"是人人能做的，而"知"却只有极少数先知先觉者才能做到。孙认识到"口号"的重要性，"凡纲领，命语愈简单，人愈明了"。⑦故他一方面要尽力消除"知之非艰，行之惟艰"以及"孙氏理想，黄氏实行"等流行说法的影响，另一方面，自称要为"革命努力树口号"，⑧建构"行易知难"等新的理论学说，并仿孔子之道、阳明学、耶苏教、达尔文学说等以人名命名主义的做法，将自己的书命名为《孙文学说》（前述学说其实都是后人命名的），极力想树立党人对自己的理论信仰，试图将个人崇拜与主义信仰融为一体，声称服从我的主义，就要服从我个人；服从我个人，就要服从我的主义。⑧故胡适直言："'行易知难'的学说的真意义只是要使人信仰先觉，服从领袖，奉行不悖。中山先生著书的本意只是要说：'服从我，奉行我的建国方略。'……《孙文学说》的真意义只是要人信仰《孙文学说》，奉行不悖。此意似甚浅，但我们细读此书，不能不认这是唯一可能的解释。"⑧

很明显，孙中山建党、治党的重心一直放在党魁个人权威的建构上，而完全忽视了党的组织建设。但这种忽视是可以理解的。因为西方议会政党的组织也是松散的，在列宁主义政党体制成熟并传入中国以前，孙中山在党的组织建设方面没有域外经验可资借鉴，只能从中国本土秘密社会组织中学习吸取，如签誓约、押指模等方式。而密且儿的《政党社会学》作为西方最新政党理论成果，所建构的恰恰是寡头统治铁律，虽然密且儿理论的最终落脚点是对民主提出警示，但他所强调的寡头统治是任何组织无法避免的"铁律"，势必从反面为孙中山的党魁集权思想提供了理论支撑。

与倡导党魁集权相一致，孙中山重拾同盟会时期曾提出的训政主张，告别民初多元主义的议会政党政治，回归一元主义的一党训政。《中华革命党总章》中明文规定"自革命军起义之日至宪法颁布之时，名曰革命时期；在此时期内，一切军国庶政，悉归本党负完全责任"，且于革命成功之后，党员按入党先后分别享受不同的政治特殊待遇和优先权利，同时剥夺非党员在革命时期的公民资格。⑧随后又明确提出革命成功后，"非本党不得干涉政权，不得有选举权"，⑧意味着革命成功之后，由革命党一党垄断政权，令人不能不生"打江山，坐江山"之联想。而孙中山解释要这样做的理由，一是鉴于辛亥革命成功后"革命党乃纷纷见杀于附和革命、赞成共和之人"的教训，"他日第三次革命，自不能不稍谋保障此辈人之方法"；二是"破坏之后便须建设，而民国有如婴孩，其在初期，惟有使党人立于保姆之地位，指导而提携之，否则颠坠如往者之失败矣"。⑥

与此同时，孙中山一再批评民初章太炎等人倡导的"革命军起，革命党消"的主张，⑥认为革命成功之后，革命党仍当继续存在，实际否认民初革命党（同盟会）向议会政党（国民党）转型的正当性。1920 年 5 月，孙中山更明确强调，"无论何时，革命军起了，革命党总万不可消，必将反对党完全消灭，使全国的人都化为革命党，然后始有真中华民国"。又称："真中华民国由何发生？就是要以革命党为根本。根本永远存在，才能希望无穷的发展"；"我们中华民国算是一棵大树，我们革命党就是这树的根本"；"革命未成功时要以党为生命，成功后仍绝对用党来维持。所以办党比无论何事都要重要"。⑥这意味着革命党在革命成功之后还要继续革命，不断革命，不仅要以党建国，而且要以党治国，并消灭所有反对党，实行一党专政，直至将全国党化。这一过程不仅漫长，而且意味着民国初年议会民主政制的路径遭到彻底的否定。

1920 年 11 月，孙中山向党员解释"训政"二字，进一步强调："我们革命就是要将政治揽在我们手里来作。……现在我不单是用革命去扫除那恶劣政治，还要用革命的手段去建设，所以叫做'训政'。"⑧用革命手段去建设，在某种意义上意味着革命的泛化和无限性。1923 年 10 月 10 日，孙中山在广州国民党党务会议上发表讲话，正式提出不仅要效法俄人以党治国，而且表示要效法俄人"无时无日不行革命"，且"期诸百年"，⑥由此迈向不断革命、长期革命之路。

三　结论

中华革命党时期，各派虽均以反袁为目标，但党人之间的歧见与派系纷争比学界既有认知更为多元、复杂和激烈。此前学界多聚焦于黄兴与孙中山的分裂，并视黄兴为分裂组织的首领。当相关资料更为丰富以后，所呈现的情景也更为纷繁。缓进派方面，李根源等人在政法研究会基础上倡导发起的欧事研究会只是一个松散的组织，很多人不过表示同意列名为会员而已，并没有参与实际组织活动；而骨干成员中，陈炯明与李烈钧又在南洋另树一帜，单独成立"国民党实行部"，另外还组织有兴汉社、水利速成公司、少年再造党等多种名目；陈炯明与李烈钧之间复因争党首而交恶，可见派系纷争并非单一的路线之争，亦充满权力斗争的气味。

对照田桐于 1914 年 4 月写给总理孙中山的"各省重要人物一览表"、"未曾加入团体之重要人物一览表"⑩以及欧事研究会会员名单,⑪即可发现,旧革命党人中,有相当多的重要人物游离于中华革命党之外。对于孙中山立誓约、盖指模以及元勋公民与联日等做法,不仅缓进派反对,急进派方面很多人也不认同,只是怀着"袁既不可不倒,则革命党不可不有"、"与其入他党,不如入此党"的心态,才勉强加入中华革命党。相关资料显示,这一时期,党内精英层对孙中山衷心拥护者似不多,阳奉阴违者则不少。而吴稚晖、蔡元培、李石曾、汪精卫等留欧诸人,本有无政府主义倾向,⑫且为进德会成员,⑬既不认同中华革命党的急进革命路线,对誓约及"元勋公民"等规定尤为反感,但他们也不愿加入欧事研究会,而主张由教育、宣传入手,致力于革命启蒙,可谓当时的第三条道路。

民国建立后,孙中山虽然一度勉强接受了"改会为党"的既成事实,但思想观念与行为方式在很大程度上仍然停留于"革命党"时代,怀有浓烈的"革命党"情怀。而袁世凯的倒行逆施与民初议会政党政治的不成功,更为孙中山的再起革命及其革命训政思想的复活提供了合理的依据与历史的契机。1919 年 8 月 5 日,孙中山在中华民国学生联合会发表演说,自称是革命党的代表,⑭并专门介绍"革命党"的特质。据康白情转述,孙中山谈话的要点有四:一,"革命党的能事就在革命";二,"革命党只能革命";三,"革命为革命党毕生惟一的事业";四,"革命党革命以外无能事"。⑮这四点意味着"革命党"的目标必然是不断革命,永远革命。这也是孙中山一生之自我写照。孙自称:"余所治者乃革命之学问也。凡一切学术,有可以助余革命之知识及能力者,余皆用以为研究之原料,而组成余之'革命学'也。"⑯孙以"职业革命家"自许、自豪。

1913 年当孙中山发起"二次革命"时,梁启超即感慨:"历观中外史乘,其国而自始未尝革命,斯亦已耳,既经一度革命,则二度、三度之相寻相续,殆为理势之无可逃避……革命复产革命,殆成为历史上普遍之原则。"为什么"革命复产革命"?一个重要因素是革命成功之后,"革命成为一种美德","革命"被视为神圣,"群众心理所趋,益以讴歌革命为第二之天性"。于是一部分人"认革命为人生最高之天职",以革命为职业。⑰革命失败了,固然要"再起革命";革命成功了,也还要不断革命。1917 年 7 月 12 日,孙中山在汕头各界欢迎会上发表演说,申言中国已发生了四次革命:一次革命为推倒满清之专制;二次革命为反对袁世凯暗杀宋教仁;三次革命乃反对袁世凯推翻共和；四次革命为反对张勋复辟。[8] 短短数年间，接连发动四次革命，在某种意义上印证了梁启超所揭示的"革命复产革命"之普遍原则。四次革命中，有成功有失败，有部分成功也有部分失败，但无论成败，革命仍将继续下去。因为革命党只能革命。

长期以来，学界普遍认为孙中山的以党治国主张乃 1924 年以俄为师的结果，其实，以俄为师恰是孙中山自中华革命党以来其革命思想演变之自然产物。1919 年中华革命党改名为中国国民党后，孙中山强调中国国民党的性质仍然是"革命党"。[9] 而 1924 年国民党改组时，孙中山复强调以俄为师只是从组织技术层面学习苏俄的建党、治党方法，国民党的本体、主义与政纲均不改变。[10] 与中华革命党强调党魁个人集权不同，苏俄列宁主义政党体制的重心在党的各级组织，尤其是基层组织。每一个党员都必须纳入到组织之中，并效忠党的组织而非党魁个人。这是 1924 年改组后的国民党体制与 1914 年中华革命党体制的最大差别。[11] 但在强调革命党于革命成功以后要继续以党治国这一方面，孙中山与列宁的主张是相通的。以此言之，作为中国国民党的重要历史节点，1914 年从议会政党向中华革命党的转型与回归，比 1924 年的国民党改组更具转折意义。

---

① 学界相关研究成果不一一列举，文中将就直接相关之论著有所借鉴、回应与商榷。

②《蔡元培致吴稚晖函》（1914 年 2 月 27 日），台北：中国国民党文化传播委员会党史馆（以下简称"中国国民党党史馆"）藏档，案卷号：稚 7880。

③⑥⑭㊴㊶㊷㊸㊱㊲㊳㊵㊽㊼㊻㊾中国社会科学院近代史研究所中华民国史研究室等编《孙中山全集》第 3 卷，北京：中华书局，1984，第 112、81、150、123、92、110、89、93、36、213、92、184、97~98、141、104、151~152 页。

④"承示《民国》第二期'何谓暴民政治'、'请征伐暴民主义者慎之'两篇，皆对于《甲寅》而发。弟已得见此册，其文仍专攻袁氏，惟第一篇末段似有隐讽行严处。再检《甲寅》政本篇发端，虽有'暴民'语，然尚从国人心理上言之，其最犯忌讳者，乃在时评中新闻条例一首，一则曰'暴民专制炽于南京'，再则曰'彼暴民政府'，三则曰'愚当时为抵抗暴民而作'，四则曰'征伐暴徒'，五则曰'戡顽制乱之文'，在行严追忆在《民立报》时横被攻击之事，不觉有触而发，然未免大不检点。至于《民国》第二册'何谓暴民政治'一篇，则可谓持之有故，非徒骋意气者。惟《甲寅》与《民国》之争端，恐终不免开。《甲寅》之资本出于克强。近日中山与克强已公开冲突，非为报章，而总不离乎金钱之关系。"《蔡元培致吴稚晖函》（1914 年 6 月 30 日），台北：

中国国民党党史馆藏档，案卷号：稚 7877。

⑤有关孙、黄分裂的史事，学界早有梳理，本文不赘。

⑦《中华革命党总章》（1914 年 7 月 8 日）第十一条："凡于革命军未起义之前进党者，名为首义党员；凡于革命军起义之后、革命政府成立以前进党者，名为协助党员；凡于革命政府成立之后进党者，名曰普通党员。"第十二条："革命成功之日，首义党员悉隶为元勋公民，得一切参政、执政之优先权利；协助党员得隶为有功公民，能得选举及被选权利；普通党员得隶为先进公民，享有选举权利。"第十三条："凡非党员在革命时期之内，不得有公民资格。必待宪法颁布之后，始能从宪法而获得之；宪法颁布以后，国民一律平等。"见《孙中山全集》第 3 卷，第 98 页。

⑧67狭间直树：《孙文思想における民主と独裁——中华革命党创立时における孙文と黄兴の对立を中心に》，日本京都：《东方学报》第 58 卷，1986 年，第 334 页。

⑨《蔡元培致吴稚晖函》（1914 年 8 月 28 日），台北：中国国民党党史馆藏档，案卷号：稚 7876。

⑩15 16《汪精卫致吴稚晖函》（1914 年 9 月 17 日），台北：中国国民党党史馆藏档，案卷号：稚 9562。

⑪13 李剑农：《中国近百年政治史》，武汉：武汉大学出版社，2006，第 299 ~ 305、333 页。

⑫吕芳上：《革命之再起：中国国民党改组前对新思潮的回应》，台北：中研院近代史研究所，1989，第 10 页。

⑰台北中国国民党党史馆所藏吴稚晖档中，有一份署为民国二年十月十九日的《会内议决事件》（档号：稚 8691）："甲、现在所持态度：（子）实力无扰，外患逼迫，目前不能认为有效之时机，但不可不为积极之准备，故同人商议，只得暂取稳重之态度，渐图时会。乙、武力：（子）1. 对于可恃之军队之联络；2. 对于中立军队之联络；3. 对于反对之军队之破坏；4. 对于各种军队谋势力之伸入。（丑）同志中失职军官之酌量维持。（寅）实行个人主义。丙、政治：（子）鼓动民选机关事前及事后之活动。丁、舆论：（子）发刊书报杂志，联络国内上中社会。戊、间接组织并联络国内外青年中之各项团体。己、对于筹款，以个人名义负责为宜。"该文件放在欧事研究会之相关文件内。此时欧战尚未爆发，此"会"当非欧事研究会，应是政法研究会。而其所议决的事项，又与 1914 年 8 月 13 日欧事研究会所协议的条件十分接近。故大致可认定两会之前后庚续关系。

⑱《民国三年八月十三日协议条件》，台北：中国国民党党史馆藏档，案卷号：稚 8690。

⑲欧事研究会名单（1915 年 1 月 26 日），台北：中国国民党党史馆藏档，案卷号：稚 8697。

⑳《汪精卫致吴稚晖函》（1915 年 1 月 7 日），台北：中国国民党党史馆藏档，案

卷号：稚 9398。

㉑《陈其美报告汪精卫言行及南昌事败情形上总理函》（1915 年 6 月 2 日），见黄季陆主编《革命文献》第 48 辑，台北：中国国民党中央委员会党史史料编纂委员会，1969，第 15 页。

㉒《钮永建致吴稚晖函》（1915 年 1 月 9 日），台北：中国国民党党史馆藏档，案卷号：稚 8673。

㉓《钮永建致吴稚晖函》（1915 年 2 月 14 日），台北：中国国民党党史馆藏档，案卷号：稚 8127。

㉔㉖《钮永建致吴稚晖函》（1915 年 3 月 18 日），台北：中国国民党党史馆藏档，案卷号：稚 8124。

㉕如《申报》1915 年 5 月 23 日公开发表黄兴复孙文函，明确揭示两人对革命的不同取径："兴非忘情于革命者，不过有时势之不同，今昔之各异，当壬癸之交，本党之声威若何，权力若何，然举宁、湘、粤之众，犹不能抗少数之北军，岂民党兵力之不逮耶，亦以民心之向背为之转移耳。今日则既无稳固之根据，又无雄厚之财力，乃必欲以求一逞，恐必有覆悚折饮足之虞。兴与先生奔走二十余年，金兰之契非比他人。先生苟有所图，兴无不竭力相追随，惟必欲乘隙急进，则兴之私心窃为不然。"《黄兴近复孙文书》，上海：《申报》1915 年 5 月 23 日。

㉗㉘《钮永建致吴稚晖函》（1915 年 4 月 5 日），台北：中国国民党党史馆藏档，案卷号：稚 8662。

㉙《钮永建致吴稚晖函》（1915 年 5 月 8 日），台北：中国国民党党史馆藏档，案卷号：稚 8666。

㉚孙中山在中华革命党期间募捐、筹借到的款项，相当部分用于维持海外流亡党人的生计。袁世凯死后，孙中山宣布取消中华革命党，一个重要原因是不少党人向孙中山请求经济援助而无法满足，而"先生为党务而负债二百七十（万），尚无归还之地，不得而请于政府，尚受国人之攻击，此债不还，断无借筹之地，万难接济党人也"。孙乃宣布"本党已将余款解散党人，并取消本党名义，此后已无共同之约束，自不能再以党名而要求党魁接济也"。（中国社会科学院近代史研究所中华民国史研究室等编《孙中山全集》第 4 卷，北京：中华书局，1985，第 284 页）国内党人也向孙中山请求经济援助，如《伏龙报告经营江苏讨袁军事情形上总理函》（1914 年 12 月 12 日）称"惟沪上同志及各地之组有机关者，大半无衣无食，甚且无住，危急情状，可为寒心，进既不能，退亦不可……先生为党中之元首，究竟能否接济，或如何办理之处，谅必早有裁度，速即示遵，盼甚，幸甚"（黄季陆主编《革命文献》第 48 辑，第 132 页）。

㉛日本外务省档案，《中国革命党之种种杂事》，1914 年 11 月 27 日，转引自陈锡祺主编《孙中山年谱长编》上册，北京：中华书局，1991，第 917～918 页。

㉜《钮永建致吴稚晖函》（1915 年 5 月 19 日），台北：中国国民党党史馆藏档，案

卷号：稚8696。

㉝《任鸿隽、过探先、杨铨、唐钺致蔡元培函》（1915年3月？日），台北：中国国民党党史馆藏档，案卷号：稚7802。

㉞《蔡元培致吴稚晖函》（1915年3月25日），台北：中国国民党党史馆藏档，案卷号：稚7809。

㉟㊸《汪精卫致吴稚晖、蔡元培、李石曾、谭仲逵、李圣章函》（1915年5月中旬，时间为引者推断），台北：中国国民党党史馆藏档，案卷号：稚9394。

㊱当时媒体已有报道，如《孙文与日本犬养毅所结协约之概略》（天津：《广益录》，1915年第162期）；《孙文之日支攻守同盟条约》（上海：《善导报》1915年第24期），内容均不确切。

㊲《黄兴近复孙文书》，上海：《申报》1915年5月23日。

㊳日本学者藤井昇三教授考证认为，1915年2月5日孙中山、陈其美与日方犬冢信太郎、山田纯三郎所订《中日盟约》属实，盟文见陈锡祺主编《孙中山年谱长编》上册，第933～934页。

㊵㊶《汪精卫致吴稚晖、蔡元培、李石曾、谭仲逵、李圣章函》（1915年5月21日），台北：中国国民党党史馆藏档，案卷号：稚9395。

㊷《汪精卫致吴稚晖、蔡元培、李石曾、谭仲逵、李圣章函》（1915年5月29日），台北：中国国民党党史馆藏档，案卷号：稚9386。

㊹(54)《汪精卫致吴稚晖、蔡元培、李石曾、谭仲逵、李圣章函》（1915年6月20日），台北：中国国民党党史馆藏档，案卷号：稚9392。

㊺引自杨天石《寻求历史的谜底》，北京：首都师范大学出版社，1993，第404页。

㊻钟鼎的职务，见《中华革命党委任人员姓名录》，黄季陆主编《革命文献》第45辑，台北：中国国民党中央委员会党史史料编纂委员会，1969，第100～101页。

㊼《附致孙先生断绝关系书》，引自狭间直树《孙文思想における民主と独裁——中华革命党创立时における孙文と黄兴の对立を中心に》，京都：《东方学报》第58卷，1986年，第346页。另见杨天石《跋钟鼎与孙中山断绝关系书》，北京：《近代史研究》1994年第1期。

㊽(53)《汪精卫致吴稚晖、蔡元培、李石曾函》（1915年11月27日），台北：中国国民党党史馆藏档，案卷号：稚9384。

㊾(51)《汪精卫致吴稚晖、蔡元培、李石曾函》（1915年7月9日），台北：中国国民党党史馆藏档，案卷号：稚9391。

㊿《蔡元培致吴稚晖函》（1915年8月21日），台北：中国国民党党史馆藏档，案卷号：稚7836。

(52)《汪精卫致吴稚晖、蔡元培、李石曾函》（1915年10月25日），台北：中国国民党党史馆藏档，案卷号：稚9387。

(56)(77)(81)(87)(88)(96)中山大学历史系孙中山研究室等编《孙中山全集》第5卷，北京：中华书局，1985，第391～392、390～391、393～394、362～363、400、55页。

(59)湖南省社会科学院编《黄兴集》，北京：中华书局，1981，第399～405页。

(60)陈锡祺主编《孙中山年谱长编》上册，第1019页。

(61)(68)(79)(80)(94)陈旭麓、郝盛潮主编《孙中山集外集》，上海：上海人民出版社，1990，第221～222、259、230、231、91页。

(62)《致陈新政及南洋同志书》（1914年6月15日）、《致南洋各埠洪门同志函》（1914年7月29日），《孙中山全集》第3卷，第92、105页。第二封函，文字略有异。

(63)ロベルト·ミッヒェルス：《政党社会学》，森孝三译，东京：大日本文明协会事务所，1913。

(64)张朋园：《从民权到威权：孙中山的训政思想与转折，兼论党人继志述事》，台北：中研院近代史研究所，2015，第26页；谢俊美：《孙中山党魁集权制思想探微》，广州：《广东社会科学》2008年第1期。

(65)(66)(69)(70)罗伯特·米歇尔斯：《寡头统治铁律——现代民主制度中的政党社会学》，任军锋等译，天津：天津人民出版社，2003，第351、50、76、18、30、37、38、31、33、35、189页。

(74)孙中山将中华革命党这次革命称为“三次革命”。对因宋教仁案而起的“二次革命”，党人中反对者不少，而对“三次革命”的发动，党人多表赞成，分歧主要在急进与缓进之别。

(78)《孙文学说——行易知难（心理建设）》，黄彦编《孙文选集》（上），广州：广东人民出版社，2006，第2页。

(82)胡适：《知难，行亦不易：孙中山先生的“行易知难说”述评》，上海：《新月》1929年第2卷第4期。

(86)杨天宏对此做过深入探讨，见《政党建置与民初政制走向——从“革命军起，革命党消”口号的提出论起》，北京：《近代史研究》2007年第2期。

(89)中山大学历史系孙中山研究室编《孙中山全集》第8卷，北京：中华书局，1986，第268页。

(90)黄季陆主编《革命文献》第45辑，第94～98页。

(91)欧事研究会名单（1915年1月26日），台北：中国国民党党史馆藏档，案卷号：稚8697。另见蒋永敬《欧事研究会的由来和活动》，台北：《传记文学》1979年第34卷第5期。

(92)汪精卫1915年6月26日致蔡元培、吴稚晖、李石曾函中，有这样一段表述，大致代表其思想主张：“溯铭自二十岁以来，所知者排满洲排专制而已，后乃渐闻无政府社会主义，然闻此主义之后，排满洲排专制自若。盖以为此非惟不抵触于主义，且为达此主义所必经之阶级也。数年以来，对此主义心加热矣，而对于中国消除内难、抵御外侮之念仍时时而有，亦以此非惟不抵触于主义，且为达此主义所必经之阶级耳。……铭所以自期者何在？固已为诸先生言之：（一）赓续《民报》之未了事；（二）赓续什刹海之未了事而已。……铭固对于此二者不惮以主人翁自处矣。二者皆能尽，愿之上者也，不得已而只尽其一，其次者也。"《汪精卫致蔡元培、吴稚晖、李石曾函》（1915年6月26日），台北：中国国民党党史馆藏档，案卷号：稚9390。

㊒汪精卫致吴稚晖函称："我辈既入进德会，而复作官吏议员，与袁世凯既誓尽忠民国而复为皇帝有何分别？……如果欲以一身与国事相终始，则当初不应撒手，既撒手矣，索性一撒到底，况当初不但撒手而已，且已另挂招牌不作官吏不作议员云云，无异自挂无政府党之招牌，此后欲再为政治家，不但面目自觉不伦，人之视之，亦觉其不伦。"《汪精卫致吴稚晖函》（1916年3月7日），台北：中国国民党党史馆藏档，案卷号：稚9380。

㊕转见康白情致戴季陶的信（1919年8月25日），见戴传贤《革命！何故？为何？》，上海：《建设》第1卷第3号，1919年10月1日。

㊗梁启超：《革命相续之原理及其恶果》，天津：《庸言》第1卷第14期，1913年6月。

㊘中国社会科学院近代史研究所中华民国史研究室等编《孙中山全集》第4卷，第112页。

㊙孙中山称："诸君要知道，吾党现名为中国国民党，实即昔日之中华革命党。"《孙中山全集》第5卷，第627页。

⑩国民党中央宣传部发表通告，郑重申言："国民党之本体不变，主义不变，政纲之原则不变。此次改组，乃改党之组织，采用俄国委员制。"《中央执行委员会宣传部辟谣》，广州：《中国国民党周刊》第14期，1924年3月30日。

⑩参见拙著《党员、党权与党争：1924～1949年中国国民党的组织形态》（修订增补本）第一章，北京：华文出版社，2010。

作者简介：王奇生，湖南湘乡人，北京大学历史学系教授，北京大学人文学部副主任，教育部长江学者特聘教授，"新世纪百千万人才工程国家级人选"，中国现代文化学会副会长。先后就读于武汉大学（本科、硕士）、华中师范大学（博士）。曾任职于中国第二历史档案馆、华中师范大学历史研究所（讲师、副教授）、中国社会科学院近代史研究所（研究员、博士生导师）。主要从事中国现代留学史、中国现代政党史、中华民国史与二十世纪中国革命等研究，代表性著作有《中国留学生的历史轨迹（1872～1949）》、《留学与救国：抗战时期海外学人群像》、《国共合作与国民革命》（《中国近代通史》第七卷）、《党员、党权与党争：1924～1949年中国国民党的组织形态》、《革命与反革命：社会文化视野下的民国政治》、《天下得失：蒋介石的人生》（合著）、《二十世纪中国革命的再阐释》（主编）、《中国抗日战争大辞典》（主编）等。其中《党员、党权与党争：1924～1949年中国国民党的组织形态》一书获第四届"胡绳青年学术奖"、中国社会科学院第六届优秀科研成果奖二等奖，被香港《亚洲周刊》评为 2010 年度华文十大好书之一；《革命与反革命：社会文化视野下的民国政治》一书获教育部第六届高等学校科学研究优秀成果奖（人文社会科学）三等奖。

[责任编辑：刘泽生]
（本文原刊 2017 年第 4 期）

《贝德士文献》述略

章开沅

[提　要]《贝德士文献》是美国传教士、著名历史学家贝德士（Miner Searle Bates）搜集整理、著述编撰及与之相关的资料总汇，现藏于耶鲁大学神学院图书馆。该文献共 131 盒 1162 卷，分为通信、中国札记与资料、《基督徒奋进在中国社会》书稿、中国著名基督徒文献、其他札记与资料、本人著作、教学资料、私人要件与言行录 8 个类别。该文献不仅以传教士信函、报告、照片等形式详尽记述了南京大屠杀的种种暴行，为南京大屠杀历史提供了无可辩驳的证据，而且保存有大批关于中国基督教历史的文献、索引和手稿，继承并超越了赖特烈的基督教史研究路径，对于推动中国基督教史的研究具有不可估量的价值。《贝德士文献》也是贝德士一生献身学术、孜孜以求、乐于助人、无私奉献的崇高人格的真实写照，是研究贝德士本人不可或缺的历史资源。

[关键词]《贝德士文献》　南京大屠杀史研究　中国基督教史研究

　　自从 20 世纪 90 年代以来，我一直在研究已经故去的业师、金陵大学历史系的创办者与任职 30 年的资深教授贝德士博士，而且主要是利用收藏在耶鲁大学神学院图书馆的卷帙浩繁的《贝德士文献》。现在我的精力与视力都难以继续从事此项研究了，因此略作文献介绍借以引发更多年轻学人兴趣，期望有若干志趣相近者充分利用这批宝贵资料。

一 贝德士其人其事

贝德士（Miner Searle Bates）1897 年 5 月 28 日生于美国俄亥俄州的纽华克（Newark），这是一个中西部内地小城镇，居民善良质朴而略有古风。贝德士的父亲 Miner Lee Bates 是一位学者型新教牧师，在当地居民中享有很高的声望，曾长期担任哈莱姆学院（Hiram College）院长。贝德士就近在父亲的学校读本科，品行端庄，学习勤奋，曾多次获得全校演讲比赛奖项。19 岁毕业并获得罗兹（Rhodes）奖学金，去牛津大学攻读历史。

1916 年暑假以后，贝德士独自远行前往牛津留学。当时欧战炮火正烈，牛津学生报名从军者非常踊跃，一批一批奔赴前线，不少人英勇牺牲在战场。贝德士虽然是美国人，但也在这股热潮下投笔从戎，于 1917 年离开牛津，作为基督教青年会（YMCA）干事前往近东。稍后又正式入美军服役，曾经到过印度、美索不达米亚等地，虽然没有直接作战，但已经受多方面艰苦锻炼，并且大大开阔了眼界，增添了不少社会阅历。

欧战结束后，贝德士重返牛津勤奋攻读。先是在近代史荣誉研究院获学士学位，随后又增修政治学与通史两类课程，于 1920 年获硕士学位，同年暑假回到美国，并且被基督教联合布道会（United Christian Missionary Society）授予传教士资格，派遣到中国工作。[①]

贝德士于 1920 年夏秋之间到达南京，头一年在金陵大学华言科（Nanking Language School）学习中文，贝德士这个中文姓名大概就在此时启用。学习中文期间贝德士与同时前来女子文理学院任教的 Lilliath Robbins 女士相识并相爱，两年后成为夫妇。贝德士于 1921 年秋季在金陵大学正式任教，起初是在政治系任教并兼任主任教士，1924 年历史专业从政治系脱离并独立成系，贝德士又担当系主任，一手经理各项创办事宜。在国民革命与民族主义浪潮猛烈冲击下，金陵大学与其他教会大学一样加快了"中国化"的步伐。1927 年 11 月，陈裕光在"南京事件"之后出任金陵大学校长，更为重视加强中国历史与文化的教学与研究，并于 1930 年利用霍尔（Charles Martin Hall）遗产基金 30 万元创建中国文化研究所。贝德士热情协助李小缘等中国学者，积极参与此项工作，承担"中国统一政治之形成——欧美学者研究中国学术概观"专题研究，并且编撰《西文东方学报论文举要》，于 1933 年作为该所丛刊之一正式出版。从 1927 年到 1937 年，金陵大学稳步健全发展，历史系的师资、教学与研究都随之相应趋于完善，且于 1936

年率先成立史学研究部，明显提高了学科层次，其中也包含着贝德士十多年的劳绩与心血。②

除认真教学、研究并参与其他学校工作及社会活动外，贝德士还抓紧充实自己。1934～1935年，他曾作为洛克菲勒学者前往美国进修。1935年在耶鲁大学完成关于"公元前221～88年中国历史"的毕业论文并取得博士学位；同时还曾在哈佛大学研究学院学习日文与俄文，这两种语言对于他以后研究亚洲问题很有裨益。1936～1941年间，他曾七次访问日本，代表基督教教会并利用当地资料研究亚洲现状、日本社会状况及政府政策。从贝德士遗稿中可以看出，他是较早也较清醒地向国际社会发出日本军国主义必将发动全面侵华战争警报的少数美国学者之一。

抗日战争开始以后，金陵大学西迁成都。当时还滞留在日本的贝德士奉学校当局之命，历尽艰难穿过日军战线返回南京，以副校长名义全面负责留守校产。南京沦陷前后，他是南京难民区委员会（Nanking International Safety Zone Committee）的骨干与主席。南京大屠杀期间，贝德士与许多中外基督徒一起，在极其艰险的环境中做了大量保护与救济难民的工作。③

抗战胜利后，贝德士继续在金大（1946年迁回南京）等校教书，并且赢得同事与学生更大的尊敬。1946年7月29日，贝德士出席东京远东国际军事法庭对日本的审判。作为南京大屠杀的重要目击者，他以无可辩驳的亲身见闻与实地调查资料，证实与指控了日军大肆杀戮、抢劫与奸淫等万恶罪行。他那掷地有声的证词已经被收入东京审判记录，并被当时许多报刊所传播。

1950年，由于中美关系急剧恶化，贝德士返回美国，此后一直在纽约协和神学院（The Union Theological Seminary）任教，并参加哥伦比亚大学东亚研究中心有关学术活动。1965年退休以后，长期从事《基督徒奋进在中国社会》（*The Protestant Endeavour in China*，*1900 – 1950*）这一巨著的撰写工作。迄至1978年秋猝然病逝，他穷尽13个寒暑，为我们留下约1000种书刊、报纸的摘录和复印资料，还有3800页工作笔记。这批珍贵资料，连同他生前保存的日记、函电、其他手稿等各种文献，全部收藏于耶鲁神学院图书馆特藏室。这些书稿与文献资料，堪称基督教与中国现代化关系的一部实录，但可惜至今尚未被中外学者充分利用。

二 何谓《贝德士文献》

《贝德士文献》一词，最早是我在有关论著中使用的。有些人以为是贝

德士的著作，是已出版的书名，其实大谬为然。《贝德士文献》是英文
"Bates Paper"的中文译名，它原本是贝德士捐献给耶鲁神学院的一大批私
人文献档案全宗的综称。贝德士文献全部收藏于神学院图书馆的特藏室
（Special Collection，亦可译为善本室），属于"中国文献收藏"（The China
Records Project）。此项收藏由基督教全国委员会（NCC，National Council of
Churches）于1968年启动，1972年全部归属于神学院图书馆，现已收藏始
于19世纪早期的传教士与团体在华活动的相关手稿与印刷品近1000计量
码。该馆还积极收集记述第三世界国家宗教生活的手稿与印刷品。该馆另
有1800卷缩微胶卷，6万张缩微胶片。其全部相关收藏，包括300多位传
教士的私人文献，还有学生志愿海外布道运动（The Students Volunteer
Movement for Foreign Missions）、亚洲基督教高等教育联合董事会（The Unit-
ed Board for Christian Higher Education in Asia，简称UB）等大型组织机构的
原始档案。其收藏之富，覆盖面之广，令人瞠目，堪称研究中国基督教学
者必须潜心检阅的处所。

贝德士本人就是"中国文献收藏"项目的倡议者与积极参与者。早在
1966年，费正清非常关心贝德士退休后的巨大写作计划《基督徒奋进在中
国社会》，并主动提出愿意协助他申请经费雇用助手。信上说："我现在如
此急切地提出此项建议，是因为我觉得你所从事的研究十分重要，它将对
一整代研究者产生深刻的影响，这些研究者目前尚处于准备阶段，不久他
们将开始查阅档案资料。"贝德士对此当然更有紧迫感，曾在回信中感叹：
"从事差会工作或与之有关事业的人，我只认识为数不多的几个勤勉的工作
者，主要是传教士，他们大多数集中于撰写自传及回忆录，或是他们自己
教派范围内的一段历史。我有时为了自己的研究做有关调查时结果也非常
令人沮丧。那么多有才能的、积极热情的人们在1950年左右被迫离开中国，
将自己的努力转移到其他的地方；许多人不久相继去世，或者失去工作能
力，不能重返中国，从事研究或写作。"④

在"中国文献收藏"的300多位传教士中，很多是贝德士的前辈、师
友与同事，这一文献宝藏的建立应该视为他们及其亲属共同奉献的劳绩。
这些原始手稿的阅览室以世俗政治家与基督教会先驱穆德（John R. Mott）
命名，他捐献的私人文献与世界学生基督徒联盟（World Student Christian
Federation）的早期档案，乃是神学院图书馆的镇馆之宝，严严整整摆满四
壁书架，俨然已成为"中国文献收藏"的先驱。"中国文献收藏"则全部安

善存放于库房，并且有统一的编号，大多已有图书馆工作人员编制的导引性详尽目录，非常便于利用。《贝德士文献》的编号是"RG10"，RG 是 Record Group 的简写，原意为资料结集；其下序列为盒（Box）与卷（File）。

贝德士文献数量很大，共 131 盒 1162 卷。经过史茉莉（Martha Smalley）等人精心整理，已分类为八个部分：（1）通信；（2）中国札记与资料；（3）《基督徒奋进在中国社会》的书稿；（4）中国著名基督徒文献；（5）其他札记与所收集的资料；（6）本人著作；（7）教学资料；（8）私人要件与言行录。

第一部分通信，分为家庭通信、中国时期通信（1920～1950）、一般通信（从中国返美以后）三大类。其中 1937 年至 1938 年期间给妻子的信，对于日本占领区的恐怖情况作了详尽的描述。一般通信很多是同行或学生寻求贝德士学术咨询的信件，体现出他的热心助人与渊博通识。还有许多信件涉及一些研究计划与机构，如国际布道会中国研究计划（1954～1956）、中国文献计划（1968～1973）、协和神学院传教士研究图书馆等。

第二部分中国札记与资料，这是贝德士为撰写《基督徒奋进在中国社会》准备的大量素材，其中有手抄的或打字的文献资料、摘要和从图书馆复印的经过注释的资料。贝德士花费大量时间对主要教会期刊做了索引与摘录，如《中国基督教年鉴》、《中国教会年鉴》、《中国教会通讯》、《教务杂志》、《教育评论》等。

第三部分是未完成的书稿，可说是贝德士文献的核心部分，包括 3000 多页草稿，还有修改多次的全书章节目录。这些稿件已经孟心湉（Cynthia Mclean）女士精心整理，以《贝德士手稿选辑》（*Gleanings from the Manuscripts of M. Searles Bates*）为书名出版，系由美国基督教全国委员会中国项目资助付印。

第四部分中国著名基督徒文献，是贝德士作为上述专著的补充资料加以收集的。其第一步是拟定七个名单征求有关友人意见，然后形成五个经过修改的名单，其最后结果是一部分著名中国基督徒的小传。

第五部分也是与中国社会有关的札记与资料，范围相当广泛，而且很有条理。其中有些涉及宗教自由问题的文献值得注意。

第六部分本人著作，大多是关于差会与第三世界教会、宗教自由及国际时事评论等。史茉莉将这些著作分为五类：a. 论文、小册子；b. 述评；c. 来自中国的报道和回忆；d. 布道词、演讲和访谈录；e. 与上述主体工作有关的文章。这些文章通常发表于《基督教与危机》（*The Crisis and Christianity*）、《全球召唤》（*The World Call*）等期刊。

第七部分主要是贝德士在纽约协和神学院教授教会史、基督教伦理与实用神学等课程有关资料，还有他作为主持者为该院高级宗教研究计划（the Program of Advanced Studies）所拟定的一些教学文件。

第八部分虽然杂乱，却提供了不少有关贝德士生平的信息，其中许多照片、出生证、服役证书、日本占领南京时期的通行证等等，都是具有相当价值的历史文物，但至今仍未得到应有的整理与充分的利用。仅以贝德士遗存的照片为例，就有若干箱未经整理，所以我也无从介绍其内容。⑤

三　文献价值评估

对于中国学者来说，首先关注《贝德士文献》的热点，应属日军南京大屠杀的历史见证。1988 年暑假，我利用出访之便，顺道到耶鲁大学神学院图书馆查阅中国教会大学的历史文献，无意中却在相邻目录中发现了"RG10 Bates Paper"。由于有师生情谊，立即借来草草翻阅，又于无意中发现了其中散见于好些卷的"南京安全区国际委员会"大批档案以及相关人员的来往信件。因为当时我还在校长任内，暑假可以利用的时间有限，只能做了少量笔记与索引，但《贝德士文献》的吸引力时时撩拨我的心弦。幸好两年以后得以辞去校长职务，1991 年暑假又在鲁斯基金资助下重返耶鲁大学，整整利用 8 个月的时间，系统检阅《贝德士文献》中保存的有关南京大屠杀的文献资料。

根据我当年的笔记与索引，可知与南京大屠杀直接相关的资料，集中保存于第 4 盒之 52、54、63、67 卷，第 102 盒之第 861~871 卷，第 126 盒之 1137 卷。

第 52 卷主要是 1938 年贝德士与友人及家人的来往信件。

第 59 卷集中收藏 1937~1939 年与南京日本大使馆的来往信函及附件，还有 1938 年与上海日本总领事馆之间的来往信函及附件，特别是前一部分大多是直接记述并谴责日军疯狂暴行。

第 63 卷收有 1937~1938 年与金陵大学创建者会（Board of Founders）的来往信函，1938 年与上海全国基督教会之间的信函，以及南京国际救济委员会的相关函件。

第 65 卷为与《曼彻斯特卫报》著名记者田伯烈（Harold John Timperley）的通信，这些信件表明贝德士是田伯烈首先全面系统揭露日军暴行的共同策划者与引用资料的主要提供者。

第 67 卷收有与南京美国大使馆之间的来往信函，其中有若干亦与南京大屠杀相关。

第 861～871 卷主要是贝德士收藏的各种有关南京沦陷后情况的文献资料，其中以 863～869 卷价值较高。

第 1137 卷是贝德士认为对自己有纪念意义的杂件，时间从 1921 年至 1948 年。其中最重要的，是贝德士 1946 年出席东京远东军事法庭作证记录的副本，以及对此次审判的相关报道，如《另一个纽伦堡》（*The Other Nuremberg*）等。

这样简括的介绍，显然不足以反映贝德士文献的有关南京沦陷后的全部内容，我觉得它好像还是一处未经正式勘察、发掘的丰富矿藏，人们可以根据不同的需要从中搜寻可供利用的史料资源。譬如，1995 年，为纪念抗日战争胜利 50 周年，我曾利用贝德士保持的南京安全区国际委员会与南京救济委员会的档案，以及他和其他委员会成员的私人通信等资料，写成《南京大屠杀的历史见证》（湖北人民出版社）与《南京：1937 年 11 月至 1938 年 5 月》（香港三联书店）。这个课题本非我的主要研究领域，但书出以后却在海外引起强烈反应，好些中英文报刊都纷纷做详尽报道。作为其后续工作，就是经过美国吴天威教授和台北郭俊鉌先生的多番努力，以贝德士有关文献为主体的一批有关南京大屠杀的档案原件影印出版。

此书英文书名为 "*American Missionary Eyewitnesses in the Nanking Massacre, 1937 – 1938*"，可以译为《美国传教士对南京大屠杀的历史见证》，由史茉莉女士主编，并以《耶鲁神学院图书馆特刊》第 9 期名义正式于 1997 年出版。此书更为详尽地公布了该馆收藏的有关南京大屠杀档案分布情况。（见下页表格所示）

主要依据下列文献：（1）RG8：中国文献项目之私人收藏；（2）RG10：贝德士文献；（3）RG11：亚洲基督教高等教育联合董事会档案；（4）RG20：史德蔚夫妇文献。

此外，耶鲁大学斯特林图书馆档案部（Manuscripts and Archives, Sterling Library）还保存着帕克斯顿文献（John Hall Parxton）。帕克斯顿是一位美国外交官，曾任驻南京副领事（1925～1929）、驻南京大使馆二秘（1937）和上海总领事馆派往南京官员（1938～1942）。

我已出版的两本书和耶鲁神学院新近出版的这本书，主要是利用贝德士、费吴生、福斯特、麦卡伦、马吉、米尔士、史迈士、华群、威尔逊等人遗留的原始文献。这些资料与刚刚出版的《拉贝日记》，都是南京安全区国际委员会这个外籍人士群体，为侵华日军南京大屠杀暴行撰写的最为详尽的实录，其公正性、真实性与严谨性是任何人也无从否定的。

也正因为如此，在一般人心目中，《贝德士文献》几乎就等于是南京大屠杀的实录，这当然是一种误解。因为《贝德士文献》是他一生80多年的完整实录，南京安全区的救济工作毕竟只有三年左右时间，而他最主要的本职工作还是先后在金陵大学与纽约协和神学院的历史教学与研究。据我初步判断，《贝德士文献》中所占比重最大、学术价值最高的部分，还是有关中国基督教历史的文字实录，特别是他晚年为编撰《基督徒奋进在中国社会》这一大型学术专著而积累的大批资料与手稿。

贝德士在金陵大学虽然服务30年，但因忙于历史系教学工作并在东南大学（后改名为中央大学）、金陵女子文理学院、中央政治学校兼课，同时还要参与教会本身及其相关各项工作，所以出版学术著作不多，有关基督教的专门论著更少。

姓名	编号	内容
Bates, M. S. 贝德士	RG10：B1, F7~11 RG10：B4 RG10：B86, B87, B90 RG10：B102, F861~871 RG10：B103, F872~873 RG10：B126, F1132, 1137	给妻子和儿子的家信 与南京日本大使馆的来往信件，与金大创建者会以及田伯烈的通信 贝德士的有关文章，抗战期间有关南京的资料，有关中国政治与宗教局势的资料，传记资料，包括贝德士在远东国际军事法庭所作证词的副本
Fitch, G. 费吴生	RG11：B9, F202	信函
Forster, E. 福斯特	RG8：B263~265	信函，收集的文献和照片
McCallum, J. 麦卡伦	RG8：B119, B22x	"1937年冬至1938年日军在南京暴行述实"口述历史副本
Magee, J. 马吉	RG8：B263	福斯特文献所收信件，介绍他的影片
Mills, W. P. 米尔士	RG8：B141	给妻子的家信

续表

姓名	编号	内容
Smythe, L. S. C. 史迈士	RG10：B102，F864~869 RG10：B4，F67 RG11：B225，F3815	信函，《南京地区战争灾祸，1937 年 12 月至 1938 年 3 月》
Vautrit, M. 华群	RG8：B206 RG11：B134，F2698~2700 RG11：B145，F2870~2881	日记、信件、报告
Wilson, R. O. 威尔逊	RG11：B145，F3874~3876	信件，报告
Bauer, G. 鲍尔	RG11：B205，F3849~3893	与南京事件有关的记述
Javis, A. M. 贾维丝	RG8：B103 RG11：B139，F2783	与南京事件有关的记述
Kirk, F. 克尔克	RG11：B138，F2761~2763	与南京事件有关的记述
Riggs, Charles and Grace 林·理查夫妇	RG11：B224，F3787，3788	与南京事件有关的记述
Spicer, E. 斯派司	RG11：B142，F2827~2829	与南京事件有关的记述
Steward, Albert and Celia 史德蔚夫妇	RG20：B10，F220	与南京事件有关的记述

根据 1948 年印制的《私立金陵大学 60 周年校庆纪念册》，贝德士有关重要著作已出版者如下。

1. 《基督教与共产主义》（*Christianity and Communism*），该书在 1933 年译成中文，并由上海基督教广学会出版。

2. 《人类的一半：远东的人民与问题》（*Half of Humanity*：*Far Eastern Peoples and Problems*，The Church Peace Union，1942）。

3. 《差会与远东文化关系》（*Missions in Far Eastern Cultural Relations*，American Council，Institute of Pacific Relations，for the Eighth Conference of the Institute，Mount Trembland，Quebec，1942，Reprinted by the Foreign Missions Conference of North America，1943）。

4. 《教会事业分布资料》（*Data on the Distribution of the Missionary Enter-*

prise, International Missionary Council, 1943）。

5.《宗教自由：一种探究》（*Religious Liberty：An Inquiry*, Harper and International Missionary Council, 1945）。校庆纪念册编者注明："该书现已译成 7 国文字发行全世界。"

实际上，他在南京金陵大学历史系教的都是中国政府颁布的教学计划以内的各种史学课程（中国史除外），直到 1950 年在纽约协和神学院任教以后，才开始研究与讲授中国基督教史（作为世界基督教史的一个部分），而迟至 1965 年退休以后才正式着手撰写《基督徒奋进在中国社会》这部计划中的鸿篇巨制。

也许，在协和神学院的教学生涯，都可以看作是贝德士为撰写中国基督教史做准备。因为，他虽然是一位资深的传教士教育家，但并未受过正规系统的神学教育，更不用说这方面的深入研究。再则，他虽然在美国被公认为上乘的中国通，但他在南京 30 年却从未教过中国史课程，也没有从事这方面的专门研究（他的研究仅限于与中国相关的当代东亚国际关系）。所以，在协和神学院的 15 年任教，不仅足够地弥补了神学素养方面的缺憾，而且还由于同时参与哥伦比亚大学东亚研究所的讨论课程，更为深化了对于中国社会、历史与文化的系统理解。可以认为，这两方面的进步，使贝德士成为当代少数最优秀的中国基督教史专家之一。

特别是 1954 年底，贝德士应邀参与美国基督教全国委员会海外布道部远东联合办公室主导的"基督教在华事业"（The Christian Enterprise in China）研究项目并担任顾问，[⑥]此后他更为抓紧此项研究。晚年的贝德士，不仅为此指导若干专题研究，搜集相关文献资料，而且还不厌其烦地回答许多年轻中国基督教史研究者的询问。例如，仅为倪维思研究（Study of the "Nevius Method"）一项所准备的文献目录与简要笔记即近 30 页，而给年轻学者的论文复函（包括学位论文审阅意见）之多更难以数计。[⑦]

在这 10 多年中，贝德士为自己的著作做了大量资料工作。根据其亲密同事 W. O. William 整理遗稿结果，可以概述如下。

1. 花费 10 个夏天和整整 7 年时间，为几千种书籍、文章、宣传品制作索引卡片，并简要提示其价值或预期增长的价值。

2. 为全部《教务杂志》（*The Chinese Recorder*）、《中国教会年鉴》（*Chinese Mission Yearbook*, 1910 – 1972）、《教会国际评论》（*The International Review of Mission*, 1890 – 1939）、《中华基督教会年鉴》（*The Chinese Church*

Yearbook, 1912 – 1937，中文版）、中国和世界主要相关会议文献、中华续
行委员会（China Continuation Committee, 1913 – 1921）和中华全国基督教
协会（National Christian Council, 1922 – 1950）的各类文件，还有其他约
200 种文献（包括中文），部分中国基督教领导人的著作，中文期刊选录，
各个教会、团体、机构的历史，许多学位论文与学术文章，未刊文稿选录，
信件与口述历史抄件，做了大量索引或笔记。

3. 在广搜博采大量资料的基础上，贝德士还初步草拟了按时期区分的
撰写纲要：（1）世纪交替期间教会在中国的奋斗，1890～1906（131 页）；
（2）基督教活跃的进展与传统中国的年轻教会，1907～1922（603 页）；
（3）中国基督教社区的成长，在一个民族蹒跚于危机中的教会参与，1922～
1937（1882 页）；（4）在战争与革命浪潮中的事工及幸存，1937～1950（648
页）；（5）回顾与诠释，1950 年及其以后（20 页）。这批手稿总共 3284 页，
而且他在临终前还把第一时期（1890～1906）的纲要草稿加以修改（亦有 474
页之多）。

应该说明，以上这些浩繁的准备工作，都是这位老人独自完成的。直
到 1973 年 3 月，贝德士经由费正清从当代中国联合委员会（Joint Committee
on Contemporary China）获取 5000 美元资助，才雇用了一个全职打字员与一
个兼职研究助理。所谓兼职，即每周工作 10 小时，仅限于协助到图书馆查
询并核对资料。[⑧]

贝德士非常尊重耶鲁大学赖特烈教授（Kenneth Scott Latourette），并且认
为自己的工作乃是前者的继续。赖特烈于 1968 年病逝。第二年 7 月，贝德士
在《国际教会评论》上发表《基督教的史学家，基督教史的撰述者——纪念
赖特烈，1884～1968》一文，对这位著名学者的崇高品格与学术贡献做了详尽
的评介。他强调指出："没有人比赖特烈为研究与记述基督教做得更多，他为
基督教事工贡献之大超出我们通常的计量。"赖特烈是一位多产作家，其著作
销售量据说已逾一百万册。其中，贝德士特别推重：1929 年出版的《中国基
督教史》（*A History of Christianity Mission in China*，共 930 页），评语是"40 年
来在任何语言中未经总体更动、修订或扩充"；1953 年出版的《基督教史》
（*A History of Christianity*，共 1516 页），评语是"在这里，教会史——制度、
领袖、观念——已被延展到世界各地，并与人文环境全方位的互动"；1937～
1945 年陆续出版的《基督教传播史》（*A History of the Expansion of Christiani-
ty*），评语是"不仅为我们所熟悉而且为同时代人所重视"。此外还有 1946

年出版的《远东简史》（*A Short History of the Far East*），1964 年已出至第 4 版，评语是："在唤醒美国人关注远东生活方面，还没有其他学者产生如此巨大影响。"

当然，赖特烈本人并非认为自己的著作完美无缺。他在《中国基督教史》的序言中说："作者是一个西方人，在教会生活中或许不能把中国人作为他们的一个部分给以足够注意。同时他也不可能进入中国人的宗教经验并给以完满的理解。因此，有意地把此书取名为《在华基督教差会史》（*A History of Christian Missions in China*），而不是《中国基督教会史》（*A History of the Christian Church in China*）。期望将来会有某位中国学者从后面的角度叙述这段历史。"此外，赖特烈史料征引的局限与编纂体例的缺失，也是很明显的。

贝德士晚年所做的工作确实是赖特烈中国基督教史编纂的继续。他除了将历史时段的下限从 1926 年延伸到 1950 年以外，还刻意把上限定为 1900 年，因为这 50 年乃是基督教在中国发展最重要的半个世纪。他给费正清的信明确指出："不要太集中于研究 19 世纪的早期新教差会，而对 20 世纪的差会活动极少涉及。可以肯定，1890 年以后差会在范围和影响上都远远超过以往。"同时，贝德士还强调宏观研究和视野宽阔，他讽刺有些就事论事的论文，"几乎成了一个世纪庞杂而变幻的背景中的地区快照"。当然，他并非完全否定"地区快照"，而是要求"把快照置于一个更广阔的背景里和更长的时间范围内"。他坦率地说："我总是试图从整体上来理解基督教事业，包括它与中国社会及文化的关系。这使我十分反感某些世俗的历史学者和社会科学学者对史实生吞活剥，以漠然而消极的态度从整体的史实中抽取一些零碎的内容编成较为圆通的历史。"

贝德士曾在 5 页纸的备忘录上，具体表述了自己的奋斗目标：

"第一，建立一部实录，尽可能不仅从新教徒奋进自身的内部，而且运用经过严格审视过的实际标准、外在因素与判断。

第二，提供具有参考性见解的陈述，或可有助于对于过程与前景、基督教与世俗的专门研究。……阅读公众，特别是教师，需要对于基督教在华事业的通盘图景，借以理解与评价社会科学家为了自己专业意图而掌握与展示的断片。

第三，为我们自己专业归属的领域适度贡献若干历史框架。（a）对于世界基督教史中的中国因素，对于人类经验中的基督教信仰与基督教社区的全面了解。（b）寻求一种观察中国现代化过程中的基督教因素的可靠视点。（c）寻求对于基督教国际与各种文化之间关系的真实经验的理解。"

由上可知，贝德士的撰述不仅限于继续赖特烈的工作，而且是颇思有所扩充，有所延展，有所革新，有所超越。M. O. William 曾为此总结说："这里不是'差会'的历史或是'教派'与'教会事业'的历史，尽管包括了所有的它们；这部著作囊括'基督徒奋进'的整体——外国的与中国的组合成更甚于人类的努力。这是在'中国社会'之内；不是在一个地方，而是在一个关系纷繁的民众之中，他们的机构，他们的历史与文化承续之中，以及他们所曾经过的事件之中。"⑨

贝德士曾经写过一份名为"关于分期问题与材料组织"的备忘录，实际上就是他为自己设定的编纂工作的导向。

贝德士最初认为，大体上按 10 年划分时期最便于组织材料与表述历史，但经过反复思考终于确定如此主要分期方案：1895～1907；1907～1922；1922～1937；1937～1950。他强调说："我们不想利用某个现成的历史年历的分期，然后把基督教与中国的史事强塞进去。"所以，他没有用 1911 及 1912 或 1928 作为分期标志，因为，从帝制到共和以及国民政府的建立，其本身并不意味着基督教运动的重大变化或与此相应的变化。他择取 1907 年作为分期标志，因为"1907 年的 100 周年会议（Centenary Conference），以及有关它的信息的聚集，标志着基督教发展的一个重要阶段"。而其后一个重大转捩点则是 1922 年，因为"1922 年以后，直至 1937 年日本侵华战争开始，在基督教内部没有一个（堪称）决定性变化的单个年代（single year）"。⑩

由此可见，贝德士对于历史时期的划分，着重考虑的乃是如何以基督教发展变化的阶段性特征为主要依据。当然，他同时也注意外在环境发展变化的关联性，所以明确指出："草拟大纲必须提供基督徒努力的连续阶段，每一阶段都充满复杂的活动与问题，并且表现中国背景的繁复变化。时期的选择必须是可以实现的，试图发现基督徒表露的各种明显特征，以及奋进于其间并且为之而奋进的中国社会的基本特征。"⑪

贝德士在确定分期大纲以后，还为各个时期拟订了相对统一的"组织材料与草稿的试用标题"，兹抄录如下。

A. 国家情境，基督徒奋进其间

1. 社会，政府，法律

2. 思潮，教育

3. 宗教

B. 基督徒的奋进，做什么？

1. 纵观，合作，联合

2. 教会，自立（Self-Reliance）

3. 差会

4. 宗旨，政策，适应，交往，社会—伦理关系

5. 神学与基督教思潮，与中国宗教的关系

6. 计划，方法，妇女，边境，部落

7. 福音主义，革新

8. 宗教教育，主日学校，神职人员培训

9. （世俗）教育，学院，大学

10. 事工：医药，社会，男女青年会

11. 圣经，文学

12. 中国基督教社区，领袖人物

13. 外交关系：传教士，派遣地，中国的报告与陈述

14. 天主教徒

15. 其他，分类

C. 概要解析

　　大约是在1975年3月以后，贝德士依据自己初步拟订的提纲，开始试写了一部分粗略草稿。根据这些初拟提纲与试写草稿，人们不难发现，与赖特烈早先出版的有关著作相比较，贝德士未完成的书稿有若干明显特点：（1）时间延伸了20多年（1926～1950）；（2）参考与征引的资料，无论从种类、数量还是从史料价值而言，都远远超过赖书；（3）不仅在主观上而且在实际上相当重视"中国因素"，即贝德士所说的："更为重要的是适当了解中国的背景与人文环境，或者是基督徒生活、工作于其间的事实。这种中国的人文及整个环境，在很大程度上界定了基督教事业的各种问题，不仅是对抗，而且是持续影响，有时竟压倒了有形的差会与教会。它是巨大的、复杂的、多变的……"⑫孟心湉也指出："贝德士的目的，是把这段历史植根于中国背景，其结果便是给来自中国社会、文化、政治情况乃至中国基督徒话语的各种论据以更大篇幅。"但她批评贝德士的记述"更多地覆

盖基督徒，而不是中国的国家环境。中国政治史没有充分包括在内，特别是 1920 年以后"。[13]这却是某种误解，甚至是认识的肤浅。因为，贝德士对"中国处境"（Chinese Context）的发掘乃是社会文化的深层，并非侧重于浅层的表象。即令是 1920 年以后在中国发生的许多历史事件，贝德士也有意省略了对于事件本身的陈述，所侧重的乃是事件对于基督教的具体影响以及教会内部的反应与自我调适。

此外，我还非常欣赏贝德士在一份备忘录中为自己提出的两项创意：（1）"寻求一种观察中国现代化过程中的基督教因素的健全视线。"（2）"寻求对于基督教国际的与跨文化的关系的真实经验的理解，包括帝国主义的成见与亚洲人及发达国家人民之间的民族主义的理解。"[14]在大约 30 年以前即已提出这样的高见卓识，应该成为我们现今撰写中国基督教史的追求目标。

四　永远的遗憾

根据贝德士自己的回忆，编撰中国基督教史的想法与研究始于 1955 年，但直至 1965 年退休后才能将主要精力投入其中。1973 年 7 月 28 日，他在给费正清的一封信中，透露若干晚年埋头写作的艰辛：

> 我目前的工作仍集中于过去所研究的时间段：清末 20 年间的社会形势及发展趋向。我尽量运用中文资料，以新颖的视角来修订传教士与西方学者的研究结论，那一时期的社会、文化及意识形态的传统一直延续到 1920 年以及其后，而这些在学术研究中一直未能引起应有的重视，因为以往的研究只注重 1860～1890 年和 20 年代的民族主义运动（secular nationalism）。我仍觉得我对 1900 至 1950 年这段历史的研究富有成果。
>
> 尽管我一直在努力奋斗，我仍缓慢而艰难地从丰富的笔记资料中获得素材，有些不是很连续，然后写成初稿。起码在我的这一部分工作中，通过以前的写作取得一点成绩，现在处于松散聚合的中间阶段。我可以写出一份真正的草稿，这的确也十分必要。1937 年至 1950 年这些历史，也许是 1911 年到 1937 年，我可以压缩一些事件进程，整个工作在笔记方面我已做好了充分的准备。
>
> 我正在按计划进行工作，我用了 10 天的时间参加了一个家庭聚会，

去卡罗来纳山度假，其余没有什么别的事打断我。[15]

这一年他已经 76 岁，身体依然非常健康，精力也相当充沛。他充满信心，生活规律，潜心撰著，而热心助人，特别是关切年轻学者，依然如故。但人事天心两相连，是意料之外，也是意料之中，他终于走到人生尽头。正如他的亲密友人富兰克林·吴不胜惋惜地回忆："贝德士教授出乎意料地死于 1978 年 10 月。我负责清理他在神学院四楼塞满书籍的研究室，记得是在一个下午到了那里。他的手稿——旧的、修改的和新写的——塞满档案柜的好几格。有许多较小的盒子，装着经过他仔细注释过的文献、笔记与摘录。好几个纸箱装着已经分类过的文件。桌上堆着他最近撰写的书稿，置于纸张上面的是半截铅笔，好像是表示'出去走走，马上就回来'。"[16]大概贝德士也从未想到自己会这样匆匆而去。

人们很难理解，以贝德士那样渊博的学识，工作的勤奋，以及 MRL 那样丰富的文献收藏，为什么历经 13 年之久还未能初步完成这部学术专著？

一言以蔽之：力不从心。心太高、太大，老人精力毕竟有限，而且又未能有计划地合理使用。

贝德士习惯于个人独自写作，直到 1973 年才聘用两位临时助手，但主要也只限于打字或协助查找与核对部分文献。前面已经说过，绝大部分资料都是贝德士自己搜集、整理、分类、注释，为编撰奠定了坚实的基础。但是贝德士的最大失误是缺少一个周密而可行的编撰计划，他为资料花费的时间太多，而留给撰稿的时间显然不足。资料搜集是一个无底洞，必须有一个明确的范围界定与时间分配。贝德士所面对的不仅是卷帙浩繁的文献，还有许多重要课题的社会调查，如中国基督徒重要人物名录征集核实等工作，都需要花费大量精力和时间。

贝德士在学术交往上一贯以助人为乐，这本来是一个优秀基督教学者应有的品格，但如果为此而毫无节制地为他人作嫁衣裳，则必然会严重冲击自己的主体工作。M. O. William 曾把贝德士晚年的工作归纳为 3 项：（1）积极参与纽约和世界各地的学术会议与其他活动；（2）为难以数计的博士候选人与其他有关中国问题的作者热心提供咨询；（3）为自己的巨著搜集资料与编撰工作。人们不难发现，前两项占去贝德士大部分宝贵时间。

贝德士的热心助人已是有口皆碑。例如，鲍引登（C. L. Boynton）把自己在中国搜集的一批宝贵资料送给耶鲁神学院图书馆，贝德士立即义不容辞地应邀前往整理。各种各样求教的信件如同雪片一般飞来，例如有篇文章发表在某家刊物的哪一期？某位孤身前往中国的传教士的续弦太太的名字？以及在清理图书馆收藏的档案随时发现的问题等。他不仅是来信必复，而且答复得极为认真负责。有个年轻学者正在撰写有关美国教会的执事派遣问题的博士论文，贝德士给他的回信竟有 11 页之多。本来贝德士自己也可以就此写一篇很有价值的文章。⑰

更为圈内学者传为美谈的故事，应是 1977 年德国年轻学者古爱华写信向贝德士求教："赵紫宸究竟于何时何校接受何种博士学位？"贝德士立即查阅 Frank W. Price（毕范宇）的 *China Rediscovers Her West*（《中国重新发现其西部》），并参考金陵女子大学校长吴贻芳的有关记述，获知赵于 1947 年由普林斯顿大学授予博士学位。于是他又写信向普大注册部门查询，并得到该校 1947 年的一期 *Princeton Alumni Weekly* 的复印本。赵紫宸的大名赫然见于 1947 年 6 月该校 200 周年授予荣誉博士学位名单之中，并注明赵此前已经获得博士学位。贝德士一鼓作气穷究不已，通过赵紫宸的儿子获悉赵是在 1930 年左右由东吴大学授予博士学位。但贝德士仍不愿到此为止，直至看到南方美以美会会刊《教会之声》1927 年 6 月号的复印本，上面载有赵紫宸的照片，是被东吴大学授予荣誉博士的四个中国人之一，而这正好是东吴大学建校 25 周年。贝德士这才给古爱华写信正式告知结论并赠给全部复印文献，他俩之间的来往信件至今仍然收藏在耶鲁神学院图书馆。⑱

贝德士虽然未能完成生前的宏愿，但他的劳绩毕竟为我们留下一笔宝贵的遗产。

首先，在那些零碎片断的备忘录中，记录了他有关近代中国基督教史的许多深刻理念；如果把这些理论与他多次起草并不断修订的提纲（虽然并非完整）与部分书稿结合起来研究，不难发现他对 1900～1950 年期间基督教在中国社会活动史的总体构思。其视野之广阔、观察之细微与态度之严谨，都足以对我们有所启发。

其次，更为可贵的是他在 13 年期间勤奋搜集积累的大量资料与索引，可以为我们现今编纂中华基督教史提供许多重要文献的线索。特别是他复印的那些书刊，现今在国内外许多重要图书馆已经很难发现，虽吉光片羽亦弥足珍贵。贝德士遗留的信件甚多，其中有两类亦需加以注意：一是有关人士提供的书刊目录；一是为核实某人基督徒身份或其他相关事项的调查问卷及复函。例如，仅为澄清蒋经国、蒋纬国兄弟是否基督徒一事，他即曾向国外多位友人通信查询，可见其一丝不苟的治学精神。

对于贝德士的宏大遗稿，纽约协和神学院及相关学术界都极为重视。该院迅即成立专门的清理与研究班子，由美国基督教全国委员会中国项目主任富兰克林·吴牵头，M. O. William 具体运作，虽片纸只字也不轻易言弃，终于分类清理就绪。这是一项极为繁杂、艰巨而又必须过细的工作，清理班子不负重望，终于在 1983 年秋天完成任务。其成果便是 1984 年，亦即贝德士逝世六年以后，由 NCCCUSA 编辑出版的《贝德士手稿选辑》（*Gleanings from the Manuscripts of M. Searle Bates*）。此书包括四个部分：（1）由富兰克林·吴撰写的深情而且深刻的序言；（2）由 William, Jr. 编撰的《贝德士：〈基督教奋进在中国社会〉介绍》；（3）由年轻才俊孟心湉精心撰写的贝德士书稿提要；（4）史茉莉编写的《贝德士文献登记纲要》。应该说，这已经为贝德士遗著的进一步研究、整合、补充、编辑、出版，提供了必要的准备与极大的方便。正如吴所说："孟心湉小姐成功地将贝德士数以千计的手稿压缩到 100 多页。只要认真阅读便可对 1890～1950 期间基督徒在中国的奋进获致一个轮廓的印象。William 博士对大纲与实际内容的比较具体的介绍，将进一步帮助作者知道如何查阅这些资料。"

我不知道究竟多少人认真阅读过《集粹》，更不知道有多少人认真阅读过贝德士的手稿，哪怕是十分之一，甚至是百分之一？在全球都弥漫着急功近利迷雾的现今，有多少人甘于寂寞，以许多年的岁月埋首于这堆积如山的故纸堆？我苦于早已与贝德士老师失去联系，及至 1979 年首次访美，老师已经逝世经年，而遗留文献尚未及整理完毕，无从对外公开。我最早得以检阅贝德士文献是在 1988 年，但当时仍在校长任内，研究时间极其有限，而注意力仅限于南京安全区相关档案。1991 年再次前往耶鲁神学院图书馆，但主要任务还是搜集并复核有关南京大屠杀的大量文献，而回国后又花多年时间整理、编辑、出版这批珍贵资料。早在 1990～1993 年旅居美国期间，未尝没有整理贝德士遗著的宏图大愿，但苦于当时繁重的教学与交流工作，面对这卷帙浩繁的文献宝藏，也只能知难而退。当时，我已经与贝德士的儿子 Robert Bates 取得联系，他和他的家族都殷切寄望于我整理其父遗稿，最好是撰写一本翔实的传记。甚至在我 1994 年回国以后，他们仍然不断寄来大批贝德士生前发表过的各类文章。

非常惭愧，一晃又过去 20 多年。作为我早先安排的"贝德士文献研究系列"的成果,仍然限于有关南京大屠杀的历史见证。而贝德士文献的主体部分,中国基督教史的研究与编纂,我的整理与探索工作还仅仅是开始着手。幸好我们东西文化交流研究中心的年轻同事,都对这一课题显示出浓厚兴趣,有的已经投入大量精力与心血,可谓后继尚属有人。但兹事体大,贝德士的遗稿涉及时间很长、空间极大,而内容又涉及社会生活的各个层面,所以决非少数人所能胜任。恳切期望有更多有志之士惠予援手,关心支持乃至参与我们正在从事的艰难工作,这就是我借《澳门理工学报》发表此文的本意。

附记:

对于贝德士来说,他的最大遗憾可能是未能在生前重返南京,看看昔时的金陵校园与过去的同事及学生。但令人欣慰的是,在南京大屠杀70周年,即2007年12月中旬,他的儿子Robert带领一家十来口人,远渡重洋专程来金陵这片热土寻根,与南京人民一起缅怀父亲,共同祝愿世界和平。此事引起社会各界人士的关注,《现代快报》于2007年12月31日发表《我的父亲曾救护很多难民》长篇报道,记述了此次访问期间的许多感人情景。

2011年11月28日,Robert在辛亥百年一系列盛大纪念活动基本结束之际,热情地给我发来电子信并附以《现代快报》的报道及其英文译稿。在南京大屠杀纪念馆参观时,他细看有关贝德士的展板,发现用的是中文音译名字"贝茨",便向馆方建议,他们全家人都认为应该用"贝德士"中文原名。他强调说:"大家都知道他叫贝德士,这才是他的大名。"我也觉得纪念馆展板应该做相应的更正。

他在信上说,已经收到我的著作,可惜他看不懂中文,不过大女儿回家过圣诞节时认真读过,她能够阅读中文书。他还说但愿在哪一天,能够与我坐在一起敞怀长谈,我也有同样的期盼。但能否实现呢?彼此都是八十以上高龄,但大家同有这个梦,毕竟已足以欣慰了。

---

①以上主要根据Bates自述简历、年表。见RG10,B126,F1132。

②据Bates自述及《金陵大学60周年校庆纪念册》(南京:金陵大学,1948)等相关记述。

③1939年1月23日美国使馆曾函告贝德士:"1938年6月30日中国政府秘密训令,

授予您襟绶景星勋章。"同时授勋者还有金陵大学史迈士、林查理两位教授。RG10，B4，F67。

④两信已译成中文，见章开沅《传播与植根：基督教与中西文化交流论集》，广州：广东人民出版社，2005，第262、265页。

⑤主要依据史茉莉为贝德士文献编制的详细目录。

⑥RG10，B7，F120.

⑦见 Bates paper，B13，F218 等件。

⑧耶鲁藏档 RG10，B6，F107。

⑨⑩⑪⑫⑬⑭⑯⑰ *Gleanings from the Manuscripts of M. Searles Bates*：*The Protestant endeavor in Chinese Society*，*1890 - 1950*，New York：China Program，National Council of Churches of Christ in the U. S. A.，1984，p. 12a，p. 16a，p. 19a，p. 7a，p. 41a，p. 5a，p. 1a，p. 10a.

⑮这是目前已发现的贝德士给费正清的最后一封信。见《传播与植根——基督教与中西文化交流论集》，第287页。

⑱Gleanings，p. 9a. 我于1995年上半年应邀到香港中文大学崇基学院讲学并合作研究，正好古爱华亦在该院任客座教授，谈起这桩往事，古至今仍感念不已，因他正以赵紫宸研究知名于世。

作者简介：章开沅，华中师范大学中国近代史研究所教授、名誉所长，华中师范大学东西方文化交流研究中心主任和池田大作研究所名誉所长，美国奥古斯坦那学院（Augustana College）荣誉法学博士，日本创价大学与关西大学名誉博士。早年就读于金陵大学，曾任教中原大学，后在华中师范大学任教至今，系中国辛亥革命史研究会、华中师范大学历史研究所（现改名为中国近代史研究所）和中国教会大学史研究中心的创办人。曾任华中师范大学校长（1984~1990年），国务院学位委员会历史学科第一、二届评议组成员、召集人，并先后受聘担任耶鲁大学、普林斯顿大学、加州大学、香港中文大学和台湾政治大学及中研院近代史研究所等多家学术机构的研究教授或客座教授。主要从事辛亥革命史、中国资产阶级、中国商会史、中国教会大学史、南京大屠杀历史文献等领域研究。其代表性著作有：《辛亥革命前夜的一场大论战》、《实斋笔记》、《张謇传》、《辛亥革命与近代社会》、《从耶鲁到东京：为南京大屠杀取证》、《鸿爪集》、《南京大屠杀的历史见证》、《传播与植根：基督教与中西文化交流论集》、《离异与回归：传统文化与近代关系试析》、《章开沅演讲访谈录》、《章开沅学术论著选》、《辛亥革命与近代社会》、《辛亥前后史事论丛》、《辛亥前后史事论丛续编》、《寻梦无痕：史学的远航》、《辛亥学脉世代绵延：章开沅自选集》等，主编《辛亥革命辞典》、《辛亥革命运动史稿》、《辛亥革命史》、《社会转型与教会大学》、《基督教与中国文化丛刊》、《比较中的审视：中国早期现代化研究》、《中国近代民族资产阶级研究：1860～1919》、《湖北通史》等，编译《天理难容：美国传教士眼中的南京大屠杀（1937～1938）》。

[责任编辑：刘泽生]

（本文原刊 2013 年第 1 期）

此情可待成追忆

——中国大学内迁的历史、传说与精神

陈平原

[提　要] 抗战中中国大学不仅成功内迁，而且顶住轰炸，弦歌不辍，这实在是个奇迹。讲述这一段波澜壮阔的历史，事后回忆与学者发掘固然重要，但更值得关注的是当事人当年的文字，看他们如何在惊魂未定之际回首往事，制造传说，总结经验，畅想未来——那既是文学，也是历史，更是精神。本文借1941年《教育杂志》的"抗战以来的高等教育专号"、《战时全国各大学鸟瞰》一书以及《解放日报》所刊《抗战后专科以上学校集中区域》，勾勒各大学的迁移路线、地理分布以及办学特色。另外，选择二十篇或年轻学生或大学校长的文章，纵横交错，呈现战时中国大学的精神风貌。文章最后讨论如何跨越虚构写实的鸿沟，让日渐遥远的"老大学的故事"重新焕发光彩。

[关键词] 抗战　内迁　南渡　大学史　虚构与写实

一　炸不垮的中国大学

这是一场惨烈的战争。不管叙述框架大小，是十四年抗战全景（1931～1945），还是八年全面抗战（1937～1945），中国人民为反抗侵略而承受的牺牲，据近年的研究成果，伤亡约3500万人，直接财产损失1000亿美元以上，间接财产损失5000亿美元。[①]除了人口及经济上的损失，这还是一场文

化大劫难——毁灭了众多图书典籍、重要文物、古建筑等，其中尤以各级学校的惨遭轰炸最为令人发指。②

面对强敌，中国政府在全力抵抗的同时，不得不以空间换时间，即所谓"苦撑待变"。因此，也就有了近乎不可能的大撤退——在有限的时间内，有条不紊地实现了政府内迁、工厂内迁、企业内迁、学校内迁、文物内迁等。如此大规模内迁，"衣冠西渡"，没有丧失战斗意志，固然很不容易；③而西南大后方"接纳和安置了大批内迁的机关、工厂、学校和人口，保存和发展了抗战力量"，同样值得高度赞许。④本文所讲述的"中国大学内迁的历史、传说与精神"，必须放置在如此大背景下，才能看得清楚。

1937年夏天，战争全面爆发，日本飞机轰炸天津、南京时，居然选择南开大学、中央大学等非军事目标。一开始中国政府及新闻界还在抗议，但很快明白了对方的思路：不是误炸，而是有意为之，借以打击你的士气，最大限度地制造恐慌情绪。某种意义上，炮火连天中，中国大学依旧弦歌不辍，这本身就意味着力量与勇气，说明这个国家没有屈服，还在顽强战斗，且对未来充满信心。各大学内迁路线及最后立足地不同，但《西南联合大学校歌》还是唱出了共同的心声："万里长征，辞却了五朝宫阙，暂驻足衡山湘水，又成离别。绝徼移栽桢干质，九州遍洒黎元血。尽笳吹弦诵在山城，情弥切。"⑤

抗战胜利后不久，《中华教育界》复刊，其第一卷第一期乃"抗战十年来中国教育总检讨专号"。其中大夏大学校长欧元怀所撰《抗战十年来中国的大学教育》，有一段抗战中国大学命运的简要描述：

> 抗战初起，高等教育遭受着极大的危机，最先是大学关门论的意见，大逞威风，战时教育专家，讥笑着高大森严的黉宫，认为毕业即失业，学生即学死的现象，已经宣告大学教育的破产，大学在炮火的炽炼中，变为抗战的累赘，而需要加以廓清。可是这一主张，被"战时要当平时看，平时要当战时看"，"教育不应分战时与平时"的理论否决了；于是高等教育在战时非但维持着，而且更大大的扩张着。至胜利的三十四年度为止，全国专科以上学校共141所，教职员数为10901人，学生数80646人，而抗战以前我国专科以上学校仅108所，学生数41922人，这个简单数字，说明了一个事实，即抗战并没有取消了大学，而是相反的繁荣了大学。⑥

多年后，战时的教育部长陈立夫，在《战时教育行政回顾》中谈及如何否决"完全改变平时教育的性质，一切课程及训练均以适应军事需要为前提"的时髦说法："我当时根据抗战与建国双管齐下的国策，认为建国需要人才，教育不可中断。并且即在战时，亦需要各种专技人才的供应，有赖学校的训练。"⑦此论述得到最高当局的支持，因此战时的中国大学没有沦落成为培训班。至于"抗战期间教育部最显然易见的成就，便是原有的各级教育，虽因国土沦陷，幅员缩小，以及人力物力的维艰，非但没有萎缩，还有些学校在数量上大有增加"，陈立夫引的是《第二次中国教育年鉴》，数字略有出入：1936 年度专科以上学校 108 所，1944 年度增加为 145 所。其实，战争的头两年，风雨飘摇，若干大学停办，不少学生失学，统计数字是很不好看的。"依教育部二十八年度的统计，战前专科以上学校一〇八校，因战事迁移后方者有五十二校，迁入上海租界或者香港续办的二十五校，停办的十七校。其余十四校，或是原设后方，或是原在上海租界，或是教会大学能在沦陷区继续上课的。"即便转移到大后方坚持办学，也会时常遭受日本飞机的轰炸："实际当时全国专科以上学校照常开设未受战事影响的，只有新疆文理学院一校而已。"⑧

外在环境如此艰危，但中国大学惨淡经营，不仅没被炸垮，还昂然屹立，略为修整后便大踏步前进，实在令人敬佩。无论时人还是后来者，谈及这段历史，最容易蹦出来的字眼是"迁徙"。不妨先引两段当年的文字，作为本文的"引子"。

1940 年底，广东省立文理学院院长林砺儒为《教育杂志》撰文，谈及本校迁徙之艰难："乃于（1937 年）十月中旬，迁避梧州。二十七年十月，广州沦陷后，我们再迁藤县；二十八年一月，三迁柳州融县；九月四迁归粤北乳源；去年一月五迁至连县。抗战迄今，凡五次迁徙，而全部图书仪器没有损失，师生也无恙，还算是幸运。"⑨让林院长万万没想到的是，随着战事的变化，学校还得继续迁徙。"六迁曲江，七迁回至连县，八迁罗定"——难怪时任教育部长的陈立夫断言广东省立文理学院是抗战中高校"迁校次数最多的"。与此相对应的是"迁移最远"的西南联大——尤其值得称道的是那些翻越崇山峻岭，徒步从长沙走到昆明的师生。⑩

1938 年 2 月 20 日，长沙临时大学（即日后的西南联大）约三百名师生组成的湘黔滇旅行团启程，经过 3500 里长途跋涉，于 4 月 28 日到达昆明。此次"小长征"，无论当时还是日后，都被一再表彰。⑪正如美国学者易社强

（John Israel）所说："这次长征是一次艰苦卓绝的跋涉之旅。此后是八年患难，它成为中国知识分子群体才能的象征；因此，也成为中国高等教育和文化持续不辍的象征。"[12]可是，很多内迁大学都有类似的故事，为何西南联大独领风骚？这很大程度得益于文字的力量。因湘黔滇旅行团指定了丁则良等三人为日记参谋，全面记录旅行团活动，写成了约二十万字的日记，寄到香港交商务印书馆刊行，只是因太平洋战争爆发而不幸失落。[13]即便如此，也有诸多书写刊行。[14]这里仅引录初刊于1946年《联大八年》的《长征日记——由长沙到昆明》，作者乃西南联大生物系助教吴征镒，日记结尾处有这么一段话：

> 全行程计长沙至晃县六三五点五公里，晃县至贵阳三七二公里，贵阳至盘县四一二点三公里，盘县至昆明二四三点八公里，共一六六三点六公里，号称三千五百华里。然除去乘船乘车外，实在步行距离，无确切记录。大约二六〇〇华里而已。自二月二十日晨至四月二十八日下午，共行六十八天。中间乘船乘车或休息或阻滞外，实走了四十天，每天平均约六十五里，正合一个马站。曾昭抡先生走路一步不苟，每上下坡必沿公路走之字折，大约为全团走路最多的。[15]

兵荒马乱中，还有如此精确的计算！此等文字，比任何形容词都有力量。加上旅行团里日后人才辈出，难怪被作为抗战中大学内迁的代表或象征。

中国大学不仅成功内迁，而且顶住轰炸，弦歌不辍，这不禁让人想起当年中央大学校长罗家伦的名言："武力占据一个国家的领土是可能的，武力征服一个民族的精神是不可能的"；"我认清敌人可以炸毁的是我们的物质，炸不毁的是我们的意志！炸得毁的是我们建设的结果，炸不毁的是我们建设的经验！"[16]

讲述这一段波澜壮阔的历史，事后回忆与学者发掘固然重要，但我更看重当事人当年的文字，看他们如何在惊魂未定之际回首往事，制造传说，总结经验，畅想未来——那既是文学，也是历史，更是精神。

二　1941 年的统计

最早有意识地回首往事，谈论中国大学内迁的，不是 1986 年的《笳吹弦诵在春城——回忆西南联大》（第一集）（西南联合大学北京校友会校史编辑委员会编，云南人民出版社、北京大学出版社），也不是1981年出版共21册的"学府纪闻"丛书（台北：南京出版有限公司），甚至不是1946年的《联大八年》（西南联大《除夕副刊》主编，西南联大学生出版社刊印），而是在战火纷飞的1941年发布的三个看似散乱、实则互相关联的"文本"——前方战事相对平稳，迁徙后方的大学也基本站稳了脚跟，出于总结经验、自我鼓励以及招收新生的需要，大学开始"讲故事"。半个多世纪后看，《教育杂志》的编专号、《民意周刊》的出文集，以及《解放日报》的勾勒图景，都提供了绝好的教育史料。

说"招生需要"，并非贬低这些热情洋溢的文字。这么多大学内迁，生源必须跟上；而如何吸引沦陷区的青年到大后方求学，既是教育方针，也是政治策略。1940年10月17日王云五在香港无线电台播音之演说词，题为《现代中国高等教育之演进》，提及国土沦陷，大学西迁，青年学生辗转求学："三年以来，每届招生，应考者辄多至一二万人，其中自上海租界及香港应考者，亦多至数千人。青年学子，宁舍上海香港之物质之享受，与目前之安全而不远数千里，长途劳苦，并甘冒空袭之危险，与甘受物质之限制，以求精神之安慰与学问之上进；真足与西南各省大学专校之教职员，不避艰危，再接再厉，以为国家在抗战期内继续造就人材者，互相比美。"[17]翻阅各家校史以及当年大学生的各种追忆，穿越封锁线，到大后方求学，绝对是人生路上关键性的抉择。[18]

如何给有意到大后方读书的青年人提供有用信息，让他们知道各大学目前的处境以及办学方针，是教育者及出版人都必须考虑的。1941年7月出版的《教育杂志》第三十一卷第七号，后面附有商务印书馆"最新出版，业已运到内地"的《全国专科以上学校最近实况》的出版广告："本书包含全国专科以上三十八校最近实况之纪录，每校一篇，由各校负责方面执笔，材料新颖正确。末附教育部高等教育司所编各学院升学指导及全国专科以上学校调查表等多种，为有志升学者所必备。"[19]强调"升学必备"，当然是商业广告；可多年后查阅，扑面而来的却是历史烟云。

商务印书馆1941年1月10日刊行的《教育杂志》第三十一卷第一号乃"抗战以来的高等教育专号"，总共介绍了西南联大、中山大学、武汉大学、浙江大学、四川大学、暨南大学、厦门大学、广西大学、东北大学、大夏大学、复旦大学、光华大学、金陵大学、华中大学、华西大学、岭南大学、广州大学、中华大学、齐鲁大学、江苏医学院、广东省立文理学院、江苏省立教育学院、福建协和医学院、南通学院、国立艺专、西北技专、上海美专等 27 所大学。因是杂志组织的稿子，除《广西大学的今昔》外，其余标题统一为"抗战以来的"某某大学。至于作者，有只署校名的，如东北大学、光华大学、岭南大学等；也有校长领衔的，如武汉大学校长王星拱、复旦大学校长吴南轩、广东省立文理学院院长林砺儒。接下来的几期《教育杂志》，又分别介绍了十所学校（或全称，或简称，依照原刊文章题目）：国立西康技艺专科学校、武昌艺专、国立中央技艺专科学校（2 月号），国立西北医学院（4 月号），无锡国专、川至医专（5 月号），中央大学、国立师范学院、国立西北工学院（7 月号），北平民国学院（11 月号），明显是在拾遗补缺。[20]

与《教育杂志》之介绍 37 所大学"抗战以来"的情况相映成趣的，是重庆独立出版社 1941 年 3 月所刊《战时全国各大学鸟瞰》（王觉源编）。此书乃"民意丛刊之三"，作者都是《民意周刊》的特约通讯员，全书内容十之七八在《民意周刊》发表过，故依原先发表的顺序排列；未收沦陷区或距离陪都较远的学校，且有约稿未到或文章不如人意的。[21]全书 380 页，收文 47 篇——也就是说介绍了 47 所大学，标题大都是"抗战中的"某某大学。具体谈及的学校包括：广西大学、西北大学、东北大学、中央政治学校、中央大学、河南大学、西北工学院、四川大学、重庆大学、齐鲁大学、西南联合大学、厦门大学、大夏大学、英士大学、复旦大学、交通大学唐山工程学院、山西大学、浙江大学、金陵大学、云南大学、光华大学、中正大学、湖南大学、四川教院、广东省立文理学院、民国学院、国立师范学院、中山大学、同济大学、中华大学、暨南大学、民族文化学院、西北师范学院、国立女子师范学院、中央技专、武昌技专、西北技专、西康技专、铭贤农工专科学校、中正医学院、江苏医学院、湘雅医学院、福建省立医学院、无锡国学专修学校、西北医学院、武汉大学、岭南大学等。

不计重复的 28 所专科以上学校，《教育杂志》独有的是华中大学、华西大学、广州大学、江苏省立教育学院、福建协和医学院、南通学院、国立艺专、上海美专等 8 校；而《战时全国各大学鸟瞰》补充进来的有西北大学、中央政治学校、河南大学、重庆大学、英士大学、交通大学唐山工程学院、山西大学、云南大学、中正大学、湖南大学、四川教院、同济大学、民族文化学院、西北师范学院、国立女子师范学院、铭贤农工专科学校、中正医学院、湘雅医学院、福建省立医学院等 19 校。换句话说，一刊一书介绍的，总共 55 所专科以上学校。即便两边都谈，文章的作者及内容也不一样：都涉及校史与现状，环境与课程，教学与生活，但相对来说，《战时全国各大学鸟瞰》更随意些；除了文章长短不一（广西大学 16 页，暨南大学 4 页），文风各异，还夹杂不少个人感慨与细节描写。

文章好坏不谈，先说当年中国大学的地理分布图。1941 年 10 月 25 日延安《解放日报》第 3 版刊有《抗战后专科以上学校集中区域》，此文原为表格，分作"区域"、"学校"、"学生数"三栏。学生人数，成都（川西）区约 6500 人，重庆（川东）区约 7000 人，昆明（云南）区约 4500 人，贵阳（贵州）区约 4000 人，西北区约 5000 人，两广区约 4000 人，湘西区约 1100 人，上海区（原注：伪校不在内）约 7400 人，北平区（原注：伪校不在内）约 2500 人，其他地区约 3000 人。至于学校，可补《教育杂志》及《战时全国各大学鸟瞰》之缺的有：成都区的金陵女院、朝阳学院；重庆区的药学专校；昆明区的国术体育专校；贵阳区的贵阳医学院；西北的西北农学院；两广区的国民大学、勷勤学院；湘西区的商业专校；上海区的交通大学、上海医学院、上海商学院、沪江大学、震旦大学、东吴大学、大同大学、上海法政、太炎文学院、达仁学院、新中国大学；北平区的燕京大学、辅仁大学、中国大学、协和医学院、铁路专校、中法大学；此外还有在福建之华南女子文理学院，在浙江之省立医专，在江西之苏皖政治学院等 29 所。[22]

共同涉及的 28 校，加上《教育杂志》介绍的 8 所、《战时全国各大学鸟瞰》谈论的 19 所，以及《解放日报》提及的 29 所，1941 年的中国大学，见诸三大"文本"的就有 84 所。考虑到那时中国大学刚从最初的慌乱中喘过气来，这个数字已经相当可观了。但这里有几个问题，必须略加厘清。

第一，上述专科以上学校，不一定都是内迁的，包括本地原有的大学（如四川大学、云南大学）；而且，"西迁"虽是主流，也有在省内迁徙的（如厦门大学、河南大学）。第二，《解放日报》所刊表格，附注中已经说明："陕甘宁边区及敌后各抗日根据地不在内"。[23] 而熟悉现代中国史的人都知道，共产党领导的陕北公学、鲁迅艺术文学院、延安大学、华北联合大学等，虽没有纳入国民政府主导的高等教育系统，却也别具一格，值得高度重视。[24] 第三，1941 年 12 月 7 日日军偷袭珍珠港，太平洋战争爆发，北平及上海等地又有不少高校停办（协和医学院、沪江大学）或内迁（燕京大学迁成都、交通大学迁重庆），中国大学版图将发生很大的变化。第四，中国人民政治协商会议西南地区文史资料协作会议编《抗战时期内迁西南的高等院校》，收录《抗日战争时期内迁西南的高等院校情况一览表》，记载抗战期间迁往西南的高校 56 所，其中未见《解放日报》表格的有 36 所；那是因统计时间不同，有统计时已迁走的（如国立中山大学），也有统计时尚未迁入的（如国立交通大学）。但除掉这些，还是有不少重要的遗漏，如1937 年由青岛迁四川万县的山东大学、1938 年由青岛迁四川万县的山东医学专科学校、1939 年由南京迁四川江安的国立戏剧专科学校、1939 年由上海迁重庆的国立音乐学院等。[25]第五，最近十几年，随着学界对于抗战中大学内迁的研究日渐深入，这个数字还在不断增加；[26]只是大学的规模大小、办学时间长短，须实事求是，不要人为拔高。

战时中国大学的内迁，乃"为了保全国家元气"，其间"中央及地方教育行政机构，决定迁移大计，适应军事变化，随时指示机宜，相择地点，并拨给款项"，确实"煞费周章"；可我更看重的，还是"各校员工的勇敢与毅力"。[27]最近二十年，老大学在编写校史时，都会强调其抗战时期的内迁路线、过程、场景及人物；而文人学者以及广大读者也对此感兴趣，相关出版物很多。这里不想重复描述，只希望钩稽那些散落在当年的报纸杂志上、并非出自名家之手，因而很容易被埋没的精彩文字。

三　不该被埋没的文本

为了让论题相对集中，本文预先圈定西南联合大学、中央大学、浙江大学、中山大学、武汉大学、同济大学、厦门大学、河南大学、国立交通大学、西北联合大学等十所国立大学，[28]为每所大学从《教育杂志》"抗战以来的高等教育专号"或《战时全国各大学鸟瞰》选一则文章，略加摘引，重新编排，以补眼下各种校史论述之缺失。

1937 年 9 月 10 日，教育部发布命令，由北京大学、清华大学、南开大学组成长沙临时大学；11 月 1 日，临时大学在岳麓山下正式上课。因日军沿长江一线步步紧逼，危及衡山湘水，师生们于 1938 年 2 月搬迁入滇，4月，改名国立西南联合大学。西南联大 1946 年 5 月 4 日举行结业典礼，7月 31 日宣布结束，上述三校迁回原址，师范学院留下来，改称昆明师范学院。因三校合一，西南联大的地位格外显赫，《教育杂志》"抗战以来的高等教育专号"将其作为开篇之作。撰写《抗战以来的西南联大》的查良铮，乃现代史上著名诗人穆旦（1918～1977），1940年在西南联大外文系毕业，刚留校任教。此文虽属职务写作，却也很见文采。谈及1939年10月13日日机轰炸西南联大，投下百余个轻重炸弹，"意欲根本毁灭了这个学校"，查文如此描述：

> 师范学院全部炸毁，同学财物损失一空；文化巷文林街一向是联大师生的住宅区，也全炸毁了；在物质方面，日人已经尽可能地给了打击。然而，就在轰炸的次日，联大上课了，教授们有的露宿了一夜后仍旧讲书，同学们在下课后才去找回压在颓垣下的什物，而联大各部的职员，就在露天积土的房子里办公，未曾因轰炸而停止过一日。㉒

不愧是诗人，很会写文章，寥寥几笔，顿显精神。第二年2月，查良铮不做秘书活，投笔从戎，以助教身份参加中国入缅远征军去了。

与此文出自名家之手不同，以下引录的九则短文，作者多不可考，故不做单独介绍。抗战中的浙江大学，同样历尽艰辛："经过四次大的搬迁，行程2600余公里，足迹遍及浙、赣、湘、桂、闽、粤、黔七省，于1940年1月到达黔北，在遵义、湄潭、永兴等地坚持办学，直至抗战胜利，于1946年5月返回杭州。"㉚大学内迁的特点在于，不是简单的逃难，而是在战火中坚持教学与科研。如浙大三迁广西宜山，"宜山县城，虽不甚大，而街市整洁，浙大校舍，以文庙标营为中心，又在标营，新建草棚，作临时教室，师生于此，安心教学者，计一年又两阅月之久"，㉛直到1939年2月5日遭遇敌机轰炸，才不得不考虑转移。关于此次大轰炸，《教育杂志》所刊孙祥治《抗战以来的国立浙江大学》，不以文采取胜，而以史料见长。上午11时，日机18架侵入广西宜山，专炸浙江大学，共投弹118枚，浙大"东宿舍全毁，大礼堂、训育部、导师室、体育课、园艺系工作室，及新教室，均一部分被毁，学生二人微伤，余皆安然无恙"；"惟学校经此次猛烈轰炸后，不得不加以整理，于是停课三日，于二月九日照常上课"。如此紧张的局面，大学也就停课三天，还专门记录在案，可见校方对于学业的重视。此文开列抗战以来浙大由杭州而建德，而吉安，而泰和，而宜山，而遵义，每学期具体的上课及停课时间："虽迭经播迁，而每学期实际上课之周数，平均在十八星期左右，若加缴费注册选课等时日计之，则近二十星期矣。"㉜所有在大学读过书或教过书的人都明白，这等于说，浙大即便在迁徙过程中，也都不曾停课。

叙述抗战中的国立交通大学，不是一件容易的事。因战前国立交通大学本就分三部分，上海是本部，此外还有北平铁道管理学院、唐山工程学院。八一三抗战爆发后，交大总部迁往上海法租界，重庆小龙坎设交大分校；太平洋战争之后，分校扩建为九龙坡的交大本部。另外，先在湖南湘潭复校，后迁湘乡杨家滩、贵州平越（今福泉）的唐山工程学院，1942年奉教育部令改称交通大学贵州分校。因此，无论台湾出版的《学府纪闻·国立交通大学》（1981），还是大陆刊行的《老交大的故事》（1998），都兼收唐山工程学院学生的文章。相形之下，谈九龙坡的文章（如魏凌云《杂忆九龙坡》），不及回忆平越生活的（如《平越二三事》、《四十年前读书地》、《我参加了徒步迁校的行列》）精彩。③而1941年的《教育杂志》以及《战时全国各大学鸟瞰》，不见谈论上海或重庆的交大，反而有漆镇白撰《交通大学唐山工程学院》。漆文中提及，"交大唐院的学生是最能吃苦的"，因学工程必须吃苦，在抗战中学工程更得吃苦，何况命运多舛的唐院一再迁移。接下来这段文字，描述的是从湖南湘潭到贵州平越这一路：

> 总共这次大迁移，从二十七年五月自湘潭迁出，到二十八年二月，在平越复课，时历半年。中途上课时断时续，对功课虽不无影响，但因有以往坚忍的精神，所以迁移结果，人数不但不减少，反而继续增加，规模不仅不缩小，反而渐渐扩大。这也许是唐院的迁校和其他的学校所不同的地方吧！④

这越走越大的唐山工程学院，抗战胜利后，复名交通大学唐山工学院，并回到了唐山校园。至于九龙坡从分校到本部的转换，以及1942年上海法租界的交大被迫接受汪伪的管辖，不少师生愤而离校，这个故事，还是留给校史专家去讲述。⑤

说到校史的复杂，国立西北联合大学的命运最令人感叹唏嘘。1937年抗战全面爆发后，北平大学、国立北平师范大学、国立北洋工学院三所院校于9月10日迁至西安，组成西安临时大学。眼看太原失陷，西安临时大学1938年3月16日迁离西安，过渭河，越秦岭，抵达汉中继续办学，校本部设在城固县城。1938年4月3日，教育部令西安临时大学改名国立西北联合大学。可惜好景不长，三个月后西北联大解体：其工学院和东北大学工学院、焦作工学院合并，成为国立西北工学院；农学院与西北农林专科学校合组为国立西北农学院；教育学院改称国立西北师范学院。1940年，西北师院奉命陆续迁往甘肃兰州；抗战胜利后，是否返回北平，有过激烈的抗争，最终结果是部分北归。㊱因此，1941年，《战时全国各大学鸟瞰》谈及的西北大学、西北师范学院，以及《教育杂志》介绍的国立西北工学院，都是西安临时大学/西北联合大学的合法继承人。紫纹《抗战期中的西北大学》所描述的"行军过秦岭"，应该是他们的共同记忆：

> 从此，进入窄窄的天的窄窄山窝中了。每早，摸黑地爬起来，把干粮袋搭在肩头上，用手杖支撑着，把一个个的脚印烙在古栈道上。夜间，在土坑上或是阴湿的泥土上甜甜地入梦。半夜醒来，满鼻子氤氲着牲口粪味，驴夫们伛偻着腰，在黑暗的角落里，吸着旱烟袋，让一明一灭的黝黯的光闪着，像是旷野中的鬼火。他们由［用］沙哑的嗓音谈着天，那语调浊重得好像就凝在三月的夜风里，叫人觉得生活又倒退了几个世纪。这么着，十二天过去了，数着自己一个接着一个的脚印，一个转弯，头上的天逐渐大起来，用着一种迫切的心情冲出山口，遥远的绿的原野上笑着一派红艳的桃花。心里像拾到一件宝物样的跳动。㊲

说到迁徙过程之曲折，创建于1907年的国立同济大学，绝对名列前茅。抗战八年，一迁上海市区，二迁浙江金华，三迁江西赣州，四迁广西八步，五迁云南昆明，六迁四川李庄。㊳李庄时期的同济大学，各方面发展达到了鼎盛时期。可此前在昆明的徘徊、计算与谋划，同样值得关注。陈厚存《抗战中的国立同济大学》分九节讲述同济的历史以及迁移的历程，其中第八节谈现状："这次的校址，直至最近，方才决定了四川南溪县李庄。那里现正加工修葺校舍中。学生教授也正络绎不断地来川，因为校舍尚未建筑成功，所以目前都集中宜宾。"㊴

1938年10月因受战争影响而迁至云南澂江的国立中山大学，1940年8月奉命迁回粤北坪石。据余一心《抗战以来的中山大学》称，同学们最初很不喜欢澂江，因"苍蝇多，屎粪多，沙尘多，澂江人日上三竿不开店门，他们不洗脸，不洗澡，他们小气，他们顽固，他们好吃懒做，他们欺负外客人，他们不懂卫生，他们不守时间"；可历经艰苦生活的磨炼，立场发生了变化：

> 广东的青年开始认识了中国的全貌，省籍的隔阂慢慢消除，那种
> 过分夸大的广东精神，也受矫正。中山大学和其他的大学，如西南联
> 大相形之下，自卑的人可以增高了自信，夸张的人不由不灭减了他的
> 夜郎自大观念。[40]

既强调大学给澂江人民带来了文明开化的风气，也承认澂江人民改造
了青年学生的趣味，二者相辅相成，方才是相对完整的论述。[41]

1937年12月至1945年7月，国立厦门大学内迁福建省西部的长汀。八
年抗战，厦门大学坚守东南，"自觉地担负起粤汉铁路以东国立最高学府的
全部责任"；[42]而在战火纷飞的年代，"办学的首要任务不在教育、教学，而
在求生"，"使得每个学生挑灯夜读时，不用再考虑'第二天的饭钱'如何
解决"，[43]是很不容易的事。值得庆幸的是，因搬迁及时，该校"图书仪器等
损失远较其他内迁院校为轻"。下引《教育杂志》所刊《抗战以来的国立厦
门大学》（胡依）的介绍文字，在谈及藏书数量时，与《战时全国各大学鸟
瞰》中的吴执夫所撰《抗战中的国立厦门大学》如出一辙：

> 该校图书馆现藏中日文书四四〇五〇册，西文书一五九六二册，
> 中文杂志五三七五册，西文杂志一六二二二册，合计八一四六五册
> （实际相加数为八一六〇九册——编者注）。馆内经常订购中文报纸二
> 六种，西文报纸三种，中文杂志一四四种，西文杂志一二八种。最近
> 向国内外书局，订购价值二万余元的大批图书约千余册，已到校者约
> 四百余册，余闻不久即可到校。[44]

1942年10月9日，西南联大中文系教授浦江清路过厦大，老友施蛰存领
其参观图书馆，浦在日记中写下："西文书，凡语言、文学、哲学、历史、医
学、生物皆富，物理、化学、数学书亦可，而关于中国文学之书籍亦多，出
意料之外。"尤其让他惊讶的是："又有德文书不少，自哥德以下至托麦斯·
曼均有全集。尼采、叔本华全集英、德文皆有。亚里斯多德有最新之英译
本。"[45]那时的西南联大，图书资料十分缺乏，以至必须制定十分严苛的图书
借阅制度；[46]了解此背景，方才明白厦大为何对自家藏书特别得意。

抗战期间，河南大学先后辗转于信阳、南阳、洛阳、西安、宝鸡等地，其中停留办学时间最长的是豫西嵩县潭头镇（1939 年 5 月 ~ 1944 年 5 月）。学生回忆文章，写的也多是这一段生活。[47]《战时全国各大学鸟瞰》所收魏凡的《抗战中的河南大学》，让我们听到了当年大山深处的朗朗书声：

> 即使在最平常的日子，图书馆中也是坐满了人。实验室中的活动是没有停止过的。夜里，过了十二点，宿舍里还常常透露出灯光，早晨天一黎明，你可以看到各山坡上，河滩里，都有读书的同学。有时雨过初晴的清晨，你可以听到各种外国语的读音在和蛙鸣争噪。[48]

《战时全国各大学鸟瞰》各文参差，但有不少精彩的细节描写。与河南大学的读书声相映成趣的，是中央大学学生的百衲衣：

> 先说衣吧，像过去那种西装革履头发雪亮的大学生，现在在这里，真是变为"凤毛麟角"的了。大部分同学经常所穿的，都只是学校里代做的两套黄色制服。又因为布料的不好，和穿的时间过久，几乎没有一个人所穿的制服不是破旧不堪的。最容易擦破的地方要算是裤子的膝盖头和屁股上。有的人因为补不胜补，索性把膝盖以下的剪了去，裁成短裤。[49]

中央大学 1937 年 10 月开始西迁重庆沙坪坝，而后扩展到四个校区，是抗战期间得到政府特殊照顾，各方面都进行得比较顺畅的。[50]

陪都重庆街头走过衣衫破旧但精神抖擞的中大学生，以及豫西南深山小镇飘来朗朗书声，那只不过是抗战中大学生日常生活的缩影。战时的校园生活，不仅是孜孜苦读，也还有放松的时候。拱君《抗战中的国立武汉大学》，包括"天然的校园"、"特有的学风"、"食和住"、"学会"、"写作"、"教授"、"娱乐"、"图书馆"、"运动"、"男女关系"、"不同的省籍"、"考试"、"救亡工作"等十三节，引第七节"娱乐"中一段文字：

> 嘉定（乐山古称嘉州、嘉定——引者注）因为有幽美的环境，所以每当阳春三月的时节，武大的同学常结队成伍赴城外郊游，有时并举行野餐。或于清朗的月夜，举行着音乐会，千余同学，济济一堂，

极尽人世间之乐事。在此国难严重之时，后方的大学竟还能享受这么幽美的生活，真是叫人不尽其羡慕。⑤

同样在长江边，只因慢走了一步，让中央大学等占了先，武大只好沿江上溯，扎根四川乐山。乐山办学八年，铸就了武大校史辉煌的一页，也留下很多美好的记忆。⑥

上面引述的十则短文，均出自 1941 年《教育杂志》"抗战以来的高等教育专号"及王觉源编《战时全国各大学鸟瞰》。这些文章，没有什么惊人之语，但为后世读者提供了无数鲜活的场景及生活细节，值得珍视。

四　笔落如何"惊风雨"

与上述十文出自年轻学生或助教之手不同，下面这十篇文章的作者，乃赫赫有名的大学校长或教授。十文体式多样（日记、书信、文书、碑铭、随笔、著作），来源不一，但有一点，都是抗战中所撰。至于排列顺序，不按主题，而依时间，目的是凸显战时中国大学的"起承转合"。

读完以下十文——西南联大外文系教授吴宓的《吴宓日记》（1937），西南联大中文系教授闻一多的《致高孝贞》（1938），武汉大学中文系教授叶圣陶的《乐山被炸日记》（1939），中山大学代校长许崇清的《告别澂江民众书》（1940），武汉大学校长王星拱的《抗战以来的武汉大学》（1941），中央大学校长罗家伦的《炸弹下长大的中央大学》（1941），西南联大中文系教授浦江清的《西行日记》（1942），西南联大常委、原北京大学校长蒋梦麟的《西潮·大学逃难》（1943），浙江大学校长竺可桢的《国立浙江大学黔省校舍记》（1945），西南联大文学院长冯友兰的《国立西南联合大学纪念碑碑文》（1946），浮上心头的，很可能是杜甫的诗句："笔落惊风雨，诗成泣鬼神。"相对于日后苦心经营的回忆录、自传、散文、小说、诗歌、戏剧等，这些战火纷飞中匆匆写下的文字，更能显示当事人的心情，其描写也更为传神。故以下的介绍，兼及时与事、情与景、文与人。

清华大学外文系教授吴宓（1894～1978）抗战时随大学迁徙长沙、蒙自、昆明等地，其经历、思索与感受，在《吴宓诗集》与《吴宓日记》中留下很深的印记。作为浪漫派诗人及学者，吴宓写日记时"百无禁忌"，故可信度很高。比如，七七事变后，北京城里人心惶惶，吴宓 1937 年 7 月 14 日的日记写道：

阅报，知战局危迫，大祸将临。今后或则（一）华北沦亡，身为奴辱。或则（二）战争破坏，玉石俱焚。要之，求如前此安乐静适丰舒高贵之生活，必不可得。我一生之盛时佳期，今已全毕。此期亦不可谓不长久，然初未得所享受，婚姻恋爱，事事违心，寂寞愤郁，痛苦已极。回计一生，宁非辜负？今后或自杀，或为僧，或抗节，或就义，无论若何种结果，终留无穷之悔恨。……故当今国家大变，我亦软弱无力，不克振奋，不能为文天祥、顾亭林，且亦无力为吴梅村。盖才性志气已全澌灭矣！此为我最伤心而不可救药之事。如此卑劣，生世亦何益？思及此，但有自杀。别无他途……㊣

接下来的若干天，吴宓除关心战局，一直在阅读《顾亭林诗集》。不断以顾亭林诗文及气节激励自己，但又在现实困境面前犹豫不决。经过将近四个月的徘徊，吴宓最终下定决心，南下长沙共赴国难——这半年的吴宓日记，记下了整个过程。"对于'十载间吟住故都'的北大、清华教授来说，离开优雅安逸的北平，可不是一件容易的事。吴宓的挣扎很真实，也很有代表性，所谓'凄寒迷雾上征途'，属于那个时代大部分响应国民政府号召而毅然南下的读书人。"㊣

北大五十周年校庆时，中文系教授杨振声曾撰写《北大在长沙》，提及"最值得大书特书的，是自长沙徒步至昆明的旅行团了"。㊣参加湘黔滇旅行团并走完全程的，包括闻一多（1899～1946）等三位教授。闻先生本人对此非常得意，1938年4月30日在昆明给妻子高孝贞写信，讲述整个行程：

我们自从二月二十日从长沙出发，四月二十八日到昆明，总共在途中六十八天，除沿途休息及因天气阻滞外，实际步行了四十多天。全团师生及伙夫共三百余人，中途因病或职务关系退出团体，先行搭车到昆明者四十余人，我不在其中。教授五人中有二人中途退出，黄子坚因职务关系先到昆明，途中并时时坐车，袁希渊则因走不动，也坐了许多次的车，始终步行者只李继侗、曾昭抡和我三人而已。……一天走六十里路不算么事，若过了六十里，有时八、九十里，有时甚至多到一百里，那就不免叫苦了，但是也居然走到了。至于沿途所看到的风景之美丽、奇险，各种的花木鸟兽，各种样式的房屋器具，和各种装束的人，真是叫我从何说起！途中做日记的人甚多，我却一个字还没有写。十几年没画图画，这回却又打动了兴趣，画了五十几张写生画。打算将来做一篇序，叙述全程的印象，一起印出来作一纪念。画集印出后，我一定先给你们寄回几本。还有一件东西，不久你就会见到，那就是我旅行时的相片。你将来不要笑，因为我已经长了一副极漂亮的胡须。这次临大搬到昆明，搬出好几个胡子，但大家都说只我与冯芝生的最美。⑤⑥

此前的 3 月 12 日，闻一多给父母写信，谈及"至投宿经验，尤为别致，六日来惟今日至沅陵有旅馆可住，前五日皆在农舍地上铺稻草过宿，往往与鸡鸭犬豕同堂而卧"。⑤⑦若不了解背景，单看文字，会以为是太平年代轻松有趣的远足，而想象不到那可是生死抉择。

抗战时期，不少文化人临时加盟大学，这里就包括著名作家叶圣陶（1894～1988）和丰子恺（1898～1975）。二人都曾以日记形式，记录下逃难的艰辛以及大学被炸的惨状。加盟浙江大学的丰子恺有《黔桂流亡日记》，其中包括传播甚广的《宜山遇炸记》⑤⑧——该文虽很精彩，可惜系战后整理发表；⑤⑨而加盟武汉大学的叶圣陶的《乐山被炸日记》，⑥⑩质朴无文，更接近原始状态，因此本文选用后者。1939 年 8 月 19 日，日机 36 架轰炸乐山时，叶圣陶正在成都讲课，第二天傍晚才赶回家，在日记中详细描写了乐山被炸后惨不忍睹的景象：

> 昨日之轰炸，下弹时间不过一分钟，而热闹市区全毁。死伤者殆在千数以外。小墨曾见四个焦枯之尸体相抱于路中。较场坝一带，烧死者甚多。右邻一家仅余一儿，此儿与三官为同学，路遇三官，言父母兄弟俱烧死矣。军警于救火救人均束手无策。武大同学与艺专同学皆立时出动，拆房子，抬伤人，奋不顾身。余闻传述如是，觉青年有此行动实前途之福，不禁泣下。武大仅第二宿舍中一弹，他处均无恙。死同学六人（文健在内，此人上余之课，为一优秀学生，闻之又不禁下泪），校工二人。同事全家被毁者二十余家，杨端六、刘南亥两家在内。余不胜记。⑥①

以上引录的，只是当天日记的八分之一；其中小墨乃叶圣陶长子，三官则是小儿。这则日记四天后抄寄上海，"俾上海诸亲友知我家逃出之详情"。[62]一个多月后，叶圣陶吟《乐山寓庐被炸移居城外野屋》四首，其中"焦骸相抱持，火墙欲倾侧；酒浆和血流，街树烧犹植"，正可与日记相对照；半年后撰散文《乐山被炸》，更是将此故事详细讲给中学生听。[63]关于这场大轰炸，近年学界有更精确的表述，[64]但叶圣陶日记及诗文中的细节描写，依然值得关注。

曾三次出任中山大学代理校长、校长（1931～1932，1940～1941，1951～1969）的许崇清，抗战中完成的最为艰难的使命，即将中大从云南澂江迁回广东乐昌县坪石镇。临行之前，许校长发表《告别澂江民众书》，除了说明奉命迁粤，"骊歌忽唱，征马又将在途"，再就是感谢云南人民对于抗战建国的贡献。下面这段话，可真是情真意切：

> 回忆年余以前，本校员生，初客他乡，生活习惯，不无互异，幸赖各民众之热诚推爱，庇荫有加，使千里游子，于故乡沦陷之后，仓皇迁徙之秋，不致托足无方，尚能安居研读，幸何为之，只以时日短促，同人等课务繁重，攻读之余，未能对于地方文化、社会建设，多所贡献，深滋愧赧。[65]

主旨是感激与道谢，可也不忘自我表扬——文章接下来便是中大为澂江人民做的好事，哪些已经完成了，哪些"惜以时间及经济关系，未克次第举办"。[66]如此告别辞，有礼有节，不卑不亢。

原北京大学教授、后任武汉大学校长 12 年的王星拱（1888～1949），抗战期间率校西迁四川乐山，艰苦办学，为武大的发展做出了卓越贡献。1941 年王星拱为《教育杂志》撰文，讲述武汉大学 1938 年迁往四川乐山的整个过程——3 月初分批出发，7 月间最后一批留守人员撤离珞珈山。接下来是：

> 搬家，一向是人们认为最苦的事。何况搬一所二千多人的大学，在"蜀道难行"的场合下，经过几千里行程，所遭遇的困难，自不消说。然而我们为抗战建国储备专材的热情所鼓励着，终于克服了一切困难，安全到达，完成迁校这一个任务。[67]

其实，长江边的武汉大学，西迁有水运之利，且一步到位，相对来说还是比较轻松的。文中称："我们深切了解一个被侵略国家抗战时期的艰苦情形，和抱有未来打退日人后幸福的希冀，吃苦精神特别大。"⑧这不禁让人联想起全面抗战爆发不久，1937 年 9 月 21 日，王星拱校长在武汉大学开学典礼上的演讲："在过去 5 年中，我们把眼泪咽下去，往肚皮里流；今年我们的眼泪，是往外流了！不但流泪，而且流血！敌人的压迫，我们是不能再忍受下去了！我们要出气！……我们又须牢记着：我们要准备吃苦头。"⑨

五四时期北大学生领袖罗家伦（1897～1969），欧美留学归来，先后出任清华大学、中央大学校长，其平生最大功绩，莫过于执掌中央大学的十年（1932～1941）。罗家伦《炸弹下长大的中央大学——从迁校到发展》，初刊 1941 年的《教育杂志》，后收入《逝者如斯集》（台北：传记文学出版社，1967）。此文洋洋洒洒，夹叙夹议，乃用心经营之作，与同期其他文章相比，无论文采还是境界，明显高出一截。文章讲述中大西迁的经过，以及到重庆后如何扩展为四个校区，课程的安排，奖贷金的设立，还有面对轰炸，"在夏天的烈日之下，我照常的和同人在'室徒一壁'的房子里面办公"，但最精彩的还属以下文字：

> 我们这次搬家，或者可以算是较有计划有组织的几千个人，几千大箱东西浩浩荡荡的西上，于不知不觉之中，竟做了国府为主持长期抗战而奠定陪都的前驱。这次搬来的东西，有极笨重的，有很精微的；还有拆卸的飞机三架（航空工程数［教］学之用），泡制好的死尸二十四具（医学院解剖之用），两翼四足之流亦复不少。若是不说到牧场牲畜的迁移，似乎觉得这个西迁的故事不甚完备。中大牧场中有许多国内外很好的牲畜种类，应当保留。我们最初和民生公司商量，改造了轮船的一层，将好的品种，每样选一对，成了基督教旧约中的罗哀宝筏（Noah's Ark），随着别的东西西上。这真是实现唐人"鸡犬图书共一船"的诗句了。可是还有余下来在南京的呢？我以为管不得了。所以我临离开的时候，告诉一位留下管理牧场的同人说，万一敌人迫近首都，这些余下的牲畜，你可迁则迁，不可迁则放弃了，我们也不能怪你。可是他决不放弃。敌人是十一月十三日攻陷首都的，他于九日见军事情形不佳，就把这些牲畜用木船过江。由浦口、浦镇，过安徽，经河南边境，转入湖北，到宜昌再用水运。这一段游牧的生活，经过了大约一年的时间。这些美国牛、荷兰牛、澳洲羊、英国猪、美国猪，

和用笼子骑在它们背上的美国鸡、北京鸭，可怜也受日寇的压迫，和沙漠中的骆驼队一样，踏上了它们几千里长征的路线，每天只能走十几里，而且走一两天要歇三五天。居然于第二年的十一月中到了重庆。我于一天傍晚的时候，由校进城，在路上遇见它们到了，仿佛如乱后骨肉重逢一样，真是有悲喜交集的情绪。领导这个牲畜长征的，是一位管牧场的王酉亭先生！[70]

这个故事实在太精彩了，以至日后被广泛传诵。[71]别人讲这个故事，总不如罗家伦精彩，故此文值得大段引述。我甚至认为，缺了这些牛呀羊呀鸡呀鸭呀，抗战中中国大学内迁的故事便显得"不甚完备"。

西南联大中文系教授浦江清（1904～1957）1940年送母回乡，滞留上海，应郑振铎之邀到暨南大学任教。不久，太平洋战争爆发，暨大关闭，浦应西南联大的召唤，穿越封锁线，重返昆明，其间历尽艰险，有《西行日记》传世。这里仅录1942年6月3日日记，以见一斑：

午后四时许，要越过警戒线。吴君先上岸，徐行去设法，而藏船于芦苇中（余等之船乃一捉鱼船）。久待吴君不至而有一人来，穿蓑衣笠帽立岸上，谓余舟人曰：可前。遂前。至桥下，桥下有木桩三，加铁丝其上。舟人遂前拔一椿，桥上望风者有四五人之多，船疾摇而过，舟人又回身将桩放好，以石敲下之。此时间不容发，倘为日哨兵窥见，我侪皆无死所矣。空气甚紧张，祝君尤惊怖。既通过此桥下，复前有八里路，皆须疾摇而过，因恐日哨兵望见也。日哨兵有站，左右两站，距此桥皆有三四里，此桥在两站之间，遂为偷渡之所。其后闻人言，日哨兵在四时后即归站，不复巡逻，大雨更不出，故余等实安全。惟吴君邀功，决不以此中奥秘公开言之，故造成极紧张之空气。[72]

这一天的行程特别危险，故日记长达两千言，场面极为紧张，文章波澜起伏，煞是好看。而十一月二十一日日记则称："自五月二十九日离沪，今日抵昆，在途凡一百七十七日，所历艰难有非始料所及者。"[73]

长期出任北京大学校长（1930～1945）的蒋梦麟（1886～1964），对于北大现代学术品格之建立，起着关键性作用。"历任北大校长中，名气最大的当属蔡元培。对于老北大基本品格的奠定，蔡氏确实起了不可替代的作用。可在历史学家笔下，蔡氏的意义被无限夸大，以至无意中压抑了其它同样功不可没的校长。最明显的例子，莫过于蔡氏的早年学生蒋梦麟。"[74]抗战期间，蒋梦麟作为西南联大三常委之一，长期驻留重庆，引来不少争议，不过，汤用彤的辩解相当有力。[75]与罗家伦《炸弹下长大的中央大学》文后署"于重庆警报声中"相映成趣，蒋梦麟的《西潮》初稿是在防空洞中写成的。[76]蒋著《西潮》第三十章"大学逃难"，谈"中日战争爆发以来，原来集中在沿海省份的大学纷纷迁往内地"，涉及校舍如何简陋、轰炸怎样危险，最为高屋建瓴的，是以下这段文字：

> 学术机构从沿海迁到内地，对中国内地的未来发展有很大的影响，大群知识分子来到内地各城市以后，对内地人民的观念思想自然发生潜移默化的作用。在另一面，一向生活在沿海的教员和学生，对国家的了解原来只限于居住的地域，现在也有机会亲自接触内地的实际情况，使他们对幅员辽阔的整个国家的情形有了较真切的了解。……大学迁移内地，加上公私营工业和熟练工人、工程师、专家和经理人员的内移，的确有划时代的意义。在战后的一段时期里，西方影响一向无法达到的内地省份，经过这一次民族的大迁徙，未来开发的机会已远较以前为佳。[77]

回过头看，相对于 20 世纪 60 年代的"三线建设"，以及 2000 年开始的"西部大开发"，抗战期间的"大迁移"，对中华民族的可持续发展，具有十分深远的战略意义。

1936 年至 1949 年间出任浙江大学校长的竺可桢（1890～1974），抗战期间带领浙江大学西迁，渡过重重难关，获得国内外学界的一致赞扬，充分展示了其坚强意志及领导才能。1945 年 6 月，抗战胜利前夕，竺立《国立浙江大学黔省校舍记》碑于遵义，其中有云：

> 民国二十九年春始抵贵州之遵义，而别置一年级生于青岩。既而以理、农二院处湄潭，文、工二院处遵义，师范学院则分布两县间。湄潭有镇曰永兴，一年级生复徙居之。……其讲堂、寝室、集会、办公、操练、庖湢之所，取诸庙宇寺观与假诸第宅之美者十八九。故其材不庀而具，其功不劳而集，其新筑者取苟完而已。凡为屋之数，千有余间。[78]

之所以特别提及校舍，因此乃所有西迁大学碰到的共同难题。文章结尾是："军兴以来，初徙建德，再徙泰和，三徙宜山，而留贵州最久，不可以毋记也；故记之以念后之人。"⑦

著名哲学家冯友兰（1895～1990）抗战期间勤奋著述，除了完成"贞元六书"，创立了新理学思想体系，更出任西南联大文学院院长，展示其教育行政才能。抗战结束，西南联大在昆明立纪念碑，此碑冯友兰撰文、闻一多篆额、罗庸书丹，时人誉为"三绝"。碑文称八年抗战，三校精诚合作，可纪念者有四：第一，我文明古国"八年之抗战已开其规模、立其基础"，而大学"与抗战相终始"；第二，"三校有不同之历史，各异之学风，八年之久，合作无间，同无妨异，异不害同"；第三，"联合大学以其兼容并包之精神，转移社会一时之风气，内树学术自由之规模，外获民主堡垒之称号"；第四最为要紧，值得全文引录：

> 稽之往史，我民族若不能立足于中原、偏安江表，称曰南渡。南渡之人，未有能北返者：晋人南渡，其例一也；宋人南渡，其例二也；明人南渡，其例三也。"风景不殊"，晋人之深悲；"还我河山"，宋人之虚愿。吾人为第四次之南渡，乃能于不十年间，收恢复之全功，庾信不哀江南，杜甫喜收蓟北，此其可纪念者四也。⑧

这里用了《世说新语》、《宋史》、庾信《哀江南赋》、杜甫《闻官军收河南河北》等典故，好在并不生僻，一般读书人都懂。至于大后方普遍存在的"南渡情结"，不妨借用陈寅恪的《读哀江南赋》："古今读《哀江南》赋者众矣，莫不为其所感，而所感之情，则有浅深之异焉。其所感较深者，其所通解亦必较多。兰成作赋，用古典以述今事。古事今情，虽不同物，若于异中求同，同中见异，融会异同，混合古今，别造一同异俱冥、今古合流之幻觉，斯实文章之绝诣，而作者之能事也。"⑧此文撰于1939年，同年，陈寅恪在西南联大讲授"两晋南北朝史"。而此前一年，陈先生有"南渡自应思往事，北归端恐待来生"的诗句，⑧更可见心境之悲凉。也正因此，抗战胜利，无数中国读书人扬眉吐气，倍感欣慰，冯友兰的碑文写出了这种情怀，立意甚高，足以传世。

五 "奇迹"该怎样讲述

抗战中中国大学大批内迁，其意义怎么估计也不过分——保存学术实力，赓续文化命脉，培养急需人才，开拓内陆空间，更重要的是，表达了一种民族精神以及抗战必胜的坚强信念。具体说来，战时中国大学的内迁有如下特点：第一，不是个人逃难，而是集体行动，且一路上弦歌不辍；第二，教学上，不是应急，而是长远打算，所谓"战时如平时"，更多着眼于战后的建国大业，⑱保证了战时培养的大学生的质量；⑲第三，学术上，不是仓促行文，而是沉潜把玩，出有思想的学问，有情怀的大学者——这一点人文学尤其明显；⑳第四，因大学西迁而见识中国的辽阔与贫困，于流徙中读书，人生忧患与书本知识合一，精神境界得以提升；第五，除了具体的学术成果，大学内迁为西南西北播下良好的学术种子，此举对于中国教育平衡发展意义重大。

第二次世界大战中，其他国家的大学也都面临种种危机，但英国的大学虽被轰炸，未被占领；法国全境被占领，大学因而无处可迁；唯有苏联，在卫国战争中同样存在大学内迁的现象。只是其内迁时间不长，没能像中国大学那样，不但未被战火摧毁，还在发展壮大的同时，催生出众多美好的"故事"与"传说"。㉑借用西南联大中文系教授王力的诗句："此是光辉史一页，应叫青史有专篇。"㉒如何讲好"卢沟变后始南迁"的故事，对于西南联大以及所有抗战中内迁的学校来说，都是义不容辞的责任。因为，那样扣人心弦的故事，古代中国没有，同时期的欧美名校也没有，哈佛、耶鲁没有，牛津、剑桥也没有。1944 年，英国科学史家、剑桥大学教授李约瑟（Joseph Needham，1900～1995）考察战时的中国大学，说了许多好话，如称浙江大学是"东方的剑桥"。时任浙大教授，后为复旦大学校长的苏步青，1992 年以 90 岁高龄回浙江大学演讲，重述李约瑟的话，然后慷慨陈词："我还抱着这样一个希望，终有一天，我们浙江大学能不能有一个教授，像李约瑟博士那样，去英国剑桥大学参观访问，称赞剑桥大学为'西方的浙大'呢？"㉓如果在剑桥介绍浙大或其他中国著名大学，不妨就从这抗战中"内迁的历史、传说与精神"说起——包括战争初期的迁徙过程、炸弹阴影下的大学生活、相持阶段的"读书不忘救国"，以及抗战胜利后的"青春作伴好还乡"。

至于如何讲述这段历史，牵涉学术立场与文章笔墨。目前的大学史写作，面临以下几个陷阱。第一，政治史与教育史的纠葛。谈论现代中国大学史，不可避免牵涉国共两党纷争。相对来说，抗战时期的大学校园，虽生活十分艰苦，但枪口一致对外，还是比较容易描述的。唯独在讲述抗战后期的青年从军热，即怎样看待国民政府"一寸山河一寸血，十万青年十万军"的号召，出现若干杂音。第二，民族大义及教育实践的冲突。如何看待伪满洲国的教育，⑧以及沦陷区的伪北京大学、伪中央大学，始终是个棘手的难题。《北京大学校史》（增订本）采取回避的态度，只有区区300字；相对来说，《南京大学百年史》和《东南大学史》处理得比较好，对其院系设置以及教学科研有专节的介绍。⑨第三，学术与救国的关系。二者之间，并非黑白分明，或非此即彼，但抑扬之间，还是包含着价值判断。比如谈论上海交大的历史，九龙坡的交大与法租界的交大，何者为重？第四，怎样讲述内迁大学与当地民众的关系。蒋梦麟说得没错，大学及政府机构的内迁，使得原本比较贫穷的大后方物价飞涨，给当地民众的日常生活带来很大不便。⑩也正因此，厦门大学校长萨本栋才会谆谆告诫学生："到了一个新地方，要先了解当地的风土人情，再谋改革方法，不要自视太高，目空一切"；"移入乡村，不当常说'这地真糟，什么东西都没有'；应时时想'此处尚好，还有不少人物'"。⑫讲述抗战时期大学内迁的故事，一定要顾及当地民众的立场与感受。

至于文章笔墨，并非无关紧要。大学史乃广义的历史学，但与政治史、经济史、军事史有所不同。因谈论的对象是擅长舞文弄墨的读书人，加上战火纷飞中档案的相对缺失，引入"文章"，容易实现史学与文学的对话与互补。大框架不能动，小故事则多多益善，尤其是精彩的细节，确实很见精神。无论是罗家伦谈中央大学，还是冯友兰称誉西南联大，除了史料意义，还可作为"美文"欣赏。至于当年的书信、日记、文告、通讯，以及一般报章文字，对于今人之触摸历史，回到现场，同样具有不可或缺的作用。本文之所以摒弃诗歌与小说，而在广义的"文章"上做文章，是希望跨越虚构写实的鸿沟，让日渐遥远的"老大学的故事"重新焕发光彩。

---

①参见中共中央党史研究室第一研究部《中华民族抗日战争史》，北京：中共党史出版社，1995，第759页；何理：《中国人民抗日战争史》，上海：上海人民出版社，2005，第454页。另外，抗日战争尚未结束，中央研究院社会研究所韩启桐即编著《中国对日战事损失之估计（1937～1943）》（上海：中华书局，1946），分论人口伤亡、财产损失、资源丧失、其他负担等，其中提及人口伤亡1075.8万多。

②参见孟国祥《大劫难——日本侵华对中国文化的破坏》，北京：中国社会科学出版社，2005。

③参见苏智良等编著《去大后方——中国抗战内迁实录》，上海：上海人民出版社，2005，第8～16页。

④参见中国抗日战争史学会、中国人民抗日战争纪念馆编《抗战时期的西南大后方》，第十二章"西南大后方对抗日战争的贡献"，北京：北京出版社，1997。

⑤《西南联合大学校歌》，载西南联合大学北京校友会编《国立西南联合大学校史》，北京：北京大学出版社，1996，第1页。

⑥欧元怀：《抗战十年来中国的大学教育》，《中华教育界》复刊第1卷第1期，1947年1月15日，第7页。

⑦⑧⑩参见陈立夫《战时教育行政回顾》，台北：台湾商务印书馆，1973，第10、13～17、17页。

⑨林砺儒：《抗战以来的广东省立文理学院》，《教育杂志》第31卷第1号，1941年1月10日，第49页。

⑪胡适在纪念西南联大九周年集会上称："这段光荣的历史，不但联大值得纪念，在世界教育史上也值得纪念。"参见《梅贻琦、黄子坚、胡适在联大校庆九周年纪念会上的讲话摘要》，原载北平《益世报》，1946年11月2日，见西南联合大学北京校友会校史编辑委员会编《笳吹弦诵在春城——回忆西南联大》，昆明：云南人民出版社/北京：北京大学出版社，1986，第514页。

⑫易社强：《战争与革命中的西南联大》，饶佳荣译，台北：传记文学出版社，2010，第64页。

⑬参见张寄谦编《中国教育史上的一次创举——西南联合大学湘黔滇旅行团记实》（北京：北京大学出版社，1999）的"序"。

⑭如外文系三年级学生林振述（林蒲）的《湘黔滇三千里徒步旅行日记》，1938年春发表于《大公报》副刊《小公园》；中文系二年级学生向长清的《横过湘黔滇的旅行》，1938年10月发表于巴金主编的《烽火》；政治系二年级学生钱能欣的《西南三千五百里》，1939年由商务印书馆出版。

⑮吴征镒：《长征日记——由长沙到昆明》，《联大八年》，北京：新星出版社，2013，第22页。

⑯罗家伦：《炸弹下长大的中央大学——从迁校到发展》，《教育杂志》第31卷第7号，1941年7月10日，第58、63页。

⑰王云五：《现代中国高等教育之演进》，《教育杂志》第31卷第1号，1941年1月10日，第62页。

⑱蒋梦麟《西潮》（香港：世界书局，1971，第233页）称："多数学生是从沦陷区来的，他们往往不止穿越一道火线才能到达自由区，途中受艰难险阻，有的甚至到达大后方以前就丧失了性命。"

⑲该广告刊《教育杂志》第31卷第7号，1941年7月10日，第72页。

㉑此外，第4号刊《抗战以来的中大农林植物研究所》（叶华）、第10号刊《抗战以来的武汉大学》（任健我），因与上述学校重叠，不计入。

㉑参见王觉源《编者之言》，王觉源编《战时全国各大学鸟瞰》，重庆：独立出版社，1941。

㉒㉓《抗战后专科以上学校集中区域》，延安：《解放日报》1941年10月25日。

㉔参见成仿吾《战火中的大学——从陕北公学到人民大学的回顾》，北京：人民出版社，1982；曲士培：《抗日战争时期解放区高等教育》，北京：北京大学出版社，2005。

㉕参见《抗日战争时期内迁西南的高等院校情况一览表》，《抗战时期内迁西南的高等院校》，贵阳：贵州民族出版社，1988，第352～356页。

㉖参见余子侠《抗战时期高校内迁及其历史意义》（北京：《近代史研究》1995年第6期）、徐国利《关于抗战时期高校内迁的几个问题》（北京：《抗日战争研究》1998年第2期）、夏绍先《抗战时期云南的教育——内迁院校与云南教育的发展》（昆明：《云南师范大学学报》2002年第6期）、张成明与张国镛《抗战时期迁渝高等院校的考证》（北京：《抗日战争研究》2005年第1期）、胡瑛《抗战时期的高校内迁及其意义》（成都：《文史杂志》2005年第4期），以及侯德础《抗日战争时期中国高校内迁史略》（成都：四川教育出版社，2001）。

㉗参见陈立夫《战时教育行政回顾》，第17～18页。但着重点应该倒过来。

㉘河南大学原为省立大学，1942年3月10日，国民政府行政院通过了将其改为国立河南大学的决议。参见河南大学校史编写组《河南大学校史》，河南开封：河南大学出版社，2002，第173页。

㉙查良铮：《抗战以来的西南联大》，《教育杂志》第31卷第1号，1941年1月10日，第2页。

㉚参见李曙白、李燕南等编著《西迁浙大》（杭州：浙江大学出版社，2007）的编者《序》。另《国立浙江大学》（台北：国立浙江大学校友会编印，1985，第385～545页）第四辑"西迁纪实"，收文27篇。

㉛祝文白：《抗日期间的浙江大学》，《抗战时期内迁西南的高等院校》，第119页。

㉜参见孙祥治《抗战以来的国立浙江大学》，《教育杂志》第31卷第1号，1941年1月10日，第10、8页。

㉝参见魏凌云《杂忆九龙坡》、陈兰荪《平越二三事》、卢善栋《四十年前读书地》，分别见《学府纪闻·国立交通大学》，台北：南京出版有限公司，1981，第214～217、218～247、209～213页；林鸿标：《我参加了徒步迁校的行列》，黄昌勇、陈华新编《老交大的故事》，南京：江苏文艺出版社，1998，第361～368页。

㉞漆镇白：《交通大学唐山工程学院》，《战时全国各大学鸟瞰》，第154页。

㉟"被汪伪接管的交通大学无法阻止内迁，内迁的部分师生是自发的，零散的，有只身独往者，有三五结伴而行者，有举家西迁者。"见盛懿等编著《三个世纪的跨越——从

南洋公学到上海交通大学》，上海：上海交通大学出版社，2009，第 182 页。

㊱北京师范大学校史编写组编《北京师范大学校史（1902 年～1982 年）》（北京：北京师范大学出版社，1982，第 120 页）称："抗战胜利后，国立西北师范学院的教师和毕业生，又有相当一部分留在了兰州西北师范学院。"而西北师大校史编写组编《西北师大校史》（兰州：甘肃人民出版社，2002，第 45～46 页）则曰："西北师院部分教职员工和 300 多名学生随即转赴北平，进入北平师范学院工作和学习。大部分师生仍留在西北师院，继续为西北地区的教育事业默默地奉献。"

㊲紫纹：《抗战期中的西北大学》，《战时全国各大学鸟瞰》，第 19 页。

㊳参见李法天、李奇谋《抗战期间同济大学内迁回忆片断》，《抗战时期内迁西南的高等院校》，第 71～77 页；武忠弼：《我亲历的"同济长征"路线——忆母校 1937～1946 年的辗转搬迁》，黄昌勇、干国华编《老同济的故事》，南京：江苏文艺出版社，1998，第 77～85 页。

㊴陈厚存：《抗战中的国立同济大学》，《战时全国各大学鸟瞰》，第 249 页。陈文九节的标题分别是："使人缅怀的过去历史和地理"、"从吴淞暂时迁到上海"、"迁移到浙江金华上课"、"迁赣的途中和设施"、"四迁而至八步"、"纵贯广西绕安南而到昆明"、"在昆明将近二年的概况"、"目前正行迁移中"、"我们没有忘记救国工作"。

㊵余一心：《抗战以来的中山大学》，《教育杂志》第 31 卷第 1 号，1941 年 1 月 10 日，第 5 页。

㊶中大在澂江的办学情况，参见黄义祥编著《中山大学史稿（1924～1949）》，广州：中山大学出版社，1999，第 318～346 页。

㊷参见朱水涌《厦大往事》，福建厦门：厦门大学出版社，2011，第 112 页。

㊸参见石慧霞《抗战时期的厦门大学——民族危机中的大学认同》，福建厦门：厦门大学出版社，2012，第 70～71 页。

㊹胡依：《抗战以来的国立厦门大学》，《教育杂志》第 31 卷第 1 号，1941 年 1 月 10 日，第 19 页。

㊺㉒㉓浦江清：《清华园日记·西行日记》，北京：三联书店，1987，第 170～171、102、198 页。

㊻参见陈平原《过去的大学》，上海：《新民晚报》2000 年 7 月 16 日。

㊼参见收入《学府纪闻·国立河南大学》（台北：南京出版有限公司，1981）的李守孔《往事忆犹新》、李福生《母校四年》、王泳《潭头往事忆难忘》、华漫《潭荆采薇》等。

㊽魏凡：《抗战中的河南大学》，《战时全国各大学鸟瞰》，第 59 页。

㊾金易：《抗战中的中央大学》，《战时全国各大学鸟瞰》，第 47 页。

㊿参见王德滋主编《南京大学百年史》，南京：南京大学出版社，2002，第 192～223 页；王成圣《五十年前：战时大学生活》、王作荣《沙坪之恋》、赵瑞蕻《梦回柏溪》，

张宏生、丁帆编《走近南大》，成都：四川人民出版社，2000，第 31～41、42～57、58～74 页。

(51)拱君：《抗战中的国立武汉大学》，《战时全国各大学鸟瞰》，第 370 页。

(52)参见齐邦媛《乐山·文庙·英诗》、蒋宗祺《乐山忆旧》，龙泉明、徐正榜编《老武大的故事》，南京：江苏文艺出版社，1998，第 99～103、199～208 页；王禹生《嘉乐弦歌忆旧》、邓春阳《忆乐山茶馆生活》，龙泉明、徐正榜编《走近武大》，成都：四川人民出版社，2000，第 133～142、143～149 页。另外，齐邦媛长篇自传《巨流河》（台北：天下远见出版股份有限公司，2009；北京：三联书店，2011）第四章“三江汇流处——大学生涯”，讲的便是其乐山的大学生活。

(53)《吴宓日记》第 6 卷，北京：三联书店，1998，第 168 页。

(54)参见陈平原《岂止诗句记飘蓬——抗战中西南联大教授的旧体诗作》，北京：《北京大学学报》2014 年第 6 期。

(55)杨振声：《北大在长沙》，《国立北京大学五十周年一览》，北京：北京大学出版部，1948。

(56)闻一多：《致高孝贞》，《闻一多全集》第 12 卷，武汉：湖北人民出版社，1993，第 326～327 页。

(57)闻一多：《致父母亲》，《闻一多全集》第 12 卷，第 322 页。

(58)《宜山遇炸记》，初刊《论语》第 118 期，1946 年 12 月；见《丰子恺文集》文学卷一，杭州：浙江文艺出版社、浙江教育出版社，1992，第 710～717 页。

(59)关于此文与《宜山遇炸——〈黔桂流亡日记〉之一》的关系，参见眉睫《丰子恺的〈黔桂流亡日记〉》，北京：《博览群书》2013 年第 4 期。

(60)叶圣陶加盟武汉大学的原因及经过，参阅商金林《叶圣陶在武汉大学》，见龙泉明、徐正榜编《老武大的故事》，第 67～74 页。至于收入山西教育出版社 1997 年版《叶圣陶日记》的《乐山被炸日记》（1939 年 8 月 1 日～28 日日记），选自叶记录抗战时期四川生活的《西行日记》，题目乃编者代拟。

(61)乐齐编《叶圣陶日记》，太原：山西教育出版社，1997，第 80 页。

(62)参见叶圣陶《我与四川》，成都：四川人民出版社，1984，第 142 页。

(63)参见商金林编《叶圣陶抗战时期文集》第 1 卷，北京：人民教育出版社，2005，第 169～170、182～184 页。

(64)参见谢世廉主编《川渝大轰炸》（成都：西南交通大学出版社，2005）以及乐山市人防办编著《乐山大轰炸》（内部资料，2005）。张在军《苦难与辉煌——抗战时期的武汉大学（1937～1946）》第七章“嘉州城郭半成灰”有更全面的描述，台北：秀威资讯科技公司，2012，第 231～256 页。

(65)(66)许崇清：《告别澂江民众书》，初刊《骊歌》，1940 年 8 月 13 日；见吴定宇编《走近中大》，成都：四川人民出版社，2000，第 73、73 页。

○67○68王星拱：《抗战以来的武汉大学》，《教育杂志》第31卷第1号，1941年1月10日，第6、7页。

○69王星拱：《抗战时期应采取的态度与趋赴的方向》，初刊《国立武汉大学周刊》第287期，见徐正榜等编《名人名师武汉大学演讲录》，武汉：武汉大学出版社，2003，第179页。

○70罗家伦：《炸弹下长大的中央大学——从迁校到发展》，《教育杂志》第31卷第7号，1941年7月10日，第61页。

○71参见陈立夫《战时教育行政回顾》，第17页；王德滋主编《南京大学百年史》，第194页。

○74陈平原：《教育名家》，《老北大的故事》，南京：江苏人民出版社，1998，第200页。

○75三校合作，特别忌讳政出多门，下面的人将无所适从。张伯苓年高留重庆，蒋梦麟也常住重庆，目的是为梅贻琦执掌西南联大腾出空间。1945年9月6日汤用彤致信胡适，其中引自己给蒋梦麟的信："在抗战八年中，三校合作，使联大进展无碍，保持国家高等教育之命脉。此中具见先生处事之苦心，有识者均当相谅。"见《胡适来往书信选》下册，北京：中华书局，1980，第33页。

○76此书原稿为英文，据说是因防空洞里既无桌椅，又无灯光，用英文写作，"可以闭起眼睛不加思索的画下去"。参见刘绍唐《〈西潮〉与〈新潮〉》，台北：《传记文学》11卷2期，1967年8月。

○77蒋梦麟：《西潮》，香港：世界书局，1971，第234~235页。

○78○79竺可桢：《国立浙江大学黔省校舍记》，见李曙白等编著《西迁浙大》，第229、230页。

○80冯友兰：《国立西南联合大学纪念碑碑文》，《三松堂全集》第14卷，郑州：河南人民出版社，2000，第154页。

○81陈寅恪：《读哀江南赋》，《金明馆丛稿初编》，上海：上海古籍出版社，1980，第209页。

○82陈寅恪：《蒙自南湖》，《陈寅恪集·诗集》，北京：三联书店，2001，第24页。

○83参见蒋介石《第三届全国教育会议开会训词》，《抗战建国论》，现代文化出版社，1939，第92页。

○84"在战时培育成就的大学毕业生（大部分是由战时中学毕业升入大学而毕业的）先后数百人应英美留学考试出国，在国外均能直接入研究院研究，而研究成绩均不在英美学生之下。"见陈立夫《战时教育行政回顾》，第65页。

○85"在烽火满天，四郊多垒之际来谈哲学，这是中国哲人的常事，也是中国哲人的本色。"严酷的战争环境，并没有阻碍中国哲学的进展。"实际上，这七年来的中国哲学，比起中国任何一时期来讲，都不算是退步。相反的，作者可以很自信的说，中国哲学是进步了。这七年来的抗战，可以说是中国哲学的新生。"见谢幼伟《抗战七年来之哲学》，此文初刊《文化先锋》第3卷第24期，收入贺麟《当代中国哲学》作为附录，南京：胜利出版公司，1945，第143～155页。

㊱参见陈平原《永远的"弦吹弦诵"——关于西南联大的历史、追忆及阐释》，台北：《政大中文学报》第16期，2011年12月。

㊲参见王力《缅怀西南联合大学》，西南联合大学北京校友会校史编辑委员会编《弦吹弦诵在春城——回忆西南联大》卷首插页。

㊳参见李曙白等编著《西迁浙大》，第41页。

㊴1941年7月刊行的《教育杂志》第31卷第7号乃"抗战四周年纪念号"，除了介绍四川、广东、江西、贵州、湖北、西康等省教育情况，还有江应澄的《东北之伪教育》（第66～72页），态度持平，且提供了很多有用的资料。

㊵参见萧超然等《北京大学校史》（增订本），北京：北京大学出版社，1988，第337～338页；王德滋主编《南京大学百年史》，第242～254页；朱斐：《东南大学史》第1卷，南京：东南大学出版社，2012，第207～216页。

㊶蒋梦麟《西潮》第三十一章《战时之昆明》称："昆明人对于从沿海省份涌到的千万难民感到相当头痛。许多人带了大笔钱来，而且挥霍无度，本地人都说物价就是这批人抬高的。昆明城内到处是从沿海来的摩登小姐和衣饰入时的仕女。入夜以后她们在昆明街头与本地人一起熙来攘往，相互摩肩接踵而过。房租迅速上涨，旅馆到处客满，新建筑像雨后春笋一样出现。被飞机炸毁的旧房子，迅速修复，但是新建的房子究竟还是赶不上人口增加的速度。"（第238页）

㊷萨本栋：《萨校长勖勉同学词》，初刊《唯力》旬刊第3期，1938年4月3日；见《厦大校史资料》第2辑，福建厦门：厦门大学出版社，1988，第47页。

作者简介：陈平原，广东潮州人，文学博士，北京大学中文系教授（2008～2012年任中文系主任）、香港中文大学中国语言及文学讲座教授、教育部"长江学者"特聘教授、国务院学位委员会学科评议组成员、中国俗文学学会会长。曾被国家教委和国务院学位委员会评为"作出突出贡献的中国博士学位获得者"（1991）；获教育部颁发的第一、第二、第三、第五、第六届高等学校科学研究优秀成果奖（人文社会科学）（1995，1998，2003，2009，2013），北京市第九、第十一、第十二届哲学社会科学优秀成果奖（2006，2010，2012）等。先后出版《中国小说叙事模式的转变》、《中国现代小说的起点》、《千古文人侠客梦》、《小说史：理论与实践》、《中国散文小说史》、《中国现代学术之建立》、《老北大的故事》、《当年游侠人》、《当代中国人文观察》、《从文人之文到学者之文》、《触摸历史与进入五四》、《大学何为》、《学者的人间情怀》、《北京记忆与记忆北京》、《左图右史与西学东渐》、《大学有精神》、《历史、传说与精神——中国大学百年》、《现代中国的文学、教育与都市想像》、《作为学科的文学史》、《读书的"风景"——大学生活之春花秋月》、《大学小言——我眼中的北大与港中大》、《图像晚清——〈点石斋画报〉之外》等著作三十余种。另外，出于学术民间化的追求，1991～2000年与友人合作主编人文集刊《学人》；2001～2014年主编学术集刊《现代中国》。

[责任编辑：刘泽生]
（本文原刊 2015 年第 2 期）

中国的孔庙与儒家文化[*]

——以"庙学合一"为重点的历史考察

杨志刚

[提　要] 本文以历史上各级官学系统的孔庙为重点，从其"庙学合一"的形态入手，分析与中国儒家文化相关的四个问题：（一）"庙学合一"与中国教育的儒家化；（二）从孔庙看民族融合和"大一统"趋向；（三）由孔庙折射的"祭政合一"及其特点；（四）中国文化现代转型中的孔庙。文章透过具有物质形态的孔庙，从其兴废盛衰剖析与其关联的思想、信俗与制度，在长时段中把握历史的走向和中国文化的特质。希冀以通贯古今的视野，审视儒家文化的地位和作用，包括 20 世纪"庙学合一"解体后的遭际。可以说，在经过了文化的"断裂"之后，历史"连续性"的一面正在当下呈现。

[关键词] 孔庙　庙学合一　民族融合　祭政合一　儒家文化

孔庙即孔子庙，又称夫子庙、先师庙、文宣王庙或文庙等，主祀孔子。明清时习惯叫"文庙"的地方很多、很普遍，往往特指与地方官学联结成一体的孔庙；又往往与奉祀关羽等神祇的武庙并称对举。

自战国时利用夫子曲阜故居设立第一座孔庙，^①尔后汉初刘邦以皇帝之

---

* 本文系复旦大学人文社会科学"985"工程三期整体推进计划"孔庙历史与遗产研究"（项目号：2011RWXKZD025）的阶段性成果。

尊驾临亲祭，表明尊孔的姿态，此后约两千年间，孔庙发展到遍及中国各地以及东亚诸多地区，成为孔子思想的具体化身，不仅深深嵌入国家制度、民族记忆，还生生不息地活在人间世界。又，自唐代贞观四年（630）"诏州、县学皆作孔子庙"，②继而"庙学合一"制度在全国推广、铺展，到明清时期全国各府州县均设立各级官学并伴建孔庙，同时一些书院、社学、私塾也设庙供奉孔子，这种将教学、考试与祭孔、拜孔联结缠绕在一起的做法，成为中国步入现代之前的一项基本国情，也构成中国传统社会非常醒目的一个特点。千百年来遍布各地的古代孔庙，是儒学教育的重要据点，是儒教信俗的重要策源地和演练场，是为士人实现儒家理想可资提供精神动力和制度保障的重要载体。本文拟围绕"孔庙与儒家文化"这一命题展开论述。由于近一百多年来，孔庙曾遭遇冷落、毁弃，晚近又有所振兴，其中呈现的脉络和动向颇值得关注；而另一方面，凭借现代人类学、文物学的调研，将有助于理解历史，贯通古今，因此本文考察的时限将延伸至当下。

一　"庙学合一"与中国教育的儒家化

历史上的孔庙大致可分两大类：自成一体的孔庙，和作为各种学校重要设施的孔庙。两者在功能上都用于祭祀孔子，然其一大区别在于，后一类还与学校结为一体。特别是在各级官学系统，"学"（又叫"学宫"、"儒学"）与"庙"在制度上相互依存，在空间布局上也体现"庙学合一"的特点，这主要表现为左庙右学、右庙左学、前庙后学或左右皆学中间为庙等几种形制。这类官学系统中的孔庙，是本文讨论的重点，并将其简称为"学庙"。③

汉朝订立了尊孔的国策，东汉明帝、章帝、安帝更仿效高祖，亲诣阙里祭祀孔子。阙里之外，各地也逐步兴建孔庙。但各级学校是否建有孔庙，史传无载。可以考知的是，学校祭祀周公和孔子，在皇帝亲自效法下慢慢地制度化。据清人《文庙祀典考》卷二引《礼仪志》，明帝永平二年（59）："（明帝）始帅群臣躬养三老五更于辟雍，行大射之礼。郡县道行乡饮酒礼于学校，皆祀圣师周公、孔子，牲以犬。"④

东晋承继前代的独尊儒术，大力兴办教育。《宋书·礼志一》载，太元九年（384）尚书令谢石上奏倡议："请兴复国学，以训胄子，班下州郡，普修乡校。"经孝武帝允准，"其年选公卿二千石子弟为生，增造庙屋一百五十五间"。⑤此处"庙屋"两字同时出现，说明已在太学（国学）设立祭祀先圣先师的庙宇。

《礼记·文王世子》云："凡学，春官释奠于其先师，秋冬亦如之。凡始立学者，必释奠于先圣先师。"学校何时设庙祭祀先圣先师，记录不详，直到《宋书·礼志》才言明太学的校舍规划中设有"庙"，而且"庙"字置于"屋"前，以显示其地位之重要。台湾黄进兴、高明士均据唐代许嵩《建康实录》所引陈朝顾野王《舆地志》提及的，（国子学）西有夫子堂，画孔子及十弟子像。西又有皇太子堂，与之印证。⑥可以肯定，东晋太元年间官学系统的学庙（或许是雏形）已然出现，兹处还体现了"左学右庙"的空间格局。

其后，还隐约浮现过学校伴建孔庙的线索。如《晋书·五行志》提到东晋安帝义熙九年（413）五月，"国子圣堂坏。天戒若曰，圣堂，礼乐之本，无故自坏，业祚将坠之象。未及十年而禅位焉"。⑦此"国子圣堂"应与上述"夫子堂"同义，即学庙。等到北朝的后齐（550～577）登场，这才在历史上留下两段关于学庙的真切记录，载于《隋书·礼仪志四》。前一段显示，学庙与皇帝讲经和皇太子读经的仪式有关："后齐将讲于天子，先定经于孔父庙，置执经一人，侍讲二人，执读一人，摘句二人，录义六人，奉经二人。讲之旦，皇帝服通天冠、玄纱袍，乘象辂，至学，坐庙堂上。讲讫，还便殿，改服绛纱袍，乘象辂，还宫。讲毕，以一太牢释奠孔父，配以颜回，列轩悬乐，六佾舞。……皇太子每通一经，亦释奠……"

后一段讲的是学校内部的祭孔礼仪："后齐制，新立学，必释奠礼先圣先师，每岁春秋二仲，常行其礼。每月旦，祭酒领博士已下及国子诸学生已上，太学、四门博士升堂，助教已下、太学诸生阶下，拜孔揖颜。"又言："郡学则于坊内立孔、颜庙，博士已下，亦每月朝云。"⑧

北齐享祚仅二十余年，在学庙礼制建设方面却颇有可观之处，成为唐朝全面推行"庙学合一"制度前，孔庙发展中很重要的一环。又，北齐有"孔父"、"孔父庙"之称（西汉平帝追封孔子为"褒成宣尼公"，北魏孝文帝尊孔子为"文圣尼父"）。在太学，是"拜孔揖颜"；于地方郡学，是"立孔、颜庙"。显然颜回地位极高，仅次于孔子。这按照后来《新唐书·礼乐志》记载的说法，就是隋炀帝大业以前，"皆孔丘为先圣，颜回为先师"。⑨先圣先师及孔庙配享从祀的问题，不可小觑，后面再续，这里仍顺着历史上"庙学合一"（其实质是各级官学的祭孔拜孔）的取向继续讨论。

《隋书·礼仪志四》对隋朝释奠礼的记述非常简略，仅六七十字："隋制，国子寺，每岁以四仲月上丁，释奠于先圣先师。年别一行乡饮酒礼。州郡学则以春秋仲月释奠"云云。此处没有言及孔庙，但举出了国子寺。这是个政府机构，始设于北齐，隋朝沿袭并加以强化和完善。《隋书·百官志下》："开皇十三年，国子寺罢隶太常，又改寺为学。"到炀帝大业三年（607），又由国子学改名为国子监。太常寺职掌宗庙礼仪，将国子监（国子寺、国子学）从其隶属下分立出来，意味着国子监已升格为主管教育的专门机构。20世纪30年代陈青之著《中国教育史》，曾形象地将唐朝的国子监比作"现今教育部"。⑩实则这个古代的"教育部"脱胎于隋朝。在中国古代教育事业状似趋于成熟和独立的隋唐，学校却愈加突出和注重祭孔拜孔，这是饶有意思的现象，也是应予聚焦的所在。

唐朝的文教政策进一步突出尊孔祭孔，并全面推行"庙学合一"。此庙，总体上指孔庙。历史的进程时有曲折，唐初曾改以周公为先圣，孔子降为先师。所以在太宗"诏州、县学皆作孔子庙"之前，针对谁是先圣做出过一项重要决定："贞观二年，诏停周公为先圣，始立孔子庙堂于国学，稽式旧典，以仲尼为先圣，颜子为先师，两边俎豆干戚之容，始备于兹矣。"⑪继太宗接位的高宗嫌地方建设学庙不力，又下旨督办："（咸亨元年五月）诏曰：'诸州县孔子庙堂及学馆有破坏并先来未造者，遂使生徒无肄业之所，先师阙奠祭之仪，久致飘露，深非敬本。宜令所司速事营造。'"⑫以后玄宗同样高歌夫子之道，加紧学庙礼仪的建设。《唐会要》载：开元二十七年（739）诏曰："弘我王化，在乎师儒。能发明此道，启迪含灵，则生民以来，未有如夫子者也。……昔周公南面，夫子西坐，今位既有殊，岂宜仍旧？宜补其坠典，永作成式。其两京国子监及天下诸州，夫子南面坐，十哲等东西行列侍。……庶乎礼得其序，人焉式瞻。"⑬若追踪周、孔如何易位，稍前神龙元年（705）的一件敕文也不可漏过，其云："诸州孔子庙堂，有不向南者，改向正南。"周公退场，学庙才真正姓孔。

以上对汉唐间人君何时入校祭孔，官学系统的学庙何时出现，以孔子为先圣的"庙学合一"制度何时成型之过程，进行了梳理。揭举这些过程，是想说明中国古代有一个教育儒家化的发展进程，而这对认识中国的儒家文化十分重要。笔者认为，儒家文化在整个中国古代文化中据有的地位和作用，建立于三个进程的基础之上，即礼制的儒家化，法律的儒家化，教育的儒家化。拙著《中国礼仪制度研究》论述了汉代初步实现礼制的儒家化，同时开启了中国法律的儒家化；至唐代，以《唐律疏议》为代表，完成了法律的儒家化。⑭兹处进而论说教育的儒家化。

刘邦称帝后，对儒家的态度逐步发生变化，直至去世前一年（即公元前196年）路过鲁国时，以太牢之礼祭祀孔子，开创了帝国天子祭孔的先例。其后惠帝、文帝、景帝时期，盛行黄、老、刑名之学，但儒家的地位和影响潜增暗长。惠帝四年（公元前191年）三月，"除挟书律"。这位司马迁笔下的"宽仁之主"，⑮为遭遇秦厄之后的儒家发展，扫去了制度上的障碍。文帝、景帝治下，给儒家经书设博士，立学官。武帝采纳董仲舒的对策，罢黜百家，表彰六经。在评价武帝具体的施政办法时，司马迁将"兴太学"列在第一位，⑯突显儒学教育的重要性。

汉武帝开启了中国教育儒家化的进程。在学校建造孔庙，让师生时时、在在不忘孔子，将教育与奉孔子为神明的信俗紧紧捆绑在一起，这是独尊儒术的国策在学校体制上的进一步落实，也是同一价值取向的逻辑延伸。由此形塑出了中国古代教育最为显著的一种形态和特质，可概称为"庙学合一"。本文因此选择从此入手分析儒家文化。需要指出的是，较之礼制和法律的儒家化，教育的儒家化不但对社会的影响更深、更巨，而且持续的过程更为长久。唐代以后，它还接续、汇聚了礼制儒家化和法律儒家化所带来的种种变化，在更为深广的层面影响历史的发展和走向。甚至，如要深刻认识中国在走向近现代过程中遇到的一些问题，也绕不过对这一现象的剖析。

从汉到唐，是教育儒家化的第一期，其主线是学庙的出现和生长。由唐宋到明清，属于教育儒家化的第二期，其主线是"庙学合一"制度在全国的扎根与普及推广，并带动了中国古代文明的持久发展及其传播、扩散。毫无疑问，分析中国教育的儒家化，其内涵和标准自然不限这一项，诸如教育理念、教学内容与方法、人才培养的方式与目标等，都是不可轻忽的考量因素，但笔者更想突出"庙学合一"制度在其中的重要性，认为这才是造就了中国古代教育基本特质的最关键因素，也最具象征性意义。⑰本文第三节还将论及教育儒家化第二期的具体内容，然而，此处需要先说说宋元以降各级官学的物理空间形态，以此直观地体察一番作为学校体制上和教育制度上的"庙学合一"。择取四例：（1）列为第三批全国重点文物保护单位（1988年公布）的"北京孔庙"，即位于今北京国子监街的国子监孔庙；（2）列为第五批全国重点文物保护单位（2001年公布）的福建省"泉州府文庙"，位于今泉州中山中路；（3）列入甘肃省省级文物保护单位

（1993年公布）的"静宁文庙建筑群"，现坐落在平凉市静宁县第一中学校园内；（4）列入云南省省级文物保护单位（2003年公布）的"江川文庙"，现处玉溪市江川县江城镇江川县第二中学校内。

北京孔庙始建于元朝大德十年（1306），曾是元、明、清三代国家最高教育行政机关和最高学府的所在。它坐北朝南，左庙右学，西线（右路）的主要建筑依序有：集贤门、太学门、牌坊、辟雍、彝伦堂、敬一亭；东线（左路）的主要建筑为先师门、大成门、大成殿、崇圣祠等。左路孔庙部分最终定型于1916年，按大祀的规格进行了整修，占地22000多平方米（仅次于曲阜孔庙），大成殿的体量和规格远超彝伦堂，占据国子监整个校区的制高点。

泉州孔庙则为右庙左学。它始建于唐开元末年，北宋太平兴国初年移建现址（宋代曾为州学），后又迁出并于北宋大观三年（1109）再度迁回，历经宋、元、明、清多个朝代的发展和修建。大成殿为重檐庑殿式，为古代礼制建筑的最高等级，坐落于这片建筑群的核心位置。

静宁文庙原建于明洪武六年（1373），嘉靖二十一年（1542）迁至今址并扩建，⑱系静宁州学的孔庙。现沿孔庙中轴线由北向南依次为先师庙门（即棂星门）、戟门、东西厢房（两庑）、大成殿；泮池已被填埋，原地做了一个假山石的景观；戟门内保留为四合院落，大成殿居北正中。殿西侧，仍存留部分原学宫校舍，殊为难得，真切地显示了当年左庙右学的格局。大成殿为绿色琉璃瓦的单檐歇山顶，符合礼制规定。

江川文庙乃县学孔庙（江城镇原是江川县治所在），当年规模宏大，据当地人士介绍，是云南省内第二大孔庙，仅次于建水孔庙。该学始建年代应在明朝，清乾隆四十四年（1779）迁于现址，建造工程旷时费日，历45年才竣工落成。从嘉庆县志的学宫图看，孔庙居中，大成门、大成殿的左、右两侧，还有明伦堂和文昌宫东、西两路建筑，左右对称。明伦堂和文昌宫外由墙垣围隔。文昌宫一般不建在学校范围内，这里可视其为附属建筑，加上如果文昌宫南面当年也作校舍，那么这种空间格局就属于左右皆学、中间为庙的规制。2014年1月笔者现场踏访时，见孔庙本身的主要建筑除南、北端的照壁和崇圣宫已毁，其余经修复重建格局尚大体保存。大成殿为单檐歇山顶，依稀可辨覆黄绿两色琉璃瓦。虽破败状，可巍峨的样貌和风采仍在。

前述四座孔庙，分属太学、府学、州学、县学，在地域上又一北、一南、一西北、一西南，具备一定的代表性。其实，现有资料都显示，在"庙学合一"的物理空间结构中，孔庙主殿大成殿在各级官学建筑中都是最突出、最重要的，占据着整个校园的制高点。这恰好对应了其背后隐含的精神结构。

二　从孔庙看民族融合和"大一统"趋向

华夏民族是孔庙早期发展的推动者，然而打开历史的长卷，可以清楚地看到，是不同民族建立的政权接续并持久地为孔庙制度的发展提供着动力。在孔庙发展的历史上，各地众多的民族都发挥了重要作用，由孔庙承载的儒家文化乃是由中国各民族共同创造。换个角度看，借助孔庙的发展，尤其是"庙学合一"制度在全国各地的推广和扎根，在伴随推动儒学教化的过程中，也促进了民族融合及其共同发展，一定程度上实现了中国文化"大一统"的理想。

本节将选取三个时段做重点讨论。除了第三个时段中的明朝，其余都属于少数民族建立政权的统治时期，由此可以分析少数民族所发挥的独特作用，及其与儒家文化之间的关联。先说第一个时段：西晋结束后北方所谓的"五胡十六国"和北朝。这个时期匈奴、鲜卑、羯、氐、羌等北方少数民族驰骋于历史舞台，他们祖先着胡服、操胡语，却为自强逐步学习和接纳汉文化的礼仪习俗、典章制度，以开放的态度推动民族间的融合。及至北朝后期，鲜卑等族已和汉族相互渗透、相互吸收，不再有显著的差别。这其中崇儒立学，倡导、推行儒家化的教育，是一项非常重要的措施。例如，前赵刘曜"立太学于长乐宫东，小学于未央宫西"。[19]后赵的石勒设经学祭酒、史学祭酒等官职，自己"亲临大小学，考诸学生经义"，又"起明堂、辟雍、灵台……命郡国立学官"。[20]前秦苻坚不仅兴修学校，亲往太学考核诸生，还在建元七年（371）春正月，"行礼于辟雍，祀先师孔子。太子及公侯卿大夫士之元子，皆束修释奠焉"。[21]经过此类不懈的努力，北方的社会风尚渐渐变化，延至北朝，才引出相比于南朝更为兴盛发达的经学和学校教育。

北魏始在太学"祀孔子，以颜渊配"，[22]还创建了郡国学制，在校内设"孔子堂"。一些地方官员因勤勉办学而获得百姓的敬爱。如：李平，担任河南尹，"平劝课农桑，修饰太学，简试通儒以充博士，选五郡聪敏者以教之，图孔子及七十二子于堂，亲为立赞"。[23]刘道斌，幼而好学，有器干，曾任"恒农太守，迁岐州刺史，所在有清治之称。……道斌在恒农，修立学馆，建孔子庙堂，图画形像。去郡之后，民故追思之，乃复画道斌形于孔子像之西而拜谒焉"。㉔"图孔子及七十二子于堂"，或可与顾野王《舆地志》中东晋的"夫子堂"互为参比。而刘道斌不仅在学馆"建孔子庙堂"，他自己的像后来也被摆了进去接受民众的拜谒，就有点类似于孔庙的"从祀"了。

第二个时段是辽、金、元。三者都是北方少数民族建立的统治，却也不同程度地都采取尊孔崇儒、兴教办学的政策。契丹统治者视自己为炎帝的后人，所建政权为中国的"北朝"。㉕辽太祖耶律阿保机以这种立场引入儒学，于神册三年（918）"诏建孔子庙、佛寺、道观"，㉖并刻意把孔子庙排在首位。辽朝发生过孔庙和佛寺如何排序的讨论，有一次还发生在太祖长子义宗倍身上，《辽史·义宗倍传》载："神册元年春，立为皇太子。时太祖问侍臣曰：'受命之君，当事天敬神。有大功德者，朕欲祀之，何先？'皆以佛对。太祖曰：'佛非中国教。'倍曰：'孔子大圣，万世所尊，宜先。'太祖大悦，即建孔子庙，诏皇太子春秋释奠。"㉗

此孔庙建于上京（今内蒙古自治区巴林左旗），但是否就是《辽史·地理志》记载的，上京大内有"国子监，监北孔子庙"（这似表明前学后庙的格局），㉘仍难确认。不过神册四年，"八月丁酉，（太祖）谒孔子庙，命皇后皇太子分谒寺观"，㉙推测应该与上引神册元年和三年的两段材料相关。其间的关系极可能是，神册元年确定孔庙排位第一，三年动工建孔庙，四年太祖就去孔庙亲谒了。然而这次没带上皇太子，而是让皇后、皇太子分头去了佛寺、道观。这种分三路参谒，应该也包含着兼顾三教、同时又突出儒教地位的意思吧。上京之外，辽时其他地方也留下建立孔庙的资料。例如，咸雍十年（1074）进士、渤海人大公鼎任良乡县令，"省徭役，务农桑，建孔子庙学，部民服化"。㉚此将建孔庙视同省徭役、务农桑的善事，还使得"部民服化"，生动地反映了孔子学说、儒家教育借由孔庙所发挥的效应。

金太宗完颜晟时，开始设科举，"议礼制度"。㉛熙宗继位后，实行尊孔和文治，天眷三年（1140）封孔子四十九世孙孔璠为衍圣公；皇统元年（1141）又"亲祭孔子庙"，并自责以往"不知志学"，"深以为悔"。㉜以后世宗、章宗崇儒抑佛，兴修孔庙，引来"儒风丕变，庠序日盛，士繇科第位至宰辅者接踵"。㉝当时颁布了两条诏令，指向明确，一是明昌二年（1191），章宗诏"诸郡邑文宣王庙、风雨师、社稷神坛隳坏者复之"。二是泰和四年（1204），又"诏刺史,州郡无宣圣庙学者并增修之"。㉞辽、金沿袭了唐宋的学校体制,承继了祀奉孔子的信仰,接续了"庙学合一"的制度,使之在中华大地持久地生长。金元之际,持续的战乱给社会、经济和文化带来重创,学校和孔庙也在劫难逃。时人段成己的伤感可谓刻骨铭心,也具有代表性:"自经太变,学校尽废,偶脱于煨烬之余者,百不一二存焉。"㉟ "兵兴以来,庙学尽废,人袭于乱,目不睹瑚簋之仪,耳不闻弦诵之音,盖有年矣。"㊱然而值此之际,一种历史观正得以突显,仍借段成己的话说,就是:"隋唐以来,学遍天下,虽荒服郡县皆有学,学必立庙,以祀孔子先圣先师。"㊲

这里,围绕孔庙的发展,概括出一个连续而完整的历史过程,其无关乎族群,也不分天南地北。这在一定程度上属于"观念的"历史,是一种"想象的共同体"的建构,而它出自一位金末元初的学者,更别具意味。结合辽朝的情况,进一步可以说,即使在契丹、女真统治的朝代,都已经视孔庙为中华文化圈的共同标识,视其为文明教化的同义词。政权的对峙和疆域的分裂,并不能完全阻碍文化上的相互认可。

蒙元崛起后逐步调整统治策略,采用孔子学说为治国的指导思想,兴办学校,恢复科举,修建孔庙。元世祖忽必烈多次诏令各地:"先圣庙,国家岁时致祭,诸儒月朔释奠,宜恒令洒扫修洁。今后禁约诸官员、使臣、军马毋得于庙宇内安下,或聚集理问词讼,及亵渎饮宴,管工匠官不得于其中营造,违者治罪。"㊳ "敕修曲阜宣圣庙","敕上都重建孔子庙"。㊴武宗继位,旋即加封孔子为"大成至圣文宣王"。元朝的孔庙部分来自前朝所建,部分在前朝遗留基础上重建或修缮,部分新建。一项对金元之际44篇庙学碑记文的研究可资参考:其中明确冠以"重修"之名的有15篇,"新修"、"创建"的12篇,"增修"的2篇。㊵另据研究者统计,"元代至少有727所国立学校孔子庙"。㊶

第三个时段是明朝、清朝。为什么要将此作为一个相对独立的时段?原因是只有到明清,才真正实现了金人段成己所言"学遍天下"、"学必立庙",即大体上全国每个府、县都设立学宫和孔庙。对此需对前事略做回溯。唐朝刘禹锡曾估算当时全国每年释奠礼的花费为"四千万",其所在夔州四县每年"十六万",㊷即平均每县四万,据此可推测唐朝各级官学系统的孔庙,在一千个左右。而《新唐书·地理志一》记录了开元二十八年设置郡府328个,县1573个,㊸总计郡府县1901个,则又可知设学庙的占其五到六成。北宋辖境内,学庙有所增加,但离"县县有孔庙"仍比较远。天圣二年（1024）登科的进士尹洙在《巩县孔子庙记》中说过："郡府立学校，尊先圣庙，十六七。"㊹意思是当时设有学庙的，在郡府层级占六到七成。所以唐宋时候，尽管制度上、观念上都在说，每一级地方政府的治所，都要办学校、建孔庙，然而那仅仅是理想形态而已。辽、金、元三朝学庙的普及程度也都有限。基于这样的分析，前文才会有"观念史"、"想象的共同体"的提法。可到明清两朝，昔日的"观念"和"想象"已变成现实。

明成祖朱棣曾如此表彰其父明太祖："武功告成，即兴文教，大明孔子之道。自京师以达天下，并建庙、学，遍赐经籍，作养士类，仪文之备，超乎往昔。封孔氏子孙袭衍圣公，秩视一品，世择一人为曲阜令；立学官以教孔颜孟三氏子孙。常幸太学，释奠孔子，竭其严敬，尊崇孔子之道未有如斯之盛者也。"㊺根据《大明一统志》，洪武年间前后新建各级儒学（孔庙）304 所，重建 648 所，重修 81 所，至洪武末年全国各级儒学有 1033 所。吴宣德《中国教育制度通史》第四卷又详细列出了《明代各朝设立儒学数》表，合计府学 145 所，州学 179 所，县学 1111 所，其他 68 所，总计 1503 所。㊻这一数字与明人吕元善《圣门志》中说的，当时天下孔庙有 1560 余处，大抵吻合。㊼就此也反映了有明一代各级官学（孔庙）的数量增加是极其明显的，从明朝前期到后期增幅约达 50%。《明史·选举志》因而如此形容明代的教育："无地而不设之学，无人而不纳之教。庠声序音，重规叠矩，无间于下邑荒徼，山陬海涯。此明代学校之盛，唐、宋以来所不及也。"㊽清朝沿用了明朝的学校制度以及设施，大力尊崇儒学，推行科举制度，至嘉庆时学庙总数升至 1710 座，其中县学孔庙 1257 座。㊾

明清地方学校发展的一大成就，是将"庙学合一"制度深入推广到很多偏远的民族地区。如云南，自元及清，共有各府、州、县、厅等官学（孔庙）95 座。㊿其中始建于元代的 10 座，其余均为明清所建。笔者曾在云南实地考察过 20 余处孔庙或其遗址，同时对照文献材料，深切感受到历史上这些学校和孔庙对当地教育文化发展的牵引作用，也对民族团结、社会和谐施以积极的影响。又如湖南的湘西地区，笔者踏访过现均属湖南省级文物保护单位的芷江文庙、凤凰文庙、乾州文庙，那里自古是少数族裔的聚居地，中原王朝的文治教化传入较晚，影响较弱。明朝开始汉地大量移民进入湘西，同时中央政府也将学校和孔庙输入此地。以上三个孔庙先后建于明正德年间、清康熙和雍正时期，显示出儒教植入湘西的印迹，也成为当地风尚和社会意识逐渐纳入国家正统观念体系的见证。

再说东北地区。明太祖朱元璋时，设置辽东都指挥使司以经营辽东，《明史·职官志》载："又有都司儒学，洪武十七年置，辽东始。"[51]对此《明实录》有更详细的记录："（洪武十七年十月辛酉）置辽东都指挥使司儒学，设教授一员，训导四员。金、复、海、盖四州儒学学正各一员，训导各四员，教武官子弟。复命皆立孔子庙，给祭器、乐器以供祀事。"[52]设立军队学校和孔庙是明朝的新举措，主要选在边疆和沿海地区。设辽东都司儒学和下属金州、复州、海州、盖州四所卫学的孔庙，改变了当地的文化面貌。宣德五年（1430），辽东都指挥刘斌又在兴城（今葫芦岛市下辖的县级市）创建孔庙。这所学庙存留至今，是东北现存孔庙中年代最悠久的。

清兵入关前，满族首领努尔哈赤已在其发祥地赫图阿拉（成立后金政权后以此为都城，今辽宁省新宾县）兴建孔庙，后皇太极又于盛京（今沈阳）立孔庙。清朝统一后，对关内关外采取不同行政区划的治理办法，在东北地区是满洲八旗制、汉人州县制与渔猎部落"姓长制"并行。为守住民族传统文化，一些满族贵族强烈反对在自己的故土推行儒教、崇尚文艺，例如雍正皇帝，就坚决否定了在吉林乌拉（后简称吉林）建校设孔庙的建议。可是尊孔既然已是铁定的国策，孔子也早在顺治二年（1645）被加封为"大成至圣文宣先师"，那么建校设庙仿佛也就成为定势，无可逆转。像乾隆，即位后立马就在现吉林市兴修永吉州州学和孔庙，置先帝雍正的意愿于不顾。后永吉州改为吉林厅，这个吉林文庙又于光绪三十二年（1906）移建至今址，并一直保留至今。据中国孔子基金会和中国孔庙保护协会主办的"中国孔庙"网站公布的材料，清朝辽宁有13座学庙，吉林（现辖区内）有7座，黑龙江有6座。东北地区就此纳入儒教文化圈。

清朝时"庙学合一"制度还进入了新疆和台湾。"中国孔庙"网站介绍："新疆维吾尔自治区本来学校很少，清末设省后相继建设学校，使新疆学校达到了23所。但是目前仅见到乌鲁木齐一所文庙的资料，现在已经修复完整。新疆的文庙建造都很晚，按理说有一些应该能够保存下来，现在查不到有关资料，很可能是因为文庙保护没有受到足够的重视。"[53]笔者踏访过乌鲁木齐文庙，它位于今天的前进路，坐北朝南，以"文庙"之名列入乌鲁木齐市级文物保护单位，但里面同时供奉着孔子（前大殿）和武圣关羽（后大殿）。一说该庙是1765～1767年清政府扩建迪化新城（今乌鲁木齐市）时所建，叫"文武庙"。而现场的标牌又写着："文庙建于清末民初。"总之，新疆的文庙研究意义重大，却还有待加强。

台湾地区学校和孔庙的发展脉络比较清晰：南明永历十九年（1665，清康熙四年），台湾的咨议参军陈永华倡议修建台湾首座规制完整的学庙——台南孔庙，旁为明伦堂，于次年完工。初名"先师圣庙"，康熙二十三年改为"先师庙"，并置台湾府学。至光绪，台湾设三府学（台南、台湾、台北）、十县学（台湾、诸罗、凤山、彰化、新竹、宜兰、恒春、淡水、苗栗、云林）及相应的孔庙。[54]

综上所述，历朝全国各地的孔庙，编织出一张张具象而真实的儒家文化版图。伴随"庙学合一"制度的逐步建立并扎根到几乎每一个县上，在车同轨、书同文之外，孔庙也作为一个重要基石，参与构筑了民族关系上的"多元一体"和中国文化的"大一统"。最近姜义华在《中华文明的根柢》一书中提出，大一统国家是中华文明三大根柢之一，[55]那对孔庙的研究，就不能不重视了。

三 由孔庙折射的"祭政合一"及其特点

王朝统治者赴曲阜孔庙（本庙）和国子监（太学）祭孔，各级地方大员到所在府州县的学庙祭孔，这种借助祭祀仪式垄断各级祭祀权以确立权威并传输国家意志的做法，呈现出祭政合一的制度特征。但这种以"庙学合一"为外在形态的祭政合一，决然区别于世界上其他以政教合一为政体的文化形态，如在中世纪拜占庭帝国、阿拉伯帝国、印度、意大利、沙俄所见到的。儒家文化的个性特点及独特作用，于此彰显。本节略述"庙学—祭政合一"制度的两个特点。

（一）它与中国的教育制度特别是唐朝以后成型的科举制度嫁接在一起，充满理性实用主义的气息，其取向是现实主义的。唐朝韩愈《处州孔子庙碑》曾感喟："自天子至郡邑守长通得祀而遍天下者，惟社稷与孔子为然。……所谓生人以来未有如孔子者，其贤过于尧舜远者，此其效欤？"[56]到明清县县设立学庙，连专制皇帝于祭孔之后还要赋诗赞美："道统常垂今与古，文明共仰圣而神。功能溯自生民后，地辟天开第一人。"[57]孔子遭遇如此神化和顶礼膜拜，实与科举制度有关。唐朝贞观年间设计出施行全国的"庙学合一"，其一大背景就是科举的发展及制度化。科举考试以钦定的儒学培育士人、选拔官吏，成为"庙学合一"制度成长、发展、普及、推广的持久动力。孔子思想本有重德性、教化和倾向于"守成"的特点，汉朝时因此被统治者选作稳固社会、收拾人心、打造长治久安的利器。科举制度出现后的近 1300 年间，孔子思想的此种效应不断被放大。及至明清，所有准备走向举业和仕途的学子，必进儒学（该名词已成为元明清官方设立的各级学校的名称），必学儒家经典，必按标准化的教义答题，必礼敬孔子并按其要求为人处世。一句话，他必定先要成为（或宣称成为）一名儒生。㉘这些既是前文讲的教育儒家化第二期的具体内容，也是促成孔庙"无远弗届"的重要动力泉源。作为古代中国在制度领域的一项重要创造，科举制度在为官员选拔制定出一套标准化程序的同时，也为平民子弟的晋升提供了阶梯，为社会的流动提供了可能，为朝廷网罗人才提供了手段，当然统治集团自身吐故纳新的能力也得到强化。其积极的意义和正面的作用，居庙堂之上或处江湖之远都可察见与感受。古代中国文明之所以得到高度的发展，亦与此紧密相关。然而科举制度绝非单纯的考试制度，有众多方面的制度安排与之匹配和衔接。在学校的范围内考察，"庙学—祭政合一"就和科举制度高度对应。

唐代孔庙释奠礼仪的变化，折射出这两者"嫁接"过程中的若干动向。释奠是孔庙祭礼中最重要的一种，朱溢的一项研究表明，魏晋时期释奠礼仪主要用来显示幼帝或太子的知识和人格的养成，与帝位传承紧密相关。在五礼体系中，这一礼仪有时属于吉礼，有时属于嘉礼。到了唐代，除原有的孔庙释奠礼仪外，还建立了武庙释奠礼仪。孔庙释奠礼仪的功能和归属发生了很大的变化，如唐前期还见有皇太子主持孔庙礼仪，到晚唐就没有了，完全被常祀所替代。随着常祀制度的巩固、孔子先圣地位的重新确立、从祀制度的建立和州县释奠礼仪的开展，儒家学术传统的仪式化呈现为孔庙释奠礼仪的重点所在。此外它也明确定位为吉礼，并与武庙释奠礼仪构成吉礼中独立的一类。㉙朱溢揭举的现象很重要。笔者就此进一步认为，释奠礼仪的这些变化，相当程度上是与当时的科举和学校教育发生互动的结果。甚至可以说，它其实是在"配合"科举制度的发展而做出适应性的调整。理由大略有三。（1）幼帝和太子退出后，释奠礼仪更多地变成一项由校内师生参与的祭祀活动。州县学校释奠礼仪的开展，同样是为了满足由科举带动地方学校发展所带来的新需求。（2）《周礼·春官·宗伯》曰："以吉礼祀邦国之鬼、神、示。"将释奠礼仪定为吉礼，使释奠礼仪和孔庙的功能更为明确和清晰。武学的初兴、武庙释奠礼仪的出现，又衬托出官学及释奠礼仪"服务"于科举的属性。特别是联系到宋代最终培育出成熟的武学、武举，其中的关联就愈能把握。（3）先圣、先师角色的变动颇含深意。唐朝立国不久，曾一改"故事"，诏令以周公为先圣，孔子为先师——前文云"周公退场，学庙才真正姓孔"，即以此为前提。其缘由正如一些研究者所判断的，应与唐朝统治集团的关陇背景有关。也就是唐朝孔颖达曾揭示的："云先圣周公若孔子者，以周公、孔子皆为先圣。近周公处祭周公，近孔子处祭孔子。"⑩但此举即遭时人质疑，贞观二年（628）大臣房玄龄等提出："周公、尼父俱称圣人，庠序置奠，本缘夫子，故晋宋梁陈及隋大业故事，皆以孔子为先圣，颜回为先师，历代所行，古人通允。俯请停祭周公，升夫子为先圣，以颜回配享。"此奏获得采纳。可高宗继位后，又恢复以周公为先圣、孔子为先师，论辩再起。显庆二年（657）礼部尚书许敬宗等上书："依令（按：指《永徽令》），周公为先圣，孔子为先师。又《礼记》云：'始立学，释奠于先圣。'郑玄注云：'若周公、孔子也。'且周公践极，功比帝王。以孔子为先圣。"⑪

此后孔子的先圣地位才稳定下来。许敬宗提出了一个很恰当的解决方法，他认为周公和孔子分属治统和道统，周公可请去配享周武王，孔子留下来做先圣。如果说借重周公是出于现实政治的考虑，乃借用关陇历史文化为其统治的合法性、正当性加分，那么，这一图谋却最终未能敌过另外一种同样充满现实关怀的选择——奉孔子为先圣。其指向可分三个层面。（1）借助孔子"宏我王化"。仍引用开元二十七年（739）那封诏书的话，就是："美政教，移风俗，君君、臣臣、父父、子子，民到于今受其赐，不其猗与！……夫子既称先圣，可追谥为文宣王。"⑫孔子遂获得更大的尊荣。（2）孔子身为教师，在学校的庙堂里被奉为"先圣"，其身份、形象无疑更为贴切，也便于在"历代所行，古人通允"的传统中找到更多的依据。（3）可以顺应科举发展之所需。科举制度的推行需要强有力的思想意识形态为其先导和推引，孔庙祀典便成为最佳也最丰厚的文化资源。"庙学—祭政合一"的奥妙所在，恰恰是双方之间的那种彼此依赖，诚所谓"孔子之教，非帝王之政不能及远；帝王之政，非孔子之教不能善俗"。⑬所以随着科举（帝王之政）和皇权政治的发展，孔子的地位更趋隆宠。到明清，孔子便集先圣先师于一身了。另一方面，科举制度也以同样的原理调整、完善着自身的构造。殿试的出现，到宋代成为常制，明清进一步发展，就非常能说明问题。

一个有趣的现象值得一说：由殿试（皇帝钦选）产生的状元及其神话，反过来又投射到孔庙这片圣域，涂抹出神奇的色彩。在一些地方，会将孔庙泮池上的泮桥，称之为"状元桥"；将大成门（又名戟门）的中门，理解成仅为皇帝和状元所开。时至今日，笔者在一些地方调研时，还能听闻当地人士的抱憾：本地没出过状元，也未有皇帝驾临，所以历史上本地孔庙的中门未曾开启过。或说：本地孔庙缺一座泮桥，原因是没出过状元，不能建造。虽系民间传说，又犹如落日余晖，却映照出当年威权统治下，儒教与国家考试制度交织缠绕对人心笼罩之烈。这等故事又适足表明，孔庙世界在导引人们成圣成贤的同时，也充满着人间世俗的期待。

（二）"庙学—祭政合一"制度具有一种内生的张力，也具有一定的开放性。先说前者。笼统而言，是存在一种治统与道统之间的张力。东汉时，章帝幸阙里祀孔，与孔子后裔孔僖有段交谈，富有意趣，微妙地呈现出其间的精神对垒。史载："章帝曰：'今日之会，宁于卿宗有光荣乎？'对曰：'臣闻明王圣主，莫不尊师贵道。今陛下亲屈万乘，辱临敝里，此乃崇礼先师，增辉圣德。至于光荣，非所敢承。'帝大笑曰：'非圣者子孙，焉有斯言乎！'"[⑭]黄进兴就以上对话做过精辟的分析："孔僖以'崇礼先师，增辉圣德'一语道破章帝祀孔的潜在用心。至此，章帝亦只得大加赞赏，以自求排解。要之，章帝与孔僖的对话不只生动地反映了人君祀孔的心态，并且透露了孔门子弟自尊自贵的精神。"[⑮]

由于中国王朝交替的"周期律"，统治者越来越需要依仗"万世一系"的孔先圣孔先师，来为其统治的合法性立言，为其政教助推，为其江山永固统摄人心。道统中人也不乏看明个中道理的，所以他们在比较了"孔子之教"与"帝王之政"互相依存的这一面向后，会即刻去揭出另外一面，扬言："教不能及远，无损于道；政不能善俗，必危其国。"[⑯]中国历史上一直有一种努力，试以道统制衡治统，以儒教制约、规范皇权及现实政治。有些是出于理想主义、道德主义的情怀，有些则基于对现实情势的理智判断。孔庙作为儒教和道统的物化载体，便成为"传统读书人的一个精神堡垒"。黄进兴曾例举古代读书人到孔庙"哭庙"，予以形象的读解。[⑰]

后说开放性。孔庙主祀孔子，然历唐宋元明清逐步定型的孔庙祭祀制度，其包容性是比较大的。举例讲，首先大成殿设颜渊、曾参、子思、孟轲"四子配享"，两侧还有地位稍低一等的"十二哲"。两庑（大成殿与大成门之间两侧的厢房）又供奉先贤先儒，其中先贤是孔庙配祀的第三等级，计79位，主要系孔子的弟子，少数是"亚圣"孟子的弟子，或学术系统中的标志性人物，如左丘明、周敦颐、程颢、程颐、邵雍、张载。先儒为第四等级，至民国八年（1919），已达 77 人。孔庙既已具备非同寻常的象征意义，那这片世界也就成了各种力量的着力点和汇聚点。围绕孔庙配祀的标准和资格，即上演了无数的论辩和角力。从这些过程及结果看，道统与学术的话语权可以得到一定的体现。其次，明朝增设乡贤祠、名宦祠，位于大成门东西两侧，每年春秋祭祀时附祭。孔庙世界因此灌注进更多的乡土意识，成为同时呈现"地方性知识"的场域。这应该与当时中央集权制度下的地方"自治"有关联。最后，一些地方将魁星阁、文昌阁附设于孔庙。如始建于唐大中三年（849）的定州孔庙，现为河北省保存规模最宏大、建筑格局最完整的学庙建筑群，就仍保留着初建于元朝的魁星阁，现存建筑为明万历三十四年（1606）所造。在台南孔庙的东北角，有文昌阁，又叫魁星阁，楼高三层，奉祀文昌帝君和魁星。魁星、文昌信俗一般排除在孔庙祀典之外，但也常见其"混入"孔庙圣域，表明儒教的一种包容态度。

四　中国文化现代转型中的孔庙

1905 年科举制度终结，几年后帝制崩解，小学又废止读经，"庙学合一"的存在基础就此坍塌。孔庙的存留与祀孔的废续，成为无法绕开且时常撩拨时代敏感神经的社会问题，成为各种思潮激辩和舆论的焦点。民国初年两种截然相反的观点，分别由康有为和陈独秀所代表。康有为鼓吹将孔教立为国教，其核心思想早在多年前著名的公车上书（即《上清帝第二书》）中就已形成，其云："然近日风俗人心之坏，更宜讲求挽救之方。盖风俗弊坏，由于无教。……而'六经'为有用之书，孔子为经世之学，鲜有负荷宣扬，于是外夷邪教，得起而煽惑吾民。直省之间，拜堂棋布，而吾每县仅有孔子一庙，岂不可痛哉！今宜亟立道学一科，其有讲学大儒，发明孔子之道者，不论资格，并加征礼，量授国子之官，或备学政之选。其举人愿入道学科者，得为州、县教官。其诸生愿入道学科者，为讲学生，皆分到乡落，讲明孔子之道，厚筹经费，且令各善堂助之。并令乡落淫祠，悉改为孔子庙，其各善堂、会馆俱令独祀孔子，庶以化道愚民，扶圣教而塞异端。"[⑧]同在这封上书中，康有为还倡议"传孔子之道于外国"，并要在南洋一带"每岛派设教官，立孔子庙"；对于确有明效的，给予奖励和爵位。

陈独秀则力主反孔，呼吁"应毁全国已有之孔庙而罢其祀"。因为，

"人类将来真实之信解行证，必以科学为正轨，一切宗教，皆在废弃之列"。㉕这个声音主导了而后蔚然兴起的新文化运动，并衍变出"打倒孔家店"的口号。在充满思想对立的舆论环境中，孔庙步入一条全新的道路。回首百年，大约可分为两大段、四个时期：以中华人民共和国成立为界分为两段，再以1928～1929年前后和1990年前后为界分为四个时期。下面略述概要，以察转型时代孔庙的遭际。

其一，旧式官学为新兴学堂取代后，既有的学庙就面临着"转型"。祀孔香火的存续，孔庙财产、空间的归属与处置，成为交互影响的两大难点。废除科举的第二年，即1906年，学部提请祭孔由中祀升为大祀，慈禧太后准奏。清廷此举可有一比：对病危之体注以强心剂。其以"孔子之教"助"帝王之政"的意图，昭彰若揭而无可复加。然而其时各地孔庙的境遇及财政上的困难，㉖让它们甚难回应，升为大祀一说，后不了了之。袁世凯政府时，也鼓吹尊孔崇儒，但未及久远。另一方面，各种尊孔组织因时而生，尤以孔教会掀起的声浪最大。该会以康有为为会长，策动请愿活动，要求定孔教为国教，并"保守府县学宫及祭田，皆置奉祀官，勿得荒废污莱，勿得以他职事假赁侵占"；㉗号召"全国文庙，皆当极力保全，有侵犯者，务必全国一致，抵死力争"。㉘然现实并未遵从这些尊孔派意愿，各地孔庙相继陷入"俎豆废祀，弦诵绝声"的风雨飘摇之中。

尊孔派的努力亦非全无成果。一些地方新建的孔庙，就与此背景有关。例如，1919年黑龙江庆城县，1926年黑龙江哈尔滨，1927年黑龙江呼兰县和吉林西安县（今辽源市），先后兴建了孔庙。特别应该一说的是哈尔滨文庙（现为全国重点文物保护单位），始建于1926年，建成于1929年，自称规模仅次于山东曲阜孔庙和北京国子监孔庙，全国排名第三。《东省特别区创建文庙碑志》特别提到其遵行"大祀"的标准建造："谨案孔子文庙，在昔为中祀，其殿九楹，为堂七，为夹室二，此旧制也。自清光绪三十二年，升孔子为大祀，而京外学官，犹仍旧贯，未之改作。今东省特别区阄规大起，创而非固，故其缔造合乎大祀之仪。"㉙故此，该庙的万仞宫墙、棂星门、大成门、大成殿、崇圣祠，以及东西牌楼、掖门，均覆盖黄琉璃瓦，等级最高，俗称"皇顶"。大成殿用重檐庑殿顶。棂星门、大成门、大成殿的彩绘也同样采用最高等级的"金龙和玺"形式。如此体现"大祀"的规格，除北京国子监孔庙外，非常少见。

其二，国民政府定都南京后，即有人吁请举行全国性祀孔典礼。如福建省政府主席杨树庄暨各委员发出《呈请中央通令各省祭孔代电》（1927 年 8 月 8 日），国民革命军第二十一军第七师师长蓝天彬、副师长饶国华发出《要求国民政府通电全国取消大学院废止祀孔令的快邮代电》。[74]然而 1928 年，大学院照旧明令各大学、各省市教育厅、局，"将春秋祀孔旧典，一律废止"。[75]次年，教育部、财政部、内政部颁发《孔庙财产保管办法》，规定"孔庙财产均应拨充地方办理教育事业之经费，不得移作他用"；"县有者由各县教育局保管之，其未设教育局者，由县政府职掌教育行政者保管之"；"其原有之大成殿，仍应供奉孔子遗像，于孔子诞辰开会纪念"。[76]该令追认了先前很多地方改易孔庙作为学校的做法，并欲加以规范管理。职是之故，笔者将 1928～1929 年前后，视为最近百年第二个时期的开始。

1934 年国民政府内政部为了解各地孔庙实地状况，曾制定孔庙实况调查表，发交各省市查填。后回收了 16 个省市的表格（另十余个省市未上报），统计孔庙总数 874 个，残毁 17 个。874 个中，用于教育机关的有 532 个，占绝大部分。另 132 个用作地方公所，72 个用作军事机关，165 个用于其他。[77]可见其时各地学庙建筑实体大体尚存，但功能已经基本改变。惟不少大成殿仍供奉孔子遗像或牌位，可在孔子诞辰日举行活动（包括祭拜孔子）时派上用途。此后日本侵华战争全面爆发，战火中各地孔庙遭到严重破坏。

其三，中华人民共和国成立后，大部分孔庙都作为可资利用的建筑空间加以使用，相当一些辟为校舍，或迁入了机关、医院，或作文化馆、工厂、仓库等等。少部分因其突出的文物价值而受到保护，有些还建设为博物馆向公众开放。毛泽东曾说："今天的中国是历史的中国的一个发展；我们是马克思主义的历史主义者，我们不应当割断历史。从孔夫子到孙中山，我们应当给以总结，承继这一份珍贵的遗产。这对于指导当前的伟大的运动，是有重要的帮助的。"[78]但是在历次政治运动中，儒家思想又往往被置于批判的地位，为时代所"唾弃"。尤其是"文化大革命"和"批林批孔"运动期间，孔庙被贴上"封资修"的标签而蒙受浩劫。1978 年拨乱反正后，孔子和儒家思想开始重新得到评价，同时文物保护的意识有所增强，更多的孔庙被列入各级文物保护单位。

其四，20 世纪 90 年代以来，国人对于传统文化的态度出现重大变化。越来越多的国人养成平和的心态看待孔子、孔庙和儒家文化，而非当年秉持的批判态度和与之"决裂"的立场。曲阜等地的祭孔大典越来越壮观。

各地一大批孔庙得到修缮、重建。然而文物保护与文物破坏犹如互相赛跑，在建设、发展的浪潮中，相当一批孔庙为"发展"让路，受到蚕食甚至被完全拆除。进入 21 世纪，"国学"更受追捧（不少孔庙以各种形式普及"国学"），祭孔大典被遴选为非物质文化遗产，逢 9 月 28 日孔子诞辰日，众多孔庙会携手"全球祭孔"。孔子学院走向世界，等待生根开花。一股重修或新建孔庙的风气在多地涌现。更有一些人士建议，以孔子诞辰日取代 9 月 10 日而作为中国的教师节。

百年孔庙的兴衰嬗变，说明了什么？孔庙下一步的发展，又会呈现何种样态？这是我们考察现代儒家文化及其未来走向必须关注的重要内容，也构成一个极为独特的角度。余英时尝谓，近代以来儒学尽失其具体的托身之所，成了"游魂"。孔庙就曾经是儒学重要的托身之所，百年孔庙的遭遇，便是一部儒学之灵魂"游荡"的形象的历史书。引申开去，那些作为历史建筑的孔庙，哪怕于今只剩下一个泮池、一座棂星门，它们仍似有精灵所依附；换上前贤说过的辞，就是可以在这些建筑物上触摸到"体温"。这是应该予以珍视的，也是笔者近年为之奔波调研的缘由所在。那么当下和未来的孔庙，又是否会给儒家文化提供支持呢？儒家文化在失去制度保障（来自古代的礼制、法制和教育制度）之后，能否重新找到托身之所呢？

本文只能初步提出这些问题，然却相信，这些问题如果接续在更长久的历史脉络之下进行通贯的审视，一定会有助于互相启发，从而获得更为丰富、深刻的认识。从孔庙的遭遇看，20 世纪中国文化的"断裂"确实醒目，但近期的发展，表明"断裂"之后历史连续性的一面正在展现——这恰好佐证了毛泽东所说的，"今天的中国是历史的中国的一个发展"。但如何具体分析这种"断裂"和"连续"，能否又如何从中获取启迪，这是摆在今人面前的课题。就本文考察的范围，笔者特别想指出三点。

（一）从人类文明发展的趋势看，打破古代中国"庙学—祭政合一"的结构属于势在必然。简言之，像刘大白作词、丰子恺作曲的《复旦大学校歌》（笔者即工作于复旦大学）所唱"学术独立思想自由，政罗教网无羁绊"，就是打破原有结构之后才可能流传的观念。这种观念又恰恰是缔造现代文明的重要基石。由于"庙学—祭政合一"制度经历了千百年的发育和不断完善，并与其他的各种制度设计、观念形态互相偕配，要想打破它诚非易事。所以当年陈独秀们的呐喊有其必要性，但又不能因此去掩盖其对传统文化绝对否定之不足。同时，尊孔派的某些用意是否也值得今日再做体察？当然这也不能包括来自政治层面的戏弄和武断行径。回头看，近代以来中国一直在矛盾的对立中寻求前行的突破可能，由此遭逢了持久的曲折苦痛，这或许与中国独特的现代性及现代化道路有关。

（二）包括儒家文化在内的中国传统文化自有其局限性，不过向前看，构建中国的现代文明体系需要更多的参照，也亟须汲取各种有益的资源。儒家文化在历史上曾有过的积勃作用，其所蕴含的合理性与内在价值，比如本文讨论的对民族团结融合和"大一统"的贡献，它的理性主义和包容性，都值得给以深长的思索。题名张学良的《哈尔滨文庙碑记》说："哈尔滨据松花江上游，东省铁路横贯其间，欧亚商旅麇集而鹑居，言庞俗杂。……民德即离，势必至于家邦陵替，本实先拔，而求其枝叶之无伤，胡可得也。"⑰这是有鉴于当时哈尔滨为外来文化所包围和侵蚀，欲力振民族文化求自强，而以孔庙为资源和手段。因此，研究、盘点孔庙历史与遗产，就不是为了发思古之幽情，也非单单立足于建筑文物的保存，而与文化建设有关。

（三）废除科举和读经后，读书人便与"儒生"相分离。儒学失去了广大的服膺者，儒家文化进入一个缺乏"群体效应"的新环境。特别是中华人民共和国成立以后，虽然儒学的某些思想仍然活在乡土社会，不时地闪现于日常生活间，但在显性层面如教育考试的系统中，在官方的宣传系统中，儒学几乎遭到全面的清扫。近一二十年传统文化的"回归"已引起普遍的关切。以此为背景考察当下孔庙的现况及可能的未来，却还有待开展。就笔者的兴趣而言，主要并不在于诸如祭孔大典那种声势和场面，而更着意于那些生发自民间的活泼的举动，以及来源于传统又有所变异的当代信俗。例如孔庙内的祈愿、成人礼、亲子活动、传统文化课堂、研讨会，等等。这些角度的内容，真切地呈现出当下文化变动中饶有意趣的动向，也为本文期冀展开"贯通古今"的研究提供了素材。以颇有争议的孔庙祈愿讲，其内容多为学业顺利、考试成功、升入理想的学校。论者或说这属于"迷信"，可在这些行为背后，映射出学生和家长对于社会阶层流动和自我提升的期待，在更深一层次上又隐含着对于社会公平机制的盼求。中国古代科举制度为何一直坚持采用标准化的（乃至于呆板的）考试方式，其中不乏出于维护公平的考虑。西方诸多的研究者为何青睐科举制度，也是因为它为实现社会流动、个人晋升提供了一种比较好的可能。从今日孔庙的祈愿活动，可以加深对古代科举制度的理解；反过来亦是。

云南大理洱源县凤羽小学的门口，用红漆刷着一幅标语："教育改变命运，知识成就未来。"2014 年的春节，我初见这句话时，有种时光交错的感觉，心想：这个话或许正是科举时代士子们进出孔庙时最强烈的内心诉求。迈入校门，里面保留着建于清朝雍正四年的凤羽县文庙部分建筑（目前作为校舍使用）。大成殿的土墙上，有不少被抠挖过的痕迹，校长在一旁说明：当地盖新屋，喜欢掺入一点大成殿的墙土，以接获运气和喜气。现在加强了管理，但还是难以完全管住"偷挖"行为。笔者尚未搞清这一习俗起源于何时，却不能不感受到在一些民间社会，古旧的孔庙仍葆有一种精神的力量。那一刻，笔者强烈地感受到历史是"连续"的。正是基于此类观察和感受，催促我去思考当下孔庙与儒家文化之间的关联以及可能的走向，并将做持续的跟踪。

①清代孔尚任《阙里志·祠庙志》载："鲁哀公十七年，即孔子旧宅立庙以祀之"；"鲁哀公十七年，立孔子庙于旧宅，置守庙户以供洒扫。"此说的依据有南宋孔子四十七代孙孔传所撰《东家杂记》、金代孔子第五十一代孙孔元措编撰的《孔氏祖庭广记》。问题是鲁哀公十七年系公元前478 年，即孔子去世的次年，与《史记·孔子世家》记载的"故所居堂，弟子内，后世因庙"不相吻合。笔者采司马迁之说，并认为既然是"后世因庙"，时间应当至少在孔子去世20 年以后。

②《新唐书·礼乐志五》，北京：中华书局，2011，第373 页。

③唐时已有此名，如《唐六典》卷二十一"国子监"条庙干"掌洒扫学庙"。

④（清）庞钟璐：《文庙祀典考》，收入耿素丽、陈其泰选编《历代文庙研究资料汇编》第8 册，北京：国家图书馆出版社，2012，第213 页。

⑤《宋书·礼志一》，北京：中华书局，2011，第364～365 页。另，太元九年，或作"元年"。杜佑《通典·礼典》为"九年"，兹引以为据。

⑥㊺黄进兴：《圣徒与圣贤》，北京：北京大学出版社，2005，第34、13 页。高明士的观点亦见氏著所引。

⑦《晋书·五行志上》，北京：中华书局，2011，第829 页。

⑧《隋书·礼仪志四》，北京：中华书局，1994，第180～181 页。

⑨《新唐书·礼乐志五》，北京：中华书局，2011，第373 页。

⑩陈青之：《中国教育史》，上海：上海书店出版社，2013，第129 页。

⑪（唐）吴兢：《贞观政要》卷七《崇儒学》，上海：上海古籍出版社，1991，第215 页。

⑫《旧唐书·高宗纪下》，北京：中华书局，2011，第94 页。

⑬㊽（五代）王溥：《唐会要》，北京：中华书局，2012，第744～746、744 页。

⑭杨志刚：《中国礼仪制度研究》，上海：华东师大出版社，2001，第151～155、519～522页。

⑮《汉书·惠帝纪》，北京：中华书局，1983，第90～92页。

⑯《汉书·武帝纪·赞》，北京：中华书局，1983，第212页。

⑰笔者赞同高明士先生对东亚传统教育特质的基本分析，参见氏著《东亚教育圈形成史论》，上海：上海古籍出版社，2003；以及《东亚传统教育的特质》一文，见"百度文库"。

⑱据静宁孔庙前所立碑文，但对年份已做校正。又，明洪武二年，静宁州归属明朝，为平凉府所辖。1913年改为县。

⑲《晋书·载记·刘曜》，北京：中华书局，2011，第2688页。

⑳《晋书·载记·石勒下》，北京：中华书局，2011，第2741～2751页。

㉑（北魏）崔鸿：《十六国春秋·前秦录四·苻坚》，台北：商务印书馆影印文渊阁四库全书本，第463册，第604页。

㉒《魏书·世祖纪上》，北京：中华书局，2011，第71页。

㉓《魏书·李平传》，北京：中华书局，2011，第1452页。

㉔《魏书·刘道斌传》，北京：中华书局，2011，第1757～1758页。

㉕《资治通鉴》卷二八六《后汉纪一》载，耶律德光曾劝诫刘知远（刘后称帝，史称后汉）说："汝不事南朝，又不事北朝，意欲何所俟耶？"北京：中华书局，1987，第9336页。

㉖《辽史·太祖纪上》，北京：中华书局，2011，第13页。

㉗《辽史·义宗倍传》，北京：中华书局，2011，第1209页。

㉘《辽史·地理志一·上京道》，北京：中华书局，2011，第441页。

㉙《辽史·太祖纪下》，北京：中华书局，2011，第15页。

㉚《辽史·大公鼎传》，北京：中华书局，2011，第1460页。

㉛《金史·太宗纪》，北京：中华书局，2011，第66页。

㉜《金史·熙宗纪》，北京：中华书局，2011，第77页。

㉝《金史·文艺列传上》，北京：中华书局，2011，第2713页。

㉞《金史·章宗纪》，北京：中华书局，2011，第218、267页。

㉟㊱㊲（金）段成己：《河津县儒学记》、《霍州迁新学记》、《河中府重修庙学碑》，收入李修生主编《全元文》第2册，南京：凤凰出版社，2005，第215、213、219页。

㊳（元）佚名：《庙学典礼》卷一《先圣庙岁时祭祀禁约骚扰安下》，"元代史料丛刊"点校本，杭州：浙江古籍出版社，1992，第12页。又见陈高华等整理《元典章·礼部四·学校·儒学》，北京：中华书局，天津：天津古籍出版社，2011。除个别字词外，两者内容大体相同。

㊴《元史·世祖本纪》，北京：中华书局，2011，第113～114页。

㊵陶然：《论金元之际庙学碑记文的文化内涵》，杭州：《浙江大学学报》（人文社会科学版）2004年第5期。

㊶孔祥林等：《世界孔子庙研究》上卷，北京：中央编译出版社，2011，第96～97页。

㊷《新唐书·刘禹锡传》，北京：中华书局，2011，第5130页。

㊸《新唐书·地理志》，北京：中华书局，2011，第960页。

㊹（北宋）尹洙：《河南集》卷四《巩县孔子庙记》，台北：商务印书馆影印四库全书本，第1090册，第16页。

㊺《（明成祖）御制孔子庙碑》，《四库全书存目丛书》史部第七十六册，济南：齐鲁书社，第304页。

㊻李国钧、王炳照总主编《中国教育制度通史》，吴宣德著第四卷"明代"，济南：山东教育出版社，2000，第170～174页。又，"其他"是指宣慰司学、宣抚司学、长官司学、盐运司学、都司学、行都司学、指挥司学、卫学、千户所学。

㊼（明）吕元善：《圣门志》，商务印书馆丛书集成初编，卷一上，第18页。

㊽《明史·选举志一》，北京：中华书局，2011，第1686页。

㊾据孔祥林等著《世界孔子庙研究》的统计，见该书上卷第127页。又，熟悉明清史者会看出，明、清的县数多于本文的县学数。原因有：一些县学附于府学或州学，并共用孔庙，以此解决场地、经费、师资等配置问题。还有的县与邻县合署办学，如清朝雍正年间因人口赋税繁多从常州府武进县分出阳湖县，但阳湖县学与武进县学合于一体，地点仍在原武进县学，号称"武阳学府"。现存部分历史建筑，以"常州文庙大成殿"之名，列入江苏省第七批文物保护单位。

㊿据龙云、卢汉修《新纂云南通志》第6册《学制考》，李春龙、王珏校注，昆明：云南人民出版社，2007。

51《明史·职官志四》，北京：中华书局，2011，第1851页。

52中研院历史语言研究所校印《明实录》第四册，第2563页。

53孔祥林等著《世界孔子庙研究》上卷第128页也说，到光绪三十三年（1907）新疆已经在6府、6厅、2直隶州、8县、1分县设立了23所孔庙。

54傅朝卿主编《阅读台湾的孔子庙》，台南：台南市文化资产保护协会，2002。

55姜义华：《中华文明的根柢》，上海：上海人民出版社，2012。

56韩愈：《处州孔子庙碑》，见马其昶校注，马茂元整理《韩昌黎文集校注》卷七，上海：上海古籍出版社，2014，第547页。

57（清）爱新觉罗·胤禛：《世宗宪皇帝御制文集·四宜堂集》卷二《仲丁祭文庙》，台湾影印四库全书，第1300册，第217页。

58《明史·选举志一》（北京：中华书局，2011，第1675～1676页）有段话记录了当时的情状："选举之法，大略有四：曰学校，曰科目，曰荐举，曰铨选。学校以教育之，科目以登进之，荐举以旁招之，铨选以布列之，天下人才尽于是矣。明制，科目为盛，卿相皆由此出，学校则储才以应科目者也。其径由学校通籍者，亦科目之亚也，外此则杂流矣。……科举必由学校，而学校起家可不由科举。学校有二：曰国学，曰府、州、县学。府、州、县学诸生入国学者，乃可得官，不入者不能得也。”

(59)朱溢：《唐代孔庙释奠礼仪新探——以其功能和类别归属的讨论为中心》，河南开封：《史学月刊》2011 年第 1 期。

(60)《十三经注疏》，（清）阮元校刻，北京：中华书局影印本，1991，第 1406 页。紧接这句话，孔颖达又言：“故云‘若’，‘若’不定之辞。”

(61)《旧唐书·礼仪志四》，北京：中华书局，2011，第 918 页。

(63)(66)（元）曹元用：《代祀阙里孔子庙碑》，《全元文》第 24 册，第 262 页。

(64)《后汉书·儒林列传》，北京：中华书局，1982，第 2562 页。

(67)黄进兴：《皇帝、儒生与孔庙》，北京：三联书店，2014，第 173 页。

(68)(71)汤志钧编《康有为政论集》上册，北京：中华书局，1981，第 132、921 页。

(69)陈独秀：《独秀文存》，上海：上海书店出版社，1989，《民国丛书》第一编第 92 册。

(70)早在 1896 年的《变法通议》中，梁启超就已描述过一些孔庙萧条尴尬的境遇：“乃入学之始，（文昌、魁星）奉为神明，而反于垂世立教大成至圣之孔子，薪火绝续，俎豆萧条，生卒月日，几无知者。”张品兴主编《梁启超全集》第 1 册，北京：北京出版社，1999，第 36 页。

(72)陈焕章：《丁巳大成节第五届曲阜大会报告书》，北京：《北京时报》1917 年 12 月 3 日。

(73)(79)石碑现均立于哈尔滨文庙内。

(74)(76)《中华民国史档案资料汇编》第 5 辑第 1 编“文化”（2），南京：江苏古籍出版社，1994，第 515～518、549 页。

(75)《大学院公报》第 1 年第 3 期，沈云龙主编《近代中国史料丛刊续编》第 656 册，台北：文海出版社，1975，第 22 页。

(77)《内政部全国孔庙实况调查报告》（1934 年 10 月），《中华民国史档案资料汇编》第 5 辑第 1 编“文化”（2），第 550 页。因为有一庙二机关使用的，所以使用状况栏的数字，超过孔庙总数。

(78)《毛泽东选集》第 2 卷，北京：人民出版社，1991，第 534 页。

作者简介：杨志刚，复旦大学文物与博物馆学系教授，现任文史研究院院长、文科科研处处长，教育部重点实验室复旦大学现代人类学研究中心兼职研究员，指导“文化遗产理论与管理”和“亚洲宗教、艺术与历史”

两个方向的博士研究生。主要研究领域：中国古代礼制和礼学，文化遗产和博物馆文化。于复旦大学历史系获得学士、硕士及博士学位，1987 年留校任教至今。2000～2008 年担任文物与博物馆学系主任，兼管校博物馆，创办文化遗产研究中心。曾任中国博物馆学会理事，现任中国人类学民族学研究会常务理事。曾任国家文物局全国博物馆精品展览评选专家库专家，国家哲学社会科学基金重大课题评审专家，现为中国地方志指导小组成员。兼任多家博物馆顾问、研究员，多所高校兼职教授。曾赴美国、英国、芬兰、比利时、日本等国访学、合作研究和举办学术会议，目前重点推进复旦大学（文史研究院）—普林斯顿大学（东亚研究系）—东京大学（东洋文化研究所）三校合作。曾独立或领衔承担教育部科研项目。出版《中国礼仪制度研究》、《废墟上的家园》、《六合一统》、《故宫：凝固的皇权》等个人著作，校勘《东塾读书记》。发表《中国礼学史发凡》、《〈司马氏书仪〉和〈朱子家礼〉研究》、《〈朱子家礼〉：民间通用礼》、《明清时代〈朱子家礼〉的普及与传播》、《"礼下庶人"的历史考察》、《秦蕙田〈五礼通考〉操作特点析论》等礼学研究论文数十篇。部分成果翻译成英语、日语出版或发表。现还参与上海市智库建设，兼任上海高校智库管理与研究中心负责人。

[责任编辑：刘泽生]

（本文原刊 2014 年第 4 期）

司马迁：历史叙事的永久魅力

陈其泰

[提　要]　司马迁的不朽巨著《史记》历来被誉为"史家之绝唱"，书中记载的复杂历史事件和众多人物活动，是以高超的艺术手法表现出来的，因而具有强大的感染力和震撼力，不仅历代传诵，而且至今仍然为广大读者所喜爱。这正说明司马迁历史叙事的技巧具有超越时空的意义和当代价值。其中尤为重要的有四项：一是在剧烈冲突中表现人物的精神风貌；二是写场面、写语言、写典型细节的艺术手法；三是成功地运用对比手法和互见法；四是紧扣史实恰当运用议论。今天进行此项研究，不仅有助于广大文史爱好者进一步认识《史记》何以具有"永久的魅力"的奥秘，而且对于历史书写如何做到增强吸引力，避免平淡乏味，尤其具有宝贵的启示意义。

[关键词]　司马迁　历史叙事　文史兼通的优良传统

　　《史记》不仅是一部伟大的历史著作，同时也是一部伟大的文学著作，《史记》的杰出成就进一步奠定了中国史学善于表现人物、记述事件的优良传统，具有超越时空的意义。展读《史记》，书中叙事写人生动传神之处，可谓纷至沓来，令人目不暇接。今天深刻地总结司马迁历史叙事的高度成就，揭示其具有"永久的魅力"的奥秘，不仅有助于广大文史爱好者进一步认识这部名著的价值，而且对于历史书写如何增强吸引力，避免平淡乏味，具有宝贵的启示意义。兹从以下四个方面，举出若干典型例证加以论列。

一 在剧烈冲突中写人

战国晚期，秦恃其强盛的国势向山东六国进逼，列国之间形成了"合纵"、"连横"的激烈斗争，而山东各国也因本身的利害而呈现复杂的关系，各种复杂的因素构成了激烈的矛盾与冲突。这种异乎寻常的历史机遇为各国有勇有识之士提供了极其难得的活动舞台，司马迁即以成功的手法，在激烈的冲突中表现这些人物的胆略和气概，写下了生动的篇章，令读者在千百年后仍然如见其人，如闻其声。赵国的一介寒士毛遂就是这样的典型人物。《平原君虞卿列传》载，毛遂本是平原君门下一名食客，一向默默无闻。赵惠文王九年（前257），秦兵困邯郸，形势危急。赵派平原君求救于楚，要从门下食客中选出文武兼备者二十人一同前往，平原君下了这样的决心：如果能通过正常谈判方式得到楚国救援，是为上策；不然，就当场以武力胁迫楚王歃血为盟，无论如何也要得到楚王同意"合纵"，派兵救赵。总共从门下士中选出了十九人，其余就再也选不出来，不够二十人。这时毛遂出来自荐，说还差一人，他愿意备员而行。平原君问了毛遂，知道他处门下已有三年时间。于是摇了摇头，说："夫贤士之处世也，譬若锥之处囊中，其末立见。今先生处胜之门下三年于此矣，左右未有所称诵，胜未有所闻，是先生无所有也。先生不能，先生留。"平原君如此明确表示否定，毛遂却不气馁，反而更坚决要求给他一试本事的机会，说："臣乃今日请处囊中耳。使遂得处囊中，乃颖脱而出，非特其末见而已。"平原君见状，只好答应让他前往。而同行十九人则相与目笑，对他轻视。可是经过一路同行，听了毛遂的言词谈吐，十九人纷纷改变了态度，无不从心里佩服毛遂的见识。

平原君拜见楚王，双方为楚国派兵救赵展开谈判，可是楚王因畏惧秦国的兵威，心中犹疑不决，从清早开始商谈，到正午竟然仍无结果。国内邯郸城被围的形势日益危险，时不我待！十九人都鼓励毛遂上殿用非常的手段胁迫楚王，毛遂显示出智慧和勇气、为赵国立功的时机到了！只见他按剑历阶上殿，径直走到平原君面前，问道："从之利害，两言而决耳。今日出而言从，日中不决，何也？"楚王打量着毛遂，问平原君：他是什么人？平原君答：是我门下舍人。楚王立即叱责他："胡不下！吾乃与而君言，汝何为者也！"司马迁写毛遂无所畏惧，豪气逼人，他首先表示决心要为出兵救赵之事与楚王拼命，正告楚王在当前情势下，是他掌握着楚王的性命："王之所以叱遂者，以楚国之众也。今十步之内，王不得恃楚国之众也，王之命悬于遂手。吾君在前，叱者何也？"接着，毛遂指出以楚国之国土广大、士卒众多，而屈服于秦的兵威，这是楚的耻辱，让楚王明白合纵不仅是为救赵，而首先是让楚国报仇雪耻："且遂闻汤以七十里之地王天下，文王以百里之壤而臣诸侯，岂其士卒众多哉，诚能据其势而奋其威。今楚地方五千里，持戟百万，此霸王之资也。以楚之强，天下弗能当。白起，小竖子耳，率数万之众，兴师以与楚战，一战而举鄢郢，再战而烧夷陵，三战而辱王之先人。此百世之怨而赵之所羞，而王弗知恶焉。合从者为楚，非为赵也。吾君在前，叱者何也？"毛遂的胆量顿时使楚王慑服，毛遂的慷慨陈词更使楚王觉悟到出兵救赵抗秦是楚国唯一正确的选择！于是毛遂实现了赵、楚合纵对付秦国的结局，楚王曰："唯唯，诚若先生之言，谨奉社稷而以从。"毛遂曰："从定乎？"楚王曰："定矣。"毛遂让楚王之左右取鸡狗血来歃盟，毛遂奉铜盘跪进之楚王曰："王当歃血而定从，次者吾君，次者遂。"遂定合纵于殿上。平原君完成定纵使命回到赵国，对毛遂极力赞誉，说"毛先生一至楚，而使赵重于九鼎大吕。毛先生以三寸之舌，强于百万之师。"平原君返赵之后，楚使春申君将兵救赵，魏国信陵君亦矫夺晋鄙军往救赵。此时，赵国有勇将李由率领敢死之士三千人赴秦军，"秦军为之却三十里。亦会楚、魏救至，秦兵遂罢，邯郸复存。"①

司马迁记载此篇最大的成功，即在剧烈的冲突中刻画人物。邯郸被围，赵国危急，拒秦救赵，成为赵国展开外交斗争的焦点，正是在这一历史时刻，一向不被人知晓的寒士毛遂，却以其不惧一死的勇气和洞悉安危大局的识见，改变了楚王倨傲、犹疑的态度，完成了平原君这位堂堂赵国之相和同行十九人所不能完成的壮举！他智勇兼具，言词壮烈而又善于剖析利害，重复使用的"吾君在前，叱者何也"两句，前后呼应，更能表现其勇毅的神态和逼人的气势，千百年之后读之犹有感人的力量！清代学者徐与乔对此有恰当的评论："写得生气勃然，使千载下赫赫若当时情事，乃其传声像形，则在重沓用字，复句回顾间。"②

至楚汉之际，局势发展更加复杂，各种势力的矛盾冲突也更加令人目不暇接，而司马迁笔下所写项羽、刘邦、韩信、张良、萧何等人物无不跃然纸上。《淮阴侯列传》中叙述萧何追韩信和韩信拜将一段尤为生动传神。其时，韩信因不满意刘邦的慢待而离营亡走，萧何则格外器重韩信，称他"国士无双"，是对刘邦争夺天下不可缺少的奇才，因此急忙连夜追赶韩信。

刘邦一时误会，以为萧何亡走而大怒。司马迁恰当地把握住各种矛盾，极力表现当时的紧张气氛，惟妙惟肖地描写各人的神态和内心活动：

> 信数与萧何语，何奇之。至南郑，诸将行道亡者数十人。信度何等已数言上，上不我用，即亡。何闻信亡，不及以闻，自追之。人有言上曰："丞相何亡。"上大怒，如失左右手。居一二日，何来谒上，上且怒且喜，骂何曰："若亡，何也？"何曰："臣不敢亡也，臣追亡者。"上曰："若所追者谁何？"曰："韩信也。"上复骂曰："诸将亡者以十数，公无所追；追信，诈也。"何曰："诸将易得耳。至如信者，国士无双。王必欲长王汉中，无所事信；必欲争天下，非信无所与计事者。顾王策安所决耳。"

刘邦先是对韩信轻慢无礼，后能听从萧何劝谏，改变态度，拜韩信为大将，并且要举行隆重的拜将典礼："何曰：'王计必欲东，能用信，信即留；不能用，信终亡耳。'王曰：'吾为公以为将。'何曰：'虽为将，信必不留。'王曰：'以为大将。'何曰：'幸甚。'于是王欲召信拜之。何曰：'王素慢无礼，今拜大将如呼小儿耳，此乃信所以亡去也。王必欲拜之，择良日，斋戒，设坛场，乃可耳。'王许之。诸将皆喜，人人各自以为得大将。至拜大将，乃韩信也，一军皆惊。"①这里用"诸将皆喜，人人各自以为得大将"一句，巧妙地对韩信获得高规格待遇起到有力的烘托作用。整个萧何追韩信和韩信拜为大将的紧张过程和隆重仪式，对主要人物韩信只正面写了一两句话，但其余内容每一处又无一不从侧面写韩信，表现他才能之高和影响力之巨大，至今读之仿佛仍能感受到其一代大将强大的气场！

《张耳陈余列传》中对赵相贯高的记载也十分典型，他是一位铁骨铮铮的硬汉子，宁愿忍受百般酷刑，而不连累赵王张敖，最后仰头绝肮壮烈而死，被司马迁誉为"当此之时，名闻天下"。原先张敖之父张耳助汉破赵立了大功，汉高祖刘邦封之为赵王。其后张耳病卒，张敖嗣立为赵王，高祖以长女鲁元公主许配为王后。汉七年（前200），高祖从平城过赵，张敖早晚亲自侍奉饮食，态度谦卑，极尽女婿礼节。高祖却倨傲无礼，"箕踞詈，甚慢易之"。赵相贯高年六十余，早先是张耳的朋友，资格甚老，任侠仗气，感到其主张敖受到凌辱，怒而欲杀高祖，为赵王张敖出这口怨气。他怂恿赵王张敖，说："夫天下豪杰并起，能者先立。今王事高祖甚恭，而高祖无礼，请为王杀之。"张敖坚决制止，"啮其指出血，曰：'君何言之误！且先人亡国，赖高祖得复国，德流子孙，秋豪皆高祖力也。愿君无复出口。'"贯高、赵午及手下人商议：赵王不愿背高祖之德，此事可不让他受牵连。吾等因高祖返程过赵伺机击杀之，"令事成归王，事败独身坐耳"。汉八年，高祖击韩王信余寇从东垣还过赵，贯高等人密谋在高祖所经之柏人县官舍大夹墙中安置了刺客。当高祖路过时，有不祥之感，一问县名是"柏人"，与"迫人"同音，便立即改变主意，不住宿离开了，因而躲过一劫。汉九年（前198），贯高仇家知其谋，上书举报。高祖下令将赵王张敖、贯高等一齐逮捕。"十余人皆自到，贯高独怒骂曰：'谁令公为之？今王实无谋，而并捕王；公等皆死，谁白王不反者！'"其时，高祖下令："赵群臣宾客有敢从王者皆族！"贯高却镇定地坐着囚车到长安，他要向高祖讲明"赵王不反"的真相，而不避刑戮。"贯高至，对狱，曰：'独吾属为之，王实不知。'吏治榜笞数千，刺剟，身无可击者，终不复言。"吕后为女婿张敖说情，高祖断然不听，发怒对曰："使张敖据天下，岂少而女乎！"廷尉向高祖报告，贯高受尽百般酷刑而始终咬定"赵王无罪"。"上曰：'壮士！谁知者以私问之。'中大夫泄公曰：'臣之邑子，素知之。此固赵国立名义不侵为然诺者也。'上使泄公持节问之箦舆前。仰视曰：'泄公邪？'泄公劳苦如生平欢，与语，问张王果有计谋不。高曰：'人情宁不各爱其父母妻子乎？今吾三族皆以论死，岂以王易吾亲哉！顾为王实不反，独吾等为之。'具道本指所以为者王不知状。于是泄公入，具以报，上乃赦赵王。"高祖经过反复查证，确定"张敖不反"的实情，便了结此案，让张敖回赵。由此对贯高的态度也陡然转变，赞许他"为人能立然诺"、堪称"壮士"，请泄公通知贯高要释放他。贯高所关心的只是证明赵王张敖决无参与谋反之事，只要赵王清白无事，本人不辞一死，他对泄公说："所以不死一身无余者，白张王不反也。今王已出，吾责已塞，死不恨矣。"④当场绝肮割断颈动脉血管而死。司马迁的记述，展开了贯高—高祖—赵王张敖三方不同性格、地位的激烈冲突，通过由怒骂高祖对赵王傲慢无礼—计谋刺杀未成—甘当死囚，慨然入都，欲陈明"张王不反"—忍受百般酷刑而不悔—喜赵王获救—死而无恨等一系列紧张情节，生动地刻画了贯高忠烈仗义、敢作敢当的风骨；同时写出高祖先是倨傲无礼，到严刑穷究、重治赵王君臣之罪，到最后赞赏贯高具有壮士气节的转变。处处出人意表，又处处符合情理，确实为如何在剧烈的冲突中刻画历史人物提供了又一成功的例证。

黥布在刘项相争中，先是归附项王，后又突然改变其政治归向，叛楚归汉，司马迁在《黥布列传》中的记述，却能揭示出看似戏剧性变化的背后，实是刘项两大势力对决中刘邦已处于支配地位这一根本因素在起作用。起初，黥布随项羽作战入关中，"常为军锋"，战功卓著，项羽封他为九江王。至汉二年（前205）项羽欲击齐王田荣，征九江王黥布军，黥布称病不往，项羽由此怨布。由于黥布以作战勇敢著名，刘邦要联合他对付项羽，认为：如有人能说动黥布背离项羽，则"我之取天下可以百全"。于是，刘邦派谒者随何为使，往说黥布。开始黥布三日不见随何。随何请人向黥布传言，如所言为非，愿被处斩！以此激黥布，遂得见。黥布一见随何，立即声称："寡人北向而臣事之（指楚王项羽）。"随何乃详细分析"楚兵不足恃"、"楚不如汉"，并说：如黥布能背楚，汉必获全胜，且汉王必裂地封黥布为王！黥布为随何所说服，暗中答应背楚归汉。其时，项王所派使者亦在黥布军中，催问九江王黥布发兵助楚甚急，随何乃径直往楚使者住处，向楚使宣布：九江王已归汉，楚有何理由征兵？黥布一时愕然。随何急进言：事情计划已定，可杀楚使者，然后一同疾走归汉。因杀楚使，起兵攻楚。"楚使项声、龙且攻淮南，项王留而攻下邑。数月，龙且击淮南，破布军。布欲引兵走汉，恐项王杀之，故间行与何俱归汉。"黥布背楚归汉的过程堪称波澜起伏，多有出人意表者，实则是由于刘邦最终战胜项羽这一格局已成，规定了黥布的必然背楚归汉，正如随何对黥布所作的分析：项王四处攻袭，士卒疲惫，"进则不得攻，退则不得解。故曰楚兵不足恃也。使楚胜汉，则诸侯自危而相救。夫楚之强，适足以致天下之兵耳。故楚不如汉，其势易见也"。⑤司马迁成功地把握住这一主线，而从楚汉相争的剧烈冲突中生动地记述黥布的性格行事，看似变化莫测，实则合情合理，内在的发展逻辑十分清楚。

以上记述毛遂、韩信、黥布等人物的成功例证都引自列传，在世家中同样不乏精彩的篇章。仅略举一例。《梁孝王世家》载，梁孝王刘武，文帝次子，窦太后所生，为景帝之弟。窦太后对刘武溺爱，"赏赐不可胜道"。吴、楚七国反叛时，梁孝王镇守睢阳，与汉大将军周亚夫成掎角之势，与叛军相持三个月，阻其西进，立了大功。"梁又为大国，居天下膏腴地。地北界泰山，西至高阳，四十余城，皆大县。""孝王筑东苑，方三百余里。广睢阳城七十里。大治宫室，为复道，自宫连属于平台三十余里。得赐天子旌旗，出从千乘万骑。东西驰猎，拟于天子。""梁多作兵器弩弓矛数十万，而府库金钱且百巨万，珠玉宝器多于京师。"围绕是否立刘武为嗣君的问题，两种势力长期展开较量，因有窦太后撑腰，梁孝王权力欲膨胀，窦太后又对景帝施加压力，他们是一方；以袁盎为首的朝廷大臣则坚持儒家"父死子继"的规矩，强烈反对，形成了另一方势力。汉景帝则曾经犹豫不决。司马迁在篇中围绕是否立刘武为王的问题，生动地叙述孝王、太后、景帝三人态度、情感的变化。有一次，梁孝王入朝，其时，景帝未立太子，为讨窦太后欢心，"上与梁王燕饮，尝从容言曰：'千秋万岁后传于王。'王辞谢。虽知非至言，然心内喜。太后亦然"。次年，景帝立太子，但与梁孝王关系仍甚为亲密。梁孝王再次入朝，"景帝使使持节乘舆驷马，迎梁王于关下。既朝，上疏因留，以太后亲故。王入则侍景帝同辇，出则同车游猎，射禽兽上林中。梁之侍中、郎、谒者著籍引天子殿门，与汉宦官无异"。此年，景帝废栗太子。窦太后本想乘此时机立刘武为嗣君，但因袁盎及众大臣反对，太后的主张受阻，此后"遂不言以梁王为嗣事"。孝王满心希望落空，只好怏怏返回梁国。由此，梁孝王及其心腹人物羊胜、公孙诡等心怀不满，尤其恼恨袁盎等人。"乃与羊胜、公孙诡之属阴使人刺杀袁盎及他议臣十余人。"朝廷经过一番周折，最后终于查明凶手确是梁国所派。"上由此怨望于梁王。"此后梁王再度入朝，兄弟之间就再没有早先亲密的情景，"景帝益疏王，不同车辇矣"。⑥

这一例证再次证明，"在剧烈冲突中写人"，确是司马迁所擅长的刻画人物的方法。此篇记载梁孝王的事迹贯穿了一条鲜明的主线，即将梁孝王置于汉代儒学地位上升，大臣坚持按照周代"子继父位"的制度确立嗣君、以避免日后争位酿成祸乱，与窦太后干政、企图改变周代以来立嗣制度两种势力的尖锐斗争中来写，不仅清楚地写出事情的曲折变化，细致真切地表现出人物的性格特点和内心活动，而且深刻地揭示出时代特点，为研究汉代史提供了多方面的价值。

二 场面·语言·细节

《史记》叙事写人的生动，又得力于精心描写重要的历史场面，再现人物极富性格特征的语言，以及选择有意义的细节刻意摹写。上文论述书中许多名篇撰写的成功，有不少地方对此已有涉及，这里再举出若干例证作简要评析。

战国时期列国之间竞争激烈，各国君主为了巩固本国实力、谋求对外发展，往往从外国招募人才，这也为各国卓异之士提供了显示才华的机会。然而由彼此毫无了解，到君臣交欢、成就功业，这一过程中又往往出现一系列曲折复杂、峰回路转的局面。秦孝公招纳贤士，商鞅由卫国闻讯前往求见，说士与君王双方从互相隔膜、语不投机，到最后彼此感情交融、"语数日不厌"，一共经历了四个明显不同的场面，由此才出现秦孝公任用商鞅实行变法这一具有深远影响的事件。在《商君列传》中，司马迁以高度的技巧，生动地再现了前后反差极大的历史场景，将孝公会见商鞅逐步推向高潮。先是，"（商鞅）乃西入秦，因孝公宠臣景监以求见孝公。孝公既见卫鞅，语事良久，孝公时时睡，弗听。罢而孝公怒景监曰：'子之客妄人耳，安足用邪！'"景监遂即责备商鞅，商鞅明白了，是因为他劝说孝公实行"帝道"，孝公根本听不进去，所以昏昏欲睡。"后五日，复求见鞅。""鞅复见孝公，益愈，然而未中旨。"孝公再次责备景监，商鞅又明白了，是他劝说孝王实行"王道"，虽然孝公的反应好了一些，但仍未打中他的内心。前后这两次算是双方"磨合"，商鞅摸准了孝公的真实思想，以后两次见面，商鞅乃进说"霸道"，并详细讲论"强国之术"，于是出现君臣开怀畅谈、相见恨晚的场面：

> 鞅复见孝公，孝公善之而未用也。罢而去，孝公谓景监曰："汝客善，可与语矣。"鞅曰："吾说公以霸道，其意欲用之矣。诚复见我，我知之矣。"卫鞅复见孝公。公与语，不自知膝之前于席也。语数日不厌。景监曰："子何以中吾君？吾君之欢甚也。"鞅曰："吾说君以帝王之道比三代，而君曰'久远，吾不能待。且贤君者，各及其身显名天下，安能邑邑待数十百年以成帝王乎？'故吾以强国之术说君，君大悦之耳。然亦难以比德于殷周矣。"⑦

从商鞅初见时，"语事良久，孝公时时睡，弗听"，到孝公略能听进去一些，"然而未中旨"，到"复见孝公，孝公善之而未用也"，到最后君臣交欢，"公与语，不知膝之前于席也，语数日不厌"。司马迁以如此生动的笔触，逐层深入地叙述商鞅见秦孝公的不同历史场景，堪称意味深长，由此揭起秦孝公称雄于诸侯的序幕，战国时期的历史由此翻开新的一页。

《项羽本纪》更是以成功地描写巨鹿之战、鸿门宴、垓下之围三个重大历史场面，而成为千古传诵的名篇。司马迁在写项羽这个叱咤风云的英雄

人物及其悲壮结局的同时，又深刻地表现出秦汉之际的历史特点，使二者
得到很好的结合。巨鹿之战是反秦义军击败秦军主力的一场关键战役，司
马迁出色地描写了项羽对敌的决心和威武气魄。其场面描写的又一特点，
是用诸侯军的观望、恐惧和慑服来反衬项羽的胆力和风度。由于场面描写
的成功，令人信服地说明项羽正是在殊死的战斗中取得了号令诸侯的地位。
对于鸿门宴这场秦皇朝灭亡以后，项羽刘邦在宴会席上的生死斗争，司马
迁也写得扣人心弦。宴会上剑拔弩张的场面，使人惊心动魄。范增的急于
下手，项羽的缺乏谋略，刘邦的惊慌，张良的机智，樊哙的勇敢，项伯的
忠厚，无不跃然纸上！最后，写项羽在垓下陷入重围，"四面楚歌"。他以
八百骑乘夜突围，定东城，这时——

> （项王）乃有二十八骑。汉骑追者数千人。项王自度不得脱，谓其
> 骑曰："吾起兵至今八岁矣，身七十余战，所当者破，所击者服，未尝
> 败北，遂霸有天下。然今卒困于此，此天之亡我，非战之罪也。今日
> 固决死，愿为诸君快战，必三胜之，为诸君溃围、斩将、刈旗，令诸
> 君知天亡我，非战之罪也。"乃分其骑以为四队，四向。汉军围之数
> 重，项王谓骑曰："吾为公取彼一将。"令四面骑驰下，期山东为三处。
> 于是项王大呼驰下，汉军皆披靡，遂斩汉一将。是时，赤泉侯为骑将，
> 追项王，项王瞋目而叱之，赤泉侯人马俱惊，辟易数里。与其骑会为
> 三处。汉军不知项王所在，乃分军为三，复围之。项王乃驰，复斩汉
> 一都尉，杀数十百人。复聚其骑，亡其两骑耳。乃谓其骑曰："何如？"
> 骑皆伏曰："如大王言！"[8]

这里生动地写出项羽这个失败了的英雄的悲剧结局。他确是骁勇善战、
胆气过人，即使身陷重围，仍然具有所向披靡、使其对手丧魂失魄的力量。
但他至死不悟，到最后关头仍夸耀自己的勇敢，把失败归到天命，这就清
楚地表明他刚愎自用、"自矜功伐，奋其私智"的性格特点。总观《项羽本
纪》全篇，巨鹿之战是项羽声威的顶点，鸿门宴则是他走向下坡路的起点，
垓下被围是他失败的最终结局。司马迁确实做到以他的传神妙笔，生动地
记下了秦汉之际具有重大意义的历史性场景，同时刻画了栩栩如生的人物
形象，因而千百年后仍有强烈的感染力量。

还可举出"世家"篇中的成功例证。《齐悼惠王世家》载：朱虚侯刘

章，是高祖长庶男刘肥（即齐悼惠王）之次子。他于高后二年（前186）到长安任宿卫，高后封他为朱虚侯，以吕禄女妻之。刘章英姿勃发，勇武沉毅。其时，正当吕太后称制，"天下事皆决于高后"之际，诸吕势力嚣张，刘姓政权处境危殆。有一次，高后与众大臣宴饮，刘章充任酒令官，他却在酒宴上吟《耕田歌》，表达对吕后重用诸吕、危及汉家天下的不满，诸吕中有一人酒醉逃席，刘章当场拔剑斩之，勇敢地挫败诸吕嚣张的气焰：

> 朱虚侯年二十，有气力，忿刘氏不得职。尝入侍高后燕饮，高后令朱虚侯刘章为酒吏。章自请曰："臣，将种也，请得以军法行酒。"高后曰："可。"酒酣，章进饮歌舞。已而曰："请为太后言耕田歌。"高后儿子畜之，笑曰："顾而父知田耳。若生而为王子，安知田乎？"章曰："臣知之。"太后曰："试为我言田。"章曰："深耕概种，立苗欲疏；非其种者，锄而去之。"吕后默然。顷之，诸吕有一人醉，亡酒，章追，拔剑斩之而还，报曰："有亡酒一人，臣谨行法斩之。"太后左右皆大惊。业已许其军法，无以罪也。因罢。自是之后，诸吕惮朱虚侯，虽大臣皆依朱虚侯，刘氏为益强。⑨

司马迁精心描写的这一紧张场面，使人读之不禁精神一振！它不仅生动地刻画了朱虚侯刘章英气逼人、勇而有谋的精神风貌，而且表现出拥戴刘姓政权的势力与诸吕间的紧张斗争，而刘章在宴席上吟诗和追斩"诸吕中一人"的果敢举动，恰好成为其后陈平、周勃、刘章等人物合力诛灭诸吕的前奏。

司马迁又善于借语言表现人物不同的身份、性格和心理活动，使人如见其人，如闻其声。《张丞相列传》写周昌刚直倔强的性格："昌为人强力，敢直言，自萧、曹等皆卑下之。昌尝燕时入奏事，高帝方拥戚姬，昌还走，高帝逐得，骑周昌项，问曰：'我何如主也？'昌仰曰：'陛下即桀纣之主也。'于是上笑之，然尤惮周昌。及帝欲废太子，而立戚姬子如意为太子，大臣固争之，莫能得；上以留侯策即止。而周昌廷争之强，上问其说，昌为人口吃，又盛怒，曰：'臣口不能言，然臣期期知其不可。陛下虽欲废太子，臣期期不奉诏。'上欣然而笑。既罢，吕后侧耳于东厢听，见周昌，为跪谢曰：'微君，太子几废。'"在《淮阴侯列传》中则惟妙惟肖地写出韩信自恃将才出众、高傲待人和樊哙谦卑恭谨的不同性格，以及刘邦从容议论的政治家风度："信知汉王畏恶其能，常称病不朝从。信由此日夜怨望，居常鞅鞅，羞与绛、灌等列。信尝过樊将军哙，哙跪拜送迎，言称臣，曰：'大王乃肯临臣！'信出门，笑曰：'生乃与哙等为伍！'上常从容与信言诸将能不，各有差。上问曰：'如我能将几何？'信曰：'陛下不过能将十万。'上曰：'于君何如？'曰：'臣多多而益善耳。'上笑曰：'多多益善，何为为我禽？'信曰：'陛下不能将兵，而善将将，此乃信之所以为陛下禽也。且陛下所谓天授，非人力也。'"

刘邦一向讨厌儒生，但让他懂得儒术能为他带来极大好处的是叔孙通。《刘敬叔孙通列传》载，汉五年（前202），刘邦在定陶登帝位，其时，群臣各恃己功，互不服气，根本不守规矩，秩序一片混乱，高祖为此而苦恼。叔孙通及时地向高祖提出为朝廷制定礼仪，让将领遵守约束。司马迁在详写叔孙通定朝议过程的同时，以简洁的手法，提炼了汉高祖的几句话穿插其中，巧妙地写出其心理变化。当叔孙通提出儒术对治理天下大有用处，愿与鲁诸生共定朝仪之时，一向厌烦儒生的刘邦心怀疑虑，说："得无难乎？"他担心儒术的繁文缛节自己不能适应。叔孙通告诉他会酌情损益、使礼节尽量简易，于是他表示愿意尝试，说："可试为之，令易知，度吾所能行为之。"实则透露出他心中仍无把握。叔孙通率领诸生操演了月余，等到安排刘邦试观，让他行礼后，刘邦说："吾能为此。"说明至此以往的厌弃和先前的顾虑才消除掉，故而同意让群臣练习一番之后，在十月岁首时正式举行仪式。于是朝仪隆重举行，气氛庄严，"自诸侯王以下莫不振恐肃敬"，"以尊卑次起上寿"，"竟朝置酒，无敢谨哗失礼者"。对比前后情况，早先局面混乱、无法控制，定朝仪之后功臣、大将个个被管得服服帖帖。"于是高帝曰：'吾乃今日知为皇帝之贵也。'"[10]极写从此朝廷有了规定尊卑上下的礼节，高祖再也不会因为诸将争功而苦恼，可以安心享受皇帝的尊荣富贵，因而心花怒放。《黥布列传》中又载：在楚汉相争的紧急关头，随何曾为高祖出使到黥布军中，争取到黥布对高祖的支持，转而对抗项王，使高祖在刘项相争中取得优势。但到论功行赏时，高祖却因随何是儒生，根本不提其功劳，随何乃据理力争，反责高祖为何称他腐儒？为何不授功？当即使高祖改变了态度，承认其功，授其官职。司马迁生动地记载随何理直气壮、铿锵有力的言词："项籍死，天下定，上置酒。上折随何之功，谓何为腐儒，为天下安用腐儒。随何跪曰：'夫陛下引兵攻彭城，楚王未去齐也，陛下发步卒五万人，骑五千，能以取淮南乎？'上曰：'不能。'随何曰：'陛下使何与二十人使淮南，至，如陛下之意，是何之功贤于步卒五万人骑五千也。然而陛下谓何腐儒，为天下安用腐儒，何也？'上曰：'吾方图子之功。'乃以随何为护军中尉。"⑪

《魏其武安侯列传》更是通过语言刻画出田蚡、灌夫的鲜明个性，读之令人不禁拍案叫绝。武安侯田蚡是景帝王皇后同母弟，当他为郎官时，卑躬屈膝巴结大将军窦婴，"往来侍酒魏其（窦婴为魏其侯），跪起如子姓"。至武帝即位，田蚡因其为太后之弟，地位尊贵，任为丞相，立即处处现出骄横霸道的本质。田蚡身材短小，相貌丑陋，并无尺寸之功，只因太后的关系而居相位，故此越发要以倨傲无礼的态度凌驾于别人之上。在武帝面前，田蚡也骄横放肆，而遭到武帝的训斥："当是时，丞相入奏事，坐语移日，所言皆听。荐人或起家至二千石，权移主上。上乃曰：'君除吏已尽未？吾亦欲除吏。'尝请考工地益宅，上怒曰：'君何不遂取武库！'是后乃退。"魏其侯窦婴是景帝母窦太后堂侄，曾任丞相，吴楚七国反叛时，窦婴率军镇守荥阳，立功封侯，后被免，窦太后去世后，窦婴更加失势。灌夫在平吴楚七国之乱中立了军功，曾任中郎将，后坐法去官。窦婴、灌夫两人家居无事，乃互相引重，过从甚密。田蚡这位骄横的新贵，便将窦婴、灌夫两人当作欺压的对象。司马迁在篇中以入木三分的笔触，借田蚡的语言、神态，活画出其虚伪、霸道和故意戏弄昔日大臣的丑恶行径："灌夫有服，过丞相，丞相从容曰：'吾欲与仲孺过魏其侯，会仲孺有服。'灌夫曰：'将军乃肯幸临况魏其侯，夫安敢以服为解！请语魏其侯帐具，将军旦日早临！'武安许诺。灌夫具语魏其侯，如所谓武安侯。魏其与其夫人益市牛酒，夜洒扫，早帐具至旦。平明，令门下候伺。至日中，丞相不来。魏其谓灌夫曰：'丞相岂忘之哉？'灌夫不怿，曰：'夫以服请，宜往。'乃驾，自往迎丞相。丞相特前戏许灌夫，殊无意往。及夫至门，丞相尚卧。于是夫入见，曰：'将军昨日幸许过魏其，魏其夫妻治具，自旦至今，未敢尝食。'武安鄂谢曰：'吾昨日醉，忽忘与仲孺言。'乃驾往，又徐行。"⑫

司马迁又擅长典型的细节描写，书中成功之处不胜枚举。选择典型事件的典型细节加以细致描写，其作用是增强历史的真实性和艺术感染力，避免叙述的空泛、单调、平淡。《高祖本纪》写刘邦与项羽长期在广武展开拉锯战，双方实力大大消耗，士卒困苦，丁壮疲惫。刘邦与项羽在广武涧两边山崖上相隔喊话，项羽欲与刘邦单独挑战，刘邦在勇力上远不相及，而欲求在道义上占上风，于是在山涧上对着两军将士历数项羽罪状："始与项羽俱受命怀王，曰'先入定关中者王之'，项羽负约，王我于蜀、汉，罪一。项羽矫杀卿子将军而自尊，罪二。……"一共列举项羽十项罪状。项羽大怒，令士卒张大弩射中刘邦前胸。司马迁用特写手法表现刘邦在此危急关头的勇敢机智："汉王伤胸，乃扪足曰：'虏中吾指！'汉王病创卧，张良强请汉王起行劳军，以安士卒，毋令楚乘胜于汉。汉王出行军，病甚，因驰入成皋。"刘邦因被楚军射中前胸倒地，如果不用巧计掩饰，则双方军士当场得知汉军统帅遭受重创，楚军必定乘胜大举进攻汉军，那么楚汉长期相持的局势必定以楚胜汉败而告结束。正是刘邦以"虏中吾指"的计策安慰了身边将士，同时诳过了楚军将卒，接着又忍住重伤勉强慰劳汉军，才避免出现危险局面。此后刘邦设法从成皋前线回到关中，养好伤创，又得到大量兵员补充，汉军声势复壮，此后即部署对项羽包围的局面。

《绛侯周勃世家》写大将周勃因长期跟随刘邦征战，屡建军功，受封为绛侯。其性情敦厚诚实，忠心于汉室，高祖认定他忠诚可靠，身后可以将国家大事托付给他。司马迁巧妙地借助于细节描写来表现其性格特点："勃为人木强敦厚，高帝以为可属大事。勃不好文学，每召诸生说士，东乡坐而责之：'趣为我语！'其椎少文如此。"他不善言辞，平时不爱读书，少文墨，着急之时只好催促读书能言之士教他几句。"东乡坐而责之：'趣为我语！'"这一细节，活画出周勃临阵磨枪、憨厚窘急的神态。高祖卒后，周勃被委任太尉要职，掌握军事大权，不久，即与丞相陈平合力诛灭诸吕势力，拥立孝文帝，安定了刘氏天下。孝文帝登位，任周勃为右丞相，赐金五千斤，食邑万户。不久，文帝下诏让所有列侯离开长安回到封邑，作为减轻国家负担、休养生息的一项措施，并请丞相周勃带头实行。周勃晚年竟遭受不测之祸，蒙受大冤。原因是，周勃回到绛县封地以后，遇到河东太守或尉官巡行，他恐怕被诛杀，居家常穿上甲胄，命令家人带兵器防备。于是有人上告他欲谋反，这完全是虚构的罪名，却被立案交廷尉审问。司马迁借助周勃入狱前后的细节，表现他晚年处境的凄惨和汉代刑狱的残酷："廷尉下其事长安，逮捕勃治之。勃恐，不知置辞。吏稍侵辱之。勃以千金与狱吏，狱吏乃书牍背示之，曰'以公主为证'。公主者，孝文帝女也，勃太子胜之尚之，故狱吏教引为证。勃之益封受赐，尽以予薄昭。及系急，薄昭为言薄太后，太后亦以为无反事。文帝朝，太后以冒絮提文帝，曰：'绛侯绾皇帝玺，将兵于北军，不以此时反，今居一小县，顾欲反邪！'文帝既见绛侯狱辞，乃谢曰：'吏方验而出之。'于是使使持节赦绛侯，复爵邑。绛侯既出，曰：'吾尝将百万军，然安知狱吏之贵乎！'"⑬周勃本是堂堂三军统帅和手握大权的丞相，一旦被加上"莫须有"的罪名，便被逮捕入狱，狱吏明知其无罪，却敢于对这个昔日的大臣任意凌辱。而当狱吏得到一笔贿赂之后，立即改变态度，上下其手，在审案简牍的背面写上"以公主为证"几个字，提示他辩白无罪的办法。文帝号为贤君，对于周勃蒙受的大冤却表现极为迟钝，还得薄太后将冒絮（头巾）打到他身上，数落一番，才讲出周勃无罪的实情，将他赦免。一个在战场上勇冠三军的统帅一旦蒙受冤枉，他的生死命运便操在一名贪酷的狱吏手中，难怪周勃出狱后要连声发出"吾尝将百万军，然安知狱吏之贵乎"的感叹！

司马迁成功的细节描写，往往又有"以小喻大"的作用，或以叙述一件似乎不经意的小事而寓含成败兴亡的道理，或借细节以映射出人物的性格禀赋、价值追求。如《项羽本纪》写项羽在垓下突围之后，被汉军追赶，项羽渡过淮河，随骑仅有百余人。"项王至阴陵，迷失道，问一田父，田父绐曰：'左。'左，乃陷大泽中，以故汉追及之。"老农夫故意指到错误的方向，这一似乎不经意叙述的细节，实际寓含项羽所作所为违背民心，因而导致最终失败的深刻道理。又如，《李斯列传》一开头，即写出李斯少年时对厕中鼠和仓中鼠的观察和慨叹："年少时，为郡小吏，见吏舍厕中鼠食不洁，近人犬，数惊恐之。斯入仓，观仓中鼠，食积粟，居大庑之下，不见人犬之忧。于是李斯乃叹曰：'人之贤不肖譬如鼠矣，在所自处耳！'"以此表现出李斯贪求富贵、利欲熏心的性格特点，正因他不择手段追求权势，导致他后来助赵高、秦二世为虐，而走上国灭身死的绝路。前代学者对司马迁高超手法极为赞赏，如明代钟惺曰："李斯古今第一热中富贵人也，其学问功业佐秦兼天下者皆其取富贵之资，而其种种罪过，能使秦亡天下者，即其守富之道。究竟斯之富贵仅足以致族灭，盖其起念结想，尽于仓鼠一叹。"清代学者李晚芳则云："太史公之传李斯也，不惟其事迹，并其结念之隐亦传之，盖斯乃热中富贵人也。始形于仓鼠一叹，太史肖其神，轻轻描出，令热中者全身俱动，用笔何等超妙！"⑭而《酷吏列传·张汤传》开头记张汤审鼠的细节，与写李斯对老鼠的观察、感慨，可谓有异曲同工之妙！少年张汤审鼠之老练竟令其父惊叹："张汤者，杜人也。其父为长安丞，出，汤为儿守舍。还而鼠盗肉，其父怒，笞汤。汤掘窟得盗鼠及余肉，劾鼠掠治，传爰书，讯鞫论报，并取鼠与肉，具狱磔堂下。其父见之，视其文辞如老狱吏，大惊，遂使书狱。"⑮张汤发掘老鼠偷肉"罪证"、拷打审问、记录口供、判决罪状、至最后执行酷刑之熟练精到，就成为张汤一生行事的缩影。

司马迁重视细节描写，又在于借以作为典型情节，写出当时的社会情状、官场风气，或借细节以表达对人物荣辱浮沉的慨叹。如，万石君石奋为人行事"恭谨无与比"，文帝时积功至太子太傅，他四个儿子石建、石庆等，"皆以驯行孝谨，官皆至二千石"，因而石奋号称万石君。传中记述石建、石庆在武帝时的行事："建为郎中令，书奏事，事下，建读之，曰：'误书！马者与尾当五，今乃四，不足一。上谴死矣！'甚惶恐。其为谨慎，虽他皆如是。""万石君少子庆为太仆，御出，上问车中几马，庆以策数马毕，举手曰：'六马。'庆于诸子中最为简易矣，然犹如此。"⑯大臣处处谨小慎微、刻板行事，正是当时官场中做大官和久做官的秘诀。石建因处处小心翼翼，而官至郎中令，石庆更由此而升为太仆，御史大夫，再升至丞相，两人长期荣任九卿、三公的高位。司马迁严肃地批评石庆除了恭谨小心以外毫无建树，不关心民生疾苦："丞相醇谨而已。在位九岁，无能有所匡言。""庆文深审谨，然无他大略，为百姓言。"⑰当时官场风气，正如清代学者朱琦一针见血指出的："公卿相率面谀，莫肯正言。"⑱在公卿大臣争相向君主奉迎讨好的情况下，性格鲠直、敢讲真话的汲黯就成为少有的典型。

张汤治狱，专力制定法律苛刻的条文，又善于深文周纳，控制下属为他办事。因而号称能干，连续由丞相史迁至太中大夫，再迁为廷尉。其时武帝好儒术，张汤便以《尚书》、《春秋》古义与刑律相附会。治理案件，必定要揣摩武帝的好恶意向，事先分别写明案件原因，供武帝选择表态，"上所是，受而着谳决法廷尉，絜令扬主之明"，以此讨好武帝；如果受到皇帝否定，便立即认罪，自称愚笨。对案犯或严办或轻判，一律按武帝的旨意办理："所治即上意所欲罪，予监史深祸者；即上意所欲释，与监史轻平者。"由此大受武帝尊宠，由廷尉升为御史大夫，"丞相取充位，天下事决于汤"。⑲汲黯与张汤同朝，其志节胸襟却绝然不同。汲黯是景帝旧臣，任东海太守，"学黄老之言，治官理民，好清静，择丞史而任之。其治，责大指而已，不苛小"。仅岁余，"东海大治"，于是升为主爵都尉，列九卿。司马迁称赞汲黯性格行事的特点是："内行修絜，好直谏，数犯主之颜色"。武帝尊崇儒术，招集众多的文学儒者，汲黯在朝廷上公开顶撞他："陛下内多欲而外施仁义，奈何欲效唐虞之治乎！"当场出现的情况是："上默然怒，变色而罢朝"。有朝臣责备汲黯，表示为他捏一把汗，汲黯的回答则坦露自己忠公体国的胸怀："天子置公卿辅弼之臣，宁令从谀承意，陷主于不义乎？且已在其位，纵爱身，奈辱朝廷何！"汲黯当面对专力制定律令苛法、又善于奉承皇帝的廷尉张汤，严厉责备："天下谓刀笔吏不可以为公卿，果然。必汤也，令天下重足而立，侧目而视矣！"武帝也明白汲黯对国家的忠诚，曾与庄助议论汲黯之为人，庄助极力表彰汲黯忠诚正直，可以倚以重任，武帝也称赞说："古有社稷之臣，至如黯，近之矣。"司马迁精心安排一个细节，表现汲黯如何深为汉廷君臣所敬十惮：

> 大将军青侍中，上踞厕而视之。丞相弘燕见，上或时不冠。至如黯见，上不冠不见也。上尝坐武帐中，黯前奏事，上不冠，望见黯，避帐中，使人可其奏。其见敬礼如此。[20]

司马迁这一细节将武帝与三位朝臣相见的情景作一番对比：对于因外戚进幸的大将军卫青，武帝很随便地在卧室召见，坐在床边居高临下看着他；对于善于面谀的丞相公孙弘，武帝也可以不戴朝帽见面谈话；唯独对性格刚正、敢犯颜直谏的汲黯，如果衣冠不整，就只好躲起来不与见面。

《李将军列传》中尤多处借细节描写，表达对李广命运际遇的慨叹。李广作战骁勇，武艺过人，武帝任为右北平太守，镇守边境，匈奴闻之，号曰"汉之飞将军"，畏其威名，"避之数岁，不敢入右北平"。李广少壮时即从军对匈奴作战，立功为中郎，任文帝武骑常侍，秩八百石。"尝从行，有所冲陷折关及格猛兽，而文帝曰："惜乎，子不遇时！如令子当高帝时，万户侯岂足道哉！'"李广一生与匈奴大小七十余战，与他同时从军的李蔡武艺及名声远不及他，却位至丞相，封为乐安侯，李广下属军吏甚至士卒也数十人受封。李广治军简易，对士卒关心爱护，"广之将兵，乏绝之处，见水，士卒不尽饮，广不近水，士卒不尽食，广不尝食。宽缓不苛，士以此爱乐为用"。元狩二年（前121），这位六十余岁的老将随大将军卫青出征，任前将军，却因失去向导而迷路，未能按期与主力相会合，最后因不愿面对刀笔吏的审问，遂引刀自刭。对于这样一位声威远播、真心体恤士卒的一代名将，司马迁深深同情其遭遇，在传中一再对其骁勇无敌和智慧过人作了细致的描写：

> 广以卫尉为将军，出雁门击匈奴。匈奴兵多，破败广军，生得广。

单于素闻广贤，令曰："得李广必生致之。"胡骑得广，广时伤病，置广两马间，络而盛卧广。行十余里，广佯死，睨其旁有一胡儿骑善马，广暂腾而上胡儿马，因推堕儿，取其弓，鞭马南驰数十里，复得其余军，因引而入塞。匈奴捕者骑数百里追之，广行取胡儿弓，射杀追骑，以故得脱。

广出猎，见草中石，以为虎而射之，中石没镞，视之石也。因复更射之。终不能复入石矣。

这些生动的细节，使李广英勇无双的形象更加深深地烙印在读者脑海之中。司马迁又在篇末赞语中作了正面议论："传曰'其身正，不令而行；其身不正，虽令不从'。其李将军之谓也？余睹李将军悛悛如鄙人，口不能道辞。及死之日，天下知与不知，皆为尽哀。彼其忠实心诚信于士大夫也？谚曰'桃李不言，下自成蹊'。此言虽小，可以谕大也。"与篇中生动的记述互相照应，更能激发读者对这位"飞将军"的无限景仰！

三　对比手法和互见法

司马迁叙事写人又善于运用对比手法，以凸显人物的不同性格特征，或揭示出造成不同成败结局的内在原因。仅举几处明显的例子。

王翦是秦国老将，连续征战，屡立战功，于秦始皇十八年（前229）破赵，"赵王降，尽定赵地而还"。次年，王翦又率军攻燕，"燕王喜走辽东，翦遂定燕蓟而还"。秦在北方及中原连续取得兼并战争的胜利，于是，秦始皇部署南向攻楚。这时出现了另一位将领李信。他少年壮勇，曾率数千秦兵追赶燕太子丹，大破燕军于衍水中，擒获太子丹，秦始皇由此称赞他"贤勇"，认为可以依赖他攻破楚国。司马迁具体写出李信、王翦两位将领的不同性格和对于攻楚的不同设想："于是秦始皇问李信：'吾欲攻取荆，于将军度用几何人而足？'李信曰：'不过用二十万人'。始皇问王翦，王翦曰：'非六十万人不可。'始皇曰：'王将军老矣，何怯也！李将军果势壮勇，其言是也。'遂使李信及蒙恬将二十万南伐荆。王翦言不用，因谢病，归老于频阳。"司马迁生动地写出李信、王翦两人经验、修养、谋略的大不相同，李信年少急躁，心存侥幸，轻视对手，王翦则阅历丰富，老成持重，胸有韬略。其结果，一个是因轻躁而致败，一个是因老练而取胜。秦始皇命李信、蒙恬一同攻楚，先胜楚军之后，李信便骄傲起来，疏于防范，结果大败："荆人因随之，三日三夜不顿舍，大破李信军，入两壁，杀七都尉，秦军走"。秦始皇经历了失败的教训，只得回过头来亲自请王翦出兵，并且答应其"非六十万人不可"的请求。楚军以全国兵力相对抗，王翦先坚持而守，让将卒养精蓄锐，又亲自抚慰，与士卒同饮食，于是秦军士士气高昂，每日投石超距，欲与楚军决战。"荆数挑战而秦不出，乃引而东。翦因举兵追之，令壮士击，大破荆军。"㉑最后灭楚。司马迁通过对比手法，凸显了老将王翦的勇毅韬略，令人信服！

《淮阴侯列传》中，则通过井陉大战，将陈余的颟顸无能与韩信的奇兵破敌作了生动对比。韩信从三秦东向攻魏，取得安邑之役胜利之后，与张耳率师东向攻赵。赵将广武君李左车向赵相成安君陈余进计，主张扼守井陉险要地势，出奇兵断敌之后，最后首尾夹攻，说："闻汉将韩信涉西河，虏魏王，禽夏说，新喋血阏与，今乃辅以张耳，议欲下赵，此乘胜而去国远斗，其锋不可当。臣闻千里馈粮，士有饥色；樵苏后爨，师不宿饱。今井陉之道，车不得方轨，骑不得成列，行数百里，其势粮食必在其后。愿足下假臣奇兵三万人，从间道绝其辎重；足下深沟高垒，坚营勿与战。彼前不得斗，退不得还，吾奇兵绝其后，使野无所掠，不至十日，而两将之头可致于戏下。愿君留意臣之计。否，必为二子所禽矣。"李左车的建议，本是据险坚守、避敌敌锋，再令其粮草断绝、军心瓦解、围而歼之的万全之计。陈余却是只会死搬"义兵不用诈谋奇计"陈腐教条的庸才，且又沽名钓誉，竟对李左车一口拒绝，说："吾闻兵法二则围之，倍则战。今韩信兵号数万，其实不过数千。能千里而袭我，亦已疲极。今如此避而不击，后有大者，何以加之！则诸侯谓我怯，而轻来伐我。"陈余的愚蠢决策，实陷赵军于必败境地。司马迁以生动的笔触写道："韩信使人间视，知其不用，还报，则大喜，乃敢引兵遂下。"韩信于平明时分令大军出井陉口，佯装失利，专门引诱赵军开壁出战，争夺汉军旗鼓，再令事先布置背水而阵的水上军，开营出战，与汉军主力合并，与赵军殊死作战，又用奇兵突入赵营，"皆拔赵帜，立汉赤帜"。"赵军已不胜，不能得信等，欲还归壁，壁皆汉赤帜，而大惊，以为汉皆已得赵王将矣，兵遂乱，走，赵将虽斩之，不能禁也。于是汉兵夹击，大破虏赵军，斩成安君泜水上，禽赵王歇。"赵国本来在兵力对比上、占有险要地形上和以逸待劳上，均对韩信、张耳率领的汉军占有绝对优势，但由于陈余的刚愎自用、愚蠢决策而一概化为乌有，陈余本人也落个兵败身死的悲惨结局；而韩信则善用奇兵、周密部署，结果一早上即将赵国二十万大军彻底击溃，实现他"今日破赵军而朝食"的豪言。由于司马迁善于运用对比手法记述，不仅凸显了韩信、陈余两人的不同性格和用兵特点，而且为军事史研究提供了极有价值的例证。

司马迁还通过对比手法，表达对名将李广的赞赏和对因外戚进幸、地位尊贵无比的将军卫青、霍去病的讥评。《李将军列传》极写李广关心将士，与士卒同甘苦；《卫将军骠骑列传》则讥评将军霍去病在疆场上对士卒的疾苦毫不顾恤和大将军卫青地位尊贵却无人称扬："然骠骑将军少而侍中，贵不省士。其从军，天子为遣太官赍数十乘，既还，重车余弃粱肉，而士有饥者。其在塞外，卒乏粮，或不能自振，而骠骑尚穿域蹋鞠。事多此类。大将军为人仁善退让，以和柔自媚于上，然天下未有称也。"两段记述和评论，恰成鲜明的对比。

司马迁又善于运用互见法记述历史。对此宋代著名文学家苏洵曾有一段评论："迁之传廉颇也，议救阏与之失不载焉，见之《赵奢传》；传郦食其也，谋挠楚权之缪不载焉，见之《留侯传》。夫颇、食其皆功十而过一者，苟列一以疵十，后之庸人必曰：'智如廉颇，辩如郦食者，而十功不能赎一过。'则将苦其难而怠矣。是故本传晦之，而他传发之，则其与善也，不亦隐而彰乎！"[②]所举有关廉颇的史实是：秦伐韩，占据了阏与，（按，阏与，战国韩邑，后属赵，在今山西和顺县境），赵王欲发救兵，召问廉颇，廉颇回答："道远险狭，难救。"又召问赵奢，赵奢对曰："其道远险狭，譬之犹两鼠斗于穴中，将勇者胜。"赵王乃派赵奢出兵，赵奢凭借险要地形，先筑高垒坚守四十五日，然后乘秦军疲惫，抢夺制高点，出奇制胜，遂解阏与之围。这是廉颇的建议失误，但司马迁未载于廉颇本传中，而写在"附传"赵奢传中。

苏洵所举后一件史实是，汉高祖三年（前204），刘邦苦于楚汉双方在荥阳相持、胜负未决之际，询问谋士郦食其如何能胜楚？郦食其回答说：汤放桀，武王伐纣，都封其后代。您应该立即分封六国之后，六国旧贵族就一定拥戴您，臣服听命，陛下南向称霸，楚必敛衽而朝。汉王觉得有理，命令刻印，派郦食其行封。适好留侯张良来见汉王，汉王向张良讨主意，张良立即举出八条不能分封六国之后的理由，其中最为关键的理由是，若这样做，长期跟随汉王的群臣将失望散伙，而获得分封的六国之后则必定屈服于楚，反而成为与汉王对立的力量，汉的处境就很危险了！汉王至此猛醒，骂郦食其："竖儒，几败而公事！"命令销毁所刻金印。此事只载于

《留侯世家》，而《郦生陆贾列传》中未见载，只载郦食其在汉王起兵之时出计令刘邦成功攻取陈留、壮大力量；及汉三年秋，在楚汉相距的艰难时刻，劝汉王改变向后退兵遁守巩、洛，放弃成皋的错误主意，回取成皋，复守敖仓之粟，重新稳住地位；郦食其又为汉王出使，劝说齐王田广归顺于汉等项功绩。苏洵总结这种记述方法的特点是在人物本传中主要记载其功，使读者对于其贡献有较完整的印象，而将其失误记载于其他篇章中，既不影响读者对其主要观感，又能够全面了解其功过。

苏洵所总结的司马迁运用"互见法"及其作用，很有道理，能帮助我们进一步了解司马迁叙事记人的又一成功手法。这里再举几例。如，《高祖本纪》中，重点写刘邦富有谋略、豁达大度、善于用人，同时又用"互见法"，在《萧相国世家》中写其对萧何的猜忌，在《陈丞相世家》中记载当刘邦因箭伤病重之时，有人告发樊哙欲反，刘邦大怒，他竟不顾樊哙跟随多年战功赫赫、忠心耿耿，也不作调查核实，就下令陈平驰至军中斩樊哙，幸得陈平多智，料想刘邦是因一时愤怒，后恐起悔，只把樊哙囚禁载回长安，樊哙才得活命。又如，在《吕太后本纪》中，载吕后在刘邦去世后，继续执行"休养生息"政策，因而"政不出户，天下晏然。刑罚罕用，罪人是希。民务稼穑，衣食滋殖"，又载其手段狠毒，在刘邦卒后，以极残忍手段害死刘邦所宠戚夫人，砍断手足，挖去眼睛，灌以哑药，置于厕所中，称为"人彘"。且用"互见法"，在《张丞相列传》内《周昌传》中载高祖卒后，吕后数次使使召赵王如意，其相周昌抗令，让赵王如意称疾不行。吕后怒恨，即先召周昌，周昌至，谒高后，高后骂曰："尔不知我之怨戚氏乎？而不遣赵王，何？"周昌既征，高后又强令赵王如意，赵王果来，至长安月余即被毒死。又在《郦生陆贾列传》中载吕后与辟阳侯审食其私通。又如，汉文帝是司马迁大力赞扬的皇帝，在《孝文本纪》详载其重视农业生产、轻徭薄赋、生活节俭、开创"文景之治"的各项功绩，同时又用"互见法"揭露其弊政。在《张丞相列传》内《申屠嘉传》中，载文帝私昵男宠邓通："是时太中大夫邓通方隆爱幸，赏赐累臣万。文帝尝燕饮通家，其宠如是。是时丞相（指申屠嘉）入朝，而通居上旁，有怠慢之礼。"在《佞幸列传》中载："上使善相者相通，曰：'当贫饿死'。文帝曰：'能富通者在我也。何谓贫乎？'于是赐邓通蜀严道铜山，得自铸钱，'邓氏钱'布天下。其富如此。"本纪中详载文帝之功，而在他篇中又举出其过失之处。由于司马迁运用匠心，对史实作如此恰当的处理，就使读史者了解历史人物的行为、性格、功过，既认识其值得肯定的主要方面，又掌握其弱点或过失的另一面，善恶功过兼见，主次清楚，全面衡量。——这就是司马迁运用"互见法"对后人的启示。

四　画龙点睛的议论

恰当、灵活地运用议论，也是《史记》历史叙事取得非凡成就的重要手段。司马迁的议论都不是外加的，而是与记述的史实紧密结合、互相呼应，成为其杰出史著不可分割的一部分。唐代刘知几对此未予深入体会，曾提出偏颇的批评，其论云："夫论者所以辩疑惑，释凝滞。若愚智共了，固无俟商榷。丘明'君子曰'者，其义实在于斯。司马迁始限以篇终，各书一论。必理有非要，则强生其文，史论之烦，实萌于此。"㉓对此看法，前代学者未见有表示赞同者。清代牛运震则对《史记》议论的运用作了高度评价："太史公论赞，或隐括全篇，或偏举一事，或考诸涉历所亲见，或证诸典记所参合，或于类传之中摘一人以例其余，或于正传之外撼轶事以补其漏，皆有深意远神，诚为千古绝笔。司马贞《索隐》讥其颇取偏引，以为首末不具，褒贬未称，别作一百三十篇《述赞》缀于简末，其不知史法与文体殊甚，真所谓爝火于日月，浸灌于时雨者也。"㉔这些看法并非过誉，对于我们实在很有启发。

《史记》运用议论的一项重要作用，是发表对时势变迁、人物命运的感慨。诚然，历史著作是以记述史实为主，但史家往往又要在恰当地方发表议论或感慨，这是因为他对于历史场景的曲折变化、人物命运的陡升陡降，不能冷眼旁观、无动于衷。而要自然而然地发表感想，用以深化事件的意义，或表达对人物的褒贬爱憎。这里举出若干典型例证。《伍子胥列传·赞》称颂伍子胥隐忍受辱、最终报了楚国君杀父之仇，是大义之举："向令伍子胥从奢俱死，何异蝼蚁。弃小义，雪大耻，名垂于后世，悲夫！方子胥窘于江上，道乞食，志岂尝须臾忘郢邪？故隐忍就功名，非烈丈夫孰能致此哉？"对于历史上能从困厄中奋起、最终成就功业的人物，司马迁一再大力予以表彰。如《范雎蔡泽列传·赞》曰："韩子称：'长袖善舞，多钱善贾'，信哉是言也！范雎、蔡泽世所谓一切辩士，然游说诸侯至白首无所遇者，非计策之拙，所为说力少也。及二人羁旅入秦，继踵取卿相，垂功于天下者，固强弱之势异也。然士亦有偶合，贤者多如此二子，不得尽意，岂可胜道哉！然二子不困厄，恶能激乎？"对范雎蔡泽忍辱负重，虽屡遭逆境而不绝望，最后成为地位显赫的人物表示敬佩，同时再三感慨二人羁旅入秦，适逢秦始皇大举兼并六国、急需贤能之士的机遇，因而最终得以展现其才干的因缘际会。《季布栾布列传·赞》认为季布是一位屡建战功的勇士，而当他被贩卖为奴隶、受尽屈辱之时，却不轻易去死，而胸怀远大志向、坚强地活下来，终于成为名将，栾布为了替彭越辩白冤名，而不避汤镬之祸，一个苟活避死，一个勇于赴死，他们是在完全不同的情况下正确地对待死，都是大勇的表现。故赞扬曰：“以项羽之气，而季布以勇显于楚，身屡（典）军搴旗者数矣，可谓壮士。然至被刑戮，为人奴而不死，何其下也！彼必自负其材，故受辱而不羞，欲有所用其未足也，故终为汉名将。贤者诚重其死。夫婢妾贱人感慨而自杀者，非能勇也，其计划无复之耳。栾布哭彭越，趣汤如归者，彼诚知所处，不自重其死。虽往古烈士，何以加哉！”

司马迁有过特殊的沉痛屈辱的经历，天汉三年（前98），他因不明情况为李陵辩护，而遭受宫刑。由于司马迁遭受过如此巨大的痛苦，对于正确对待生死有深刻的体会，尤其对忍受屈辱、以求最后实现心中崇高目标更时刻不忘，因此，他每每在篇中结合人物曲折际遇、人情世态炎凉，抒发感受。其所发议论，都能加深读者对人物命运、事件曲折的认识，或打动读者内心、引起强烈共鸣。其他抒发感慨的例证还有：《伯夷列传》中对“天道常报善人”之说公开表示怀疑，提出为何强盗横行天下得以寿终，干尽坏事者竟能得富贵逸乐，而处事谨慎、行为方正的人却遭到不测之祸：“或曰：‘天道无亲，常与善人。’若伯夷叔齐，可谓善人者非邪？积仁絜行如此而饿死！且七十子之徒，仲尼独荐颜渊为好学。然回也屡空，糟糠不厌，而卒蚤夭。天之报施善人，其何如哉？”“或择地而蹈之，时然后出言，行不由径，非公正不发愤，而遇祸灾者，不可胜数也。余甚惑焉，傥所谓天道，是邪非邪？”《廉颇蔺相如列传·赞》则强调，只有大智大勇的人，才懂得怎样在紧急关头为正义而牺牲，而在什么情况下去死却对人们的意志是重大的考验：“知死必勇，非死者难也，处死者难。方蔺相如引璧睨柱，及叱秦王左右，势不过诛，然士或怯懦而不敢发。相如一奋其气，威信敌国，退而让颇，名重泰山，其处智勇，可谓兼之矣！”高度赞扬蔺相如在恃强凌弱、凶狠霸道的秦王及其群臣面前，敢于视死如归，叱退左右，威震秦廷，这种“处死”态度，才是大智大勇的表现，因而永留芳名！这同《季布栾布列传·赞》赞赏季布“贤者诚重其死”，称烦栾布“彼诚知所处，不自重其死"，正好互相发明，互相呼应。在《张耳陈余列传·赞》中，则对以势利相交，最终导致反目成仇者表示深沉的慨叹！张耳陈余两人原先在社会上闯荡时为刎颈之交，以后在反秦起义中同心建立功业，成为赵国的将相。至秦大军包围巨鹿城时，两人却因眼前的实际利益构成仇隙，最终势不两立。司马迁的赞语即深刻地讲出势利之交无法长久、最终一定分道扬镳的道理："张耳、陈余，世传所称贤者；其宾客厮役，莫非天下俊杰，所居国无不取卿相者。然张耳、陈余始居约时，相然信以死，岂顾问哉。及据国争权，卒相灭亡，何向者相慕用之诚，后相背之戾也！岂非以势利交哉？名誉虽高，宾客虽盛，所由殆与太伯、延陵季子异矣。"《汲郑列传》中则记载汲黯、郑当时两人位居九卿时，宾客盈廷，至两人中落，困居不出之时，宾客无人问津。司马迁结合本人"家贫，财赂不足以自赎，交游莫救，左右亲近不为壹言"的痛切经历，在篇末赞语中不能不对世态炎凉产生深深感慨："夫以汲、郑之贤，有势则宾客十倍，无势则否，况众人乎！下邽翟公复为廷尉，宾客阗门；及废，门外可设雀罗。翟公复为廷尉，宾客欲往，翟公乃大署其门曰：'一死一生，乃知交情。一贫一富，乃知交态。一贵一贱，交情乃见。'汲、郑亦云，悲夫！"这也恰恰成为《货殖列传》中所论"富者得势益彰，失势则宾客无所之"的强烈回响。

司马迁发表议论的方式不是拘于一格或程序化的，而是灵活多样，他紧扣史实而发，伴随行文的收放开合、波澜起伏而发，唯其如此，才与历史叙事互相交融、浑然一体，使读者自然而然地得到启发，受到感染。此项同样对于我们改进今天的历史书写、使之增强深刻性和感染力，很有启发。

《史记》运用议论的方式灵活多样，除篇末论赞外，还有篇前议论、篇中议论和全篇夹叙夹议等多种形式。在"列传"中，司马迁为《循吏列传》、《儒林列传》、《酷吏列传》、《游侠列传》、《佞幸列传》、《滑稽列传》等篇类传都撰写有序论，用以概括这些社会群体的行为、道德和作用。如论游侠能救人急难，而不自居其功，他们的道德观值得肯定："今游侠，其行虽不轨于正义，然其言必信，其行必果，已诺必诚，不爱其躯，赴士之厄困，既已存亡死生矣，而不矜其能，羞伐其德，盖亦有足多者焉。"又论滑稽人物虽然地位低下，但他们机智诙谐，善于反语讽刺，能在谈笑中含蓄地说中至理，证明世界广大无边，不同人物、不同学说的作用如能恰当地发挥出来，都对于社会治理起到积极作用，曰："孔子曰：'六艺于治一也。《礼》以节人，《乐》以发和，《书》以道事，《诗》以达意，《易》以神化,《春秋》以义。'太史公曰:天道恢恢,岂不大哉!谈言微中,亦可以解纷。"

篇中议论,根据需要紧扣史实抒发,是用以深化叙事的意义,增加文章的波澜。如,《屈原贾生列传》记述屈原遭上官大夫谗毁,被楚怀王疏远,流落南方,行吟泽旁,满怀爱国忧思和激愤之情而著《离骚》。司马迁于此感情奔涌,插入一段议论:

> 屈平疾王听之不聪也,谗谄之蔽明也,邪曲之害公也,方正之不容也,故忧愁幽思而作《离骚》。离骚者,犹离忧也。夫天者,人之始也;父母者,人之本也。人穷则反本,故劳苦倦极,未尝不呼天也;疾痛惨怛,未尝不呼父母也。屈平正道直行,竭忠尽智以事其君,谗人间之,可谓穷矣。信而见疑,忠而被谤,能无怨乎?屈平之作《离骚》,盖自怨生也。《国风》好色而不淫,《小雅》怨诽而不乱。若《离骚》者,可谓兼之矣。上称帝喾,下道齐桓,中述汤武,以刺世事。明道德之广崇,治乱之条贯,靡不毕见。其文约,其辞微,其志絜,其行廉,其称文小而其指极大,举类迩而见义远。其志洁,故其称物芳。其行廉,故死而不容自疏。濯淖污泥之中,蝉蜕于浊秽,以浮游尘埃之外,不获世之滋垢,皭然泥而不滓者也。推此志也,虽与日月争光可也。

这是司马迁对屈原忠贞爱国的高洁品质和杰出才华的一曲礼赞,评价精当,因而世代传诵;又是评判忠贞与邪恶的一把标尺,能洞察真伪,使物无遁形;同时,也是一面明亮的镜子,清楚地照出史家本人与屈原同样的磊落襟怀和爱国衷肠。正因为有这段精彩的议论,遂使屈原的伟大人格和《离骚》的不朽价值获得了千古定评,也使本篇以至《史记》全书放射出异彩!《张丞相列传》中的一段议论则恰与此相映成趣。此篇实为合传,司马迁在记载张苍(高祖时为御史大夫,孝文帝即位之后,继灌婴为相)、周昌(御史大夫)、申屠嘉(先为御史大夫,后继张苍任丞相)等人事迹之后,插入一段议论,云:"自申屠嘉死,之后,景帝时开封侯陶青、桃侯刘舍为丞相。及今上时,柏至侯许昌、平棘侯薛泽、武强侯庄青翟、高陵侯赵周等为丞相。皆以列侯继嗣,娖娖廉谨,为丞相备员而已,无所能发明功名有著于当世者。"严肃地批评陶青、刘舍等人身居相国要职,却只知奉迎应付保住职位,而对国家大事、民生福祉毫无建树,与屈原舍身为国的精神形成鲜明的对照。

又有因特殊情况的需要，通篇记述与议论交替运用，互相交融，相得益彰。《伯夷列传》中记伯夷、叔齐叩马谏武王伐纣，后武王已平殷乱，天下宗周，伯夷、叔齐耻之，义不食周粟，遂饿死于首阳山的事迹，史实只及全篇的三分之一。其余开头、结尾各段落都是发表议论，对"天道无亲，常与善人"的流行观点公开提出质疑；对于作恶多端的人竟以寿终，而正直君子却连遇祸灾的不合理的现实表示愤慨；又论"伯夷、叔齐虽贤，得夫子而名益彰"，寓含本人发愤著史，亦要让出身贫贱而志节高尚的人扬名后世的志向。司马迁如此大量发表议论，其用意，是以此篇作为七十列传之总序。再者，居于"列传第六十九"的《货殖列传》，是记载工商业者成功致富的专篇，又从多方面抒发史家的议论，记载史实与议论层层结合，互相交融。如，对老子倒退历史观提出驳论，强调大众满足物质需要的天然合理性，又结合记述山西、山东、江南等自然区域的不同物产，论述发展生产和交换，"若水之趋下，日夜无休时"的客观法则性；记述齐太公通鱼盐之利，管仲设轻重九府，使齐国富强，称霸诸侯，范蠡、计然、子贡、白圭善于经营致富，乌氏倮因畜牧致富，巴寡妇清因采丹砂矿发家、可比封君等史实，又结合抒发"人富而仁义附焉"、"富者得势益彰"的道理；记载全国关中、巴蜀、陇西、三河、代北、邯郸、燕、齐鲁、梁宋、西楚、东楚、南楚等主要经济区的不同物产和经营活动，又结合畅论"富者，人之情性，所不学而俱欲之也"、"农工商贾畜长，固求富益货也"的主张。本篇既是记载工商业者的类传，而在结构上又是全部列传的后殿，在记载了丰富多样的史实之后，司马迁要讲出所有不同地位、不同性格的人物和行事是在怎样的物质生产舞台上展现的，要讲出这些下层货殖人物"不害于政，不妨百姓，取与以时而息财富"的价值，要讲出物质生产和交换活动对于推动社会前进的意义，要让人们懂得"人各任其能，竭其力，以得所欲"是普遍性法则的道理。凡此等等，就需要全篇采用这种特殊的夹叙夹议手法，将篇中广泛、真实、生动的史实叙述，与深刻、透彻、感情激越的议论相结合，从而使全部列传的内容具有更深一层的意义。

作为全书第一百三十卷的《太史公自序》，更把记叙与议论相结合的表达方法推向了极致。篇中记述了司马氏的家世，父亲司马谈的学术思想，记述了元朔三年（前126）司马迁出发在全国壮游的经历，记述了元封元年（前110）汉武帝东巡泰山封禅、司马谈因病滞留周南，临死前拉着司马迁的手、郑重地将绍明世、继《春秋》、撰成《史记》的大事托付给他，又记述了上大夫壶遂与司马迁的问答，记述了天汉三年因遭李陵之祸、被处腐刑，在屈辱中奋起、发愤著述。紧扣这些史实，司马迁充分肯定儒家六经享有崇高地位，尤其高度评价《春秋》别嫌疑、明是非，具有拨乱世反之正的威力，是礼义之大宗，表明他本人尊崇儒学的态度；又强调他发愤著述，是要发扬孔子厄陈蔡而著《春秋》、屈原放逐而著《离骚》的精神，要"述往事，思来者"。尤其是，本篇中一一提炼出《史记》一百三十篇撰著义旨，并进而概括全书的著述目标是"网罗天下放失旧闻，王迹所兴，原始察终，见盛观衰"，"成一家言，厥协《六经》异传，整齐百家杂语"。司马迁在著成全书之后，又如此完整、准确地将一百三十篇撰著义旨和全书宗旨全部论定，成为后人理解《史记》深邃蕴涵的准绳。司马迁用生命写成的这部杰作，其规模、内容、结构、方法都取得了空前的成就，又在本人生命的最后阶段，痛不欲生、精神恍惚，"肠一日而九回，居则忽忽若有所亡，出则不知所如往"㉑的情况下，却仍以极大毅力做到如此精当、严密、完善的安排，遂使《史记》成为世代传诵的史家之绝唱！

司马迁在史著中灵活多样地成功运用议论，在今天对我们具有现实启示的意义。在当代史坛，每每会听到有学者发表史书中只须直书其事、不必再发表议论的主张。之所以有这种主张，实与人们惩于曾经有一度因为教条主义猖獗，有的论著热衷于陈饰空论以代替扎实的史实征引和深入的论证相关，因而片面地贬低甚至反对使用议论。其实那种情况是假、大、空恶劣学风所造成的严重弊病。我们不能因噎废食，更不能本末颠倒。议论不等于空话，切中肯綮的议论恰恰能使史著大为生色，增加史著的学术价值和力量。我们应当认真地从司马迁的成功经验中获得启示，将丰富、准确的史实，朴实生动的叙事，和恰当灵活的议论三者结合起来，使我们所撰写的史学论著避免平淡乏味，而能增强其理论性的力量和感染的力量。

---

① 以上引文，均见《史记》卷七十六《平原君虞卿列传》，北京：中华书局，1959。

② 徐与乔：《经史辨体》史部《平原君虞卿列传》，敦化堂刊本。

③ 以上引文，均见《史记》卷九十二《淮阴侯列传》。

④《史记》卷八十九《张耳陈余列传》。

⑤⑪《史记》卷九十一《黥布列传》。

⑥ 以上引文，均见《史记》卷五十九《梁孝王世家》。

⑦《史记》卷六十八《商君列传》。

⑧《史记》卷七《项羽本纪》。

⑨《史记》卷五十二《齐悼惠王世家》。

⑩引文均见《史记》卷九十九《刘敬叔孙通列传》。

⑫引文均见《史记》卷一〇七《魏其武安侯列传》。

⑬《史记》卷五十七《绛侯周勃世家》。

⑭杨燕起等编《历代名家评史记》，北京：北京师范大学出版社，1986，第627页。

⑮《史记》卷一百二十二《酷吏列传·张汤传》。

⑯⑰《史记》卷一〇三《万石张叔列传》。

⑱朱琦：《怡志堂文初编》卷二《读酷吏传》，同治三年刻本。

⑲《史记》卷一百二十二《酷吏列传》。

⑳《史记》卷一二〇《汲郑列传》。

㉑《史记》卷七十三《白起王翦列传》。

㉒《苏老泉先生全集》卷九，清康熙间刻本。

㉓刘知几：《史通》卷四《论赞》，浦起龙通释本，上海：上海古籍出版社，1978。

㉔牛运震：《史记评注》卷一，空山堂乾隆辛亥刻本。

㉕司马迁：《报任安书》，《汉书》卷六十二《司马迁传》，北京：中华书局，1962。

作者简介：陈其泰，北京师范大学历史学院教授、博士生导师，山东大学兼职教授，全国哲学社会科学规划中国历史学科组成员。广东丰顺人，1939年出生，1963年中山大学历史系毕业，主要研究方向为中国史学史、清代及近代学术史。先后主持国家社科基金重点项目《唯物史观与20世纪中国史学》（2001）、《中国历史编纂学的演进路径、优良传统和当代价值》（2009）。获奖成果：《中国史学史》（合著）获北京市第十届哲学社会科学优秀成果一等奖；《中国马克思主义史学的理论成就》（主编）获北京市第十一届哲学社会科学优秀成果一等奖；《历史文化认同与中国统一多民族国家》（合著）获第七届全国高等学校科学研究优秀成果二等奖。其他主要著作有：《史学与中国文化传统》、《史学与民族精神》、《中国近代史学的历程》、《清代公羊学》、《梁启超评传》、《范文澜学术思想评传》、《20世纪中国历史考证学研究》（主编）、《再建丰碑：班固和〈汉书〉》、《历史编纂与民族精神》、《学术史与当代史学的思考》。发表论文、文章200余篇，主要有：《论近代史家对传统史学的扬弃》、《孔子与中国史学传统》、《〈国语〉的史学价值和历史地位》、《"过秦"与"宣汉"：两汉时代精神之体现》、

《司马迁对历史发展趋势的卓识》、《司马迁的多维历史视野》、《〈汉书〉历史地位再评价》、《朴学家的理性探求——论王鸣盛史学》、《〈文史通义〉：传统史学后期的理论探索》、《论章学诚对历史哲学的探索》、《魏源与鸦片战争史》、《梁启超与中国史学的近代化》等。

［责任编辑：刘泽生］

（本文原刊 2016 年第 4 期）

中国传统工业的近代命运[*]

魏明孔

[提 要] 我国传统社会手工业经济具有显著的特点，这些特点既有与世界其他地区手工业的差别，同时也有与近代企业之不同。通过对我国传统社会手工业经济发展变化历程的梳理，不难看出，其受当时制度设计、居民观念、文化传统的影响直接且深远。中国传统社会不论是从市场、原材料、劳动力、资本以及技术等方面，均有走上近代工业化道路的可能，然而却没有走上这条道路，需求和供给的双重缺失是不得不考虑的重要因素。从我国前近代专制主义国体及其制度设计来说，传统工业不能够进入近代工业则是历史之必然；同样，若从长期处于世界先进的手工业发展历程来说，中国手工业没有出现近代工业，则具有历史的非正常性。这是文章通过对中国传统手工业进行考察后得出的基本结论。

[关键词] 中国传统工业 社会转型 近代化

一 问题的提出

我国是一个文明古国，在漫长的历史长河中创造了令世人称道的物质文明和精神文明。我国手工业在传统社会长时段内处于世界领先水平，创造了辉煌的历史，不管在蜚声世界的陆路丝绸之路还是海上丝绸之路上，主要输出的是中国内地生产的手工业产品，甚至有学者估计鸦片战争前我

---

* 本文系国家社会科学基金重点项目"隋代经济史研究"（项目号：13AZS008）的阶段性成果。

国 GDP 总量占世界的三分之一左右。但是，为什么我国辉煌的手工业却没有自然转型进入近代工业？这已经是一个令中外学者共同关心的话题，对此进行探讨者不计其数，虽然取得的成果可谓汗牛充栋，但是至今仍然处于莫衷一是的状态。笔者认为，这是一个永恒的主题，除了各自占有的资料不同外，每个研究者的视角和理论也是非常重要的。对于我国没有自然转型到近代工业，或者说我国能否自然进入到近代工业时代，历史的魅力在于吸引人们不断对其进行探索。现在学界对于李约瑟之谜给予比较多的关注，这无疑是对的，实际上 18 世纪七十年代的亚当·斯密在其名著《原富》中就已经提出了这个问题，[①]尽管亚当·斯密与李约瑟的视角有所不同，但其考察问题的立足点是一致的。中国手工业技术长期处于世界的先进水平，其中一些发明深刻影响了世界，而我国手工业技术为什么没有突破传统的技术而进入近代工业的阶段，反而欧洲率先迈进近代工业的门槛？这是值得我们今天仍然深思的问题。对其进行研究，不仅具有重要的学术价值，且有不可忽视的现实意义。鉴古知今，中国特色，在于中国的国情和传统。

由笔者主编的《中华大典·工业典》自 2006 年启动以来，经过众多师友 10 余年的通力合作与不懈努力，终于完成了近 4000 万字的大型类书，并于 2016 年底全部出版。[②]众所周知，受"重本轻末"观念的影响，在我国浩如烟海的史料中，有关传统工业的资料显得非常零碎，在对有关手工业史资料的搜集、甄别和编排艰辛过程中，使我们对于我国传统社会工业有了更加系统与清晰的认识，特别对于传统工业的发展变化路径与近代转型，有了一定的认知。尽管这种认识尚不成熟，甚至难免有荒谬之处，我们还是愿意将自己的看法表达出来，以期得到学界的批评指正。

二　中国传统工业的基本内容与运行轨迹

手工业适应了人类生存与进化的需求，其中工具的获得和使用使得人类与周围的动物界分离开来。我国传统社会的历史，可以说就是一部手工业的历史。现代人类学研究中的一个重要成果是，人类揖别猿类是从打制第一块石质工具所体现的劳动开始的，而被打制出来的这第一块石质工具就是人类的第一件手工业产品，这意味着先民们已经开始了原始的手工业生产。

需要首先说明的是，在传统社会，科学与技术是孪生，甚至可以说是连体孪生，只是到了近代科学与技术才分道扬镳了。因此，我们在讨论传统社会的手工业技术时，往往与当时的科学是分不开的，或者说在一些时候是包括科学技术的内容在内。

先秦时期出现的磨制石器尤其后来的彩陶、青铜器、纺织品等，无不体现了先民们的创造才能，在人类手工业史上占有非常重要的一页。我国传统社会的手工业生产者发挥工匠精神，创造了诸如改变世界命运的四大发明，出现了像庖丁、鲁班这样的手工业巨匠，而早在我国新石器时期就已经开始了酒的酿造，也是中华民族值得骄傲的一个史实。

铁器的出现和逐渐普及，确实是一个革命性的变化，其促进生产力的发展是不言而喻的，我国历史上井田制的瓦解和五口之家规模自耕农的普遍，当与铁器农具的广泛推行分不开，而且它还促进了社会形态的变化，我国历史上由奴隶社会向封建社会的过渡并且最后确立封建社会，正是铁器及其牛耕广泛用于生产领域的直接结果。我国历史上的手工业技术对于人类的影响是深刻的，"四大发明"对推动人类文明进步的作用是人人皆知的例子，而通过"丝绸之路"向中亚、西亚、欧洲乃至非洲输送的由中国制造的丝绸、纸张等精美手工业品，更成为中外文化交流的重要媒介。随着海上丝绸之路的开通与延伸，意味着我国输出的手工业品的数量及品种在不断增加，尤其像瓷器、金属制品、茶叶这样的商品流通也成为可能。当然，当时的手工业品的交流是双向的，并非只是单一的输出。

除此之外，我国历史上的彩陶、瓷器、造船、漆器、纺织、印染等工艺，亦处于当时世界的领先水平，社会影响亦是具有国际性的。被誉为古代建筑"活化石"的唐代建筑山西五台山南禅寺、佛光寺、芮城广仁王庙、平顺天台庵等，这些榫卯结构不着一钉的建筑，经过千余年的风雨沧桑，依然在向世人展示着中国古代工匠独特的艺术神韵。

《周礼·考工记》对工匠的定义是"审曲面势，以饬五材，以辨民器，谓之百工"。这里的"百工"是指工匠工种的概数，而非确切数目。工匠的工作性质，决定了只有保持相对的职业稳定性，才能使其技术得到稳定和改进，生产出质量比较高的产品，才能够产生较大的经济效益。这就是《韩非子·解老》所认为的：

> 工人数变业则失其功，作者数摇徙则亡其功。一人之作，日亡半日，十日则亡五人之功矣；万人之作，日亡半日，十日则亡五万人之功矣。然则数变业者，其人弥众，其亏弥大矣。

工匠职业的稳定性对于提高技术的娴熟程度，提高工作效率至关重要，同时，工匠长期稳定在一个场所劳作，其效率要较不断迁徙流动要高得多。在这里，《韩非子》量化了工匠劳作不稳定性造成的效率低下与经济损失，具有一定的说服力。

在我国传统社会，手工业的类型比较多，其中官府手工业是手工业的主体。官府手工业大体上可分为两大部分，其一是直接为皇室、政府和军队以及贵族、官员的特殊需要而设立，其内容涉及社会生活的方方面面，其中包括纺织、瓷器、金银器、建筑、兵器、铸币、漆器③等；其二则是攸关国计民生的手工业品，因其社会需求量大、利润高且有些涉及国家安全，往往由政府直接经营，如盐、铁、酒、茶叶等，主要实行政府专卖制。就传统社会来说，政府在手工业方面的专卖或专营的内容是有比较大的变化，其中对于专卖制度的执行的力度也不尽相同，需要具体分析。毫无疑问，当时官府手工业首先是为统治阶级及其军队服务的，尽管技术装备良好、原料充足、人手保证，其产品主要用于消费而不是为市场而生产，效率低下，一般属高投入低产出。从整体上看，历史上的官府手工业均存在机构重叠，政出多门，贪污之风盛行，盘剥工匠的案例屡见不鲜，人力、物力和财力浪费现象严重。尤其值得注意的是，政府不遗余力地采取一系列措施，首先保证官府手工业会有比较充足的人手和原料，这是传统社会官府手工业存在和发展的基本保证。如北魏天兴元年（398）正月，政府就曾经"徙山东六州民吏及徒何、高丽杂夷三十六万，百工伎巧十万余口，以充京师"；④隋代建立后"百度伊始，征天下工匠，纤微之巧，无不毕集"于国都等地，⑤均系典型案例。唐代中后期在雇佣官府工匠比较普遍的情况下，仍然规定"巧手供内"者不在"纳资"的范围之内，以保证官府手工业内的技术人手。具体而言，就是通过诸如不允许"隐巧补拙，避重就轻"等强制性措施，以做到官府手工业作坊的工匠是"材力强壮、伎能工巧"者。⑥不仅仅唐代如此，实际上这是我国传统社会的一个通例而非个案。

对于盐、铁等商品实现专卖及征榷制，是自汉代以来的一项基本国策。《汉书》引董仲舒语，秦时"专川泽之利，管山林之饶。……盐铁之利，二十倍于古"。⑦道出了政府控制盐铁等特殊资源的经济利益之所在，其中不可忽视的原因是由资源垄断性及规模效益所决定的。随之而来的是政府垄断资源的内容在不断扩大，除了盐、铁专卖外，酒和茶叶也往往成为专卖的重要内容。⑧政府的专卖商品，首先涉及对于这类商品的加工，这是当时官府手工业经营的基本内容，也是官府手工业发达的基本原因之一。这种专卖制在后来多有变化，其总的趋势是专卖的内容在不断扩大。就整个传统社会来说，随着直接生产者人身依附关系的相对减轻和商品经济的不断活跃，从整体上看，官府手工业呈现逐渐冷落的态势，民间手工业相应有了一定程度的发展。⑨在我国历史上，官府手工业与民间手工业的消长往往反映着社会经济的发展变化。即使如此，官府手工业自始至终还是比较发达的，这是我国手工业经济的一个非常明显的特色。

传统社会官府手工业发达的原因是由多方面因素决定的，除了上面言及的政府对一些资源的垄断外，也包括民间个体工匠保证了官府手工业生产人手的基本来源，民间工业是官营工业取之不尽的技术保证，官营工业机构能够通过国家政权配置资源的能力提供所需的工业原料，官营工业具有不断吸取外来技术的便利条件，统治阶级的奢侈消费在客观上为官营工业的一些技术不断提高提供了可能。所有这些，无疑在一定程度上制约了民间工业的发展。

我国传统社会民间手工业集生产与销售于一体的前店后坊模式比较普遍，这种经营方式往往会造成工、商不分，以至于我们今天在历史文献中将二者截然分开是相当困难的。手工业集生产与销售于一体，是与当时市场发育水平有直接的关联，应该说是市场发育达到一定程度而又不够发达的产物。实际上，这种情况也不是绝对的，即使在资本主义初级阶段，产业资本家也还比较普遍地采取自产自销的经营方式，甚至在今天这种情况依然存在。⑩

早在"唐武德（618~626）中，镇民陶玉者载瓷入关中，称为假玉器，且贡于朝。于是昌南镇瓷名天下"。⑪按这里的昌南镇，即今天我国著名的瓷都景德镇。陶氏生产出质量精良的陶瓷，并亲自将其携带到当时全国政治和经济中心的关中地区，以"假玉器"之名贡献于朝，这正是手工业生产者追求产品知名度的惯用做法。常识告诉我们，陶瓷生产过程相当复杂，一般需要相当数量的工匠协作才能够批量生产，非一家一户所能独立完成。这是一个比较典型的私营手工业作坊。陶氏生产的陶瓷精品，除了在当地销售且有一定的知名度外，就连去京师进一步提高产品知名度，也要由主人亲自完成，说明当时销售及提高产品知名度对于作坊主显得非常重要。这实际上是将生产和销售合之为一，陶氏兼有手工业作坊主与销售商的共同特点。在手工业商品生产和销售中，由于竞争激烈，商家创造性进行促销活动，其中有对购买瓷器达到一定数量者，赠送其他物品。如唐代巩县私营瓷器作坊的促销活动是：多制"瓷偶人号陆鸿渐，买数十茶器，得一'鸿渐'"。[12]即使今天，这样的促销活动仍然被厂家或商家普遍利用。

民间手工业生产者惯用的经营方式之一是为用户订造商品，像唐代杨收建造白檀香亭子，宣州观察使李璋事先令工匠"度其广袤，织成地毯"，等杨收"会亲宾观"亭之日便将定做的货物送到，就是一个典型的案例。[13]这里虽然主要记载的是政府官员贿赂的史实，却透露出当时订购手工业品的信息。实际上，这种情况还包括手工业生产者同时兼做长途贩运的生意。如《稽神录》如此记载：

> 广陵有贾人，以柏木造床，凡什器百余事，制作甚精，其费已二十万，载之建康，卖以求利。……复归广陵，至家，已有人送钱三十万……[14]

集生产与销售于一体的工商结合的形式，在传统社会不同时期均存在，而且是民间私营手工业和作坊手工业的基本形式，说明当时生产与销售往往合而为一，这是当时民间手工业生产的专业化程度不够充分的体现。前店后坊的经营方式，无疑减少了交易成本，却在社会分工方面，特别是在进一步扩大生产方面，难免具有一定的负面作用。

传统社会对于工匠的培训制度，是手工业技术传承和不断改进的基础。唐代韩愈在《师说》中总结道："百工之人，不耻相师。"[15]师徒关系，是我国传统社会的一种特殊关系，韩愈希望全社会向工匠学习，在社会上形成不耻下问的风尚。隋唐之际的阎立德父子，是以技艺高超出名并显于世的，他们凭借家传绝技在隋代城建及宫廷建设中成为设计大师，并且受到皇帝的宠信。史称阎立德"雍州万年县人，隋殿内少监毗之子也，其先自马邑徙关中。毗初以工艺知名，立德弟立本早传家业"。[16]这样"传家业"者，往往是父子相传，兄弟互教。这是传统社会民间手工业技术传承的基本方式，相对而言，官府手工业内部的工匠培训制度要正规得多，根据工种的难易程度规定具体的培训时间，同时对于工匠培训要达到的目标有具体要求。

一个时代手工业的发展水平，往往与其重要的发明有直接关联。据不完全统计，我国传统社会的重大发明方面的数据为两汉 35 项，魏晋南北朝 22 项，宋代 30 项，明代 20 项，而被誉为中国传统社会鼎盛时期的唐代重大发明仅有 17 项，数量远少于其他时代。中外学者均注意到了这一现象，故对唐代的科学技术发明方面的评价比较低，并对其中的原因作了分析，⑰颇有参考价值。

笔者在这里略加说明的是，我们应该从另外一个视角窥视这一问题，唐代在比较成熟的技术规范和推广方面做得比较好，这一方面的例子很多，诸如工匠中实行严格的培训制，在城市建设中实行技术工头负责制，各个工种的配合和衔接得当，创造了以国都城建为代表的唐代建筑群。即使在唐代的 17 项科学发明中，相当一部分属注释、编纂和传播的成果，这样唐代真正的原创性科学发明所占的比例就更小，而唐代对外影响却超过历史上的任何一个朝代，科学技术的推广和普及对于社会的影响是直接而深远的，这是值得我们今天深思的。

事实上，手工业生产从某种程度上早已成为中国人文化因子的一部分。比如，中国古代的制陶和冶炼工艺曾被视为最尖端的工艺，故而人们常用"陶冶情操"来形容人们提升思想、道德和情趣的艰难过程。另外，刻范工具是我国古代手工业生产活动中出现得比较早的工具，而且精准度和标准化应该达到了很高的水平，故而人们会用"模范"一词来指被大家广泛认同的最高标准。如此史例，举不胜举。从这里可以看出，手工业者在我国传统社会的前期的地位比较高，将制陶与冶炼技术视作最高水平，其能工巧匠也得到社会的高度认可与尊重。而这与后来将工业视作"末"业，将从事手工业生产的工匠的社会地位排在农民之后，反映了对手工业的限制与对工匠鄙视的社会现实。这一变化，对于我们认识手工业在社会地位中的演进过程意义重大。

三 中国传统工业发展进程的社会影响

我国传统社会的手工业技术，受到当时社会环境多方面的影响或制约，既有国家政策方面的规定，也有人们观念方面的影响。下面对此略作总结，以期对我国传统社会手工业有一个比较全面的了解。

在传统社会，统治阶级的需求偏好对于全社会的工业或技术的走向具有非常重要的诱导性。在传统社会，城市建设特别是国都的建设不论是规模还是坚固性及豪华程度，都是毫无疑义的，其花费的人力、物力是十分庞大的。我国传统社会对于奢侈品消费的满足，以皇室及贵族、官僚住宅的豪华修建为代表，特别在厚葬社会风气下对社会财富的浪费令人吃惊，从汉代海昏侯墓葬所发掘的大量财富中可见一斑。清代东陵慈禧太后墓所花费的财富之巨大，同样令人瞠目。这是我国从古至今盗墓之风盛行的原因之一。另外，我国传统社会对于金银珠宝及铸币有窖藏的传统，其中相当一部分因为当事人的变故而没有在当时进入流通领域，或被其后代继承，而是被沉淀下来。正因为如此，使得当时创造的社会财富有相当部分没有发挥其应有的经济作用。这无疑是学者对于历史上贵金属及其铜质铸币数量的真实性质疑的主要原因之一。

统治阶级的需求包括奢侈性需求是具有相对保障的有效需求，而这一部分的需求，随着社会生产力的提高，不论在数量上还是在质量上都是在不断提高。《盐铁论·散不足》所言"一杯棬用百人之力，一屏风就万人之功"，在传统社会是一个普遍现象。其中如玉器文化在我国具有悠久的历史，至迟在商代玉器数量已经相当惊人。《逸周书·世俘》："得旧宝玉万四千。"在早期的墓葬中出土的商代玉器包括礼器、祭器、装饰品和艺术品等，其中的玉人、玉象、玉虎等造型生动，精雕细刻，栩栩如生，从事玉器加工的工匠已经娴熟掌握了研磨切削、勾线阴刻、阳刻浮雕、钻孔、抛光等多种复杂技艺。这些工业品充分说明，在当时生产工具比较原始的条件下，如果没有玉工数年乃至数代精益求精的努力，是不可能完成的。在传统社会尤其在传统社会早期，玉器几乎是王室及其贵族的专用品，与平头百姓没有直接的关系，实际上反映的是社会上层的奢侈性消费。

工商业者表现出对土地投资的偏好，影响了对手工业生产的投资。汉武帝时代的司马迁对于传统社会行业投资回报的顺序是："用贫求富，农不如工，工不如商，刺绣文不如倚市门"，即职业收入从低到高的顺序依次是农、工、商、服务业，这种顺序即使今天也没有发生实质性的变化。而"以末致财，用本守之"是对传统社会财富观及其投资趋向的客观总结。[18]现在的一些论著在论及这里的"末"时，认为只是特指商业，这是不完全的，因为按当时人的概念界定，则应包括手工业者和商人两种职业，或者说当时的商中包含着工的内容。对此，史书如此定义："末谓工商也"，[19]可谓一语中的。正因如此，在古代往往是工商连称。[20]这样，手工业生产者尤其一些作坊主，最后都将财富转移到对土地的购买与经营上，使得对土地的经营自始至终比较活跃。

如果我们从长时段的社会实践来看，所谓"以末致财，用本守之"，实际上这只是讲对了一半，因为在当时致富的途径除了从事工商外，从官也是致富的途径，甚至比从事工商业更加快捷，机会成本更低，回报率却更高，故有"奇货可居"之说。[21]因此，确切地说当时是以末、以官致富，用本守之。正因为如此，"官商"既是一个单称，也是一个合称。在当时人们的观念中，认为土地财富的投资相对是风险最小而保险系数最高，或者说是一种保值乃至不断升值的经营活动，工商业者和官吏向土地投资便成为一种理性选择或选择偏好。

从《史记》、《汉书》等史书记载中可知，秦汉及其以前从事工商业者，一般都从事土地投资，而不是单纯从事工商业的扩大再生产。这种情况在秦汉以后进一步明显。刘宋孝武帝时沈庆之是一个集高级官吏、地主和工商业主于一身者：

> 居清明门外，有宅四所，室宇甚丽。又有园舍在娄湖。庆之一夜携子孙徙居之，以宅还官。悉移亲戚中表于娄湖，列门同闬焉。广开田园之业，每指地示人曰："钱尽在此中"。身享大国，家素富厚，产业累万金，奴僮千计。再献钱千万，谷万斛。……妓妾数十人，并美容工艺。[22]

这种情况在唐代以后更加明确。其中一个相当普遍的例子是，工商业者中有不遗余力地培善子弟在科举考试中求得功名，以保住已经获得的财富乃至获得更多的社会财富。主考官公开将录取的进士比喻为自己获得的"庄园"，这种情况贯穿于整个封建社会的中后期。在我国传统社会的一个明显的史实是，作为手工业生产者，从来就没有完全与土地脱离者，我们从历代授田法令中，手工业生产者也有一定的份额中可以看得清清楚楚。《汉书》卷二四上《食货志》上："士、工、商受田，五口乃当农夫一人。"北魏、北齐、北周、隋、唐实行均田制时，按规定工商业者同样会得到一定数量的土地。[23]这种情况在后来并没有多大的改变，从严格意义上讲，完全脱离土地的个体手工业生产者在社会现实中几乎是不存在的。

土地投资偏好对于工商业的影响同样深远。"以末致财，用本守之"，是《史记》作者司马迁总结西汉汉武帝时代及其以前的社会实际而得出的结论，其后几乎也适应于传统社会的始终。这种情况，在明清时期依然存在且有发展的趋势，其中如执五百年商业牛耳的晋商，在其家乡修建的被良田包围起来的诸多大院，就是今天也令人叹为观止，在当时是对资金的大量占有，制约了商业的进一步发展，也影响了商业资本向生产领域或工业方面的投入。晋商对于建筑物耗费巨额财力、物力方面的例子，还有一个不争的历史事实是，修建于清代的聊城、洛阳的山陕会馆，开封的山陕甘会馆，四川自贡的西秦会馆等，均是当时当地建筑水平最高的建筑物，至今令人赞叹不已。[24]尽管这些建筑对于扩大当时晋商和西北商人的社会影响具有不可忽略的作用，而其对于资金的花费是巨大的，无疑影响了其业务的进一步拓展。[25]

官本位观念根深蒂固，对传统社会成员从事手工业职业影响深远。文官制度的确立，在我国传统社会系一种创新，其对于知识分子（士人）的价值取向具有决定性作用，对于民众的影响亦不可低估。从严格意义上讲，我国传统社会的文官制度的构建是以进士科的设立为标志的，众所周知的一个史实是，进士科开始于隋代，其维持时间长达 1300 年之久。以科举制为标志的文官制度的实行，进一步将"学而优则仕"观念固态化，至于包括工匠在内的职业均被视为旁门左道，得不到社会的认同和尊重。当一代明君唐太宗看到天下举子鱼贯而入端门时得意地感叹道："天下英雄入吾彀中矣"，[26]不仅仅只是说士人被传统社会的政治意识所洗脑，同时也意味着年轻才俊的志向一般不会转向工商业——"末"，而是将成为统治阶级的后备军。纵观我国历史上参加科举应试者的命运，真是形形色色，各不相同，虽然有少数如愿以偿者，对于大多数来说只能是名落孙山的可悲下场，乃至穷困潦倒、老死考场者也频频见于史书记载。既然如此，为什么士人还要年复一年、代复一代地执意走科举考试这一独木桥呢？其中的原因非常复杂，既有统治阶级刻意提倡的结果，也有传统观念的影响，更系当时价值取向使然。这无疑对于我国传统社会人们的职业选择影响深远，对传统社会手工业技术的影响不可小觑。

诸子平均分家，不利于手工业生产者的财富积累。"多子多福"在我国具有非常久远的历史传统，这适应了农本社会对人口再生产的需求，符合农本社会维持简单再生产的社会现实，降低了维系最基本生产与生活单位——家庭的成本。诸子平均分配家产是我国传统社会遵循的一个基本原则，而诸子等额财富继承对于长期财富积累的分割，使得从事工业生产的工匠及其作坊规模周期性地进入了一个壮大—缩小的循环过程。多年的积累，被有朝一日的分家所细碎化，难能出现大规模的家族产业。诸子平均继承家产，不利于企业进行创新实验及承担各种风险。个别不分家的个案，却因为将技术与家族同样封闭在狭小的范围之内，发展成规模企业的难度非常大。

"重本轻末"的国家政策，影响了手工业生产者的社会地位。政府对于工商业的限制，在传统社会是一项基本国策。在士、农、工、商的"四民分业"的排序中，工匠的身份居于农民之后，虽然工匠排在商人之前，实际上在传统社会"工商"往往连称而被定性为"末业"。在长期的传统社会，工匠身份处于社会的最下层，受到社会的诸多限制，其中如《国语》所言"工之子恒为工"的传统，㉑即其身份不易改变，在传统社会后期的官府工匠中，实际上依然有一定程度的保持。秦汉时期对于工商业的沉重打击，虽然在传统社会属极端的例子，却在一定程度上反映了历代最高决策者的意识。历史上对"四民"的具体定义如《汉书·食货志》记载的是：

> 士、农、工、商，四民有业。学以居位曰士，辟土殖谷曰农，作巧成器曰工，通财鬻货曰商。㉒

四民分业，道出了士、农、工、商的专业生产特质，以及其在社会生活中的地位顺序，这是秦汉以来的一个传统。从我国历史看，秦汉时期工商业者的社会地位最低，并且确立了其在以后历史长河中社会地位的基调。但是，随着封建经济领域内商品经济的相对活跃以及与之相适应的直接生产者人身依附关系的相对减轻，工匠的身份发生着变化，在有些时期其变化还比较大。另外，工商业者的社会地位与其经济地位往往并不完全一致，也是我国传统社会的一个比较明显的特点，在讨论工匠身份变化时需要特别注意。如果我们从法律规定上看，四民排序在后来漫长的历史长河中没有发生实质性的变化。

对工商这种末业的限制在传统社会的变化比较大，尤其在传统社会的后期越来越松弛，但是在人们的观念中从事末业者必然低人一等。那么，如何解释蔡伦和毕昇这样伟大的发明家见于史书记载的呢？史书如是记载我国造纸技术的集大成者——蔡伦：

> 伦有才学，尽心敦慎，数犯严颜，匡弼得失。每至休沐，辄闭门绝宾，暴体田野。后加位尚方令。永元九年，监作秘剑及诸器械，莫不精工坚密，为后世法。自古书契多编以竹简，其用缣帛者谓之为纸。缣贵而简重，并不便于人。伦乃造意，用树肤、麻头及敝布、鱼网以

为纸。元兴元年奏上之，帝善其能，自是莫不从用焉，故天下咸称"蔡侯纸"。[29]

蔡伦在公务之余"辄闭门绝宾，暴体田野"，专心致志地从事手工业技术的实践与改进。蔡伦掌握了制作纸的所有工序，总结了漂絮和原始纸的处理经验，扩大了纸的原料来源，改良工艺，使造纸技术达到了新的水平，具备了平整性与抗水性等，使纸张可以替代简帛，具有书写功能。应该说，蔡伦是造纸技术的集大成者。[30]

在农本社会，纺织技术对于生活质量的提高意义重大，受到社会的高度重视。曹魏时期马钧对织机的改进，对于我国纺织技术的改进意义重大。"时有扶风马钧，巧思绝世。""旧绫机五十综者五十蹑，六十综者六十蹑，先生患其丧功费日，乃皆易以十二蹑。其奇文异变，因感而作者，犹自然之成形，阴阳之无穷。"马钧对纺织机械改进的主要内容是简化绫机，便于操作，降低劳动强度，提高生产效率，同时通过改进后织出的提花丝织品图案对称活泼，花型变化却不杂乱。同时，马钧还有许多机械方面的发明，也有对历史上的机械的再现。[31]可见马钧是一位技艺传承与创新方面非常出色的发明家。

活字印刷术也是一项令世人受益的伟大发明。《梦溪笔谈》卷一八记载，宋代的活字印刷术，是由匠师毕昇完成的：

> 板印书籍，唐人尚未盛为之，自冯瀛王始印五经，已后典籍皆为板本。庆历中，有布衣毕昇，又为活板。其法用胶泥刻字，薄如钱唇，每字为一印，火烧令坚。先设一铁板，其上以松脂、蜡和纸灰之类冒之。欲印则以一铁范置铁板上，乃密布字印。满铁范为一板，持就火炀之，药稍熔，则以一平板按其面，则字平如砥。若止印三、二一本，未为简易；若印数十百千本，则极为神速。常作二铁板，一板印刷，一板已自布字。此印者才毕，则第二板已具。更互用之，瞬息可就。每一字皆有数印，如"之"、"也"等字，每字有二十余印，以备一板内有重复者。不用则以纸贴之，每韵为一贴，木格贮之。有奇字素无备者，旋刻之，以草火烧，瞬息可成。不以木为之者，木理有疏密，沾水则高下不平，兼与药相粘，不可取。不若燔土，用讫再火令药熔，以手拂之，其印自落，殊不沾污。昇死，其印为余群从所得，至今宝藏。

　　这种发明，具有非常高的科学含量，对于文化传播尤其文化下移意义重大，同时对于世界文化的影响也是深远的。

　　蔡伦造纸之所以能够流传于世，主要还是因为他在朝廷担任重要的职位，其对于造纸术的总结与改进，才得到了皇帝的重视，其对造纸技术的改进与总结才在其传中被记载。对发明家马钧的记载同样具有历史的偶然性。同样幸运的是发明家毕昇，作为没有任何官职的"布衣"，如果不是《梦溪笔谈》中保留毕昇发明活字印刷术，他会与历史上诸多发明家一样默默无闻，因为我们在正史记载中找不到关于毕昇的只言片语。我们认为，作为工业技术的发明者或集大成者，不论蔡伦、马钧还是毕昇，都是一种偶然性，这是由我国传统社会轻"末"的历史传统决定的，也是我们了解传统社会人们观念的最好说明。

　　家庭副业手工业，对于传统社会手工业产生了一定影响。纵观我国传统社会，虽然"男耕女织"的记载较早且被历代一再强调，也成为学术界对于我国长期传统农本社会基本判断的依据之一。实际上，由于农业生产的季节性非常强，在实践中很难做到根据家庭成员的性别来确定生产内容的分工，而是主要根据农业的季节性来进行调整，一般来说农忙季节家庭成员主要从事农业生产，农闲季节则主要从事纺织等副业生产，或者说基本模式是"晴耕雨织"，即主要根据农业的季节性及天气状况来分配农业生产或手工业副业的具体时间，相对而言，按照家庭成员性别来分工的"男耕女织"显得要次要一些，这是主要由五口之家的生产和生活单位规模所决定的。这一点，对于我国传统社会手工业的影响是不可低估的，使得家庭内部的分工受到一定的限制，长期以往，无疑会影响家庭手工生产的质量。

　　当然，有一种情况也需要在这里做进一步的强调，这就是政府往往将"男耕女织"②或"晴耕雨织"③型的家庭副业手工业，归于"本"之中而大加鼓励，其并不如同手工业生产者受到诸多限制。这是我国传统社会的一个常态，如果我们不考量个体手工业生产者的农业方面的副业收入，就很难了解其如何维持简单再生产及人口再生产的状态，即其将处于赤贫状态；同样，对于个体小生产农业也是如此，在估算其收入时，切不可忽略其手工业副业方面的部分。

　　"耕读传家"，是长期居民创业与传家的最理想模式，官本位的意识根深蒂固由来已久，同样作为地主家庭也是人们的追求，而将二者结合起来，是当时人们梦寐以求的。工商之家往往得不到社会的高度认可，即使富甲一方乃至富可敌国，也没有与之相应的社会地位，甚至在科举考试和官吏选拔中，工商出身者往往受到一定程度的歧视，尽管后来的法律限制在不断松弛，但是一种观念的改变往往要较制度的变迁顽固得多。这些理念，对于居民培养和选择子弟的职业，影响深远。"男怕投错行"在我国传统社会是深入人心的观念，其中对于进入"工"者，是受到社会轻视乃至歧视的"行"之一，是当时社会的共识。而"女怕嫁错郎"，从职业的角度看，女子的首选是"士"，至于工匠同样会受到轻视乃至歧视的职业之一，即使是能工巧匠也是如此。

儒家内敛思想对传统手工业影响颇大。我国传统社会以儒家为代表内敛思想，对包括王匠、作坊、行会的影响是深远的，与世无争、不出人头地成为当时包括工匠在内居民的信条，这在一定程度上不利于技术发明或改进，不利于手工业或科学技术的竞争。包括手工业在内的工业创新需要实验且需要多次的实验，允许失败，而我国传统社会的个体工匠的生产规模不利于这样的社会实践。不鼓励工业创新特别对于冒险实验的忌讳，影响了传统社会工业的进一步发展。

《商君书·更法》中说的，"功不十，不易器；利不百，不变法"，是我国传统社会的一个基本理念，也是工匠对于工具改进的基本态度，他们一般不会主动改进技术，尤其在推广技术方面保守性更强。比如在我国延续使用了千余年的基本农业生产工具——二牛抬杠，就是一个生动的例子。工具的改进与推广需要一定的成本，而新工具的使用必然意味着经验的改变，这对于行家里手往往是比较痛苦的事情，因此也多采取沿用传统工艺的态度而保持其在行业中的优势地位。

上面几点并不代表我国传统社会的全部特点，而仅举上述几点，就可以使我们对我国传统社会手工业的特点有所了解，这对于认识传统手工业的近代转型是不可或缺的。

四 中国传统工业的近代转型

人类是与手工业同时步入历史舞台的，而且直到工业革命前，手工业一直是科技乃至生产力进步的主要推动者、承载者和传播者，而科技和生产力进步对人类文明的绵延和提升则是不言而喻的：农业生产的进步、商业网络的扩大、交通运输能力的提高、军事实力的增强、文化内容的丰富、生活水平的提高、劳动强度的降低、居住环境的改善、居民交往半径的拓展等等，皆离不开手工业的发展。工业革命滥觞于英伦三岛之前，中国之所以能成为人类文明的主要输出地之一，很大程度上与中国传统手工业的领先密切相关。四大发明是人人皆知的史实，另外诸如包括铁器的出现、瓷器的制作、鼓风炉的发明、耕具（如江东犁）的改进、车辆和船只运载能力的提高、造桥技术的进步，等等。当然，当人类基本生产形态因工业革命而彻底换轨之后，虽然中国的手工业并未裹步不前，但是已经无力继续承担起助中华文明卓然于世界文明之重任。

1409年郑和下西洋不仅仅是我国历史上的重要事件，且在人类历史上也具有不可忽略的浓浓一笔。但是，当时郑和的远航虽然人数众多，持续时间久，前后出去达七次之多，船只的规模举世无双，却不是以开展对外贸易或开拓疆域为目的，而主要是为了显示国威，其没有持久性，因最高决策者的理念而确定。郑和下西洋时的"宝船"，"体势巍然，巨无与敌，篷帆锚舵，非二三百人莫能动"，[33]在当时世界范围内属最先进的远洋轮船。之所以没有发生改变世界历史进程的事件，是因为明代政府没有这一方面的需求和动力，这与欧洲人发现新大陆的案例形成了强烈对比。

我国传统社会工匠的技术主要属经验型技术，传承主要通过两个途径，民间是父子相承或兄弟相教以及师徒相传承，官府工匠实行师徒的培训制度，其中第二个途径却因为其工艺只限于官府生产而不向民间传播，其传播的范围非常有限，至于民间的技术传承的保密性就更不用说了，为了使其技术成为其家庭或家族在社会竞争中立足的资本，对外严格保守核心技术，就连世代未婚或终身不嫁女子的极端行为，也是见怪不怪。[35]唐代有"代传染业"而"家富于财"者。[36]对于民间手工业生产的情形，下面史料颇具代表性：

> 唐天宝三载五月十五日，扬州进水心镜一面，纵横九寸，青莹耀日，背有盘龙长三尺四寸五分，势如生动。玄宗览而异之，进镜官扬州参军李守泰曰："铸镜时，有一老人，自称姓龙名护，须发皓白，眉如丝，垂下至肩，衣白衫，有小童相随，年十岁，衣黑衣，龙护呼为玄冥，以五月朔忽来，神采有异，人莫之识。谓镜匠吕晖曰：老人家住近，闻少年铸镜，暂来寓目，老人解造真龙，欲为少年制之，颇将惬于帝意。遂令玄冥入炉所，扃闭户牖，不令人到，经三日三夜……镜龙长三尺四寸五分，法三才，象四气，禀五行也。纵横九寸，类九

州分野，镜鼻如明月珠焉"。⑤

这位龙护老人实为身怀绝技的制作铜镜的作坊主兼匠师，小工匠和镜匠均是其作坊内的工作者，他在炉所现场"扃闭户牖，不令人到"，是为了保证技艺的不泄密。因对铜镜的质量要求非常高，师徒夜以继日达三昼夜才完成了这件稀世珍宝。

宋代陆游《老学庵笔记》也如此记载：

> 亳州出轻纱，举之若无，裁以为衣，真若烟雾。一州惟两家能织，相与世世为婚姻，惧他人家得其法也。云自唐以来名家，今三百余年矣。⑱

这种情况使得技艺代代相传，工艺不断改进，但是技术限定在一定的圈子里，不利于传播，甚至由于工匠本人及其传承人的变故，往往使得技艺绝传。这样的案例可谓举不胜举，如宋代著名的笔工如诸葛氏、蔡藻、曹忠等，墨工如潘谷、沈珪等，均是生前享有盛誉，工匠死后无人继承而技艺失传。再如衡天仪、木流牛马这样著名的发明，也告失传，至今仍然令人惋惜不已。手工业无疑是一个经验产业，一般来说需要两个方面的传承，一是内容方面的传承，另一个则是经验方面的师徒传承，二者缺一不可。

在长期的社会经济活动中，与绝大多数个体农民一样，民间个体王匠的生产是分散的，技术是落后的，生活是贫困的，信息是封闭的，生产规模是狭小的。在手工业生产之外，为了自身的生活需要，个体工匠还要从事一定的农业生产作为补充，手工业与农业的结合是比较密切的。城市小手工业在我国封建社会里有悠久的历史。⑲个体工匠在生产过程中，一般是将选材、做工和设计乃至销售等合之为一，虽然当时存在一定的内部分工，但是其分工程度是非常有限的，或者说其分工是相当模糊的。

专家研究表明，早期的工业化当包括原始工业化阶段和工业化初级阶段两部分内容。⑳明代嘉靖、万历（1522～1620）之后，随着匠籍制度的逐渐废除，江南及周边地区民间手工业发展迅速且超过了官营手工业，成为当时手工业的主体部分。与此同时，民间手工业的行业分工与专业化程度发展较快，尤其是江南及其周边地区手工业生产的商品化与市场化程度得到了加强，在分工与专业化发展的基础上，作坊手工业开始向工场手工业发展。不仅如此，手工业生产中的民间工匠的队伍也日益壮大，成为江南及其周边地区工业劳动力的主力军。特别需要指出的是，当时工匠的身份也随着匠籍制度的废除而有明显改善。专家研究表明，在江南及其周边地区的纺织业、制造业以及建筑业等发达行业中，已经具备了传统工匠技术转型和角色转换的历史条件。[41]但是，我国在当时的生产力发展水平差异比较大，像江南及其周边地区工业发展水平在其他地区却没有出现，这无疑也制约了先进地区工商业的进一步发展。地区发展不平衡与中央集权的国家制度设计，影响了我国工业化的出现。这是明清时期江南地区没有自发步入近代工业历程的重要原因之一。

传统社会的手工业技术，在一些领域表现得比较成熟，达到了一定的高度。我们从四川清代自贡井盐的生产情况来看，当时对于盐井的勘探、开凿、卤水的汲取和食盐的熬制方面，已经做到了手工业技术的极致，其中对于盐井的探凿技术，[42]已经与今天的石油探凿原理基本一致，是当时工匠创造的非常重要的技术，在我国乃至人类历史上具有不可忽略的地位。

在工业组织结构中，一些行业中也具有近代企业的管理模式的初级阶段，其中最典型的是股份制的实施。我国传统社会的手工业行会，虽然具有一定的行业管理与自律的功能在内，但从整体上看，其作用和性质与欧洲中世纪行会的差异比较大，中国的行会一开始就表现出与国家政权的密切关系，甚至有国家政权控制手工业生产者的最基层组织的某些职能。[43]唐代以后手工业行会的情况，大体上与唐代差不多，这是由我国专制主义中央集权制国家性质所决定的。我国传统社会手工业中的合伙制出现的比较早，且在传统社会的后期发展比较快，成为我国手工业生产中的一个不可忽略的特点。

通过对历史文献的初步梳理，我们认为合伙制至迟在唐代就已经出现了一定的端倪，或者说是合伙制的初始阶段：

> 唐定州安嘉县人王珍，能金银作。曾与寺家造功德，得绢五百匹。同作人私费十匹，王珍不知。[44]

王珍作为作坊主一次性得到 500 匹绢报酬的订单，可见其金银加工作坊的规模一定不小；再从其雇佣的工匠预先擅自支出 10 匹绢而居然没有觉察出的史实中可以看出，这类工匠与主人之间似乎没有严格的人身依附关系，系一种较单纯的雇佣合作关系。据此我们似乎可以作出如下推测，在作坊主王珍手下从事金银器加工的工匠人手不少，这里的"同作人"可能是作坊内的技术或部门负责人，也可能系资金方面的合伙人。这是讨论传统社会合伙制时不得不注意的一个非常重要的现象。

合伙制在唐代以后有了进一步的完善与发展，据《天工开物》记载，明代在陶瓷中有"合并众力众资"从事生产的情况，便是这一领域的合伙制，且包括人力方面的合伙与资金方面的合伙两个方面。明清在四川自贡井盐开采中也实行合伙制，以解决人力、财力和物力资源稀缺诸方面的问题。明代在茶叶走私活动中出现经费筹措中的合伙事例比较普遍。⑥清代的合伙制在民间手工业显得更加普遍，不少于17个行业内出现了合伙制，这在清代以前是未曾有过的。这一时期的民间手工业中的合伙制主要有劳动力合伙制、资本与劳动力兼而有之的合伙制，以及资本合伙制等三种形式。其中资本合伙制又分为两种不同情况：一是合伙人只投入资本，本人不参加劳动，但是投资者一般亲自参与企业的经营管理，即所有权与经营权统一；二是投资者本人既不参加劳动，也不亲自参与企业的经营管理，而是只作为资本的股东参与利润分配，企业聘任专门的管理人员，经营权与所有权分离。⑥总之，合伙制虽然不等同于近代企业，但是合伙制的发展对于产生近代企业是有不可忽视的意义，如果没有外来影响，这可能就是我国境内自发产生近代企业制的一个重要环节。

茶叶是我国自唐代开始就成为朝野重要的饮料，成为与柴、米、油、盐、酱、醋相提并论的生活必需品，由于对其需求量非常巨大，其加工方面容易出现产业化，实际上在这一领域自始至终也没有出现近代性质的生产方式。这是值得我们今天认真思考的一个问题。我们在此对茶叶作一较详细的分析。

我国具有栽培茶树和以茶作为饮料的悠久历史。我国采摘茶叶的历史悠久，野生茶叶被作为药用或食用，有的学者将其上溯到神农时期。⑥据《神农本草经》记载，神农尝百草，日遇七十二毒，得茶而解之。"茶"通茶字。当然，《神农本草经》的这段关于茶的记载属传说，饮茶从何时开始的说法比较多，其中有的观点认为将茶叶作为饮料是始于商代末，而从战国秦汉开始则是没有疑义的。⑧真正有明确文字记载的是西汉宣帝时蜀郡人王褒所制订的《僮约》。《初学记》卷一九《僮约》中规定僮奴的具体任务包括"烹茶尽具"、"武阳买茶"等。可见至迟西汉时在今四川地区就已经在消费水平比较高的阶层内将茶叶作为饮料之一,茶叶已经作为一种商品,并且出现了人们认可的原生产地的名牌——武阳茶。三国时饮茶之风进一步盛行,如在东吴上层出现了"以茶代酒"的习俗,[49]以至于这种习俗延续至今。后来,北方人也开始了解茶叶的饮用等功能,并已逐渐适应以茶叶作为饮料。[50]茶叶的种植面积不断扩大,人们对于茶叶解渴、驱乏、提神、消食等功能的认识日益普遍。有唐一代,在我国茶叶史上具有划时代意义:"荼"去一划,始有"茶"字;唐代人陆羽撰写经典著作《茶经》而标志着出现了茶学;茶始征收税,意味着有了比较系统的茶政;茶叶开始销边,便形成茶马互市;[51]唐代还开始供奉茶神。[52]因此,唐代对于茶叶的认识进一步深刻和全面,正如唐代人李珏所言:

> 茶为食物,无疑米盐,于人所资,远近同俗。既祛竭乏,难舍斯须,田闾之间,嗜好尤切。[53]

《封氏闻见记》卷六《饮茶》篇,对茶叶的功能和流通的情况记载比较详尽,其内容略云:

> 茶,早采者为茶,晚采者为茗。《本草》云:止渴,令人不眠。南人好饮之,北人初不多饮。开元中,太山灵严寺有降魔师,大兴禅教。学禅务于不寐,又不夕食,皆恃其饮茶。……始自中地,流于塞外,往年回鹘入朝,大驱名马,市茶而归,亦足怪焉。

此时茶叶不仅仅是广大南方地区的重要饮料,而且也成为北方地区乃至游牧民族地区盛行的饮料。正因为茶叶饮用在唐代非常普遍,对茶叶的需求量也就与日俱增,它成为商人竞相追逐的重要商品之一。每每到采茶季节,则"四远商人皆将锦绣、缯缬、金钗、银钏,入山交易;妇人稚子,尽衣华服,吏见不问,人见不惊"。[54]其中盛产茶叶的祁门(今安徽省南部山区、昌江上游)成了各地商人竞相前去购买茶叶的重要场所:

> 祁之茗,色黄而香,贾客咸议,愈于四方。每岁二三月,赍银缯缯素求市,将货他郡者,摩肩接迹而至。[55]

茶叶的生长季节比较稳定，生产区域比较确定，一般适应于南方丘陵地区。这样，茶叶运输环节便显得比较重要，长途贩运是获得高额利润的基本途径。据唐代人陆羽《茶经》记载，唐代前期产茶的地区有 44 州，[56]而据当代学者的研究表明，唐代产茶地达 69 州。[57]也有的研究成果指出，唐代产茶地区分布于 8 道 98 州，当时的茶叶产地分布，已经基本具备了今天的规模。[58]尽管各自论述和具体结论有异，但是至少有一点是共同的，这就是唐代茶叶生产的地区不断扩大，其在社会经济生活中的地位与日俱增。

随着茶叶种植面积不断扩大，唐代茶叶总产量也相应在不断提高。因资料有限，时至今日，已难以统计具体数额，甚至于相对准确的估计数字也比较难。但是根据史料还是能够看出当时总产量的概况。据唐人杨晔《膳夫经手录》统计，"新安茶，今蜀茶也，与蒙顶不远，但多而不精"，这种新安茶每年的收获量多达"数百万斤"；与新安不远的蒙顶茶，是茶中精品，唐代元和（806～820）以后，其价格上涨很快，"束帛不能易一斤先春蒙顶"，正因为种植蒙顶茶叶有厚利可图，周围地区的居民竞相种植茶叶，经过短短数十年的努力，这里形成了具有一定规模的茶叶市场，每年的茶叶交易量往往以"千万斤"计。茶叶种植和销售的规模效益比较明显。

唐代文献记载，当时茶叶"自江淮而来，舟车相继，所在山积，色额甚多"。[59]唐代茶叶的总产量巨大是没有疑义的。有的学者估计唐代茶叶每年的总产量在 2000 万～4000 万斤之间；[60]甚至有的论著则估计唐代茶叶每年总产量约为一亿斤。据《元和郡县图志》记载，唐玄宗天宝元年（742）浮梁县，一年产茶达 700 万驮，茶税为 15 余万贯。[61]茶叶产量之巨与茶叶经济的发展，由此可见一斑。

茶叶生产的发展，必然促进唐代茶叶的贸易和消费。前引"四远商人皆将锦绣缯缬金钗银钏，入山交易；妇人稚子，尽衣华服，吏见不问，人见不惊"说明，[62]茶叶的生产、加工、运输、交易与消费，在南北地区已经习以为常，十分普遍。洛阳商人"岁鬻茗于江湖间，常获丰利而归"，[63]绝非个别现象。这种境况直至晚唐时期依然存在："西川富强，只因北路商旅，托其茶利，赡彼军储。"[64]今四川地区当时茶叶交易量大，商旅活跃，成为国家军储的主要来源之一，当与这里为西南、西北地区的少数民族提供大量的商品茶叶分不开。

茶叶消费在唐代成为一个比较普遍的现象，逐渐变为广大下层人民所享受的饮料，其消费地域也由南方向广袤北方乃至周边少数民族地区拓展。各地茶店、茶肆林立，消费者众多，如广陆有每日售茶于市的茶姥，[65]乡间有茶肆，[66]就连今青藏高原也流行南方地区生产的各种名茶。[67]正如《封氏闻见记》卷六《饮茶》篇所记述的：唐玄宗开元（713－741）时期"自邹、鲁、沧、棣，渐至京邑，城市多开店铺，煎茶卖之，不问道俗，投钱取饮"。唐玄宗时期饮茶盛况由此可见一斑。其后茶叶饮用的情况当更加普遍，茶叶已经成为唐代及其后世的重要财政税收来源之一。茶叶在唐代以后的饮用更加普遍，特别是明清时期的茶马互市，成为攸关当时经济、民族、军事和政治的重要举措，受到朝野的重视。[68]不仅如此，清代茶叶还成为我国向国外出口的重要商品之一。

王仲荦通过对我国传统社会茶叶作坊的出现、唐代茶叶征税制度、宋代茶叶加工业与官卖制度、宋金茶叶贸易、元代茶叶专卖、唐宋明清陆路上的国际贸易与茶叶、茶叶与鸦片战争等方面的考察，得出如下结论：茶叶加工制造业，在后期的封建社会里，曾经使用过比较进步的的具有原始工具机形态的水转连磨；茶叶作为重要商品，在后期的传统社会具有广大的国外市场，在1678～1878年，是中国茶叶独霸世界市场的时代。由于历代封建统治者与"官僚商人"双重剥削的残酷压迫，茶山主与作坊主，始终陷于求生不能求死不得的悲惨境地，无法积累资本，继续发展使用进步的生产工具，扩大再生产。我们从茶叶经济发展的历史中，可以看出中国传统社会的一个显著特征，即高利贷资本、商业资本与封建经济政治体制的强固结合，由于这种结合，更加强了封建阶级对于茶农与制茶手工工人的残酷剥削，阻碍了手工业向工场手工业的发展，阻碍了中国资本主义的生长，后来更由帝国主义的侵略，而保持了封建统治。地主阶级通过中央集权的封建国家对包括盐、茶叶的专卖，严重阻碍了资本主义的发展。[69]

需要在这里补充说明的是，茶叶加工业没有出现产业化程度，或者说没有出现近代化的生产水平，其中还有两个方面的原因是不可忽略的，一是茶叶加工方面的技术含量比较低，虽然需要人手比较多，却基本属茶农或农民本身；二是茶叶加工的季节性非常强，并非一年四季需要茶叶加工人员。这样，在传统社会茶叶领域活跃的是商业资本而非加工业，这只要一提当时晋商从事茶叶的贸易活动，且将烟、酒、茶作为其从事商业贸易的核心竞争力商品，便可明了。

我国传统社会工匠的身份相对于自耕农来说要低一些，除了其在政治上的排序外，就是工匠受政府的经济盘剥也较一般农民为重，其中主要负担是在官府从事各种手工业生产——徭役，在后来尽管"和雇"出现且呈逐渐普遍之趋势，实际上并不是获得的合理劳作报酬，官府中的待遇往往低于市场价格是一个不争的史实，再加上工匠服役时往来的成本，其负担之重就更可想而知了。[70]对于能工巧匠来说，其在官府中获得的报酬与其所付出不成比例是不言而喻的。不仅如此，工匠服役的时间往往超过政府的规定。这样工匠隐瞒匠籍的事一直存在着，即使在传统社会后期的明代依然如此。明代洪武十七年（1384）正月，工部尚书麦至德在奏疏中道："天下工匠，多有隐为民籍而避役作者。"[71]作为工部尚书所言，应该比较全面且权威，可见当时工匠隐瞒匠籍而为一般民籍的现象相当普遍。作为手工业直接生产者工匠来说，不论官府工匠还是民间个体工匠，政府对他们的人身控制经历了一个由严格到相对松弛的过程，这种情况在明清时期尤其表现得明显。明代洪武十一年（1378）五月，曾经令工部，"凡在京工匠赴工者，月给薪米盐蔬。休工者停给，听其营生勿拘。时在京工匠凡五千余人，皆便之"。[72]根据当时规定，在京师从事生产的工匠是有一定的报酬，其中工匠的报酬在后来还规定由"薪米盐蔬"到"凡役于内府者皆给钞"，[73]工匠的报酬经历了由实物报酬到实物与货币报酬相结合，再到纯粹的货币报酬的过程。在这种环境下，没有在官府直接从事生产的工匠，上缴了一定的税收后，则可以自由支配时间。尽管以前也有类似的做法，而如这一次由朝廷的诏令规定，且受惠的工匠在京师就多达五万余人，这在以前是未曾有过的。洪武二十六年（1393），在全国范围内实行了地方工匠的"轮班勘合"，就是"令先分各色匠所业，而验在京诸司役作之繁简，更定其班次"。一般情况下是"三年或二年一轮"。这样就使"赴工者各就其役而无费日，罢工者得安家居而无费业"。当时勘合的工匠人数多达232089人。这次工匠勘合对于工匠是一次比较明显的控制松动，标志着工匠的封建人身依附关系得到了进一步的减轻，故"人咸便之"。相对而言，这样的编制比较合理，便于操作。因为在这之前的情况是，"诸色工匠岁率轮班至京受役，至有无工可役者，亦不敢失期不至"。[74]但是，其在执行工程中往往因工程缓急程度不同、官府主持者个人作风有异而非一成不变。对此，需要具体对待，不可一概而论。

清代顺治（1644～1661）年间匠籍制度的终结，使工匠自由支配生产的时间增加，进一步表明工匠身份的相对提高，对我国手工业经济的影响重大而深远。

就广大的农民来说手工业也是其经济的必要补充部分，"男耕女织"、[75]"晴耕雨织"[76]是一种普遍现象。而这些农业副业生产是有关微生物学、生物化学的广阔领域，涉及微生物所产生的酶的广泛利用，包括酒化酶、醋酸酶、蛋白酶、乳酸菌、淀粉酶的利用，同时包括饴糖的生产等等。[77]这种一般来说规模比较小，每户用于市场的商品数量非常有限，而汪洋大海的农户所生产的产品积少成多，往往构成古代社会商品经济的重要组成部分。[78]实际上家庭副业往往不局限于纺织品，一些简单的手工业生产，也是农民在主业粮食生产之余所进行的，以作为主业的必要补充。成书于北魏时期的《齐民要术》，系一部农业生产及其副业加工的百科全书式的著作，其记载农副产品加工内容包括酒、醋、酱、豆豉等酿造，饴糖的制作。[79]民间手工业品中，有一定部分是作为商品进入流通领域的，这一部分积少成多，成为当时市场中商品的主体部分。政府对于民间手工业品尤其进入市场或作为上缴官府的产品，则有一定的规定，有些时期这一方面还显得具有强制性。如唐玄宗开元八年（720）敕令中就有这样的规定："顷者以庸调无凭，好恶须准，故遣作样以颁诸州，令其好不得过精，恶不得至滥。"[80]这种情况在整个传统社会比较普遍，系国家职能的一种体现，只不过是不同时期的具体情况有所差异而已。从整体上看，政府的这些做法有利于民间手工业经济或民间商品经济的存在和发展，系国家经济职能的一种体现。

就手工业经济在当时社会中的地位来说，对手工业经济如何进行评价也不为过。实际上，在世界范围内手工业并不只是古代社会的专利，工业革命之初，以蒸汽机代替人力、畜力改变了人类历史发展的进程，人类的社会实践活动开始将动力区分为机器和手工。然而水力发达区域常以古老的水轮机代替蒸汽机，也不妨碍技术革命。再如历史悠久的磨坊，曾经历人力、畜力、风力、水力诸阶段，及用蒸汽机称火轮磨坊，仍然是利用两片石磨转动。直到19世纪末发明滚筒制粉和联动装置（rolling system）后才实现了技术革命，而其前均为手工业。即使进入20世纪，手工业乃至家庭副业手工业也并没有完全退出生产领域。[81]以至于有的学者探讨中国近代以来中国经济发展的模式应该是三元经济而非二元经济。[82]

五　简单结论

通过对我国传统社会手工业的基本运行及特点的叙述，通过对当时社会环境的大体梳理，我们可以得出以下几点认识：

我国历史上的手工业的近代转型是一个非常复杂的经济现象或过程，其转型的社会环境是否良好、转型条件（包括国内外）是否具备、转型决策是否得当、配套措施是否完善等，均是转型能否得以完成的不可或缺的环节。

从经济史的视角看，中国传统社会不论是从市场、原材料、劳动力、资本尤其技术方面有存在走上近代化道路的可能，然而却没有走上这条道路，远远落后于欧洲，其中原因不少，或者说是一个综合性的原因而非单个原因。我国传统工业向近代自发转型中的需求和供给的双重缺失。缺少需求方面的动力，一是没有完成农业革命，在西方农业革命是工业革命的基础，而中国农业则基本上还是自给自足，维持简单生活和再生产外，剩余部分非常有限，购买需求受到严重限制，国内市场需求不旺；二是政府实行闭关锁国的政策，将国际市场基本处于关闭状态。工业方面缺少供给方面的能力，一是大的生产组织尚未形成气候，仍以手工业作坊以及个体小生产者为主，小规模生产者没有能力投入技术或从事科学实验以进行创新。二是商业资本没有转化为工业资本，流通领域的巨大利润挤压生产领域的利润，加上中国传统上的重本轻末思想根深蒂固，无疑影响了对生产的投资。

总之，从我国传统社会专制主义国体及其制度设计来说，不能够进入近代工业则是历史之必然；同样，若从传统社会长期处于世界先进的手工业发展历程来说，中国手工业没有出现近代工业，则具有历史的非正常性。这是我们对于我国传统手工业进行考察后得出的基本结论。

（作者附记：拙文在写作过程中，还参考了全汉昇、王亚南、鞠清远、严中平、祝慈寿、郑学檬、李伯重、白钢、曹焕旭、朱英、彭南生、刘秋根、仲伟民等先生的论著，在此深表谢忱。限于篇幅，最后不得不将"参考文献"忍痛割爱，甚为遗憾。同时，感谢匿名评审专家提出的建设性修改意见。）

---

①亚当·斯密《国富论》上卷，郭大力、王亚南译，上海：中华书局，1959，第85页。

②《中华大典·工业典》计九个分典，由上海古籍出版社2015年、2016年出版。该典内容包括先秦至清末的有关工业方面的资料。根据现代工业主要行业且结合我国传统工业自身的特点，设置了《陶瓷与其他烧制品工业分典》、《金属矿藏与冶炼工业分典》、《制造工业分典》、《造纸与印刷工业分典》、《建筑工业分典》、《纺织与服装工业

分典》、《食品工业分典》、《近代工业分典》以及《综合分典》。

③关于漆器的介绍相对比较少，这里作一点补充说明。漆器工艺是我国传统社会手工业的一个重要发明之一，1971年在长沙马王堆发掘出184件漆器，虽然经过2000余年的水中浸泡，仍然崭新光亮如初，没有裂纹。唐代保留下来的古琴，当时工匠在上面施以漆灰，甚至今天仍然可以弹奏。我国传统社会漆器业的辉煌，由此可见一斑。

④《魏书》卷二《太祖纪》。

⑤《隋书》卷四六《苏孝慈传》。

⑥《唐六典》卷七注文。

⑦㉘《汉书》卷二四上《食货志》上。

⑧其中茶叶作为国家的正式税收，按《新唐书》卷五四《食货志》四记载始于饮茶盛行的唐代德宗时。酒的专卖和控制，各个时期情况不一，不可一概而论。

⑨⑩金宝祥：《关于中国封建社会土地私有制的形成问题》，天津：《历史教学》1962年第2期。

⑩笔者所居住的北京市西城区三里河地区，在繁华的街上依然有"前店后坊"招牌。

⑪《景德镇陶录》卷五《历代窑考》引《（景德镇）邑志》。

⑫《唐国史补》卷中。按陆鸿渐即陆羽，是我国历史上第一部茶叶专著——《茶经》的作者，有"茶神"之称。

⑬《太平广记》卷二三七《李璋》条引《杜阳编》。

⑭《太平广记》卷三五五《广陵贾人》条引《稽神录》。

⑮《全唐文》卷五五八韩愈《师说》："师者所以传道、授业、解惑也。……巫医乐师、百工之人，不耻相师。"

⑯《旧唐书》卷七七《阎立德传》。

⑰李约瑟：《中国科学技术史》（中译本）第1卷"导论"，北京：科学出版社、上海：上海古籍出版社，1990；胡戟：《试论为唐代文学的繁荣付出了牺牲科学的代价》，西安：《陕西师范大学学报》1996年第2期。

⑱《史记》卷一二九《货殖列传》；《汉书》卷九一《货殖传》。

⑲《史记》卷六八《商君列传》引唐司马贞《索隐》；《汉书》卷六《武帝纪》。

⑳《春秋左氏传·桓公》：庶人工商，各有分亲。《春秋左氏传·襄公》：庶人工商皂隶牧围，皆有亲昵。《史记》卷六八《商君列传》注引《索隐》："末利，谓工商也。盖农桑为本，故上云'本业耕织'也。"《史记》卷六九《苏秦列传》："周人之俗，治产业，力工商。"《汉书》卷四《文帝纪》注引颜师古语："末，谓工商之业也。"

㉑《史记》卷八五《吕不韦传》。

㉒《宋书》卷七七《沈庆之传》。

㉓《魏书》卷一一〇《食货志》；《隋书》卷二四《食货志》；《新唐书》卷五一《食货志》一；《旧唐书》卷四九《食货志》上。

㉔上面所言会馆，均系国务院公布的文物保护单位，就足以说明问题。

㉕参见魏明孔《从山陕会馆碑文（碑阴）看清代工匠地位及报酬》，兰州：《西北师大学报》（社会科学版）2014年第1期；《晋商、陇商与烟酒茶》，长春：《社会科学战线》2016年第2期。

㉖《唐摭言》卷一。

㉗《国语》卷六《齐语》。

㉙《后汉书》卷七八《蔡伦传》。

㉚关于造纸术到底是开始于东汉蔡伦，还是蔡伦之前就已发明，甚至早在西汉就已见诸史书记载，学术界的争论比较多，日益活跃的考古界的发现越来越在支持后者，但是这并不影响蔡伦对于造纸术的划时代贡献，蔡伦植物造纸的集大成者。可参见魏明孔《蔡伦造纸与丝路考古新发现》，兰州：《丝绸之路》1994年第3期。

㉛《三国志》卷二九《魏书·方技·杜夔传》裴注引。

㉜㊄《资治通鉴》卷二二四唐代宗大历元年（766年）十月条。

㉝㊅《艺文类聚》卷二。

㉞巩珍：《西洋番国志·自序》，浙江巡抚采进本。

㉟唐代元稹在《织妇词》中自注曰："予橡荆时，目击贡绫户有终老不嫁之女。"见《元稹集》卷二三《织妇词》。

㊱《太平广记》卷三六《李清》。

㊲《太平广记》卷二三一《李守泰》。

㊳陆游《老学庵笔记》卷六。

㊴孙毓棠编《中国近代工业史资料（1840~1895）》第一辑上册"序"，北京：中华书局，1962，第6页。

㊵马敏：《中国早期工业化的若干问题》，北京：《光明日报》2003年9月7日。

㊶余同元：《传统工匠现代转型研究——以江南早期工业化中工匠技术转型与角色转换为中心》，天津：天津古籍出版社，2012，第47页。

㊷自贡市盐业历史博物馆编著《川盐文化圈图录——行走在川盐古道上》，北京：文物出版社，2016，第30~43页。

㊸魏明孔：《唐代私营作坊手工业之管见》，北京：《中国经济史研究》1998年第2期。

㊹《太平广记》卷一三四"王珍"条引《广古今五行记》。

㊺㉖魏明孔：《西北民族贸易研究——以茶马互市为中心》，北京：中国藏学出版社，2003，第207~226、15~24页。

㊻徐建青：《清代手工业中的合伙制》，北京：《中国经济史研究》1995年第4期。

㊼商岛：《一千年的茶法与茶政》（上），《平准学刊》第3辑下册，北京：中国商业出版社，1986。

(48)参见张泽咸《汉唐时期的茶叶》，《文史》总第11辑，北京：中华书局，1981。另见张泽咸《唐五代赋役史草》，北京：中华书局，1986，第202~207页。但是，要在学术界将其时间统一起来是非常困难的，如东晋学者常璩在《华阳国志》一书中，便认为早在商末就出现了茶叶文献。如果这一看法成立的话，我国饮茶的历史便要提前好长时间。

(49)《三国志·吴书》卷六五《韦曜传》：孙皓"每飨宴，无不竟日，坐席无能否率以七升为限，虽不悉入口，皆浇灌取尽。（韦）曜素饮酒不过二升，初见礼异时，常为裁减，或密赐茶荈以当酒，至于宠衰"。

(50)范祥雍：《〈洛阳伽蓝记〉校注》卷三《报德寺》，上海：上海古籍出版社，1978，第148页。

(51)参见朱自振《茶史初探》，北京：中国农业出版社，1996，第43页。

(52)《新唐书》卷一九六《陆羽传》：陆羽"嗜茶，著经三篇，言茶之原、之法、之具尤备，天下益知饮茶矣。时鬻茶者，至陶羽形置炀突间，祀为茶神"。

(53)《旧唐书》卷一七三《李珏传》。

(54)(62)《全唐文》卷七五一，杜牧：《上李太尉论江贼书》。

(55)《全唐文》卷八〇二，张途：《祁门县新修阊门溪记》。

(56)《茶经》卷下。

(57)张泽咸：《汉唐时期的茶叶》，见《文史》第11辑，北京：中华书局，1981。

(58)(60)王洪军：《唐代的茶叶生产——唐代茶叶史研究之一》，山东曲阜：《齐鲁学刊》1987年第6期。

(59)《封氏闻见记》卷六《饮茶》。

(61)陈椽：《茶叶通史》，北京：农业出版社，1984，第56~57页。

(63)《唐阙史》卷下《崔尚书雪冤狱》。

(64)《桂苑笔耕集》卷二《请巡幸江淮表》。

(65)《太平广记》卷七〇《茶姥》引《墉城集仙录》："广陵茶姥者……每旦，将一器茶卖于市。市人争买，自旦至暮，而器中茶常如新熟，未尝减少。"

(66)《太平广记》卷三四一《韦浦》引《河东记》。

(67)《唐国史补》卷下。

(69)王仲荦：《从茶叶经济发展历史看中国封建社会的一个特征》，山东青岛：《文史哲》1953年第2期；《王仲荦谈中国封建社会的特点》，北京：《光明日报》1963年7月27日。

(71)《明太祖洪武实录》卷一五九"洪武十七年正月甲寅"条。

(72)《明太祖洪武实录》卷一一八"洪武十一年五月壬午"条。

(73)《明太祖洪武实录》卷二一四"洪武二十四年十二月戊寅"条。

(74)《明太祖洪武实录》卷二三〇"洪武二十六年十月"条。

⑦缪启愉、缪桂龙：《〈齐民要术〉译注·前言》，上海：上海古籍出版社，2006，第10页。

⑧宁可：《中国封建社会的手工业和商业》（未刊稿）。

⑨贾思勰：《齐民要术》卷七、卷八、卷九、卷十。

⑩《旧唐书》卷四八《食货志》上。

⑪参见吴承明《论工场手工业》，北京：《中国经济史研究》1993年第4期。

⑫可参阅林刚研究员的有关论述。

作者简介：魏明孔，甘肃皋兰人，历史学博士，先后师从金宝祥教授和宁可教授。现任中国社会科学院经济研究所二级研究员，中国社会科学院研究生院教授、博士生导师，《中国经济史研究》社长、主编，兼任国家社会科学基金评委，中国经济史学会会长、中国商业史学会常务理事、中国唐史学会理事、中国盐业史学会副理事长、中国历史文化名街专家组专家、北京市社会科学系列高级职称评委等。曾任青海省首届昆仑学者特聘教授、南京师范大学柳诒徵史学讲座教授、新加坡国立大学讲座教授等，主要研究方向为中国传统经济、区域经济。先后出版《唐代手工业研究》、《中国手工业经济通史》、《中国国家资本的历史分析》、《西北民族贸易研究——以茶马互市为中心》、《历史上西北民族贸易与民族地区经济开发》等，主编《中华大典·工业典》（近4000万字）等。先后在《历史研究》、《中国史研究》、《文史哲》、《学术月刊》、《社会科学战线》、《中国经济史研究》、《中国社会经济史研究》、《澳门理工学报》、《光明日报·理论版》等发表学术论文100余篇。先后主持国家社会科学基金项目三项（其中一项系重点）、国家教委社科规划项目一项、中国社会科学院等省部级项目多项。研究成果入选国家哲学社会科学文库，获得国家图书奖、甘肃省哲学社会科学优秀成果一等奖、北京市哲学社会科学优秀成果二等奖、中国社会科学院优秀成果一等奖及三等奖、教育部霍英东青年教师奖等，系享受国务院特殊津贴专家。

[责任编辑：刘泽生]

（本文原刊2017年第3期）

中国崛起进程中的史学变迁[*]

——近 30 年间大陆历史研究的几种主要趋势

王学典

[提　要] 转型的中国推动史学的转型，这是 30 年间中国史学变迁之大背景。跨学科即社会科学化史学的勃兴，保守主义思潮所推动的国学的复兴，困顿下唯物史观派史学艰难的蜕变，以及学术自主意识觉醒中对本土化史学的追求等勾画出当代中国史学演进的几种主要趋势，它们之间的起伏涨落共同演绎出转型期中国史学的总体图景。

[关键词] 泛政治化史学　跨学科史学　唯物史观派史学　国学　本土化史学

改革开放以来的 30 年，是 1949 年后中国大陆史学最为活跃、繁荣和最富生机的 30 年。这 30 年间的史学创获是 1979 年前的 30 年所不能比拟的。无论在史观上，还是在理论、方法、路径上，1979 年后的中国史学都可以说发生了天翻地覆之变。即使算不上天翻地覆，其裂变的深度和广度都是现代中国史学诞生以来所少见。旧有范式被颠覆，新范式迅速成长且逐步控制全局，当代中国史学从根本上发生了转变。1979 年前的 30 年间，占支配或主流地位的是一种"泛政治化史学"或"革命史叙事"，这当然是这一时期的"泛政治化社会"的折射。1979 年后的 30 年，"去政治化"和"去

* 本文系 2012 年度国家社科基金重大项目"当代国际史学研究及其发展趋势"（项目号：12&ZD186）的阶段性成果。

"革命化"成为主流思潮，多元并立、分轨而行则成为中国史学的基本态势，与世界接轨、重返中国学术本位、回到乾嘉去、坚守马克思主义理论阵地成为不同学术群体的追求。唯物史观派史学、跨学科史学以及强劲复兴的"国学"鼎足而三，史学本土化取向日益强烈，它们之间的起伏涨落，构成了近30年间中国史学发展的总体图景。

与西方史学对话和中国跨学科史学的勃兴

30年来的改革开放，实质上是闭关自守的中国融入世界的一场宏大叙事。正如中国经济跨越计划模式融入世界经济潮流一样，30年间，中国史学也跨越极端意识形态浇筑的革命史范式，在学习、借鉴、对话西方史学的过程中逐渐转化话语体系，与世界史学潮流交汇融合。30年来西方史学的思想、理论、方法、工具对当代中国史学的型塑，堪可比拟西方经济思想对中国经济腾飞的助推。二战之后西方史学所经历的主要思潮几乎都在这30年间中国史学的实践中重演了一遍。由于20世纪后半期世界史学主潮趋于社会科学化，因此，30年间西方史学的观念与方法的风行，大大改变了中国史学的走向，激发了中国大陆跨学科即社会科学化史学的勃兴。

大致说来，风起浪涌之间，新时期西方史学的输入主要产生了两次高潮，前者以法国年鉴学派为代表，后者以美国"中国学"为旗帜，这两大史学模式不仅为中国跨学科史学的崛起提供了崭新的话语体系和基本的作业框架，还因其理念、工具、旨趣的相异而催生出中国跨学科史学的不同取向，使中国跨学科史学呈现出多元互竞之格局。

年鉴学派的引入是对中国史学"闭关自守"状况的第一次冲击。1949年，中华人民共和国成立，新生的红色政权在政治上、外交上与西方处于激烈的对抗当中，一种"去西方化"倾向逐步形成，这直接导致了中国史学在相当长时间内隔绝于世界史学潮流，甚至与世界史学主潮相背而行。众所周知，现代史学以第二次世界大战为界，大体上可划分为战前和战后两个阶段。战前，虽然有"新史学"的躁动，但基本上仍延续着19世纪以来的史学范式；战后，特别是50年代中期以后，年鉴学派席卷全球，社会（日常生活）史、物质文化史、心态史、民众史等渐成主流，政治史、战争史、外交史、军事史、国家史、伟大人物史等传统史学品种大潮退落。尤其在研究方法上，年鉴学派进行了革命性变革，将社会学、人类学、经济学、人口学、心理学等社会科学的方法、模式、概念大量引入历史学，从而大大推动了历史学的社会科学化。与此形成鲜明对比的是，同一时期的中国大陆史学却与这一潮流恰相反背。正是从 50 年代中期开始，在"去西方化"思潮的左右下，中国大陆史学强化了政治史、事件史、战争史，把民国时期一度繁荣的社会史、文化史驱逐出去。更有甚者，我们竟然把社会学、人类学、心理学等学科等同于西方文化，又把西方文化等同于帝国主义文化，从而予以彻底驱逐，以致直接取消了这些社会科学门类。政治上、外交上的与西方为敌完全堵上了中国史学与西方史学沟通的大门。

"文革"结束之初，人们发觉中国史学已经大大落伍于世界史学。因此，当整个国家开始拨乱反正之后，年鉴学派如潮水般涌入。①大量年鉴学派的史学思想、理论以及为数众多的年鉴学派著作被介绍到中国大陆，总体史、跨学科、眼光向下等年鉴学派的核心主张几乎人人出口成诵。一时间云合景从，几成风潮。可以说，在中国，迄今尚无一种西方史学的传播可以与年鉴学派的风行相媲美。年鉴学派的史学主张，被中国史学界用来作为修正"以阶级斗争为纲"史学的工具，用以填补阶级斗争史学留下的空间。这一趋势一直贯穿于整个 80 年代，大大推进了新时期中国史学的结构性调整。但实事求是地说，受当时整个社会政治状况和精神气候的制约，迄至 80 年代末，史学队伍的主体部分并未被触动，而且史学也仅仅向世界史学打开了大门，它本身并未走出大门、将自身融于世界史学主潮之中。大陆史学那时还在奔腾向前的世界学术大潮之旁徘徊、观望。这一状况到 1990 年代才得到根本改观。

90 年代以降，随着中国国家力量的崛起，世界范围内的"中国学"渐成显学，其中尤以美国"中国学"最为世人瞩目。柯文、黄宗智、杜赞奇、何伟亚等人以及著名的"加州学派"对中国历史的研究，越来越多地从历史观、方法论、认识论诸方面对国内历史研究既有体系产生强力冲击，他们来自异域的历史视角和独特的研究思路使得中国历史展现出完全不同的场景，他们所使用的众多社会科学工具常常使中国研究别开生面，凡此种种屡屡撞击着国内史学界的思维。众多史学工作者开始在方法上大力借鉴人类学、社会学的理论和工具来开展区域社会史研究。比如，施坚雅的"区域经济"理论、萧公权与周锡瑞等的"士绅社会"理论、罗威廉的"市民社会"分析、黄宗智的"经济过密化"分析、杜赞奇的"权力的文化网络"及乡村基层政权"内卷化"的研究、艾尔曼的"文化资本"解释方法都展现了对中国历史的巨大阐释力，都为中国国内史学界提供了新鲜的认知途径和理论模式。在这些理论的导引之下，中国大陆史学越来越往跨学科的纵深推进。这一时期中国史学发生的最大变化，是史学界基本实现了两大转移，即垂直转移和平行转移。所谓垂直转移，是把更多的力量投放到对中国近代化、现代化过程本身的研究上，如果说前 30 年是古代史的 30 年，后 30 年则是近代史的 30 年；所谓平行转移，就是在研究范围不变的情况下，研究课题已向相应时期的社会生活史、物质文化史、民间社会史、心态史、观念史等集中和靠近。随着这两大转移的完成，中国史学也同步实现了由"革命史范式"向"现代化范式"的蜕变。

30 年间，中国史学的跨学科研究主要体现在社会史的全面复兴上。我们应该以新范式的眼光来看待社会史。[②] 从方法论来讲，它的主要特征有两点：一是跨学科研究，一是民间取向。社会史急切地从社会学、经济学、政治学、地理学、心理学、医学、人口学、文化学、统计学、民俗学、民族学等学科中撷取理论工具和作业方法，以实现其总体史的学术理想。从 1980 年代复兴伊始，为走出理论匮乏、模式单一的怪圈，社会史就致力于社会学方法的引进和应用。到 1990 年代中期以后，社会史学的发展突破了单纯注重开拓研究领域的思维，在理论资源方面日益表现出与整个社会科学对话的趋势。社会科学理论如市民社会和公共领域理论、国家—社会理论、区域社会研究理论大量引入社会史研究领域，为社会史研究提供了新的解释框架。例如，马敏、朱英采用"市民社会"范式对近代商会和绅商的研究，王先明采用社会流动与社会分层概念对近代绅士阶层的研究，冯尔康采用社会结构概念对中国传统社会结构演变的研究，王笛关于长江上游地区公共领域的研究，都表现出强烈的跨学科倾向。

具体来说，近 30 年来的中国社会史主要表现为三种倾向。第一种倾向是史学的社会学化。这一派的观点主要是吸收和借鉴社会学的理论和方法，对历史上的社会结构整体及其运动、社会组织（氏族部落、家庭、家族、社区、邻里、各种社会集团）及其运动、社会行为及社会心理进行研究。在这种倾向中，重点是扩展历史研究的领域，重现历史中的社会整体及其各个侧面。这一倾向的代表是南开大学社会史研究中心。

第二种倾向是史学的经济学化。傅衣凌、吴承明是这一派的代表人物。以傅衣凌为代表的学术团体，把经济史与社会史的研究有机地结合起来，从社会史的角度研究经济，从经济史的角度剖析社会，在复杂的历史网络中研究二者的互动关系。而吴承明等人则格外注意对可计量资料的收集处理和统计手段在经济史研究中的充分运用。当前，社会经济史研究与国际主流学术界联系最为密切，可称为目前中国史学研究中国际化程度最高的一个门类，能将西方学界最新的社会科学理论、方法、概念和成果及时引进到社会经济史研究领域中，甚至在某些领域独领国际经济史研究之风骚。李伯重的相关研究，已经产生国际影响。

第三种倾向是史学的人类学化。由陈春声、刘志伟、郑振满等人组成的所谓"华南学派"是这一倾向的代表。在社会史复兴之初，学者们尤其注重社会学与社会史的"嫁接"。近年来，借鉴人类学开展历史人类学研究，则越来越受到社会史学者的青睐。从 1980 年代开始，陈春声、刘志伟、郑振满等与国外人类学者萧凤霞、科大卫等人在华南地区合作开展族群与区域文化、民间信仰与宗教文化、传统乡村社会等领域的研究，试图通过走进历史现场，从中国社会历史的实际和中国人自己的意识出发，理解传统中国社会发展的各种现象，在理论分析中建立中国人文社会科学研究自己的方法体系和学术范畴。2001 年 2 月 "中山大学历史人类学研究中心"的成立，标志着人类学与历史学，尤其是与社会史学科整合达到了一个新阶段。

需要特别指出的是，社会史的复兴不是一个纯粹的学术事件，恰恰相反，它是以当代中国社会生活、社会结构的剧烈变动为背景的。历史研究的题材越来越从国家史、王朝史、上层政治史向社会生活史、物质文化史、民间社会史、心态史、观念史集中和靠近，这实质上是国家与社会正在剥离这一历史大趋势在学术上的集中体现。原来，我们一直认为社会可以而且应该完全包融在国家体制里边。现在我们清楚地看到，这一现象事实上是国家对社会的强制同化、前者对后者的全部侵吞。而现在，民间社会正从体制笼罩下逐渐剥离出来。经济领域最先独立出来，社会生活领域也正在独立出来，各种社团正在形成。各种民间力量的存在，是社会史研究的最强大的社会依托，也是社会史学长期繁盛的最主要的原因。

如果说，从理论和方法上看，史学先后经历了社会学化、经济学化和人类学化的话，那么，从题材上看，史学则越来越走向民间的历史、普通民众的历史、生活深处的历史，近若干年来，则特别集中到乡村史上来，乡村社会史研究已成为一个新的势头。对中国乡村特别是对现当代乡村进行社会史的考察，已成为 21 世纪初中国历史知识的一个增长点。现在，毁灭和新生、未来和历史正同时在乡村交织。乡村问题可以说蕴涵着中国当前最深刻的问题，乡村趋势的转移意味着中国最深刻的转移。而且，今后中国社会转型的成败，不是取决于城市，而是取决于乡村。乡村的问题，对于中国的学界始终存在巨大的魅力。它已经征服了社会学界的学者，也将会征服历史学界、政治学界的学者。发掘乡村的问题，不仅仅是中国历史学界的知识增长点，很可能也是整个中国社会科学的知识增长点。比如，秦晖对"关中模式"的探讨、陈春声对华南乡村社会民间信仰的人类学阐释、马新对两汉时期乡村社会结构的研究，都是较为成功的例子。通过研究乡村，就会发现所有过去传统的研究方法都是软弱无力的，要使我们的研究能够覆盖昨天和今天所有乡村问题，在方法上必须要有一个全新的探索，这种方法就是西方成功的社会史学家所运用的跨学科方法。

2000 年前后，新文化史在中国的方兴未艾代表着中国史学汇入世界史学潮流的又一努力。新文化史 1980 年代崛起于欧美，迅速风靡世界史坛。这一崭新的史学形式摈弃了现代化理论流行时代的社会科学和科学方法，转而采纳讲究叙事和细节的人文的历史学方法来描述历史。那种以民族国家为主题的宏大叙事不再是新文化史家关注的命题，日常生活、物质文化、性别、身体、形象、记忆、语言、大众文化等领域的历史才是他们的最爱。这一变化被冠以史学的"文化转向"。新文化史传入中国大陆后，迅速成为大批中青年史学家追慕的对象，至今仍风头甚劲。新文化史们专注于微观史的研究，把研究对象从对普遍性的关注转向地方性，从抽象的概念世界转向关注日常的生活世界，医疗史、身体史、观念史以及时间、空间和心性等构成他们的主要研究领域。同时，他们追求历史的情节化设置，用讲故事的方法来复原历史现场，意图为读者构筑的是一个"感觉世界"而非"思想世界"。新文化史在中国大陆的勃兴，标志着中国史学家已经具备了清晰的"史学全球化"意识，并在塑造世界史学主流的工程中担当起一个参与者、共建者的角色。具体到研究层面说，新文化史对微观历史的挖掘与展示，极大地弥补了过去那种宏大叙事对中国历史大而化之的处理，使得历史上的中国具体地日渐丰满和清晰起来，这是新文化史的存在对中国历史研究最大的意义。

近几年来，中国的环境问题日渐突出，原本在美国、欧洲比较发达的环境史（也可称为"生态史"或"生态环境史"），开始引起中国史学界的注意。[3]中国史学研究者开始与西方研究者合作，或向西方研究者学习借鉴，展开中国的生态环境史研究，并初步取得了一些成果，成立一些研究机构。④就当前的已有研究来看，生态环境史研究涉及的治学领域不仅可以涵盖整个人类历史进程，而且还可以向史前与未来两个方向延伸，需要融合利用的学科不仅涉及历史学、社会学、考古学、经济学等人文社会科学，而且涉及气候、地理地质等自然科学，很有可能成为当前跨学科史学颇为重要的增长点。

总之，中国大陆当前的史学已经越来越与西方史学同步，课题、手法越来越接近，西方历史观念、史学观念、史学思潮、史学方法在近 30 年间的挤入，大大改变了中国大陆史学的格局。在西方史学的映照下，不用说"文革"时期的史学观念站不住脚，前 17 年的某些史学观念存在的合法性也受到了质疑，这直接左右了中国史坛的未来走向。

再续传统与国学的复兴

80 年代对历史的理论研究处于主流地位，受到史学界乃至整个社会的关注，但到 90 年代，盛况不再。回避对重大历史问题、重大历史现象和大规模社会变动的研究与讨论，应该说是近 30 年来史学界的一个基本特点。所谓国学的"复兴"与此一基本特点互为表里。⑤传统的国学研究是典型的实证研究，排斥理论与概括。清代的乾嘉学派就基本上依靠归纳，排斥抽象推理，他们只注意事实的还原，不想在弄清事实后进行价值的判断和体验式的理解与分析。考据大家王鸣盛就强调弄清事实就够了，没有必要再接着横生议论。90 年代的这种学术现象是否健康另当别论，这里不妨探讨一下造成这种现象的原因。首先，这种学术倾向的出现，是 80 年代末期那场社会巨变的结果，不是学术自身逻辑演变的结果。这场社会巨变带来了语境的巨变：从激进主义转向保守主义，从西方化转向本土化，从启蒙转向传统，在这种语境下，所谓思想淡出学术凸显的主张出现了。⑥受这种语境的鼓励，许多人纷纷从关心重大历史问题的探讨转向文献考订，这就是国学了。《国学》季刊、《学术集林》、《中国文化》、《传统文化与现代化》、《原道》、《原学》等书刊在 90 年代初的出版及其取向，明确地表征着这一点。其次，在我看来，这种转向也是以当时知识阶层的普遍心态为心理基础的。这种普遍心态就是对"理论"的厌倦，而这种厌倦则又与苏联的解体有关。对学术研究取向的考虑，与学者对外界形势的考虑有着密切的关系。苏联的解体的确表明那种教条化的"理论"对这些国家影响的丧失，甚至人们看到研究马克思主义的人很可能失业，丢掉饭碗。所以学者们必然关心以某种特定理论为指导的社会科学从业者的生存状态及其命运。当时一些人认为，最为保险的是意识形态色彩最弱的传统典籍文化研究，将来唯一可能保留下来的学术领域也是对中国传统文化的研究。在这种心态背景下，不少人转向了国学研究，人们对"问题"纷纷避之唯恐不及。最后，主流意识形态对传统文化研究的倡导与鼓励。80年代社会思潮的总体倾向是西方化，而电视政论片《河殇》的播出，既是这一倾向的表征，又把这一倾向推向极端。所以，90年代思想文化界的第一个举动，就是批判《河殇》，而批《河殇》当然就是批西化反西化，其逻辑结果，就是"向东走，本土化"。1994年，大陆召开了纪念孔子诞辰2545年的学术讨论会，地点设在人民大会堂，国家领导人也出席了。这个会议规格之高，许多人感到惊奇。第二年是1995年，即恩格斯逝世一百周年，整个社会似乎没有什么举动，只是历史唯物主义研究会在武汉开了一次学术讨论会。这表明，从较高层面的认识来看，这时最能填补人们意识形态空白的东西已是中国的传统文化。

若就史学自身的演进过程而言，90年代的国学复兴，又与七八十年代之交"回到乾嘉去"的史学思潮一脉相承。"回到乾嘉去"的思潮在新时期之初出现，实非偶然。在五六十年代，占统治地位的是"以论带史"，理论先行；七八十年代之交，占上风的是"论从史出"：将史料一摆，"论"自然产生。这时，学界在反对空论之风和清算影射史学的同时，许多人自然就用考据学家的眼光和价值尺度来观察评判史学界，遂形成一股"回到乾嘉去"的史学思潮。从学界自1981年始提倡呼吁强调必须用马克思主义指导历史研究，批评、指责、抑制"重史轻论"的现象中，我们可以发现这股潜滋暗长的思潮影响之大。那么它当时为什么没能愈演愈烈，蔚为大观，达到左右学坛的地步呢？这主要是受当时政治文化氛围乍暖还寒、学术环境民主不足的制约。一旦外力的压制减弱、消失，"回到乾嘉去"的思潮就会高压反弹、再度泛起。及至90年代，这一天终于到来了。所以，90年代的国学复兴是80年代初"回到乾嘉去"思潮的逻辑延伸。

在谈到90年代所谓国学复兴而需要举例说明的时候，没有人比陈寅恪和"陈寅恪热"更加恰当的了，"复兴"后的国学界的盛况与走向在如何估计判断陈寅恪的价值问题上表现得最为充分。从"旧中国"到"新中国"，陈寅恪都可以说是一尊学术偶像，尤其是古典学术即所谓"国学"的象征。"研究古代史，言必称二陈"，这样的顺口溜直至大批"资产阶级史学"的

1958 年，还在一些大学流传，就充分说明陈氏学术的象征意义。到"价值重估"的 1980 年前后，"回到乾嘉去"实际上已形成一股对主流史学冲击甚大的史学思潮。对陈氏学术推崇备至的公开颂扬，在 1949 年后第一次在这时的报章杂志上出现，陈氏文集也第一次在这时面世。对中华古典学术的向往与怀念，借着对陈氏学术的评价可以说形成第一次"井喷"。可能是陈氏本人太敏感了，也可能是陈氏学术的"复出"肯定意味着对已成"定局"的中国现代学术史的改写，尤其是会重新引起史观派与史料派之间的那种早已沉寂下去的"优劣异同"之论，所以，主流史学在批评所谓"回到乾嘉去"的学术倾向的时候，再次将刚刚升温的"陈寅恪热"冷却下去。问题在于"陈寅恪"三个字早已超出对陈氏本人的指称而具有学术符号的意义，因此，如何对待陈寅恪的问题事实上已经变成如何对待学术本身的问题。这一点到 90 年代初已看得至为清晰。如果说，在 80 年代初"复活"了陈寅恪尚有点拘谨的话，那么，在 90 年代初再次"复活"的陈寅恪则有点"堂而皇之"乃至"旁若无人"了。[⑦]下面这个细节可能有助于人们感受此时"陈寅恪热"的盛况：从 80 年代末至 90 年代，学界连续编辑、出版了多种陈寅恪学术纪念文集。至于《史家陈寅恪评传》、《解读陈寅恪》、《陈寅恪的最后二十年》等传记和传记资料，一段时间内则充斥书店。这是包括章太炎、王国维在内的任何国学大师所享受不到的殊誉与推崇。陈氏甚至已经取代了王国维，被人许为"新史学"的开山和 20 世纪中国史学的中心人物。[⑧]应该充分估计这一现象所包含的意味。我想，其中是不是有这样三点值得我们特别注意：首先，我们应该看到在颂扬陈寅恪的现象中包含的意识形态内容。陈寅恪并不是一个没有现实关怀的书呆子。《柳如是别传》、《论再生缘》及大量诗文中所埋藏的大量社会政治信息早已被余英时点破（参见氏著《陈寅恪晚年诗文释证》增订新版）。所以 90 年代走红的，更多的是意识形态化了的陈寅恪；陈寅恪已成为 90 年代最大的政治与学术的双料"神话"。其次，也是最值得我们注意的是这一现象可能标志着学界从重思想到重学术、从重义理到重考据这一重要变迁进程的完成。如同前文所言，既然陈氏已成为一种学术符号，那么，高度尊崇陈寅恪，就只能是"回到纯学术"这种为学倾向的委婉表达，就当然不单单是对一个逝去先人的纪念，也可能是对一种早已中断了的学术传统的缅怀。"陈寅恪热"与所谓的"国学热"联袂而来，也非偶然。陈氏是众所周知的"国学重镇"，提倡"国学"，可能就意味着倡导走陈氏的治学之路。而由于当时有

《人民日报》的有力参与，"国学"遂由民间的学术取向一变而为官学的导向性选择，从而陈氏热也就愈演愈烈，直至最后形成争先恐后、一窝蜂的局面。最后，"陈寅恪热"的出现使得改写近百年学术的趋势成为不可避免。史观与史料、义理与考据、阐释与实证，本如鸟之双翼、车之两轮缺一不可，但长期以来，却形成了专事阐释的"史观派"和力主实证的"史料派"，这两大史学流派，一度互相攻伐，互不服气。民国时期，身为中央研究院历史语言研究所历史组组长的陈寅恪是当然的头号人物；1949 年后，身为中国科学院社会科学部历史研究所所长的郭沫若则理所当然地坐在史学界的头把交椅上。于是，90 年代所写的一些 20 世纪学术史就只能以陈氏为中心了。

　　源远流长而又辉煌异常的中华古典学术在 20 世纪的传承出现了巨大而又深刻的危机，这一有目共睹的事实的存在，给以整理和研究传统典籍为使命的所谓"国学"的复兴提供了足够多的理由。中国的崛起又将以国学为中心的传统文化的复兴上升到国家战略。可以想见，在未来相当长一个时期内，国学的继承和发展都将是振兴中国学术的主角。这从国学研究机构的迅猛发展即可窥见一斑。目前，国内已有北京大学、中国人民大学、清华大学、武汉大学、山东大学、厦门大学等 20 余所高校成立了国学或类似国学研究院，这些国学研究机构的设立，都对当下的史学研究的方向、志趣、焦点形成强力诱导。

合法性资源流失与唯物史观派史学地位的显著下沉

　　与国学勃兴的盛况形成鲜明对照的，是唯物史观派史学研究的停滞萎缩，其地位一再下沉，备受冷落。这与此一时期马克思主义过时论的广泛传播密切相关。从 20 世纪 80 年代中后期开始，史学界趋之若鹜的是三论（系统论、控制论、信息理论）、年鉴学派、社会史、新文化史、全球史，而曾经独霸整个舞台的唯物史观派史学却门前冷落。这种局面的出现，是众多复杂因素互动的结果，其中最重要的上面已经触及。这里还要着重指出的一点是：这也是整个国际共运遭受重挫和政府的合法性资源正在流失的结果。这一学派长期以来与政治靠得太近，所以它既分享了它的胜利，当然也必须分担它的挫折带来的后果。当整个社会的中心由阶级斗争转向经济建设时，曾长期服务于阶级斗争的唯物史观派史学必然会感到失语和失重。这是唯物史观派史学地位下沉的一个深刻原因。虽然唯物史观仍然在官方意识形态中占据主导地位，但国家政策的大幅度调整，使它长期以来如鱼得水的那套阶级斗争语汇派不上用场。于是唯物史观派史学只好不尴不尬地原地徘徊。在新形势下，当它原来安身立命的那些问题都被视为"假问题"时，唯物史观派史学的地位除了下沉，实在没有更好的结果。这也是有人预言唯物史观已经退出历史舞台的原因。政府的施政方针一夜之间可以有180度大转弯，但是作为一门依附于官方意识形态的学科，它的转变涉及理论和方法以及新领域的开拓，因而要缓慢得多。30年来，唯物史观派史学一直处于深度调整期。从学术层面看，1990年代初期的马克思主义史学已经无法延续1980年代的路向继续推进。由于意识形态管控的骤然加强，1980年代对唯物史观重大理论命题的反思检讨被视为离经叛道，唯物史观派史学研究被迫陷入停滞甚至倒退状态。在唯物史观派史学方面难以施展身手的学者只得另觅新途，转向国学或西学领域。随着学术劳动力的大规模转移，唯物史观派史学的园地日益沉寂。

唯物史观派史学的绝对权威地位发生动摇，其存在空间被大面积压缩，是近几十年来有目共睹的一个显著事实。在微观研究领域，实证方法或传统的国学研究大行其道；在宏观研究层面，西方中国学的概念模式取代了唯物史观取向的分析，正在夺走历史解释的话语权。在许多人那里，坚持辩证唯物主义和历史唯物主义已成为一句空洞的口号。面对危局，老辈学者力图捍卫唯物史观派的主流地位。公开宣称"我仍然信仰唯物史观"的林甘泉即是一个典型代表。[9]针对当前的儒学复兴浪潮，林甘泉坚决反对"用儒学取代马列主义"、"立儒教为国教"、"儒化共产党"、"儒化社会"、"儒化中国"等主张，认为孔子已经成为中华文明的标志性历史遗产，应该珍惜这份文明遗产，但如果认为孔子可以充当世界文明的教主，并为此而粉饰美化孔子，则完全是一种错误观念。研究孔子及其思想要以马克思主义理论为指导，宣传孔子及其思想也要以马克思主义理论为指导。[10]林甘泉对一些引起学界热议的西方中国学研究也有批驳。例如，对于贡德·弗兰克的《白银资本》，林甘泉认为，弗兰克对"欧洲中心论"的批评是切中肯綮的，但把马克思的学说也指为"欧洲中心论"则是风马牛不相及的。弗兰克认为在欧洲工业革命之前，世界早就存在一个以分工和贸易为基础的"世界经济体系"，直到1800年，亚洲尤其是中国在世界经济中都居于中心地位。林甘泉指出，这种"中国中心论"的观点得不到实证材料的支持因而也是站不住脚的。弗兰克等人主张要"彻底抛弃"资本主义生产方式的概念而对世界经济作"整体主义分析",这个观点是西方经济史学界否定马克思主义社会经济形态理论的一个新趋向。⑪林甘泉等人的努力体现出唯物史观派史学在新的时代、新的思潮面前仍在顽强地发出自己的声音。不过,由于这一声音过于单薄,并没有扭转当下学界对儒学和西学趋之若鹜的态势。

唯物史观派史学地位的下沉从 20 世纪末人们绘制的种种现代中国的学术地图中可以看得很清楚。在刘梦溪先生笔下,陈寅恪及其所代表的史料考订派处于现代中国学术版图的中央位置,郭沫若如同胡适、梁启超一样被挤到这幅版图的边角地带;⑫在一些人那里,严耕望所推崇的"史学四大家"陈寅恪、陈垣、吕思勉和钱穆自然应占据这幅版图的中央;在"国学大师丛书"策划者的心目中,这幅地图也多被传统学人占据着:除了一本写郭沫若外,范文澜、侯外庐等众多唯物史观派史学重量级学人难觅影踪。⑬另外,在北京大学,人们正在重续"研究所国学门"的学统,在清华大学,人们亦正在打捞当年"国学研究院"的遗产;诸如此类,不一而足。这一幅幅新绘制出的学术版图,四至各有不同,疆域或大或小,但有一点却是共同的:唯物史观派史学所占有的版面正在急速缩小乃至消失。换句话说,唯物史观派在现代中国学术史上的立足之地正在被一块块地挤占,这一学派赖以存在的合法性资源正在流失。无须讳言,曾经主导中国学坛达数十年之久的唯物史观派目前仍陷入一场深刻严峻的危机。

上面所说现代学术地图的被改绘,只是这场危机的主要表征之一。这场危机的发生当然有其社会背景,这反映了一部分人对未来的观察与困惑:在世纪之交,在 21 世纪初叶,唯物史观作为一种学术理论到底还有无生命力,还有多少生命力?另外,在导致这一局面出现的诸多因素中,学术自身的因素也不能忽视。相当长一段时间以来,甚至从唯物史观派史学产生以来,"国学派"或史料考订派与唯物史观派自己在下面这一点上不自觉地达成了共识:唯物史观派带有突出的意识形态属性,这一学派存在的合法性在于它的现实功用。区别只在于他们对这一点的价值判断相反。所以,当这一学派所效力的对象在现实中发生挫折时,人们当然要怀疑这一学派存在的理由了。问题在于,唯物史观派作为一个史学流派,人们在评价它时,主要不是看它的学术史含义而仅着眼于它的社会史含义,这样做合适不合适?显然有欠公正。唯物史观派的存在有没有科学依据,如果有,又在哪里呢?这需要从 20 世纪中国史学的百年变迁中加以考察。在 20 世纪的中国史学中,唯物史观派与史料考订派两大学术谱系的对抗是 20 世纪中国史学贯穿始终的现象。90 年代的史学格局实际上是 1949 年以前史料考订派占上风局面的重现，钱穆、傅斯年等人大受重视，而唯物史观派则处于失语地位。

受环境所迫，如何使唯物史观派史学焕发生机是许多唯物史观派学人考虑的问题。在一些学者看来，应对唯物史观做正本清源式的研究，以澄清人们在唯物史观认识上的种种误解与困惑。必须回到原典做正本清源的探析。⑭更重要的，应从当代中国社会发展的历史与实际出发，有针对性地、有的放矢地选择若干专题进行系统的深入研究，并从理论与实践、历史与现实的结合上，对当代社会发展中提出的某些重大的理论问题做出马克思主义的回答。⑮通过对当代社会的变迁做出有说服力的解释，丰富唯物史观的内涵，使唯物史观成为一种永葆生命力的理论，不断获得与时俱进的发展。⑯但实事求是讲，目前唯物史观派学者在这些方面的努力还远远不够。

唯物史观派史学眼下正在试图重整旗鼓，收复失地。2004 年 1 月，中共中央发出《关于进一步繁荣发展哲学社会科学的意见》，提出实施马克思主义理论研究和建设工程（简称"马工程"），此举意在巩固马克思主义在意识形态领域的指导地位。"马工程"的主要工作之一便是编写高等学校哲学社会科学重点教材，通过大学主干课程扩大马克思主义思想和学术影响。这一工作由中宣部、教育部领导，编写历史教材是其中重要的组成部分，《史学概论》被列入"马工程"首批 9 本重点教材，且已投入使用，《世界古代史》、《世界现代史》等其他系列教材也在编写计划当中。通过这些教材的推广和使用，借助体制的托举，史观派学者仍然在努力拓展、维护着自己的话语空间。另外，国家级课题基金的导向鼓励唯物史观的相关研究，人力、财力的投入不断加大。这些努力对唯物史观派史学实现量的扩张产生了明显的效果，但能否实现质的提升尚有待时间的检验。借助体制的力量复兴唯物史观派史学的思路与 1949 年新政权成立后的做法是一致的。组织因素的强势介入必然使唯物史观派史学重返主流意识形态的框架之内，主动接受国家机器和政治权力的规训和管束，史学政治化的倾向遂不可避免。

当前，大陆史学正处在一个多元化的学术时代。这是一个群雄并起、众声喧哗的时代。多种学术评判标准、话语系统并存、角力，是这一时期的特征。正在崛起的民间话语、民间学术正在向主流话语、主流学术挑战，争夺资源。在很多场合，民间学术以正宗自期，蔑视主流学术，根本质疑主流话语的学术性。在这种背景下，唯物史观派史学要想生存下去，在笔者看来，必须为自己的存在重新立法。重新诠释自己的学术史，挖掘自身传统所固有的学术含义，是这种"立法"工作的内容之一。与此同时，另一项最重要的工作，就是唯物史观派必须重新回到民间来，重新确认自己的民间身份。唯物史观派本来是属于民间的，本质上带有民间性，因为它对历史学的最重要贡献，就是把"王朝史"重写成"民众史"、"民间史"。而且，马克思、恩格斯从一开始就是民间的思想家，他们的理论根本上就是民间的理论。唯物史观所表达的也只是一种学术立场、理论立场。这一立场的内核是"从下往上看"。1940 年代唯物史观派的发展和繁荣，佐证了这一立场的有效性。回到民间来，是唯物史观派史学克服目前合法性危机的前提性选择。

唯物史观派的学术合法性或学术史意义，在我看来主要表现为以下诸点。（1）从学术理念上看，唯物史观派特别强调史学与生活、时代、社会的联系，特别注重释放史学在历史创造中的作用，这固然曾产生让"过去"屈从于"现在"、让"历史"屈从于"未来"的弊端和后果，但基本原则并没有错。（2）从历史理念上看，也即从研究对象的取舍上看，唯物史观派更注重经济因素在历史进程和历史变迁中的作用，把生产工具、生产力的变迁视作社会变动的最后之因，这导致这一学派和整个史学界对经济史的广泛而深入的研究。从乾嘉以来就存在的"食货之学"空白的被填补，是唯物史观派对 20 世纪中国学术的最大贡献。（3）从治史路数的取向上看，唯物史观派追求跨学科研究，致力于社会学、经济学、人类学等在史学领域里的引进。以摩尔根的人类学发现为参照，从中国上古神话传说中清洗出一个类似于西方史前社会的"原始社会"来，是唯物史观派贡献给20 世纪中国史学又一个成就。（4）从价值立场的选择上看，唯物史观派更同情历史上的"小人物"和普通百姓，对历史上反复发生的农民暴动尤为推崇。正是由于这一学派的努力，几千年来乡下百姓的生活才在史书上得以显现。（5）从学术嗜好上看，唯物史观派这一学术共同体特别喜爱研究历史上的大规模社会变动，殷周之际、春秋战国之际、秦汉之际、魏晋之际、明清之际这些历史上的大关节、大转捩点之所以能得到相对透彻的清理，与这一学术嗜好密切相关。总之，唯物史观派的学术史地位是不应该被忽视的。还应该看到，唯物史观派兴起的最主要背景是人们对乾嘉考据学风的反动。中国史学界被"乾嘉情结"整整折磨了一个世纪，而在 20 世纪二三十年代这种折磨力度尤为剧烈。但"乾嘉路数"在 20 年代显然受到现实生活的巨大挑战，也受到了来自学术自身的沉重压力。在这种背景下，唯物史观派应运而生。如果说，史料考订派存在的主要根据是对历史事实的清理与还原的话，那么，可以说，唯物史观派从它产生的第一天起，就致力于对历史发展大势脉络和法则的追讨及对历史事实的诠释和解读。唯物史观派的学术根基在此，它存在的历史合理性在此，它此后的生命力亦在此。唯物史观派在当时，不仅在学界边缘蔓延滋生，也在主流学术圈内占有一席之地。

如果把中国的唯物史观派置于整个世界史学的潮流中加以观察，可以看出，它与法国年鉴学派从治史理念、为学旨趣到作业方式，都如出一辙，它重视史学与时代、与生活的联系，它重视对重大问题的研究，重视长时段历史现象研究，重视社会经济史研究，重视宏观整体研究等，它主张"从下往上看"，关注民间社会、下层民众的历史，它大规模借用其他社会科学的理论和方法，进行跨学科研究。这些宝贵的学术品质是这两个学派所共有的。就20世纪的世界史学而言，法国年鉴学派史学乃是一种主导范型，中国的唯物史观派与之不谋而合。假如"年鉴学派"在二战后成为西方的主流学派不是偶然原因所致的话，中国的唯物史观派后来从边缘向中心的跨入，恐怕也应主要看作现代中国学术自身演变的逻辑结果。唯物史观派史学是问题史学、社会科学化史学、民众史学，是20世纪中国新史学的真正代表。唯物史观派史学曾经充当了与世界史学合流的媒介，今后也应当继续发挥这一优势，与时俱进，重新定向，以期在中国史学国际化的进程中做出更卓越的贡献。

从西方话语中拯救中国历史："本土化"史学的回归

如果说跨学科治史这一中国史学融汇世界史学主流的努力是在"西方化"背景下进行的话，与此相伴，30年来，中国史学还出现了一股强劲的"本土化"趋势，其实质即是要克服百年来挟制中国史学的西方普世主义历史叙事，"从西方话语中拯救中国历史"，意义更为重大。它代表着中国史学自主意识的增强，更代表着中国史学的发展方向。中国史学复兴的希望也在于此。"以中国区别于欧洲的历史特质和历史经验，建立起中国自己的历史尺度，重新发现和编撰长期被欧洲历史遮蔽的中国历史，建立起区别于欧洲史观的中国史观"[17]是这一趋势的最终目标。

晚清帝国的崩溃，直接导致以"正史范式"为主流的中国史学传统叙事体系的终结。此后一个世纪，中国史学为西方历史叙事框架所约束。梁启超所揭橥之新史学，其最具革命意义在于用西方进化论观点重构中国历史。马克思主义史学崛起后，源自欧洲的"五种生产方式"被用来演绎中国历史。"就当代中国的史学思想而言，以五种生产方式为核心的社会形态论始终占有无可争议的独尊地位，它规范着史学研究的构架并指导着它的方向"。五种生产方式说被当成自然科学规律一样的规律，并由此出发，在逻辑上先验地得出了一系列的历史定论。在这种情势下。历史学家的任务并非是要从历史研究中得出理论，只不过是找出一些事实来填充或者证明那个现成的理论。⑱当从欧洲历史提炼的历史尺度成为中国历史编纂学的权威标准后，中国史学史上的 20 世纪，基本上就呈现为一种"中国史在西方"的状态。用西方模式来笼罩中国经验，用西方观点来加工中国材料，用西方话语来描述、归纳中国文明和思想的特征，用西方程式来对中国的历史重新编码，是这一状态的真实写照。一部中国历史就这样被硬塞进"五种生产方式"的结构序列之中。由于这套结构序列无法包容中国的历史经验，不可避免地造成了"五种生产方式"理论与中国历史经验之间的长期紧张。虽然深受二者紧张关系的折磨，但慑于"五种生产方式说"本身更多是一个政治学命题，史学家们不仅不敢挑战这一学说的权威性，反而挖空心思去"迁就"，削中国历史之足以适西方模式之履。这就难以避免地出现史学家们成群结队拿着放大镜找奴隶、翻箱倒柜寻资本主义萌芽的窘况。

受特定政治环境的影响，新中国成立后，相当长一个时期，中国史学家一项中心工作就是按图索骥，以"五种生产方式说"来编排中国历史。其间，中国史学界的话题多与此有关。以长期聚讼纷纭的历史分期为例，其目的就是坐实中国的奴隶社会，从而维护"五种生产方式说"链条在中国历史进程当中的完整性，为"五种生产方式说"与中国历史的一致性寻找依据。关于资本主义萌芽的讨论也是为了论证即使没有外国人侵略，中国也一定会缓慢地发展到资本主义社会。"五朵金花"中的几乎每一朵都植根于"五种生产方式说"与中国历史经验之间的紧张中。由于长期徘徊于"五种生产方式说"的笼罩之中，中国史学的现代历程虽已开启百年，但在社会形态的探索上刚一出发便陷入泥淖，这不能不说是中国史学的一大遗憾。十七年史学之所以受到诸多诟病，其因多在于此。突破"五种生产方式说"，无疑是为重建本土化史学的关键！而这，有赖于学术的自觉。

大体说来，30 年间，"从西方话语拯救中国历史"来自海内外两种力量。几乎在改革开放一开始，"五种生产方式说"即受到质疑。其标志就是所谓"无奴派"的崛起。1979年，黄现璠在《广西师范学院学报》第2、3期发表《我国民族历史没有奴隶社会的探讨》，文中指出："我坚决主张我国历史上没有奴隶社会，汉族没有，少数民族绝大多数也没有。希腊罗马奴隶制社会仍是人类历史发展中的特例，不是通例。"一石激起千层浪，这一观点迅速得到张广志、胡钟达等人的支持，拥护者众。否定奴隶制的文章如雨后春笋。⑲"到了1982年，越来越多的人趋向于奴隶社会并非人类历史发展必经阶段的看法，殷商并非奴隶社会几成历史学界的共识。"⑳奴隶制的否定，是"从西方话语中拯救中国历史"的第一个重大成果。

30年间，关于中国古代历史发展道路的讨论一浪高过一浪。最近几年，随着冯天瑜《"封建"考论》的出版，关于中国古代"封建社会"的讨论又成为焦点。冯书以历史语义学为工具，试图证明被用来指称中国自秦代以降社会形态的"封建社会"不过是彻头彻尾的概念"误植"，从而从根本上瓦解了封建社会长期延续的中国历史叙事框架。这是"对中国几千年历史的一个总体反思和考查"，目的在于"给历史重新定性"。㉑2010年5月2~3日，山东大学《文史哲》杂志举行"秦至清末：中国社会形态问题"人文高端论坛，并在杂志上开设专栏，专题讨论所谓"中国封建社会"问题。有关"中国封建社会形态"的讨论，在这一年达到高潮，甚至被列入"2010年十大学术热点"㉒。否认"秦至清末"是封建社会，是这些讨论的总基调，从而把占据中国有记载历史三分之二多的历史从"五种生产方式说"的链条上卸载下来。

通过多年的讨论，越来越多的学者认为，研究中国的问题，不能将马克思、恩格斯的论断生搬硬套在中国古史的头上，而应当花主要的精力研究中国古史的历史实际，提出符合中国古史的相关理论。中国社会形态研究应当建立起自己的话语系统。建立起有中国特色的社会形态理论并给中国古代社会形态一个可信的说法，条件已经基本成熟。这个问题的基本解决，将是中国历史学具有重大学术意义的长足发展的一步。㉓只有通过研究归纳出中国历史研究中新的概念系统和理论范式，才能重建中国史叙事的理论体系。㉔即使过去坚定的"五种生产方式说"信奉者也已认识到"用五种生产方式斧削中国历史，是不适宜的"，"五种生产方式是按照欧洲的历史提出来的，所以只适用欧洲的历史，与中国历史是不切合的"。并进而主张"必须放弃用五种生产方式套改中国历史的做法，另行考虑解决中国历史发展体系的途径和方法"。㉕

海外汉学则从理论和实践两个方面示范了如何从"西方话语拯救中国历史"，由此出现了一股"中国史重返故土"的思潮。其中美国历史学家柯文是一个代表人物。严格说来，"中国史重返故土"作为一种史学思潮大体出现于 90 年代中期，柯文的《在中国发现历史——中国中心观在美国的兴起》在中国大陆的问世（1989 年 7 月）堪可作为这一思潮的标志。柯文认为，带有种族中心主义的西方人对中国历史的歪曲自不待言，但是"中国史家，不论是马克思主义者或非马克思主义者，在重建他们自己的过去历史时，在很大程度上一直依靠着从西方借用来的词汇、概念和分析框架"，从而使中国人研究自己的历史也不能以中国为中心。他呼吁，要"寻求中国史自身的剧情主线"。柯文的"中国中心观"要义在于：力图从中国而不是从西方着手来研究中国历史，并尽量采取内部的（即中国的）而不是外部的（即西方的）准绳来决定中国历史哪些现象具有历史重要性。总之，"中国中心观"要求是"一种根植在中国的而不是西方的历史经验之中的史学"。"中国中心观"已经成为 90 年代以来中国史学最响亮的口号。

2000 年贡德·弗兰克《白银资本》中文版的出版也对"中国中心观"的传播起了推动作用。该书以极具挑战性的姿态，对 1500 年以来世界各地之间的经济联系作了一个气势恢宏的论述。其最引人瞩目之处在于对"欧洲中心主义神话"进行严厉批判的同时，把中国置于亚洲的中心，把亚洲置于全球经济的中心。他认为，中国需求白银，欧洲需求中国商品，这二者的结合导致了全世界的商业扩张。中国在工业革命前的经济史中占据着极其突出和积极的地位。该书在中国史学界所引起的巨大轰动效应，使得"中国中心观"更加深入人心。

在重新认识和发现中国历史时，日本学者滨下武志关于中国朝贡贸易体系的研究具有和弗兰克理论同等重要的方法论意义。滨下武志针对"西方原发的现代化模式是否适用于亚洲"的问题，提出了一种类似"地区"（areas）或"区域"（regions）的概念以建构区别于西方民族—国家及其国际条约体系的分析框架。他认为"可以把亚洲的历史理解为一个系统的历史，这个系统的特征是以中国为中心的地域圈的朝贡贸易关系。这个朝贡体系是后来的'近代'亚洲的前提，而且它的影响在当代亚洲历史的重要方面都有所体现"。[20]在滨下武志对中国朝贡贸易体系的开创性研究中，原来在欧洲史学框架中被高度漫画化的中国帝国形象得到了更为细致和准确的描述，它不仅仅是一个借助庞大的官僚体系以实现中央集权专制统治的国家，同时也是一个连接中心和边缘的有机的关系网络，其中包括各省和附属国、土司和藩部、朝贡国和贸易伙伴，由此构成了一个以中国为中心、以朝贡体系为纽带、以东亚国家和亚洲大部为辐射地带的经济共同体。㉗滨下武志认为，对中国朝贡贸易关系的体系性理解对于重新审视东西方关系有重大寓意，因为西方人在最初进入亚洲直至形成对亚洲的扩张和冲击时，均受到了朝贡贸易体系的制约。他的研究暗含着这样一个深刻结论：中国和亚洲在西方冲击下所发生的现代社会转型，不能被简单地理解为从帝国向民族—国家的转变过程，以及从朝贡体系向条约体系的转变过程。应当"将亚洲作为一个完整的历史体系来把握"。㉘"弗兰克和滨下武志的研究体现着一种完全不同于欧洲中心史观的史学叙事，这种史学叙事立基于中国或亚洲的历史特质和历史经验，是依据它们区别于欧洲的社会性质、国家或民族间的关系以及独特的历史进程而总结出来的，其意义不仅在于重新书写被欧洲史观所复制或歪曲了的中国史和亚洲史，而且更重要的是，它塑造了一个不同于西方的现代性叙事。"㉙

另一个以中国为本位研究中国历史的代表人物是黄宗智。长期以来，"中国史"只是给西方"观点"提供有待加工的材料，从而成为西方"思想"的附属物或注脚，而它自身似乎并不能形成"观点"、"通则"和"模式"。但以黄宗智为代表的一批学者的论著，却第一次将中国历史经验摆到了与西方历史经验同等重要的位置上，并用前者来补充甚至修正后者。例如，源自英国经验并上升为所谓世界历史通则的一种看法认为，"商品化必然导致近代化"，活跃的市场交换一定会导致资本主义的产生。现在，学者们经过细密的实证考察后认为，这一通则与中国经验特别是与明清以来江南经验截然相悖。而江南经验所昭示的事实是：近500年的商品化并未导致资本主义萌芽和所谓近代早期的发生；小农经济能在高度市场化或高水平市场扩张条件下持续，因此，"商品化必然导致资本主义发展的经典认识明显是不对的"。这些观点在在证明了中国经验与欧洲模式之间的方枘圆凿，从而为中国史学的本土化提供了更多的合法性。

时至今日，用西方框架西方模式来笼罩作为整体的中国历史经验这种现象在主流史学界已销声匿迹。这是近十年来中国史学给人的最深刻感受。今天的史学界，已经很少有人还在那里谈论中国史的"奴隶制阶段"、"封建制阶段"和"资本主义萌芽时期"。虽然人们想用"族邦时代"、"帝制时代"或"贵族社会"、"选举社会"、"郡县制时代"等概念来取而代之的努力尚未得到普遍认可，但以西欧历史经验为基础的历史框架已被抛弃却已是不争的事实。越来越多的史学家开始在研究中刻意保持与"五种生产方式说"的距离，甚至彻底摆脱它的束缚。白寿彝总主编的《中国通史》就谨慎地避开了古史分期问题，采用按纯粹时间顺序构建起来的编年体叙事模式，按"远古时代"、"上古时代"、"中古时代"等概念来划分中国历史。《中国大通史》的编者则公开宣称"不再套用斯大林提出的'五种社会形态'单线演变模式作为裁断中国历史分期的标准"，并且"避免笼统使用涵义不清的封建制度的概念"，而是直接使用具体的所有制和生产方式的概念，如均田制、地主土地所有制、租佃经济等，把夏商周三代称作"宗法集约型家国同构农耕社会"，把秦汉至清称作"专制个体型家国同构农耕社会"。[30]田昌五则按洪荒时代、族邦时代、封建帝制时代或帝国时代等三大时代构建其中国历史体系新论。[31]可以说，现在，"在各种分期的新说中都已不见'奴隶制'或'奴隶社会'的字样，说明奴隶制不等于奴隶社会、奴隶社会不是必经阶段、三代不是奴隶社会等观点已被很多人接受。"[32]

把"中国史"从外来模式中搭救出来，脱掉长期穿在中国躯体上的并不合身的"西装"，应该说是近一二十年来中国史学界的一个重大进步。如果说 20 世纪 80 年代的中国史学抛弃"以阶级斗争为纲"的枷锁是在轰轰烈烈中进行的话，那么 90 年代中国史学从"西方历史框架"的束缚中解脱出来则是在不声不响中完成的。"中国史重返故土"的历程就在这样一种"润物细无声"的语境中启动与展开。

在一些学者看来，"自下而上"的区域社会史应该成为推动中国社会史研究本土化的重要实践和主要趋向。走向田野与社会，回到历史现场进行"在地化"的考察、体验和研究，实为中国社会史研究本土化的必由之路。[33]"中国史重返故土"的趋势在 90 年代中期以后，越来越扎根于"走入田野"这一新形成的学术风尚之中。在这一意义上，"中国中心观"事实上早已变成中国的"地域中心观"。这突出表现为社会学、人类学和民俗学田野调查方法与技术向历史学特别是其中的社会史研究的大规模移植与渗透。一种以本土研究中的微型问题、中型问题为核心的多学科互动局面业已出现，历史学家、人类学家和社会学家正在共同把历史研究导向微观层面。微型社会史研究在 90 年代的中国几乎以"井喷"的方式流行开来，令整个史学界侧目，实在不是偶然的。如果研究只是局限于宏观或面上的分析，就难免"把某一历史过程中发生的一些联系套用到另一种历史过程中去",一度出现的"中国史在西方"的状况与长期流行的以"全国"为单位的"泛泛而论"的偏好密不可分。而来自"微观层面的信息,尤其是从人类学方法研究得来的第一手资料和感性认识",却导致若干早已形成并且深入人心的"定论"被削弱、被动摇乃至被颠覆。最近涌现出的大量社会史研究成果已充分证实了这一点。以深入村落、置身乡土、沉潜档案、采风民间、发掘口述、参与观察等为内容的"走入田野"的作业方式可以说在世纪之交已经形成气候。"中国史重返故土"的历程也只有在这一作业方式中才能向纵深走去。

在此,我们也不能不提出,"中国史重返故土"这样一个过程,现在毕竟还处在起步阶段,在它面前,注定还有漫长的路要走。任重道远,歧路彷徨,可能是对它当下境况的写照。说它"任重道远",或许还好理解,因为它不仅无法与辉煌的"纪传体"这一自足的历史编纂学形态相比,即使要达到"中国史在西方"那种成熟程度也不容易——它们毕竟都各有一整套专属的预设、框架、宗旨和概念,配套成龙、驱遣自如。相比之下,有待重建的"乡土化"史学,真可以说是"歧路彷徨"。第一,理想的"重返故土"后的完全基于中国历史经验的"中国中心观"的史学,究竟是一种什么面目,老实说大家并不清楚。目的地在哪里,还亟须深入讨论。第二,如同上文所说,"中国史将重返故土"的历程也由美国中国学家及其东方弟子与追随者们启动,我们又怎能保证这一历程最后不会重陷"中国史在西方"的境地?"奴隶制"、"封建制"、"亚细亚生产方式"等固然已被抛弃,但"公共领域"、"市民社会"、"早期工业化"、"近代早期"等概念,不也同样来自"西方经验"、同样与中国经验相悖?一位强调"本土化转换"的学者坦言:他和他的同道们的研究仍"大多是在西方社会理论资源提供的脉络中发言",因为在"全球化背景下",史家们已"几乎无法摆脱西方设问方式的影响"[34]。那么,我们所要定位和探寻的"本土化史学",路又在何方?

中国崛起是当今世界正经历着的一场深刻巨变。历史的变迁将决定思想和学术的变迁。中国崛起与其说是经济史的重大事件,毋宁说是思想史上的重大事件,而我们正有幸见证这一伟大历史时刻。作为世界上唯一未曾中断的文明,中国文明正在经历比春秋战国年间更深刻、规模更为庞大的转型。这是古代文明对现代文明进行的一次惊心动魄的、史诗般的穿越。

如果这一转型能够成功，那将会证明中国经验确实具有足够的理由独立于"普适主义"叙事框架之外，以往的笼罩全球的现代性叙事必须做出重大修正。如果这一转型最终未能如愿，也将促使人们重新审视中国道路自身及其与西方文明的关系。无论这一转型能否成功，都将深刻影响中国历史学的未来。在中国崛起的大时代里，如何建构自主的历史叙事和现代性叙事框架，将会是 21 世纪后半叶中国史学最大的悬念。

①张芝联《法国年鉴学派简介》（《法国史通讯》1978 年第 1 期）一文被认为是新时期正面介绍年鉴学派的开山之作。何培忠翻译日本学者井上幸治的《年鉴学派成立的基础——昂利·贝尔在法国史学史中的地位》（北京：《国外社会科学》1980 年第 6 期），王晴佳的《年鉴学派对我们研究历史的启迪》（上海：《社会科学》1986 年第 5 期），赵世玲、赵世瑜翻译美国学者伊格尔斯的《欧洲史学新方向》（北京：华夏出版社，1989），姚蒙编译、法国学者勒高夫主编的《新史学》（所选文章皆出自年鉴学派主要代表之手，上海：上海译文出版社，1989），陈启能的《苏联学者对年鉴派看法的变化》（北京：《史学理论研究》1992 年第 4 期），李伯重的《"年鉴学派"——一个重要的历史学派》（北京：《百科知识》1996 年第 6 期）等论著都对年鉴学派做了大量介绍。姜芃的《十年来我国对年鉴派——新史学的研究述评》（北京：《世界史研究动态》1989 年第 11 期）对 1989 年以前我国史学界有关年鉴学派的研究做了系统的学术性总结。

②最早将社会史学理解为一种"范式"的是赵世瑜。他在《社会史研究呼唤理论》一文中认为："社会史根本不是历史学的一个分支，而是一种运用新方法、从新角度加以解释的新面孔史学。"（北京：《历史研究》1993 年第 2 期）此后赵世瑜又在《再论社会史的概念问题》（北京：《历史研究》1999 年第 2 期）一文中"试图把社会史与'新史学'，或者与年鉴学派追求的'总体史'画上等号，从而论证社会史绝不仅仅是历史的一个分支学科，而是一个新史学范式，一个取代传统史学的政治史的新范式"。

③《历史研究》在 2010 年第 1 期刊发了一组"中国环境史研究"的论文，探讨了中国环境史研究的理论、方法、文献等问题。在《中国环境史研究·编者按》中，编者认为"随着全球生态环境问题的凸显，生态环境史研究日渐成为国际史坛之大宗"（北京：《历史研究》2010 年第 1 期）。

④南开大学在 2008 年成立了中国生态环境史研究中心，中国人民大学在 2012 年成立了生态史研究中心。

⑤中国史学向来重视史料收集，重视对史料的审查，最有代表的就是清代的乾嘉学派和民国时期通过"整理国故运动"发展起来的史料考订派。1949 年之后，"破字当头"，传统学术统统被认为是"封建主义腐朽文化"，考据被认为是"买办资产阶级的实验主义方法"，在 1958 年"史学革命"的运动中，中国传统的考证之学受到猛烈批

判，被彻底否定。

⑥1991 年 1 月 18 日，陈平原、王守常、汪晖等 13 名学者在北京召开学术史研究座谈会，集中表达了"思想淡出，学问凸显"的为学旨趣。王守常在会上"提倡一极旧的新学风：认认真真读书，老老实实做学问"。这次会议被认为是 90 年代学风转变的标志。1992 年底，百花洲文艺出版社推出"国学大师丛书"，钱宏在为此丛书执笔撰写的序言《重写近代诸子春秋》中大声呼唤复兴国学，创造国学繁荣的新时代，"唯其贯通近代诸子，我们这代学人方能于曙色熹微之中，认清中华学术的发展道路，了悟世界文化的大趋势，从而真正找到自己的学术位置"。

⑦1988 年 5 月 26 日，中山大学召开"纪念陈寅恪教授国际学术讨论会"，中国史学会主席团成员刘大年做了《一个历史学家的地位》的讲话，认为陈氏是"中国近代历史学的一位重要的代表人物"，并指出"评价陈寅恪在历史学上的地位，不论看法有何出入，一个前提已经肯定了，那就是我们尊敬这位近代杰出的有代表性的爱国主义历史学家，希望从他那里总结出新的东西，推进学术研究，丰富人们对历史的认识"。这代表长期受到批判的陈寅恪获得了来自官方的认可。

⑧唐振常在《陈寅恪先生与中国新史学》（上海：《文汇读书周报》2000 年 1 月 29 日）中提出了"陈先生是传统学术之殿军，新史学之开山"的观点。

⑨林甘泉：《我仍然信仰唯物史观》，北京：《人民日报》1998 年 6 月 20 日。

⑩林甘泉：《孔子与 20 世纪中国》，北京：《哲学研究》2008 年第 7 期。

⑪林甘泉：《从"欧洲中心论"到"中国中心论"：对西方学者中国经济史研究新趋向的思考》，北京：《中国经济史研究》2006 年第 2 期。

⑫参见刘梦溪主编"中国现代学术经典"《总序》，石家庄：河北教育出版社，1996。

⑬参见钱宏主编"国学大师丛书"总序《重写诸子春秋》，南昌：百花洲文艺出版社，1996。

⑭陈先达指出："我们对什么是生产力、什么是生产关系、什么是经济基础、什么是上层建筑、什么是社会存在、什么是社会意识，至今仍然不很清楚。"见《唯物史观在新中国的五十年》，北京：《哲学动态》1999 年第 10 期。

⑮于沛：《21 世纪唯物史观面临的挑战和机遇》，北京：《史学史研究》2002 年第 1 期。

⑯参见吴英《在新的历史条件下坚持和发展唯物史观》，北京：《史学理论研究》2010 年第 2 期。吴英认为，唯物史观派史学目前需要回答三个宏观问题：一是如何理解发达资本主义国家不仅没有表现出腐朽、停滞、垂死的疲态，反而出现一定的繁荣和发展，并在当今世界全球化进程中居主导地位，似乎在主导着世界历史的进程；二是如何理解以苏联为首的苏东社会主义国家经过几十年发展，最终不但没有实现解放全人类的目标，反而重新回复资本主义制度；三是如何理解中国在经历艰难探索后，实行市场经济改革，成功地走社会主义市场经济的发展道路。

⑰荣剑：《中国史观与中国现代性问题——中国社会发展及其现代转型的思想路径》，上海：《中国社会科学辑刊》2010 年 12 月冬季卷。

⑱何兆武：《社会形态与历史规律》，北京：《历史研究》2000 年第 2 期。

⑲除黄现璠的几篇文章外，这一时期"无奴派"发表的文章还有张广志的《论奴隶制的历史地位》（成都：《四川大学学报》1980 年第 2～3 期）；祝中熹的《对中国古代社会性质的一点浅见》（西宁：《青海师范学院学报》1980 年第 3 期）；韦文宣的《泗城府属地区封建农奴制度的几个问题》（北京：《中央民族学院学报》1980 年第 4 期）；曹成章的《"滚很召"的来源及其性质》（北京：《民族研究》1980 年第 5 期）；徐溥的《原始社会解体后必然是奴隶社会吗》（成都：《社会科学研究》1980 年第 6 期）；纵瑞华《试论历史上最初的国家都不是奴隶制国家》（西宁：《青海师范学院学报》1981年第 2～3 期）；胡钟达的《试论亚细亚生产方式兼评五种生产方式说》（北京：《中国史研究》1981 年第 3 期）；曹成章的《关于傣族奴隶制问题的质疑》（北京：《民族研究》1982 年第 1 期）；李汝能的《茂汶羌族地区没有经历过奴隶制社会阶段》（成都：《西南民族学院学报》1982 年第 2 期）；等等。

⑳陈淳：《社会进化模式与中国早期国家的社会性质》，上海：《复旦学报》2006 年第 6 期。

㉑方维规：《一个概念一本书——读冯天瑜先生新作〈"封建"考论〉》，北京：《中国图书评论》2006 年第 9 期。

㉒《光明日报》理论部、《学术月刊》编辑部：《2010 年度中国十大学术热点》，北京：《光明日报》2011 年 1 月 11 日。

㉓晁福林：《探讨有中国特色的社会形态理论》，北京：《历史研究》2000 年第 2 期。

㉔张国刚：《本土化：重建中国社会形态理论的根本》，北京：《历史研究》2000 年第 2 期。

㉕田昌五：《中国历史发展体系的新构想》，北京：《历史研究》2000 年第 2 期。田昌五主张中国历史可分为洪荒时代、族邦时代、封建帝制时代或帝国时代等三大时代。

㉖㉗㉘滨下武志：《中国、东亚与全球经济：区域和历史的视角》，王玉茹等译，北京：社会科学文献出版社，2009，第 17、17～18、34 页。

㉙荣剑：《中国史观与中国现代性问题——中国社会发展及其现代转型的思想路径》，上海：《中国社会科学辑刊》2010 年 12 月冬季卷。

㉚曹大为：《关于新编〈中国大通史〉的几点理论思考》，北京：《史学理论研究》1998 年第 3 期。

㉛田昌五：《中国历史体系新论》，济南：《文史哲》1995 年第 2 期。

㉜叶文宪：《关于重构中国古代史体系的思考》，河南开封：《史学月刊》2000 年第 2 期。

㉝行龙：《中国社会史研究呼唤本土化》，北京：《人民日报》2012 年 5 月 31 日。

㉞参见杨念群《道论：东西方思想交汇下的中国思想史研究——一个"问题史"的追溯》，见杨念群主编《空间·记忆·社会转型："新社会史"研究论文精选集》，上海：上海人民出版社，2001。

作者简介：王学典，山东滕州人，1956 年生，山东大学教授，现任山东大学儒学高等研究院常务副院长兼《文史哲》杂志主编。长期致力于史学理论及史学史研究、中国现代学术文化史研究，尤长于中国现当代史学思想及思潮研究。现已出版《历史主义思潮的历史命运》、《二十世纪后半期中国史学主潮》、《20 世纪中国史学评论》、《20 世纪中国历史学》、《新史学与新汉学》、《唯物史观与伦理史观的冲突——阶级观点问题研究》、《翦伯赞学术思想评传》、《顾颉刚和他的弟子们》、《思想史上的新启蒙时代——黎澍及其探索的问题》等多部专业学术著作，主编有《史学引论》、《山东文献集成》（200 册）等。在《中国社会科学》英文版、《中国社会科学》、《历史研究》、《近代史研究》、《文史哲》、《史学理论研究》等重要期刊上刊发论文近百篇。近年主持承担国家社会科学基金项目"20 世纪中国史学编年"、教育部人文社科项目"20 世纪中国马克思主义史学的学术地位研究"、山东省政府特批重大项目"山东文献集成"、山东省社会科学重大专项"中国史论通史研究"等。其成果曾获教育部高等学校科学研究优秀成果奖（人文社会科学）二等奖、山东省社会科学优秀成果奖一等奖等。学术兼职有：中国史学理论研究会副会长、中国农民战争史学会副理事长兼秘书长、中国墨子学会副会长；美国 Chinese Studies in History 杂志编委、《史学月刊》编委、《社会科学论坛》编委、《中国政法大学学报》编委等。同时为国务院政府特殊津贴专家、国家社科基金学科评审组专家。

[责任编辑：刘泽生]

（本文原刊 2014 年第 1 期）

反思"新经济史":回顾、分析与展望

李伯重

[提　要] 在经历了二十世纪八十年代反思之后三十年，中国经济史学今天又到了一个反思的时代，需要对前一个时代（大略为 1980~2015 年）的情况进行反思。在前一个时代，经济史学科发生的最重大的变化，是新的经济史的出现与发展。这种新的经济史与美国的新经济史（即计量经济史）不同，指的是中国经济史学在 1980 年以后出现的新学术，其中也包括从美国引入的计量经济史。从学术史的角度来看，中国和美国的两种"新经济史"都是经济史学科学化的产物。二者各有优点及缺陷，但也有着共同的基本原则：用科学的方法重构历史。对于二者，我们既要看到其自身的不足，也要充分认识其不可替代的优点。更重要的是，对于各种旧的和新的研究方法，只要有用，我们都应当敞开胸怀，积极接纳。只有这样，我们才能克服经济史学现在正在遭遇的危机，把经济史学的科学化不断向前推进。

[关键词] 反思　新经济史　回顾　分析　展望

一　反思的时代，时代的反思

今天是一个反思的时代，需要我们进行时代的反思。科学家施一公近来指出："现在无论是在政治领域，还是在教育领域，深层次的思考和变革，这个大潮真正地开始了。"他这句话道出了今天中国的当务之急：反思。有意思的是，他认为要进行"深层次思考和变革"，就"一定要看看历史，不仅仅是中国现代史，也要去看科学发展史，看看各个国家强大的地方是如何起来的，而不是想当然地揠苗助长"。[①]在这个大背景下，对史学进行反思也是题中应有之义。

然而，在史学发展的历史上，不断进行反思乃是一种常态。斯塔夫里阿诺斯（Leften Stavros Stavrianos）说："每个时代都要书写它自己的历史。不是因为早先的历史书写得不对，而是因为每个时代都会面对新的问题，产生新的疑问，探求新的答案。这在变化节奏成指数级增长的今天是不言自明的，因此我们需要一部提出新的疑问并给出新的答案的新历史。"[②]希尔（Christopher Hill）也说："每一代人都要重写历史，因为过去发生的事件本身没有改变，但是现在改变了；每一代人都会提出关于过去新的问题，发现对过去都有一种新的同情，这是和他们的先辈所不同的。"[③]要重写历史，就必须对过去的史学研究进行反思，因此反思是史学发展长河中的永恒话题。在西方史学界，反思是经常性的，不仅以"反思历史"（Rethinking history）为标题的论著比比皆是，[④]甚至还出现了以此为专门讨论的杂志。[⑤]每次大的反思，都催生了新的一波"新史学"（New History）的出现。先前的"新史学"，至此却变成了被批判的"旧史学"，而新出现的"新史学"随后又变成了"旧史学"。这些"新史学"（或者"新新……史学"）不断接踵而来，可谓一波未平，一波又起，前后相接，后波推前波，形成了近代史学发展过程中连绵不断的"新史学"运动。[⑥]

在中国史学界，虽然情况与欧美有所不同，但反思也十分频繁。在中国的近代史学建立之初，学者们对传统史学（即"旧史学"）进行了深刻的反思，其结果是二十世纪前半期的"新史学"运动的兴起和近代史学的建立。到了二十世纪五十年代，中国大陆史学界对这种"新史学"进行了猛烈的批判。这种批判也可以说是一种特殊的"反思"。经过这个"反思"，以往的"新史学"几乎被全面否定，代之而来的是以苏联史学为范本的"新史学"。到了1958年的"史学革命"，又对前几年建立的"新史学"进行了"反思"和批判。这种特殊的"反思"不断上演，结果是"阶级斗争史学"、"儒法斗争史学"这些更新版本的中国"新史学"应运而生，并在二十世纪六七十年代统治中国史坛达十余年之久。[⑦]

"文革"结束后，中国史学的演变进入了一个新的阶段。[⑧]在八十年代，历史学界对以前三十年的中国史学状况进行了深刻的反思。[⑨]这个反思对于之后三十年的中国史学发展起了至为关键的作用，可以说是这三十年中国史学得以取得重大成果的关键之一。这是一个反思的时代，进行的是具有时代意义的反思，即时代的反思。

到了今天，中国史学似乎又到另一个反思的时代了。王学典说："'文革'结束已经快40年了。30年河东，30年河西。历史几乎每隔30年都要出现一次轮回：从1919到1949，从1949到1979，从1979到2009，几乎都是如此。从进入新世纪的第二个10年开始，像中国的整个人文社会科学各个门类一样，中国史学事实上又面临一次再定向，或者说，已经进入又一次再出发的前夜。"⑩如果说，二十世纪八十年代是一个对中国史学的"前三十年"（1950～1980年）进行反思的时代，那么今天则是一个对"后三十年"（1980～2010年）的史学进行的反思的时代。这次反思是对先前反思之反思，借用一篇文章的标题来说，今天就是一个"反思反思的时代"。⑪在这个时候进行的反思，如同前一次反思一样，也具有时代意义。因此，今天也是一个反思的时代，而今天进行的反思也是时代的反思。

上一次反思的主要成果，是使中国历史学家的思想得以从"前三十年"中盛行的许多框框套套中解放出来，并且破除了中国史学界这三十年的封闭状况，使得中国历史学家得以"开眼看世界"，形成了"西学"引进的热潮。陈春声指出："三十一年前，在刚刚改革开放的社会背景之下，有点生吞活剥地介绍和学习欧美的人文社会科学理论，以几乎没有与日常生活相联系的功利色彩的理论热情，甘愿冒着各种风险，反思当时我们认为关系到整个历史学发展路向和学术基础的一系列'重大理论问题'，与之同时，中国史学研究的问题意识、书写或表达形式、研究规范与学术价值观也就随着改变了。"⑫"后三十年"中国史学的发展很大程度上是中国史学在上一次反思的基础上进行"改革开放"的结果，因此到了今天，"新的学术世代正在数据可视化、数字仓储、文本发掘、多媒体出版、虚拟现实等所谓'数字人文'的背景下成长起来。在我们的学生中，懂得'叛师'的最优秀者，其问题意识、书写或表达形式、研究规范与学术价值观，已经呈现出与我们这一代人迥然不同的样貌"。⑬然而，在"后三十年"中形成的"新史学"中，到底有哪些积极因素值得发扬，哪些消极因素应当扬弃？在这个新的世代交替的时候，对"后三十年"进行反思，无疑对中国史学未来的发展具有重要意义。

在欧美史学界的历次重大反思活动中，经济史都是主要领域，因此反思所催生的"新史学"也以在经济史领域中最为成功。[14]中国史学界也不例外。在二十世纪八十年代的史学界反思中，经济史起了特别重要的地位。这是由于经济史学在近代中国史学中的特殊地位所决定的。由于自 1950 年以后中国史学以马克思主义的历史唯物主义为指导，而后者高度强调"经济基础"在社会发展中的决定作用，因此经济史在"前三十年"中的"正常时期"，[15]在中国史坛上一家独大，成为中国史学的主体。[16]到了"后三十年"的前二十年，经济史学仍然是中国史学各学科中实力最大者。[17]正是因为这种地位，二十世纪八十年代中国史学界的反思，也是从经济史学开始、并在中国社会经济史研究中最为成功的。由中国社会经济史开始的反思，对"后三十年"中国史学的发展起了至为关键的作用。[18]因此以经济史学为重点来反思"后三十年"这个时代的中国经济史学，是很有意义的。

在"后三十年"中国经济史学中出现的最值得关注的新事物之一，是一种与前不同的经济史研究的出现。这种经济史研究与"前三十年"中的那种"老"的经济史研究有很大的不同，所以我称之为"新"的经济史研究。从广义上来说，这种新的经济史研究，就是使用"后三十年"才出现或引进的新研究理论、范式、方法，对新的领域和问题进行研究的经济史研究。这个新的经济史是"后三十年"中国经济史学的主要成果，也是中国经济史学赖以出现繁荣局面的学术根基。

然而，上面所说的新的经济史，不等同于美国学界所说的"新经济史"（New Economic History）。前者泛指我国史学界在"后三十年"出现的不同于"前三十年"的经济史研究，而后者则是一个有着特定含义的专门名词。[19]但是两者都是经济史研究科学化的产物，而且彼此之间也有着密切的联系。下面，先从美国的新经济史说起。

二 计量经济史的盛衰：狭义的新经济史在美国

现在许多学者心目中的新经济史，乃是美国的新经济史。这种新经济史最主要的特点，依照福格尔（Robert W. Fogel）的诠释，乃是"重新建立起过去曾经存在、但却没有发扬的计量方法，强调重新组合原始资料，使之能以前所未有的方式得到计量处理，强调去发现那些无法直接计量的经济现象"。[20]简言之，就是充分运用计量方法进行经济史研究。因此新经济史也被称为计量经济史或经济计量史（Econometric History）、数量史学或量化史学（Quantitative History）以及历史计量学（Cliometrics），等等。[21]虽然这些名称的含义不尽相同，不同的学者在对某个名称的选择上也有各自的偏好，但是它们谈的实际上仍然是同一门学科。由于我国学界主要采用计量经济史，因此在本文中也采用这一名称。

计量经济史最早出现于二十世纪中期的美国，以于1958年康拉德（Alfred Conrad）和迈耶（John Meyer）的《南北战争前南部奴隶制经济学》的发表为标志。而后发展迅猛，诺斯（Douglass North）和福格尔也因在这方面的贡献于1993年同获诺贝尔经济学奖。计量经济史的出现和发展，在西方学界掀起了一场"新经济史革命"。这个革命对经济史学这个学科产生了巨大的影响，以致古德里奇（Carter Goodrich）说："新经济史的出现是经济史研究历史上的一件大事。定量研究方法的采用使得传统的经济史研究正在面临一场严重的挑战，这是一次新的'知识革命'，就好像工业革命时期机器织布对手工织布是一次革命一样。"其结果，使得"经济史研究已经分成两个阵营，一个是以文字形式表现，一个是以数据形式表现，前者可以称之为'经济史'，后者已经不能称之为'经济史'了，需要另外起一个名称"。[22]

计量经济史虽然以计量研究为特色，但其内也包括了不同的研究途径和方法。依照雷德利克（Fritz Redlich）的总结，计量经济史研究中有三种倾向：第一种倾向是"数据处理"，以戴维斯、休斯和菲什洛等为代表。与以前运用数据的传统经济史学家相比，他们在研究中使用了更多的和更为复杂的统计工具，但兴趣依然在收集信息。第二种倾向是"经济史学"，以道格拉斯·诺思为代表。他通过计量，对各种假设进行翔实的探讨，并根据这些经过验证、定义明确的假设，构建经济史学。第三种倾向是"准经济史"，以福格尔、康拉德和迈耶为代表。他们基本上都是模型构建者，通过定量方法依靠想像和虚构进行历史研究，所提出的假说既不能证实也无法证伪，顶多能够自圆其说。他们的成果是准经济史，或者说是一种历史模式。[23]

虽然有上述差别，但是计量经济史的各种流派都具有共同的基本特征，即强调在经济史研究中运用定量分析方法。因此可以说计量是计量经济史的基本特征，因此我国学界也更多地称之为计量经济史。而依照安德森（Margo Anderson）的说法，量化历史是一系列利用数据分析的方法来研究历史的技艺的总称。[24]

任何一个新生事物，其发展都不是一帆风顺的，计量经济史也不例外。在美国，计量经济史兴起之后，出现了一个热潮。美国历史学会（the

American Historical Association）在二十世纪六十年代中期意识到了"历史中的量化"会促使新型分析技术和新型研究机构的诞生，于是为此专门设立了"定量资料协会"（Quantitative Data Committee），于 1965 年、1967 年和 1973 年，先后在密歇根大学、康纳尔大学和哈佛大学开设暑期讲习班，为历史学家们讲解量化方法。1968 年起，密歇根大学的国际政治科学研究联盟开始在其"定量方法培训班"中提供一门量化历史分析课程，为期四周，一直持续到现在。到了二十世纪八十年代早期，全美 40% 的历史系在研究生培养计划中加入量化历史的相关训练。[25]

然而，这个热潮并未能够延续下来。余英时指出："量化史学在六十年代极受重视，社会史（如家庭关系）、政治史（如投票行为）都曾予以援用。但时间久了，大家发现统计数字的解释甚难确定，这样的'科学的史学'还是无法达到自然科学关于建立规律、精确、预言或预测等等的需求……八十年代以来，美国史学界对它的热烈期望终于逐渐冷淡了。"[26]

有些计量经济史学者可能不同意余氏的看法，但是更多的学者则持有相同或者相似的观点。早在 1986 年，梅纳斯（Roger E. Meiners）和纳迪涅里（Clark Nardinelli）就已提出这样的问题：新经济史发生了什么？[27]到了 2001 年，克拉尼斯（Peter Coclanis）和卡尔托（David Carlto）在题为《经济史的危机》文章中明确指出："量化史学一度风光无限，但是近来其用来研究经济史的所有方法的却似乎失去了根基"，从而出现倒退。[28]

为什么新经济史会遇挫败？原因当然很复杂。在我看来，主要原因有二：第一是计量经济学本身的问题，第二是未能得到历史学家的理解和协助的问题。下面，我就对这两个问题逐个进行讨论。

第一，计量经济学本身的问题。

经济史研究必须以经济学所提供的理论和方法为研究基本分析工具，这是没有异议的。正因如此，经济史就是一个介乎经济学和历史学之间的交叉学科。由于离不开经济学所提供的理论和方法，经济学理论和方法所发生的变化，必定对经济史研究有重大影响。

经济学向来被称为"社会科学皇冠上的明珠"。这不是经济学家的妄自尊大，而是因为经过两百多年的发展演变，经济学已经变成了一个高度科学化的学科，即如英国历史学会前会长巴勒克拉夫（Geoffrey Barractbugh）所言："经济学在形成一套完整的理论方面远远走在其他社会科学前面。"[29]然而，经济学也是一个不断变化的学科，所以傅斯费尔德（Daniel Fusfield）

调侃说："一个变化着的世界，给一个变化着的学科带来变化着的问题。因此经济学是一个永远变化着的学科。"⑩既然经济学本身在不断变化，那么就不能指望某种或者某些特定的方法会永远有效，永远正确。由此来看，计量方法也不是经济学的万能灵药。

计量研究的基础是数学。经济学之所以成为科学，一个原因是它与数学有密切关系。马克思认为一种科学只有成功地运用数学时，才算达到了真正完善的地步。⑪萨缪尔逊（Paul Samuelson）也指出："如果不是用严格的数学方法，牛顿、麦克斯韦、爱因斯坦、玻尔就不可能完成那些科学革命。仅仅阅读 19 世纪的经济学著作或者由教书匠和空谈家炮制的现代改写本，是不能使人超越经济科学的幼儿园的，这就是严酷的现实。"⑫温特劳布（E. Roy Weintraub）则具体地说明了数学与经济学的关系："数学简化了经济学原理。在数学中，一些变量与另一些变量之间关系的函数表达，可用来描述经济现象之间的关系。对有关经济变量的命题描述越丰富，解释也就越有力量。"⑬由于经济学是社会科学各学科中最早也最成功地运用数学的学科，因此也成为最早也最成功科学化了的社会科学学科。

数学在经济分析中的使用越来越多，越来越深，一方面促进了经济学的精确化、形式化和科学化，另一方面也出现了过度数学化的一些弊端，引来诸多批评。王国斌（R. Bin Wong）指出："自 19 世纪后期起，经济学的主题变得越来越狭隘；而到最近三十年中，更是日益变成一些用正规数学语言表述的专题。对于一些经济学家来说，经济学近来已达到了危机点。"⑭而特纳（Adair Turner）更指出："传统经济学为了数学上的优美和得出确定的结论，忽视现实，把现实中重要的问题假设其不存在。"⑮

"新经济史革命"后，上述倾向变得越来越严重。1985 年，索洛（Robert Solow）直率地批评"当代经济学脱离历史和实际，埋头制造模型"。⑯德赛（Meghnad Desai）对新经济史研究的方法论进行了概括说：新经济史的特点在于用数学公式把使用经济学理论得出的分析变成可以验证的形式，并通过统计方法加以检验。因此新经济史研究方法的目标是建立一种明确的模式，并试图从统计学的角度来计算该模式中的各种关系。判断某一经济模式是否有效的基本标准，就是该模式中的方程能否被清晰地识别，而识别问题对于历史研究来说很难。⑰由于今天的经济学在数学化的方面走得太远，许多学者惊呼经济学已经面临危机。事实上，这个危机在计量经济学的鼎盛时期就已出现，不过当时未受到重视。⑱随着时间的推移，到了 1987 年，费尔德（Alexander J. Field）在他主编的《经济史的未来》一书的第一页中断言："计量经济学革命已经死去。"⑨

由于经济史学与经济学之间的特殊关系，经济学所遇到的问题自然也严重地影响到经济史学。索洛批评一些西方经济史学者过分尾随经济学，认为当代经济史也像经济学那样，"同样讲整合，同样讲回归，同样用时间变数代替思考"，而不是从社会制度、文化习俗和心态上给经济学提供更广阔的视野。因此"经济学没有从经济史那里学到什么，经济史从经济学那里得到的和被经济学损害的一样多"。他呼吁经济史学家可以利用经济学家提供的工具，但不要回敬经济学家"同样的一碗粥"。⑩有鉴于这种情况，罗林斯（Neil Rollings）的一篇文章，干脆就取名为《经济史与当今的经济学危机》。⑪在此情况下，经济史如果依然过分尾随计量经济学，当然问题也就不可避免了。

第二，历史学家的理解和协助问题。

经济史学本是一个经济学与历史学的交叉学科，要进行经济史研究，必须经济学与历史学双方良好配合。但事实是这种配合并未得到重视。之所以出现这种情况，有经济学者和历史学家双方的问题。

在今天的西方学界，经济学已经成为一个高度自我封闭的学科。拉塞尔（Edward Lazear）说：经济学人往往将基于数学语言的形式建模和依靠统计工具的精确因果推断视作最高级、最"科学"的方法取向。由于历史学并未具有这个特点，因此许多从事计量经济史研究的经济学家往往忽视甚至藐视历史学家所做的工作。在这种社会心态的支配下，经济史学者自然会紧紧尾随经济学，"同样讲整合，同样讲回归，同样用时间变量代替思考"。

在这样的氛围中，历史学家的工作受到许多经济学家的忽视。但是这些经济学家却没有充分意识到：没有历史学家做的工作，经济学家的研究可能一钱不值。余英时说得好："史学论著必须论证（argument）和证据（evidence）兼而有之，此古今中外之所同。不过二者相较，证据显然占有更基本的地位。证据充分而论证不足，其结果可能是比较粗糙的史学；论证满纸而证据薄弱则并不能成其史学。韦伯的历史社会学之所以有经久的影响，其原因之一是它十分尊重经验性的证据。甚至马克思本人也仍然力求将他的大理论建筑在历史的资料之上。韦、马两家终能进入西方史学的主流，决不是偶然的。"⑫

在历史学家方面，问题也同样严重。早在 40 多年前，巴勒克拉夫就已尖锐地指出:"当前在历史学家当中的一个基本趋势是保守主义。"这是因为史学家有"根深蒂固的心理障碍","只满足于依靠继承下来的资本,继续使用陈旧的机器。这些机器尽管低于现代最先进的标准,却仍然能够使企业在尽可能少地追加资本的前提下,提供一定数量的拥有现成市场的老牌传统产品"。因此,"百分之九十的历史著作,无论从研究方法和研究对象,还是从概念体系来说,完全在沿袭着传统"。[43]

由于这种保守心态,许多经济史学者对计量研究怀有一种疑惧和排斥的心态。这是很可以理解的:对于大多数只受过史学训练的经济史学者来说,计量研究是一种全新的方法,要掌握这种方法,就必须从头学习经济学、统计学等社会科学乃至数学的许多相关知识和技能,而这绝非易事,也非可一蹴而就的。因此许多历史学家拒绝学习这些方法,更无论更新和更专业的资料技术了。职此之故,许多学者即使是使用计量方法,也只是其中最简单的种类(例如简单的统计等)。

以上两个问题,严重地影响了计量经济史的发展,也使得计量经济史在美国之外未能取得重大进展。哈特威尔(R. M. Hartwell)指出:在经济史学的发源地英国,"(美国的)新经济史对现存的经济史研究构成一种挑战,但并非一种威胁。在英国,新经济史也绝不会像在美国那样发展",[44]因此也未能为大多数经济史学者接受。[45]

三 科学的经济史的变迁:广义的新经济史在中国

如前所言,本文所说的中国自二十世纪八十年代出现的"新经济史",与西方学界所说的"新经济史"并不等同,因为前者所包含的内容比后者更为宽广。[46]不过两者有一点是共同的:无论前者还是后者,都是国际学坛过去一个多世纪连绵不断的史学科学化过程的产物,也是长江后浪推前浪般的"新史学"运动中的一个方面。

无论在欧洲还是中国,史学都出现很早,有"人类的最古老的学问"之称。但是今天我们的史学早已不是传统史学,而是出现于十九世纪后期的欧洲的近代史学。这种史学属于人文学还是社会科学,学界一直在争论不休,不过似乎越来越多的学者倾向于将其归入社会科学的范畴,因此历史科学国际委员会(The International Committee of Historical Sciences,简称ICHS)这个国际历史学界最大和最高的学术组织也以此为正式名称。既然是社会科学,史学研究也就必须遵从科学研究的原则,换言之,史学研究

必须 "科学化"。

这个史学的科学化过程发轫于十九世纪后期，经历了整个二十世纪，至今仍然在进行。余英时对此做了一个总结："自十九世纪末以来，西方（英、美、法）史学主流便是要把它变成一种 '科学'（即所谓 '科学的史学'，Scientific History）。二十世纪西方史学的流派多不胜数，但其中最有势力的几乎都企图从不同的角度与层面把史学化为 '科学' ……二十世纪初叶美国 '新史学' 继 '科学史学' 之后，其目的仍然是为了扩大史学的 '科学化'，不过不是直接与自然科学接轨，而是与社会科学合流，而社会科学当然奉自然科学为最高的知识典范。这一潮流在美继长增高，至五十、六十年代而登峰造极。"[47]计量史学就出现在这个二十世纪中叶，是这个史学科学化的潮流到达登峰造极阶段时的产物。

然而，史学的科学化绝不只是计量方法的运用，而是整个研究方法的科学化。计量方法尽管非常重要，但是毕竟只是经济史研究方法科学化诸多内容中的一种。史学研究是科学研究，而美国资源委员会对科学研究的定义是："科学研究工作是科学领域中的检索和应用，包括对已有知识的整理、统计以及对数据的搜集、编辑和分析研究工作。"[48]量化方法只是对数据进行的分析研究的一种手段，而这种方法只能建立在对已有知识的整理、统计以及对数据的搜集、编辑等工作的基础之上，其分析研究得出来的结果也需要用别的方法进行验证。因此我们应当从更宽广的视野来看待史学的科学化问题，而不能把史学的科学化等同于计量化，也不能把史学科学化导致的一波接一波的 "新史学" 以及所催生的新的经济史等同于计量经济史。

二十世纪八十年代以来中国的经济史研究取得了可观的成就，形成了中国的新经济史，但这主要并不是表现在计量方法的引进和运用方面，而是在其他方面。大体而言，可以分为史料学的科学化与研究方法的科学化两个方面。

（一）史料学的科学化

科学研究必须以事实为基础，而科学的史学研究必须以可靠和充分的史料为基础。因此获得可靠的史料是进行史学研究的第一步。为了获得可靠的史料，必须对史料进行考辨，以去伪存真。这就是史料学的任务。吴承明指出："史料是史学的根本，绝对尊重史料，言必有证，论从史出，这是我国史学的优良传统。治史者必须从治史料开始，不治史料而径谈历史者，非史学家。由于史料并非史实，必须经过考据、整理，庶几接近史实，方能使用，因此史料学和考据学的方法可以说是历史学的基本方法。从乾嘉学派到兰克学派，中外史家都力图通过考证分析，弄清历史记载的真伪和可靠程度。"⑩

正如前引余英时所言，史学的科学化始于十九世纪末。而这个科学化的开端乃是史料学的科学化。在西方近代史学史上，兰克（Leopold von Ranke，1795–1886）被认为是近代史学的主要奠基人，因此有"近代史学之父"、"客观主义史学之父"和"科学的历史之父"之称。兰克学派也成为十九世纪和二十世纪前半期西方的主流史学学派。兰克史学是最早的"新史学"，因为它强调"信史"，而信史是建立在严格的学术基础上，所以历史非仅只是史料搜集，而更须使用科学的方法详加考定整理，故被称为"科学的历史"（scientific history）。以后的各种"新史学"都是在兰克史学的基础上出现的。

兰克所进行的工作开启了史学科学化的进程。传统史学在史料的鉴别方面存在着严重的问题。钱乘旦指出："兰克之前的历史学著作写作比较随意，包括司马迁的《史记》和希罗多德的《历史》都是这样。你不知道这些记录的来源和出处，无法判断其真实性，也不知道它们运用了哪些史料，或者根本就没有史料、而只是凭道听途说甚至想像。比如'霸王别姬'，威武悲怆、气壮山河，但后人却无法求证。英国历史学家马考莱的《英国史》写到光荣革命，也是生龙活虎，但也无法验证。"⑩到了兰克，史学才开始科学化，因此被称为"兰克革命"，而兰克创建的新的史学则被称为"科学的史学"。兰克认为史学是通过搜集、辨析原始的文献资料，并依靠这些经过考证的史料，用文字复原曾经存在的客观事实。"兰克革命"的核心是用一种非常严谨的方法研究历史，并为此制定了一套规范，从各种资料中搜寻有用史料，并证明其可靠性，才可以使用。通过使用这种科学化的史料学而得到的可靠史料，才能写出真实的历史。因此，历史学的科学化开始于史料学的科学化。

研究经济史必须以可靠的史料为基础，否则就会导致严重错误。由于这种科学的史料学对于经济史至为重要，经济史学的科学化也始于史料学的科学化。虽然经历了一个多世纪的长期过程，但是直到今天，史学的科学化过程并未结束，科学的史料学依然是经济史学的基础。

在中国，二十世纪初兴起的"新史学"运动，就是在西方的史学科学化浪潮的激荡之下出现的。㊿自梁启超开始，“新史学发展的主流始终在‘科学化’，历来的巨子，莫不以提高历史学的‘科学’质素为职志”，但是当时主流史学所追求的科学方法，主要仍然是“以校勘、训诂为本的文献材料整理术”和“以内外考证为主的史料审定术”。㉘这一点，清楚地表现在傅斯年的见解中：“现代的历史学研究，已经成了一个各种科学的方法之汇集”，但“近代的历史学只是史料学，利用自然科学供给我们的一切工具，整理一切可逢着的史料”。㉝因此，除了少数学者在研究中开始使用社会学、经济学和统计学方法外，绝大多数经济史学者使用的仍然主要是史料收集、整理和考证的方法。㉞中国史学本有乾嘉考据学的传统，与兰克学派有颇多共同点，都是强调史料，注重考证，以致有“史料即史学”之说。㉟因此中国史学家很容易接受兰克学派的方法。以此为基础而形成以史料考订学派，成为此时期中国史学的主流，㊱并被认为是进入了西方史学的主流。㊲

在史学科学化的这个阶段，形成了此时期中国经济史学的特点：虽然在研究的方法论方面强调理论的重要性，但是仍然以史料的收集和考据为主。这集中地体现于陶希圣在“中国社会史丛书”的《刊行缘起》中所发出的号召：“多做中国社会史的工夫，少立关于中国社会史的空论”；“多找具体的现象，少谈抽象的名词”。㉟《中国近代经济史研究集刊》在《发刊词》中也声明：“我们要知道过去的经济最要紧的条件便是资料”，欲开展经济史的研究，首先要“注意于经济史料，尤其是近代经济史料的搜集”，“现在我们希望就着所能得的资料，无论题目大小，都陆续的整理发表，以就正于经济史的同志”。这一立场在该刊中得到反复申述：“我们认为整理经济史最应注意的事有两点：一是方法，二是资料。关于前者，我们以为一切经济史的叙述必须根据事实，不可凭空臆度，所采用的方法应与研究其他的严格的科学无异。关于后者我们认为最可宝贵的要为原始的资料，尤其是量的资料，有了这种资料才可以将经济的真实意义表达出来。”㉟在此学风的引导下，此时期的经济史研究的一个主要特点是非常注重史料的考订。㉠可以说，这是经济史研究的科学化在中国的第一步。

1950年以后，中国史学界对1949年以前的成就，强调批判而忽视继承。“以论带史”的口号，后来演变为“以论代史”的做法。在1958年的“史学革命”中，重视史料考据的学风受到猛烈批判。这种轻视史实的风气，到了“文革”更发展成为无视史实乃至捏造史实的恶劣手法。在此时期，原来居于中国史学主流地位的史料考订派，通过历次“批判资产阶级学术"的运动，作为一个整体已经不复存在。[61]在经济史学领域中，虽然重史料、重考据的研究学风并未完全消失，但是总体而言，即如王学典所总结的那样："随着毛泽东史学思想对史界全域的规范，史料考订派的存在显得尤不合时宜了。而1958年的'史学革命'，可以看作是对考订派的最后一击，这是以往历次所谓'批判资产阶级学术'运动的总汇，其后果是史料考订派作为一个潜在的整体已经不复存在。"[62]

计量经济史研究高度依赖充分和可靠的史料，因此史料学的科学化进展如何对计量经济史的影响尤其重大。刘子健（James Liu）指出："年鉴学派收集资料，加以排比，试寻其关联与背景。但往往花了莫大力气，却无从判其所以然。"这在中国史研究中更需注意："由于中国历史变乱相循，资料散失，社会调查不易进行，所以也不必强寻历史全貌。而量化学派统计数据来综合各方面的资料，这是可行的，只是必须要有足够的数据。当前研究中国历史不能采用的原因，在于数据不足。"[63]在中国，"前三十年"的那种高度政治化的学术氛围中，科学的史料学几乎扫地以尽。这对于经济史研究来说是一个灾难。因此即使是受过良好的西方经济史学训练的经济史学者，也只能从一些经过自我进行的政治性筛选后得到零星的史料，对所研究的问题进行揣测。[64]由于缺乏坚实的史料支撑，这些揣测的结果未必符合历史的真实。[65]

到了"后三十年"，中国史学的外部环境有了巨大变化，中断多年的史料工作也重新开展。收集、发掘和整理史料的工作在此时期取得了重大进展，大批经济史的文献档案资料得以整理刊布。其中由中国社会科学院经济研究所与中央档案馆合编的《中华人民共和国经济档案资料选编》和中国第二历史档案馆《中华民国档案资料汇编》都规模巨大。中国社会科学院经济研究所与台湾中研院经济研究所等单位合作，将清朝大内档案中的粮价资料录入电脑，建成有关资料的数据库；中国社科院经济所等单位开展了中华人民共和国经济档案的大规模整理出版工程。满铁资料的整理和出版也已开始。气象、水文、地理变迁等资料以及各种民间资料不断出版公布。[66]各地政府、各经济部门也广泛开展方志和专业史志的编纂和出版。特别是到了近年来，史料收集和整理工作更以空前的速度进行，一些大学和研究机构收集和整理的史料都达到了惊人的数量。[67]这些，都为经济史研究提供了丰富的资料。

当然，这些史料的收集整理工作还只处于史料学的科学化的起始阶段，但是这也是非常重要的一步。要把这些史料变为可以信赖和便于使用的数据，还需要付出更多的努力。唐传泗就近代经济史数据资料的搜集、考察、审定和加工整理等问题指出：数据错误比文字错误“往往更不易为人们所察觉”，因而必须精细小心，强调效计量研究应先要打好数据资料基础工作。[68]章有义也指出：“计量材料的缺乏给我们带来了难以克服的困难，但绝不能采取‘饥不择食’的态度，而必须付出艰苦的劳动，对已有的不准确的材料，逐一进行细致的审订和校正，变无用为有用。计量分析对于历史尤其经济史的研究，固然重要，但必须有比较切实的数量可据。”[69]因此，如果不充分认识史料学的科学化对于史学的科学化的重要作用，就很难进行史学研究，而对于严重依赖大量和可靠史料的计量经济史研究来说，这个问题尤为重要。

（二）研究方法的科学化

吴承明指出：“即使做到所用史料尽都正确无误，仍然不能保证就可得出正确的结论。”[70]要得出正确的结论，研究方法也必须科学化。计量方法也正是科学化研究方法中的一种。

计量方法是一种数学的方法。经济史与数学二者之间有一种特别的关系。希克斯（John Hicks）说：“在史学的任何分支中，我们都会发现自己在寻求统计学上的一致性”，而特别是历史上的经济现象（亦即经济史研究的对象），更是如此，“凡是一种历史理论可能适用的历史现象，从我们对其兴趣而言，都可认为具有统计学特征。经济史上的大多数现象（无论我们如何广泛地看），都确实具有这些特征。我们要问的经济史的问题，大都涉及那些可以具有此特征的类别”。[71]巴勒克拉夫说得更直率：“经济史永远具有计量化的方向。”[72]在中国，吴承明也告诫我们：“在经济史研究中，凡能计量统计的都应尽可能做计量的分析。定性分析只给人以概念，要结合计量分析才能具体化，有时并可改正定性分析的错误。”[73]既然具有统计学特征，就需要使用统计学方法，而统计学方法正是一种计量方法。

经济史与数学之间具有这种特殊的关系，而数学又是一切科学的基础，被称为“一切科学之母”。正是因为这个原因，计量方法在经济史研究中也有非常重要的作用，计量经济史也因此而在今天的美国被视为经济史的正宗。

但是，经济学并不等同于计量经济学。经济学的方法除了计量方法外，还有其他多种研究方法。每种方法都有其不可替代的功用，但也各有其适用范围。如果对某一种方法的使用超出了其适用范围，则难免出差错。阿斯兰白奎（Nahid Aslanbeigui）和崔（Young B. Choi）主编了一本讨论经济学危机的论文集，书名就是《经济学的边界》（*Borderlands of Economics*）。而该书第三部分的标题是"对于新古典模式的多种取代研究方法"（Alternative approaches to Neoclassical modeling）。[74]换言之，任何一种方法，无论有多好，但都不是万能的。因此不能过分强调某一种方法而排斥其他的方法。

由于经济学内部包含许多不同的方法，因此经济史从经济学中获得的方法，也绝非仅只计量方法一种。吴承明说："按照诺斯的说法，目前用于研究经济史的经济理论不外古典经济学、新古典经济学、马克思主义经济学，等等。"他进一步指出："具体而言，在中国经济史研究中可以利用的经济学方法，特别值得重视的有经济计量学方法、发展经济学方法、制度经济学方法（也可称社会学方法）、区域经济史方法，等等。"[75]

这些经济学的方法，在国际经济史学发展过程的不同阶段、不同领域和不同国家，都起过并且仍然还在起着重要的作用。不仅如此，这些方法自身也在不断更新改进，因此在美国之外，这些方法仍然是经济史研究中运用更加广泛的方法。因此之故，即使是在西方经济史学界，计量经济史也只是在美国具有较大的影响，而在英国以及欧陆则否。[76]

在中国，自1950年以后，马克思主义成为史学研究的主导，导致了经济史研究在理论与方法上的变革。这个变革一反过去主流史学"有史无论"的偏见，提出"以论带史"的口号。这种对理论的高度重视，同二十世纪五十年代国际"史学革命"的领袖、年鉴学派的旗手布罗代尔（Femand Braudel）的著名口号"没有理论就没有历史"有不谋而合之处。马克思主义史学强调对过去被历史学家漠视的人民大众在经济活动中的作用与地位进行研究，这对于促进经济史研究范围的扩大，也有重要意义，即如巴勒克拉夫所言："马克思促进了对人民群众历史作用的研究，尤其是他们在社会和政治动荡时期的作用。"[77]在马克思主义的框架内，中国经济史学（实际上是社会经济史学）也有一些创新，提出了"中国封建社会"、"中国资本主义萌芽"等理论，表现出了一定程度的中国特色。但是，由于特定的政治氛围，这个变革出现了严重偏差，导致史学政治化，教条主义盛行，以往的非马克思主义史学的学术成就基本上被全盘否定，经济史学同整个史学一起，逐渐演化成为"阶级斗争"史学，而最后结果则是在"文革"十年中盛极一时的"儒法斗争"史学。这种"儒法斗争"史学荒谬绝伦，毫无学术价值可言。

1980 年以后，随着改革开放的开始和发展，中国的经济史学摆脱了以前所受的束缚，取得巨大进展，出现了空前繁荣的局面。因为理论与方法不同，中国经济史学逐渐分化出了以傅衣凌为代表的新的社会史学派和以吴承明为代表的新的经济史学派。这两个新学派的形成，表现出中国经济史学真正出现了百花齐放的局面。吴承明前面说到的各种经济学方法，在中国经济史研究中得到了运用，是导致新的经济史学派形成的原因之一。

各种经济学方法的引进和运用，导致了"后三十年"中国的新经济史的出现和繁荣。这里我要强调的是：（1）尽管中国经济史学出现分化，但是总的来说，其社会经济史学的基本性质并未改变；（2）上述分化与国际潮流不谋而合。在西方，在二十世纪六十年代，经济史的分化日益扩大，其主要产物有二：一是以美国为中心的计量经济史（即美国的新经济史）的兴起，另一则是以英国为中心的经济—社会史的出现。英国在二十世纪六十年代新建立的社会科学研究协会（Social Science Research Council），于1966～1967 年间就经济史发展方向进行了讨论，决定拓宽经济史的研究领域，将其调整为"经济—社会史"学科，并予以资助。这个"经济—社会史"学科成立了自己的学会，有自己的研究经费。英国经济史学会创办于1927 年的《经济史评论》是西方经济史研究的权威杂志，1991 年起，该杂志增添了副标题"经济社会史杂志"，标志着它自二十世纪七十年代以来，从单一经济史杂志向经济社会史杂志转变过程的完成。[⑱]到了今天，国际经济史学越来越多的学者采取"经济—社会史"的研究取向。我国的经济史学在此时期的变化，也与这个国际大趋势相一致。[⑲]

因此，比起美国的新经济史，中国的新经济史具有更多样的方法和更宽广的内涵。不过，二者仍然都是经济史学科学化的产物，代表了不同的研究取向和风格。

四 排斥还是接纳：计量经济史在中国

美国的新经济史（即计量经济史）和中国的新经济史（即在"后三十年"出现的新经济史），虽然都是经济史学科学化的产物，但是彼此之间确实有很大的差异。那么，二者之间到底是一种什么关系呢？只有清楚地认识这种关系，才能正确对待计量经济史这一经济史学中的新生事物。

在中国经济史研究中使用计量方法，始于二十世纪三十年代。在这个时期兴起的社会经济史研究，表现出了明显的社会科学化取向。社会经济史研究的中心是 1934 年创立的以清华大学学者为主的"史学研究会"。在这些学者的研究中,统计学方法受到重视并被广泛采用。经济史的研究内容,如户口、田地、租税、生产情况,以及财政收支等等,均须借助统计学的方法加以量化。1935 年,梁方仲发表《明代户口田地及田赋统计》,并对利用史籍中的数字应当注意的问题作了阐述。由此他又被称为"把统计学的方法运用到历史学研究的开创者之一"。张荫麟在《北宋的土地分配与社会骚动》中,也从北宋时期主客户分配的统计数字上说明当时几次社会骚动与土地集中无关。汤象龙对张氏运用统计法上的缺失还提出过批评。这些都表现了经济史学者使用计量方法的尝试,⑩尽管使用的还只是比较简单的统计方法。在中国,更加专门的计量经济史研究的开创者,一般认为是巫宝三。1947 年,巫氏团队的《国民所得概论》出版,引起了海内外的瞩目,成为一个标志性的事件。之后,在海外的中国经济史学界,继续有这方面的研究成果出版。其中比较有代表性的如张仲礼、刘大中、叶孔嘉以及费维凯(Albert Feuerwerker)、柏金斯(Dwight Perkins)、埃克斯坦(Alexander Eckstein)、罗斯基(Thomas Rawski)等。在二十世纪五十、六十和七十年代关于二十世纪中国经济的著作都使用了计量的方法。⑪但是,除了柏金斯等少数学者的著作外,这些研究的对象基本上是当时的"当代"经济问题,虽然有时也会回顾之前的情况,但都很简略,而且回顾涉及的时期也很短。因此真正意义上的计量经济史,还处于萌芽阶段。

在中国,计量经济史的出现是较晚的事,其主要原因是计量经济学很晚才引入中国。如前所述,经济史研究必须以经济学的理论方法为指引,而在"前三十年"中,我国的经济学是马克思主义政治经济学,因此经济史研究也是在马克思主义政治经济学的框架内进行的。马克思主义政治经济学重视定性研究,因此我国的经济史研究也基本上是定性研究。经济计量学引入我国很晚,引进的标志性事件是有名的"颐和园讲习班"。1980 年夏,当年的诺贝尔经济学奖得主克莱因(Lawrence R. Klein)受时任中国社会科学院副院长的许涤新之邀,率领 7 位美国知名经济学家来中国,举办经济计量学习班,地点在北京颐和园,故称"颐和园经济计量学讲习班"。100 多位中国学者接受了此次培训,这是数量经济学在中国的拓荒性事件,标志着计量经济学引入中国。⑫自此之后,计量经济学在我国发展迅猛,成为经济学的主流。⑬

随着计量经济学的引进和走红,经济史学家也开始关注在研究中使用计量方法。首先是一些海外使用计量方法的经济史著作开始进入中国，令中国经济史学者大开眼界。其中柏金斯（Dwight Perkins）的《中国农业的发展（1368~1968 年）》（*Agricultural Development in China*, 1368–1968）经宋海文、伍丹戈译为中文，由上海译文出版社于 1984 年推出。该书出版后，在中国经济史学界引起轰动。到了 1990 年，张仲礼发出呼吁：“经济史作为一门学科，在计量方面应比一般的史学有更高的要求，能用数量统计的应尽量用数量统计，以显示事物量的变化过程，能定量的尽可能作定量分析，以确定事物变化发展的程度。只有建立在大量扎实的资料工作基础上的研究工作才是真正扎实的。经得住考验的研究工作，其成果也必定是坚实可靠的。”[64]在此情势下，一些经济史学家开始尝试在研究中使用计量方法，并得出了一些以往使用定性方法无法得到的结论。[65]不过，在二十世纪最后二十年的中国经济史研究中，计量方法的使用还很局限，一方面是使用的人不多，另外一方面则是所使用的大多还只是简单的统计方法。

到了二十世纪末和二十一世纪初，中国的计量经济史研究开始进入一个新阶段。彭凯翔对此作了一个综述，分四个方面综述了近年来中国经济史计量研究的重点：第一，历史时期中国经济发展水平（尤其是 GDP）的估计；第二，对发展模式的争论和相关检验；第三，关于市场制度及其效率的讨论与量化研究；第四，对国家能力、社会控制与外生冲击等问题的反思及其因果性检验。这些研究深化了对“马尔萨斯陷阱”、“斯密增长”等经典命题的认识，也有助于进一步探索国家、市场、家族、文化等因素之间的复杂关系。[66]此外，仲伟民、邱永志也对中国计量经济史研究的最新热点——中国历史上的 GDP 的估算的研究状况，进行了综述和分析。[67]

为了推进计量经济史的发展，陈志武与清华大学、北京大学和河南大学合作，于 2013 年开始，举办了四届“量化历史讲习班”，参加讲习班接受培训的学者来自国内高校和研究机构，人数总计达五百余人。尽管培训的实际效果还需要时间检验，但是如此众多的中青年学者踊跃报名参加培训这件事本身，就已表明中国经济史学界对计量经济史的期盼。因此在今天的中国经济史坛中，虽然计量经济史还只是一个较小的分支，但是其影响正在迅速增长，成为中国新经济史未来发展的一个亮点。然而，计量经济史要为中国经济史学者真正接受还是一个很长的过程，而现在仅仅是开始。

大多数中国经济史学者对于计量经济史持有一种将信将疑的态度，而一些比较资深的学者则抱有排斥的情绪。这一方面是因为我国经济史学家在方法论上比较保守，[⑧]而根本原因即如巴勒克拉夫所指出的史学家"根深蒂固的心理障碍"。[⑨]另一方面则是因为计量经济史方面的问题，例如一些计量经济史的研究成果在史料方面存在差错（有时甚至是严重的错误），研究缺乏充分的史料支撑，对所研究对象所处的整个历史环境了解不够（有时甚至是完全不了解），而且也往往未能摆脱索洛批评一些西方经济史学者过分尾随经济学的做法。

但是，计量方法在经济史研究中的重要性是无人能够回避的。特别是到了今天这个大数据时代，如果经济史学者忽视这一点，势必被时代抛到后面。2014 年，一位名为尼克的作者在《东方早报》上发表了一篇广为传播的文章，题为《大数据时代的读书》，宣称"'科学化的历史学'搁现在就是'计算历史学'"，并把历史学家狠狠地调侃了一番。[⑩]该文并非学术文章，所言也有些哗众取宠的味道，但是有一点是值得历史学者思考的：如果不正视今天的现实，自己所进行的研究或许就会被时代淘汰。

当然，计量研究并不等同于大数据研究。计量研究有诸多方法，适用于不同题目的研究。这里，就以我本人的一项研究为例，看看计量方法在经济史研究中的有用性和重要性。"[⑪]

我采用历史国民账户系统（The Historical Systemor National Accounts）的方法，对十九世纪初期江南的华亭—娄县地区的 GDP 进行研究，然后在与荷兰学者范·赞登（Jan Luiten van Zanden）使用同样方法对同一时期荷兰 GDP 进行研究的结果进行比较，从而判定当时江南的经济状况和发展水平。这个研究所使用的主要就是计量方法，因此获得了用其他方法无法获得的成果，并且给予江南地区到底是"极端贫困"还是"富甲天下"，以及江南地区在鸦片战争前夕的经济发展水平等学界聚讼不已的问题以一个合理的回答。

不仅如此，计量方法在史料辨伪方面也可以发挥重要的作用。在一些情况下，对于即使是那些通常被视为"原始资料"的史料来说，计量方法在其辨伪方面是很有用的，有时甚至是无可替代的。[⑫]这里还要强调的一点是，在今天这个"史料爆炸"的时代，面对新发现的史料排山倒海般的出现，不使用数据处理，这些史料是无法使用的，许多研究也是难以进行的。而数据的处理就是建立在计量方法基础之上的。

因此，对于历史学出身的经济史学者来说，因为不熟悉而拒绝计量方法，乃是很不明智的做法。当然，要接纳这种新方法，就必须投入精力去了解它。尽管要花费相当的精力和时间，但是这是很值得的，因为我们研究的目标是尽可能地得到历史的真相，而计量方法在其适用范围内，确实是一种达到这一目标的很有用的手段。

五 开放与交融：新经济史的未来发展之途

如前所述，史料学的科学化和研究方法的科学化是经济史学的科学化的两大组成部分。对于科学的经济史研究来说，二者都有不可替代的重要作用，但也都有其不足之处。因此，从事其中一个方面的学者，必须重视另一方面的学者的工作，加强交流和了解。历史学家和经济学家必须相互学习，相互了解，从而开展真正的合作。

席德（Ralph W. Hidy）号召重在定性研究的"传统经济史学家"和重在定量研究的"新经济史学家"之间，应该在研究方法上多沟通。一方面，前者需要学习一些新的理论和方法，另一方面，后者需要学习历史学方法，需要尊重史料。他在 1972 年当选为美国经济史学会主席的就职演说中，特别强调计量史学家向传统史学家学习，他说"没有以往史学家所做的各种定性研究，计量史学家可能就会误解了他们用以量化研究的材料的意义；没有史学家所积累的研究成果，理论学者也很难设定各种近乎真理和实际的模型"。[65]

在经济史研究中，经济学方法是主要的研究方法。这是因为经济学为经济史研究提供了主要的理论框架。凯恩斯说："经济学与其说是一种学说，不如说是一种方法，一种思维工具，一种构想技术。"[66]如果没有经济学提供的思维方法和构想技术，是无法进行经济史研究的。一些经济史学者拒绝经济学提供的思维方法和构想技术，但实际上他们也在不自觉地使用某种思维方法和构想技术。至于这些思维方法和构想技术是否正确，他们却并不去考虑。正因如此，他们往往在无意之中会得出错误的结论。[67]因此，从事经济史研究的历史学家应当向经济学家学习，尽可能多地了解经济学的方法。

另外一方面，从事经济史研究的经济学家也要向历史学家学习。历史学家认识和处理史料的经验是进行经济史研究不可或缺的。在选定和整理好原始史料后，对史料中包含的具体信息的分类与编码也需要依赖历史学家的专业知识。由于时代背景错综复杂、史料建立和涵盖的时间长短不一，史料记录的内容可能不一致或不完整，且难以今日的常识直接理解。此外，单一历史材料也可能包含多种类型和层次的信息，需要细致、全面地理解和辨别。更为重要的是，研究者需要有对特定历史背景的准确把握，才能选择合适的定量分析方法并正确解读分析结果。只有对数据来源的选择性有充分认识，才可能避免错误解释分析结果或过分夸大结论的代表性。而这些必要的历史背景往往是通过传统文本分析获得的。特别是在计量经济史研究方面，历史学家的帮助，一方面可以深化对定量分析结果的理解和解释，另一方面也可以对定量分析结果和定性研究结果进行经验比较，通过多种研究方法的结合减少主观性风险的影响，提高对研究对象全面、深入的整体认识。历史学家进行的定性分析，对于以复杂的人类行为为研究主题的社会科学必不可少。⑯因此，经济学家必须取得他们的帮助，方能把自己的分析建立在坚实的基础之上。

这里我还要强调：除了经济学和历史学的方法外，未来的新经济史还需要更多的方法。史学研究的最高目标是尽可能正确地重现过去，而要做到这一点，就必须把所研究的对象放在一个特定的历史框架中，考虑到各方面的因素，才能把问题弄清楚。因此，虽然研究对象是局限的，但研究却是全方位的。克里吉（Eric Kerridge）说："只有整合的历史才能使我们穿越现时，看到那已逝去的我们不熟悉的世界，更重要的是运用这种对那个已逝世界的知识，与当今世界做出对比，从而加深我们对现实的认识，这才是历史学家最伟大、最崇高的目标。"经济史也不例外，"经济史是从通史或总体史中抽取出来的，而农业史、工业史、商业史等又是从经济史中抽取出来的。这种专门化的目标只有一个，那就是集中思考总体史的某一具体方面，以揭示整体的发展"。然而现实是，"现在各门专业壁垒高筑，互不理会，经济史也沾上了这种毛病。首先，经济学家渗入经济史学带来了一种非历史的观念（unhistorical cast of mind）。其次，统计学家的侵入也使经济史变得面目可憎。最后，经济史也受到'历史假设'的困扰，'历史假设'不仅违背事实，也违反最基本的常识"。他接着说："要摆脱这些困扰，经济史家与社会史家应该联合起来，开始新的综合。"⑰鲁宾斯坦（William D. Rubinstein）则指出："经济史常常围绕两种方法打转，即以美国为主导的计量经济史和以英国为中心的强调历史学与社会学方法的经济史。但是问题是，强调社会学方法的经济史家不能使用计量经济学的公式与参数系统，而社会史也不断分化出许多小分支（如城市史、劳工史、女性史等），变得支离破碎。"⑱这种情况当然无助于我们认识历史上的经济实践的真相。因此，只有把放到总体史中才能充分认识经济史。

要达到这个目标，绝非仅只使用经济学和历史学的方法就可以奏效。因此经济史研究还应当从其他学科借用方法，并采纳这些学科新近取得的成就。斯波义信引用弗里德曼（Maurice Freedman）的话总结说：经济史研究所涉及的社会科学学科，至少包括经济学、政治学、社会学、社会心理学、人口学、社会地理学、经济地理学等。这些学科的研究方法与模式，都可以参考借用。例如，经济学家的研究模式（由抽象到具体，先假说后论证）、社会学家的研究模式（从具体入手，注重统计）以及别的研究模式（如把以社会横断面比较为基础的复数指标进行组合，根据对各种指标的比重及组合方式的适当处理进行归纳，等等），都可用到中国经济史研究中。[99] 此外，经济史研究也需要从向自然科学借用方法，并从自然科学的研究成果中受益。近年来史学科学化的趋势，除了表现为史学日益社会科学化外，还表现为自然科学研究方法向史学的渗透。许多自然科学研究的成果，对于经济史学研究来说也非常有帮助。[100]

最后，我们回到新经济史的话题上来。在美国，经过关于新经济史的论争，经济史已成为经济学学科的一个不可分割的部分，不再是经济学学科中的一个孤立的和边缘的子学科，在二十世纪五十、六十和七十年代，新经济史努力要表现得像经济学的其他子学科一样，使用经济学理论和计量技术来研究一些具体的历史问题。近一二十年来中，经济学其他领域的人开始加盟经济史研究，一个原因是新经济史学家显示了历史题目可以用经济学家使用的方法来分析，因此那些从事宏观经济学或者国际经济学的研究者也开始关注历史题目。同时，经济史学家的著作在经济学其他领域的专家中也有了更多的读者。这样，新经济史使得经济史走完了融入经济学的过程。[101]在中国，新经济史有着更加宽广的内容，它所引起的争论，也激发了具有不同学科背景的学者对经济史的兴趣，因而使得更多的学者加入经济史研究的事业，从而告别了"前三十年"中经济史研究主要是为政治服务、只有历史学者关注的局面。无论在中国还是美国，新经济史都对经济史学的发展起到了非常积极的作用。到了今天，它们又都开始融入更广大的学术领域的新进程。因此，我们在讨论新经济史时，最重要的是要着眼于它们的未来，而关键就是经济史学家敞开胸怀，正确对待各种新旧研究方法。韩愈有言："闻道有先后，术业有专攻。"从事经济史研究的学者都各有专长，有自己最熟悉、最喜欢、运用最为得心应手的方法。但是使用所有方法的共同目的，都是揭示历史的真实。同时，各种方法也都有自身的优点和缺点，因此我们应当对其他学者使用的与自己不同的方法持有一种开放的心态，而不能抱有偏见。吴承明说得好："就方法论而言，有新、老学派之分，但很难说有高下、优劣之别"；"新方法有新的功能，以至开辟新的研究领域但就历史研究而言，我不认为有什么方法是太老了，必须放弃"；"我以为，在方法论上不应抱有倾向性，而是根据所论问题的需要和资料等条件的可能，作出选择"。[102]

因此，经济史学者对于各种方法应当采取开放和包容的态度，既不能因循守旧，也不可以盲目推崇新方法而扬弃旧方法。只有这样，才能把今天的新经济史推向新的高峰。多年前，巴勒克拉夫就已警告说："历史学已经到了转折时期这个事实并不意味着它必定会沿着正确的方向前进，也不一定意味着它有能力抵制住诱惑，避免陷入歧途。"[103]经济史也不例外。经济史学家只有敞开胸怀，努力相互学习，并向其他学科学习，不断改进研究方法，使得我们对过去的认识尽可能地接近真实，经济史学才能在新的挑战前面立于不败之地。我认为：这就是新经济史未来的发展之路。

---

①施一公：《中国大学的导向出了大问题》，北京：《记者观察》2015年第9期，多家网站转载，题目大多改为：《深层次思考和变革的大潮真的开始了》。

②斯塔夫里阿诺斯：《全球通史——从史前史到21世纪》（第7版修订版），中译本，北京：北京大学出版社，2006，第18页。

③Christopher Hill, *The World Turned Upside Down*: *Radical Ideas During the English Revolution*, Harmondsworth, UK：Penguin Books, 1984, p. 15.

④其中较新、较全面并且引起较大反应的反思，有真金斯（Keith Jenkins）从后现代主义的角度对史学进行的反思。见 Keith Jenkins, *Rethinking History*, London：Routledge, 1991；Keith Jenkins, *Refiguring History*：*New Thoughts on an Old Discipline*, Abingdon：Routledge, 2003，等等。

⑤如 *Rethinking History*：*The Journal of Theory and Practice* （《反思历史：理论和实践杂志》），London：Routledge, ISSN（print）：1364 – 2529, ISSN（online）：1470 – 1154, URL：http://www. tandfonline. com/toc/rrhi20/current.

⑥奥拉巴里（Ignacio Olabarri）总结说，自二十世纪二十至七十年代，各种"新史学"不断出现，这些"新史学"包括年鉴学派（the Annales school）、马克思主义史学（Marxist historiography）、美国的社会科学史学家（the American social science historians）、"过去与现在"团组（the Past and Present group），以及比勒费尔德学派（the "Bielefeld school"）等。而这些"新史学"又都是之前德国历史主义（German Historismus）的延续。

由于一波接一波的“新史学”不断出现，因此只好称较晚出现的“新史学”为“新的‘新史学’”了。见 Ignacio Olabarri，“‘New’New History：A Longue Duree Structure，” *History and Theory*，Vol. 34，No. 1（Feb.，1995），Published by Wiley for Wesleyan University（Wesleyan，US）。

⑦李伯重：《迎接我国的第二次“新世纪，新史学”》，北京：《中国社会科学院历史研究所集刊》，2005；李伯重：《回顾与展望——中国经济史学百年沧桑》，济南：《文史哲》2008 年第 1 期。

⑧⑰李伯重：《回顾与展望——中国经济史学百年沧桑》，济南：《文史哲》2008 年第 1 期。

⑨61 62王学典：《近五十年的中国历史学》，北京：《历史研究》2004 年第 1 期。

⑩王学典：《从反思文革史学走向反思改革史学——对若干史学关系再平衡的思考》，北京：《中华读书报》2015 年 3 月 18 日。

⑪季国清：《反思反思的时代》，收于中国自然辩证法研究会编《中国自然辩证法研究会第五届全国代表大会文件》，北京，2011，转载于中国知网（http://cpfcnkcocn/Article/CPFDTOTALCSDN200102001028. htm）。

⑫⑬陈春声：《新一代史学家应更关注“出思想”》（新时期史学理论研究的回顾与展望笔谈二），河南开封：《史学月刊》2016 年第 6 期。

⑭例如前面提到的奥拉巴里（Ignacio Olabarri）所列举的二十世纪西方“新史学”各主要流派中，年鉴学派、马克思主义史学、社会科学史学等，都以经济史为主要研究对象。

⑮即政治运动相对较少的时期，如 1950 ~ 1956 年、1960 ~ 1964 年。

⑯王学典指出：“从 1949 后，对历史的‘宏观研究’成为主流，‘五朵金花’的盛开，‘亚细亚生产方式’、‘中国封建社会为何长期延续’等问题的讨论，遂成为历史研究的常态。”见王学典《文革只学走向反思改革史学——对若干史学关系再平衡的思考》，北京：《中华读书报》2015 年 3 月 18 日。而他列举的这些在二十世纪五十年代及六十年代初期中国史学研究的中心问题以及他未提到的“资本主义萌芽”问题，都是经济史研究的内容或者以经济史研究为基础。

⑱例如，二十世纪八十年代以及九十年代的中国史学界反思的主要对象，是“前三十年”中史学研究中的那些居于不可怀疑的支配地位的理论和方法（如社会）发展的“五种生产方式”模式、“阶级斗争是历史发展的主要动力”的理论、“以论带史”的研究范式等。经过反思，摆脱了这些理论方法的束缚，不仅社会经济史学，而且整个史学，才进入繁荣的“新时期”。

⑲关于美国的新经济史派的历史，隋福民作了系统的研究，其专著《创新与融合——美国新经济史改革及对中国的影响（1957 ~ 2004）》（天津：天津古籍出版社，2009）是中文世界关于这个问题研究的最系统和全面的成果。

⑳Robert W. Fogel, "The Reunification of Economic History with Economic Theory," *American Economic Review* (Pittsburgh), Vol. 55, No. 1/2 (Mar. , 1965)。

㉑孙圣民:《经济学和史学范式的冲突、融合与发展:历史计量学五十年》,北京:《中国社会科学》2009 年第 4 期。

㉒Carter Goodrich, "Economic History: One Field or Two?" *The Journal of Economic History*, Cambridge: Cambridge University Press, Vol. 20, No. 4 (Dec. , 1960)。参见隋福民《创新与融合——美国新经济史革命及对中国的影响 (1957~2004)》,第 160 页。

㉓隋福民:《创新与融合——美国新经济史革命及对中国的影响 (1957~2004)》,第 161 页。

㉔㉕Margo Anderson, "Quantitative History," William Outhwaite and Stephen Turner, eds, *The Sage Handbook of Social Science Methodology*, New York: Sage Publication, 2007, pp. 246 – 263.

㉖㊸余英时:《两种文化的百年思索》,转载于爱思想网站 (http://www. aisixiang. com/data/7246. html)。

㉗Roger E. Meiners and Clark Nardinelli, "What Has Happened to the New Economic History?" *Journal of Institutional and Theoretical Economics* (JITE)/Zeitschriftfürdiegesamte Staatswissenschaft, Vol. 142, No. 3 (1986).

㉘Peter Coclanis and David Carlton, "The Crisis in Economic History," *Challenge*, Abingdon: Taylor & Francis, Ltd. Vol. 44, No. 6 (Nov. – Dec. , 2001), pp. 93 – 103。

㉙㊸㉒㉗㊏⑩巴勒克拉夫:《当代史学主要趋势》,中译本,上海:上海译文出版社,1987,第 75、114、327、330~332、92、27、327、330~332、330 页。

㉚Daniel R. Fusfeld, *The Age of the Economist* (the fourth edition), Glenview: Scott, Foresman and Company, p. 5.

㉛这句话是马克思的女婿拉法格说的 (见保尔·拉法格《摩尔和将军——回忆马克思和恩格斯》,北京:人民出版社,1982,第 95 页),中国内地不少出版物都误作马克思自己的话。有关辨析见胡世华《质与量的对立统一与数学》(北京:《哲学研究》1979 年第 1 期)。

㉜萨缪尔逊为其《经济分析基础》中文版 (北京:北京经济学院出版社,1990) 写的前言。

㉝E. 温特劳布:《经济数学》中文版,北京:经济科学出版社,1999,第 1 页。

㉞参见 Daniel Fusfeld, *The Age of the Economist*, p. 4;王国斌:《转变的中国:历史变迁与欧洲经验的局限》,中译本,南京:江苏人民出版社,1998,上编小序。

㉟特纳:《债务和魔鬼:货币、信贷和全球金融体系重建》,转引自张维迎《人类史上的大危机都是由通货膨胀造成的》,发布于凤凰财经网站 (http://finance. ifeng. com/a/20160511/14376475_0. shtml)。

㊱㊵Robert Solow, "Economic History and Economics," *The American Economic Review*, Pittsburgh, Vol. 75, No. 2 (1985).

㊲Meghnad Desai, "Some Issues in Econometric History," *the Economic History Review*, Malden MA, New Series, Vol. 21, No. 1 (Apr., 1968)。参阅隋福民《创新与融合——美国新经济史改革及对中国的影响 (1957～2004)》, 第 162 页。

㊳见 W. Coats, "The Current 'Crisis' in Economics in Historical Perspective," *Nebraska Journal of Economics and Business*, published by University of Nebraska at Lincoln, Vol. 16, No. 3 (1977).

㊴Alexander J. Field, *The Future of Economic History*, Boston: Kluwer-Nijhoff Publishing, 1987.

㊶Neil Rollings, "Economic History and The Current Crisis in Economics", *Journal of Scottish Historical Studies* (Edinburg), 1994.

㊷余英时:《关于韦伯、马克思与中国史研究的几点反省》, 收于余英时《文化评论与中国情报》(第 2 版), 台北:允晨文化实业股份有限公司, 1990。

㊹R. M. Hartwell, "In the new economic history an export product? A comment on J. R. T. Hughes," Donald N. McCloskey. ed. *Essays on a Mature Economy: Britain After 1840*, Princeton: Princeton University Press, 1971. 这篇文章的第一句话就是"Why does the new economic history flourish in the U. S. A. and not in Britain?"(为何新经济史在美国兴旺而在英国则否?)。

㊺这一点, 从国际经济史学会 (International Economic History Association) 举办的每三年一次的大会 (International Economic History Congress) 的情况亦可见之。在近几届大会所定的各专场讨论会 (sessions) 讨论主题中, 计量经济史并未占有主要地位。

㊻关于中国在"后三十年"中出现的不同于以前"新"经济史研究的情况, 参见李伯重《回顾与展望——中国经济史学百年沧桑》, 济南:《文史哲》2008 年第 1 期。

㊽转引自百度百科 http://baike. baidu. con/link? url = OkBypBFcpRKuiCGF2Lfijq9QAP gpjMVTmGXoCY - 07k - u7rE_ uHIGGtuPqq8Uedm2eE5Wb3Kho0WoAFrScAa。

㊾吴承明:《论历史主义》, 北京:《中国经济史研究》1993 年第 2 期。

㊿钱乘旦:《兰克传统与 20 世纪"新史学"——钱乘旦教授在上海师范大学的讲演》, 转载于全国哲学社会科学规划办公室网页 (http://www. npopss-cn. gov. cn/n/2013/ 0401/c219470 - 20982513. html)。

51以下论述参阅李伯重《迎接我国的第二次"新世纪, 新史学"》;李伯重:《二十世纪初期史学的"清华学派"与"国际前沿"》, 北京:《清华大学学报》(哲学社会科学版) 2005 年第 4 期;李伯重:《回顾与展望——中国经济史学百年沧桑》, 济南:《文史哲》2008 年第 1 期。

52许冠三:《新史学九十年》, 香港:香港中文大学出版社, 1986, 上册自序, 第

140 页。

(53)傅斯年：《历史语言所工作之旨趣》，收于傅斯年《史料论略及其他》，沈阳：辽宁教育出版社，1997，第 44 页。

(54)即使是张荫麟，其 2/3 以上的文章亦涉及考辨。其弟子李埏说："荫麟先生的史学著作，用心最多的是《史纲》，而分量最大的却是考据论文"，"考据不是荫麟先生治史的目的，而只是他的手段"。见李埏《张荫麟先生传》，北京：《史学史研究》1993 年第 3 期。

(55)张庆智：《克丽奥之路——历史长河中的西方史学》，上海：复旦大学出版社，1989，第 160、162 页。

(56)这种以乾嘉考证学和西方兰克以后的历史主义的汇流为其最主要特色的"新史学"，可以胡适的"实验主义"史学与顾颉刚的"疑古史学"为代表的史料学派为代表，形成一种以批判史料、考证史实为圭臬的学术规范，乃是中国史学的主流。

(57)王学典：《唯物史观派史学的学术重塑》，北京：《历史研究》2007 年第 1 期。

(58)陶希圣："中国社会史丛书"的《刊行缘起》及卷首《附言》，转引自向燕南、尹静《中国社会经济史研究的拓荒与奠基：陶希圣创办〈食货〉的史学意义》，北京：《北京师范大学学报》（社会科学版）2005 年第 3 期。

(59)转引自陈峰《两极之间的新史学：关于史学研究会的学术史考察》，北京：《近代史研究》2006 年第 1 期。

(60)如马乘风在《中国经济史》中对王宜昌有关中国用铁时代研究的批评，就有很多地方涉及史料的来源和解释问题。

(63)刘子健：《史学的方法、技术与危机》，台北：《新史学》第 1 卷第 1 期（创刊号），1990 年。

(64)例如陈振汉说：由于"无法获得关于明清农民经济的准确资料"，因此只能对农民的农业劳动生产率和生活水平进行揣测，结论是"地租额不仅侵吞了（农民）全部剩余劳动，甚至已榨取了大部分的必要劳动，使得农民所有，甚至不足'维持肉体生存'"。见陈振汉《明末清初（1620～1720 年）中国的农业劳动生产率、地租和土地集中》，北京：《经济研究》1955 年第 3 期。

(65)参见李伯重《"最低生活水准"与"人口压力"质疑》，厦门：《中国社会经济史研究》1996 年第 1 期；李伯重：《（清代江南）农民劳动生产率的提高》，收于方行、经君健、魏金玉主编《中国经济通史》（清代卷），北京：经济日报出版社，1999。

(66)包括各种民间文书、族谱、碑刻等。其中敦煌吐鲁番文书、徽州文书以及上海、苏州、佛山、北京等地有关经济史的碑刻资料都已整理出版。

(67)例如山西大学中国社会史研究中心，在过去二十年中收集、整理的山西地方社会历史档案逾千万件；上海交通大学历史系近年来以上海郊区、苏南、浙北地区为中心兼及中西部地区的"县级档案与契约文书的收集、整理与研究项目"，已汇集 8 省 50 县约档案 600 万页和民间契约 30 多万件；浙江大学地方文书与编纂中心与浙江龙泉市档案馆合作整理出版的该馆所藏晚清至民国时期地方司法档案总计 17333 卷宗，88 万余页；等等。

⑱唐传泗：《关于中国近代经济史研究的计量问题》，收于《中国近代经济史研究资料》，上海：上海社会科学院出版社，1985。

⑲章有义：《关于近代农业生产计量研究的几则根据》，北京：《中国社会经济史研究》1990 年第 2 期。

⑳吴承明：《论历史主义》；吴承明：《中国经济史研究的方法论问题》，北京：《中国经济史研究》1992 年第 1 期。

㉑John Hicks, *A Theory of Economic History*, p. 4.

㉓吴承明：《经济史：历史观与方法论》，上海：上海财经大学出版社，2006，第 242 页。

㉔Nahid Aslanbeigui & Yong B. Choi, eds, *Borderlands of Economics*: *Essays in Honour of Daniel R. Fusfeld*, Lomdon：Routledge, 1998. 关于 approach，吴承明的解释是研究方法。参阅吴承明《经济学理论与经济史研究》；吴承明：《中国经济史研究的方法论问题》。

㉕吴承明：《经济学理论与经济史研究》，北京：《中国经济史研究》1995 年第 1 期；吴承明：《中国经济史研究方法新谈》（1986 年 12 月在中国经济史学会成立大会上的讲话），北京：《中国近代经济史资料》1987 年第 6 辑。

㉖R. M. Hartwell, Is the new economic history and export product? A comment on J. R. T. Hughes.

㉘参见徐浩《英国经济社会史研究：理论与实际》，龙秀清编译《西方学者眼中的经济—社会史》，收入侯建新主编《经济—社会史：历史研究的新方向》，北京：商务印书馆，2002。

㉙参阅李伯重《回顾与展望——中国经济史学百年沧桑》，济南：《文史哲》2008 年第 1 期。

㉚王学典：《中国新史学的摇篮——为清华大学历史系创建 90 周年而作》，北京：《清华大学学报》（哲学社会科学版）2016 年第 5 期。

㉛㉗参阅仲伟民、邱永志：《数据估算与历史真实——中国史中 GDP 估算研究评述》，河南开封：《史学月刊》2014 年第 2 期。

㉜柳红：《颐和园讲习班》，济南：《经济学家茶座》2009 年第 3 期。

㉝李子奈：《我国计量经济学发展的三个阶段与现阶段的三项任务》，北京：《经济学动态》2008 年第 11 期。

㉞张仲礼：《理论研究资料开拓和选题调整》，北京：《中国经济研究》1990 年第 1 期。

㉟例如章有义对苏州府长州县三册鱼鳞簿进行计量研究后得出如下结论："由康熙初

年至1949年的二百七八十年间，地主（包括富农）同农民占地的比率几乎稳定在65∶35。看来，人们设想的地主所有制支配下地权不断集中的必然性，在这里没有得到证实"。见章有义《康熙初年江苏长洲三册鱼鳞簿所见》，北京：《中国经济史研究》1988年第4期。

⑧⑥彭凯翔：《历史视野下中国经济的长期变迁——近年中国经济史之计量研究综述》，北京：《经济研究》2015年第5期。

⑧⑧⑩㉒吴承明：《中国经济史研究的方法论问题》。

⑨⑩尼克：《大数据时代的读书》，转载于http：//chuansong.me/n/510748。尔后此文以《计算历史学：大数据时代的读书》为题，为多家网站转载。

⑨①李伯重：《从1820年代华亭——娄县地区GDP看中国的早期近代经济》，北京：《清华大学学报》（哲学社会科学版）2009年第3期；李伯重：《中国早期近代经济——1820年代华亭——娄县地区GDP研究》，北京：中华书局，2010；Bozhong Li & Jan Luiten van Zanden, "Before the Great Divergence? Comparing the Yangzi Deita and the Netherlands at the beginning of the nineteenth century," *The Journal of Economic History*, Cambridge：Cambridge University Press, Vol. 72, No. 4（December 2012）.

⑨②参阅李伯重《史料与量化：量化方法在史学研究中的运用讨论之一》，北京：《清华大学学报》（哲学社会科学版）2015年第4期。

⑨③引自隋福民《创新与融合——美国新经济史革命及对中国的影响（1957～2004）》，第6章。

⑨④转引自吴承明《经济学理论与经济史研究》。

⑨⑤参阅李伯重《历史上的经济革命与经济史的研究方法》，北京：《中国社会科学》2001年第4期。

⑨⑥梁晨、董浩、李中清：《量化数据库与历史研究》，北京：《历史研究》2015年第2期。

⑨⑦参见龙秀清编译《西方学者眼中的经济—社会史》。

⑨⑧龙秀清编译《西方学者眼中的经济—社会史》；徐浩：《英国经济社会史研究：理论与实际》。

⑨⑨斯波义信：《宋代江南经济史の研究》，东京：汲古书院，2001，第31页。

⑩⑩例如从自然科学的角度来看，农作物的生长是一个物质变化和能量转换的过程。在此过程中，物质和能量均不会凭空产生和凭空消失。换言之，农作物的生长，取决于光、热、水、气（二氧化碳）以及各种物质养分的供给及其相互配合状况。因此单位耕地产品的数量，也取决于作物从自然界中所能摄取到的物质和能量。

⑩⑪Christina D. Romer, "The End of Economic History?" *The Journal of Economic Education*, Vol. 25, No. 1（Winter, 1994）, Published by：Taylor & Francis, Ltd（Milton Park, UK）.

作者简介：李伯重，1949 年出生于云南省昆明市，厦门大学毕业，获历史学硕士学位（1981）和博士学位（1985），尔后在密歇根大学（The University of Michigan）完成博士后研究（1991）。先后任职于浙江省社会科学院（1985～1993）、中国社会科学院经济研究所（1993～1998）、清华大学（1998～2010）、香港科技大学（2010～2015），现任华中师范大学特聘教授及清华大学教授。曾任哈佛大学（Harvard University，2003）、密歇根大学（2004、2005、2006）、加州大学洛杉矶分校（The University of California-Los Angeles，1988）、加州理工学院（California Institute of Technology，2002、2007）、伦敦经济学院（London School of Economics and Political Sciences，2009）、庆应义塾大学（2000）、法国国家社会科学高等研究院（L'Ecoledes Hautes Etudes en Sciences Sociales，1989）客座教授，以及美国国会威尔逊国际学者中心（The Woodrow Wilson International Center for Scholars，1992）、美国全国人文学中心（The National Humanities Center，1993）、麻省理工学院（Massachusetts Institute of Technology，1997）、剑桥大学（The University of Cambridge，1996）、东京大学（1990）客座研究员。当选日本东洋文库荣誉研究员（2006）、国际经济史学会（International Economic History Association）执行委员会委员（2006～2012）。自1974 年以来，在海内外出版著作 9 部及论文多篇。其中专著 *Agricultural Development in the Yangzi Delta, 1620–1850*、《江南的早期工业化，1550～1850》、《理论、方法与发展趋势：中国经济史研究新探》、《中国的早期近代经济——1820 年代华亭—娄县地区 GDP 研究》，曾获不同种类的高级别奖项。2012 年荣获香港研究资助局（the Research Grants Council）为表彰人文与社会科学杰出研究者而设立的首届"杰出学术奖"。

[责任编辑：刘泽生]

（本文原刊 2017 年第 1 期）

生气流行

——朱子德论中的气论影响

陈　来

[提　要]　对于以仁为首的四德而言，朱子的讨论包含了三种分析的论述，即"从理看"、"从气看"与"从物看"。但总起来看，应当承认，朱子的思想中不断发展出一种论述的倾向，就是不再把元亨利贞仅仅理解为理，而注重将其看作兼赅体用的流行之统体的不同阶段，如将其看作元气流行的不同阶段。由于天人对应，于是对仁义礼智的理解也依照元亨利贞的模式发生变化，即仁义礼智不仅仅是性理，也被看作生气流行的不同发作形态。这导致朱子的四德论在其后期更多地趋向"从气看"、"从物看"、从"流行之统体"看，使得朱子的哲学世界观不仅有理气分析的一面，也有流行统体的一面，而后者更可显现出气论对朱子思想的影响。

[关键词]　朱子　生气　流行　四德

　　气论是我国大陆哲学界一向重视研究的领域。在 20 世纪 50～70 年代，这种对气论的重视，一般而言，是和当时的哲学史方法论重视唯物主义哲学有一定关系的。80 年代以后，随着传统的哲学史方法论为多元的研究所取代，气论的研究渐渐减少。而与此同时，日本、我国台湾的学者渐渐开始重视气论的研究，与大陆学术的走势成为对比。同时，由于大陆学界以往的气论研究多重视气本论哲学的气论研究，而不关注广义的气化论研究，使我们的气论研究拓展的空间还不够广大。我这里所说的广义的气化论，是指气的流行、运化、构成的过程中的各种变化形态，以及在有关人的文化与实践中广泛涉及的气的表现形态，乃至气论思维对各种哲学的渗透和影响。如气本论哲学的体系在历史上并不多，但气化思想可以说广泛贯穿在所有中国哲学的体系之中。而日本、我国台湾学者的研究恰恰更多地把关注放在气化论的各种形式及其影响上，开拓出一些新的研究领域。因此，进一步在深度和广度上发展我们的气论研究，应当是一个重要的研究方向。

本文拟从朱子的四德论入手，以探讨气论在朱子仁说中的作用和影响，这一点以往似注意较少。"四德"本指乾之四德"元亨利贞"，"四德"统称源出周易文言，所谓"君子行此四德者，故曰乾元亨利贞"。"五常"即"仁义礼智信"，本于孟子，汉儒始用"五常"的概念。北宋以来，道学的讨论中开始把二者加以联结，而在后来的宋明理学发展中仁义礼智也往往被称为四德。汉以来的思想中，元亨利贞属天道，仁义礼智属人道。天道的四德和人道的四德，二者的关系在道学中渐渐成为重要的论题。

周敦颐在《通书》中说："'乾道变化，各正性命'，诚斯立焉。纯至善者也。故曰：'一阴一阳之谓道，继之者善也，成之者性也。'元、亨，诚之通；利、贞，诚之复。大哉易也，性命之源乎！"[①]元亨利贞在周易本指天道而言，周敦颐虽然还没有把元亨利贞与仁义礼智联系起来，但开始把元亨利贞与本属人道的"诚"联系起来，这也是有意义的。而且，他还表现出把元亨利贞看作一个流行的过程，并用"通"、"复"来把这一过程截分为两个阶段，元亨属于"通"的阶段，利贞属于"复"的阶段。按朱子的解释，元亨是万物资始，利贞是各正性命，前者为造化流行，后者是归藏为物。这种用类似"流行"的观念来解释易之四德的性质与联系，是有示范意义的。

程明道则最重视四德中的"元"与五常中的"仁"的对应，言"万物之生意最可观，此元者善之长也，斯所谓仁也。人与天地一物也，而人特自小之，何耶？"[②]明确肯定"元"就是"仁"。这就把宇宙论的范畴和道德论的范畴连接起来，互为对应，从一个具体的方面把天和人贯通起来。使道德论获得了宇宙论的支持，也使宇宙论具有了贯通向道德的含义。"'生生之谓易'，是天之所以为道也。天只是以生为道，继此生理者，即是善也。善便有一个元底意思。'元者善之长'，万物皆有春意，便是'继之者善也'。"[③]善是继承了天道的生生之理而来的，所以善体现了元的意思，元即是善的根源。"'乾元者，始而亨者也。利贞者，性情也。'性情犹言资质体段。亨毒化育皆利也。不有其功，常久而不已者，贞也。诗曰：'维天之命，于穆不已'者，贞也。"④于是，在道学中，德性概念不再是纯粹道德哲学的概念，同时具有宇宙论的意谓或根源。

二程已经把四德和五常联系起来讨论，如伊川《程氏易传》乾卦卦辞注："元亨利贞谓之四德。元者万物之始，亨者万物之长，利者万物之遂，贞者万物之成。"⑤又解释乾卦象辞"大哉乾元"句说："四德之元，犹五常之仁，偏言则一事，专言则包四者。"⑥又如伊川言："读易须先识卦体。如乾有元亨利贞四德，缺却一个，便不是乾，须要认得。"⑦"自古元不曾有人解仁字之义，须于道中与他分别五常，若只是兼体，却只有四也。且譬一身：仁，头也；其他四端，手足也。至如易，虽言'元者善之长'，然亦须通四德以言之，至如八卦，易之大义在乎此，亦无人曾解来。"⑧他认为元必须通四德而言，仁必须通五常而言，兼体是指元可以兼亨利贞，仁可以兼义礼智信。这些地方都是以四德和五常并提，把它们看成结构相同的事物。"元亨者，只是始而亨者也，此通人物而言，通，元本作咏字。谓始初发生，大概一例亨通也。及到利贞，便是'各正性命'后，属人而言也。"⑨始而亨通，是继承了象传本来所说的"大哉乾元，万物资始"；以利贞为各正性命，则更直接用象传意"乾道变化，各正性命，保合太和，乃利贞"。北宋儒学的这些思想都对朱子对仁的理解有所影响。

一 浑沦生意

朱子四德论另一个重要特点是贯彻了"生气流行"的观念来理解四德：

> 郑问："仁是生底意，义礼智则如何？"曰："天只是一元之气。春生时，全见是生；到夏长时，也只是这底；到秋来成遂，也只是这底；到冬天藏敛，也只是这底。仁义礼智割做四段，一个便是一个；浑沦看，只是一个。"〔淳〕⑩

这是说，天地之间只是一气流行，这个一气流行又称一元之气。一元之气就是从整体上看，不分别阴阳二气。一气是流行反复的，"流行"即不断运行，"反复"是说流行是有阶段的、反复的，如一年四季不断流行反复。一元之气的流行，其初始阶段为春，春是万物初生，次一阶段为夏，

夏是万物不断成长，再次阶段是秋，秋是万物成熟，最后阶段是冬，冬是
万物收藏。四季分开来看，每个不同，连接起来看，则只是一元之气流行
的不同阶段。朱子认为，仁义礼智的关系也是如此，分别来看，仁义礼智
各是一个道德概念，连接起来看，仁义礼智都是仁，都是作为生意的仁在
不同阶段的表现。

所以，朱子又说：

> 仁，浑沦言，则浑沦都是一个生意，义礼智都是仁；对言，则仁
> 与义礼智一般。〔淳〕⑪

就分别来说，与义礼智相区别的"仁"是生意，"生意"即生生不息之
倾向、趋向；而就整体来说，仁义礼智都是仁的表现，都是生生之意的不
同阶段、不同方面的表现。

"仁有两般：有作为底，有自然底。看来人之生便自然如此，不待作
为。……大凡人心中皆有仁义礼智，然元只是一物，发用出来，自然成四
派。如破梨相似，破开成四片。如东对着西，便有南北相对；仁对着义，
便有礼智相对。以一岁言之，便有寒暑；以气言之，便有春夏秋冬；以五
行言之，便有金木水火土。且如阴阳之间，尽有次第。大寒后，不成便热，
须是且做个春温，渐次到热田地。大热后，不成便寒，须是且做个秋叙，
渐次到寒田地。所以仁义礼智自成四派，各有界限。仁流行到那田地时，
义处便成义，礼、智处便成礼、智。且如万物收藏，何尝休了，都有生意
在里面。如谷种、桃仁、杏仁之类，种着便生，不是死物，所以名之曰仁，
见得都是生意。如春之生物，夏是生物之盛，秋是生意渐渐收敛，冬是生
意收藏。"又曰："春夏是行进去，秋冬是退后去。正如人呵气，呵出时便
热，吸入时便冷。"〔明作〕⑫

仁是生意，有流行。"元只是一物"，这里指仁；"发用出来自然成四
派"，指仁义礼智。朱子认为天地间事物都是如此，一元流行，而自然形成
几个次第界限，如气之流行便成春夏秋冬，木之流行便成水火木金土，循
环往复。冬至一阳来复，生意又复发起，生长收藏，不断循环。仁之流行，
循着四个阶段往复不断，不管仁的流行所形成的仁义礼智四阶段与生物流
行自然成春夏秋冬四季如何对应一致，仁作为生意流行的实体，在这里已
经不是静而不动的理、性了。

二　生气流行

那么，仁是生意，仁是不是生气呢？上面引用的陈淳录的材料只是把仁义礼智与一元之气的流行加以类比，认为仁相当于一元生气，两者的结构是完全一样的，但还没有明确说明仁是生气。

下面的材料则更进了一步。

> 问："仁是天地之生气，义礼智又于其中分别。然其初只是生气，故为全体。"曰："然。"问："肃杀之气，亦只是生气？"曰："不是二物，只是敛些。春夏秋冬，亦只是一气。"〔可学〕⑬

分别来看，春是生气，冬是肃杀之气，但春夏秋冬，只是一气流行的不同阶段；以冬之肃杀而言，冬季的肃杀之气并不是与春季开始的生气不同的另一种气，只是生气运行到此阶段，有所收敛。照这里的答问来看，朱子不仅认为仁是生意，也肯定仁是生气；不仅仁是生气，仁义礼智全体也是生气。在这个意义上朱子也采用二程"专言之则包四者"的说法，说仁包义礼智（信），只是他已赋予仁包四者以生气流行的意义。从理论上来分析，如果仁是生气流行，这个仁就不能是理，不能是性，而近于生气流行的总体了（当然，生气流行的总体之中有理存焉，不过这是另一个问题，后面再加讨论）。在心性论上这样的仁就接近与心体流行的总体了。只是，朱子并没有把这一思想彻底贯彻到心性论。

朱子语类又载：

> 蜚卿问："仁包得四者，谓手能包四支可乎？"曰："且是譬喻如此。手固不能包四支，然人言手足，亦须先手而后足；言左右，亦须先左而后右。"直卿问："此恐如五行之木，若不是先有个木，便亦自生下面四个不得。"曰："若无木便无火，无火便无土，无土便无金，无金便无水。"道夫问："向闻先生语学者：'五行不是相生，合下有时都有。'如何？"曰："此难说，若会得底，便自然不相悖，唤做一齐有也得，唤做相生也得。便须不是相生，他气亦自相灌注。如人五脏，固不曾有先后，但其灌注时，自有次序。"久之，又曰："'仁'字如人酿酒：酒方微发时，带些温气，便是仁；到发得极热时，便是礼；到

得熟时，便是义；到得成酒后，却只与水一般，便是智。又如一日之间，早间天气清明，便是仁；午间极热时，便是礼；晚下渐凉，便是义；到夜半全然收敛，无些形迹时，便是智。只如此看，甚分明。"〔道夫〕[14]

这也是用酿酒的过程和一日早晚的过程，来类比说明四德是流行的不同阶段。这样一来，仁义礼智四德不再只是道德的德目，而变为与元亨利贞四德一样，也是自然之德，仁义礼智也可以用来描述自然流行的阶段变化。在这个意义上，仁义礼智四德也自然化了，仁义礼智与元亨利贞的同一，导致自然与社会节度的混一。值得注意的是，这里所说的"灌注"即流注、流行，指五行之气自相灌注，灌注的次序便是五行展开的次序。朱子这里所说，也意味着仁义礼智四德与五行之气一样，也是按一定的灌注次序展开的。只是，这里四德展开的次序是仁礼义智，而不是仁义礼智，这是需要加以说明的。把仁义礼智四德比类于五行之气的流行灌注，这本身就具有一种特殊的意义，显示出气的思维对朱子四德论的影响。换言之，这些仁与四德的论述，都是"就气上说"的。

当然，在朱子的论述中，酿酒和一日早晚的例子，不如一年四时变化更为常用：

只如四时：春为仁，有个生意；在夏，则见其有个亨通意；在秋，则见其有个诚实意；在冬，则见其有个贞固意。在夏秋冬，生意何尝息！本虽凋零，生意则常存。大抵天地间只一理，随其到处，分许多名字出来。四者于五行各有配，惟信配土，以见仁义礼智窦有此理，不是虚说。又如乾四德，元最重，其次贞亦重，以明终始之义。非元则无以始，非贞则无以终，非终则无以为始，不始则不能成终矣。如此循环无穷，此所谓"大明终始"也。〔大雅〕[15]

这样来看，自然流行的节度，总是生、长、遂、成，不断循环往复，与生、长、遂、成四个阶段相对应，便是元、亨、利、贞四德，四德分别是生、长、遂、成各自阶段的性质、属性、性向，也可以说是每个阶段的德性。照朱子看来，与生、长、遂、成相对应的属性、德性，既可以说是元、亨、利、贞，也可以说是仁、义、礼、智，这两个说法是一致的。这无异于说，仁义礼智在这里是自然属性的范畴。这就把仁义礼智自然化、宇宙论化了，这样的仁义礼智就不仅有道德的意义，也具有宇宙论的意义。要强调的是，当朱子把仁义礼智作为自然化的范畴时，绝不表示作为自然化了的仁义礼智与人道的仁义礼智概念已经根本不同，已经是两回事，不，在朱子哲学，自然化的仁义礼智与人道的仁义礼智仍然具有内在的一致性，只是用法与意义有广有狭而已。

所以，朱子更断言仁义礼智便是元亨利贞：

> 仁义礼智，便是元亨利贞。若春间不曾发生，得到夏无缘得长，秋冬亦无可收藏。〔泳〕⑯

这就把仁义礼智之间的关系看成与元亨利贞同样的流行，元亨利贞次第流行，仁义礼智也具有同样的流行关系和结构。这在无形之中使仁义礼智在一定程度上也变为具有宇宙论流行意义的实体—气。而这里的元亨利贞也不能说只是性了。

朱子又说：

> 问："元亨利贞有次第，仁义礼智因发而感，则无次第。"曰："发时无次第，生时有次第。"〔佐〕⑰

"发时无次第"是指恻隐羞恶辞让是非情感发生是没有一定次序的，"生时有次第"是指仁义礼智作为生气流行具有一定的先后次序。按学生的提问，元亨利贞的次序即春夏秋冬的流行次序，是实际流行的次第，而仁义礼智都是由感而发，不一定有固定的次序。这样，二者不就是不一致的了吗？学生所说的仁义礼智还是局限于性情的仁义礼智，而朱子所说的流行的仁义礼智已不限于性情之发，"生时有次第"就是指作为生气流行的仁义礼智有其次序。这些都再次体现了四德具有生气流行的意义。当然，在最低的程度上，也可以说"生时有次第"包含着仁义礼智四者在逻辑上的次序。

> 仁所以包三者，盖义礼智皆是流动底物，所以皆从仁上渐渐推出。仁智、元贞，是终始之事，这两头却重。如坎与震，是始万物、终万

物处，艮则是中间接续处。[18]

说义礼智是流动底物，即是把仁义礼智看作流行的事物，而流行是一个过程，一个渐渐起伏变化的过程，这一无尽的过程是由一系列不断延伸的单元所组成，每个单元都由开始、中间、结束构成内部三个阶段，或由生、长、遂、成构成内部四个阶段。一方面，每个单元的后续阶段都是由开始阶段渐渐衍生出来的；另一方面，每个单元中开始的阶段和终结的阶段更为重要。

> 味道问："仁包义礼智，恻隐包羞恶、辞逊、是非，元包亨利贞，春包夏秋冬。以五行言之，不知木如何包得火金水？"曰："木是生气。有生气，然后物可得而生；若无生气，则火金水皆无自而能生矣，故木能包此三者。"〔时举〕[19]

元是生气，元包亨利贞，仁是生意，仁包义礼智，木是生气，木包火金水，于是四德、五常、五行三者被看成是同一生气流行的不同截面而已。至于五常中的信，五行中的土，在这种看法中都被消解了实体意义，而起保障其他四者为实存的作用。这是另外的问题，就不在这里讨论了。

朱子说：

> "仁"字须兼义礼智看，方看得出。仁者，仁之本体；礼者，仁之节文；义者，仁之断制；智者，仁之分别。犹春夏秋冬虽不同，而同出于春：春则生意之生也，夏则生意之长也，秋则生意之成，冬则生意之藏也。自四而两，两而一，则统之有宗，会之有元，故曰："五行一阴阳，阴阳一太极。"又曰："仁为四端之首，而智则能成始而成终；犹元为四德之长，然元不生于元而生于贞。盖天地之化，不翕聚则不能发散也。仁智交际之间，乃万化之机轴。此理循环不穷吻合无间，故不贞则无以为元也。"又曰："贞而不固，则非贞。贞，如板筑之有干，不贞则无以为元。"又曰："文言上四句说天德之自然，下四句说人事之当然。元者，乃众善之长也；亨者，乃嘉之会也。嘉会，犹言一齐好也。会，犹齐也，言万物至此通畅茂盛，一齐皆好也。利者，义之和处也；贞者，乃事之桢干也。'体仁足以长人'，以仁为体，而

温厚慈爱之理由此发出也。体,犹所谓'公而以人体之'之'体'。嘉会者,嘉其所会也。一一以礼文节之,使之无不中节,乃嘉其所会也。'利物足以和义',义者,事之宜也;利物,则合乎事之宜矣。此句乃翻转,'义'字愈明白,不利物则非义矣。贞固以贞为骨子,则坚定不可移易。"〔铢〕[20]

与中年的仁说不同,后期朱子更强调对仁的理解要合义礼智三者一起看,而这种四德兼看的方法要求与四季的看法相参照。如春夏秋冬四季不同,但夏秋冬都出于春起的生意,四季都是生意流行的不同阶段,即生、长、成、藏;本来,元亨利贞是生长收藏的性,而不是生长收藏的过程,但在这里,仁义礼智不像是性,而成了流行总体和过程本身。与四季类似,仁是仁的本体,礼是仁的节文,义是仁的断制,智是仁的分别,四德都出于仁,是仁的由始至终的不同阶段。于是,仁义礼智作为人事之当然,与元亨利贞作为天德之自然,成为完全同构的东西。虽然朱子并没有说人事四德即来源于自然天德,但他把这些都看成天地之化的法则或机轴。虽然,生意流行与生气流行不一定就是一回事,但整体上看,两种说法应是一致的。

三　于气观仁

朱子下面的话讲得很有意味:

"今日要识得仁之意思是如何。圣贤说仁处最多,那边如彼说,这边如此说,文义各不同。看得个意思定了,将圣贤星散说体看,处处皆是这意思,初不相背,始得。……人之所以为人,其理则天地之理,其气则天地之气。理无迹,不可见,故于气观之。要识仁之意思是一个浑然温和之气,其气则天地阳春之气,其理则天地生物之心。今只就人身己上看有这意思是如何。才有这意思,便自恁地好,便不恁地干燥。……这不是待人旋安排,自是合下都有这个浑全流行物事。此意思才无私意间隔,便自见得人与己一,物与己一,公道自流行。须是如此看。孔门弟子所问,都只是问做工夫。若是仁之体段意思,也各各自理会得了。今却是这个未曾理会得,如何说要做工夫!且如程先生云:'偏言则一事,专言则包四者。'上云:'四德之元,犹五常之

仁。'恰似有一个小小底仁，有一个大大底仁。'偏言则一事'，是小小
底仁，只做得仁之一事；'专言则包四者'，是大大底仁，又是包得礼
义智底。若如此说，是有两样仁。不知仁只是一个，虽是偏言，那许
多道理也都在里面；虽是专言，那许多道理也都在里面。"致道云：
"如春是生物之时，已包得夏长、秋成、冬藏意思在。"曰："春是生物
之时，到夏秋冬，也只是这气流注去。但春则是方始生荣意思，到夏
便是结里定了，是这生意到后只渐老了。"贺孙曰："如温和之气，固
是见得仁。若就包四者意思看，便自然有节文，自然得宜，自然明
辨。"曰："然。"〔贺孙〕②

朱子在这里特别强调要从气观仁，从气识仁，这种观、识是要把握仁
的"意思"，而仁的意思就是"一个浑然温和之气"，朱子强调，这一浑然
温和之气并非仅仅是仁的道德气息，而是指出此气就是天地阳春之气。值
得注意的是，朱子并非只是纯粹从气观仁，他也同时从理观仁，故说了
"其气则天地阳春之气"后，即说"其理则天地生物之心"。浑然温和之气
之中有理，此理即天地生物之心。人的存在本来是理气合一、浑然流行的，
而现实的人必须自觉地在自己身上体现这种浑全流行，培养此种德性。如
果在自家身己上能体现这种仁的意思，使这个意思遍润己身，这个意思便
能无间隔地流行于人己人物之间。如叶贺孙和赵致道所言，温和之气可以
见仁，而温和之气的流行（流注）自然有节文（礼），自然得宜（义），自
然明辨（智）。

或问论语言仁处。曰："理难见，气易见。但就气上看便见，如
看元亨利贞是也。元亨利贞也难看，且看春夏秋冬。春时尽是温厚之
气，仁便是这般气象。夏秋冬虽不同，皆是阳春生育之气行乎其中。
故'偏言则一事，专言则包四者'。如知福州是一个人，此偏言也；
及专言之，为九州安抚，亦是这一个人，不是两人也。故明道谓：
'义礼智，皆仁也。若见得此理，则圣人言仁处，或就人上说，或就
事上说，皆是这一个道理。'正叔云：'满腔子是恻隐之心。'"曰："仁
便是恻隐之母。"又曰："若晓得此理，便见得'克己复礼'，私欲尽
去，便纯是温和冲粹之气，乃天地生物之心。其余人所以未仁者，只
是心中未有此气象。论语但云求仁之方者，是其门人必尝理会得此一

个道理。今但问其求仁之方，故夫子随其人而告之。……〔南升〕（疑
与上条同闻）②

　　照这里所说，天地生发之理是看不见的，但可以就天地之生气来看，
元亨利贞是气，是可见的；更容易看的是四季，春夏秋冬便是气的流行。
在这里，四季的四个阶段的更换不是最重要的，四季中贯通的生育之气才
是最重要的。这个生气便是仁。这里所说的"私欲尽去，便纯是温和冲粹
之气"，显然是指人的身心而言，朱子认为，这种人在私欲尽去后达到的温
和之气，也就是天地生物之心、天地生物之气，这是以人合天的状态。这
些都体现了朱子以温和之气为仁的思想。

　　可见，仁义礼智四德不仅仅是性理，在朱子哲学中，在不同的讨论中，
四德也具有其他的意义，如与存于中不同的心德说，如意思说所表达的道
德信息说，如宇宙论意义的生气流行说，等等。就天地造化而言，仁既是
理，也是气；就人心性命而言，仁既是性，也是心。虽然，仁的这几层意
义是不同的，但它们之间不一定是互相否定的，而是可以共存的。

四　贯彻流行

朱子晚年《玉山讲义》的第三部分说：

　　然后就此四者之中又自见得"仁义"两字是个大界限。如天地造
化，四序流行，而其实不过于一阴一阳而已。于此见得分明，然后就
此又自见得"仁"字是个生底意思，通贯周流于四者之中。仁固仁之
本体也，义则仁之断制也，礼则仁之节文也，智则仁之分别也。正如
春之生气贯彻四时，春则生之生也，夏则生之长也，秋则生之收也，
冬则生之藏也。故程子谓"四德之元犹五常之仁，偏言则一事，专言
则包四者"，正谓此也。孔子只言仁，以其专言者言之也，故但言仁而
仁义礼智皆在其中。孟子兼言义，以其偏言者言之也，然亦不是于孔
子所言之外添入一个"义"字，但于一理之中分别出来耳。其又兼言
礼智，亦是如此。盖礼又是仁之著，智又是义之藏，而"仁"之一字
未尝不流行乎四者之中也。若论体用亦有两说，盖以仁存于心而义形
于外言之，则曰"仁，人心也；义，人路也"，而以仁义相为体用。若
以仁对恻隐义对羞恶而言，则就其一理之中又以未发、已发相为体用。

若认得熟、看得透，则玲珑穿穴、纵横颠倒无处不通，而日用之间，行著习察，无不是著功夫处矣。㉑

这里就用了"意思说"，强调仁是生的意思，即仁作为"生意"的思想。朱子认为仁之生意通贯周流于仁义礼智四者之中，初看起来，仁之生意贯通的讲法似是指仁的普遍性，而以四者为特殊性；其实这种"通贯周流"的讲法与普遍性体现为特殊性的思维还是有所不同的，要言之，"通贯周流"是气论的表达方式。分别而言，仁是仁之生意的本体的表现，义是仁之生意表现为断制的阶段，礼是仁之生意的节文，智是仁之生意表现为分别。朱子认为，这正如春之生气贯彻四时之中一样，朱子用这种周流贯通之气的流行论，发挥了程颢的生意说与程颐仁"包"四德的观念，使得"仁"也成为或具有流行贯通能力的实体。这样的仁，既不是内在的性体，又不是外发的用，而是兼体用而言的了。气论的思维在这里也明显发生作用。这些就与前期的思想有所不同了。朱子的这一思想与程珌所提的"仁是元气"说在本质上是一致的，但元气不如生气说得更清楚，"元气"必须落在"生"字上讲，这是二程到朱子的仁说所一直强调的。

朱子又说：

> 仁包四端而智居四端之末者，盖冬者藏也，所以始万物而终万物者也。智有藏之义焉，有终始之义焉，则恻隐、羞恶、恭敬是三者皆有可为之事，而智则无事可为，但分别其为是为非尔，是以谓之藏也。又恻隐、羞恶、恭敬皆是一面底道理，而是非则有两面，既别其所是，又别其所非，是终始万物之象，故仁为四端之首而智则能成始能成终，犹元气虽四德之长，然元不生于元而生于贞，盖由天地之化，不翕聚则不能发散，理固然也。仁智交际之间，乃万化之机轴，此理循环不穷，吻合无间。程子所谓"动静无端，阴阳无始"者，此也。㉔

这里是讲智的意义，由于朱子把四德的关系看成是流行终始的关系，于是不仅突出了仁，也突出了智。朱子认为元亨利贞流行不已，贞是前一个过程的结束，又孕育了新过程的开始，故言元生于贞。朱子认为仁义礼智和元亨利贞相同，贞元之际与仁智之际相同，智和贞一样，具有成终成始的地位，仁智之交，就是旧的流行结束而新的流行开始。《语类》中也说：

> 又如乾四德，元最重，其次贞亦重，以明终始之义。非元则无以
> 始，非贞则无以终，非终则无以为始，不始则不能成终矣。如此循环
> 无穷，此所谓"大明终始"也。〔大雅〕㉕

这种四德论的讲法是由于把仁义礼智与元亨利贞完全对应所引起的，宇宙论的元亨利贞模式深刻影响了他对仁义礼智四德的理解。在这一节中，还有一点值得注意，此即把"元"说为"元气"。于是，朱子对于元或仁的说法，越来越不就性、理而言，而更多就具有生成形态的气而言了。

五　乾之四德

《周易本义》论元亨利贞四德：

> 盖尝统而论之。元者，物之始生，亨者，物之畅茂，利则向于实
> 也，贞则实之成也。实之既成，则其根蒂脱落，可复种而生矣，此四
> 德之所以循环而无端也。然而四者之间，生气流行，初无间断，此元
> 之所以包四德而统天也。㉖

这是把元亨利贞四德作为"物"的发生成长的不同阶段来理解的，同时，又说明这四个连续无间断的流行，是生气流行，元就是生气，所以四者的连续流行就是体现了"元"贯通四者而作为天道的统一性。

> 以"生"字说仁，生自是上一节事。当时天地生我底意，我而今
> 须要自体认得。㉗

当来即当初。以生说仁，把生作为天地间的普遍原理，这是"人生而静以上"事，即生化论属于宇宙论之事，不是人生论之事。因此宇宙论对于人生论来说是"上一节事"。人之生亦接受天地之生理，人生而静以下此生理即体于人而为仁之理，而人生的目标就是要体认从天地接受的生意生理，因为这是人的生命的根源。

《语类》卷六十八论乾卦四德：

文王本说"元亨利贞"为大亨利正，夫子以为四德。梅蕊初生为元，开花为亨，结子为利，成熟为贞。物生为元，长为亨，成而未全为利，成熟为贞。〔节〕㉘

这是以元亨利贞为生长成熟，而不是以元亨利贞为性。

致道问"元亨利贞"。曰："元是未通底，亨、利是收未成底，贞是已成底。譬如春夏秋冬，冬夏便是阴阳极处，其间春秋便是过接处。"〔恪〕㉙

这是以元亨利贞为生长成熟之外，又以元亨利贞对应春夏秋冬。

乾之四德，元，譬之则人之首也；手足之运动，则有亨底意思；利则配之胸脏；贞则元气之所藏也。又曰："以五脏配之尤明白，且如肝属木，木便是元；心属火，火便是亨；肺属金，金便是利；肾属水，水便是贞。"〔道夫〕㉚

这是以元亨利贞对木火金水。这就使元亨利贞成为更普遍的模式了。

"元亨利贞"，譬诸谷可见，谷之生，萌芽是元，苗是亨，穟是利，成实是贞。谷之实又复能生，循环无穷。〔德明〕㉛

这也是以物之生长遂成体现元亨利贞。以上都是以元亨利贞为物之形态或阶段。

以物之生长收藏说元亨利贞四德之义，始于程伊川，朱子亦明言之：

"元亨利贞"，理也；有这四段，气也。有这四段，理便在气中，两个不曾相离。若是说时，则有那未涉于气底四德，要就气上看也得。所以伊川说："元者，物之始；亨者，物之遂；利者，物之实；贞者，物之成。"这虽是就气上说，然理便在其中。伊川这说话改不得，谓是有气则理便具。所以伊川只恁地说，便可见得物里面便有这理。若要亲切，莫若只就自家身上看，恻隐须有恻隐底根子，羞恶须有羞恶底根子，这便是仁义。仁义礼智，便是元亨利贞。孟子所以只得恁地说，更无说处。仁义礼智，似一个包子，里面合下都具了。一理浑然，非有先后，元亨利贞便是如此，不是说道有元之时，有亨之时。〔渊〕³²

有这四段，即指生长遂成四个阶段，朱子在这里以生长遂成四阶段为气，而以元亨利贞为生长遂成的现实过程所体现和依据的理。按朱子论述中多见以元亨利贞为气这类的说法，而以元亨利贞四德为理，以生长收藏四段为气，此说似不多见。照这个说法，以生长遂成说元亨利贞，是就气上说，而理在气中。但朱子特别强调，程颐不从理上说元亨利贞，而从物上说，并没有错，他甚至声称程颐此说不可更改，认为讲气讲物，理便在其中了。此中理气的分析是很清楚的。这里所说的从气上看或从物上看的思想，不是从性、从理、从体上看，而都是近于从总体上看的方法。

"元亨利贞"无断处，贞了又元。今日子时前，便是昨日亥时。物有夏秋冬生底，是到这里方感得生气，他自有个小小元亨利贞。〔渊〕³³

这里又把元亨利贞说成四阶段连接循环，元是生气发生的阶段。元之前是贞，贞之后是元，循环无间断处。

气无始无终，且从元处说起，元之前又是贞了。如子时是今日，子之前又是昨日之亥，无空阙时。然天地间有个局定底，如四方是也；有个推行底，如四时是也。理都如此。元亨利贞，只就物上看亦分明。所以有此物，便是有此气；所以有此气，便是有此理。故易传只说"元者，万物之始；亨者，万物之长；利者，万物之遂；贞者，万物之成"。不说气，只说物者，言物则气与理皆在其中。伊川所说四句自动不得，只为"遂"字、"成"字说不尽，故某略添字说尽。〔高〕³⁴

"局定底"与"推行底"，与朱子说易的方法"定位底"和"流行底"的分别相近，显然，元亨利贞是属于"流行底"道理。由于伊川论元亨利贞是指"物"之生、长、遂、成言，故朱子说元亨利贞"就物上看亦分明"，他甚至认为《易传》也是就"万物"而言四德，就万物之生长遂成的阶段言元亨利贞。这种"就物上说"的方法并没有忽视理和气，因为言物则气和理皆在其中。这似乎是说，元亨利贞四德的论法可以有三种，物上说的方法如生长遂成说，气上说的方法如春夏秋冬说，理上说的方法即元亨利贞说。这三者不是互相排斥的，而是互相补充说明的。

朱子又说：

> 以天道言之，为"元亨利贞"；以四时言之，为春夏秋冬；以人道言之，为仁义礼智；以气候言之，为温凉燥湿；以四方言之，为东西南北。〔节〕③

这就把元亨利贞之理更普遍化了，就天道言，即就宇宙普遍法则而言，是元亨利贞；这样普遍法则理一而分殊，有不同的体现，如在四时体现为春夏秋冬，在人道体现为仁义礼智，在气候体现为温凉燥湿，在四方体现为东西南北。温凉燥湿又说为温热凉寒："温底是元，热底是亨，凉底是利，寒底是贞。"〔节〕③这实际上是用四季的气候变化循环说元亨利贞。在这个意义上，元亨利贞如同理一分殊，已经成为一种论述模式。

六　流行统体

"四德之元，犹五常之仁，偏言则一事，专言则包四者。"此段只于易"元者善之长"与论语言仁处看。……"元者，善之长也"，善之首也。"亨者，嘉之会也"，好底会聚也。义者，宜也，宜即义也；万物各得其所，义之合也。"乾事"，事之骨也，犹言体物也。看此一段，须与太极图通看。贺孙。③

《文言传》对元亨利贞的解释是就人事道德上说，朱子具体解释了什么是善之长，什么是嘉之会，什么是义之合，什么是事之乾，但朱子对元亨利贞的解释并不是按这种方式进行的。朱子强调，根据二程的说法，对"元"的理解要与"仁"联系在一起、贯通在一起。

> 光祖问："四德之元，犹五常之仁，偏言则一事，专言则包四者。"曰："元是初发生出来，生后方会通，通后方始向成。利者物之遂，方是六七分，到贞处方是十分成，此偏言也。然发生中已具后许多道理，此专言也。恻隐是仁之端，羞恶是义之端，辞让是礼之端，是非是智之端。若无恻隐，便都没下许多。到羞恶，也是仁发在羞恶上；到辞

让，也是仁发在辞让上；到是非，也是仁发在是非上。"问："这犹金木水火否？"曰："然。仁是木，礼是火，义是金，智是水。"〔贺孙〕⑳

按朱子的解释，元是初发生，则这就不是从理上看，而是从气上看或从物上看。其次，发生后必然向会通发展，会通后必然向成熟发展。就四个阶段的不同展开说，这是"偏言"的角度。就四个阶段贯穿著作为统一性的"元"而言，这是"专言"的角度。专言包四者，朱子的解释是，一方面，元中具亨利贞许多道理，亨利贞都是元的发现的不同形态；同理，仁不仅发在恻隐，羞恶、辞让、是非都是仁之发。

《语类》又载：

> 曾兄亦问此。答曰："元者，乃天地生物之端。故言：'大哉乾元！万物资始。至哉坤元！万物资生。'乃知元者，天地生物之端倪也。元者生意；在亨则生意之长，在利则生意之遂，在贞则生意之成。若言仁，便是这意思。仁本生意，乃恻隐之心也。苟伤着这生意，则恻隐之心便发。若羞恶，也是仁去那义上发；若辞让，也是仁去那礼上发；若是非，也是仁去那智上发。若不仁之人，安得更有义礼智！"〔卓〕⑳

元是生物的发端，元是生意的开始，亨是生意的长，利是生意的遂，贞是生意的成。于是生长遂成就是"生意"的生长遂成。这都不是从理上看的方法，也说明，四德的意义在朱子思想中并不仅仅是理。

《周易本义》云：

> "元者，善之长也，亨者，嘉之会也，利者，义之和也，贞者，事之乾也"。元者，生物之始，天地之德莫先于此，故于时为春，于人则为仁，而众善之长也。亨者，生物之通，物至于此，莫不嘉美，故于时为夏，于人则为礼，而众美之会也。利者，生物之遂，物各得宜，不相妨害，故于时为秋，于人则为义，而得其分之和。贞者，生物之成，实理具备，随在各足，故于时为冬，于人则为知，而为众事之干。干，木之身，枝叶所依以立者也。"君子体仁足以长人，嘉会足以合礼，利物足以和义，贞固足以干事。"以仁为体，则无一物不在所爱之中，故足以长人。嘉其所会，则无不合礼。使物各得其所利，则义无

不和。贞固者，知正之所在而固守之，所谓知而弗去者也，故足以为事之干。[40]

"大哉乾乎，刚健中正，纯粹精也"。刚以体言，健兼用言中者，其行无过不及。正者，其立不偏。四者，乾之德也。纯者，不杂于阴柔。粹者，不杂于邪恶。盖刚健中正之至极而精者，又纯粹之至极也。或疑乾刚无柔，不得言中正者，不然也。天地之间，本一气之流行，而有动静耳。以其流行之统体而言，则但谓之乾而无所不包矣；以其动静分之，然后有阴阳刚柔之别也。[41]

元既是生物之始，又是天地之德，作为生物之始，亦体现为四时之春；作为天地之德，亦体现为人道之仁。可见，元亨利贞四德既是论生物过程与阶段，又是论天地之德，于是既体现为四时春夏秋冬，又体现为人道的仁义礼智。"流行之统体"就是兼体用的变易总体，元亨利贞是此一统体不同流行的阶段及其特征。

虽然可以说，对于四德而言，朱子的讨论包含了三种分析的论述，即"从理看"、"从气看"与"从物看"。但总起来看，应当承认，朱子的思想中不断发展出一种论述的倾向，就是不再把元亨利贞仅仅理解为理，而注重将其看作兼赅体用的流行之统体的不同阶段，如将其看作元气流行的不同阶段。由于天人对应，于是对仁义礼智的理解也依照元亨利贞的模式发生变化，即仁义礼智不仅仅是性理，也被看作生气流行的不同发作形态。这导致朱子的四德论在其后期更多地趋向"从气看"、"从物看"、从"流行之统体"看，使得朱子的哲学世界观不仅有理气分析的一面，也有流行统体的一面，而后者更可显现出气论对朱子思想的影响。

---

① 周敦颐：《通书》诚上第一。

②④ 《二程遗书》十一。

③⑨ 《二程遗书》二上。

⑤⑥ 《二程集》第三册，第695、697页。

⑦ 《二程遗书》十九。

⑧ 《二程遗书》十五。

⑩⑪⑫⑬⑭⑮⑯⑰⑱⑲⑳㉑㉒㉕㉗ 《朱子语类》卷六，北京：中华书局，1986，第107、107、112~113、107、110~111、105、107、107、107、108、109、111~112、

112、105、115 页。

㉓《晦庵先生朱文公文集》卷七十四，《朱子全书》第二十四册，第 3589 ~ 3590 页。

㉔《晦庵先生朱文公文集》卷五十八，《朱子全书》第二十三册，第 2780 页。

㉖《周易本义》，象上传，《朱子全书》第一册，第 90 ~ 91 页。

㉘㉙㉚㉛㉜㉝㉞㉟㊱㊲㊳㊴《朱子语类》卷六十八，第 1688 ~ 1691 页。

㊵㊶《周易本义》文言传，《朱子全书》第一册，第 146、149 页。

作者简介：陈来，清华大学国学研究院院长，清华大学哲学系教授、博士生导师、清华大学学术委员会副主任。1985 年毕业于北京大学哲学系，获哲学博士学位。师从张岱年先生、冯友兰先生。曾任北京大学哲学系教授、系学术委员会主任，北京大学儒学研究中心主任。兼任中国哲学史学会会长、国际中国哲学学会（ISCP）副执行长（2002 ~ 2008）、中央文史馆馆员、全国古籍整理规划小组成员、教育部社会科学委员会委员、教育部学科指导委员会委员、国家社会科学基金学科评审组专家、国家出版基金评审专家、冯友兰研究会会长、朱熹研究会会长。学术领域为中国哲学史，主要研究方向为儒家哲学、宋元明清理学、现代儒家哲学。主要著作有《朱熹哲学研究》、《朱子书信编年考证》、《有无之境——王阳明哲学的精神》、《宋明理学》、《哲学与传统：现代儒家哲学与现代中国文化》、《古代宗教与伦理——儒家思想的根源》、《传统与现代：人文主义的视界》、《陈来自选集》、《中国宋元明哲学史》、《朱子哲学研究》、《现代中国哲学的追寻——新理学与新心学》、《古代思想文化的世界——春秋时代的宗教、伦理与社会思想》、《中国近世思想史研究》、《诠释与重建——王船山的哲学精神》、《早期道学话语的形成与演变》（合著）、《燕园问学记》、《东亚儒学九论》、《宋明儒学论》、《竹帛五行与简帛研究》、*Tradition and Modernity* 等，发表学术论文二百余篇。著作《有无之境》获第二届"中国图书奖"二等奖，《宋明理学》获第三届"中国图书奖"一等奖（国学丛书第一批集体），《古代思想文化的世界》获中华文化优秀著作奖。

［责任编辑：刘泽生］

（本文原刊 2012 年第 4 期）

先秦诸子研究与现代文化建设

杨　义

[提　要] 文化工程是人心工程。启动诸子智慧，是为此铸造根基。因而要用还原方法，走近诸子，还原历史文化现场，破解千古之谜，以重绘中国文化地图。历史文献、考古材料、民间资源、人文地理、姓氏制度中蕴含着若隐若显的诸子生命信息和诸子思想发生学的脉络，需要眼光如炬、心细如发，排除种种遮蔽，直指诸子学的本原。本文以老、孔、墨、庄、韩及孙武为例，印证这种学术方法的有效性。

[关键词] 人心工程　还原方法　文化现场　生命密码　文化地图

　　文化工程是一种人心工程。史有明言："千金可失，贵在人心。"①文化通过思想表达、人生关怀、知识传授、礼仪习俗、审美情趣以及内蕴于其中的价值取向，滋润和培养着国民的素质和心灵的归属，关系到国家形象和综合国力。科技可治贫，文化可治愚，经济和精神上的富裕，应该双轨并驰，富而愚，则可能导致一个民族的堕落。春秋战国时期战乱频仍，如果没有孔孟老庄，留给后人的记忆就是"率兽食人"的血迹；大唐之世，曾是"稻米流脂粟米白"，国力强盛，如果没有李杜韩柳，留给后人的记忆，就只是一班脑满肠肥之辈而已。也许李白批评"珠玉买歌笑，糟糠养贤才"，也许杜甫揭露"朱门酒肉臭，路有冻死骨"，但他们依然是盛唐养育而成、象征所在。文化成了时代的良心。正因为有孔孟老庄、李杜韩柳等文化巨星，中华民族的长空才群星灿烂，彪炳千古。历史对一个时代的定位，很大程度上是文化定位。

现代文化建设有两个关键的着力点：一是文化的原创性；二是文化的共用性。原创性注重文化学术思想的创造，学术创新体系和话语体系的建立，思维方式和学术方法的革新，学派、学风博大精深而充满活力。共用性就是使富有创造性的文化，通过体制的革新和开拓，为全民族所共用，甚至为人类所乐于接受。原创，撑起了时代文化的高度；共用，拓展了时代文化的广度。没有原创的"共用"，满足于低水平的重复，容易陷入平庸的媚俗；没有共用的"原创"，满足于曲高和寡，容易陷入不可持续发展的孤芳自赏。

衡量人文社会科学研究成功与否的基本标准，也是考察其能否以及如何将"原创性"和"共用性"结合起来。之所以要研究距离我们已有两千多年的先秦诸子，是由于先秦时期是中国思想大规模原创的大时代，是中国思想的创世纪（Genesis）。诸子百家在这个大变动、大动荡的岁月，展示了中华民族伟大的思想创造能力，铸就了中华民族世代延续的文化基因。诸子的肉体生命已经成为尘埃，他们的文化生命却仍流淌于我们的血液中。研究诸子，就是研究我们的原本，研究我们的文化DNA，研究"内在的自我"。研究他们活动的那个先秦时代，就是研究我们这个民族共同体的思想文化是如何凿破鸿蒙、开天辟地、铸造灵魂的，而我们如今又要如何启动这种原创精神，创造现代大国博大精深而又生机磅礴的文化。民魂、国魂的铸造，都离不开原创性文化的共用。

一　走近诸子

诸子思想已经是深入人心的文化遗产。不管我们自觉不自觉，都在这样或那样地用诸子的某些话语、某些思路，去认识世界、想象世界。我们民族的文化心理结构，是不能排除诸子的。文化原创性，需要有原创的根基。天生诸子，既是我们思想上的先驱，又是我们精神上的朋友。他们丰富复杂、异见纷呈的思想，适可以成为我们思想原创的深厚根基和文化出发点。面对诸子，我们应该做的事情，乃是从心地上立定根基，拂去历史烟尘和迷雾，沟通诸子的时代和我们的时代，深入与诸子的原创性对话，以对话开拓新的原创。要发现原创和深入对话，其中的关键，是使这些先驱和朋友真正在场。在场的要义，在于还原他们的生命状态和生命过程。

要走近诸子、还原诸子，首先要追问：诸子是谁？他们的著作为何如此？这就是研究诸子的发生学。比如庄子是谁？这个问题，两千多年就没有弄清楚。司马迁叙述先秦诸子，对庄子只作附传，附于《老子韩非列传》，非常粗略地指出庄子为宋国北部蒙地（今河南商丘）的漆园吏。细读《庄子》就会发现，庄子的家世蕴藏着三个未解之谜。（1）知识来源的问题。庄子家贫，到了要向监河侯借粟为炊的地步，监河侯推托"将得邑金，将贷子三百金"，庄子就以涸辙之鲋（鲫鱼）作比喻，说"君乃言此，曾不如早索我于枯鱼之肆矣！"一个就要断炊的人，著书时竟然"其学无所不窥"，在那个学在官府的时代，博学何从谈起？（2）人生姿态的问题。庄子仅为卑微的漆园吏，在等级森严的社会，有何资格与王侯将相当面对话，而且衣冠不整，谈吐傲慢，官府也只好听之任之？（3）仕隐进退的问题。《史记》和《庄子》中，三次记述楚王派使者迎请庄子委以要职，都为庄子不屑一顾。楚国是当时的一流大国，为何到宋国聘请一个小吏而委以重任，而且这个小吏也无何等政治声望或实用的治国本事？知识来源、仕隐进退、人生姿态，都是认识一个人的要害所在。

由于存在以上三个千古未解之谜，只有对庄子的家族身世进行深入考证，才有可能认识他的文化基因从何而来，为何呈现此种形态。这是我们进行还原研究的根本入手之处。人们往往忽略了先秦的姓氏制度，与汉代以后存在根本差异。假若对上古姓氏制度做进一步考察，庄子家族渊源的信息就可能浮出水面。宋郑樵《通志·氏族略》云："以谥为氏。……氏乃贵称，故谥亦可以为氏。庄氏出于楚庄王，僖氏出于鲁僖公，康氏者卫康叔之后也。"又在"庄氏"一条下作注："芈姓，楚庄王之后，以谥为氏。楚有大儒曰庄周，六国时尝为蒙漆园吏，著书号《庄子》。齐有庄贾，周有庄辛。"②郑樵以博学著称，对唐宋以前的文献无所不读，其考证当然有唐以前文献的根据。而《史记·西南夷列传》如是记述楚国庄氏的渊源："楚威王时，使将军庄蹻，将兵循江上略巴蜀黔中以西。庄蹻者，故楚庄王苗裔也。"③这就印证了楚国庄氏是以楚庄王谥号作为氏的。因此，庄氏属于楚国贵族。然而，庄子的年代（约公元前370~前280年）距离楚庄王（公元前613~前591年在位）已经200余年，相隔七八代以上，只能说庄子是楚国相当疏远的公族了。楚庄王作为春秋五霸之一，曾向北扩张势力，破洛水附近的陆浑戎，观兵于周郊，问九鼎大小轻重于周室，是楚国最杰出的政治家。楚庄王的直系后裔就是楚国国王；旁系后裔到了孙辈，以他的谥号为氏，也是相当光荣的。

既然庄氏乃楚国疏远的贵族，又何以居留在宋国的蒙地？此事需从楚威王（公元前339～前329年在位）派使者聘请庄子当卿相入手。由此上推四十余年，即庄子出生前十几年，楚悼王（公元前401～前381年在位）任用吴起变法，"明法审令，捐不急之官，废公族疏远者，以抚养战斗之士"，"于是南平百越，北并陈、蔡，却三晋，西伐秦"，④拓展了楚国的实力和国土；吴起改革弊政的重要措施之一，是"令贵人往实广虚之地，皆甚苦之"。⑤当时楚国的一些疏远公族，可能被充实到新开拓的国土上，甚至降为平民躬耕于野，因而对吴起积怨甚深。楚悼王死后，宗室众臣发生暴乱而攻打吴起，追射吴起并射中悼王的尸体。射中国王的尸体，属灭门重罪，因而在楚肃王继位后，"论罪夷宗死者"七十余家。属于疏远公族的庄氏家族可能受到牵连，仓皇避祸，迁居宋国乡野。

通过梳理庄子的家族渊源，可以真切而深入地解开他为何能够接受贵族教育，为何敢对诸侯将相开口不逊，为何楚国要请他去当大官，而他又以不愿当牺牲的牛，作为拒绝聘任的理由。同时，一旦进入《庄子》书，我们就感到楚文化的气息扑面而来。在《秋水篇》中，庄子对梁相惠施云："南方有鸟，其名为鹓鶵（鸾凤之属），子知之乎？夫鹓鶵发于南海而飞于北海。"庄子家族生于南方，他便自居为"南方有鸟"，而且自拟为楚人崇尚的鸾凤。其家族迁于北方，便说"发于南海而飞于北海"。在鸟由南飞北的叙述中，隐含着庄子家族由楚国迁徙至宋国的踪迹。

庄子笔下的楚国故事有十几个，多有一种归真悟道的神奇色彩，那可能是他的父母、祖父母告诉他的关于那个失落了的遥远故乡的故事。"月是故乡明"，失落了的那轮故乡月，更是令人心尖儿发颤，激发出无穷的幻想。比如《庄子·徐无鬼篇》郢匠挥斥，那是牵连着楚国首都的故事。说是楚国郢都，有一个叫作"石"的工匠，挥斧快捷如风，能砍掉别人鼻尖上薄如蝇翼的白泥巴，被砍者鼻子不伤而立不失容。楚国首都的这位匠人是如何练就这份绝技的，庄子未做交代。但如果与《养生主篇》的庖丁解牛相比较，约略可知他也经过类乎"所见无非牛"、"未尝见全牛"直至不以目视而"以神遇"，因而"以无厚入有间"的游刃有余的修炼进道的过程。这里讲"听而斫之"，而不是审视而斫之，强调的是以神运斧，而非以形运斧。匠石的绝技既是了得，那位白垩粘鼻的受斧者（所谓"质"），也是心神渊静，临危若定，进道极深。千余年后苏轼还神往这份绝技，在《书吴道子画后》说："（吴）道子画人物……出新意于法度之中，寄妙理于豪放之外，所谓游刃余地，运斤成风，盖古今一人而已。"⑥

楚国幅员广大，到了春秋战国之世，汉水之阴（山北为阴，水南为阴）已是楚国腹地。汉阴抱瓮丈人的故事，也是庄子借以论道的。《天地篇》说：

> 子贡南游于楚，反于晋，过汉阴，见一丈人方将为圃畦，凿隧而入井，抱瓮而出灌，搰搰然用力甚多而见功寡。子贡曰："有械于此，一日浸百畦，用力甚寡而见功多，夫子不欲乎？"为圃者仰而视之曰："奈何？"曰："凿木为机，后重前轻，挈水若抽，数如泆汤，其名为槔。"为圃者忿然作色而笑曰："吾闻之吾师：有机械者必有机事，有机事者必有机心。机心存于胸中，则纯白不备；纯白不备，则神生不定；神生不定者，道之所不载也。吾非不知，羞而不为也。"……（子贡）反于鲁，以告孔子。孔子曰："彼假修浑沌氏之术者也。……且浑沌氏之术，予与汝何足以识之哉！"⑦

"浑沌氏之术"是楚人的原始信仰。汉阴抱瓮丈人不愿使用方便省力的桔槔，宁可挖一条隧道下井汲水灌溉菜园子。他信奉的浑沌氏之术，如子贡从中体会到的"执道者德全，德全者形全，形全者神全。神全者，圣人之道也"。这完全不同于孔子教人的"事求可、功求成、用力少、见功多者，圣人之道"。机械可以提高社会生产力，推进物质财富的开发。西方世界正是以此为基本着力点，推动了人类文明的快速发展。但处在浑沌思维中的庄子，似乎对此不感兴趣，他在那个时代就超前忧虑于对自然的开发违反了自然的本性，破坏了人与自然之间"德全、形全、神全"的三全和谐境界。他主张以道德通天顺地，并将这种道德楷模赋予楚地的抱瓮丈人。

此类楚风寓言，自古以来，沁人心脾。如宋朝文天祥极其赞赏："累丸承蜩，戏之神者也；运斤成风，伎之神者也。"⑧"累丸承蜩"，是《庄子·达生篇》中让孔子在场见证的楚国驼背老人捕蝉的神奇故事。驼背老人回答孔子："我有道也。五六月累丸，二而不坠，则失者锱铢；累三而不坠，则失者十一；累五而不坠，犹掇之也。吾处身也若厥株拘，吾执臂也若槁木之枝，虽天地之大，万物之多，而唯蜩翼之知。吾不反不侧，不以万物易蜩之翼，何为而不得！"⑨应该说，驼背老人是形不全而神全。庄子于此，甚至采取损其形而全其神的叙事策略。驼背老人捕蝉之道是"形全精复，与天为一"，"不反不侧，不以万物易蜩之翼，何为而不得"。捕蝉也是小事，意味着在庄子心目中，道无所不在。如《知北游篇》庄子回答东郭子，道在蝼蚁，在稊稗，在瓦甓，在屎溺。这里道在蝉翼，郢匠挥斥中道在薄如蝇翼的白垩土，即所谓"周、遍、咸三者，异名同实，其指一也"。凝神之极，唯知蝉翼而不知天地之大、万物之多，这就是庄子借助这位楚国驼背老人所讲的道尚神全的道理。

先秦诸子启用俗文化的智慧，是激发自身原创性的极佳发酵剂。应该看到，先秦诸子在创造其学说的时候，除了面对非常有限的文字文献系统之外，主要面对非常丰富多彩的民间口头传统和原始的民风民俗。以往未见于文字的民风民俗和口头传统，沉积深厚，一旦被诸子著录为文，精彩点化，就令人惊异于闻所未闻，造成巨大的思想学术冲击波。春秋战国之世彪炳千古的思想原创，与此关系深刻。我们知道，庄子丧妻时的行为很是惊世骇俗：

> 庄子妻死，惠子吊之，庄子则方箕踞鼓盆而歌。惠子曰："与人居长子，老身死，不哭亦足矣，又鼓盆而歌，不亦甚乎！"庄子曰："不然。是其始死也，我独何能无慨然！察其始而本无生，非徒无生也，而本无形，非徒无形也，而本无气。杂乎芒芴之间，变而有气，气变而有形，形变而有生，今又变而之死，是相与为春秋冬夏四时行也。人且偃然寝于巨室，而我噭噭然随而哭之，自以为不通乎命，故止也。"⑩

庄子此则寓言颇受儒者诟病，却与楚国的原始民俗存在深刻微妙的关系。据《明史·循吏列传》："楚俗，居丧好击鼓歌舞。"⑪这就把庄子鼓盆而歌与楚地原始风俗联系起来了。唐宋以后的笔记和地方志，对此类风俗记载甚多，如《隋书·地理志》载"蛮左"的丧葬习俗是："无衰服，不复魄。始死，置尸馆舍，邻里少年，各持弓箭，绕尸而歌。"⑫唐人张鷟《朝野金载》卷二载："五溪蛮父母死，于村外合其尸，三年而葬，打鼓路（踏）歌，亲属饮宴舞戏，一月余日。"⑬这种古俗到明清时期犹存楚地，说明庄子妻死鼓盆而歌出自家族风俗记忆。从庄子向惠子阐述其为何"鼓盆而歌"来看，庄子已将古俗哲理化了。在反省人间生死哀乐之中，庄子提炼出一个"气"字，从而把溟溟漠漠之道与活活泼泼之生命，一脉贯通。他认为："生也死之徒，死也生之始，孰知其纪！人之生，气之聚也，聚则为生，散则为死。……故万物一也，是其所美者为神奇，其所恶者为臭腐；臭腐复化为神奇，神奇复化为臭腐。"对生死一如的生命链条做了这种大化流行的观察之后，庄子得出结论："通天下一气耳。圣人故贵一。"⑭庄子看透了人之生死只不过是天地之气的聚散，通晓了万物皆化的道理，所以，在鼓盆而歌的行为中，便自然蕴含着见证天道运行的仪式。

相较而言，庄子写其祖籍地楚国与居留地宋国的态度和手法，存在巨大的反差。写楚国，他灵感勃发，神思驰骋，心理空间似乎比宇宙空间还要无际无涯；写宋国社会则似乎回到地面，描绘着各色人物的平庸、委琐、狭隘，甚至卑劣。《逍遥游篇》记述，宋人到越国去卖殷商时期样式的章甫（士人礼帽），可见宋人闭塞到了连蛮夷之地的服装、礼仪习俗与中原不同，都不明白。另一个故事为：宋人有使手受冷水浸泡而不皲（龟）裂的好药秘方，却世世代代用来漂洗丝绵，甚至将秘方卖给异方客人。⑮于此还可以进一步深思：庄子在写鲲鹏"图南"，以南冥为精神家园的时候，为何一再地谈论宋人的笨拙呢？从这种对比性的叙述中，人们可以感受到流亡后的庄氏家族，虽然已经四五十年了，但并未融入宋国社会。如果进一步考释，就会发现宋人的愚拙与宋国政治的封闭性有关，梳理《左传》对列国政治的记载，可知宋国始终以自家的公族执政，不接纳客卿。这种以专权而排他的政治结构，周旋于大国之间而求苟存的做法，造成游动于列国间的诸子对于宋人之闭塞、愚拙和刻板，多有反感。庄子当然感到切肤之痛，其余如《孟子》的"揠苗助长"，《韩非子》的"守株待兔"，都是著名的"宋国故事"。

地理也能为诸子学说的发生，提供思想形式创造的基地。庄子留居蒙泽湿地，他的文章携带着湿地林野的物种的多样性，清新、奇异和神秘，是文人呼吸着湿地林野空气的适意悟道的写作。庄子寓言写树大多辨析有用无用，写动物则涉及世相百态、道术百端。树木无言，动物有性，它们都是那位蒙泽湿地少年沉默的或调皮的朋友。作为流亡贵族后裔，少年出游无伴，遂与鸟兽虫鱼为友，"独与天地精神往来"。庄子最喜欢的动物似乎是鱼和蝴蝶，往往用之自喻，庄周梦蝶，濠梁观鱼，成了尽传庄生风采的千古佳话。对于猴子，庄子多加捉弄、嘲笑，说它不知礼义法度，像"猨狙而衣以周公之服"，定会撕咬毁坏；⑯说群狙见吴王登山，逃入树丛中，一狙自恃巧捷，在人前显摆自己，以色骄人，终致被执而死；⑰又说狙公给群狙分发橡实，朝三暮四，众狙皆怒，朝四暮三，众狙皆悦，其聪明被玩弄于有名无实的三四个手指之间。⑱猴性活泼而浮躁，总是上当吃亏。人性不能取法猴性，应该有一种万物不足以挠心的定力。他是推许"用心若镜"，不取于心猿意马。

虽然对动物有喜欢、有嘲笑，但庄子对之浑无恶意，更多亲切、平等的感情。庄子有一个广阔而繁盛的动物世界，他似乎喜欢独自漫游山泽林间。自小就因出身流亡家族而缺乏邻居伙伴，因而他对林间百物是如此知根知底，知性知情，随手拈来，喻理证道，恰切、灵动而别有一番机趣。人们仿佛听见少年庄生在山泽林间的欢呼声："山林与！皋壤与！使我欣欣然而乐与！"这块蒙泽湿地，使庄氏家族获得了避开政治迫害的生存避风港，也使庄子思想获得了一个有大树丰草、有蝴蝶、有鱼、有螳螂、有蜗牛的梦一般的滋生地。

二　还原文化现场

诸子文化现场，音容茫昧，既经历史的磨损，又有人为的撕裂，简直是碎片满目。有心缀合弥补，比起将考古所得的陶瓷碎片，复原为瓶罐碗碟，还要难上几若何倍。但是，诸子书、其他古籍和出土文献并不只是冷冰冰的材料，慧眼当识其中有若隐若现的诸多生命信息。警察破案，见一脚印，便可勘破盗贼的年龄、身材、步姿，甚至作案时的心态，难道自视聪明过人的人文学者在见微知著上，就不及警察？这是需要反躬自省的。在已经碎片化的历史文化现场上，再施展"黑旋风"式挥起板斧"排头砍去"的威风，是干脆而痛快的，但所收获的唯有"碎片化"后的"粉末化"了。扪心自问，这对得起中华民族灿烂辉煌的文化吗？人文学者的责任，是还原辉煌文化应有的辉煌，以为更加辉煌的创造打下根基。这就需要将"还原难"转换为"还原能"，向诸子文化现场走近一步。

春秋战国时期最重要的历史文化现场，是两次重要思想家的聚会，一为春秋晚期，孔子到洛阳向老子问礼，这是启动以后三百年中"百家争鸣"的关键；二为战国晚期，韩非和李斯拜荀子为师，这给三百年的"百家争鸣"画上了一个句号。对这两次聚会，以往争论不休，成为尚未破解的千古之谜。这里只讲后一次聚会。《史记·老子韩非列传》记载韩非"与李斯俱事荀卿，斯自以为不如非"。《李斯列传》记载李斯"乃从荀卿学帝王之术。学已成，度楚王不足事，而六国皆弱，无可为建功者，欲西入秦。辞于荀卿"。那么，韩非、李斯是多大年纪、在什么地方、以什么方式、当了多少年荀子的学生呢？两千年来，人们找不出材料加以证明。

战国晚期三大思想巨擘聚首于楚，乃是思想史上大事，有必要恢复它的历史现场。关键在于考定韩非、李斯拜荀子为师的年代。荀子五十岁在齐襄王时代才游学稷下，"最为老师"，"三为祭酒"，在孟、庄之后已是首屈一指的大家。其间他曾游秦见应侯，不能说他无意于用秦。由此在稷下受谗，为楚春申君聘为兰陵令，时在春申君相楚八年（公元前255年）。荀子在楚又受冷箭，辞楚归赵，再应春申君招请，已是两年后了。此时荀子作《疠怜王》之书，以答谢春申君，见于《战国策·楚策四》，而《韩非子·奸劫弑臣篇》也收录此文。一个令人迷惑不解而长期引起纷争的问题是：此文的著作权属谁？如果考虑到荀、韩之间的师生关系，就有三种可能的解释：一是韩非所作，《战国策》把它误安在荀子的名下；二是韩非抄录老师文稿，而混入自己的存稿中；三是荀子授意韩非捉刀，而弟子有意保存底稿，留下一个历史痕迹。

仔细比较《楚策》和《奸劫弑臣篇》略有文字差异的《疠怜王》文本，觉得上述第三种解释较为合理。原因有五：

一是《楚策》本比《韩非子》本删去一些芜词，文字更为简洁，而且改动了一些明显带法术家倾向的用语；二是《楚策》本在修改《韩非子》本时，增加了"春秋笔法"；三是文中采用的一些历史事件为荀子熟知，而为《韩非子》它篇未见，当是老师口授，弟子笔录的；四是本文用"疠怜王"的谚语作主题，乃是儒家为"王者师"的命题，而非法家"为王爪牙"的命题；五是《楚策》此文之后，还增加了一篇赋，赋为荀子创造的文体，引《诗》述志是荀子常用的手法，因此，当都是荀子改定时所加。[19]这五条理由可以证得，这篇《疠怜王》答谢书，是一篇由荀子授意，韩非捉刀，最后由荀子改定的文章。过去有学者想证明《疠怜王》的《韩非子》本与《战国策》本，一真一伪，其实这两个文本都是真的，只是过程中的真，不同层面的真。《韩非子》中的文本，是受意起草时的真，《战国策》的文本，是改定寄出时的真。如果以上考证可以相信的话，一系列的问题即可迎刃而解。荀子由赵经韩，准备到楚都陈郢应春申君招请时，韩非已在荀子门下，时在公元前253年；李斯在六年后，即秦庄襄王卒年（公元前247年），辞别荀子离楚入秦。即是说，韩非、李斯师事荀子，共计六年，公元前253～前247年。此时荀子六十多岁，韩非四十多岁，李斯二十余岁。他们聚首的地方是在楚国的新都陈郢（今河南淮阳），其时楚旧都已沦陷于秦将白起，退守后的新都离韩都新郑和李斯故乡上蔡都在二三百里路程之内，交通颇便。

那么，他们师徒相聚的方式何如？李斯年仅二十余岁，正是从师问学的年龄，较常在荀子身边。这又为《荀子》书中李斯、荀子的问答所证实，李斯进入秦国，也向荀子告别请教。韩非年逾四十，又是韩王之弟，必须常住韩都，经营当官的机会，不然就可能长久被边缘化。他们师生相处的时间并不长，韩非未必常在身边，而且韩非师事荀子时，已经是相当成熟的法术家或思想家，因而荀子对他的影响不是体系性的，而是智慧性。兼且荀子是三晋之儒，异于邹鲁之儒，在稷下十余年浸染了某些黄老及其他学派的学术，他入秦观风俗吏治，交接秦相应侯，似有几分用秦之心，授徒也用帝王之术，这些方面与韩非并不隔膜。

还有一件深刻地影响了中国历史进程的事情，是韩非思想受到秦始皇的喜爱，成为大秦帝国的官方意识形态。《史记》说："人或传其书至秦。秦王见《孤愤》、《五蠹》之书，曰：'嗟乎，寡人得见此人与之游，死不恨矣！'"风华正茂的秦王政为何兴奋至此？一者正因为秦王政对于韩非未尝闻其名、知其人，他们之间不存在复杂的利害关系和人事纠葛，还留有几分"空白的新鲜"和"无利害的尊重"，这在君主集权制度中是难得的机遇。二者缘于秦王政当时的心理状态和精神意向，韩非书击中了他精神关注和焦虑的焦点。要重新呈现这个历史现场，就有必要将《史记·吕不韦列传》、《秦始皇本纪》及《六国年表》贯通起来，加以综合考察。秦王政十三岁登基，大权长期握在仲父相国吕不韦和后来的长信侯嫪毐手中。登基九年，秦王政已冠、带剑，却发现嫪毐与太后淫乱叛变。在平定这场叛乱后，牵连吕不韦免相，但他退居河南，依然是诸国宾客使者相望于道，直到令他迁蜀而服毒自杀，才算结束了重逆柄政、千钧一发的政治危机。此时已是秦王政十二年（公元前 235 年），他二十四岁。从秦国于第二年就出兵韩国，索取韩非，第三年韩非就出使入秦来看，秦王政正是在公元前 235 年读到韩非之书的。他适值结束政治危机而痛定思痛之时，读到韩非《孤愤》、《五蠹》之书，自然觉得，己所欲言而未能言者，竟被此书说得个通体透彻，简直是字字直叩心扉，积郁顿消，岂不淋漓痛快之至哉！

还原历史现场的一个有效办法，就是从文化地理学的角度，考察诸子思想产生的地域文化原因。比如，考察老子思想发生的原因，就应该读一读郦道元《水经注》相关记载，因为该书难能可贵地为后世留下老子故乡的若干历史痕迹。⑳地方风物所透露的信息，潜在地暗示着老子的身世，潜在地影响着老子的思想方式。我们应该如实地承认老子是不知有父的，多么渊博的学者也无法考证出老子之父。但他是知有母的,李母庙就在老子庙的北面。我怀疑,老子出生在一个母系部落,才会如此。了解这一点,才可能解释何以在先秦诸子中,唯有《老子》带有母性生殖崇拜的意味。最为明显的是《老子》六章:"谷神不死,是谓玄牝。玄牝之门,是谓天地根。"牝的原始字形是"匕",作女性生殖器形状,正如牡字去掉"牛"旁,乃男性生殖器形状一样。玄牝之门,即玄深神秘的女性生殖器之门,竟然是天地之根,这不是母性生殖崇拜,又作何解释?六十一章又说:"大邦者下流,天下之交,天下之牝(马王堆汉墓帛书甲本作'天下之牝,天下之交也')。牝常以静胜牡,以静为下。"这些话都语义双关,从神圣的生殖崇拜,转化出或发挥着致虚守静、以柔克刚的思想。

上古中国是一个多元共构的、并非都是同步发展的文化共同体,恰恰相反,非均质、非同步是其突出的特点。周室及其分封诸国的中心地区,是一些经济文化比较发达的城邦。而远离城邦的边鄙之地,则存在明显的原始性,依然活跃着许多氏族、部落和部落联盟。在这些边远地区,就很可能存在母系氏族,或母系氏族的遗风。值得注意的是,《老子》二十一章,在讲了"道之为物,惟恍惟惚。……窈兮冥兮,其中有精,其精甚真,其中有信"(精和信,均为男女生殖之液)之后,特别讲到"自古及今,其名不去,以阅众甫。吾何以知众甫之然哉?以此"。众甫二字,马王堆帛书甲、乙本均作"众父",这种用语是否带点群婚制的信息呢?老子是否也因而知有母,而不知有父呢?

那么,为何又称"谷神"呢?从《水经注》可知,大概与赖乡颇有山谷、谷水出焉有关。那里的初民,也许有谷神信仰。而且溪谷也是"牝",如《大戴礼·易本命》所说:"丘陵为牡,溪谷为牝。"②这就将老子从原始民俗中所汲取的玄牝信仰和溪谷信仰贯通起来了。谷神也就是玄牝。因而《老子》三十九章以"道生一"的"一"字言道:"昔之得一者:天得一以清,地得一以宁,神得一以灵,谷得一以盈,万物得一以生,侯王得一以为天下贞。"请注意这一系列得一者的顺序:天、地、神、谷、万物、侯王。这是一系列非常神圣的名字,其中唯"谷"字特别,超出常人的想象,说明"谷神"信仰的神圣性。《老子》书也用了不少"谷"字、"溪"字来论道,比如六十六章:"江海所以能为百谷王者,以其善下之,故能为百谷王。是以圣人欲上民,必以言下之;欲先民,必以身后之。是以圣人处上而民不重,处前而民不害。是以天下乐推而不厌。以其不争,故天下莫能与之争。"从"百谷王"的虚怀若谷、海纳百川，讲到不争而莫能与之争，老子把原始信仰转化为无为思想的辩证法思维，理论穿透能力是非常强的。一般而言，无水为谷，有水为溪，在季节性山间小溪中，谷和溪是同一物在不同季节的各异形态。二十八章说："知其雄，守其雌，为天下溪。为天下溪，常德不离，复归于婴儿。……知其荣，守其辱，为天下谷。为天下谷，常德乃足，复归于朴。"天下溪和天下谷相当，又与百谷王相对应。知雄守雌，以雌为雄，处下不争，归朴复婴，所追求的都是"常德"而不是一日长短。从母性生殖崇拜到谷神信仰，老子所发掘的历史文化资源，在诸子中最称古老和原始，由此他触及宇宙的根本和人生的根本，在宏大的宁静中寻找着此世界生生不息的母体。

陈地的地理风物对老子影响至深者，一是谷，二是水。他自小就在流经赖乡的谷水、涡水上，天真无邪地嬉戏，因而对水性、水德体验极深。《老子》八章说："上善若水。水善利万物而不争，处众人之所恶，故几于道。……夫唯不争，故无尤。"这就是老子体验到的水之德。还有水之性，《老子》七十八章说："天下莫柔弱于水，而攻坚强者莫之能先，以其无以易之。弱之胜强，柔之克刚……正言若反。"柔弱胜刚强，是老子最有标志性的发现之一，而最初启发他的莫非水，最好的喻体也莫非水。这个发现既可鼓舞弱者敢于坚持的勇气，又可告诫逞强之徒收敛其锋芒，还可涵养强大者游刃有余的处事谋略，成为各阶层的人们以"天下之至柔，驰骋天下之至坚"的思想源。高深莫测哉，老子智慧，他的发现对中国人心理的渗透和模塑，谁也不应低估。老子从水性中发现了"柔弱胜刚强"，从水德中发现"善利万物而不争"，这和孔子叹逝川，可以并列为对水之哲学的三项杰出的发现。涡水、谷水虽小，它们滋生的哲学却功成而不居地震撼着中国人的心灵。

三　破解千古之谜

由于史料缺失以及历代诠释以崇圣尊经为标准所造成的遮蔽，先秦诸子研究中存在许多千古之谜。要破解这些千古之谜，首先需对先秦诸子进行生命的还原，以"还原"来确立"破解"的根本。不管采取何种思维方式，思想的产生，都是社会实践和精神体验的结果。孔子一旦成了圣人，经过历代的阐释、开发、涂饰和包装，他的名字就成了公共的文化符号，在很大程度上已不再属于他自己。因而对孔子的思想言论，最关键的是要放在特定的社会历史境遇中，分析其生命遭际和心理反应，而不能将之从特定的社会历史境遇中游离出来，孤立地向某个方向作随意的主观引申；也不能百般曲解、回护，为圣人讳。梁启超有言："凡境遇之围绕吾旁者，皆日夜与吾相为斗而未尝息者也。"②境遇是人的生命展示的现场，忽视境遇，就忽视生命的鲜活的个性。对孔子言论之境遇的还原，就是对孔子生命的鲜活个性的尊重。

比如孔子的"唯女子与小人为难养也，近之则不孙，远之则怨"一语，㉓在妇女解放和女性主义思潮中最受诟病。以往注家也有觉察并进行回护。宋邢昺疏解云："此章言女子与小人皆无正性，难畜养。所以难养者，以其亲近之，则多不孙顺；疏远之，则好生怨恨。此言女子，举其大率耳。若其禀性贤明，若文母之类，则非所论也。"在邢昺进行"大率"和例外的分辨之处，朱熹则将女子界定为"臣妾"："此小人，亦谓仆隶下人也。君子之于臣妾，庄以莅之，慈以畜之，则无二者之患矣。"其实与其费尽心思地为这句话的正确性做辩护，倒不如考察一下它所产生的历史境遇。

孔子在政治生涯中两遇女子，一是《论语·微子篇》说的"齐人归女乐，季桓子受之，三日不朝，孔子行"。对于此事，《史记·孔子世家》综合先秦文献描述孔子年五十六，由大司寇行摄相事，把鲁国治理得极有起色。毗邻的齐国担心"孔子为政必霸，霸则吾地近焉，我之为先并矣"。于是选出八十个歌舞女子，送给鲁君。季桓子几次微服到鲁城南高门外观看女乐，又邀请鲁君终日游览，荒废政事。孔子等待观望，等到连祭祀的熟肉都不发，就上路到了边境。师己送行的时候，孔子唱了一首歌："彼妇之口，可以出走；彼妇之谒，可以死败。盖优哉游哉，维以卒岁！"师己回去，如实告诉季桓子，季桓子喟然叹息："夫子罪我以群婢故也夫！"这里既讲到孔子为政带来"男女别途"，又讲到齐国"女子好者"八十人，在孔子政治生涯造成转折中的负面作用。孔子离鲁途中作歌，指责"彼妇之口"、"彼妇之谒"，而季桓子则感叹"夫子罪我以群婢故也夫！"在如此情境中，与其说孔子在抽象地谈论"女子"，不如说他在批评"好女色"；与其说孔子在孤立地谈论"小人"，不如说他在针砭"近小人"。

再看另一次遭遇女子。《论语·雍也篇》记载孔子离开鲁国而出入于卫国，发生"子见南子"事件，《史记》也做了这样的发挥：

（孔子）反乎卫，主蘧伯玉家。灵公夫人有南子者，使人谓孔子曰："四方之君子不辱欲与寡君为兄弟者，必见寡小君。寡小君愿见。"孔子辞谢，不得已而见之。夫人在绨帷中。孔子入门，北面稽首。夫人自帷中再拜，环佩玉声璆然。孔子曰："吾乡为弗见，见之礼答焉。"子路不说。孔子矢之曰："予所否者，天厌之！天厌之！"居卫月余，灵公与夫人同车，宦者雍渠参乘，出，使孔子为次乘，招摇市过之。孔子曰："吾未见好德如好色者也。"于是丑之，去卫。㉔

据《吕氏春秋》，孔子是通过卫灵公宠臣的管道，见到卫灵公的厘夫人南子："孔子道弥子瑕见厘夫人。"这一点，与《淮南子·泰族训》、《盐铁论·论儒篇》的材料相仿佛。这个嬖臣弥子瑕，大概就是《史记》所说的南子派使的人。这次拜访却引起子路的误会，害得孔子对天发誓。而卫灵公却没有因此尊敬和重用孔子，只给他一个坐在"次乘"上，跟在自己和南子的车屁股后面的待遇。引得孔子对如此女子、如此小人，大动肝火，痛陈在卫国，"好色"已经压倒了"好德"，并且为此感到羞耻，离开了卫国。在如此情境中，孔子对"女子与小人"做出申斥，又有什么可以大惊小怪呢？

只要我们对历史进行有事实根据的还原，就会发现，今人对孔子的一些指责，指向的也许不是本来的孔子，而是圣人之徒加在孔子脸上的涂饰。只有消解这类涂饰和包装，才能如实地分辨孔子的本质和权变、贡献与局限、精华与糟粕、短暂与永恒。我们谈论孔子的力量，才是真实的而非虚假的力量。

破解千古之谜的重要方法，是从文献处入手，在空白处运思，致力于破解空白的深层意义。这应该看作是"哲学的文献学"妙用。要尽可能地从文献的蛛丝马迹上，进入先秦诸子的生命本质。在把握多种多样的学科文献材料，包括出土文物文献材料的基础上，需要交叉使用文化人类学、历史编年学、姓氏学、人文地理学以及考古民族学等等方法，才能够接触到诸子的生命的密码。比如说，《左传》鲁定公四年（公元前506年）记述吴、楚"柏举之战"，吴军神速攻入楚国郢都，只载伍子胥、吴王阖闾及其弟夫概，却没有孙武的影子。但这场以少胜多的战争，直插大国首都，若无孙武式的神机妙算，简直匪夷所思。连一代雄主唐太宗都说："朕观诸兵书，无出孙武。孙武十三篇，无出虚实。夫用兵，识虚实之势，则无不胜焉。"㉕

疑古派学者依据《左传》记载的空白，就怀疑历史上有无孙武其人。

早在宋代，叶适（水心）就有此议论，《文献通考》记载叶氏的话："（司马）迁载孙武齐人，而用于吴，在阖闾时，破楚入郢，为大将。按《左氏》无孙武。他书所有，《左氏》不必尽有，然颖考叔、曹刿、烛之武、鳟设诸之流，微贱暴用事，《左氏》未尝遗。……故凡谓穰苴、孙武者，皆辩士妄相标指，非事实。其言阖闾试以妇人，尤为奇险不足信。"㉖黄宗羲《宋元学案》卷五十四《水心学案》，也载此说。实际上，空白并非无，历史记载的事情只是历史存在的沧海一粟，记载了，不一定全是真实；失载了，不一定不存在。《左传》采用官方材料，将一切战绩都归于国王和重臣，而孙武只是客卿，也就忽略不记。但先秦兵家文献《尉缭子》记载，有提十万之众，而天下莫敢当者，是齐桓公；有提七万之众，而天下莫敢当者，是吴起；有提三万之众，而天下莫敢当者，是孙武子。《韩非子·五蠹篇》也称，"境内皆言兵，藏孙、吴之书者家有之"，孙武、吴起成了兵家的标志性人物。对同一件事情，官方和民间的记载因为价值标准不同，关注的重点人物就大不一样。东汉王充的《论衡》甚至说："孙武、阖庐，世之善用兵者也，或知学其法者，战必胜。"㉗竟然将孙武置于吴王之前。历史是透过各色人等记述的"三棱镜"，呈现为赤橙黄绿青蓝紫七彩的，简单地追逐单色，就可能失去历史的丰富性。

由于古史文献失载，《史记·孙子列传》对孙武身世的记载相当简略："孙子武者，齐人也。以兵法见于吴王阖庐。阖庐曰：'子之十三篇，吾尽观之矣，可以小试勒兵乎？'"只说到孙武是齐国人，他遇见吴王阖闾，就拿出了《十三篇》，使现在的《孙子兵法》十三篇，有了着落。问题在于只有三十余岁的孙武，此前并无作战记录，但一出手就是《十三篇》，竟然成为千古兵家圣典，如此奇迹何由而生？先秦材料并没有提供奇迹产生的足够资料，我们只能从先秦以来留下的有限而零碎的材料中，寻找蛛丝马迹，去弥补和破解这个空白。

清代学者孙星衍，自称乃孙武后代，指认出孙武祖父为陈书。《左传》鲁昭公十九年（公元前 523 年）记载的齐国将领孙书，本名陈书，因战功被齐景公赐姓为"孙"。陈、田相通，因此孙书属于田完家族的后裔。据《史记·田敬仲完世家》记载，陈国贵族陈完因宫廷变乱，逃奔齐桓公当了"工正"。五世以后，宗族强盛，九世孙太公和取代姜齐，自立为诸侯。孙武，是田完家族的七世孙。《左传》昭公十九年记载："秋，齐高发帅师伐莒。莒子奔纪鄣。使孙书伐之。初，莒有妇人，莒子杀其夫，已为嫠妇。

及老，托于纪鄣，纺焉以度而去之。及师至，则投诸外。或献诸子占，子占使师夜缒而登。登者六十人，缒绝。师鼓噪，城上之人亦噪。莒共公惧，启西门而出。七月丙子，齐师入纪。"㉘孙书因此赐姓，这一年，孔子十九岁，比孔子略小的孙武也就十岁出头。后来写成的《孙子兵法》讲，兵不厌诈，兵以诈而立，其快如风，其动如雷霆，可以看到这个战例一些影子。而且《孙子兵法》第十三篇很独特，写了个反间计，认为内奸，或者"暗线"，对于打仗能够知己知彼、里应外合非常重要。哪部兵书专门为"反间计"写上一章呢？就是《孙子兵法》。我们知道，信息时代非常重视战争中的信息，使用卫星监视敌方的动向。孙武有先见之明，两千多年前就强调战争中信息的重要性。这跟孙武祖父讨伐莒国小城，得到城中老妇作为内线的支持，是有关系的。《孙子兵法》反映和升华了孙武的祖父辈的战争经验。

考察《孙子兵法》的家族文化基因，绝不应忘记另一位和孙书同辈的大军事家司马穰苴。司马穰苴本称"田穰苴"，也是齐国田氏家族的旁系中人，因当了大司马、大将军，后代以官名为氏，改称司马穰苴。《史记》卷六十四《司马穰苴列传》，记载春秋晚期，齐国受晋国和燕国的威胁，常打败仗，有人建议齐景公启用田穰苴。齐景公担心田氏家族的势力膨胀，但劝说者认为，穰苴为田氏家族庶出，又不怎么关心政治权势，只是军事专家，于是就任命他当了大将军。可是司马穰苴跟齐景公说，我的威信不足以统率全国军队，最好派一个宠臣来做监军，结果就派了宠臣庄贾。司马穰苴就同庄贾约定，明天午时，在军门会合，商量出兵事宜。谁料庄贾倚宠卖宠，到处应酬酒席，接受礼品，弄到中午还不见人影，到晚上才来。司马穰苴就问军法官，该如何处置，军法官说，按军令要杀，司马穰苴就下令，推出去杀了。齐景公马上派使者来制止。司马穰苴说了一句"将在军，君命有所不受"，就把他杀掉了。这句话跟孙武杀掉吴王的两个宠姬的话是一模一样的。《史记》卷六十四《司马穰苴列传》中的这句话，在卷六十五《孙子吴起列传》中又出现，似乎《史记》用语重复，实际上那是同一个家族的军事思想。有意思的是，盛唐贤相张九龄主张诛杀安禄山的奏章中，也将这两件事联系起来："穰苴出军，必诛庄贾；孙武教战，亦斩宫嫔。守珪军令必行，禄山不宜免死。"㉙《孙子兵法》强调，将军跟国君的关系，是战争中最重要的关系之一。就是说国君要把战场上指挥决断之全权委托给将军，战场形势瞬息万变，攻防调动仰赖深居宫廷的国君听风是雨，指手画脚，将军无法做主，就必然打败仗。《孙子兵法·计篇》说："将听吾计，用之必胜，留之；将不听吾计，用之必败，去之。"这些话是讲给吴王阖闾听的，有话在先，去留由斯。

孙武练兵为何杀了两个宠姬，好像是血淋淋的残酷？但他不能手下留情，必须君命有所不受，能够行使将军指挥全权，留在吴国才有实质的价值。孙武看到齐国田氏与其他政治势力争斗不休，避祸南下富春江一带，观察周围几个国家的形势，存在"鸟择树枝"，而不是"树枝择鸟"的多种可能性。孙武在吴国，只是一个客卿，死后在苏州附近的墓碑还写着"吴王客孙武之墓"。他跟伍子胥不一样，伍子胥曾经帮助公子光（吴王阖闾）刺杀吴王僚，是辅助新君上台的功臣，是相国，是国君的左膀右臂。孙武无此根基，必须强调"将在军，君命有所不受"的前线指挥权，强调他与司马穰苴都恪守的家族信条。《史记》记载，司马穰苴"文能服众，武能威敌"，这跟《孙子兵法》里"令之以文，齐之以武"的治军思想是相通的。司马穰苴带军队，士卒一住下，他就去检查伙食，关心井和灶弄好了没有，有没有生病的，亲自操持这些事情。自己领到军粮，就发给士兵一起享受，这跟《孙子兵法》里"善养士卒"的思想是一致的。《地形篇》讲的"视卒如婴儿，故可与之赴深溪；视卒如爱子，故可与之俱死"，与司马穰苴带兵打仗的行为方式也存在关系。

可以说，家族的记忆，长辈成功的典范，已经成了《孙子兵法》字里行间的精神气脉。孙武出生在齐国军事世家，祖辈军事思想和作战经验，深刻地影响和震撼着当时只有十几岁的少年孙武。政治军事家族平时的家教，厅堂上的谈论、辩论、争论，直接成为孙武军事思想形成的催化剂。这个军事家族平时谈论和关心的战争，一是齐国跟邻国打的仗，二是近百年来齐、晋、秦、楚四大国之间的决定存亡兴衰的重要战争。比如说，齐鲁长勺之战中，曹刿论战，"一鼓作气，再而衰，三而竭"，强调战争中勇气、士气的作用。这个齐、鲁战例，离孙武几十年，但其家族对鲁胜齐败的经验教训，肯定做过研究和反省。所以孙武讲战争，非常重视气，"三军可夺气，将军可夺心，是故朝气锐，昼气惰，暮气归。善用兵者，避其锐气，击其惰归，此治气者也"。曹刿论战中的"气说"，通过孙子家族对一场与齐国有关的战争的讨论总结，注入了《孙子兵法》的理论思考之中。《孙子兵法》实际上是孙氏政治军事家族的经验和智慧的结晶，也是春秋列国重要战争经验的哲学性升华。对《孙子兵法》的这些认识，都离不开"从文献处入手，在空白处运思"这种诸子生命还原的学术方法。

四　重绘文化地图

中国幅员广大，各个地域在种族、部族活动的漫长历史过程中，积累了丰富多彩的地域文化成果。由于不同地域给诸子注入的文化因素千差万别，因此考定诸子的家族身世和里籍，对于破解诸子的文化基因具有关键价值。但历史文献资料的短缺，为考订留下许多难题。《史记·孟子荀卿列传》所附墨子身世片段仅云："盖墨翟，宋之大夫，善守御，为节用。或曰并孔子时，或曰在其后。"将墨子附于列传中孟子、稷下先生、荀子之后，年代明显错乱。如此简略地记载一个学派领袖的一生，说明风行二百余年的墨子显学，到太史公时代已衰微到了几乎进入绝学之境。而且《史记》说墨子为"宋大夫"，与《墨子》记载他从不接受爵位互相矛盾；至于墨子的里籍在何处，也未做交代。

关于墨子里籍问题，《史记》、《汉书》没有明确记述，唯汉末高诱注《吕氏春秋》称其为"鲁人"。以后就陷入众说纷纭、莫衷一是的迷雾之中。学术研究，器识为要。要在善于拨开迷雾，辨识直指事物本原的途径。墨子里籍的最原始的材料何在？在《墨子》书，在墨子言。墨子对楚王言"臣乃北方鄙人"，说明他不是楚国人。他"出"曹公子于宋，用一个"出"字介绍自己的弟子到宋国做官；止楚攻宋之后，"过"宋而未被守闾者接纳，那他不是宋人，在宋地无家。他又说，"南有荆、吴之君"，加上"吴"，就在北方偏东；"北有齐、晋之君"，加上"齐"，就是不太北而偏东；"东有莒之国"，就在莒国西面、鲁国"南鄙"那些附属小国。鲁国南面存在过有名字可考的小型国家，在春秋战国时期就有二十多个，都属于东夷部族。墨子出身于百工，往往居无定所，游动于东夷部族之间，其思想与东夷文化结有不解之缘。这对于将诸子研究纳入中华民族共同体发生过程中的华夷互动体系，具有本质的价值，可以极大地拓展墨子研究的文化空间。

墨学属于"草根显学"，有别于儒家的"士君子显学"。墨子站在平民立场，提倡"节用"、"非乐"，反对"厚葬"，倡导公平正义、反对上层社会的奢侈淫乐，非常有鼓动力。民众鼓动起来了，用什么来约束和监督呢？他提倡"天志"和"明鬼"。学者们考察《左传》等书，发现春秋战国时期已经有"民本思想"，即认为墨子讲天讲鬼，是思想倒退。其不知"民本思想"只是当时精英分子的思想萌芽，广大草根民众仍信天信鬼，这种无所不在的监督，带有很强的心理强制性。墨子提倡"兼爱"和"非攻"，也是站在平民百姓、弱势群体一边。儒家的仁爱和礼仪讲究尊卑等级，亲疏远近，推己及人。一讲尊卑等级，就没有草根平民的份了。所以墨子讲"兼爱"，没有尊卑等级的普遍的爱，大家都是"天之民"，各国不分大小，都是"天之邑"，不能以尊压卑，不能以大欺小。墨子说他的思想行为是从大禹那里学来的。大禹的子孙分封在杞国，春秋时迁移到今山东新泰县，离墨子家乡很近。在墨子二十多岁时，杞国被楚国吞并，贵族、巫师、歌手把大禹故事带到民间，所以墨子能听到的大禹故事非常怪异，非常原始，带有东夷文化色彩。破解了墨子的家乡何在，就破解了墨子思想的文化基因从何而来。如果进一步分析先秦文献中墨翟、禽滑厘及其身后的墨家"巨子"的活动轨迹，可以认定，河南中南部是墨家民间结社团体的根据地，或他们止楚攻宋、实行非攻主张的大本营。

近代以来，由于西方科学思潮的启发，《墨辩》声誉鹊起，《大取》、《小取》二篇也列入其中。梁启超有感于胡适的心得，认为墨子十论是"教'爱'之书"，墨辩六篇是"教'智'之书，是要发挥人类的理性"。此波愈涌愈烈，以至推崇"一部《墨经》，无论在自然科学哪一个方面，都超过整个希腊，至少等于整个希腊"。[⑩]考察《墨辩》诸篇的发生，有必要搜索墨子思维方向的一次重大转换，由青壮年时期的满腔激情，到晚年充满悟性和理性的冥思。其转捩点隐藏在汉代邹阳的一句话中："宋信子罕之计而囚墨翟。"[⑪]一次牢狱之灾，促使已入老境的墨子对于前此的人生和思想进行反思。

墨子被囚前可能已开始反思自己的学说。被囚中，他苦思冥想早年百工众艺，以及日常事例、学理辩论的深层原理。他构思写作《经上》、《经下》，可能在自宋国出狱后，不再能留宋或入楚，唯有返回鲁南鄙故里之时。从年龄心理学看，人在晚岁，往往津津有味地反刍早年的经验；人在捡拾早年的脚印中，捡拾青春的梦。墨子因后返乡，旧雨重逢，朝花夕拾，许多当年的得意之事和幼稚笑话又何尝不可作为谈资？当年能工巧匠师徒相授，不乏绝技和秘诀，窥探这些绝技秘诀背后的原理，也是人生之乐事。因此，百工之技，绳墨之学，融合着民间能工巧匠世代相传的智慧，成了墨子《经》上、下对百科技艺进行思考的切近而稔知的资源。而且百工技艺，也是凿山开渠、治理洪水的大禹所推崇的，《周礼·考工记》说："有虞氏上陶，夏后氏上匠。"这里出了一个杰出的百工领袖：奚仲。《左传》鲁定公元年记载："薛之皇祖奚仲，居薛以为夏车正。"《文子》说，尧之治天下，"奚仲为工师"。《系本》说："奚仲始作车。"《管子》说："奚仲之为车器也，方圜曲直皆中规矩钩绳，故机旋相得，用之牢利，成器坚固。"奚仲的薛国在战国时成为齐国孟尝君田文的封邑。墨子曾经称赞"奚仲作车"。造车这一在百工技艺中难度最大的技术，是在墨子家乡首先发展起来的。《法仪篇》载有墨子的话："百工为方以矩，为圜以规，直以绳，正以悬。无巧工不巧工，皆以此四者为法。"可见他对百工技艺之"法"情有独钟。墨子由家常日用、百工之艺，开辟了通向科学的通道，绳墨之学的抽象化或数理化，向前延伸就是几何学。这是一种由经验上升为数理的科学主义的智慧。

文化地理学的角度，不仅对于破解诸子文化基因的来源效果明显，而且对于解释诸子的想象方式和理想追求，也可以得到深入一层的收获。在人性没有丧失自然本色的古老时代，人离自然很近，人处在自然的包围中，地方风物往往赋予思想者以思想的方式、想象的方式。老子有一种"复归于婴儿"的思想，就是返本归真，复归生命的原始。老子"小国寡民"的社会理想，实质上是要复归社会生命之原始，复归社会形态上的"婴儿"：

> 小国寡民。使有什伯人之器而不用；使民重死而不远徙。虽有舟舆，无所乘之；虽有甲兵，无所陈之。使民复结绳而用之。甘其食，美其服，安其居，乐其俗。邻国相望，鸡狗之声相闻，民至老死，不相往来。②

目睹东周的衰落，身在洛阳进行思想创造的老子反观自己的生命源头，苦县赖乡的氏族原始生存方式被他理想化、童话化了。这里所描述者涉及小国（原始氏族或部族）的规模，器物和对待器物的态度，对待迁徙和战争的态度；重视风俗、民人安乐和衣食温饱，至于文字文化则宁可简朴原始；邻国（相邻氏族和部族）外交尽量平淡相处，自然自足。这实际是老子以童年氏族生活记忆，辅以清虚无为的文化想象而成的"小国寡民"乌托邦。

再看庄子的理想方式。尽管宋国政治没有接纳庄子，但蒙泽湿地接纳了他。《马蹄篇》论"至德之世，同与禽兽居，族与万物并"，就与这块湿地的原始生态有关。接着这样描写："山无蹊隧，泽无舟梁；万物群生，连属其乡；禽兽成群，草木遂长，是故禽兽可系羁而游，鸟鹊之巢可攀而窥"，"同乎无知，其德不离；同乎无欲，是谓素朴。素朴而民性得矣"。所谓"至德之世"讲的是社会理想，一如老子讲的"小国寡民"含有他对童年氏族生活的记忆，庄子对未来理想的构设，也嵌入了美好童年记忆的因子，崇尚的是一种未被社会异化的自然人性。人文地理的神奇之处在于它会给人的文化基因染色。它可以给墨子染上大禹的坚韧、百工的聪明，又可以给老子、庄子染上原始氏族的淳朴以及湿地风光的朦胧。

在先秦诸子研究中，走近先秦诸子、还原历史现场、破解千古之谜、重绘文化地图这四个命题互相关联，融为一体。走近诸子，就是走近他们所处的历史现场，还原现场才能破解千古之谜，谜团破解了，文化地图自然就变得清晰起来。反过来，以人文地理学、文化人类学、历史年代学、职官与姓氏、考古与文献等角度重绘文化地图，就可以厘清千古之谜由何产生，就可以还原历史现场，自然也就能够走近先秦诸子。四维度贯穿着一个核心思想：还原诸子的生命过程，用《桃花扇》中的话来说，就是与先秦诸子"一对儿吃个交心酒"。这一点就与现代文化建设联通起来了，它令千古心灯交辉互照。经过这番还原研究，我们就可以用熟悉的、真确的，甚至亲切的姿态，与先秦诸子进行深度的文化对话，追问他们为我们民族注入何种智慧，他们在创立思想时有何种喜怒忧愁，在中华民族数千年发展中他们提供的思想智慧有何种是非得失，在现代大国文化建设上这些古老的思想智慧如何革新重生，以此对话启动原创，在深厚的根基上共谋新世纪的人心工程。

---

① 《南齐书》卷三十七《到撝、刘悛、虞悰、胡谐之列传》之"史臣曰"。

② （宋）郑樵：《通志》卷二十五、二十八，杭州：浙江古籍出版社，1988，第440、470页。

③ 《史记·西南夷列传》，北京：中华书局，1959，第2993页。

④ 《史记·吴起列传》，第2168页。

⑤ 《吕氏春秋·贵卒》，北京：中华书局，1954，"诸子集成"本。

⑥ （宋）苏轼：《书吴道子画后》，《苏轼集》卷九十三，明海虞程宗成化刻本。

⑦ 《庄子·天地篇》，《庄子集解》，北京：中华书局，1987，第107～108页。

⑧ （宋）文天祥：《跋萧敬夫诗稿》，《文天祥集》卷十。

⑨ 《庄子·达生篇》，《庄子集解》，第158页。

⑩ 《庄子·至乐篇》，《庄子集解》，第150～151页。

⑪ 《明史》卷二八一，北京：中华书局，1974，第7210页。

⑫《隋书·地理志》，北京：中华书局，1973，第898页。

⑬张鷟：《朝野佥载》（《隋唐嘉话》、《朝野佥载》合刊本），北京：中华书局，1979，第40页。

⑭《庄子·知北游篇》，《庄子集解》，第186页。

⑮《庄子·逍遥游篇》，《庄子集解》，第7页。

⑯《庄子·天运篇》，《庄子集解》，第126页。

⑰《庄子·徐无鬼篇》，《庄子集解》，第216～217页。

⑱《庄子·齐物论篇》，《庄子集解》，第16页。

⑲参见杨义《〈韩非子〉还原》，北京：《文学评论》2010年第1期。

⑳参见杨义《〈老子〉还原》，北京：《文学评论》2011年第1期。

㉑《大戴礼记》卷十三，北京：中华书局，1983，第258页。

㉒梁启超：《新民说》第九节"论自由"，《梁启超文集》卷六，林志钧《饮冰室合集》本。

㉓《论语·阳货篇》，《四书章句集注》，北京：中华书局，1983，第182页。

㉔《史记·孔子世家》，第1918～1921页。

㉕旧题（唐）李靖《唐太宗李卫公问对》卷中，上海：中华学艺社影宋刻本。

㉖（元）马端临：《文献通考》卷二百二十一《经籍考》载"水心叶氏曰"。

㉗（东汉）王充：《论衡》卷十二《量知篇》，四部丛刊本。

㉘《春秋左传注》，北京：中华书局，1990，第1403页。

㉙《旧唐书》卷九十九《张九龄传》。

㉚杨向奎：《关于研究〈墨经〉的讲话》，《墨经数理研究》，济南：山东大学出版社，1993，第25页。

㉛《史记·鲁仲连邹阳列传》，第2473页。

㉜《老子》八十章，《老子校释》，北京：中华书局，1984，第307～309页。

作者简介：杨义，澳门大学讲座教授，中国社会科学院首批学部委员。曾任中国社会科学院文学研究所所长兼学术委员会主任、民族文学研究所所长兼学术委员会主任，《文学评论》主编。国家级有突出贡献专家。著有《中国现代小说史》（三卷）、《20世纪中国文学图志》、《中国古典小说史论》、《中国叙事学》、《中国古典文学图志》、《楚辞诗学》、《李杜诗学》，以及《杨义文存》（十册）、先秦诸子还原四书（《老子还原》、《庄子还原》、《墨子还原》、《韩非子还原》）等学术著作四十余种，发表论文五百余篇。主编《20世纪中国翻译文学史》（六卷）、《中国文史经典讲堂》（香港，从《老子》到《聊斋志异》十四卷）等书籍19种（69册）。获国家图书奖、中国图书奖、中国社会科学院优秀科研成果奖、中国优秀博士论文导师奖。曾任牛津大学客座研究员、剑桥大学客座教授、英国学术院客座教授。提倡"大文学观"、"重绘中国文学地图",考究多民族文学"边缘的活力"和中国文化生命力的"太极推移",开拓文学图志学、文学地理学、文学民族学、中国叙事学、诸子还原学等学科分支和思想文化领域。

[责任编辑:刘泽生]

(本文原刊 2012 年第 2 期)

经典：世界性的文化遗产

詹福瑞

[提　要] 经典之所以是世界性的文化遗产，决定于其普适性的价值。但是对于经典的普适性价值，"非典"者是不承认的。然而反对者只强调文化的差异性而否定文化的共通性，是不符合文化发展实际的。经典的普适性价值恰恰是建立在人类文化共通性基础之上的。经典对人类普遍关注的问题给出解决途径，关注人的生存状况，揭示人性的复杂，它反映了人类基本的价值观和普遍的情感，因此经典具有普适性价值。

[关键词] 经典　差异性　普适性　价值

经典是能够经得住时间和历史检验的传世之作，从时间的维度看，经典具有永久的价值。而从空间维度来看，经典同样具有超越地域、阶级、种族、族群的普适性价值和意义。"经"者，道也。经典属于世界性的文化遗产，是对于世界不同时期、不同民族、不同地域、不同阶级和不同性别的读者都具有普遍启示意义的典籍。

一

对于经典是否具有普适性价值，反对经典的学者，尤其是后现代的学者是持否定态度的，其激烈的程度超过了对于经典的时间维度的永久性价值的否定。不同阶级、不同民族、不同地区和不同性别的人群，是否具有相同或相近的价值观，长期以来就是争论不休的问题。这也充分反映到对经典的认识上来。

后现代主义就是"以攻击普遍主义、本质主义、基础主义以及二分法思维模式为目标的"。①"利奥塔发现，康德的三种批判能力和判断类型与维特根斯坦的语言游戏有着某种结构上的对应关系，所有这些东西都受它们各自的规则和标准所支配。不过，他比这些理论家要走得更远，在他看来，话语的异质性是必然的，永远存在不可能被同化到普遍或者普适标准中去的差异。在《歧异》中，他还指出那种人与人互相团结、彼此具有共同性和普遍性的现代'我们'已经土崩瓦解。他认为，在奥斯威辛事件之后，我们不再有任何借口来宣称人类本是一个整体，宣称普遍性是人类的真实状况。相反，群体的碎裂化和利益的相互竞争才是后现代的真实情况。"②这里所说的利奥塔，即法国哲学家、后现代思潮理论家让·弗朗索瓦·利奥塔尔（Jean-Francois Lyotard）。他被视为关于多元性、异质性、差异性等问题的典型的后现代理论家，成为"猛力攻击总体化和普遍化的理论和方法，捍卫一切理论领域及话语中的差异性与多元性的一面旗帜"。③他的《后现代状态》的理论核心就是论述传统哲学和传统社会理论与后现代知识之间的差异。现代科学寻求普遍化、同质性，并且以其能够解除人们的愚昧、带来真理而获得合法性。而利奥塔尔恰恰置歧见和异议于共识之上，置异质性和不可通约性于普遍性之上，他指出："把合法化问题的建构引向追求普遍的共识似乎是不可能的，甚至也是不谨慎的。"④后现代科学强调的是知识的不稳定性、非连续性和无序性。后现代理论"通过关注不可确定的现象、控制精度的极限、不完全信息的冲突、量子、'碎片'、灾变、语用学悖论等，后现代科学将自身的发展变为一种关于不连续性、不可精确性、灾变和悖论的理论。它改变了知识一词的意义，它讲述了这一改变是怎样发生的。它生产的不是已知，而是未知。它暗示了一种合法化模式，这完全不是最佳性能的模式，而是被理解为误构的差异的模式"。⑤利奥塔尔的理论颇具代表性。后现代既不承认精神产品超越时间的永久性价值，亦不承认精神产品超越环境的普遍性价值，即超越性别、超越阶级、超越种族、超越地域的普适价值。西方后现代各派别无一例外，都反对经典的普适性。女性主义认为经典是男权主义的产物，有色人种认为经典反映的是已死的欧洲白人的价值观，后殖民主义则认为经典带有明显的欧洲中心主义的价值观，新历史主义认为权力才是建构经典的核心因素。

无疑，民族、语言、地域和阶级的不同，自然会影响到精神产品的创造和接受，影响到经典的评价。艾略特（Thomas Stearns Eliot）在《什么是经典》中，着重从语言成熟与否的角度来讨论经典："假如我们能找到这样一个词，它能最充分地表现我所说的'经典'的含义，那就是成熟。……经典作品只可能出现在文明成熟的时候；语言及文学成熟的时候；它一定是成熟心智的产物。赋予经典作品以普遍性的正是那个文明、那种语言的重要性，以及那个诗人自身的广博的心智。"⑥ "当一位伟大的诗人同时也是一位伟大的经典诗人的时候，他所用竭的就不仅仅是一种形式了，而是他那个时代的语言；在他的笔下，那个时代的语言将达到完美的程度。"⑦正因为艾略特强调语言对于经典的决定作用，他看到了语言圈给作品接受带来的深刻影响。在他看来，只有欧洲文学的源头拉丁和希腊文学语言才能找到接近欧洲经典的作品，而任何现代语言中无论如何也找不到接近经典的作品；"例如，根据歌德的诗在本国语言和文学中所占的位置，我们有足够的理由认为他的诗构成了一部经典作品。然而，由于他的诗的局部性，它在内容上的某些非永恒性，以及感受性上的德意志精神；又由于歌德在一个外国人看来，似乎受到他那个时代，那时的德国语言以及德国文化的局限，所以他不能代表整个欧洲的传统，并且和我们自己的十九世纪作家一样，带有地方气，因此我们不能把歌德称作一个普遍的经典作家"。⑧歌德作为世界范围的经典作家，是得到普遍认可的，故此不能因为他的诗带有"地方气"，是用德语写的，就把它排除在经典之外。但是我们又不能不承认艾略特所持观点，即语言对于经典传播范围的影响。中国经典之作在世界范围内的传播情况也可以证明这一点。除《论语》、《庄子》、《红楼梦》等经典之作和屈原、李白、杜甫、鲁迅等经典作家的作品有一定的影响之外，尚有许多经典还不为人所知，或者影响仅限于华文文化圈，如日本、韩国以及东南亚各国等。

不仅是语言，从历史上看，不同的族群、不同的阶级（我们现在已经很少谈阶级了，西方马克思主义反而还坚持阶级的观点），其价值观也是有差异的。即便是不同的性别，由于所受教育的机会和程度有别，也有认识上的区别。对同一作品的评价肯定会有差异。如爱德华·希尔斯（Edward Shils）所说："人文学传统依附于古老的民族共同体或文明；依附于特定的著作，这些著作构成了这一共同体或文明的一部分，因此，不易于传递给另一些民族社会和文明。"⑨

二

认识及评价文化，要看到文化的差异性，同时也不能否认文化的共通性。而这种文化的共通性，既可以超越时间，也可以超越空间。

文化的共通性，首先表现在人类的共同关注。我们必须承认，即便是不同性别，不同民族，不同地区，不同的意识形态，不同的语言族群，作为人，必然有其共同关心的人与自然、人与社会以及人作为个体自身的精神和情感问题。杜卫·佛克马（Douwe Fokkema）说："文学经典是为了解决人们特定的需要而创作的，它们对我们个人生活和社会生活中所遇到的问题提供可能的解决方案。当然，不同的文化背景决定了我们有着不同的需要和问题，但在这个全球化的世界里，有一些需要和问题是跨越文化界限甚至是普遍存在的。人们需要食物和房屋，和平和没有战争，他们希望生活在自由和安全的环境中。"[10]

杜卫·佛克马关注的是全球化下人类共同面对的普遍问题。实际上，即使人类交流不是十分发达的社会，生活在不同国度和地区的人们同样有着共同关注的人类生存与生活的问题，如饥馑、灾荒、瘟疫、洪水、地震等自然灾害，战争、动乱、宗教与意识形态之争等社会问题，还有个体的生老病死以及爱恨情仇等人生问题。美国著名文学与文化批评家爱德华·W. 萨义德（Edward W. Said）在《知识分子论》一书中讨论知识分子时，亦注意到了知识分子的民族性和民族的集体认同。法国小说家和评论家班达（Julien Benda）在其名著《知识分子之背叛》中认为，"知识分子存在于一种普遍性的空间，既不受限于民族的疆域，也不受限于族裔的认同"。[11]然而萨义德指出，自从1927 年以后，世事发生了很大变化，"首先，欧洲与西方为世界其他地方设定标准的这种角色已经遭到挑战"；"其次，旅行与通讯不可思议的快速发展，创造出对于所谓'歧异'（difference）和'他性'（otherness）的新认知；用简单的话来说，这意味着如果谈起知识分子，就不能像以往那样泛泛而谈，因为法国知识分子在风格与历史上完全不同于中国的知识分子。换言之，今天谈论知识分子也就是谈论这个主题在特定国家、宗教甚至大洲的不同情况，其中似乎每个都需要分别考量。例如，非洲的知识分子或阿拉伯的知识分子各自处于很特殊的历史语境，具有各自的问题、病征、成就与特质"。[12]"民族或其他种类的社群（如欧洲、非洲、西方、亚洲）具有共同的语言和一整套暗示及共有的特色、偏见、固定的思考习惯，我们似乎无从逃脱民族或社群在我们周围所设定的边界和樊篱。在公众的言词中，找不到比'英国人'、'阿拉伯人'、'美国人'、'非洲人'更普遍的用语了，其中每个用语暗示的不只是整个文化，而且是特定的心态。"⑬这种情况必然对知识分子的普遍性观念有所减损。萨义德并不反对知识分子的民族性，然而他认为："除了这些极为重要的任务——代表自己民族的集体苦难，见证其艰辛，重新肯定其持久的存在，强化其记忆——之外，还得加上其他的，而我相信这些只有知识分子才有义务去完成。毕竟，许多小说家、画家、诗人，像曼佐尼（Alessandro Manzoni）、毕加索（Pablo Picasso）、聂鲁达（Pablo Neruda），已经在美学作品中体现了他们人民的历史经验，而且这些美学作品也被认为是伟大的杰作。我相信，知识分子的重大责任在于明确地把危机普遍化，从更宽广的人类范围来理解特定的种族或民族所蒙受的苦难，把那个经验连接上其他人的苦难。"⑭经典的普适性价值即在于把一个民族，甚至个人的经验连接上人类经验，使经典不仅具有民族性和作者的个人性，同时具有其超越民族性和个人性之上的普遍意义。

其次，文化的共通性表现在人类有其可以共同接受或承认的文化，有其共同的文化遗产。让我们引用迈克尔·泰纳（Michael Tanner）《时间的检验》中一段论述时间与经典的话来讨论这一问题："经典，经受时间的检验，有一种共同的感觉存在于爱好大致相同的人中间，这些观念是不可分的。假如没有一系列这种意义上得到公认的经典作品，一个有共同目标的批评界就无法存在。"⑮譬如，洪水、地震、干旱、瘟疫等自然灾害给人类带来的灾难，战争、杀戮给人类带来的痛苦，专制、贪腐给社会造成的不公，等等，是不同地域和民族、不同性别和族群所共同关心而且深恶痛绝的问题。尤其是人类所关心的自身的复杂人性问题，更是历代精神产品都在不断探索的问题。刘再复2012年发表的文章《〈红楼梦〉的存在论阅读》中有这样的讨论："文学固然可以见证时代，但是文学也常常反时代、超时代。它所见证的人性困境，常常不是一个时代的困境，而是永远难以磨灭的人类生存困境和人性困境。从人性的角度上说，文学并非时代的镜子，而是超时代的人性的镜子。马克思在解释《荷马史诗》所以具有永恒性价值时，提出的理由正是史诗呈现了人类童年时期的特点。这就是说，它见证的不是希腊时代的政治经济，而是超越希腊也超越希腊时代的人类早期的普遍性情和普遍困境。"⑯我们姑且不讨论文学是否"并非时代的镜子，而是超时代的人性的镜子"的问题，但是，刘再复先生所说的经典表现的是人类永远不可磨灭的人类生存困境和人性困境，则从一个方面道出了经典的普适性价值。"一个哲学家的伟大之处无疑在于他的思想观点的持久性，接受他的思想观点的区域范围，及他提出的问题和解决方式的普及性和渗透性。"⑰因此，作品反映了人类共同关注的问题和表现了人类普适性价值的作家，如但丁、莎士比亚、歌德、托尔斯泰、萨特、卡夫卡等经典作家，既是西方的，也是东方的、世界的；孔子、庄子、李白、曹雪芹、鲁迅既是中国的、东方的，也是西方的、世界的，并且是当代的。"这样的诗人无论他属于哪个国度都是我们的同胞，但又是他本民族最卓越的代表之一。这样的人能帮助他的同胞理解他们自己，同时又帮助别人理解并接受自己。"⑱因此，《论语》中"仁者，爱人"的思想，⑲释典里普渡众生的人世关怀，《老子》、《庄子》反对过度社会化对人性的扭曲与异化、提倡自然的学说，越千年而至今，仍对社会产生重大影响。

艾略特在《哲人歌德》中谈"伟大欧洲人"的标准时说："我们的标准是什么？毋庸置疑，其中两条肯定是永恒性与普遍性。欧洲诗人必须不仅仅在历史上占有一定位置：他的作品必须给后代以乐趣和裨益。他的影响不仅仅是一个历史记录问题；他对任何时代都含有一定的价值。而每个时代对他都会有不同的理解，而且不得不以新的眼光来评价他的作品。他必须不仅仅对本民族和语言显得重要，就是对其它民族和语言也要一样显得重要：本民族和语言的人们将会感觉到他完全是他们当中的一员，而且也是他们在国外的代表。对于不同国家、不同时代的读者来说，他的意义不会相同，但至于他的重要性，任何国家、任何时代都不会有任何怀疑。"⑳艾略特主要是从语言角度来评价"伟大的欧洲人"的，认为似但丁、莎士比亚和歌德那样的伟大作家，"是他们语言中最伟大的诗人"。但是他同时指出，他们之所以成为最伟大的欧洲人，是"他们作为欧洲人的伟大是比他们在他们语言中高于其他诗人这一点无论在复杂性还是涵容性上都更为巨大的东西"。㉑莎士比亚创造出的哈姆雷特和歌德创造出来的浮士德都具有本国特点，没有比哈姆雷特更英国化的了，也没有比浮士德更德国化的了，但是他们却又超出了本国的范围，"又像是我们自己国家的朋友"。艾略特讨论诗人的伟大，虽然局限于欧洲之内，但是却揭示了伟大作家的一个普遍特征，即他超越国度、民族和地域的重要影响。而这种影响显然来自其作品所包蕴的具有普遍价值的内容。

赛缪尔·约翰逊（Samuel Johnson）评价莎士比亚，同样指出了他的作品所表现出的普遍性的事物:"除了给具有普遍性的事物以正确的表现之外,没有任何东西能够被许多人所喜爱,并且长期受人喜爱。特殊的风俗习惯只可能是少数人所熟悉的,因此只有少数人才能够判断它们模仿的逼真程度。幻想的虚构所产生的畸形结合可能由于新奇而暂时给人快感,我们大家共同感到生活的平淡乏味,这种感觉促使我们去追求新奇事物;但是突然的惊讶所供给我们的快感不久就枯竭了,因此我们的理智只能把真理的稳固性作为它自己的倚靠。莎士比亚超越所有作家之上,至少超越所有近代作家之上,是独一无二的自然诗人;他是一位向他的读者举起风俗习惯和生活的真实镜子的诗人。他的人物不受特殊地区的世界上别处没有的风俗习惯的限制;也不受学业和职业的特殊性的限制,这种特殊性只能在少数人身上发生作用;他的人物更不受一时风尚或暂时流行的意见所具有的偶然性所限制;他们是共同人性的真正儿女,是我们的世界永远会供给,我们的观察永远会发现的一些人物。他的剧中角色行动和说话都是受了那些具有普遍性的感情和原则影响的结果,这些感情和原则能够震动各式各样人们的心灵,并且使生活的整个有机体继续不停地运动。"[22]也就是认为莎士比亚的戏剧"一心想的只是人","忠于普遍的人性",[23]表现了人类共同的人性和普遍的情感,"表现普遍人性的真实状态"以及"世事常规"。[24]

在中国现代作家中,鲁迅无疑也是一位世界性的经典作家。2013 年 9 月 11 日,《文艺报》第五版以整版的篇幅发表林非、朴宰雨和王锡荣的三篇文章,集中讨论了鲁迅的世界性影响。根据这些文章介绍,早在 20 世纪二三十年代,鲁迅在苏联、法国、美国、英国、瑞典、日本等国家就有了很大影响。据林非文章《鲁迅——第一位走向世界的中国作家》介绍,1925 年 6 月 16 日,《京报副刊·民众文艺》刊登的鲁迅作品第一位俄文翻译者王希礼写给曹靖华的信《一个俄国文学研究者对于〈呐喊〉的观察》即指出,鲁迅是"中国的这一位很大的真诚的'国民作家'","他不只是一个中国的作家,他是一个世界的作家"。1926 年 3 月 2 日,《京报副刊》发表柏生的文章《罗曼罗兰评鲁迅》,称罗曼·罗兰认为鲁迅的《阿 Q 正传》"是充满讽刺的一种写实的艺术。……阿 Q 的苦脸永远的留在记忆中"。又据王锡荣的文章《鲁迅的"世界人"概念和世界的"人"概念》,"1926 年瑞典已有人建议提名鲁迅为诺贝尔奖候选人,为鲁迅所婉拒。同年他的《阿 Q 正传》被译成英文出版,到 1931 年,该书已经有了英、法、日、世界语等语种出版。……1937 年由日本首先出版了 7 卷本《大鲁迅全集》"。

因此，真正的经典应该而且必然是对所有的人类说话，而非只对某一部分人说话，如法国文学批评家圣·佩甫（Charles-Augustin Sainte-Beuve）所说："真正的经典作者丰富了人类的心灵，扩充了心灵的宝藏，令心灵更往前迈进一步，发现了一些无可置疑的道德真理，或者在那似乎已经被彻底探测了解了的人心中，再度掌握住某些永恒的热情；他的思想、观察、发现，无论以什么形式出现，必然开阔、宽广、精致、通达、明断而优美；他诉诸属于全世界的个人独特风格，对所有的人类说话。那种风格不依赖新词汇而自然清爽，历久弥新，与时并进。"㉕面对这些在世界上得到普遍承认并且影响深远的经典作家和作品，我们必须承认不同族类、不同阶级和阶层以及不同性别之间，是存在"共同的感觉"、"共同的目标"的。也就是说，人类对精神产品的判断与接受，既有其个别性，也有其共通性。如约翰逊所言："一个作家永远有责任使世界变得更好。而正义这种美德并不受时间和地点的限制。"㉖伽达默尔（Hans-Georg Gadamer）从阐释学的角度谈"世界文学"，也对我们讨论经典的普适性颇有启发意义。他说："歌德用德语第一次提出了世界文学（Weltliteratur）这个概念，但是对于歌德来说，这一概念的规范性意义还是理所当然的。这一意义即使在今天也还没有消失，因为今天我们还对一部具有永恒意义的作品说它属于世界文学。属世界文学的作品，在所有人的意识中都具有其位置。它属于'世界'。这样一个把一部属世界文学的作品归于自身的世界可以通过最遥远的间距脱离生育这部作品的原始世界。毫无疑问，这不再是同一个'世界'。但是即使这样，世界文学这一概念所包含的规范意义仍然意味着：属于世界文学的作品，尽管它所讲述的世界完全是另一个陌生的世界，它依然还是意味深长的。同样，一部文学译作的存在也证明，在这部作品里所表现的东西始终是而且对于一切人都有真理性和有效性。"㉗所谓世界文学的作品，都具有其永恒的意义，而且对一切人都有其真理性和有效性，这实际上讲的就是经典价值的普遍性。所以理论界不能为精神产品的个别性所遮蔽，看不到精神产品影响的普遍性；更不能以偏概全，有意强调精神产品接受的个别性，否定精神产品的普遍性，为已经成为人类文化经典的传播设置人为的障碍。

三

激进的后现代主义解构经典的主要理由，除了主张异质文化、反对文化的普遍性原因之外，还认为经典的形成带有太多的阶级、种族、性别和权力的色彩。他们站在西方马克思主义、女性主义、后殖民主义、新历史主义和结构主义的立场，重新审视和评价经典，对经典的合法性提出质疑。如居罗利（John Guillory）说的那样："近年来许多批评家确认，'规范化'的文学文本精品（传统所称的'古典'精品）运作在某种程度上就像《圣经》经典的形成。这些批评家在价值判断的客观性领域发现一个政治的内涵：一大批人从文学规范中被排除出去。……规范形成的批评家把他们的问题建立在一个令人困扰和无可争议的事实之上：如果你扫视一下西欧所有伟大的经典作家的名单，你将会发现其中很少有女人，甚至很少非白人作家和出身寒微的下层作家。""我们一旦思考这个问题，就被迫思考一些令人惊异的假说。尽管他们创作的作品可能一直是伟大的，但它们并没有受到保护而无法经典化……如果这是可能的，那么规范组成的历史就会作为一种阴谋，一个不言而喻的、审慎的企图出现，它试图压制那些并不属于社会的、政治的，但又是强有力的群体的创作，压制那些在一定程度上隐蔽或明显地表达了占统治地位的群体的'意识形态'的创作。"⑳斯坦福大学教授汤姆·莱恩达尔（Tom Lionel）亦言："简而言之，传统经典反映白种人的、资产阶级男性的价值观和偏见，忽视了非主流文化、非强势种族、弱势群体及女性的文学成就。"㉑

这里需要澄清两个问题。

首先是经典中为什么缺少女性和平民作家的问题。在欧美社会，传统的经典以男性的白人贵族作家为主，这是不争的事实。中国古代也是如此，经典作家多来自士大夫，很少平民。但是，造成以上问题的原因是否如居罗利所说，历史上存在一种阴谋，一些出身平民或女性作家所创造出的伟大作品，因为缺少发言的权力而被排除在经典之外？我们知道研究历史的一个基本原则，就是历史不能假设，只能根据存世的文献说话。是否有一些平民、女性的伟大作品被排除在经典之外，甚至失传？因为缺少文献的可靠记载，因而无法讨论。然而有一个事实却可以说明这个问题，即经典缺乏平民和女性作家的作品，主要原因在于受教育的机会。平民及其女性，因为社会地位低下，缺少受教育的权利和机会，自然也不可能有创造文化产品的能力。这应该是经典少有平民和女性作家的作品的主要原因。

其次，仅仅以性别、人种和阶级地位来判断经典作品的内容及其价值，是否合理呢？更具体来说，是否人的身份就一定决定了作者的立场和作品价值观？分析传世的经典，可以得出结论：并非如此。

19世纪法国著名作家维克多·雨果的父亲是拿破仑麾下的一名将军，可知雨果出身并不是平民。但是这并不影响他写出了《巴黎圣母院》、《悲惨世界》这样的经典。在《巴黎圣母院》中，雨果极为同情地描写了善良的吉普赛少女爱斯梅拉尔达在封建专制下所受到的迫害。巴黎圣母院副主教克罗德道貌岸然，他先是喜爱爱斯梅拉尔达，而后又转为憎恨，对爱斯梅拉尔达实施迫害。而面目丑陋的撞钟人卡西莫多则心地善良，为了救爱斯梅拉尔达而丧生。小说歌颂了下层人民的善良友爱。《悲惨世界》的主人公冉·阿让是农民出身的工人。他心地善良，帮助姐姐养活七个孩子。因为饥饿难耐偷了块面包而被判苦役。出狱后，他改名换姓，经营工业，促进了小城的繁荣，因此赢得人们的信任，当上市长。但是，为了解救被误认的无辜者，冉·阿让毅然自首，再度入狱。不过，为了实践自己对被遗弃而死于贫困的女工芳蒂娜的诺言，他又逃离监狱，收养了芳蒂娜的女儿珂赛特，隐居巴黎。珂赛特长大后，与马里尤斯相爱。马里尤斯参加1832年6月5日的起义，失败时身负重伤，被冉·阿让冒着生命危险救出。长期追捕冉·阿让的警长雅韦尔面对冉·阿让多年舍己为人的人格力量，最终精神发生崩溃。《悲惨世界》整部小说主要表现了贫穷人民的悲惨命运，揭示了社会制度的不公，可见雨果的出身并没有决定他的书写立场。

19世纪俄罗斯伟大作家列夫·托尔斯泰是出身贵族的男性作家，自幼接受的是典型的贵族教育。但是他的经典之作《安娜·卡列尼娜》表面看来写的是一个上流社会已婚妇女失足的故事，然而列夫·托尔斯泰却以极为复杂的心情塑造了一个贵族阶级家庭的已婚女性，表现了她们婚姻的不幸和无力战胜传统道德的悲剧。主人公安娜·卡列尼娜不能忍受丈夫的冷漠和虚伪，追求真正的爱情和幸福。但她既无力反抗上流社会的虚伪、冷酷的道德压力，又不能完全脱离贵族社会，战胜自己身上传统观念的束缚，最终只能在极其矛盾的心境下卧轨自杀。

其实，在中国，最有说服力的是曹雪芹的《红楼梦》。在对待女性的态度上，曹雪芹实现了两个突破。一是突破了中国古代社会固有的男权主义的立场。在这部经典中，作者把他反抗传统的理想寄予女性，借贾宝玉之口说出"女儿是水做的骨肉，男人皆是泥做的骨肉，我见了女儿，我便清爽；见了男人，便觉浊臭逼人"的惊人之语，即认为男人都是世上的污秽浊臭之物，而女人才是钟天地之灵秀的美好生命。在此种观念之下，曹雪芹塑造出一大批或寄托了理想，或寄予同情的女性形象。尤其是大观园这个女儿国中的少女，无论是身为小姐的黛玉、宝钗、史湘云、妙玉，还是作为奴婢的袭人、晴雯、紫鹃等，都成为宝玉美好生命体验中的重要组成部分。曹雪芹倾注心血塑造的这些女性形象，既表现出作者对女性美好生命的赞美，同时亦表达出作者对这些女性人生悲剧的愤懑与同情。二是突破了作者贵族的身份立场。从《红楼梦》所描写的奴婢形象中，可以看出，曹雪芹不仅在男权社会中，把女性作为人，甚至优于男人的人；而且在贵贱分明的阶级社会中，把奴婢也看作人。《红楼梦》既有"金陵十二钗"正册，全为贾府中的小姐太太们，如林黛玉、薛宝钗、元春、迎春、探春、惜春、王熙凤、史湘云、秦可卿、妙玉、巧姐和李纨，而在副册中，身为奴婢的晴雯和袭人就厕身其中。这一安排说明，在曹雪芹的心中，晴雯和袭人等丫头们，也是水做的骨肉，也是天地间灵秀之气。在作者的笔下，这些奴婢虽然出身低贱，但是却有为人的尊严，如晴雯的任性使气，鸳鸯的誓死捍卫个人尊严。而从作品中贾宝玉对待丫鬟们的小伙伴儿态度，亦可看到作者对待奴婢的平等心理。因此曹雪芹对待贾府的丫头们，不仅有同情怜惜之心，还有对于这些出身卑贱者作为人、作为女人的尊重。王昆仑在《红楼梦人物论》中说："作者从各方面表现出宝玉是一个反对自己出身的阶级、同情被迫害者、具有自己独特思想的人物典型。他对于丫鬟们、学戏的女孩们和其他受迫害的女子，不采取主子对奴才的态度，而且经常深切地给以同情、关切和支持。王夫人迫害晴雯致死，他写出悲愤的祭文，这是突出的表现之一。平常他和一般小厮们相处，也不意识到自己的主子地位。从这上面，反映出他对于人压迫人的等级观念是反对的。通过他和黛玉争取自由恋爱的斗争以及同情别人的自由恋爱的态度，通过他对于姐姐入宫、对迎春被丈夫虐待而死、对探春远嫁等所取的态度，表现出他反抗封建婚姻制度的思想。他衷心赞美少女的纯洁天真的品质，反对男权摧残妇女，表现出他男女平等的观念。"[30]他讨论晴雯时写道："《红楼梦》作者对于凤姐、宝钗、探春、平儿、袭人是采取政治史的写法，而对于黛玉、晴雯、司棋、芳官、尤三姐，却是几首极哀艳的诗篇。一个作者对自己所偏爱的人物，往往禁抑不住主观情感之汹涌，不期然而流入吟咏式的抒写，使得读者也跟着他歌唱，跟着他歌哭，不能冷静旁观。""对于丫鬟晴雯优美的性格，强烈的反抗，惨痛的牺牲，作者的笔端，就随时充满了欣赏、抚爱、忿怒和痛惜之情。"[31]

由上所述可以说明，身份是不能完全决定作家写作立场的，因此仅仅从经典作家的身份来判定其代表了何种人的立场，并进而分析其经典的合法性，是缺乏说服力的。

四

其实任何可以称之为经典的作品，都应该跨越时空，超越族群、阶级和性别的局限，得到读者的认同。"任何的经典话语及其指涉的对象，只要能够禁得起考验（也就是可以征得许多同时空或异时空的人的认同追随），它就有可能在历史上熠熠生辉。"[32]其原因即在于经典都有其反映人类普适性价值观的内涵。就此而言，必须承认"规范的保守防卫最后都必须依赖于对规范性作品内在价值的信任"。[33]我国著名的小说《红楼梦》，从其诞生直至今日，200余年间都有众多的读者，影响甚为深远，其作为一部经典的价值和意义，已得到了多方面的深刻揭示。即便抛开封建社会必然衰落的社会论，此书对曹氏家族由簪缨鼎盛之家到树倒猢狲散之衰败的描写，已经超越了家族史的范畴，使其成为社会之形象的缩影。天下无不散之筵席，盛极必衰，反映的是中国人对待事物发展的观念；而作品中关于青年男女爱情的描写，尤其是对宝黛爱情悲剧的表现，既可从中窥得人类对爱情与美好事物的珍惜，同时又揭示出创造、珍惜美好事物是人之本性，而毁灭美好事物亦是人之本性的悖论，而人就是生活在这样的悖论之中；所以当今社会，既有面包黄油，又有航母炸弹。这些应该是人类的普遍本性，而非只有中国。当然，在《红楼梦》中，最给人以深刻启示的还是它所表现出的人生哲学。家庭的盛衰也好，人生的聚散也罢，无不诉说着人类始终都在探索、迷茫的一个问题，即人事的无常与人生的空幻。人来自何方，又归于何处？这既是古今中外都在探寻的问题，又是无解的问题。《红楼梦》则以中国人的智慧告诉人们，不仅来去为空，而且存在亦空。看起来极为悲观，然而无论中国人还是外国人，我们都不得不服膺它的深刻。

在此，我们不妨讨论一下表现于经典之中的自由思想。在中国古代文化中，诚如诸多学者所认识的那样，缺乏民主的意识和实际内涵。同时，因为中国古代乃是专制社会，从其制度的本质上说亦是反自由的。皇帝是代天行命的上帝之子，他就是真理和法律的化身，因此只有他才有自由。至于臣民，无论是言论和行为都要受到严格的限制，违背者不仅会失去人身自由，甚至会失去生命。秦始皇时期的"焚书坑儒"，东汉末年的两次党锢之祸以及宋代以后的文字狱，在在都证明了中国古代没有行为和言论自由的制度土壤。中国古代不仅不允许有言论和行为的自由，思想的自由亦不允许。清代雍正皇帝胤禛在《朋党论》中的一段话颇有代表性："为人臣者，义当惟知有君。惟知有君，则其情固结不可解，而能与君同好恶。夫是之，谓一心一德而上下交。乃有心怀二三，不能与君同好恶，以至于上下情睽而尊卑之分逆，则皆朋党之习为之害也。"㉞为臣者心中只能装着皇帝，只能与皇帝一心一意，而不能有贰心。因此对于有违此一原则的人，不仅诛杀其人，还要诛其心。正因为这样，黑格尔说："中国人……没有任何自由，所以政府的形式必然是专制主义。"㉟但是我们还是应该看到，即使是在如此严厉的专制制度之下，中国古代的经典著作中仍表达出强烈的自由思想，完全可以作为世界各国经典中同样思想的补充。

自由是人的天性，这是欧洲经典作家普遍的认识，诸多经典作家都有论述。早在古希腊时期，亚里士多德就提出："人本自由。"㊱卢梭亦说："人天生是自由的。"㊲"放弃自由就是放弃一个人的人性，就是放弃他作为人的权利，同样也是放弃了自己的义务。"㊳爱因斯坦在讨论"自由与科学"时也说："内心的自由是大自然的馈赠，也是个人追求的一个目标，社会不该干涉它的发展。"㊴认为自由是人与生俱来的天性。故此，人类要想物质、精神生活得到改进，就必须"外在的自由和内心的自由同时发展和完善"。从以上经典作家的论述来看，自由乃人的本性，崇尚并获得人的自由，是人的基本权利。因此在现代制度设置上，把保障公民自由作为法律保障的基本人权。

中国古代没有保障民之自由的制度，但是在经典之作中却大量表现了士人对于自由的崇尚和追求，由此而形成中国古代文学经典的一大传统。春秋战国时期，是中国古代思想的形成期，自由的思想亦在此一时期产生。儒家思想乃是中国古代封建社会制度的奠基思想。建立在血缘伦理价值观之上的以礼治国的思想，直接规范了封建等级制度的建立。但是，在儒家思想中也存在尊重个体自由的内容。如孟子"三军可夺帅，匹夫不可夺志"的思想，就是对士人个体自由意志的尊崇。而在道家思想中，有着极为浓厚的自由观念。老庄尚自然思想的核心内涵中就包含了自由的思想。在《庄子》一书中，《逍遥游》是集中讨论什么才是人的自由以及人如何获得精神自由的篇章。在这里，庄子探讨了何为人的自由的问题。在庄子看来，人的绝对自由只能来自心灵，即精神的自由。舍此以外的自由都是有待的，即有条件的自由，因而不是真正的自由。"若夫乘天地之正，而御六气之辨，以游无穷者，彼且恶乎待哉！"[40]那么，如何才能达到真正的自由呢？庄子说："至人无己，神人无功，圣人无名。"[41]即超越了现实的名利之争，也超越了有我之心，一切皆顺从自然，才可获得自由。儒道两家的自由观，是互补的自由观。儒家强调的是对于个人人格的尊重，而道家提倡的则是个人精神上对于社会现实和自我的超越。后代士人的自由观大致不出这两个范畴。晋代著名诗人陶渊明的思想是什么，由来争论甚大，然而其思想中极为重要的部分就是自由的精神。因此，他不为五斗米折腰，挂冠而归乡里，由此而有"久在樊笼里，复得返自然"之乐，[42]并且悟得"纵浪大化中，不喜亦不惧"[43]的"新自然主义"[44]人生哲理，追求的正是个人人格的尊严和超迈功利之上的精神自由。唐代伟大诗人李白亦是如此。"安能摧眉折腰事权贵，使我不得开心颜"，[45]既是为了个人人格的尊严，也是为了个人的精神自由。因为在李白看来，千金易得，自由难求。因此他极为欣赏战国时齐国的鲁仲连，《古风》其九云："齐有倜傥生，鲁连特高妙。明月出海底，一朝开光曜。却秦振英声，后世仰末照。意轻千金赠，顾向平原笑。吾亦淡荡人，拂衣可同调。"[46]李白之所以认为鲁仲连"特高妙"，不仅在于他以三寸之舌，排难解纷；更在于功成无取，意轻千金，飘然而去，自由高于一切。在同时代诗人中，李白对孟浩然特别尊崇，可谓高山仰止，《赠孟浩然》诗中写道："吾爱孟夫子，风流天下闻。红颜弃轩冕，白首卧松云。醉月频中圣，迷花不事君。高山安可仰，徒此揖清芬。"[47]其所崇敬者，即在于孟浩然的自由行径。在李白的山水诗、游仙诗和饮酒诗中多表现出一种心灵的无拘无束和自由自在。《山中答俗人》写道："问余何意栖碧山？笑而不答心自闲。桃花流水窅然去，别有天地非人间。"[48]这正是陶然忘机的境界，庄子自由心境的真实写照。

人性问题及其之复杂性，也是经典探讨的主要问题。英国著名文学批评家利维斯（Frank Raymond Leavis）评价英国的经典作家，一再论及的是作家及其作品中的"意趣关怀"，或曰"兴味关怀"。"所谓'兴味关怀'指的是种种深刻的关注——具有个人一己问题的迫切性又让人感觉是道德问题，超出了个人意义的范围。"[49]而这"意趣关怀"的核心是对人性的关注以及作品挖掘的深度。譬如评价菲尔丁说："菲尔丁对文学史里赋予他的重要地位自是当之无愧的，但他却并不具备人们也要我们赋予他的那种经典殊荣。"[50]其原因即在于他的小说缺少对人性的关怀。如他的小说《汤姆·琼斯》，被人们赞许为笔底包罗万象，但利维斯指出："诚然，那里有乡村，有城镇，有教堂墓地，也有小店客栈，还有通衢大道，还有卧室内景——一幕幕不一而足；然而，我们不必把《汤姆·琼斯》读上大半即可发现，小说所表现出来的根本意趣关怀实在有限得很。菲尔丁的见解，还有他对人性的关怀，可谓简简单单。"[51]他认为，伟大的小说家，必然是对人性有着深刻揭示、促使人性觉醒的小说家。"所谓小说大家，乃是指那些堪与大诗人相比相埒的重要小说家——他们不仅为同行和读者改变了艺术的潜能，而且就其所促发的人性意识——对于生活潜能的意识而言，也具有重大的意义。"[52]正是从这个意义上，利维斯对简·奥斯汀（Jane Austen）、亨利·詹姆斯（Henry James）、乔治·艾略特（George Eliot）、约瑟夫·康拉德（Joseph Conrad）以及劳伦斯（D. H. Lawrence）等英国作家给予了高度的评价。他评价乔治·艾略特，把她和俄国的伟大作家托尔斯泰相比。托尔斯泰在抓住"生活本身的灵魂"方面造诣极高，乔治·艾略特当然不如托尔斯泰那般卓绝盖世。但是，"她的确是伟大的，而且伟大之处与托尔斯泰的相同。《安娜·卡列尼娜》（我认为是托尔斯泰最重要的杰作）所具有的非凡真实性，来源于一种强烈的对于人性的道德关怀，这种关怀进而便为展开深刻的心理分析提供了角度和勇气。这样进行的分析是艺术化的（《安娜·卡列尼娜》，请马修·阿诺德原谅，乃是由妙笔精心绘出），其手法正与乔治·艾略特在《葛温德琳·哈雷斯》里所用相仿——这一观点是经得起拿到作品面前去反复掂量的。至于乔治·艾略特，我们可以反过来说，她最好的作品里有一种托尔斯泰的深刻和真实在。"[53]乔治·艾略特的伟大，与托尔斯泰一样，在于她的作品所表现出的强烈的对于人性的道德关怀，以及"她对人的道德本质的深刻洞见"，[54]对人性所展开的深刻的分析。对于亨利·詹姆斯，利维斯认为，他有明显的缺陷，但是他仍在大家之列。其原因亦在于"他对于人性所抱有的强烈而细致的关怀"，[55]"他对复杂人性意识的表现是一种经典性的创作成就"。"他创造了一个理想的文明感受力，一种能够借助语调的抑扬和弦外之音的些许变化进行沟通交流的人性：微妙之处可以牵动整个复杂的道德体系，而洞察敏锐的回应则可显出一个重大的评价或抉择。"[56]

法国十八世纪著名教育家、思想家卢梭的《论人类不平等的起源和基础》和《爱弥儿》之为经典已经毫无争议了，而他的另一部重要著作《忏悔录》，虽然在西方的一些大学里已被列为经典，如美国斯坦福大学的"西方文化"课程，在"现代部分"便把卢梭的《忏悔录》列为"强烈推荐"书目，⑰但是也要看到，在历代读者中此书仍有很大争议。然而卢梭本人却对此书充满了强烈自信，其书开篇便言明："我现在要做一项既无先例、将来也不会有人仿效的艰巨工作。我要把一个人的真实面目赤裸裸地揭露在世人面前。这个人就是我。"⑱在《忏悔录》的第一部第一章第三段说："不管末日审判的号角什么时候吹响，我都敢拿着这本书走到至高无上的审判者面前，果敢地大声说：'请看！这就是我所做过的，这就是我所想过的，我当时就是那样的人。不论善和恶，我都同样坦率地写了出来。我既没有隐瞒丝毫坏事，也没有增添任何好事；假如在某些地方作了一些无关紧要的修饰，那也只是用来填补我记性不好而留下的空白。其中可能把自己以为是真的东西当真的说了，但决没有把明知是假的硬说成真的。当时我是什么样的人，我就写成什么样的人：当时我是卑鄙龌龊的，就写我的卑鄙龌龊；当时我是善良忠厚、道德高尚的，就写我的善良忠厚和道德高尚。万能的上帝啊！我的内心完全暴露出来了，和您亲自看到的完全一样，请您把那无数的众生叫到我跟前来！让他们听听我的忏悔，让他们为我的种种堕落而叹息，让他们为我的种种恶行而羞愧。然后，让他们每一个人在您的宝座前面，同样真诚地披露自己的心灵，看看有谁敢于对您说：'我比这个人好！'"⑲今人读《忏悔录》往往不解卢梭为什么要写一个真实的自我，为什么向世人公布自己不能见人的隐私，为什么要现"丑"？

卢梭的真实意图是什么呢？在《忏悔录》这部书里，他坦诚地向读者交代了自己所产生过的一些卑劣念头，真实地描写了他的下流行径。他说谎，行骗，调戏妇女，还有叫他一生都感到不安的嫁祸于人。16 岁时，卢梭曾在维尔塞里斯夫人家当仆人，他偷了一条丝带，却把罪过转嫁到女仆玛丽永的头上，造成了仆人的不幸。他抛弃朋友，他偷东西，以致形成了偷窃的习惯。他为了混口饭吃而背叛了自己的新教信仰，改奉了天主教。虽然卢梭是以沉重的心情忏悔自己，并且十分坦率和真诚，但是许多读者还是不能理解卢梭为什么要这样写，甚至因此怀疑《忏悔录》的经典地位。那么卢梭为何要写《忏悔录》呢？1762 年 6 月，巴黎最高法院下令查禁卢梭的《爱弥儿》，并要逮捕作者，卢梭逃离法国，开始了长达 8 年的流亡生涯。《忏悔录》写于 1766 年流亡英国武通间，1770 年完稿于巴黎。卢梭之遭到迫害，其势力来自三个方面，徐继曾的《迷醉与遐想》分析甚详。在迫害卢梭的势力中，政府自然是主力。"《论人类不平等的起源和基础》和

《社会契约论》批判人类不平等和奴役，讴歌自由平等，并公开宣称以暴力推翻暴君为合法。这自然要被法国统治者所憎恨。"⑩其次是教会。还有就是百科全书派的一些哲学家。卢梭与伏尔泰、狄德罗本来都是启蒙运动的思想家，是朋友，但是因为无神论与有神论的分歧以及性格的不同，卢梭与这些人分道扬镳，在写《忏悔录》时，这些人甚至成了卢梭的主要敌人。1764 年，伏尔泰匿名写了《公民们的感想》，对卢梭的人格进行恶毒攻击。所以卢梭创作《忏悔录》最直接的动机，是要还社会一个真实的自我。

但是我们都知道，该书的真正价值却在于，卢梭在十八世纪人性解放的启蒙运动中，以自己的大胆忏悔，揭示了人性的美与丑、善与恶。从卢梭的自白中，我们看到，他自信他在上帝面前所暴露的个人的"丑恶"既不是唯一的，更不是最坏的。"我承认，我做过的好事很少，但是做坏事，我一生中从没有这样的意愿，同时我还怀疑世上是否还有人干的坏事会比我还要少些。"⑪"是的，我现在以自豪的、高尚的心作出这样的宣告，并且也有这样的感觉：我在那部作品中已把诚实、真实、坦率实践到与任何前人相较也毫无逊色的地步，甚至更为出色（至少我这样认为）；我感到我身上的善超过恶，把一切说出来于我有利，因此把一切都说出来了。"⑫当然，卢梭的忏悔，不仅仅是为了揭示人性的丑恶、人性的复杂，告诉我们"人就是这样"，⑬如许多现代牧师那样"确认人性是不完美的"，⑭更在于深究是谁造成了本为善良平民人性的变化，诚如柳鸣久分析的："卢梭追求绝对的真实，把自己的缺点和过错完全暴露出来，最直接的动机和意图，显然是要阐述他那著名的哲理：人性本善，但罪恶的社会环境却使人变坏。他现身说法，讲述自己'本性善良'、家庭环境充满柔情，古代历史人物又给了他崇高的思想，'我本来可以听从自己的性格，在我的宗教、我的故乡、我的家庭、我的朋友间，在我所喜爱的工作中，在称心如意的交际中，平平静静、安安逸逸地度过自己的一生。我将会成为善良的基督教徒、善良的公民、善良的家长、善良的朋友、善良的劳动者。'但社会环境的恶浊，人与人之间关系的不平等，却使他也受到了沾染，以至在这写自传的晚年还有那么多揪心的悔恨。他特别指出了社会不平等的危害，在这里，他又一次表现了他在《论人类不平等的起源和基础》中的思想，把社会生活中的不平等视为正常人性的对立面，并力图通过他自己的经历，揭示出这种不平等对人性的摧残和歪曲。"⑮《忏悔录》就是这样一个激进的平民思想家与统治阶级激烈冲突的结果。它是一个平民知识分子在专制压迫面前维护自己不仅是作为一个人、更重要的是作为一个普通人的人权和尊严的作品，是对统治阶级迫害和污蔑的反击。它首先使我们感到可贵的是，其中充满了平民的自信、自重和骄傲，总之，一种高昂的平民精神。"⑥由此看来，《忏悔录》作为经典的意义，正在于它立足人性，不仅揭示了人性中复杂的善恶美丑，而且批判了社会对人性的扭曲，正如卢梭自己在《漫步遐思录》中所说的那样："处在我这样的境遇中，什么样的本性又能不起变化？"⑥

无独有偶，我国现代著名作家郁达夫也创作有一篇带有明显人性探索的小说《沉沦》。主人公热爱自然，热爱文学，颇有才华，却多愁善感，性格忧郁而又柔弱。由于反抗专制、追求自由而被学校开除，留学日本。主人公如此遭遇，使他患上了抑郁症，陷于自闭之中。于是他在十分孤独、痛苦的状况下，陷入性幻想，自慰、窥视女人、窥视做爱，甚至走入青楼，以致痛苦不能自拔，投海自沉。《沉沦》主人公的遭遇，揭示出人性最为隐秘的一面，即人在青春期对性的渴求。如郁达夫在小说自序中所言："第一篇《沉沦》是描写一个病的青年的心理，也可以说是青年忧郁病的解剖，里边也带叙着现代人的苦闷，——便是性的要求与灵肉的冲突。"⑧写青年的性苦闷和渴望，这是合于人性的，因而也是合理的。"他的价值在于非意识的展览自己，艺术地写出升华的色情，这也就是直挚与普遍所在。"⑨但是，其意义不止于此。更重要的是揭示出现代青年生的意志与现实的冲突，如周作人所说："这集中所描写是青年的现代的苦闷，似乎更为确实。生的意志与现实的冲突，是这一切苦闷的基本；人不满足于现实，而不肯遁于空虚，仍就这坚冷的现实之中，寻求其不可得的快乐与幸福，现代人与传奇时代的不同者即在于此。"⑩社会的专制，民族的隔膜、歧视，亲人、同学的疏离，以及没有爱情、没有正常的性生活，使主人公流向自慰、窥视等性倒错，心理趋向阴暗、惶恐，终于不堪其负。"我怎么会走上那样的地方去的？我已经变了一个最下等的人了。悔也无及，悔也无及。我就在这里死了罢。我所求的爱情，大约是求不到的了。没有爱情的生涯，岂不同死灰一样么？唉，这干燥的生涯，这干燥的生涯，世上的人又都在那里仇视我，欺侮我，连我自家的亲兄弟，自家的手足，都在那里排挤我到这世界外去。我将何以为生，我又何必生存在这多苦的世界里呢！"⑪《沉沦》1921年10月由泰东书局出版后，在社会上引起很大反响，在青年中受到热烈欢迎，然而也招致守旧者的攻击。郁达夫的小说《沉沦》与卢梭的《忏悔录》，一个为西方的经典，一个是中国的经典，但是在揭示人性以及社会对人性的扭曲方面，二者有异曲同工之妙。卢梭的《忏悔录》之所以在欧洲取得典范的地位，而且在包括中国在内的世界范围获得广泛读者，正在于它深刻揭示了普遍的人性以及不合理的社会制度与人性的冲突。钱锺书 1946 年谈到他写《围城》的初衷时说："在这本书中，我想写现代中国某一部分社会、某一类人物。写这类人，我没忘记他们是人类，只是人类，具有无毛两足动物的基本根性。"[72]也就是说《围城》写的是中国某一部分社会中的某一类人物，但是他们又反映了人类的一般属性。曹文轩在讨论钱锺书的《围城》时，结合《围城》分析钱锺书的这段话："《围城》中人，至今还使人觉得依然游动于身旁，并且为外国人所理解，原因不外乎有二：一、写了人性；二、写的是人类的共同人性。我们有些小说家也写人，但却总抵达不到人性的层面，仅将人写成是一个社会时尚的行动实体（比如柳青笔下的梁生宝）。结果，人物仅有考证历史的意义（我曾称这些人物为'人物化石'）。即使写了，又往往还不能抵达人类共同人性的层面，结果成为只有中国人能理解的人。这种人性，如果称作民族性格可能更为准确。《围城》妙就妙在这两个层面都占，并且又把民族特有的性格与人类的共同人性和谐地揉在了一块儿。中国读《围城》，觉得是中国的。世界读《围城》，又觉得《围城》是世界的。"[73]曹文轩这里讨论《围城》所发表的观点，可与我们分析《忏悔录》和《沉沦》两部东西方经典所具有的跨越时空的普遍价值的观点相印证。《忏悔录》和《沉沦》这两部经典的比较，进一步证明：经典必然是反映了人类普遍关注的社会、人生问题，并且承载了普适性价值和意义的著作，它应该是人类思想的精华。这是经典之所以能够跨越地域、超越族类而得以广泛传播的根本原因。亦由此再次证明，真正的经典，必然是超越时代的，是属于全人类的精神文化产品。

五

在西方当代学者中，著名文学批评家哈洛·卜伦（Harold Bloom）是捍卫经典的急先锋。他的《西方正典》就是一部集中讨论、力推经典的著作。然而，对经典的价值，哈洛·卜伦反对从政治、道德的角度来判断。他说："西方最伟大的作家颠覆一切价值，不管是我们的还是他/她们自己的。那些要我们在柏拉图或'以赛亚书'之中为我们的道德感与政治观寻根溯源的学者，实在是与我们身处的社会现实脱了节。如果阅读西方正典是为了要养成我们的社会、政治或私人的道德价值，我相信我们都会变成自私自利的恶魔。在我看来，阅读如果是为了某种意识形态，那根本不算是阅读。领受了美学的力量，我们便能学习怎么和自己说话、怎么承受自己。莎士比亚或赛万提斯、荷马或但丁、乔赛或哈伯来真正的功用是促使一个人内在自我的成长。侧身正典深入阅读不会让一个人更好或更坏，也不会让一个公民更有用或更有害。心灵与自己的对话本不是一桩社会现实。西方正典唯一的贡献是它适切地运用了个人自我的孤独，这份孤独终归是一个人与自身有限宿命的相遇。"[74]哈洛·卜伦对经典价值的认识，彻底否定了意识形态论和政治、伦理的经典价值观，强调个人与心灵的对话，即个人心灵的成长，其理论应该说是一种偏激的深刻。阅读的确具有个人属性，因此经典与读者的关系，"是一份唯两人可共有的孤独"，亦即读者与经典这个"未曾谋面的人"的对话，[75]而这样的对话，究其实是借助经典而进行的个人与个人心灵的对话和交流，并且使心灵在对话中碰撞与冲突，承认与否定，死亡与新生，毁灭与成长。

但是，哈洛·卜伦的经典价值论有明显的偏颇。因为经典无法离开和回避政治、道德而孤立地讨论审美价值，"从任何方面来说，审美价值都不会比社会正义或社会平等更为重要"。[76]譬如上面所说的民主与自由，高尚与卑鄙，等等。所以说经典的价值内涵既是社会的，又是个人的。因此荷兰学者杜卫·佛克马批评卜伦："布卢姆（即哈洛·卜伦）指出我们不能用作品的道德价值来为经典辩护，因为在伟大的作品中这并不是一个一以贯之的元素。严格说来他是正确的，但他得出伟大作品的审美和道德效果之间没有任何联系的结论是错误的。伟大的作品为我们描绘了不同的人物，从杀人犯到情人，从人类学家到革命者。在阅读时，我们对这些不同形式的行为的知识就会增长。在这个增长的认知经验的基础上，我们就可以更明智地选择道德典范，发现自己的生活方式。如果说伟大的作品并没有劝服我们接受某一道德立场（它们也确实没有），它们确实增加了可以为我们提供选择的知识。"[77]其实也不能完全排除在经典作品中所含有的劝服读者接受某一道德立场的因素，无论是通过增长知识而使读者有了明智的道德选择也好，还是直接说了读者也好，都无法排除经典对读者的道德影响。人为地排除经典的政治、道德内涵及其影响毫无意义，关键在于经典是否能够产生于政治、民族、区域的环境中，而能超越政治、民族、区域的域囿，反映了人类普适性价值和意义。

当然，如果是作为文学经典，它首先应该具备审美的品性和价值，在语言的使用上，必须达到典范的地位，如艾略特所说，经典必须是把一种成熟的语言运用到极致的作品。约翰·杰洛瑞（即居罗利）亦云："在体制上得到保存和传播的经典文本构成了文学语言的典范，它在较低的教育阶段上保证了合乎语法的简单言说运用，而在较高的教育阶段上则为更广泛的精英语言使用标准提供了范例。"[⑱]譬如中国的汉语言，其词汇和语法规范，就主要是来自经典使用的语言。其次，文学经典在艺术形象的创造方面，具有很高的艺术水准，极富艺术感染力和吸引力。这些都是文学作品之为经典的前提，没有审美价值，也就谈不上其思想价值。

卡尔维诺（Italo Calvino）谈到博尔赫斯（Jorge Luis Borges）对其产生的影响时说："解释一位作者在我们大家身上唤起的共鸣，也许我们不应从宏大的归类着手，而应从更准确的与写作艺术相关的诸多动机着手。在诸多动机之中，我愿意把表达的精炼放在首位：博尔赫斯是一位简洁大师。他能够把极其丰富的意念和诗歌魅力浓缩在通常只有几页长的篇幅里：叙述或仅仅暗示的事件、对无限的令人目眩的瞥视，还有理念、理念、理念。这种密度如何以他那玲珑剔透、不事雕琢和开放自由的句子传达出来且不让人感到拥挤；这种短小、可触摸的叙述如何造就他的语言的精确和具体（他的语言的独创性反映于节奏的多样性、句法运动的多样性和总是出人意表和令人吃惊的形容词的多样性）；所有这一切，都是一种风格上的奇迹，在西班牙语中无可匹敌，且只有博尔赫斯才知道其秘方。"[⑲]博尔赫斯作为经典作家的魅力首先来他独特的艺术风格，即叙述的简洁精炼。

一部文学经典，如果不具备给予读者充分艺术欣赏的审美价值，自然也就无法吸引和征服读者，也就谈不上其道德价值的产生。这是毫无疑义的。但是成功的艺术形式和审美表达不能离开其所要表现的思想内涵而独立。利维斯分析简·奥斯汀、乔治·艾略特等小说家的传统时指出："这个传统里的小说大家们都很关注'形式'；他们把自己的天才用在开发适宜于自己的方法和手段上，因而从技巧上来说，他们都有很强的独创性。"[⑳]但是，利维斯特别强调指出，他们的小说技巧，只有从道德关怀的角度才能够领会之，才会对其形式之美做出"慧灵见智的交代"。他十分精辟地阐述了二者的关系："我们要问，在哪一部优秀的，在哪一部有趣的小说里，人物形象和情境又是从一个'不带责任感的弹性角度'（这倒是对'审美'一词的诸多含义之一所下的一个有用的界定）来看的呢？有哪一位小说大家对于'形式'的专注不是取决于他对于丰富的人性关怀，或复杂多样的关怀，所抱有的一种责任感呢？——那被具体形象所深刻再现了的责任感？这种责任感，在本质上，就包含了富于想象力的同情、道德甄别力和对相关人性价值的判断——试问，有哪一位小说大家不是这样的呢?"⑱ "简·奥斯汀的情节，以及一般而言，她的小说，才是被非常'精心刻意地'垒出来的（即便不是'像一幢建筑'那样）。然而，她对'谋篇布局'的兴趣，却不是什么可以被调转过来把她对生活的兴趣加以抵消的东西；她也没有提出一种脱离道德意味的'审美'价值。她对于生活所抱的独特道德关怀，构成了她作品中结构原则和情节发展的原则，而这种关怀又首先是对于生活加在她身上的一些个人性问题的专注。她努力要在自己的艺术中对感觉到的种种道德紧张关系有个更充分的认识，努力要了解为了生活她该如何处置它们，在此过程中，聪颖而严肃的她便得以把一己的这些感觉非个人化了。假使缺了这一层强烈的道德关怀，她原是不可能成为小说大家的。"⑲简·奥斯汀的小说情节和结构，是精心设置出来的，但是，这种艺术上的审美追求，并没有抵消她的作品中的道德关怀。而恰恰相反，正是这种道德关怀成为她作品中精心设置情节结构等艺术追求的原则。所以，离开了强烈的道德关怀，简·奥斯汀是成不了经典作家的。利维斯还专门概括到，"其他英国小说大家的情况同样如此"，即这一原则适用于所有的文学作品。利维斯《伟大的传统》发表于1948年，哈洛·卜伦强调审美而否认文学的道德关怀，未知是否为了纠正利维斯对道德关怀的过分重视，但是矫枉过正，又陷入了新的偏激。

---

①②③道格拉斯·凯尔纳、斯蒂文·贝斯特：《后现代理论：批判性的质疑》，张志斌译，北京：中央编译出版社，2011，第232、191、163页。

④⑤让·弗朗索瓦·利奥塔尔：《后现代状态》，车槿山译，南京：南京大学出版社，2011，第223、204页。

⑥⑦⑧⑱⑳㉑艾略特：《艾略特诗学文集》，王恩衷编译，北京：国际文化出版公司，1989，第190、199、202、272、267、268页。

⑨⑰爱德华·希尔斯：《论传统》，傅铿、吕乐译，上海：上海人民出版社，2009，第137、143页。

⑩⑲杜卫·佛克马：《所有的经典都是平等的，但有一些比其他更平等》，李会方译，童庆炳、陶东风主编《文学经典的建构、解构和重构》，北京：北京大学出版社，

2007，第 22～23 页。

⑪⑫⑬⑭爱德华·W. 萨义德：《知识分子论》，单德兴译，北京：三联书店，2013，第 28、28、31～32、41 页。

⑮迈克尔·泰纳：《时间的检验》，陆建德译，中国社会科学院外国文学研究所《世界文论》编辑委员会编《重新解读伟大的传统：文学史论研究》，北京：社会科学文献出版社，1993，第 219 页。

⑯刘再复：《〈红楼梦〉的存在论阅读》，北京：《读书》2012 年第 7 期。

⑲《论语·颜渊》："樊迟问仁，子曰：爱人。"朱熹：《宋本论语集注》卷六，北京：国家图书馆出版社，2013，据嘉定刻、嘉熙及淳祐递修本影印本。下引《论语》同。

㉒㉓㉔㉖赛缪尔·约翰逊：《莎士比亚戏剧集序言》，李赋宁、潘家洵译，《文艺理论译丛》第 4 辑，北京：人民文学出版社，1958，第 143～144、146、146、151 页。

㉕转引自徐鲁《重返经典阅读之乡》，上海：上海教育出版社，2001，第 18 页。

㉗汉斯－格奥尔格·伽达默尔：《诠释学 I　真理与方法》，洪汉鼎译，北京：商务印书馆，2010，第 237～238 页。

㉘㉝Frank Lentricchia、Thomas McLaughlin 编《文学批评术语》，张京媛译，香港：牛津大学出版社，1994，第 320、323 页。

㉙汤姆·莱恩达尔：《文学经典在美国大学课程中的衰落》，林精华、李冰梅、周以量编《文学经典化问题研究》，北京：人民文学出版社，2010，第 116 页。

㉚㉛王昆仑：《红楼梦人物论》，北京：北京出版社，2004，第 3、17 页。

㉜周庆华、王万象、董恕明：《阅读文学经典》，台北：五南图书出版公司，2007，第 12 页。

㉞《世宗宪皇帝御制文集》卷五，影印《文渊阁四库全书》第 1300 册，台北：台湾商务印书馆，1986，第 60 页。

㉟黑格尔：《历史哲学》，王造时译，北京：三联书店，1956，第 168～169 页。

㊱亚里士多德：《形而上学》，吴寿彭译，北京：商务印书馆，2009，第 6 页。

㊲㊳卢梭：《社会契约论》，徐强译，北京：中国社会科学出版社，2009，第 3、12 页。

㊴阿尔伯特·爱因斯坦：《爱因斯坦自述》，王强译，西安：陕西师范大学出版社，2010，第 247～248 页。

㊵㊶《庄子注疏》卷一，郭象注，成玄英疏，北京：中华书局，2011，第 11 页。

㊷㊸袁行霈：《陶渊明集笺注》卷二，北京：中华书局，2003，第 76、67 页。

㊹此说创自陈寅恪《陶渊明之思想与清谈之关系》。文曰："渊明之思想为承袭魏晋清谈演变之结果及依据其家世信仰道教之自然说而创改之新自然说。"详见《陈寅恪集》之《金明馆丛稿初编》，北京：三联书店，2001，第 228 页。

㊺詹锳主编《李白全集校注汇释集评》第十三卷，天津：百花文艺出版社，1996，第2109页。

㊻詹锳主编《李白全集校注汇释集评》第二卷，天津：百花文艺出版社，1996，第66~69页。

㊼詹锳主编《李白全集校注汇释集评》第八卷，天津：百花文艺出版社，1996，第1254页。

㊽詹锳主编《李白全集校注汇释集评》第十六卷，天津：百花文艺出版社，1996，第2623页。

㊾㊿51 52 53 54 55 56 80 81 82F. R. 利维斯：《伟大的传统》，袁伟译，北京：三联书店，2009年，第166、4、6、3~4、163、161、205、22、11、39~40、41页。

57 76 78约翰·杰洛瑞：《文化资本——论文学经典的建构》，江宁康、高巍译，南京：南京大学出版社，2011，第28、20、62页。

58 59卢梭：《忏悔录》，范希衡译，北京：人民文学出版社，2012，第3页。

60 61 62 67卢梭：《漫步遐想录》，徐继曾译，北京：十月文艺出版社，2005，第6、95、60、88页。

63 64朱利安·班达：《知识分子的背叛》，佘碧平译，上海：上海人民出版社，2006，第116页。

65 66柳鸣久：《坦诚面世的经典之作》，卢梭：《忏悔录》，范希衡译，第682~683、675页。

68《郁达夫全集》第5卷，杭州：浙江文艺出版社，1992，第20页。

69 71周作人：《沉沦》，北京：《晨报副镌》1922年3月26日。

71《郁达夫全集》第1卷，杭州：浙江大学出版社，2007，第74页。

72钱锺书：《围城·序》，北京：人民文学出版社，1991。

73曹文轩：《阅读是一种宗教》，合肥：安徽教育出版社，2011，第21页。

74 75哈洛·卜伦：《西方正典》，高志仁译，台北：立绪文化事业有限公司，1998，第41、51页。

79伊塔洛·卡尔维诺：《为什么读经典》，黄灿然、李桂蜜译，南京：译林出版社，2006，第278页。

作者简介：詹福瑞，国家图书馆研究人员，北京市特聘教授，首都师范大学特聘教授，中国诗歌研究中心学术委员会主任。兼任国务院学位委员会中文学科组成员、国家哲学社会科学基金中文学科评审组成员、国务院古籍整理领导小组评审组成员、国家教育咨询委员、中国文心雕龙研究会会长、中国图书馆学会理事长、中国李白研究会副会长。历任河北大学中文系主任、河北大学副校长、河北大学党委书记。2003 年任国家图书馆党委书记、副馆长（主持工作），2005 年任国家图书馆馆长兼党委书记，2009 年任国家图书馆党委书记、常务副馆长，2014 年卸任。学术专长为中国古代文学与文论研究，发表《李白的古风其四十六试解》、《文、文章与"丽"》、《中国古代文学研究与 21 世纪文化》等学术论文百余篇，出版《中古文学理论范畴》、《南朝诗歌思潮》、《汉魏六朝文学论集》、《不求甚解：读民国古代文学研究十八篇》、《文质彬彬》等专著及学术随笔，诗集《岁月深处》，校勘整理《李白全集校注汇释集评》（合著）、《唐诗合解》（合著）等古籍多部。其中，《走向世俗——南朝诗歌思潮》获河北省社科成果二等奖，《中古文学理论范畴》获第十一届中国图书奖、河北省社科成果一等奖、河北省第四届精神产品精品特别奖、河北省优秀图书荣誉奖。合著《李白全集校注汇释集评》获第七届国家图书奖、教育部第二届优秀社科成果二等奖。

［责任编辑：刘泽生］

（本文原刊 2015 年第 1 期）

"汉学"语词的若干界面

刘 东

[提 要] 作者围绕歧义迭出的"汉学"一词,进行了从内部到外部的界定。第一节为"狭义的和广义的汉学",它从七个要点来把握该语词的侧面,提出如果从中国古典、近代日本、战后台湾、现代汉语的角度看,"汉学"的词义都有微妙的区别。第二节为"狭义汉学与中国研究",它接着从六个侧面来观察,在"广义汉学"的内部,老派"狭义汉学"与新派"中国研究"的关系。第三节为"我曾设想过的'中国学'",它鉴于最近围绕"中国学"的争论,回顾了作者多年前设想过的,高蹈于"国学"与"汉学"之上的、作为"内部研究"与"外部研究"之合题的"中国学"。

[关键词] 汉学 中国研究 区域研究

我对语词的基本态度是:一方面倾向于相信,正如后期维特根斯坦所说的那样,语言原本是一种"随机漂浮的"生活游戏,并不存在一种"从正确走向更正确"的理性趋势,所以也根本不必非要去非此即彼地澄清它,甚至非要整齐划一地去规定它;可在另一方面,我又倾向于主张,针对某些足以纲举目张的、能够牵一发动全身的语词,又至少要弄清楚它到底有着哪些特定的用法,而它们又分别被嵌入到了哪些特定的语境,以免陷入"三岔口"式的交流盲区,白白浪费了自己的脑力和别人的精力。

不待言,本文指向的"汉学"正是这样一个语词,或者说,它是一个既相当关键又歧义迭出的"能指",往往即使被某些人学舌般地应用着,却也未必清晰地指向了公共的"所指"。而由此就同样不待言,我今番之所以想要从"汉学"语词的内部和外部,来循序划定这个语词的若干界面,也正是因为已然看到了大量有意无意的误用,它们无事生非地扰乱了正常的思想交流。

一　狭义的和广义的汉学

先让我们根据各种不同的语境,来历数一下在乍看简单的"汉学"一词的名目之下,到底包括了多少种各不相同的义项。

第一,首先非常容易弄清的是,在中西文化尚未发生碰撞之前,"汉学"一词之最笃定的语义,自然也是同样限制在中国文化的语境内部,而与更强调义理思考的"宋学"相对而立;由此,它当时所指称的对象或内容,也主要是指基于训诂、考据的文献学,正如梁启超在《清代学术概论》中所概括的:"其治学根本方法,在'实事求是'、'无征不信'。其研究范围,以经学为中心,而衍及小学、音韵、史学、天算、水地、典章制度、金石、校勘、辑逸等等;而引证取材,多极于两汉,故亦有'汉学'之目。"①

值得一提的是,也许只不过是出于某种"巧合",等到"汉学"一词在中西交通中获得了国际的意味,也即在它变成了通常所说的"国际汉学"之后,这种"国际汉学"之自身的最初知识形态,也同样基本上表现为文献学或语文学。而如果就此来进一步推想,我又隐隐约约地感觉到,或许在这种"共变"中还掩藏着什么潜在的、尚未被学术界发掘出来的关联。比如,至少在费正清的研究范式革新尚未出现之前,那些身在域外的中国研究家们,既然尚未能开拓出新型的、用以研究中国的路数,也就只能先去沿袭本土汉学家们(即乾嘉朴学家们)的固有套路了。

第二,由于日本国也同样引进了并使用着汉字,就使得"汉学"这个中文语词后来又从东瀛那里,反向地引入了一个很容易被混淆的义项,有必要在这里来进行特别的提示,那就是曾在日本语中使用过的"汉学"。一方面,这个"汉学"当然也是指研究中国学问的,如日语词典《广辞宛》中所解释的:"在日本,一般总体上是指中国的儒学和中国(传统)的学问。"不过,由于这里的研究主体毕竟属于"非我族类",所以"汉学"也就相应地被用来指称一门把"作为外国的中国"当作研究对象的学问,而与以日本本国为其研究对象的"国学"(或曰古学)相对称。另一方面,同样显出了某种"共变"关系的是,跟上述的第一个义项的内容相连,"汉学"在这里也同样是意指着文献学或语文学，属于比较老派或经典的传统知识形态，而这又与由狩野直喜所代表的、后起的或新派的所谓"支那学"形成了对称。

不过，由于中国文化对它的长期浸染，便使得日本人一旦面对着这类"中国性"的问题，就难免要面对在"他者"和"自我"之间的复杂缠绕；这一点也很像中国人到了后来在面对佛教时的情景，以至于在文化的长期叠加融合之余，往往已经很难厘清究竟哪些属于别人、哪些属于自家了。具体而言，尽管"汉学"在日本的一般语境中，确实是跟专门研究"和学"的"（日本）国学"（或古学），以及专门研究"西学"的"兰学"相对称，可在另一方面，由于中国典籍已是如盐入水一般地化入了，并且无可剥离地构成了所谓"日本性"的有机组成部分，或者说，已经部分地转化成了日本自身的文化传统，所以，"汉学"一词在日本语的实际应用中，又往往并不像后起的"支那学"那样，只具有指称对于某种异国文化研究的意思；恰恰相反，由于它也同样承载着去传递"日本传统"的任务，所以往往倒又隶属于日本学府中的"国文科"。

第三，由上一种义项还又生发出，肯定是和台湾地区曾经长期受到日本的占领有关，"汉学"一词在日本语中的、表现为"自我"与"他者"之间的复杂缠绕，居然也就渐次波及了台湾人对于该词的理解。这种文化上的潜移默化主要表现为，一方面，"汉学"一词在台湾那里，当然还是被用来指称用来研究中国的学问，可在另一方面，如果仔细地进行体会却又能发现，在海峡对岸这种"汉学"的研究对象，又并没有被不假思索地视同于自家的文化，相反倒多少显出了一点若隐若显的生隔，尽管这种微妙的距离感有时并没有被人们自觉地意识到。而进一步说，这种生隔的理解自然也是受到了某种外部力量的牵引，即使还不能说下述两者已经是"等距离"的，然而毕竟在很长的历史时期内，台湾人所讲的"汉学"也是跟"和学"相对称的，而且小孩子一旦到了入学的年龄，就势必要面对着文化上的选择，不是去进入"汉学堂"，就是去进入更有身份的"和学堂"。可想而知，也正因为从开蒙教育就存在这种选项，才导致了人们后来在心理认同方面的困扰。

正是沿着它的这种用法，最近自己作为它的"受邀提名者"之一，才会收到台湾寄来的一封公函，知会我"汉学奖"作为首届"唐奖"的四个奖项之一，已被授予了任教于普林斯顿大学的余英时。大概对于"汉学"

的这种用法在海峡对岸，已经不会引起任何迟疑或质疑了。在那里，只要是以中国为研究对象的，那么就不管他是来自哪个国家或地区、或哪个文明和语种，都可以笼而统之地被称作"汉学家"。而紧接着，余英时发表出来的"获奖致词"也同样反映了这样的理解："汉学今天已走上了彻底全球化的道路。和二十世纪上半叶不同，我们基本上已不大理会汉学的国界问题，很少有人再经常把'中国汉学'、'日本汉学'、'法国汉学'、'美国汉学'等之专名挂在嘴上。在这个地球上，汉学只有一家，无处不然。"②由此想到，台湾的《汉学研究通讯》杂志同样也是在不加分别的理解上来使用"汉学"二字的。

不过，谁要把这种毕竟跟大陆的用法有些生隔的、暗中把汉学的研究对象视作文化"他者"的用法，不加任何分析地照搬到大陆这边，那还是会使我们在语感上感到有些别扭的。比如，曾在前些年短暂创办过的一份同人刊物——《清华汉学研究》，其主体却只是在刊载来自本土的国学研究成果，这就会引起一些不必要的混乱了。这正好比，如果有人把这份杂志的主编说成是"汉学家"，那么循着大陆约定俗成的语词用法，大家不言而喻地会以为此人准是位国外的学者。所以，有了我今番的这次特地澄清，以后要是再碰到这类明显误用的情况，人们至少就不能再以"台湾那边都这么用"来简单地搪塞了。

第四，循着上述义项中所蕴涵的距离感，我们就顺势来到了"汉学"一词在现代汉语中的那个最主要的义项，并且由此也就挑明了一个最关键的语词界限。一般而言，先不必去追问它的这种含义到底是怎么在随机漂浮中生成的，反正只要发言者不就自己所使用的词义去进行特别的声明，那么，他在现代汉语中所讲的"汉学"一词都是在用来泛指："外邦人以对于他们而言是作为外语的中文来研究对他们而言是作为外国的中国的那种特定的学问。"这就是我本人在经过长期沉淀以后，对于"汉学"一词所给出的具有确凿内涵的定义。至于这种业已约定俗成的用法，一开始究竟是怎么产生出来的，那仍然有待学术界去进一步讨论乃至争论。不过，这种讨论和追究毕竟已经属于"第二义"的问题了，甚至也很有可能永远得不出公认的结论了。然而即使这样，也并不会影响到我们遵循着上述定义，去把握到这个语词所包蕴的基本确定性。

那么，这个词汇会不会跟其他"旧瓶装新酒"的词汇一样——比如"艺术"、"宗教"、"革命"、"经济"、"文化"等——都是原本在中文里另有一层意思，后来却又被日本人覆盖上了第二层语义，所以还应当算是取道于日本引入的西文外来语呢？刚刚读到，对于这类"鹊巢鸠占"的外来词汇，陈嘉映是用他所谓的"移植词"来命名的："比新造出来的词更值得注意的，在我看来，是第三种词。它们是汉语里原有的词，但用它来翻译某个外文词后，我们逐渐不再在它们原有的意义上使用它们，而主要在它们用来对译的外文词的意义使用它们，这些词原有的意义反而被掩盖了。"③众所周知，对于诸如此类的日式汉语的比较研究，已经成了晚近学术界的一大热点；而我本人早年所写的《西方的丑学》一书，也曾经"预流"过这样的语义探险。

不过，语言的变化毕竟是不一而足的，而且每个语词都有它具体而微的、不可被替代的曲折故事，容不得我们想当然地去进行推断。因此，仅就我本人的迄今为止的有限目力所及，还真是无法就此勾勒出清晰的线索。比如，虽说在郭嵩焘于 1878 年所编的《伦敦与巴黎日记》中，"汉学"的确曾被视同于 sinology，④但是，到了由赫美玲于 1916 年所编的辞典《官话》中，sinology 却是既被解释为"汉学"，又被解释为"中国文学"，说明在当时并没有被规定为一种解释，⑤而到了由陆伯鸿、宋善良于 1921 年所编《法华新字典》中，这个 sinology 则又只被解释成了"中国语学"。⑥初步的猜想应当是，这种混乱的情况大概说明了，正由于"汉学"一词在中西碰撞以前，就已经在日本语中具有了确定的用法，所以它反而无法像其他固有的汉语语汇那样，轻易地就能在那里同哪个西文词汇"搭上桥"。

第五，即使只存在以上几种义项，"汉学"一词的语义都已经足够繁杂了，然而，生活的河水仍在往下流淌，又导致这个语汇继续在沿途去沾染上新义。到下一节中我还会更详细地叙述，由于费正清卓有成效的个人努力，以及由此而带动起来的"中国研究"（Chinese Studies）在美国的崛起，就硬是从以前"国际汉学"的固有领地中，又拉出了一种作为区域研究的、用来研究中国的新派学问；而且，这支"中国研究"的队伍又由小到大，由弱到强，甚至由少数特例变成一般常态，竟然转而逼得原有的"汉学"（即 sinology）一词，在一种相对构成的语境中，反被派生了另一层较为狭窄的语义。简而言之，它不再被用来统称所有立足于域外的研究中国的学问，而仅只意味着与美国的"中国研究"相对称的、主要是存在于西欧与日本的、较为老派或者较为传统的、对于中国经典文本的书斋式或学究式的研究。

几乎有点侥幸的是，得益于南京大学—霍普金斯大学的率先合作，我本人对于这种区分是从一开始就已清楚意识到了。所以，现在从那两套翻译丛书的总称就可以看出，自己多年前开始主编的那套"海外中国研究丛书"，到底跟王元化主编的另一套"海外汉学丛书"划定了怎样的界限，尽管后者却未必自觉意识到了这种界限。不言而喻的是，这种界限当然是沿着下述的概念区分而划定的："它（汉学）无疑是外国（特别是西方）知识生产过程中的精神产品，并且无疑要随其本土知识生产方式的转变而步步演进。是故，'汉学'一词在现代亦必衍生出宽窄两义。广义上，它可以指称'一切非本土的研究中国的学问'。狭义上，'汉学'（Sinology）一词则与以现代方法来研究现代中国的'中国研究'（Chinese Studies）相对，仅仅指以传统方法来考释中国古代文化特别是经典文献的学问。"[7]

说到这里，如果仅就"汉学"一词的语义而言，那么它似乎已经被我们全部道尽了。不过，如果就它丰富的外在规定性而言，却仍留有两层尚未被说完的意思，需要在这里再做进一步的补充说明。

第六，如果基于我在上面所给出的基本定义，即"汉学"乃属于"外邦人以对于他们而言是作为外语的中文来研究对他们而言是作为外国的中国的那种特定的学问"，那么，再比对着中国人自己对于本土文化所进行的研究，也就在对应中引申出了它的另一种必要的"规定性"，即"汉学"是一门跟我们自家的"国学"互成对待的学问。事实上，正是在国人明确意识到自家学识之边界的时候，域外的"汉学"才作为传统的"国学"的知识对立面，而在一种"双峰对峙"的相对状态中，在汉语世界中确立了自己的这一层新的语义。这一点，正如我晚近在论述"国学话语"的时候所指出的："尽管或许有日文中的两个汉字组合，来作为最初引进活动的模板或提示，但当人们在中文语境中明确提出'国学'二字的时候，其问题意识却绝对是自家的和本土的。具体而言，他们之所以挑起了'国学'二字，并不是故步自封地要做井底之蛙，相反倒首先意味着在面对文化他者、尤其是压强巨大的西方学术时，由于已经明确意识到了对手的强大，才转而发出对于本土学术文化的自限性定义。"[8]

由此，也就需要更加清楚或更加清醒地意识到，既然"汉学"已经在人们的意识中获得了这种学术合法性，那么，也就在同时破除了国人自己对于中国问题的话语垄断。这一点，也正如我以往在论述"中国研究"时所指出的："如果借用康德的一个说法，我们可以尖锐地揭露和批判说，人们对于生于斯长于斯的文明环境本身，往往会产生某种'先验幻象'，以致对那些先入为主的价值或事实判定，会像对于'太阳从东方升起'之类的感觉一样执信。也正因为这样，那些学术研究家的文化使命，才恰在于检讨现有的知识缺陷，适时地进行修补、突破和重构。在这个意义上，我们必须毫不犹豫地挑明：任何人都不会仅仅因为生而为'中国人'，就足以确保获得对于'中国'的足够了解；恰恰相反，为了防范心智的僵化和老化，他必须让胸怀向有关中国的所有学术研究（包括汉学）尽量洞开，拥抱那个具有生命活力的变动不居的'中国'。"⑨

第七，如果再来进一步地追问，"汉学"为什么会从知识生产的根基处，就注定要跟我们的"国学"来二水分流，那么，则又像我在上引文章中紧接着写到的，这当然是因为，尽管它的研究对象同样是中国，然而它的研究主体却又外在于这个国家，而由此也就决定了，它在知识形态上其实更属于西学的一支，或正如我曾用英文来更加明晰地咬定的，它在本质上是属于"Western Scholarship on China"："汉学毕竟既是中学的一支，更是西学的一支，那中间潜伏着许多未曾言明的外在预设，本质上跟本土的国学判然分属于两大话语系统。正因为这样，尽管中国传统早在西风中受到过剧烈震撼，可一旦大规模地引进作为完整系统的汉学，它仍然要面对着新一轮的严峻挑战；我们甚至可以说，此间的挑战竟还大过对于主流西学的引进，因为它有可能直接触及和瓦解原有文明共同体的自我理解，使国人在一系列悖反的镜像中丧失自我认同的最后基础。当今中国知识界可怕的分化与毒化，其实在很大程度上正是缘于汉学和汉学家的影响。这种要命的相对化刺痛着我们：一旦丧失阅读和思考的主动性，陷入别人的话语场中而无力自拔，就有可能被别人特有的问题意识所覆盖，乃至从此难以名状自己的切身体验，暴露出文化分析的失语和学术洞察的失明。"⑩

为了避免引起可能由此产生的误解，或者说，为了能在我所讲的"思想的浮冰"上避开来自两方面的危险，说到这里就不得不再从另一个方面，来说明汉学的这种与生俱来的知识特性，并不会自动构成它本身的先天"罪过"；恰恰相反，只要我们自己善于跟它展开积极的对话，它的这种特性就有可能反而被视作"对话者"的主要益处："汉学作品的可贵之处，恰恰在于它们是能给我带来新奇感或具有颠覆性的认知。而这种颠覆性说到根上，是来自它们在文化上的异质性。虽然汉学分明是在讨论着中国问题，却仍然属于西学的一个分支，贯注的是西方世界对中国的视角，凝聚了西方学者对于中国的思考，而不是对中国文化的简单复制。非常宝贵的是，正是由这种思考所产生的异质性，才构成了不同文化间取长补短、发展进步的动力。反过来说，要是所有汉学家对中国文化的观点与认知都变得与中国人如出一辙，我们反而就失去了反观中国问题的参照系。正因此，我一直都在主动追求、并组织引进这种知识上的异质性，尽管外国汉学家们也经常以不靠谱的'乱弹琴'，惹得我勃然大怒或哈哈大笑。"[①]

二　狭义汉学与中国研究

以上的种种框定，主要是在围绕"汉学"一词的外部界面来进行，虽说我也曾顺便在"汉学"一词的内部，提及了"中国研究"在这门传统学问内部的崛起，并且说明了"汉学"由此又获得了广、狭不同的两种含义。而接下来，既然在"广义汉学"的内部，已经出现了两个相对独立的分支，即老派的"狭义汉学"和新派的"中国研究"，那么，本节接下来需要进一步厘清的，就理应是存在于这两者之间，也即存在于"广义汉学"内部的知识接口。

基于这种理由，就要再在这两者的对映下，来历数一下所谓的"狭义汉学"与通常的"中国研究"，又各自显示出了什么样的特点。

第一，应当看到，尽管这两者的宗旨都是在研究中国，可是如果就各自的聚焦重点而言，它们所实际侧重针对的具体对象，还是存在既微妙又确定的差别，而由此我们大体上就可以这么讲：如果狭义汉学所开展的是文本研究，那么，中国研究就更偏向于经验研究；或者说，如果狭义汉学所开展的是经典研究，那么中国研究就更偏向于现实研究。

在给出"广义汉学"和"狭义汉学"的定义之后，还需要再对发轫于美国的"中国研究"给出定义，那就是"作为地区研究的一个分支，它是一门以近现代中国为主要对象、以追问中国现代化进程为基本宗旨、以广义的历史学研究为主要形式、横跨着和调动了各种学科的、具有相当社会科学色彩的、现实感和功利性很强的、具有浓烈美国文化色彩的综合学问"。在给出了这个长长的定义之后，一方面需要说明，下面要循序刻画的在"狭义汉学"和"中国研究"之间的种种对比，都是在从不同角度来展开这个定义；另一方面也应该说明，正是借助于将从多层次展开的不同下述侧面，这个复合的定义才逐渐确立和丰富起来。

这里先来分说上述特征的最后一点，也即它那"浓烈的美国文化色彩"。事实上，正是这种实用主义的价值取向，再加上它那作为超级大国的世界性的生存态势，才使得在战后崛起于美国的中国研究，更多地聚焦于中国的经验与现实之上，而与传统的、或曰狭义的汉学拉开了距离。唯其如此，美国的学术界才会既有这样的兴趣，也有这样的眼界，更具备这样的能力，来设想出如此讲求实用效验的研究事业，并又在催生出它的最初形态之后，很快就凭着美国本身的超强国力，把它从少量的例外推广成了学界的常态。说到这里，我们只需再看看澳洲汉学家的一段描述，就可以大致了解由此所导致的在当今的"广义汉学"内部的态势分布了："虽然在欧洲、亚洲以及澳大利亚有许多研究中国的机构，但无论是从专家的数量还是研究成果的数量来说，美国都占据主导地位。例如，在国际互联网上有一个专门探讨当代中国问题的小组，美国的学者人数最多，有300人；澳大利亚第二，可是只有19人。这种主导地位还反映在西方研究中国的国际性语言是英文，美国学者的研究趋势代表了全球当代中国研究的趋势。所以，最早涉及这一研究领域的美国在国际学术舞台上居于举足轻重的地位。"[12]

与此同时，还应当特别强调指出，同上述的价值取向和生存态势相匹配，在美国的文化中还曾强烈渗透了基督新教的传教色彩，而这一点也某种程度上预设着它的中国研究的治学风格。当然，如果仅仅从表面上看，源起于传教运动的美国的"广义的"汉学家，也一直都在努力克服自己太过强烈的传教色彩，而且他们后来得以成功克服这种色彩的程度，也往往就构成了检验其学术活动之严肃程度的水准线，但是，正如我以往的著述曾经指出的，即使不说这种"传教之根"就是其无法克服的知识原罪，可它对于美国汉学（包括中国研究）的影响，也仍然是非常顽固的和挥之不去的。"相比起其欧洲和日本同行来，那么美国的中国研究家们，无疑更喜欢对中国指手划脚，更爱把自己头脑中的价值理想——包括明显建筑在无知基础上的对于文革动乱的虚幻理想——强加到中国人身上。尽管明知自己的那点中国知识，还存在着各种各样的局限和缺憾，尽管明知自己是因为并无切肤之痛，才大着胆子开出激进的药方（有时候真可以说是虎狼之药），他们却似乎天生就不会冷静地旁观，总要仅凭自己的喜好来为中国立法。因此，正是这种在对比中凸显出来的、不断干预其研究对象的强烈主观态度，向我们反复提醒着，他们终究还是有一条潜在的传教之根。"[13]

第二，跟上述的区别紧密相连，又应当看到，尽管这两者的宗旨都是来研究中国，可是如果就各自的聚焦重点而言，它们所侧重关注的具体历史时间，还是存在既微妙又确定的差别，而由此我们大体上就可以这么讲：如果"狭义汉学"更侧重于传统中国，那么"中国研究"就更侧重于现当代中国；换句话说，它们要么更多地是在跟华人故去的先祖打交道，要么则更多地是在跟中国在世的今人打交道。而由此又进一步决定了：如果前者是对于书面文字的阅读能力要求更高，那么，后者就是对于口语听说的交流能力要求更高；甚至可以说，如果前者只需静心躲进书斋便可成就学术的伟业，那么，后者如不能亲临中国场景就会失去亲切的感觉。

"狭义汉学"的上述固有特征，前边已多有涉及；至于后起的"中国研究"的上述特征，也只需再验证裴宜理的下述解释，便可对其获得较为清晰的印象了："美国的当代中国研究几乎是与人民共和国同时诞生的。第二次世界大战前，曾有几所美国大学开设了汉学方面（中国古典文学作品研究）的课程，但有关当代中国历史的课程却很少见——更不要说当代社会科学了。直到1949年中国确立了共产主义制度之后，美国政府，一些基金会和学术机构才开始意识到发展有关当代中国的专门研究的迫切性和必要性。在这一领域中，福特基金会（Ford Foundation）决定在东亚研究中投入3000万美元的资助是最为关键的激励；同样重要的还有国防教育法案，它在分配政府奖学金时，也将现代汉语包括在对重要语言的研究之内。"⑭

对我而言，如果还有什么要补充的，那么就是从一方面来讲，这种研究上的"迫切性"与"必要性"，在用来说服机构为此打开钱袋时，自然是再方便不过的理由了；自己在别的地方也曾说过，汉学在当代欧洲的日渐寂寥，也说明一旦失去了这样的实用理由，那么在这种功利滔滔的可怕年代，仅仅凭靠纯粹知识上的高雅兴趣，已经根本不足以说服短视的官僚机构，从而也就不足以防止一个知识共同体走向衰落了。不过，从另一方面也必须看到，过于强烈或紧迫的实践使命，也往往会冲淡人们在知识上的兴趣，以至于弄到后来，反倒因为学者们所获学识的表浅，转而妨碍了他们实践使命的完成；此外，过于强烈的"服务于现实"的冲动，也经常会对研究的心态发生反作用力，而那些用来吓唬拨款人的夸大言论，一旦被说顺了嘴并且流向了传媒，也往往会回馈过来又吓着了自己。正是由于这样的缘由，在冷战中崛起的美国的中国研究，正如它当年对于苏联的研究一样，由于跟它的研究对象仍有严重的利害关系，就往往像是对一个生死搏斗之对手的研究。

对于这一点，还可以参考美国《国家利益》（*The National Interest*）杂志主编欧文·哈理斯（Owen Harries）的下述说法："……多少年来，美国人一直很难理性地看待中国。他们总是在要么浪漫化中国，要么妖魔化中国之间剧烈摇摆。对中国的观察思考总是拘泥于某种刻板的模式：中国是一个聚宝盆，拥有广大的市场和投资机会；中国是一个楷模，无论从古代的孔夫子到现代的小红书，都是超凡智慧的源泉；中国是一个病夫，需要基督教或西方民主对之谅解帮助和理疗；中国是一个忘恩负义的民族，对我们的善意帮助缺乏回应甚至毫不领情；当然还有中国是一个威胁——原来是黄祸，后来是红色恐怖，现则在一些非常夸夸其谈并不乏影响的美国人眼中是对手，一个怀有恶意的超级大国。"⑮

　　第三，尽管两者的宗旨都是在研究中国，可是如果从学术风格的角度来看，则它们之间还是存在相当明确的差别，也即"狭义汉学"更多地隶属于传统的人文学科，而"中国研究"则更多地揉进了现代的社会科学——尽管我为了防止自己挑明的"比较的风险"，⑯更愿意将它们之间的这种差别，看作是一整排光谱之上的相对差别，而不是钟摆之摇摆两端的极限差别。

　　的确不错，如果从"广义汉学"的历史来看，把"社会科学视角"带入中国史学研究的做法，至少可以上溯到法国汉学家葛兰言（Marcel Gra-net），而由于此人碰巧既是汉学大师沙畹（Emmanuel-èdouard Chavannes）的学生，又是社会学大师埃米尔·迪尔凯姆（Émile Durkheim）的学生，所以，他能写出像《古代中国的祭日与歌谣》那类的著作，既可以说是顺理成章的，又可以说是相当例外的。可无论如何，由于他那些带有实验性质的学术著作，从一开始就充满了争议和疑问，所以这种"前卫"式的学风在当年的欧洲，充其量也只能算是聊备一格的一只"先足"。而真正想要围绕着中国这个具体对象，来展示传统文科和现代文科的互渗与互动，并且把它逐步推展为整个学术界的普遍气候，那还非要等到在哈佛大学的"稻田课"里修造成了"费正清的鱼缸"⑰才行。

　　《美国和中国》一书所做的是概括性的评述，但它内容紧凑，高度浓缩，绝不是那种松散的系列演讲。它就中国问题所做的多学科的分析，"部分是依据于我所记录的其他学科的权威学者对于中国区域性研究发表的见解。我曾请专家委员会的三位成员弗里德里奇（C. J. Friedrich）、爱德华·梅森（Edward S. Mason）和帕森斯（Talcott Parsons）用一些选择得当的词句把政治学、经济学和社会学的基本原理分别概括出来，然后在他们各自的演讲中用更为简明的方式把这些原理运用于说明中国的具体情况。结果，我不仅学到了许多新的知识，而且也增强了自己在处理自己了解甚微的一些问题时的自信心"。"这些各学科的带头人传给我们的都是各自研究领域中的最基本的方法。当我在中国呆过六年以后，我完全可以自己收集资料，并用实例来阐明他们所提出的这些原理了。"⑱

平心而论，在西方世界现行的学术语境中，如果只是把有关中国的课题，囿闭于传统的汉学学科或东亚系科，那么，由于它的研究对象本身——至少是对于西方人自己而言——就具有某种文化上的特殊性，所以也就很容易流于或偏于特殊主义和文化歧视。而基于这一点也就可以证明，由于社会科学预设了一视同仁的视角，把它的研究对象都当作同等的"行为人"，所以后起的中国研究就更倾向于普遍主义的态度，至少是不再能只用"文化特殊"或"人心有别"的理由，来搪塞某些看上去"难以索解"的棘手课题。正因为这样，无论周锡瑞的或柯文的义和团研究工作，还有多少需要商榷或尚待补足的地方，我们都应当从更深的层面中读出，他们对那些原本看似"匪夷所思"的拳民，总是先要预设了"人同此心，心同此理"的前提，才可以展开代入理性模式来进行的学术分析。

另外，这种相对晚出的、更靠近"科学"的研究风格，也打破了传统汉学的学科界限，而且这种界限到现在也仍然处于不断的化解中。在过去，无论"狭义的汉学"还是"广义的汉学"，都无非是在东亚研究和历史研究这两块领地，来展示自身的存在并进行相互的竞争。可是，如果按照费正清当年的设想，甚至就连这个中国研究的"历史学阶段"，也仍然属于远不能令人满足的；而沿着现在的势头发展下去，则完全有可能在美国出现既居于学术主流，又专司中国研究的哲学家、政治学家、经济学家、法律学家、社会学家、人类学家……到了那个时候，这些人恐怕都不能再被称为"汉学家"了，而由此一来，甚至就连"广义汉学"的边界都会因之而模糊起来。这样也就可以看到，在美国的"中国研究"自有其特色的同时，它的这种特色又是在不断变化和迁移的，所以可以说其风格本身就处在不断的形成和蜕变中。

第四，尽管两者的宗旨都是研究中国，可是如果从学科建制的角度来看，它们却一个属于专门化的分科研究，另一个属于跨学科的区域研究。由此，前者的标准做派，更像是韦伯在其著名的论文中讲的，"如果他不能给自己戴上眼罩，也就是说，如果他无法迫使自己相信，他灵魂的命运就取决于他在眼前这份草稿的这一段里所做的这个推断是否正确，那么他便同学术无缘了"。[19]而后者的标准做派，则宛如吴承恩笔下的那位孙行者一样，"浑身解数如花锦，双手腾挪似辘轳"，[20]由此要是弄得好，当然可以获得"十八般武艺样样精通"之誉，但要是弄得不好，只怕也难免"花拳绣腿、真力不足"之讥。

正因为要提倡这种"科际整合"或学科交叉，所以就像费正清当年曾经解释过的，这种区域研究的学术特征，跟上面叙述过的社会科学视角的大量引入，在实践中大体上就属于"一体两面"，关键只在于从哪个角度去观察它："对中国的区域性研究是哈佛对第二次世界大战作出的反应之一。它普通的一般的称呼是'区域研究'。'区域性研究'（Regional）这一词是哈佛的叫法，它是与某一特定地区连在一起使用的特定的称呼。这两个词的意思都是进行更为专门的多种学科的研究，即同时使用社会科学的各种手段对世界的某一部分进行专门研究。"[21]

如果对此还有什么需要补充的，那么就请允许我坦言，凡是这种主要是依据"区域"来划分，而不是沿着"学科"来冠名的研究机构，往往就会更多地受到地缘政治的牵制，和更少地受到学术传统的感召；从而，它们也往往就会更多地受到官僚机构的咨询，和更少地受到学术同人的关注；由此一来，它们服务于现实政治的意识也必然会更强，而对内在理路的专注度也势必相应较弱。比如，从艾尔曼（Benjamin A. Elman）掺杂着批评口吻的下述描述中，至少可以体会出一部分区域研究专家的学术口碑：

> 起初，亚洲研究在西方的大学里是"东方研究"的一部分，其中包括了中东、中亚、南亚、东南亚以及东亚。这种错误的归类，至少有助于开始从事亚洲研究，但是到了 20 世纪，所有的学院人士都明白了土耳其与"东方"中国实在没有什么共同点，而且这种归类方式足以显示，欧洲学者在 19 世纪所能构想出来的理论架构何等偏失，而他们在历史方面又是何等无知。结果，西方关于中国与日本的教科书里，称呼遂由"东方"转变成"远东"，再转变为"东亚"。同样地，美国大部分的东方图书馆也终于改名为"东亚图书馆"，表示馆藏内容主要是有关韩国、日本和中国。
>
> 到了 20 世纪的晚期，新一代的东方论者突然希望将完全不同的东西都纳入"太平洋周边"这个新范畴里。这大部分是那些专攻当代亚洲研究的人的杰作，对于在太平洋沿岸生活与演变的民族与社会的社

会、政治、经济、文化，以及历史的长期轨迹，他们没有兴趣。用"太平洋周边"这样一个标签把这些民族与社会方便地一网打尽，显然流于简化与误导，重蹈上一代学者使用"东方"这个错误范畴的覆辙。将哲学、史学、人类学、文学、语言学和社会学诸学科，融入"太平洋周边"这个认识论范畴，当然能很便利地使新儒家研究取得优先性，视它为在东亚太平洋周边民族的文化生活里的共有领域。②

此外还应当补充说明，如果我已指出过硬币的前一面，即新兴的"中国研究"打破了老派的"传统汉学"的学科界限，尝试着把各种社会科学理论都结合于中国的历史与现实经验，从而大大拓宽了以往的研究视野、关注主题和论述内容，那么，眼下这枚硬币的后一面则是，由于过多调动进了社会科学的理论前提和潜在预设，特别是，由于过于急功近利地去向中国历史追问可否"现代化"的问题，也就很容易使本土文化的价值传统受到忽视，并且使古代文明的特有轨迹受到悄悄的"修正"或篡改，由此甚至反倒给顺势去理解中国的近、现代进程制造了障碍。对于这个问题，我还将在后文中详述。

第五，尽管两者的宗旨都是研究中国，可是如果从治学心态来看，它们却一个更沉湎于静观的兴趣，另一个更自觉到功用的企图，由此从某种意义来讲，这两种治学活动一个可以算是阅读在前，另一个则应当算是问题在先，所以一个表现出了好古成癖的特性，另一个则表现出了唯新是从的癖好。

在学术研究上这般"唯新是从"的好处，当然是活跃、敏感而大胆，敢于在论述的题材上不拘一格，也敢于在治学方法上无所不用，并由此而充满了探险的刺激和发现的快乐。然而反过来说，在学术研究上这般"唯新是从"的弱点，则又在于往往会太过热衷于赶潮流，流行什么话题都不过是一阵风，说要研究"城市"就都去研究"城市"，说要研究"女性"就都去研究"女性"，说要研究"上海"就都去研究"上海"，说要研究"市民社会"就都去研究"市民社会"……正像我多次就此形容过的，由于这种研究风格太喜欢花样翻新，看上去就有点像是"国际时装业"的路子：只要法国巴黎那边打了个喷嚏，那么，美国加州这边马上就跟着伤起风来，而我们的中国研究则干脆高烧不止了！另外，在时尚的学问很容易"流行"的反面，固有的研究成果也就同样很容易"过时"，所以说穿了，那些时尚的学问原本就命定会"速朽"。进一步说，如果再回过头去重读那些"速朽"的著作，你会发现那些曾经滥竽充数的"南郭先生"们，或许从一开始就已经自觉地意识到了，甚至是自觉地利用到了这种学术上的"速朽性"，否则，他（她）们又岂能对史料如此恣意妄为地进行裁减，又岂能对引文如此随心所欲地进行翻译，又岂能姑且基于明显站不住脚的新说来立论？

更有甚者，它在表面上虽然是"无所不用其极"，可在骨子里却又是"万变不离其宗"，因为说到根子上，这样的研究心态毕竟又是属于"问题在先"的，而且就西方学界的现有资源来说，那些占据了"先入为主"地位，因而好像是带有"普适性质"的问题，又毕竟只能从"欧洲中心"的理论框架中提出。在这方面，也正如我以往就此说穿的："不管承认与否，出于在全球知识生产体系中所占有的支配地位，而且作为西方学术的一个分支，中国研究领域的思想模式就其本质而言，总是离不开生于欧洲经验的价值预设和社会理论。由此，自觉或不自觉地，研究者们也总是倾向于先入为主地认定这些理论的全球普世性，从而在思想深处悄悄地把西方的经验看作世界的中心和模板，把西方的过去看作中国的今天和未来。在这个意义上，其实发达国家的先进性，首先就表现为更为发达的人文学术和社会科学，表现在这些学科的先进方法和前定预设中。"㉓

第六，尽管两者的宗旨都是研究中国，可是如果从其身份认同来看，大概它们却一个更自认为是汉学家，另一个却至少自认为是历史学家，乃至自认为是其他各种社会科学的专家，而由此一来，它们中就是一个更靠近于中国本土的国学，另一个更隶属于大洋彼岸的西学，乃至于一个更自甘于当代学术的边缘，一个更愿弄潮于当代学术的主流。

前边已经讲过，实验性地运用各种社会科学理论，当然有可能形成学科交叉的知识优势。更进一步，这类嫁接实验对于亟缺理论的国内学术界来说，还更有率先进行探险以便积累经验的积极效果，由此在这样的意义上，即使是那些明显不算成功甚至简直显得生吞活剥的实验，也至少是暴露出了某些特定理论的缺陷，从而提供出了现实的教训和暴露出了突围的缝隙。所以，我们必须谦虚地认识到，"学术界的现状教训了我们：哪怕再粗陋再空疏的理论，也只能以更精深更博大的理论去取代，而万不可代之以对理论思维的厌恶，否则就终将受制于最没有根底的最坏的理论。在这个意义上，其实恰是我们介身其中的现存学术生态，由于它从不鼓励理论创新，特别是文科学术的理论创新，才从根本上堵塞了足以激活传统的文化创新,才从根本上导致了海外对国内的学术势能,才从根本上造成了外缘理论对本土心智的无端滋扰。由此可见,只要我们自己还不能出息成理论家,就只有搬用别人理论的资格"。[23]如果在这样的前提下,我也很是赞成裴宜理提出的下述展望:"欲记载下现代中国历史上的一些关键问题的强烈愿望,敦促社会科学家们从事当代中国研究,他们也为解决世界上其他地方的疑难问题提供了有效的思路。在这种情况下,中国研究就可能从一个'消费领域'(依靠来自其他国家的研究来获得分析的洞察力)成长为一个'生产领域'(即有能力产生令一般比较研究者感兴趣的原创性分析)。"[25]

但同时也应看到,问题的另一侧面则又是,这类看似"无所不用其极",实则又"万变不离其宗"的理论试用,有时却反而对人们构成了某种理解的魔咒。比如,我又曾在跟国外同行的当面交流中,提出了这样一个吊诡而沮丧的问题:"到底为什么越是想要进入中国内部,越是主张到中国去发现历史,越是强调所谓中国中心观,就反而越是跟中国事实隔膜,越会在中国水面上看到自己的倒影,越是脱不开骨子里的欧洲中心论呢?"[26]而理应给予足够警惕的是,实则这方面的真正症结,还是在于生长出那些欧式理论的西方土壤:"说到底,恐怕还是需要去检讨理论活动本身。一方面,人们越想钻进中国进行更加深入精细的研究,就越是要借助于专业化的理论知识;然而另一方面,鉴于当今世界知识生产和理论创新的实际情势,人们越是想要仰重这些理论知识,就越是脱离不开当初产生这些理论的西方语境,于是这些理论框架的自身局限就越会显现出来,它限制得这些研究者更加难于真正进入中国的语境。"[27]

写完了这些,还必须就两点来进行说明。其一,以上这些在"对比中"刻画出来,借以帮助自己来进行总体把握的特征,原本就只有"相对而言"的意义;或者说,它们原本就只属于韦伯意义上的"理想类型",而一旦回到犬牙交错的经验形态中,两者之间的界限自然就不会有这般清晰,甚至,只要特别留心进行搜集,足以作为"反证"的案例也比比皆是。其二,以上这些不一而足的特征,它们在经验形态中当然是相互支撑的,所以,我刚才分别对它们进行的说明,原也只是为了叙述的方便,所以也只是相对地区分开来,而并不存在严格"相互排斥"的逻辑关系。我预先就说明这两种情况,是为了预防哪个"好事者"又见猎心喜,再费神找出几个亦此亦彼的"例外"来,正好"发表出来"跟我进行商榷。

三　我曾设想过的"中国学"

　　除了上面抓取的六种特征，还应再补充说明一点，那就是美国的学术界还有一个非常独到，却往往未被充分注意的特点，那就是作为一个综合国力独步天下的移民国家，美国还最容易吸纳来自其他各国的知识分子，将他们快速地补充到自己的研究队伍中去，并转而对他们分别来自的本土进行研究，无论就其空间、资源还是制度弹性来说都是如此。而在这样的大背景下，一俟中国大陆开始改革开放的进程，美国的"中国研究"也就逐渐打上了最新的色彩，因为从我们这边漂洋出去的留学生们——当然主要还是文科的学生——迫于必须找到教职方能居留的压力，大多数都在那边改行搞起了"中国研究"，其中有不少人还已成了下一代的中坚力量。

　　事实上，当我目睹着这样的成分变化，又打算在"海外中国研究丛书"里另辟一个专事译介海外学子成果的"子系列"的时候，便已经遇到了由此带来的身份问题。当然，由于这些海外学子总还是在进行"中国研究"的，所以我在这套丛书里，还能暂时避开他们到底算不算"汉学家"的定义困难。不过，随着由于这些人为数越来越多，而且越来越密集地游走于边界，一忽儿代表着美国学术界来发言，一忽儿又回来发表谋职讲演，这就使得"国学"和"汉学"间的固有边界，的确在不断模糊化和松动化了。由此一来，"汉学"在现代汉语中的既定含义，也肯定就添加了要求迁移的变量。比如至少应当说，如果参对一下前面所给出的定义，那么这些人已经不再是用"对于他们而言是作为外语的中文"，来研究"对他们而言是作为外国的中国"了。在这种情况下，人们要么就只能坚守原有的"汉学"定义，拒不承认这种"出口转内销"的学者，也属于那种来自外邦的"汉学家"；要么，就必须去修改固有的"汉学"定义，甚至像台湾的前述做法那样，去尽量扩充"汉学"这个"能指"的"所指"，干脆认定天下汉学都属于一家了。

　　这样一来，我们也许就更加能够理解，为什么台湾学界会对"汉学"一词，采取如此大而化之的用法。毕竟，那边学者的圈子和规模都较小，而且除了"花果飘零"过去的那一代人，在文化上的自我意识也都不太强；尤其是，要是以中研院的史语所为代表，从它的基本治学路数来判定，也是跟美国汉学一脉相承的，此外，中研院那些最为资深的院士，也大体是由任教海外的华人学者来充任的。既然如此，索性就把"汉学"一词的边界也模糊掉，或许反而可以带来交流的便利。

不过，如果就大陆这边的情况而言，恐怕就没这么简单了。无论如何，既然分属于当今世界上两个规模独大的国家，那么在中、美两国的学术界之间，也就势必会发生更多的对话与切磋。而由这一点所决定，作为"传统学术文化之总称"的"国学"，和作为"西方学术一个部门"的"汉学"，也就天然生出彼此的界限来。正因为这样，即使果真到了哪一天，由于出身大陆的"中国研究家"的边界游走，使得连"汉学家"的身份也模糊了起来，从而连带得"汉学"一词的词义，也跟随着发生了某种"随机漂浮"，那也并不会自动地就意味着，前面所列举的种种彼此间分野，也都会只是跟着一个词义的迁移而化为乌有了。

恰恰相反，就算是果真到了那样一天，"汉学"一词的固有边界已经变得犬牙交错了，那么，人们在索性撇开这个歧义的词不用之后，还是有必要再来另创一个新的词，来概括性地指称那种活跃于大洋彼岸的、反映了不同问题意识的、被他国用来研究中国"西学的分支"，也就是前边所讲的"Western Scholarship on China"。在这方面，我可以算是一个"唯名论"者，不会相信概念本身能构成最后的根基。正是从此念出发，我才在刚刚接受过的一次访谈中，索性说穿了当今国内学界的很多被动，都是源自那些拿腔拿调的"汉学生"，也就是说，源自那些汉学家替我们培养的学生。②

当然，即使这样讲也并不意味着，那些强把中国史料"代入"欧洲理论的汉学成果，哪怕是其中最剑走偏锋、最歪曲经验的成果，就不再具备它们自身的存在意义了。不过，与此同时也须清醒地看到，它们的意义与其说是针对着中国，倒不如说是在借中国话题来"说事儿"，以寻求对于本国病症的医治；也就是说，这种写作活动充其量也不过是在"借中国之酒杯"，来"浇美国（或欧美）之块垒"。也正因为这样，他们特有的问题意识才是最不可照搬的：

> 最近，人们对于某些字面上的雷同，投以了普遍而持续的关注；然而，除了这种较易鉴别的抄袭之外，其实更足以毁灭国内学术界的，恐怕还不是单纯字面上的剽窃，而是对于来自外部的"问题意识"的、不足与外人道的拷贝。——这种在方法和视角上的投机取巧或缴械投降，尽管能用一些速成（肯定也将会速朽）的"学术产品"，去迎合别国学术"星探"的固定口味，然而它带来的深层恶果却是，使得中国人从其灵魂深处，就逐渐丧失了提出独特问题的心理能力，和磨灭了

解决这类问题的心理动机。[29]

当然，不去否认在"国学"与"汉学"之间的确存在这种界限，并不会从逻辑上意味着，由此就会喜欢或满足于这种分裂的状态；相反，为了摆脱这种心智上的分裂状态，以便让人们的中国理解趋于整一，还应在"国学"与"汉学"的两种片面性之上，再磨合出能够被双方共享的、属于更高形态的"中国学"。而这样一来，也就捎带着牵连出了正被热议的"中国学"问题，且让我先把相关的情况简述一番，再基于自己非止一次的相关论述，来回顾一下这种真正有其理据的"中国学"。

在我看来，仍然是跟海外学子的双向游走，以及由此带来的身份模糊有关，人们近来才会围绕着北大仓促宣布的"燕京学堂"计划，爆发出了争执不下有时甚至是意气用事的辩论。而在这些往返辩论中，恐怕最能引起人心激动的问题，除了校方打算从头改建燕园这个北大文科的长期所在地之外，就要数它匆忙打出的那块模糊字号——"中国学"了。无论如何，校方都从未把这个学科的外延与内涵解释清楚，而且大概也根本就没有办法把它解释清楚。所以，还确实是如同高峰枫在他的批评文章中所说的：

> "中国学"算是一门独立的学科吗？它和西方传统意义上研究中国古代文史的"汉学"如何区分？这门新晋的跨学科研究是否提出了新的学术问题、开拓了新的研究领域、确立了新的研究方法？看一看"中国学"下设的六个研究方向，其中既有人文学科（历史、哲学、文学），也有社会科学（经济、法律），还有应用型研究（管理、公共政策），"中国学"的范围到底如何界定，让人摸不着头脑。假如研究殷商考古的学生，与管理和公共政策专业的学生，学习一年之后，同获一种叫作"中国学"的硕士学位，那我们就不得不追问这门最新出炉、涵盖广阔的学科，究竟应归入哪一门学问。凡与中国沾边的题目，是否都可以一股脑纳入"中国学"的范畴？一个宣称包揽了人文、社科和实务三界的学科，如何能在学理上予以充分、严谨的论证，这是主事者所未明言、而我们亟需了解的问题。[30]

有意思的是，如果笔者曾在十五年前表达过企望，呼吁基于"国学"与"汉学"的融合交汇，去磨合出反映了重叠意识的、学殖更加深厚的

"中国学"，那么，眼下这种被称作"中国学"的学科则刚好相反，竟被看成了最为初阶的东西，学生们甚至连听懂中文课程的能力都无须具备，只需用英文听取一年硕士课程，就足以训练出此后去研究中国的能力了。由此反过来想，如果请哈佛那边依样设计出一门"美国学"来，也是只让中国的本科毕业生过去学习一年，而且也根本不要求他们能听得懂英文，那么，那边的同事会觉得这算什么高等学历吗？会把哈佛院（Harvard Yard）里最显赫的位置让出来吗？

所以，这种所谓的"中国学"当然是名不副实的，也是大大有悖于教育的基本规律的，由此才理所当然地遭到了学术界的普遍质疑。不过，说来更有意思的是，也正是在这一片质疑声中，对这个"燕京学堂"批判最烈的甘阳，其所根据的主要理由之一，居然还在于把"中国学"看得太过轻而易举了：

> 更根本的问题还在于，在所谓"中国学"领域，中国还需要依赖西方进口吗？在"中国学"领域，难道我们没有充分理由要求，全球所有从事中国研究的人都必须首先中文过关，能够用中文与中国学者交流，否则他们有什么资格做"中国学家"？北大不坚持中文作为中国研究的基本要求，反而搞什么"英文中国学"，这不是自我糟蹋自我作践吗？⑪

甚至，为了表示对这个"中国学"的名号的极端不屑，甘阳还索性一笔抹杀了"汉学家"的主体：

> 老实说，在中国研究领域，西方学界除了少数确实优秀的学者以外，多数学者的特点也就是英文娴熟，很多不过是转述或转译中国学问的常识而已。而众所周知，在对现当代中国的研究方面西方学者更是充满文化政治各种意识形态偏见。至于那些满篇套用各种新潮理论术语的西方论文和著作，通常恰恰是最差的而且很多不过是垃圾，新术语新理论更多是用来掩饰学术训练不足，功底薄弱和思想空洞的门面而已。只有那些自己没有学问的人才会对这些垃圾顶礼膜拜。⑫

看到这里真是不禁莞尔。要知道，鉴于自己"对引进'海外中学'所承负的特殊责任"，想当年正是由我本人率先提出，只怕汉学家群体和我们自己，也难免是"尺有所短，寸有所长"的，所以切不可把汉学著作径直当作不刊之论，而只能将其当作"展开进一步讨论的起点"。㉝而无巧不巧，偏偏又是甘阳针对我的这篇文章，发表了他的《谁是中国研究中的"我们"？》，㉞就好像我是在主张"认识论霸权"，想要基于本土的话语权来垄断对于中国的研究，宛如我曾经讽刺过的那种站不住的陋见——"土老师是检验洋学生的唯一标准"。可谁又能想到，在时光推移了二十年之后，他竟悄悄转移到我的立场上来了——当然也只是被强加给自己的那种立场，因为我从来都不愿这么走极端，弄得就像刻意表演的海豹那样，刚刚从"思想的浮冰"的这一边缘爬上来，就赶忙又从它的另一边缘滑落了下去。㉟

事实上，我在哈佛当着一群汉学家的面，曾经相当诚恳地感谢过他们，尽管与此同时，我也没忘记说明自己在观点上的保留："尽管时紧时松的政治空气不无干扰，时冷时热的图书市场也不无影响，但在90年代的中国，仍有很大的未定因素，要取决于我们的努力或者不努力。当然说到这里，更应当首先感谢在座的同行，尤其是像史华兹教授这样卓有成就的前辈学者。不管你们的具体论点能否被最终接受，你们都以无可辩驳的学术量，帮我们维护着学术研究的尊严，并以此吸引回来了一部分读者。"㊱而且，在伯克利的魏斐德猝然长逝的时候，我也曾相当动感情地回忆到，与这些朋友的交往是何等之快乐："在利欲熏心的年代选择做学问，不管有多少亏要吃，但至少还有一件事，那是官场和商场都比不了的，这就是你可以广泛地以文会友，甚至到整个世界的范围内，去寻找跟你志趣相投和智力相等的朋友。这样，你所拥有的至情至性的知己，肯定要比那些毕生以尔虞我诈为业的人多得多。簇拥着这些朋友，你不仅可以增容头脑、同商大计、共享情怀，还更可以像齐美尔所说的那样，在社会交往的游戏形式中，享受到接近美学标准的快乐。在那样的时刻，你甚至会搓搓双手踌躇满志地想到，人还没准真是一种高等动物罢？"㊲

所以，即使我也曾指出过汉学家的研究短板，那也决不意味着，自己会觉得他们的成果大多都不足取，或想要自行垄断研究的话语权。差不多刚好相反：正因为认识到他们的队伍是庞大的，力量是可怕的，我才更加意识到了与之争鸣的必要性："这就是我们身陷其中的困境，它一直意味着某种现实的危险：判断的真值问题只被还原为声音的大小问题，假说的合理性质仅仅取决于论证的绵密程度，缘此中国就有可能是或不是任何东西。"㊳同样的，也正因为认识到他们的学术论证是绵密的，从而是只可越过、不可绕过的，我才一直小心规避着来自两方面的危险：既不遗余力地主持译介它的学术成就，又不懈陈词地向读者指出它的误区与盲点。所以，这里并不存在任何意气之争，而无非是从知识生产的机制上考虑，"国学"与"汉学"的视角是不能彼此替代的：

> 事实上，由于中华文明的自身规模，远非西太平洋岛屿上的原住部落可比，所以对于我们这种文明的研究，就不能仅仅来自文明的外部，只是被突如其来的"闯入者"所垄断。正因为这样，对于"中国"这样一个学术对象，也就注定可以有"外部研究"和"内部研究"这样两种天成的视角。——如果前者必然是外在的，那么后者就可以是内省的；如果前者必然是价值无涉的，后者就可以是同情的；如果前者必然是冷静或冷漠的，后者就可以是同情和体验的；如果前者必然是实验或解剖的，后者就可以是涵泳其间的；如果前者必然是专科的，那么后者就可以是通识的；如果前者必然是分析的，那么后者就可以是综合的；如果前者必然是僵硬的，那么后者就可以是灵动的和充满弹性的。㊴

这样一来，沿着两种作为"必经之路"的片面性，也就自然走到了笔者曾经设想的作为一种"交叉路口"的"中国学"："正因为当今天下是'公说公有理，婆说婆有理'，我们就更不能满足于这种分裂的状态，而应企盼'公'与'婆'能尝试建立起码的共识，于是，一个真正超越国界和捐弃偏狭的'中国学'，正在我们的心念中呼之欲出！"㊵由此可知，这个新词在我那里，毋宁意味着在国际学界的深层互动中，以双方的心力所共同托举出来的、属于更高知识形态的领地。也正因为这样，我才既不会像"燕京学堂"的计划那样，把这个"中国学"看得如此之初阶，也不会像甘阳对它的批评那样，把这个"中国学"看得如此之轻松：

> "国学"和"汉学"的并存，使人同时看到了两幅中国图景。第一幅由于有切身经验和母语环境的支持，而更像是印象派的点彩画，其优点是总体架构依稀可辨，其缺点是具体轮廓太过模糊。第二幅则由于有分析方法和论证步骤的支持，而更像是教堂里的镶嵌画，其优点是细部界面清晰利落，其缺点是整体布局太过变形。而"国学"与

"汉学"进行对话的目的，正在于让这两幅图景相互重叠彼此矫正，以便最终得到符合透视原理的写真画卷。缘此，就既不能闭目塞听地蔑视理论思维，又不能削足适履地歪曲经验事实，而只能为了向华夏父老负责，去悉心探求更适于解释本土现象的研究范式，从而既消除困扰已久的文化误读，又完成心仪已久的理论创新。④

应当看到，在这种相互倾听的活动中，"国学"之不可取代的地位，恰在于它以其独特的价值预设，也以其知识上的陌生性，构成了跟"汉学"对话的另一极。但即使如此，还是不要忘记再来总结性地强调，即使这样去坚持"国学"的独特性，也并不意味着由此就要掉转过来，又想去消磨掉"汉学"知识的独特性；恰恰相反，即使在"研究中国"这个有限的学术领域，也应当去主动地鼓励而不是消极地化解精神的多样性。应当看到，在文化交流正步步深入、文明关系正日趋密切的全球化时代，不仅世界早已构成了中国的生活背景，中国也早已构成了其他文明的生活背景。所以，甚至就连我们所生于斯、长于斯的这个国度，也早已不再仅仅属于我们自己了。正因为这样，在汉学家的独特话语体系中，才注定要出现属于他们自己的中国理解；而对于这种总会在有别于我们的识断，我们其实并没有任何"认识论特权"去嫌好道歹，而只能虚怀若谷地首先承认，这些看法既不是优点，也不是缺点，而只是别人的特点。只有具备了如此虚一而静的"听德"，我们才有可能把尚在设想中的、希望借此来超越文明疆界的"中国学"，办成一个兼听则明的学术研讨班，以期带领两方的公众共同走出目前这种知识上的分裂状态。

①梁启超：《清代学术概论》，南京：江苏文艺出版社，2007，第11页。

②余英时：《比较西方，汉学已经彻底全球化》，2014年9月18日余英时在台北领取唐奖汉学奖时的讲话，参见http://news.ifeng.com/a/20140918/42021382_0.shtml。

③陈嘉映：《从移植词看当代中国哲学》，上海：《同济大学学报》（社会科学版）2004年第5期。

④参见郭嵩焘《伦敦与巴黎日记》，长沙：岳麓书社，1984。

⑤Hemeling, Karl Ernst Georg, *English-Chinese Dictionary of the Standard Chinese Spoken Language and Handbook for Translators*, *including Scientific*, *Technical*, *Modern and Documentary Terms*, Shanghai：Statistical Department of the Inspectorate General of Customs, 1916.

⑥参见陆伯鸿、宋善良《法华新字典》，上海：商务印书馆，1921。

⑦⑩刘东：《国学、汉学与中国学》，未刊稿。

⑧刘东：《审问与明辨：晚清民国的"国学"话语》，北京：北京大学出版社，2012，第 12 页。

⑨⑩刘东：《对话中变迁的"中国"——序〈阅读中国〉丛书〉》，见刘东《用书铺成的路》，北京：北京大学出版社，2010，第 113～114 页。

⑪刘东：《跨文化阅读的汉学资源》，上海：《东方早报》2014 年 3 月 2 日。

⑫腓特烈·泰伟斯：《西方的当代中国研究》，《当代中国研究》2004 年 11 月号。

⑬刘东：《美国汉学的传教之根》，见刘东《道术与天下》，北京：北京大学出版社，2011，第 339 页。

⑭㉕裴宜理：《半个世纪的伙伴：美国的中国研究与中华人民共和国》，见张海惠主编《北美中国学：研究概述与文献资源》，北京：中华书局，2010，第 320、324～325 页。

⑮Owen Harries, A Year of debating China, *The National Interest*, Vol. 58, Winter 1999/2000, p. 146.

⑯参阅刘东《比较的风险》，见刘东《理论与心智》，南京：江苏人民出版社，2001，第 150～159 页。

⑰关于这些掌故，请参阅费正清《费正清对华回忆录》，上海：知识出版社，1991。

⑱㉑费正清：《费正清对华回忆录》，第 395、393 页。

⑲马克斯·韦伯：《以学术为业》，见马克斯·韦伯《学术与政治》，冯克利译，北京：三联书店，2005，第 52 页。

⑳吴承恩：《西游记》第七十三回。

㉒艾尔曼：《中国文化史的新方向：一些有待讨论的意见》，贺照田、赵汀阳主编《学术思想评论》第 3 辑，沈阳：辽宁大学出版社，1998，第 425 页。

㉓㉖㉗刘东：《中国研究领域的测不准原理》，见刘东《道术与天下》，第 385～386、389、390 页。

㉔刘东：《理论与心智》，第 13 页。

㉘刘东：《绘制西方学术界的知识地图》，《共识网》2014 年 8 月 4 日。

㉙㊴刘东：《清华国学与域外汉学》，见刘东《道术与天下》，第 400、399～400 页。

㉚高峰枫：《谁的"燕京学堂"》，上海：《东方早报》2014 年 5 月 25 日。

㉛㉜甘阳、刘小枫：《北大的文明地位与自我背叛》，广州：《二十一世纪经济报道》2014 年 7 月 24 日。

㉝㊳刘东：《警惕人为的"洋泾浜学风"》，见刘东《理论与心智》，第 30～31、19 页。

㉞参阅甘阳《谁是中国研究中的"我们"？》，香港：《二十一世纪》1995 年 12 月。

㉟参阅刘东《如临如履地叩其两端》，见刘东《思想的浮冰》，上海：上海人民出

版社，2014，第 1~5 页。

㊱刘东：《中国大陆学术出版的现状》，见刘东《理论与心智》，第 250 页。

㊲刘东：《未尽的文字缘》，见刘东《道术与天下》，第 381~382 页。

㊶刘东：《国学与汉学》，见刘东《理论与心智》，第 186 页。

作者简介：刘东，1955 年生。早岁师从李泽厚教授，毕业于中国社会科学院研究生院，获哲学博士学位。曾先后任教于浙江大学、南京大学、中国社会科学院、北京大学。自 2009 年起转任清华大学国学研究院副院长，并主持日常工作，同时兼任清华大学哲学系教授、博士生导师。主要从事美学、比较文学、国际汉学和政治哲学，晚近又旁及教育学与艺术社会学。曾在美国爱默思学院、哈佛大学、斯坦福大学、芝加哥大学等二十余所大学客座或讲学，亦曾在德国、法国、加拿大、日本、澳大利亚、英国、丹麦等国和台港澳地区讲学或访问。曾经担任"走向未来"丛书和"文化：中国与世界"丛书编委。长期担任《中国学术》杂志主编、"海外中国研究丛书"与"人文与社会译丛"主编。此外还担任"西方日本研究丛书"与"艺术社会学译丛"主编。著有《西方的丑学：感性的多元取向》、《审美文化的兴盛与失落》、《刘东自选集》、《浮世绘》、《理论与心智》、《道术与天下》、《用书铺成的路》、《我们的学术生态：被污染与被损害的》、《思想的浮冰》、《再造传统：带着警觉加入全球》等；编有《中华文明》读本，以及《以赛亚·伯林与当代中国：自由与多元之间》、《德性与价值》、《实践与记忆》、《艺术与重塑》、《融合与突破》等文集；并译有《马克斯·韦伯》、《维特根斯坦哲学导论》、《卢梭·康德·歌德》、《蒙元入侵前夜的中国日常生活》等。

[责任编辑：刘泽生]

（本文原刊 2015 年第 3 期）

对外开放的"巨大红利"：
中国加入 WTO 十年历程
评价与未来展望

胡鞍钢

[提　要]　自 2001 年加入世界贸易组织以来，中国充分利用"入世"机遇，取得了宏观经济稳定增长、对外贸易快速发展、国际竞争能力迅速提高、大国形象有所优化的积极效果。中国对世界经济增长、贸易增长和投资增长做出了突出的贡献。展望未来，中国需要"第二次加入 WTO"，继续奉行互利共赢的开放战略，从"世界工厂"转变为"世界市场"、"世界服务"，成为世界第一大进口国，既要实现中国十几亿消费者的福利最大化，又要与世界共同分享"中国市场"、"中国服务"和"中国机会"。

[关键词]　入世　对外贸易　世界贸易组织　外国直接投资

对外开放是邓小平做出的重大决策，无论是对中国还是对世界而言，都具有极其深远和重大的影响。笔者将其称为推动中国崛起以及对人类发展做出巨大贡献的"开放红利"，其中最令人瞩目的是 2001 年中国加入世界贸易组织（以下简称"WTO"）的重大决策给我们带来的"巨大红利"。为什么中国要加入 WTO？中共中央和国务院是如何做出判断与决策的？今天我们又应当如何对这一重大决策做出客观分析和历史评价？这都是值得认真回顾和思考的重大课题。

在对待 WTO 这一重大决策问题上,中国政府当时曾明确指出,加入 WTO,以开放促改革,以改革促发展,必将为我国经济发展注入新的活力,带来新的机遇,对我国"十五"时期及 21 世纪上半叶的经济和社会发展都具有深远的影响。加入 WTO 对中国的国家利益有"四个有利于",即有利于促进社会主义市场经济体制的进一步完善;有利于推进经济结构调整和产业结构升级;有利于更好地实施"引进来"、"走出去"战略;有利于我国直接参与国际规则的制定,维护国家利益。但同时,中国政府也清醒地看到,加入 WTO 之后,可能会对我国产生各类冲击和影响,引发各种宏观经济问题,其中包括就业矛盾加大,金融竞争压力明显加剧,投资、贸易格局受一定冲击和影响,宏观调控的手段和效果受到限制,人才竞争更为激烈,等等。中国政府对加入 WTO 的总体判断是:既会带来机遇,也会带来挑战,但总体上机遇大于挑战,有利因素多于不利因素,因此,要最大限度地兴利除弊。

2006 年 1 月,笔者首次对中国加入 WTO 进行了初步评价,基本结论是:中国加入 WTO 后,创造了进出口贸易增长速度最快的世界纪录,已经成为世界第三大进出口贸易国、第一大进口商品贸易增长贡献国和第二大出口商品贸易增长贡献国;中国既成为最大的劳动密集型制成品贸易大国,也迅速地成为高技术产品贸易大国,已经显示出突出的比较优势和相当程度的竞争优势。中国是经济全球化的后来者,但很快成为全球化的参与者和推动者,中国在迅速的经济崛起过程中已经深刻地改变了世界贸易增长格局,而且这一影响还只是刚刚开始。这些基本结论充分地反映了中国加入 WTO 后,世界改变了中国,中国也改变了世界。[①]

中国加入 WTO 是一个十分成功的重大公共决策案例,也是十分典型的"前人种树,后人乘凉"的经典案例,我们正在享受"WTO 红利"。但对未来而言,后人也会很快变为前人,更需要为未来的"后人"种树栽花。这就需要学习前人,"温故知新",在对外开放上再次做出重大决策,即"第二次加入 WTO",主动大幅度降低关税,取消大部分非关税贸易壁垒,更大范围地开放市场,使中国加快从"世界工厂"转变为"世界市场",并为世界提供"中国市场"、"中国服务"和"中国机会"。本文主旨是对中国加入 WTO 十年做一总体评价,对其成功因素进行分析,也对其失败经验进行总结,并对未来挑战及应对策略做出展望和建议。

一　对中国加入 WTO 的基本评价

在中国加入 WTO 前后，国内外各类研究机构和众多专家对可能造成的冲击和影响做了不同估计，包括：（1）中国的国有企业将受到重大冲击，经营将面临更大的困难；（2）中国的农业将受到重大冲击，直接威胁中国的粮食生产和粮食安全；（3）中国的金融业，特别是银行业将受到巨大冲击，金融风险将大幅上升；（4）中国的汽车等产业将受到较大冲击，国产汽车制造厂商可能大规模破产。但实际上，中国的国有企业"死而后生"，成为具有较高劳动生产率、较强盈利能力和国际竞争力的市场主体，越来越多地跻身世界 500 强，成为中国社会主义市场经济的一支中坚力量，如同战场上精锐的"野战军"一样，主导着国民经济的发展；中国农业增加值保持了年均 4.2% 的高增长率，粮食产量连续 8 年增长；中国的银行业是世界资本充足率最高、不良贷款率最低的群体之一，若干国有银行已跻身世界前列，其中中国工商银行资产总额位列世界第一；中国已成为世界最大的汽车生产国和销售国。

对中国加入 WTO 的"红利"，笔者做出以下基本评价。

第一，加入 WTO 为中国宏观经济增长提供了持续、稳定、可预见性的外部环境和空间。加入 WTO 后，中国经济不仅增长速度快，而且持续时间长、稳定性好，经济总量和人均水平均实现了大跨越，为实现国民经济社会发展第三步战略目标奠定了坚实的基础。2001 ~ 2010 年，中国经济年均增长约 10%，比改革开放以来年均增长 9.7% 高出 0.3 个百分点。对 1987 ~ 2010 年的经济数据分析显示，进出口贸易带动的就业人数年均约为 8400 万，并且出口增速每提高 1 ~ 2 个百分点，经济增长速度提高约 0.15 ~ 0.3 个百分点，转移劳动力约增加 20 万 ~ 40 万人。[②] 2010 年中国外贸进出口达到 2.97 万亿美元，全年带动的就业规模超过 1.1 亿人，[③] 经济总量从 11 万亿元增长至 39.8 万亿元，增长 2.6 倍，从全球第六跃居第二。2010 年，按市场汇率计算的 GDP 总量，中国正式超过日本成为世界第二大经济体，经济大国的地位愈加巩固。2002 年，人均 GDP 首次超过 1000 美元，2006 年又超过 2000 美元，2010 年达到近 4500 美元，在世界的排位由 2001 年的第 141 位上升至 2010 年的第 115 位（见表 1）。按照世行标准，中国已经由低收入国家步入中上收入国家的行列，标志着中国在全面建设小康社会的进程中又迈出了坚实的一步，为实现国民经济社会发展第三步战略目标奠定了坚实基础。④

表 1　中国的 GDP 和人均 GDP

年份	2001	2002	2003	2004	2005	2006	2007	2008	2009	2010
GDP 增长率（%）	8.3	9.1	10	10.1	10.4	11.1	11.4	9.6	9.3	10.3
GDP（万亿元）	11.0	12.0	13.6	16.0	18.4	22.1	24.7	31.4	34.1	39.8
GDP（万亿美元）	1.3	1.4	1.6	1.9	2.2	2.8	3.2	4.5	5.0	5.9
占世界比重（%）	3.91	4.18	4.42	4.61	4.94	5.43	6.16	7.14	8.56	9.18
居世界位次	6	6	6	6	4	4	4	4	3	2
人均 GDP（元）	7543	9398	10542	12336	14103	16084	18665	22698	25575	29800
人均 GDP（美元）	911	1135	1274	1490	1722	2018	2455	3268	3744	4428
在世界排位	141（207）	136（207）	133（206）	129（208）	128（208）	129（209）	132（209）	127（209）	120（209）	115（209）

注：美元计 GDP 和人均 GDP 系按当年人民币美元汇率中间价折算，汇率数据引自《中国统计年鉴（2010）》；2001～2009 年世界 GDP 数据引自 World Bank，*World Development Indicator*（online version），2010 年世界 GDP 数据系国际货币基金组织估计数；括号内数值为世界国家和地区总数。

资料来源：《国际统计年鉴（2003～2010）》；IMF，*World Economic Outlook*；World Bank，*World Development Indicator*（online version）。

第二，加入 WTO 释放的市场开放效应前所未有地推动了中国对外开放的飞速发展。（1）货物贸易。2010 年，我国进出口总额 29727.6 亿美元，比 2001 年增长 4.8 倍，从全球第八大贸易国跃居第二，年均增长率高达 21.6%。其中，出口增长 4.9 倍，从全球第六大出口国跃居第一；进口增长 4.7 倍，从全球第六大进口国跃居第二。（2）服务贸易。2009 年，我国服务贸易达 2868 亿美元，比 2001 年增长 7.7 倍，位居世界第五，其中出口和进口分别位居第五和第四。（3）利用外资。我国连续 18 年居于发展中国家首位，2010 年实际利用外资 1057.4 亿美元，比 2001 年增长 1.25 倍。（4）对外直接投资。2010 年我国对外直接投资为 590 亿美元，比 2001 年增长 31.8 倍（见表 2）。

表 2　中国对外开放进程（2001～2010）

年 份	2001	2002	2003	2004	2005	2006	2007	2008	2009	2010
货物进出口（亿美元）	5097	6208	8510	11546	14219	17607	21737	25633	22075	29728
占世界比重（%）	4.02	4.69	5.51	6.15	6.66	7.17	7.7	7.88	8.77	9.50
居世界位次	8	5	4	3	3	3	3	3	2	2
服务贸易（亿美元）	329	394	464	621	739	914	2509	3045	2868	—
利用外资（亿美元）	469	527	535	606	603	631	748	924	900	1057
占世界比重（%）	6.38	8.12	9.56	8.53	7.44	4.98	4.22	6.38	7.50	8.13
居世界位次	9	4	3	2	3	4	6	3	3	2
对外直接投资（亿美元）	18	27	29	55	123	176	187	559	565	590

注：2010年中国货物进出口占世界比重根据世界贸易组织对2010年全球货物贸易增长的预测值计算；2009年和2010年利用外资占世界比重数据系根据联合国贸发会议对2009年和2010年全球对外投资的估计值计算；对外直接投资是指非金融领域，利用外资仅指外商直接投资。

第三，加入WTO使中国获得了运用WTO规则保护自身权益的权利，在激烈的国际竞争中掌握了主动。根据WTO报告，中国已经成为WTO争端解决机制中的重要一员。作为贸易争端当事方和第三方在参与WTO争端解决机制活动中，中国已进入前十名，位居第七，前六位依次为美国、欧盟、日本、加拿大、印度和巴西。中国之后的三位分别是墨西哥、韩国和澳大利亚。截至2010年底，中国参与的WTO争端解决活动已达99起，其中作为投诉方7起，作为应诉方21起，作为第三方参与71起。同时，作为WTO成员应享有的权利，入世十年来，我国积极参加了对其他成员的贸易政策审议，尤其是对美国、欧盟、日本等主要发达成员的审议，对他们的一些违反WTO规则的贸易保护主义措施提出质疑，对在双边经济合作中久拖未决的问题在多边场合表达关注，通过WTO多数成员集体的呼声推动问题的改善与解决。

表 3　WTO主要成员平均关税水平

单位：%

		中国	欧盟	美国	印度	巴西
非农产品	约束税率	9.0	4.02	3.96	46.61	29.80
	实际税率	9.0	4.02	3.95	19.46	10.97
农产品	约束税率	15.2	22.5	6.1	114.5	35.5
	实际税率	15.2	19.8	5.0	37.0	10.2

第四，中国完全实现了 WTO 承诺，表现了一个"言必行，行必果"的发展中成员的大国形象。在货物贸易方面，中国自 2002 年起逐年调低进口关税，截至 2010 年底，关税总水平由 15.3% 调整至 9.8%，农产品平均税率由 18.8% 调整至 15.2%，工业品平均税率由 14.7% 调整至 8.9%。目前，中国农产品的平均关税水平已经远远低于世界农产品平均关税 62% 的水平，成为世界上农产品关税平均水平最低的国家之一。按照商务部的统计，与其他 WTO 主要成员相比，中国关税的约束率达到 100%（见表 3），实际关税和约束关税是一致的。中国还大幅消除非关税贸易壁垒，在《入世议定书》附件 3 中承诺取消的进口配额、进口许可证和特定招标等 424 个税号产品的进口非关税措施，已按承诺到 2005 年 1 月 1 日完全取消。截至 2009年，我国实行自动进口许可管理的商品仅 19 种，共计 691 个税目，约占全国商品总税目的 6%。

表 4　WTO 成员服务贸易承诺水平

	承诺平均部门数	占总部门数比例（%）
中国	100	62.1
发展中成员	54	33.5
发达成员	108	67.5
美国	101	62.7
欧盟	106	65.8
新加入成员（1995 年后）	104	64.6
WTO 服务贸易总部门数	161	—

在服务贸易方面，入世十年来，中国相继颁布了 40 多个开放服务贸易领域的法规和规章，涵盖金融、零售、物流、旅游、建筑等几十个领域，基本完善了服务贸易对外开放的法律体系。这些法规从政策上拓展了外国服务者进入中国内地的产业领域和地域范围，降低了有关行业的准入门槛。中国还在银行、证券、旅游等领域提前履行了有关承诺，从而形成了服务业全面开放的格局。以金融服务业为例，截至 2009 年底，共有 46 个国家和地区的 194 家银行在华设立了 229 家代表处，13 个国家和地区的银行在华设立了 33 家外商独资银行（下设分行 199 家）、2 家合资银行（下设分行 6家，附属机构 1 家）、外商独资财务公司 2 家，另有 24 个国家和地区的 71家银行在华设立了 95 家分行。获准经营人民币业务的外国银行分行为 49

家、外资法人银行为32家，获准从事金融衍生产品交易业务的外资银行机构为54家。⑤商务部资料显示，在服务贸易领域，中国承诺的开放程度已接近发达成员水平，在WTO分类的160多个服务贸易部门中，中国已经开放了100个，占62.1%，已接近发达成员的平均水平（见表4）。2009年，按照WTO行业分类标准，我国服务业新设立外商投资企业11461家，占全国新设立外商投资企业总数的49%；实际使用外资金额378.7亿美元，占全国实际使用外资金额的42%。外商投资进入中国服务业领域，有力地促进了中国服务业乃至整个经济的发展。⑥

二 中国对世界的贡献

加入WTO不仅使中国自身的经济实现了跨越发展，而且为建立一个平衡的全球多边贸易体制发挥了建设性的作用，对世界经济和贸易增长做出了重大贡献。加入WTO后，中国的经济发展和对外开放在世界范围内为各国提供了广阔市场，为投资者带来了机遇，为世界经济、贸易、投资的增长提供了强劲动力。中国参与经济全球化、贸易全球化，已经给世界各国带来明显的正外部性，这是典型的互利共赢范式，有效地推动了贸易一体化和经济全球化。

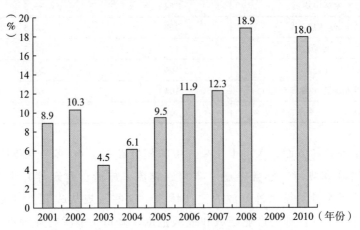

图1 中国对世界经济增长的贡献率（2001~2010）

注：经济增长贡献率＝中国GDP年度增量/世界GDP年度增量×100%，本图GDP数据系按美元现价计算；2009年因全球经济出现负增长，故未计算中国经济增长对全球贡献率。

资料来源：World Bank，*World Development Indicators*，2010。

第一，中国对世界经济增长的贡献。中国对世界经济增长的贡献主要取决于两个重要因素：一是中国GDP占世界总量比重；二是中国经济增长率。根据世界银行数据计算，2002～2010 年，中国占世界 GDP 比重持续增加，从 4.4% 增长至 9.2%；中国 GDP 增长率一直居世界首位，并大大高于世界平均增长率，根据国际货币基金组织的数据计算，2002～2010 年，中国经济年均增速达 10.7%，是世界经济平均增长率的 2.5 倍。这使中国对世界经济增长的贡献率从 2003 年的 4.5% 增加至 2010 年的 18.0%，2001～2010 年平均贡献率为 15.2%（见图 1），中国成为全球第二大经济体和第一大经济增长贡献国。需要指出的是，因 2009 年全球经济负增长，故无法计算中国对世界经济增长的贡献率。也正是由于中国强劲的经济增长，带动了世界各国，特别是美国及欧洲部分国家成功地走出国际金融危机的阴影，开始实现经济的全面复苏。

第二，中国对世界贸易增长的贡献。加入 WTO 后，中国与世界经济的依存度不断加深，与世界其他国家和地区的贸易往来不断增加，中国对世界贸易增长的贡献率大幅提高（见表 5）。根据联合国贸发会议的最新统计，中国在世界货物贸易出口中的比重已从 2002 年的 5.0% 提高到 2010 年的 10.4%；在世界货物进口贸易中的比重从 4.4% 提升到 9.1%。与此相对应，中国服务贸易尽管起步较晚，发展较为落后，但增长速度却十分迅速。2002～2010 年，中国在世界服务出口贸易中的比重从 2.4% 提高到 4.5%；在世界服务进口贸易中的比重从 2.9% 提高到 5.3%。

表 5　中国在世界贸易中的地位变化（2002～2010）

年　份	2002	2003	2004	2005	2006	2007	2008	2009	2010
世界货物贸易（亿美元）	13147	15318	18661	21297	24504	28229	32551	25009	30527
出口	6481	7545	9189	10505	12129	13986	16100	12419	15174
进口	6666	7773	9472	10792	12375	14243	16451	12590	15353
中国货物贸易（亿美元）	621	851	1154	1422	1761	2174	2561	2206	2974
出口	326	438	593	762	969	1218	1429	1202	1578
进口	295	413	561	660	792	956	1132	1004	1396
中国占世界比重（%）	4.7	5.6	6.2	6.7	7.2	7.7	7.9	8.8	9.7
出口	5.0	5.8	6.5	7.3	8.0	8.7	8.9	9.7	10.4
进口	4.4	5.3	5.9	6.1	6.4	6.7	6.9	8.0	9.1
世界服务贸易（亿美元）	3279	3765	4510	5023	5644	6700	7556	6667	7439
出口	1644	1895	2290	2560	2899	3466	3889	3415	3819
进口	1635	1870	2220	2463	2745	3234	3667	3252	3620

续表

年　份	2002	2003	2004	2005	2006	2007	2008	2009	2010
中国服务贸易（亿美元）	87	102	134	158	193	252	306	289	364
出口	40	47	62	74	92	122	147	130	171
进口	47	55	72	84	101	130	159	159	193
中国占世界比重（%）	2.7	2.7	3.0	3.1	3.4	3.8	4.0	4.3	4.9
出口	2.4	2.5	2.7	2.9	3.2	3.5	3.8	3.8	4.5
进口	2.9	2.9	3.2	3.4	3.7	4.0	4.3	4.9	5.3

资料来源：UNCTADstat.

表6　中国对世界投资增长的贡献率（2002～2010）

年份	2002	2003	2004	2005	2006	2007	2008	2009	2010
世界投资（亿美元）									
流入量	6281	5657	7324	9858	14591	21000	17709	11142	12436
流出量	5371	5657	9203	8931	14106	22675	19288	11010	13233
中国投资（亿美元）									
流入量	527	535	606	724	727	835	1083	950	1057
流出量	25	29	55	123	212	225	522	480	680
中国占世界比重（%）									
流入量	8.4	9.5	8.3	7.3	5.0	4.0	6.1	8.5	8.5
流出量	0.5	0.5	0.6	1.4	1.5	1.0	2.7	4.4	5.1
中国对世界贡献率（%）									
流入量	—	1.3	4.3	4.7	0.1	1.7	7.5	2.0	8.3
流出量	—	1.4	0.7	25.0	1.7	0.2	8.8	0.5	9.0

注：年度贡献率＝中国流入（流出）年度增量/世界流入（流出）年度增量×100%。
资料来源：UNCTAD, *Foreign Direct Investment Database.*

　　第三，中国对世界投资增长的贡献。加入 WTO 后，随着全球产业结构的转移和中国对外开放程度的不断深化，中国已经成为全球外国直接投资最重要的东道国和投资国。2000 年中国吸引外国直接投资额居世界第九位，到 2010 年跃居第二位。从中国对世界投资增长的贡献来看，根据联合国贸发会议的数据计算，2002～2010 年，中国对全球外国直接投资流入量增量的年均贡献率达到 3.7%，对流出量的年均贡献率达到 5.9%。尤其是近年来，中国对外直接投资迅速增长，占全球流出量的比重已从 2002 年的

0.5%增加至 2010 年的 5.1%（见表 6），增长了 9 倍之多，中国已成为对外直接投资第五大国。这标志着中国在相对短的时间内成功地"走出去"，实现了从吸引外资投资中国到中国投资世界的重大转变。

三　中国成功加入 WTO 的经验总结

10 多年前，中国政府决定加入 WTO，从此中国从对外开放到全面开放，从局部参与到全面参与世界贸易治理，从局部区域竞争到全面国际竞争，这是中国开创和赢得 21 世纪前十年战略机遇期的重大决策。这一成功的案例再次表明："重大决策成功是最大的成功。"为此，我们需要对过去十年加以认真总结，从这一伟大的实践中获得更多的"真知"。

第一，早在中国加入 WTO 之前，中央就明确提出发展开放型经济的目标，开始加速贸易自由化进程，为加入 WTO 创造了极其有利的前提条件。实际上，20 世纪 80 年代初，中国还是世界上关税税率最高的国家之一，到了 90 年代关税税率大幅度下降。1993 年，中共中央十四届三中全会《关于建立社会主义市场经济体制若干问题的决定》第 38 条提出进一步改革对外经济贸易体制，建立适应国际经济通行规则的运行机制。90 年代末，中央准确地判断了国内外形势的发展，及时地做出了重要决策，认为中国加入 WTO 的基本条件已经具备，主要表现为：改革开放以来的建设和发展，我国的生产力水平已经上了一个大台阶，部分产业已具有一定的竞争能力，奠定了比较雄厚的物质技术基础；社会主义市场经济体制初步建立，全方位对外开放格局基本形成；更重要的是，国家积累了加强和改善宏观调控的经验，宏观调控体系不断完善。[⑦]

第二，2001 年中国正式加入 WTO 之后，中国政府采取了一系列措施，旨在履行 WTO 成员的承诺，使得中国在过渡期内比较平稳、相当顺利地加入了 WTO，没有出现人们原来所预期的重大的外部冲击和痛苦的产业调整，在所有加入 WTO 的发展中成员之中最为成功地实现了向开放型经济体的转型。在"十五"规划中，中国政府还专门制定了《加入世界贸易组织提高国际竞争力重点专项规划》，要求在"十五"期间进一步加快改革，逐步形成基本符合社会主义市场经济和 WTO 规则要求的管理体制；要依靠体制创新和科技创新，解放生产力，促进经济结构调整战略，全面提升我国产业和企业的国际经济竞争力；要打破垄断，加快开放，尽快形成公平竞争的市场准入环境；要建立健全有效抵御国际经济波动冲击的宏观调控体系，形成一套操作有效、符合国际规范的宏观调控机制。⑧

第三，WTO 规则以及中国加入 WTO 承诺内嵌的缓冲保护机制，为中国应对加入 WTO 挑战争取了"缓冲期"和"宽限期"。WTO 追求贸易自由化的目标，根植于市场经济制度。中国加入 WTO 是权利和义务平衡的结果。根据《中国加入 WTO 议定书》和《中国加入 WTO 工作组报告》，中国对外开放本身就是一个渐进、逐步加深的过程，而不是一步到位。而且，加入WTO 后，中国的开放也绝非是"全面毫无保留"的开放，而是按照加入WTO 的承诺分步骤、分阶段、分领域地逐渐加大对外开放。因此，加入WTO 法律文件中的很多承诺本身就隐含了许多内嵌的缓冲保护机制，这就决定了加入 WTO 对中国的影响本身也具有渐进和潜移默化的特征。

第四，中国对外开放提高了经济发展的质量，推进了经济体制改革的进程，促进了市场导向法律框架和监管体制的形成，成功地实现了"以开放促改革、促发展"。加入 WTO 后，通过吸收、利用外资，中国不仅增加了产业发展的资本存量，而且大大提升了产业发展存量资产的质量。伴随外国资金进入中国的，还有大量能够有效提高资产质量的创造性资源，如人才、先进技术和经验、技术开发与使用能力、管理能力、对客户需求的理解能力等，这些资源对改善中国产业的资产质量做出了重要贡献。同时，外资的进入使市场主体多元化，外资企业强劲的增长势头不仅吸引了更多外商投资者竞相进入，而且给中资企业带来了竞争压力和示范作用，推动了中国所有制多元化的过程，加大了国内经济体制改革的力度、广度和深度，推动了符合市场经济要求的企业经营、管理体制和经营理念的形成。广泛的对外开放带来了资本与技术要素的迅速增加，促进了良好的竞争环境的形成，从而进一步推动着中国经济增长模式从粗放型向集约型不断转变。

第五，国际经济形势的变化客观上缓解了外部压力，加之由于中国发展本身也存在内在的改革要求，压力与动力相互结合，从而使得制度创新比较顺利，取得明显成效。2002 年，中国加入 WTO 之初，国内粮价低迷，国际粮价飞涨，国外粮食根本不具备进入中国市场的价格条件。在此情况下，国外具有比较优势的粮食等大宗农产品并没有如预期涌入中国市场，人们普遍担心的农业受到严重冲击也没有出现。⑨2001～2009 年，中国第一产业的年均增长率为 4.4%，显著高于同期的 2.5% 的世界平均水平。⑩2008年，中国加入 WTO 过渡期结束后，全球爆发了百年不遇的金融危机，世界经济疲软，贸易下滑，发达国家的注意力主要放在如何拯救本国经济问题上,中国受到的外部进口和投资的冲击减弱。与此同时,中国果断出台 4 万亿元投资刺激计划(2009～2011 年),带动了 10 倍以上的非政府投资,2009～2011 年全社会固定资产投资累计达到 50.3 万亿元,保证了中国经济的高增长,率先实现了经济复苏,为全球经济走出困境做出了重大贡献,赢得了全球的赞誉。此外,为了适应加入 WTO 后的制度环境变化,中国主动加快了体制改革和制度创新步伐,并提出了"以人为本"的新理念,提出了"转变发展方式,推动科学发展"的新思路,提出了构建"社会主义和谐社会"的新构想。这些新理念、新思路、新构想的提出,不仅符合当今国际社会发展的历史潮流,而且符合中国本身发展的内在要求。

四 中国需要"第二次加入 WTO"

2006 年 11 月,笔者再次评估中国加入 WTO 绩效得出的基本结论是:中国应毫不动摇地秉持开放主义的原则,全面对外开放本国市场,全面参与世界经济,全面进行各种国际合作,全面提升国际竞争能力,在国际经济体系中发挥积极的建设性作用,并以国家长远战略利益和当前利益的有效结合为出发点,争取扮演具有主导性意义的负责任大国角色。[11]

加入 WTO 后的十年是中国经济发展最好、最快的十年。毫无疑问,中国的改革开放战略极为成功,中国也是多边贸易体制的最大赢家,是发展中国家参与全球化的成功范例。在这样的好成绩下,未来中国的发展之路应当怎么走?

通过对外开放,中国将获得长远的红利,在我们享受"前人种树"的同时,也要为后人"栽树",为后人积累更多的对外开放"红利",这一过程就是所谓的"第二次加入 WTO",它是自主的开放、主动的开放、全面的开放。

笔者认为,"第二次加入 WTO"的基本战略意图是:奉行互利共赢的开放战略,实现中国从"世界工厂"转变为"世界市场"、"世界服务",成为世界第一大进口国,既要实现中国十几亿消费者的福利最大化,又要与世界共同分享"中国市场"、"中国服务"和"中国机会"。

"第二次加入 WTO"的主要目标包括:实现进出口基本平衡;达到货物进出口世界第一位,服务贸易由目前的第四或第五位上升至第二位;提高货物贸易就业量和比重,增加服务贸易就业,特别是旅游、教育和交通运输行业的就业总量和比重,使服务贸易就业占非农业劳动力就业总量(5 亿～

6亿）的1/5左右；成为世界吸引和利用外资的第一大国，对外投资的第二大国；提升对外经济合作水平，对外工程承包和对外劳务合同额和完成营业额居世界前列；支持改革和完善国际贸易体制，积极参与国际贸易规则的制定，逐步提高中国在WTO中缴纳成员会费的比例及发言权；全面提高我国企业、产业、市场和科技国际竞争力。为此，还需要采取如下重要举措。

第一，主动降低关税税率和消除非关税贸易壁垒。主动制定有利于国民经济发展和结构调整的税率减让部门清单，从现在的10%，降低到5%，未来降低到3%，加速进入"世界市场"阶段。对于符合民生消费、绿色环保方向的产品进口，可以实施零关税，甚至加大补贴力度。逐步取消非关税贸易壁垒，开放服务贸易。努力与欧美国家达成共识，争取欧美更多的权益让渡，换取发展中国家更多的市场准入机会，从而实现中国与其他成员的互利共赢。

第二，继续推动贸易发展，实现向贸易强国的转变。其一是提升服务贸易的比重，未来我国服务贸易发展的潜力更大，因此在服务外包产业、非金融方面要加大力度，可以抓住多哈回合机遇，进一步开放中国服务贸易市场。其二是扩大进口，发挥进口对宏观经济平衡和结构调整的重要作用，可以通过降低关税，特别是消费品关税来实现（消费品只占我国进口的3%，潜力巨大），并对资源性产品进一步加大补贴力度。其三是重视新兴发展中国家市场，逐步培育有利于中国企业的市场环境，通过让更多的企业"走出去"，按照互利共赢的原则在海外建立港口、物流中心、分销机构，最终实现贸易管道控制，掌握话语权。

第三，鼓励对外投资，提高利用外资质量。加快对外投资步伐，2010年中国对外投资流量应接近700亿美元，其中非金融类投资为500亿美元，在全球排名第五位。争取"十二五"期末达到1500亿美元以上的规模；到2020年能超过2500亿美元的规模，逐步缩小与美国的差距。一是要从推动国际大通道等重大项目入手，加强统筹合理布局，将投资和贸易相结合；二是要建立健全企业"走出去"的服务保障体系，及时发布相关的国别投资报告以提供公共服务，做好人才培训；三是引导企业逐步完善风险控制体系，开发适用的商业保险种类，分担企业投资风险。提高吸收外资质量和水平，鼓励高新技术、绿色低碳和现代服务业等领域的国际合作，进一步接近甚至超过美国的水平。

五 展望:新一轮国际经济一体化深化期

未来 20 年,全球国际贸易总量将继续保持高速增长,国际市场与国内市场的一体化程度不断提高。二战结束后国际贸易高速增长的趋势将继续保持,1950～2010 年,全球出口年均增长率为 6.8%。2010 年全球出口为 18.5 万亿美元,占全球 GDP 的比重为 29.3%,[12] 到 2030 年,全球出口有望突破 55 万亿美元,届时占全球 GDP 的比重将达到 53.4%,保守地估计,这一阶段的全球出口年均增长率在 6.4% 左右。

到 2030 年,中国在世界贸易和投资格局中扮演的角色将发生两个转变,一是从净出口国转变为净进口国;二是从投资净流入国转变为投资净流出国。中国将始终作为贸易自由化的主要推动者和践行者,推动贸易自由化、贸易体系公平化、贸易所得互利化,这超越了西方单纯的贸易自由化,中国带动和推动了发展中国家从贸易自由化和全球化中获得收益。随着世界贸易组织多哈回合谈判的深入,国际贸易秩序与环境总体上将不断改善,对于中国而言,国际贸易体系的机遇大于挑战。在未来的贸易体系中,谁是进口国,谁就是赢家,中国具有明显的市场优势,从"中国工厂"到"中国市场"的转变将进一步强化中国在国际贸易体系中的地位和作用。

新兴国家在国际贸易体系中的角色日益凸显,改写长期以来由北方国家(发达国家)主导贸易格局的局面。首先,世界产品工厂从北方国家逐渐转移到南方国家(发展中国家)。1970 年南方国家和北方国家在国际货物贸易出口中的地位基本是"三七开",到 2010 年,国际出口格局是"四六开",到 2030 年,这一格局将转变为"七三开",届时,中国出口总量占世界出口总量的比重将接近四分之一。其次,世界市场同样从北方国家逐渐转移到南方国家。在 1950 年,南方国家和北方国家在国际货物贸易进口中的地位基本是"三七开",到 2020 年,国际进口格局是"五五开",到 2030 年,这一格局将转变为倒"六四开",届时,中国的进口总量占世界出口总量的比重将超过四分之一,从净出口国转变为净进口国。

中国将成为最大的对外投资国。2002～2010 年,中国对全球外国直接投资流入量增量的年均贡献率达到 3.2%;对流出量的年均贡献率达到 5.6%。尤其是近年来,中国对外直接投资迅速增长,占全球流出量的比重已从 2002 年的 0.5% 增加至 2010 年的 4.7%,增长了 8 倍多,中国成为全球第五大对外直接投资国。按照目前中国对外直接投资占 GDP 5% 的低比例计算，到 2020 年新增对外直接投资将达到 1 万亿美元。如果中国的这个比例上升到转型经济体平均 15% 的水平，境外直接投资将达到约 3 万亿美元，或每年约 3000 亿美元。[13]我们预计，到 2030 年，中国成为世界第一大对外投资国，境外直接投资将达到 4.5 万亿~5 万亿美元。中国的对外投资既是中国的海外利益，也是中国为世界提供的巨大商业机会和投资利益，未来可能会出现中国 GNP 超过 GDP 的情况，世界投资中国的时代还将继续，而中国投资世界的时代已经来临。

---

① 胡鞍钢：《对中国加入 WTO 的初步评价：中国如何影响世界贸易增长格局（2000~2004）》，北京：《国情报告》2006 年第 6 期。

② 钟山主编《后危机时代中国外贸发展战略》，北京：商务部研究院，2010。

③ 2005 年和 2007 年分别为 1.23 亿人和 1.13 亿人。

④ 世界银行《2010 年世界发展报告》对高、中、低收入国家的划分标准是：人均 GDP 在 975 美元以下的为低收入国家，976 至 3855 美元为中下收入国家，3855 至 11906 美元为中上收入国家，11906 美元以上为高收入国家。

⑤ 引自银监会网站，http://zhuanti.cbrc.gov.cn/subject/subject/nianbao2009/2.pdf。

⑥ 引自商务部网站，http://mofcom.gov.cn。

⑦⑧ 国家计委发展规划司：《加入世界贸易组织提高国际竞争力重点专项规划》，国家计委发展规划司主编《国家"十五"重点专项规划》，北京：中国物价出版社，2002，第 173~176 页。

⑨ 程国强：《加入 WTO 后的中国农业》，《中国加入 WTO 及其对越南经验国际研讨会论文集》，2007 年 9 月。

⑩ 根据《中国统计年鉴（2010）》和 World Bank, *World Development Indicator 2010* 计算。

⑪ 胡鞍钢、门洪华：《对中国加入 WTO 的再评价：中国如何全面开放、全面参与、全面合作、全面提升》，北京：《国情报告》2006 年第 29 期。

⑫ WTO, *International Trade Statistics 2011.*

⑬ 荣大聂、韩其洛：《敞开美国大门？充分利用中国海外直接投资》，亚洲协会美中关系中心和伍德罗·威尔逊国际研究中心基辛格中美研究所特别报告，2011 年 5 月。

作者简介：胡鞍钢，清华大学国情研究院院长、清华大学公共管理学院教授、博士生导师，兼任国家"十二五"规划专家咨询委员会委员、国家减灾委专家咨询委员会委员、国家环保部专家咨询委员会委员、北京市政府专家咨询委员会委员等社会职务。1988 年毕业于中国科学院自动化研究所，后进入中国科学院生态环境研究中心从事研究工作，2000 年调入清华大学。曾于 1991～1992 年在美国耶鲁大学经济系从事博士后研究，并受邀在美国哈佛大学、英国牛津大学、日本早稻田大学担任访问学者或访问教授，曾多次参与世界银行、联合国开发计划署的研究咨询工作。著述 60 余部。主要著作有《中国政治经济史论（1949～1976）》、《中国国家能力报告》、《中国地区差距报告》、*China in 2020：A New Type of Superpower*、《2030 中国：迈向共同富裕》、《中国：创新绿色发展》等。另外，发表学术论文近 300 篇，发表的论文在中文社会科学引文索引（CSSCI）中被引用 2600 余次（1998～2011 年）。于 1998 年创办高级研究内参《国情报告》，担任主编，截至 2012 年 4 月，已编发《国情报告》1177 期。曾获得国家自然基金委杰出青年基金、复旦光华管理学杰出贡献奖、国家科技进步三等奖、中国科学院科技进步一等奖、北京市科技进步二等奖等奖励。

[责任编辑：刘泽生]

（本文原刊 2012 年第 3 期）

演化与回归：合作经济制度刍议*

章 政

[提 要] 资本主义体制诞生以来，古老的市场现象逐步演化为市场经济制度。在经典理论的庇护下，市场制度被作为普遍规律受到推崇，竞争法则成了社会经济活动的主宰。然而，进入 20 世纪后，不断出现的市场失灵和随之而来的政府失灵，使得我们不得不开始重新审视市场现象中的另一个层面：合作制度与合作法则。本文从历史和现实两个维度，探讨了合作经济制度的起源、演化和效用，力图为推动我国社会经济发展从"竞争的均衡"走向"合作的均衡"提供理论和政策依据。

[关键词] 合作经济制度　合作经济效应　竞争型发展　合作型发展

纵观三十五年中国经济社会发展的历史，我们发现，归结起来可能有一个基本共识：我们走过了西方发达国家用两百多年才走完的现代化过程，但我们同时遇到了西方国家没有遇到过的问题。其寓意在于我们开始感觉到，已初步具备了解决这些问题的基础，而困难在于我们还没有完全掌握解决这些问题的方法。有这种感觉，是因为我们面临的问题极其复杂和特

* 本文系教育部哲学社会科学重大课题攻关项目"中国社会转型期居民信用管理和公共服务体系研究"（项目号：JZD036，课题负责人章政）的子课题"社会经济合作制度的基础理论研究"的阶段性成果。

殊，要求必须从人类发展的角度给出答案，但最大障碍在于我们还没有发现一个能够"补充和完善"市场制度的理论体系。

本文将从比较发展论的角度，就目前经济学研究关注不多的一个范畴：合作经济制度，以现代社会科学多个分支领域的理论成果为基础，围绕合作经济制度的起源、演化、建构和社会经济作用等问题，揭示合作经济制度的独特地位和发展过程，力图为构建一个能够"补充和完善"市场制度的理论体系提供初步思考和探索。

一 问题的提出：来自中国邻邦的两个故事

1. "印度均衡"的本质

印度与中国相似，有着五千年悠久的文明历史，几千年来印度一直处于农耕文明的社会。但外界对印度社会的认识，却普遍停留在一般的"人满为患，充满贫困与失业，劳动力成本极其廉价"的层面。[①]然而，近年印裔英籍经济学家拉尔（Deepak Lal）在其著作《印度均衡》[②]中，经过对3500年印度经济史的分析，得出了一个颠覆性的结论：起源于印度河—恒河流域冲积平原的印度农业文明，早在孔雀王朝时代（公元前321年～约前188年），就建立起了一套高度稳定的经济社会秩序。以这一秩序为依托，印度社会在历经了长期的列国纷争（笔者按：类似中国的战国时代）、外部入侵、穆斯林统治和葡萄牙、荷兰、英国等殖民统治等动荡后，[③]依然能够自我维系、自我保持、自我复制。这个秩序就是古代印度君主的一项独一无二的发明：种姓制度（Caste System in India）。

根据拉尔教授的分析，几千年来，印度社会其实是一个劳动力不足和土地过剩的封建社会，为了建立各种劳动力对土地的依存关系，印度君主把人口按照其职能（职业）区分为不同的阶层（即种姓），例如刹帝利（统治阶层）、婆罗门（僧侣阶层）、吠舍（劳动者和农民）、首陀罗（奴隶）等，从而解决了人口流动和经济、政治、生态变化对劳动力市场的影响，实现了帕累托次优的社会选择。其中，特别是对于"大多数外国人（笔者按：制度经济学家）批评说，印度独特的种姓制度对劳动市场的社会分层和分割是造成印度经济停滞的一个主要原因"的见解，拉尔教授经过对"印度劳动力市场演进"的研究后，却发现"由于印度现代劳动力市场的拓展十分有限，绝大多数劳动力都是通过打零工那种类型，也就是最接近教科书上完全竞争的要素市场"，进而使得印度社会在不稳定的外部环境中，

"通过社会排斥而实施的职业分割，为社会提供了一种具有持久性的分权制度"，同时"对于那些征服者来说，提供了一种激励相容的制度"。④

据此，拉尔教授认为，"自从种姓制度出现以来，一定存在着一些保持不变的环境参数，而这些不变的环境参数是能够解释种姓制度的延续性的"。通过历史分析，拉尔教授确认了该制度实际上起到了"经济动荡中的职业稳定，宗派对立中的社会稳定，政治冲突中的文化稳定"的作用。如果拉尔教授的分析成立，那么维系印度文明——恒河平原人类活动——的社会基础就是种姓制度。由于该制度具有极为典型的劳动市场和文化社会领域多元合作的特征，凭此，我们不妨做一个大胆推断：支撑了千年以上"印度均衡"制度文明背后的秘密，很可能是一种合作经济关系。

2. "苏联解体"的背后

20 世纪末，在众多的转轨改革事件中，最大的事件莫过于中国的近邻苏联解体。1991 年 12 月 25 日，这个世界上国土面积最大、曾一度为欧洲最强工业国的"超级大国"苏维埃社会主义共和国联盟宣布解体。消息传来，甚至连当时准备发表圣诞演说的美国总统老布什都觉得有点酸楚。时至今天，20 多年过去，对于苏联解体的议论依然不绝于耳。⑤其实，苏联解体的导火索是 1991 年 8 月 19 日"新联盟条约"的签署一事（俗称"8·19事件"）。所谓"新联盟条约"，核心是要求苏维埃联盟政府承认各加盟共和国的独立国家地位，并要求放弃现行的联盟体制（笔者按：该条约的策划者是苏联领导层内部以叶利钦、戈尔巴乔夫为首的主要领导人），当时，党内保守势力为了阻止该条约签署，于 8 月 19 日发动政变，但由于政变失败，接下来的几个月里，原苏维埃联盟 15 个加盟共和国中的 11 个先后独立，到12 月 25 日，时任苏联总统的戈尔巴乔夫不得不正式宣布苏联解散。

上述事件看似简单，其实在其背后，解体的"火种"早在苏联建国初期就埋下了。我们知道，苏联作为一个联盟制国家，诞生于"十月革命"后的 1922 年 12 月。成立联盟的依据是当时的《苏维埃社会主义共和国联盟成立宣言》（以下简称《宣言》）⑥和《俄罗斯苏维埃联盟社会主义共和国宪法》（以下简称《宪法》）⑦。然而，在这两部极其重要的建国宪章中，均规定了各加盟共和国享有独立的权利，这就为上述分裂事件提供了法律依据。例如上述《宣言》中明确规定"这个联盟是各个平等民族的自愿联合，每个共和国有自由退出联盟的权利"，同样的内容在苏联《宪法》中也有类似表述。当然，在建国初期此类表述可能是必要的，但此后的大约 80 年里，随着苏联国力的增强，特别是后来多次修订宪法，可这些内容一直没有改变。这不禁令人有些匪夷所思，同时也给人们留下了莫大的想象空间。应该说，这个80年前的约定才是苏联能够解体的必要条件。

这里，令人费解的是，80年来，从列宁、斯大林开始的几代苏共领导人为什么对此"危险的火种"置之不理，究竟是"难得糊涂"还是真糊涂，作为国家法律基础的"联盟制度"究竟是什么？要厘清苏联解体背后的制度原因，看来还需要从联盟关系的本质中寻找答案。

二 理论的困境：从"古典经济理论"到"新古典经济理论"的局限

1. 方法论的梳理

面对上述两个案例，在考察其背后可能存在的某种内在逻辑之前，由于"印度均衡"现象映射出的是一个近似劳动力市场完全竞争条件下传统经济发展的问题，而"苏联解体"过程实际反映出的是从计划经济向市场经济转轨过程中的制度变迁和制度设计问题，为了深化对上述问题的理解和认识，接下来，我们通过规范分析的方法，对上述案例首先进行一个简单梳理。

对于"印度均衡"现象，根据拉尔教授的分析，"种姓制度及其背后的劳动力市场，无疑是一个十分难得的完全竞争案例"。[⑧]由于"印度均衡"基本满足完全竞争理论的要求（经济主体数量众多、信息完全对称、产品基本同质、资源自由流动），在长期均衡的条件下，我们应该看到的是：恒河流域农村的产出效果明显，并开始了社会财富积累过程。同时，按照新古典增长理论，此时的经济增长应与人口的自然增长相匹配，当地经济社会将呈现出平稳增长的态势。由此，应该得出的结论是，经济对环境的适应特别成功，收入效果会诱发印度社会持续发展。但是，现实情况与理论推演的结果完全不符，印度社会中存在的"看上去经济停滞"、"缺乏改变的内在激励"、"外部影响基本失灵"等现象依然没有得到有说服力的解释。即使退一步说，如果拉尔教授的理论分析只是解释了"印度均衡"中一部分原因的话，那么剩下的原因又应该是什么呢？

对于"苏联解体"现象，一个基本问题是，在实现新体制目标的同时，如何兼顾经济增长绩效。按照制度变迁理论，转轨过程将涉及一系列制度变迁，由于"人不能分两步跨越一个峡谷"，所以，制度变迁需要在短期内迅速完成，否则旧体制会形成对新体制的巨大阻力，使得转轨变得遥遥无期。我们看到,苏联的改革正是按照这一模式推进的。在这一模式下,改革路径是从"帕累托无效率"达到"帕累托改进",即经过重新配置资源和产品,使得在社会总体效用水平不变的情况下,达到局部(一部分人)效用水平有所提高。换句话说,在"帕累托改进"情况下,应该没有人状况变坏,只会变好,这就意味着全体社会福利的增进和改善,然而,在"苏联解体"事件中,我们看到的并非如此。事实上是由于激进式转轨,导致经济社会产生了巨大混乱和倒退,转轨后几乎所有加盟共和国的情况都比原来差,社会混乱和政治动荡的可能性一直存在。可见,如果说经典理论对于"印度均衡"还具有一定的解释能力的话,对于解释"苏联解体"问题显然有些无能为力。

这样看来,我们的理论好像在什么地方出了问题。问题还不在于它是否能够解释上述印度现象和苏联现象,也不在于它本身是否变得越来越急功近利,关键在于不知道从什么时候开始,经济理论越来越倾向于关注那些复杂的经济现象(如超越、转轨、衍生、套利等),对于那些简单的经济现象(如生存、常态、结构、范式等)往往不屑一顾。其中,尤为突出的是,对于复杂的经济现象,我们越来越习惯于使用自然主义的分析工具,而不习惯于使用人文主义的系统方法。当然,这还不是问题的要害,可当我们沿着这个方向继续往下走的时候,麻烦就出现了:因为我们知道,在自然主义的框架中,对于复杂的自然变化,主要做了两类区分,一类是常态(原有的变化),另一类是变异(崭新的变化),若借用人文主义的语言符号,前者可以称为变动(move),后者可以称为变迁(change)。于是,理论研究也就顺理成章地把经济现象区分为"变动"和"变迁"两类问题。

这里,需要弄明白的是,这种带有客观唯心色彩的"区分"的问题究竟出在哪里,这可以从变动(如速度快慢)和变迁(如系统升级)的原因比较分析入手。举例来说,就像一辆汽车,人人都知道,开得快慢不取决于车,而取决于开车的人;但反过来,车的优劣(四缸或六缸)不取决于开车的人,而取决于车本身。也就是说,影响变动过程(像车的快慢)的可能更多是意识判断,而影响变迁过程(像车的优劣)的可能更多是结构本身。其实,这原本是一个不需要费口舌就可以明白的问题,正如拉尔在分析"印度均衡"时所说,社会的存在方式集中反映为其物质信念的总和,社会的变迁方式主要取决于其结构力量的总和。但是,如上所述,由于我们愈来愈偏好于变迁问题的讨论,而漠视了社会中大量存在的常态化的变动问题，在对问题的属性和条件不加区分的情况下，难免就会经常出现用主观意志和判断来主导社会经济变迁的方向；反之，用各种结构性的工具去应对常态化的社会经济变动，结果只能不是政策失灵，就是市场失效。特别是，在我们关注复杂经济现象的时候，由于已经丢掉了自己的物质信念，当自然主义的抽象工具使用受到限制的时候，不是对问题的属性和条件进行深入细致的甄别，往往凭着主观判断给出结论。这样一来，面对复杂的社会经济问题时，不是下错了药，就是吃错了药，其方法论的混乱（缺乏内在逻辑一致性）可能是症结所在。

2. 进一步的反思

深究上述问题的原因，应当看到，近 300 年来，经济学理论的发展经历了一条不寻常的道路。首先，在最初的 150 年里，经济理论经历了从重农、重商，到古典经济学体系的集成，这个阶段的最大成就是终于把思想焦点汇集到以城市工业部门为中心的价值创造上来，实现了从自然经济向商品经济的过渡。其次，在接下来的 100 年里，经济学理论把对财富数量的追求推上了巅峰：在经历了由政治经济学向经济学的过渡以后，终于看清了那只看不见的手（张伯伦革命）、找到了另一只被忘却的手（凯恩斯革命），同时，还发现这两只手可能都有毛病（预期革命）。在这个时期，经济理论在上述"两只手"之间摇摆，市场现象开始演化为市场制度，竞争法则成为经济活动的主宰。再者，在接下来的 50 年中，经济学理论开始进入到群雄蜂起的时代。其中，最为热闹的一块地方，就是在原来传统市场的边上又发现了一块不是市场的市场：制度和产权（无形市场）。目前，人们正尝试用各种更加精确的、实用的、改良的新古典工具（各种新兴理论），去解决两个市场（有形 + 无形）面临的种种问题。

上述过程，如果按照美国经济学会原主席凡勃伦（T. Veblen）的说法，[①] 其本质就是把人从历史和传统中一步一步地拖了出来，再把人的思想从现实中一点一点分离出来。一言以蔽之，这也许是经济理论 300 年来完成的一项浩大工程——选择的积累过程——的必然结果。从现实来看，近 300 年来，经济理论和实践的一个成就，是坐视了一个人口最多的产业的衰落，同时助推了若干个人口最少的产业的盛兴。其结果，是一些人开始变得越来越丰衣足食、越来越富有、越来越离不开机器。但随着经济理论和方法越走越远、越走越高，令人担心的事情发生了：那些曾被经济学宠幸的产业开始被重重地摔在了地上，曾被经济学忽视的"简单问题"变成经济社会的痼疾——金融危机、土地泡沫、通货膨胀、贫困失业、耕地退化、环境污染、资源枯竭等，当前其中的任何一个问题都足以让整个人类社会走向崩溃。回过头来，我们惊奇地发现，理论家们有些束手无策了：从古典到新古典经济理论、从新自由主义学说到新制度经济体系，我们所推崇的经济理论可能并不是一架精巧无误的钢琴，仍是一台充满各种问题的机器。

面对大量难于解决的问题，我们认为，接下来，困境中的经典理论应该尽快突破狭隘的"竞争思维"的定式，回归原点，通过重新审视"常态化、简单化、结构化"的社会经济现象，从中汲取智慧，探索建立新的分析框架。

三　发展的选择：从"竞争"向"合作"的坐标转换

1. 发展观的比较

上述"印度均衡"故事中蕴含的千年不变现象的背后究竟是什么，而"苏联解体"过程深藏着的刻意求变诉求的背后又是什么？按照现代发展理论的解释，可能只是"发展观"的差异。然而，具有讽刺意味的是，印度的千年"不发展"并没有引发动荡和不安，但苏联突变式"发展"带来的却是更大的不确定和社会政治混乱。围绕不同的发展理念，经济学家林毅夫在最新出版的《繁荣的求索——发展中经济如何崛起》一书中，就"破解人类发展之谜"问题指出："为了应对发展的不确定性和发展面临的更大风险，新结构经济学应该大有作为。"他强调"旧结构经济学甚少提及经济增长中人类发展的作用，新结构经济学超越了新古典主义的教育处方，提出了发展战略应包括人力资本投资措施"，"一个良好的人力资本发展政策，应该是任何国家整体发展战略中不可或缺的组成部分"。[10]这里，值得注意的是，面对发展的矛盾和冲突，经济学者们的注意力，开始由单纯的经济增长转向经济增长的内部，转移到人力资本和人类发展问题上来了。

按照上述林毅夫的分类，如果能够把现有的经济学理论统称为"旧结构经济学"的话，可以发现，它们的一个共同特点是把"价值与效用"作为衡量社会发展（活动）的准绳。在这个准绳的约束下，社会发展的目标就是经济增长，而实现增长的手段是竞争法则。这样一来，我们不妨把这样一类发展观统称为"竞争型发展"或"竞争发展理论"。应当看到，近

300 年来，随着资本主义生产关系的建立和完善，"竞争发展理论"在价值分析、效用分析、产权分析、均衡分析、货币分析等方面取得了一系列成果，为增进人类财富和社会繁荣发挥了不可低估的作用。

然而，按照达尔文的进化理论[11]，竞争现象（自然选择）只是发展的一个动因，而演化过程（生存者自身变化）可能构成了社会存在和发展方式的基本内容。换句话说，竞争可能是演化的一种特殊形态，而演化，即社会经济主体的自我循环和自我协调过程，是社会生活中每日每时进行的一种常态化活动。根据进化理论的解释，在自然选择的过程中，除了竞争法则之外，支配着社会常态化活动的力量还应该有一种"生存法则"，这个法则应该独立于竞争现象之外，不仅决定了自然界的稳定性，同时决定了自然界为了达到同一目的在构造上可以具有无限多样性。[12]这里，我们已经感觉到，这个无限多样性并存的原因，恰恰可能不是竞争，也许是竞争的反面：共生与合作。上述经典理论的问题，可能就在于已经习惯于把"竞争法则"当成了"生存法则"，这个"选择"不仅使我们错过了建立一个有关共生型经济发展理论（或叫作合作型发展理论）的机会，也可能是 300 年来经典理论在"选择的积累过程"中共同陷入的方法论误区。

2. 合作与发展的关系

合作一词，根据《新华字典》的解释，就是共同协力、协作，具有帮助、扶持的意思。这里有一个容易被忽略、但又极为重要的问题，即人类为什么需要合作，合作是在怎样的条件下开始的？十分有趣的是，对这个问题给予直接回答的不是经济学者，而是帮助资本主义制度与封建主义进行殊死搏斗并战胜了封建专制的启蒙运动思想家们。18 世纪，欧洲启蒙运动的卓越代表人物、法国思想家卢梭（J. J. Rousseau）在他著名的《社会契约论》一书中直截了当地指出："人类曾经达到过这样一种处境，当时自然界中不利于人类生存的种种障碍，在阻力上超过了每个人在那种状态中为了生存所能运用的力量，于是那种原始状态便不能继续维持，此时人类如果不改变其生存方式，就会［被］消灭。"[13]也就是说，人类为了适应环境，不得不寻求一种比仅仅依靠每个个体更有效的生存方式，这种由个体走向群体（合作）是人类生存和活动发展的必然结果。为了进一步说明合作现象的发展过程，卢梭继续分析道："人类既不能产生新的力量，而只能是结合并运用已有的力量，所以人类没有别的办法可以生存，除非是集合起来形成一种力量的总和才能够克服这种阻力，即由一个唯一的动力把他们发动起来，并使他们共同协作。"[14]至此，卢梭把人类合作的动因做了初步表述，即合作是人类发展过程中的一项重要选择，它被人类自愿接受并不断延续着。

令人感慨的是，这样一个人类活动中的重要共识，在当今主流经济理论乃至整个社会科学理论中均没有得到应有重视。在《社会契约论》中，卢梭不仅回答了"为什么需要合作"，还同时提出了一个更为重要的问题："要寻找出一种合作的形式，使他能以全部共同的力量来保卫和保障每个联合者的人身和财富，这就是社会契约要解决的根本问题。"不过，由于卢梭把对合作关系的讨论纳入到了他关心的契约问题当中，从而也就没有能够对合作的具体形式和过程进行深究。

3. 合作的理论基础

对于上述卢梭关于"人类合作活动"中略带有主观色彩的判断做出具体分析的，是大约一个世纪后的奥地利犹太心理学家弗洛伊德（Sigmund Freud）。弗洛伊德在 1900 年至 1933 年之间出版的多部著作中[15]，对人的行为过程及其发展变化给出了实证描述，提出了对意识、潜意识、人性、自我、本我、欲望和幻想等人类精神活动的一系列界定，为寻求对人类合作过程的研究提供了一个观察窗口。例如，在《社会契约论》中，卢梭曾把合作活动的起源归结为人性的产物，在讨论原始合作关系时，他曾以家庭为例指出："孩子在小的时候，因需要父母养育时才依附于父母，这是一种自然关系。等孩子长大以后，这种自然关系就自动解除了，双方开始恢复到各自独立的状态"。这个例子，如果用弗洛伊德的"精神层次"和"心理分析"理论来看，人类寻求合作的动因，可以分为三种不同的状态或类型。第一种类型是源于本我的合作意识，这种合作的动因是人类的自然本能，合作的基础是生存需要，合作者相互依存，合作关系比较简单。第二种类型是源于自我的合作意识。合作的基础是人类的社会属性，合作的动因是经济利益，合作者相对独立，合作关系比较多样。第三种类型是源于超我的合作意识。合作动因是人类的精神需求，合作的基础是共同道德价值观，合作者完全独立，合作关系比较复杂。

基于上述分析，我们发现，卢梭提出的"合作形式"的问题，基本上可以划分为三种不同的层次。第一层次是源于本我的合作关系。合作目标比较简单（生存）、范围比较有限，多数情况下发生在自然人之间，是社会生活中经常可以观察和体会到的，也是人类进化发展的最初表现，典型例子是家庭。第二层次是源于自我的合作关系。按照卢梭的解释，人们在加入合作时"就得到了自己所丧失的一切东西的等价物以及更大的力量来保护自己的所有"，其目的是为了合作者的自身利益，准确地说，就是每一个个体用契约的力量来对抗外部意志的侵蚀，而结成的经济同盟关系，典型例子是古罗马的城邦。第三层次是源于超我的合作关系。这种关系在现实生活中时常会发生，是为了共同的价值取向，个体之间舍小我求大我，达到行动高度一致的境界。例如，《史记》所载《廉颇蔺相如列传》[16]中描述的赵国上卿蔺相如，对待将军廉颇处处谦逊退让、相忍为国，而廉颇闻之后负荆请罪，最后将相合作、抵御强秦的故事就是一个典型的例子。需要注意的是，第三层次的合作关系主要依靠自律，合作关系具有一定的时效性，只有不断地强化约束，才能保持合作关系稳定，否则难以发挥作用。前面谈到的"苏联解体"便属于此类。

这三类不同层次的合作关系，尽管条件、动因、形式各不相同，但有一个共同特点：都是源于个体自愿行为，这种基于"共同体利益"的个体行为，区别于资本主义体制下单一个体的逐利行为，即以共同体利益最大化为目标的活动理念，构成了"合作型发展"或"合作发展理论"的重要基础。

四　合作的理念：从"乌托邦"到"合作实践"的演进

1. 乌托邦：合作理念的雏形

合作的理念，最早出现在空想主义思想家的体系当中。早在 460 多年前，资本主义还处于萌芽状态的时候，英国空想社会主义思想的鼻祖托马斯·莫尔[17]（Thomas More）就以超人的洞察力发现了资本主义体制的内在矛盾。苏联学者沃尔金在谈到《乌托邦》时说，"《乌托邦》是对空想社会主义的'某些原理'加以明确表述的最早的一本书，这是它经久不衰的原因。与古代社会出现的'消费共产主义'和早期基督教公社的'神话式共产主义'相比，在他那里创立了一个新的、经过全面考虑的体系"。[18]马克思在《资本论》[19]中曾两次引用《乌托邦》的话，认为乌托邦提出了解决资本主义制度问题的一个"幻想的社会方案"。

由于这个方案是出于对社会底层的强烈同情和不平，莫尔的解决方法就是合作："乌托邦主要的和几乎唯一的职掌是务求做到没有一个闲人，大家都辛勤地干他们的本行；在乌托邦，私有财产不存在，人们只认真关心公事；这儿对物资分配十分慷慨，看不到穷人和乞丐。每人一无所有，而又每人富裕。"可见，其特点是社会利益、共同利益高于一切，这是一个典型的经济共同体的概念。

值得注意的是，支撑着这个共同体制度的根本条件是平等和自愿："全体官员都由公民选举产生，下级官员（摄护格朗特）由家长选举产生，高级官员（特朗尼普尔）由摄护格朗特选举产生"；在教育问题上"不分男女，都受到社会教育"。这种民主管理和人人平等思想，构成了乌托邦社会活动的基础，也就是人与人之间合作关系的基础。由此可见，如果说《乌托邦》描绘的是一个"完美的社会制度"的话，贯穿其中的核心是"一人为人人、人人为一人"的理念，这正是合作制度体系的灵魂。

2. 从"理念到实践"的过渡

上述空想主义的理念，并不是一开始就与实践联系在一起，更不是一开始就是指导实践的理论。我们知道，马克思、恩格斯早在《共产党宣言》和《论土地国有化》等著作中，均提出了发展社会主义经济的思想，但并没有涉及解决社会主义经济的组织形式问题，而解决这一问题的思想是恩格斯晚年的贡献。其核心思想主要体现在 1894 年 11 月发表的著名文章《法德农民问题》[20]之中。

其实，在恩格斯发表《法德农民问题》十多年前，就遇到了如何解决社会主义的土地实现方式的问题。早在 1872 年，恩格斯在《住宅问题》一文中曾批判蒲鲁东把大地产分割成细小农户的主张，提出了"从土地经营方面建立合作社"的思考。恩格斯认为："现存的大土地所有制将给我们提供一个良好的基础，来由组合工作者经营大规模的农业，只有在这种巨大规模下，才能应用一切现代辅助工具、机器等，从而使小农明显地看到基于组合原则的大规模经济的优越性。"这可能是《法德农民问题》最早的思想基础。

在《法德农民问题》中，恩格斯创造性地提出了如何通过合作逐步引导农民走向社会主义的问题。同时，提出了建立合作制度的原则：一是坚持自愿，不能剥夺农民；二是坚持典型示范和国家帮助；三是坚持因地制宜、区别对待；四是最终目的为改造农民私有制。至于合作实践的具体做法，恩格斯认为："如果他们下了决心，就使他们易于过渡到合作社。如果他们还不能下这个决心，那就给他们一些时间，让他们在自己的小块土地上考虑这个问题"。可见，自愿、平等的立场是贯穿整个合作思想的主线，也是建立合作制度的基础。

五 历史的耦合：一段鲜为人知的"中国 合作实践"（1918～1948）

1. 合作的萌芽（1920~1932）

"历史不会重演，但会惊人地相似"，著名作家马克·吐温（Mark Twain）的这句话，对于中国合作经济实践同样适用。在恩格斯发表《法德农民问题》25 年后，中国的合作经济实践也悄然开始。从 1918 年至 1948 年，在中国大地上曾如火如荼地发生了一场从合作理念的普及、推广，到全国展开的波澜壮阔的实践。由于中国特殊的国情和历史特征，决定了中国的合作实践，从一开始就与中国的百姓生活紧密相连。据资料记载[20]，1920 年，由于华北地区遭遇特大旱灾，当时重灾区达 317 个县，受灾人口 4884 万人。整个华北赤地千里，民不聊生，光流浪到蒙古、关东的灾民就有百万，死亡人口达到 50 多万人。面对这一情况，政府和各界人士以及美国、加拿大等国外的一些民间团体纷纷开展募捐救灾，其中，由于赈灾团体主要由华人和洋人联合举办，故称"华洋义赈会"。

当时，义赈会共收到赈款、赈物计价为 2000 多万元，对于缓解各地旱灾起到了一定作用。次年，灾区农业喜获丰收，7 个义赈会先后结束赈济，但尚存赈款 200 多万元。为了有效使用赈济余款，由北京华洋义赈会发起成立了"中国华洋义赈救灾总会"，统一管理赈灾余款，各省的 7 个义赈会遂改为总会的分会。中国华洋义赈救灾总会作为民间慈善团体，主要任务是赈灾和防灾，并以防灾为重点。当时的活动内容主要包括两个方面：一是以支持开渠筑路等工程，改善农村的生产条件；二是推行各类合作事业，首先是以信用合作为主，帮助农民摆脱资金困扰。

此后，为了延续义赈会的活动职能，1923 年，以德国"赖夫艾森式信用合作社"为模本，开始探索建立信用合作社的可能性，并在河北农村进行宣传组建工作。到 1923 年 6 月，起草了中国第一份农村信用合作社模范章程，中国农村最早的合作社在河北省香河县成立，名称为"香河县第一信用合作社"。[21]

2. 实践的展开（1933~1945）

这个阶段，是中国合作经济史上的一个鼎盛时期，主要特点是合作社的数量规模和业务质量均有了大幅度的提升。具体表现为：一是合作社的规模发展迅速。从 1933 年到 1945 年底，全国合作社从 5335 个增加到 172053 个，增加了 32.3 倍。此后的数量也一直稳定在这个水平，直到新中国成立。二是合作社的结构内容有了全面提升。例如，到 1936 年底（抗战爆发前夕），河南省经核准成立的合作社共计 2820 个，其中信用社 2358 个（占 83.35%）、利用社 335 个、运销社 133 个、供给社 3 个，共有社员 17.66 万人；安徽省经过政府登记的合作社有 3997 个，其中信用社 2299 个（占总数 58%）、利用社 1379 个，共有社员 19.97 万人，股金 62.83 万元；湖北省有经核准登记的合作社 2509 个（另有预备社 2069 个），社员 25 万人，股金 53 万元。

这个时期，以信用社为主、不同类型的合作社均得到了充分发展，一些地区还出现了地区联合社。例如，1936 年底，河南省成立区联合社 19 个，安徽省成立区联合社 113 个，湖北省成立区联合社 41 个。在河南、安徽等地区还成立了省级联社，合作组织的功能得到了充分发挥。此外，这段时期，合作社的人才教育工作有了新的发展。据记载，中国最早的合作经济专业课程是 1911 年京师大学堂开设的产业组合课程（现在的北京大学经济系）。当时的合作理论教育分为高级、中级、初级合作教育 3 个层次进行。[22]1934 年，浙江大学农业社会学系分设农政与合作两组，学制 4 年，主授合作专业课。1935 年 7 月，中央政治学校设立合作学院（1936 年 1 月开始招生），这也是当时我国规模最大的合作经济学术研究机构。此后，由于抗日战争爆发，合作社的规模有所缩小，进入停滞阶段。

中国近代合作经济的实践，为我们了解和研究合作制度的演化提供了重要依据，由于历史的变迁，这段珍贵的历史渐渐被人们忘却。但是，其中的理念、方法、政策和所到达的高度，在当时东亚地区乃至世界范围来看已具有领先水平。今天，重温这段历史，对于我们研究合作经济制度，推进中国社会经济发展和改革不无意义。

六　理论的建构：合作原理、合作悖论、合作效应

1. 合作的基本原理

通过上述分析，我们看到，经济合作问题应该说并不是一个新的命题。迄今为止的经济学理论中，从不同角度对合作问题有过触及。归纳起来，经典理论对合作问题的研究主要集中在社会分工理论、一体化理论、规模经济理论、交易费用理论等方面，主要特点如下。

从社会分工角度的研究，最早可以追溯到西方古典经济学的鼻祖亚当·

斯密那里。在他的名著《国富论》[24]中，通过对资本主义工厂制度中"分工"的考察，指出"劳动生产上最大的增进以及运用劳动时所表现的更大的熟练、技巧和判断力，似乎都是分工的结果"。斯密不仅把资本主义生产方式的进步看成是劳动分工的结果，同时把"分工"与"合作"联系起来，指出一定规模以上的批量化生产构成了分工的基础，即合作与分工存在互相促进，这为我们研究合作经济的内涵提供了有益思考。

从一体化角度的研究，起始于 20 世纪中叶，关注的焦点主要集中在微观经济主体的经济效率方面。为了提高经营活动的效率、提升对经济主体的控制力和垄断能力，现代资本主义企业开始将"一体化战略"纳入经营活动视野，通过将互相联系密切的经营活动纳入自身企业体系的方式（比如纵向、横向、混合一体化等）组成一个统一的经济合作实体以加强控制和支配。一体化研究的意义，在于提供了一套研究合作经济价值链管理的方法。

从规模经济角度的研究，主要起源于美国，代表人物是阿尔弗雷德·马歇尔（Alfred Marshall）等。在《经济学原理》[25]一书中，马歇尔清晰地提出了规模经济形成的两种途径，即内部规模经济（个别企业对资源的充分利用、组织和经营效率的提高）和外部规模经济（多个企业之间因合理分工与联合、合理的地区布局等所形成的效率提高）。此外，1970 年诺贝尔经济学奖得主保罗·A. 萨缪尔森（Paul A. Samuelson）从成本理论的观点对大规模经济对降低生产成本的作用进行了诠释。[26]规模经济研究的意义，在于为合作经济内在机制研究提供了切入点。

从交易费用角度的研究，是一个比较新的切入点，代表人物是新制度经济学的鼻祖哈里·科斯（Ronald H. Coase）。科斯是从市场与企业关系的视角，展开他对合作问题的讨论，在他的著名论文《企业的性质》中指出，市场的特征是价格机制，而交易费用是价格机制的表现，为了降低交易费用和交易成本，企业存在的意义在于将生产同样产品、零部件以及工艺流程阶段的各生产要素进行集中，以减少交易数目、交易次数和交易摩擦等交易成本。从交易费用角度的研究，为我们区分合作的边界、评价合作的效率提供了参考。

2. 合作问题悖论

上述分析，为我们研究合作制度提供了重要启示。但是经典理论在解释合作关系的时候，只把合作问题看成经济活动的一个"附属"而不是

"核心"问题，从上述各个角度的论述来看，尽管有的已经触及了合作经济制度的关键，但由于系统性偏差，只触及了一些零星的、碎片化的真理，还不是关于合作经济制度内在逻辑的一幅完整图像。接下来，我们将通过对合作制度的属性和特点的分析，以期提供一幅比较完整的图像。

科斯在《企业的性质》一文中曾给出过一个重要判断：合作生产的总产品要大于他们分别进行生产所得出的产品之和，这样，每个参与合作生产的人的报酬也比分散生产时更高。但是，这个过程究竟是如何实现的，科斯并没有给出进一步分析。这里，涉及了两个基本的"常识性"问题，一是合作生产的总产品为什么会大于分别生产的产品之和；二是增加的产品又是如何转变成增加的报酬的。

对于第一个问题，新古典经济学理论（包括古典理论）给出的解释是，由于合作会带来分工，而分工又导致效率提高，于是"分工和效率"的提高必然会带来总产品的增加，这似乎成了一个自明的道理。仔细想来，其实非然。合作与分工应是完全不同的两回事，两者既非因果关系也不是条件关系，没有必然的衍生过程。在现实生活中，有些合作可能会带来分工，有些则永远只能停留在合作层面。例如，新中国成立初期的合作化运动中，政府积极推动的"互助组"就是一种劳动合作关系，但完全没有分工的深化和发展。再如，在现代市场经济中，跨国公司之间的各种企业联盟，可以在技术、市场、资本、人才等方面结成紧密的合作关系，但通常不会发展成各公司之间的分工关系。其实，问题的要害还不在此，关键在于我们分析的对象，在一个独立的生产单位内部（像一个企业或一个农户），谁也无法阻止经济学铁的法则——边际效用递减规律——对生产过程的作用，因为不论是合作还是分工，只要技术条件不改变，影响"实物产出"的这个法则，就一定会按照边际递减规律进行生产，从而使得试图通过单一增加投入达到增加产出的努力化为泡影。况且，我们还不能保证"合作"就一定能够"增加"投入。这样一来，前面提到的第一个问题（这里称为常识一），即关于"合作生产的总产品会大于分别生产的产品之和"很可能是一个伪命题。

对于第二个问题，科斯也没有给出具体说明，只是作为常识（这里称为常识二）一带而过。这个问题应该比第一个问题简单。因为其中隐含着一个重要的过程，如果细看这句话，我们会发现，它的前半部分"总产品的增加"应是一个实物增加的过程，后半部分"得到更高报酬"应是一个价值增加的过程，二者之间严格地说是不能简单地画上等号，如果实物增加就等于价值增加的话，整个经济活动就会变得异想天开的简单了。因为，在实物和价值之间还横卧着一条巨大的河流：市场，它的功能就是给实物定价，并完成价值转移过程。换句话说，由于市场活动的不确定性，谁也不敢保证，生产出来的产品就一定能够在市场上卖掉。接下来，为了讨论的方便，我们姑且接受上面还没有解决的第一个问题的结论：就算合作后总产品增加了。但这个增加了的总产品，凭什么就敢如此肯定，一定能在市场实现交换、变成增加的报酬呢？在现实生活中，产品在市场上滞销的例子比比皆是：小到日用百货、瓜果蔬菜，大到耐用消费品、汽车、房屋等。在市场竞争激烈的今天，如果一个厂商敢于直言：增加的产品一定能在市场上实现交换并增加报酬，无非可能有两种情况：一是该产品可能恰好处于卖方市场，二是该厂商一定在异想天开。如此一来，我们发现，第二个问题"合作后总产品的增加，使得每个参与合作生产的人的报酬也比分散生产时更高"的判断，可能也是一个伪命题。

3. 合作经济效应： 帕累托改进的新途径

由上可见，如果合作既不一定能够增加产出，也不能改变边际递减规律的作用，同时也无法在市场中实现更高报酬，那么合作的意义究竟在哪里？反之，如果上述的分析不成立，那问题又出在哪里？对此，我们认为，合作之所以使上述两个看似"伪命题"的判断成立，一个重要的原因是伴随着合作过程的展开，经济主体的市场过程、生产过程、经营过程将发生一系列变化，正是这种变化（前文第三部分所说的"生存法则"）改变了上述两个命题的前提条件，从而使合作的效用得以完整地呈现出来。

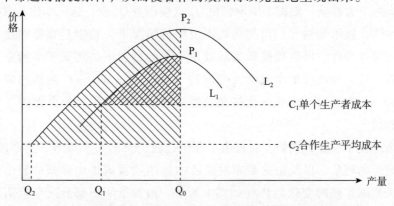

图1 合作经济条件下个别生产者的收益变化情况 （边际报酬不变）

首先，从市场过程来看，在一定时期内，经济主体的边际收益曲线不会发生变化，由此推论，产量曲线也不会发生变化。但合作开展后，所有的（总的）产出出现了一个叠加（可以看作算术相加），这个加总后的产出可能相当于原来单个企业的几十倍或几百倍。由此，在规模经济的作用下，企业在竞争中可以获得一个较为有利的议价（谈判）地位，进而使得单个经济主体在生产不变的情况下，产品在市场上的整体定价水平有所改善（一般为上升，但在特殊情况下也可能下调或稳定）。如图 1 所示，此时，产量曲线由 L_1（单个企业状态）向 L_2（合作状态）上升，这就使得经济主体有可能在不改变"收益递减法则"的情况下，实现了市场改善的效果。由此产生的经济效果，我们称之为合作的"市场改善收益"。

其次，从生产过程来看，合作尽管不等于分工和生产规模的扩大，但从一个长期过程来看，合作带来的一个明显的影响是平均成本曲线的降低（见图 1）。此时，由于多个经济主体的参与，对于原来由一个经济主体独立负担的公共费用、折旧费用、托管费用、融资费用等各种固定成本，会因为分摊主体数量的增加而相对减少。例如，一台运输工具，在为多个经济主体提供服务时，分摊到每个单位的运输成本要比单个经济主体的负担低得多。这也就是所谓的技术经济的效果。如图 1 所示，此时的生产费用将会从 C_1 降到 C_2 水平。这就是在技术条件不变的情况下，通过合作降低平均费用水平带来的经济效果。这一经济收益我们称之为合作的"生产改善收益"。

再次，从经营过程来看，在上述市场议价能力提升过程中引起的产出曲线上移和总体费用水平下降过程中引起的费用曲线下移的复合影响下，经济主体的经营过程开始发生变化，即由原来单个经济主体的盈亏平衡点开始向左下方移动。如图 1 所示，由 Q_1 点移动至 Q_2 点。这一变化，意味着经济主体在技术结构和产出结构均不改变的情况下，特别是在影响技术和产出的基本条件、投资规模和边际效用不变的情况下，实现了市场竞争力的提升，这正是现代市场战略大师波特（Michael E. Porter）强调的领先战略的核心内容。对于由此变化带来的经济收益，我们称之为合作的"经营改善收益"。

为了便于表述，我们不妨把由于合作过程引发的市场改善、生产改善、经营改善的现象，以及由此带来对经济主体的收益规模由原来的较小范围向较大范围扩张的变化趋势（如图 1 所示，由双重阴影部分向单重阴影部分扩大的现象）称为"合作效应"或"合作经济效应"。需要说明的是，对于在合作过程中由于三类改善（市场改善、生产改善、经营改善）同时发生而产生的效果，称为合作的"整体效应"；对于在合作过程中仅有一类或二类改善而产生的效果，称为合作的"局部效应"。由此可见，合作经济效应的意义，在于一定程度上丰富了边际效用递减规律的内涵，对于完善规模经济理论和寻求帕累托改进新的方向具有现实作用。

七 合作的范式：合作经济效用的政策分析

1. 合作经济制度的溢出效应

通过以上分析，我们已经看到，合作经济制度作为人类文明进化的一个重要标志，具有承载人类活动由"竞争"向"合作"过渡的属性，这也是合作思想在资本主义之前就出现，并被空想主义者作为主要武器来对抗资本侵蚀的原因所在。经过漫长的实践，其中的科学意义开始逐渐被认识，从社会制度建立的角度看，合作经济制度之所以会产生如此广泛的影响，是由于它完全不同于一般生产要素，具有对经济社会的巨大外溢作用，即溢出效应。

所谓溢出效应（Spillover Effect），是指一个组织在进行某项活动时，不仅会产生活动所预期的效果，而且会对组织之外的人或社会产生积极影响。合作经济制度的溢出效应主要表现在三个方面。一是目标效应。它是指合作制度具有将除了自身目标（比如产出目标）以外的多个社会经济目标（包括经济目标、社会目标、文化目标等）进行实现的作用，这主要是源于合作成员的自愿、平等、互利性的要求。二是协同效应。它是指合作制度具有除了加强分工合作的功能以外，可以发挥在不同主体乃至群体之间进行利益关系协调和调整的功能，达到协调关系、化解矛盾的作用。这主要源于合作制度本身具有对内合作、对外竞争的一体化组织制度的特征。三是价值效应。它是指合作组织在创造价值（即提升整体合作效用）的同时，对于周围的社会经济主体具有传播思想和理念、扩大知识启蒙的作用，这也是合作制度的先驱思想家们（如马克思、恩格斯、列宁等）在其论述中多次提到的重要作用，这是源于合作组织具有公开、透明和中立性的特征。

2. 合作经济效用的政策分析

这里，如果将上述合作经济制度的基本特征与当前我国社会经济改革面临的主要问题对照起来看，我们发现，合作经济制度的现实意义和作用，具体表现在以下三个方面。

第一，有利于实质推进"产权制度"的改革。产权制度改革是当前我国经济体制改革中最敏感、最复杂也最棘手的问题。根据西方产权理论（代表人物为美国经济学家科斯），其核心内容为，一是明确资产拥有关系（即归属私人所有、完善保护机制、避免外部性）；二是改善资产激励关系（即解决国有企业目标多元化、激励不足、财务软约束），其实质是一句话：只有通过私有化才能解决"产权与效率"的问题。但另一方面，根据英国经济学家马丁（Martin）和派克（Parker）对英国各类企业私有化后的经营成效实证研究的结果，认为企业效益与产权的归属变化没有必然关系，而与市场竞争程度有关系，市场竞争越激烈，企业提高效率的努力程度就越高，即提高产权效率的本质在于竞争。

因此，解决我国"产权失灵"问题的关键，就变成了在兼顾对财产"归属关系"静态确认的同时，加快推进对财产实体动态经营"价值增值"的实现。按照这一基本思路，如上所述，由于合作制度本身具有明显的多目标效应和组织效应的特点，如果能够将争议不绝的"资产归属"转变为"合作拥有"，同时将众人关注的"资产经营"转变为"合作经营"的话，就可以将原来完全分割的"产权与效率"问题转变为同一个问题，即合作组织的生产经营问题（混合所有制就是此类方法）。这样一来，原来的两个目标就可以转化为合作组织效用最大化的单一目标，通过同时引入竞争与合作两个机制，进而可以一举摆脱长期以来不断纠缠于一组概念（占有权、使用权、收益权、支配权等）的尴尬局面，实现对我国产权制度改革的新突破。

第二，有利于真正改善"政府与市场"的关系。处理好政府和市场的关系，是中共十八届三中全会明确提出的全面深化改革的重点。对此，目前的流行表述是"政府要把该管的事情管好、把不该管也管不好的事情交给市场和社会"。从逻辑上看，如此区分没有问题，但操作时却无法下手。如此一来，理论的关注便转移到了"如何厘清政府与市场的边界"问题上，但边界究竟在哪里，一时难于说清。另一方面，按照新古典经济理论，为了弥补市场缺陷需要政府干预，但政府不是万能的，也会存在失灵。这就陷入一个僵局：究竟是因为边界不清政府越了界，还是因为知道边界，政府却不得不干预。其实，这就像足球比赛中的"越位"现象，究竟哪里算是越位，只是个相对概念，最终还要看情况而已。

回顾35年来中国经济发展的历程，我们发现，不断减少政府干预、让市场发挥决定作用一直是改革的主旋律，如果这个判断没有错的话，那么处理"政府与市场"关系的核心，就不应是暧昧的"边界论"，而应是清晰的"工具论"。这就好比农民种地或工人做工，不需要问地在哪里或工作在哪里，只要按照季节和需要，把农具或机械调试好，随时准备着就可以了。换言之，政府和市场的关系，可能不是"要不要"干预，而应当是该怎样"科学干预"的问题。如此一来，事情可能就简单了许多。方法无非有两个，一是直接干预，二是间接干预。在理顺市场关系的前提下，前者理应减少，后者则应视具体情况使用。但目前的问题是，我们干预市场的"工具"明显不足，在这种情况下，加快发展各种形态、各个领域、不同类型的合作经济组织便显得尤为重要。因为，在竞争条件下，政府面对市场（即企业和个人）无论进行何种干预都可能面临"越界"的质疑，只有把市场（企业和个人）变成服务对象纳入社会经济合作关系之中，通过合作组织的制度调节去影响"企业和个人"的行为，才有可能消除"干预"现象，进而实现用制度去管理市场的新局面。

第三，有利于从根本上解决"三农"痼疾。"三农"问题是中国社会经济中的一个基本问题。35 年前，农业家庭联产承包责任制（大包干）的实施，极大地释放了广大农民的生产热情，有效增加了农产品供给，推动了农村社会经济发展。但是，应当清楚地看到，在解决了"温饱"之后，我国传统农业的属性没有改变，农业、农民、农村的发展形势依然严峻。当前"三农"问题集中表现为：三个矛盾十分尖锐（小生产和大市场、兼业经营和产业化发展、成本增加和收益递减），三大压力明显加大（城镇化压力、市场化压力、国际化压力），三类危机开始凸显（劳动力高龄化、基本农田保护、农产品质量安全）。此外，2001 年中国加入世贸协定（WTO）以后，原有的农业保护和政策支持的空间已经受到很大压缩。接下来，以市场化的方式和农民自身的力量去应对各种挑战，将是解决"三农"问题的主要方向。

比较和借鉴发达国家农业现代化和农村城镇化的发展过程，我们发现：建立完善的合作经济制度、培育各种类型的合作经济组织、以社会化的方式去应对上述问题是一条基本经验。特别是现阶段，通过"自下而上"的方式，因地制宜地解决农村要素市场发育不充分，农村经济、社会、文化发展不协调等问题，是增强中国农村社会发展稳定性和持续性的一条捷径。这里，必须指出的是，通过现代合作制度需要解决的"三农"问题，不应是原来意义上的农村（苦）、农民（穷）、农业（危险）的"旧三农"问题，应该是以培育新农村（提高社会意识）、新农民（提高公民意识）、新农业（提高市场意识）为核心的"新三农"问题。只有这样，才符合具有中国特色社会主义现代化道路的根本要求，符合市场经济发展的内在规律。

八　回归与思考：未来合作经济制度的建设方向

古人云"行而后知"，行是知之始，知是行之成。以上关于合作经济制度的分析，一个重要目的，是为了加深对我国合作经济理论和实践的理解与认识。由于合作经济制度本身具有的内在特征（目标效应、协同效应、价值效应）和特殊作用（对于我国产权制度改革、政府与市场关系的优化、"三农"问题解决等），决定了"合作法则"将会与"竞争法则"具有同样重要的地位和意义。为此，在今后深化改革的过程中，为了更好地发挥合作经济效用，我们认为，尤其在以下三方面，应不断发挥合作制度对市场经济的补充和完善作用。

第一，源于"本我"的制度发展方向。如前文所述，这种合作关系不仅是最简单、最基础的合作，更为重要的是它是完全扎根于人们内心世界、源于各种本能需求的一种合作关系。随着市场经济的发展和竞争关系的加强，各种人文关怀和内心抚慰需求也将日益增加。孔子曰"存亡祸福，皆在己而已"，[20]意思是说人的祸福，首先取决于他自己的内心。由于这种合作的基本形态是家庭，衍生形态包括像亲友、邻里、农村村落、城市街道和社区等，其特征是非排他性和非竞争性（如图2中的①所示）的特点，决定了它将是社会经济运行中最基本的"稳定器"。本文最初提到的"印度均衡"保持了千年以上社会稳定的原因亦在于此。对此，我们不妨称之为"合作形态一"，它是社会经济稳定的基础，需要不断促进和发展。

第二，源于"自我"的制度发展方向。这种合作关系与前者的区别是，合作范围更大、更广阔，是人们经济活动的具体表现，合作的基础是物质利益，合作的目的是为了个体更好的社会共存，合作的手段是各种契约关系，合作的依据是相关法律制度。由于这种合作关系的基本形态是各类合作经济组织（如农民专业合作社、城市消费者合作社、小微企业主合作社、大学生生活互助合作社等），衍生形态包括各类行业协会、商会、NGO、NPO活动等，它是作为市场经济发展过程中"企业制度"的补充而出现，具有一定的竞争性和排他性，对于弥补竞争缺陷和市场失灵具有积极作用（如图2

中的②所示）。此类合作关系，我们称之为"合作形态二"，它是未来社会经济和谐发展的重要组成部分，需要不断加以引导和促进。

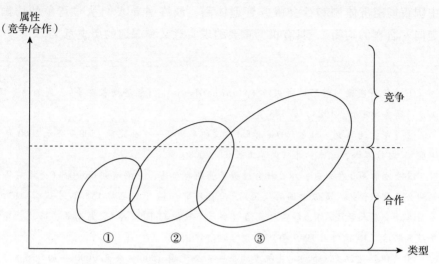

图2　不同类型合作经济组织的演化关系（示意图）

第三，源于"超我"的制度发展方向。这种合作关系与上述两者的最大区别在于，它离普通人的生活有一定的距离，合作的范围和内容更加广泛，合作的动因是为了弥补市场竞争的缺陷和不足。由于合作活动本身具有极强的社会性和公共性，合作的目的是协调资源禀赋差异、生产力结构不平衡和满足经济社会发展战略的需要，合作的依据是共同的道德价值理念，合作的基本形态是各种经济、社会、文化、政治联盟，衍生形态是各种国际性、地区性的组织、制度和框架协定（如上海自贸区、TPP、WTO等），它是一国经济现代化、国际化、成熟化的重要标志（如图2中的③所示）。本文一开始提到的"苏联解体"背后的联盟制度就属于这一类，其特点是必须不断强化价值认同和向心力，否则合作关系很容易出现离散。这里，我们称之为"合作形态三"，它是未来社会经济活动走向成熟化的重要保障机制，需要不断加以创新和完善。

综上所述，从理念的形成（空想走向实践）、发展观的转变（竞争走向合作）、实践的展开（中国的历史实践），到合作理论的构建、合作效用的发挥、合作范式的探索等一系列演进过程，我们发现：合作经济制度作为人类社会经济活动的一种基本方式，已经深深地嵌入到历史发展和现实选择之中。不管我们是否真正认识和理解，其内在属性决定了它将以与竞争方式完全不同的规律，对人类的社会经济活动乃至自然活动发生作用。当前，正确认识和掌握这种制度的作用，对于不断深化经济体制改革、完善中国市场经济体制和社会服务管理体制，最终引导人们从"竞争的均衡"走向"合作的均衡"，具有极为重要的现实意义和深远的历史意义。

---

① 〔英〕威廉·阿瑟·刘易斯（W. Arthur Lewis）：《经济增长理论》，周师铭等译，北京：商务印书馆，1983，第 143 页。

② 〔印〕迪派克·拉尔（Deepk Lal）：《印度均衡——公元前 1500 ~ 公元 2000 年的印度》，赵红军译，北京：北京大学出版社，2008。

③ 公元前 400 年以来，印度社会经历了长期的动荡，主要有列国纷争（公元前 7 世纪到公元前 4 世纪，类似中国的战国时代）、外部入侵（公元前 185 年到公元 4 世纪，希腊人、安息人等侵入）、穆斯林统治（公元 7 世纪到 1000 年），葡萄牙、荷兰、英国等殖民统治（15 世纪至 1949 年）等。

④ 〔印〕迪派克·拉尔：《印度均衡——公元前 1500 ~ 公元 2000 年的印度》，第 176 页。

⑤ 目前，对苏联解体的原因有不同解释，归纳起来主要有三种：一是经济结构不合理，不注重民生，民众积怨太深；二是权力高度集中，管理体制腐败；三是长期与美国对峙，被美国拖垮。参见吴恩远《苏联史论》，北京：人民出版社，2007，第 315 ~ 382 页。

⑥ 《苏维埃社会主义共和国联盟成立宣言》，1922 年 12 月 30 日由当时 15 个加盟共和国共同签署，又称为《苏维埃社会主义共和国联盟成立条约》。

⑦ 《俄罗斯苏维埃联邦社会主义共和国宪法》于 1918 年 7 月 10 日第五次全俄苏维埃代表大会通过，是世界上第一部社会主义类型的宪法（共 6 篇 90 条，第 1 篇"被剥削劳动人民权利宣言"系列宁亲自起草），其中，1924 年、1936 年、1977 年、1988 年、1990 年分别经过修订。

⑧ 完全竞争市场又称纯粹竞争市场，是指竞争充分而不受任何阻碍和干扰的一种市场结构（Perfectly Competitive Market）。经济学理论通常把市场分为完全垄断市场、完全竞争市场、垄断竞争市场、寡头垄断市场四个形态。

⑨ 〔美〕托尔斯腾·凡勃伦（T. Veblen）：《边际效用的局限性》，〔美〕丹尼尔·豪斯曼（Daniel M. Hausman）编《经济学的哲学》（第一篇），丁建锋译，上海：上海人民出版社，2007。

⑩ 林毅夫：《繁荣的求索——发展中经济如何崛起》，张建华译，北京：北京大学出版社，2012，第 165 页。

⑪ 〔英〕达尔文：《物种起源》，周建人等译，上海：商务印书馆，1982，第 224 ~

227 页。

⑫例如，在生活中为了到达目的地，可以骑自行车也可以开车，可以乘飞机也可以坐船，甚至可以步行，尽管通行方式可能千差万别，但在根本上是互补和并存的关系。

⑬〔法〕卢梭（J. J. Rousseau）：《社会契约论》，何兆武译，北京：商务印书馆，1982。

⑭〔法〕卢梭：《社会契约论》，第 18 页。

⑮弗洛伊德（Sigmund Freud）在 1900 年至 1933 之间出版的主要著作有《梦的解析》（1900）、《日常生活的精神病理学》（1904）、《精神分析引论》（1910）、《图腾与禁忌》（1913）、《精神分析引论新编》（1933）。

⑯（西汉）司马迁：《史记》，第 81 卷，重庆：重庆出版社，2010。

⑰〔英〕托马斯·莫尔（T. More）：《乌托邦》，戴榴龄译，北京：商务印书馆，1982。

⑱〔俄〕维·比·沃尔金：《乌托邦的历史意义》，见〔英〕托马斯·莫尔《乌托邦》，第 135 ~ 149 页。

⑲〔德〕卡尔·马克思：《资本论》第 1 卷第 24 章（中共中央编译局翻译），《马克思恩格斯选集》，第 1 ~ 5 卷，北京：人民出版社，1995。

⑳〔德〕恩格斯：《法德农民问题》（1894 年 11 月，恩格斯为了批判第二国际和法、德两党在土地问题上的机会主义观点，在《新时代》上发表了这篇著作），《马克思恩格斯选集》第 4 卷，北京：人民出版社，1995，第 484 ~ 505 页。

㉑根据《农情报告》（民国政府农业部统计处，1920 年第 2 期）记载，1920 年，由于华北地区遭遇特大旱灾，当时重灾区达 317 个县，受灾人口 4884 万人。当年，中外人士先后在北京、天津、济南等组织了 7 个民间赈灾团体，统称为华洋义赈会。

㉒根据《农情报告》（民国政府农业部统计处，1923 ~ 1932 年）记载，从 1923 年至 1932 年的 10 年间，中国华洋义赈救灾总会下设的正式合作社数量从最初的 9 个发展到 379 个，同时，预备合作社从 8 个发展到 536 个；参加社员人数从 403 人发展到 2274 人；筹集资本总额从 61 元达到 23603 元，同期发放贷款从 3290 元增加到 68381 元。当时，在发放贷款过程中，已可以根据不同社员的偿债能力（划分为甲、乙、丙三个等级），实行差别化利率的信贷服务，合作社的组织规模和业务规模均达到了较高水平。

㉓1928 ~ 1942 年，出版的合作经济图书内容比较广泛，数量也比较多。理论方面的主要有：王世颖的《合作大纲》（1929），钱然的《合作主义纲要》（1929），侯哲荃的《合作运动理论与实际》（1929），寿勉成的《合作经济学》（1929）等；历史方面的主要有：伍玉璋的《中国合作运动小史》（1929），陈果夫的《中国之合作运动》（中英文版，1932），寿勉成、郑厚博的《中国合作运动史》（1937）等。

㉔〔英〕亚当·斯密：《国民财富的性质和原因的研究》（又名《国富论》），郭大力、王亚南译，北京：商务印书馆，2011。

㉕〔英〕阿尔弗雷德·马歇尔（Alfred Marshall）等：《经济学原理》（1902 年第 8 版），廉运杰译，北京：华夏出版社，2005。

㉖〔美〕保罗·A. 萨缪尔森（Paul A. Samuelson）等：《经济学》（第 19 版），萧琛主译，北京：商务印书馆，2013。

㉗（唐）魏征：《群书治要》"明辨篇"，见《孔子家语》卷十，马尼拉：马来西亚中华文化教育中心，2012。

作者简介：章政，北京大学经济学院教授、博士生导师，教育部新世纪优秀人才，北京市优秀教师，北京大学优秀教学奖获得者。1993 年 3 月获东京农业大学农业经济学博士学位，先后工作于江苏省对外经济贸易委员会（1987）、东京农业大学农业经济系（1993～1996）、日本农林中央银行综合研究所（1996～2000）。长期从事经济理论与经济政策、农村经济与信用经济、东亚经济与日本经济的研究和教学。现任北京大学经济学院副院长、中国信用研究中心主任等职。主要在研课题有：教育部重大攻关项目"中国社会转型期的居民信用管理和公共服务体系研究"（首席专家）、科技部国家软科学研究计划"WTO 框架下鼓励企业自主创新的信用体系研究"（课题负责人）、国家发改委"国家信用立法起草专项研究"（课题组专家）、北京市发改委项目"网格化社会服务管理与社会信用管理研究"（课题负责人）等。主要学术兼职有：中国工业经济联合会理事、中国农业技术经济学会理事、世界银行技术援助项目评标专家、国家开发银行专家委员会委员、财政部农业支持政策课题组组长、国家信用标准委员会专家委员、教育部海外教育资源评估专家、早稻田大学海外课程特约教授等。代表著作有《我国社会服务管理的理论与实践》、《中国农业政策前沿问题研究》、《日本农业概论》、《现代日本农协》、《中国信用发展报告》（蓝皮书）（2012～2013）、《诚信史话》等十余部。

［责任编辑：刘泽生］

（本文原刊 2014 年第 2 期）

论中国房地产的奇迹、泡沫与调控困境

——"广义虚拟经济"的过度、失衡与治理

萧　琛

[提　要] 当前中国经济升级的一大障碍是房地产的"相对过剩"和"结构失衡"，尽管政府一直高度重视宏观调控，但总体上的效果却一直不如预期。本文讨论了创造中国房地产"奇迹"的"广义虚拟路径"和"制度设计亮点"，分析了三大"反向优惠"及其"经济学悖论"所留给现今和未来的隐患。本文还从利益集团多空博弈角度，讨论了宏观调控已经胶着在"契约曲线"之上，"潜在的帕累托改善"已经不复存在。"重新达成均衡"不能继续单靠"行政干预"，而是有必要引进"法治升级"等"外部冲击"，并经由"法治"尽早落实"纵向公平"以逐步"出清"市场，为国民经济"松绑"。

[关键词] 中国房地产　宏观调控　相对过剩　结构失衡　虚拟经济

房地产"泡沫"及其调控是当今中国经济增长陷于困境的一大症结。宏观当局曾"十年九调"，严厉程度直至近于冻结市场的"三限"；[①]2013年"国五条"更上层楼，[②]在全社会"一石激起千层浪"，甚至导致了上海等地的"离婚潮"。不过房价还是越来越高，"过剩"与"失衡"也越来越严重。房地产"奇迹"创造过程中有哪些"制度设计"？"广义虚拟经济"如

何推波助澜？如何摆脱房地产对国民经济的"绑架"以实现经济增长的"软着陆"？房地产调控不力的经济学根源何在？未来应对思路该做何调整？本文拟就这些扑朔迷离而又重大紧迫的难题，做一系统的反思、探讨与建言。

一 "广义虚拟经济"、"制度设计"与中国房地产奇迹创造

"虚拟经济"是凯恩斯时代的产物，起源可追溯到马克思的"虚拟资本"。③鉴于现代纸币的诞生和国民经济统计账户 SNA 的问世，"虚拟经济"有时也被称为"符号经济"和"象征经济"。

货币的基本特征不仅在于它是价值尺度，而且也在于它在现实中具有价格放大的功能。现代社会中通货膨胀已经成为常态，单位货币所体现的价值通常也都在日益缩小。其镜像，产品、服务、资产或经济的名义价格也势必相应变大。名义价格大于实际价格的部分，也即被放大了的那个部分，就是通常所谓的"泡沫"；而包含了"泡沫"的那个"名义价格"则可以视为"虚拟经济"。

"虚拟经济"的放大还应归功于现代统计学的兴起。"凯恩斯革命"之后，"总需求"、"总供给"、"有效需求"、"需求管理"等，无不需要基于"GNP"（国民生产总值），体现为各种绝对数、相对数、中位数、平均数或指数等。而统计从来都只能是以局部推断总体，只能选取很有限的"样本"去近似地估得实际经济，统计出现偏离本属完全正常。值得注意的是，鉴于样本选择的主观性，以及参数取值和方程选取中的人为因素，"统计偏离"通常都容易"放大好事"而"缩小坏事"。这在计划经济中更是容易出现。

比"虚拟经济"更进一步，"广义虚拟经济"不仅经由"货币"和"统计"这两个放大途径，而且还借助"制度设计"和"信息网络"这两大新途径。新途径可为产品、服务和资产添加"制度属性"和"信息属性"，从而推高价格。例如，有无"金本位"这个"制度属性"，黄金价格的波动显然迥异；又如，有无"低碳经济"这个"制度属性"，"节能减排"技术的售价很可能就是天上地下；再如，有无"全球网络"这个"信息属性"，股票价格的涨停板记录也显然会截然不同。

社会经济创新进程中的"制度设计"，显然应与企事业单位制定规章，或少数几个策划人共商某个行动方案有所不同。其一，它通常并没有系统

而具体的规则条文和行动方案，而只是像一只无形的手（诸如，被管理了的"预期"），去引领众多的"自利"、"理性"的"经济人"（包括政府、企业和个人）都向着该"预期"目标开足马力和发挥才智。其二，它往往系事后反思总结而出。社会经济创新进程中大量事件现象的背后，往往都存有好像在事先就有约定有配合的某种逻辑关系。"渐进式改革战略"、"北京共识"、"华盛顿共识"等，其实都是后来由经济学家们出于分析和表述的需要而提炼和总结出来的。其三，它是集体行动的逻辑，是公共选择。如果说"制度设计者们"不无"自觉"和"清醒"，那么"行动跟进者们"就不无"自发"和"随机"。而整个社会经济创新进程所体现出来的那个集体行动的逻辑或曰意志，则是理论分析中所指的"制度设计"。

借助"制度设计"等新杠杆，"广义虚拟经济"的价格放大功能在中国房地产奇迹创造中表现得淋漓尽致。例如，在"经营城市"的"之前"和"之后"，规划重点地段的公寓和店铺的价格一般都会出现魔术般的变动。又如，在缺少投资渠道、通货膨胀严重、储蓄存款又日益严重缩水的场合，"房地产"势必容易成为（重要）人群的"财富标志"。而被赋予"财富标志"这个"制度属性"后，房地产"泡沫"的"畸高"和"长久"，就势必会超越常规市场的取值范围，而调控难度也势必会成倍地增大。

二 重新界定房地产"商品属性"，变 "严重短缺"为"高度丰裕"

理论上，房地产商品属性复杂，既可以是"私人品"，也可以是"公共品"；既可以是"消费品"，也可以是"投资品"。现实中，房地产的商品属性则更为光怪陆离，各理论成分的比重往往都因时因地因人而异。乡村中的宅地农舍，其"私人品"属性应较为显著；而城市公寓大楼单元房，其"公共品"属性（成分）可能就要多一些。这不仅是因为该空间"不可分割性"强，而且还由于居住者的其他属性，地位、职业、是否本地纳税人、是否享受公共优惠等。城市单元房的成本往往由政府（或公共）土地、单位出资和个人出钱等多种成分构成，尽管房产证可能只写明户主一人。

在计划经济年代，城市中多数房地产都被界定为"公共品"。房子由上级部门供应，干部员工只是被分配租用，不可能有私人产权，更谈不上交易。在经济短缺年代个人凭工资买房简直就是天方夜谭。工资中本应包含的住房基金通常都被保留在公共部门集中使用。普通员工要想获得（实际是分租到）住房都需要努力多年，或赶上某个好机会（单位有能力、排队能轮到）。

房地产被视为"公共品"时，其产权"所有者"属性事实上不无暧昧。夸张一点说，"表面上是国家的，实际上却是使用者的"。住房分配机会虽然难得，但分到后使用成本却非常之小。费用低的程度不妨可以这样说，主管单位所收取的房租能否弥补管理成本恐怕都大成问题，不用说要远低于现时的"物业费"。更甚者，即使户主自然减员，其家属通常也会接着享用下去。社会主义新时代大家都是"主人"，不大可能被撵上街头。

房地产被视为"公共品"时，其供应势必容易不足。微观上看，既然建设维修管理成本远大于房租等补偿，则单位就很难有扩大再生产的能力和激励。上级主管部门一般都没有直接的压力，也不需要直接面对下属机关单位职工们的困难。宏观上讲，经济发展水平低下，住房基金积累非常有限甚至可怜。"所有权暧昧"当然也会加剧"供应不足"。其结果只能是："住房饥渴症"遍布全国，"几代同堂"、"隔帘结婚"、"（上海）浦西一张床胜过浦东一套房"；曾几何时，在徐州市的一个公园里，有一对偷欢人被捉，经核实竟然是合法夫妻！这些都表明大量住房"需求"在那个年代只能被"储蓄"起来。

改革开放以后，尤其是"经营城市"以来，上述被颠倒了的"商品属性界定"终于开始被颠倒了过来。不幸的是有点矫枉过正，最终竟走到了另一个极端。也即，房地产的"公共品"和"消费品"属性几乎被完全"忽略"，事实上被界定成了一种"私人品"和"投资品"！当然，"经济适用房"应该说是这方面的一种"修匀"，但其建设的速度和规模实在难以让人认可。"保障房"和"廉租房"等，则是在十多年以后"十二五"规划制定过程中才正式被强调起来。

被赋予"私人品"和"投资品"属性之后，房地产的供应势必容易"过度"起来，房地产市场兴盛的时代大幕也随之拉开。"提升城市空间的价值"，成了新时期市长们辛劳经营的对象，"能让全体市民们搬家的市长才是好市长"！地方政府普遍大胆地利用了市场效率杠杆，取得了令人瞠目结舌的成就。破旧的市中心矗立起现代化高楼，城市年轮不断向外推扩，高速、地铁和轻轨迅速连接起一个又一个新居民点。北、上、广、深、杭等中心城市像一块块巨大的磁铁，吸引着遥远的怀揣着"城市梦"的移民。中国社会也随之出现了史上空前的人口大迁徙运动。

理论上，"私人品"和"投资品"的市场效率都是"公共品"所无法比拟的，现实中情况就更是如此。首要原因在于利润动力极其强大。3 万 ~ 5 万元 1 亩的农地，华丽转身为城市楼房用地后，价值要翻上数百倍乃至上千倍。"经营城市"之后，"土地变更"因素已经至少创造了 30 万亿元的土地溢价。④其次，迅速形成了强大的房地产开发联盟。除了地方政府和开发商，联盟成员还包括提供信贷资金的商业银行等金融中介，提供规划、设计、煤电水、通信等基础服务的相关职能部门，提供宣传、造市和舆论的媒体网络，还有提供绿化、安保、律师的其他服务部门等。最后，联盟推高房地产价格的能力也势必强大，其结果是房价不断攀高、利润不断翻番，该产业的扩大再生产也进入加速通道。

从市场需求角度看，改革开放后人们的工资收入得以大幅度提升，（几代人的）货币储蓄也得以累积。而"有效投资渠道"却极少，股市在国民经济中的比重非常有限，而且在大部分时间内都是漫漫熊市，艺术品和黄金在早先则更是令人望而却步，其结果只能是巨额居民储蓄都长期滞留银行，尽管这些储蓄存款利率都非常之低，有时竟至负利率。在不少发展中国家，尤其是在中国经济转轨时期，这种"强迫储蓄"往往都表现得特别显著。2013 年，中国居民储蓄存款余额已经超过 43 万亿元，加上企业储蓄则已超过 100 多万亿元。

得益于上述"住房饥渴"、"住房红利"和"强迫储蓄"，中国房地产奇迹已临近"起飞"的前夜，只待"制度设计"雄鸡报晓。就中国房地产奇迹创造而言，"制度设计"的"无形之手"或曰"激励导向"，显然是首推政府的"GDP 冲动"、"经营城市"和"土地财政"。其次是商业银行的融资便利，所提供的分期付款和抵押贷款，期限可长达 20 年以上，利率仅 5.13%，公积金贷款还要更低一些，这导致普通居民买房几乎"不差钱"，而只差"没眼光"和"没胆量"。其他的"制度设计"还包括"不限贷"、"不限购"和"无歧视"等。事后看，那些及时用足了政策的贷多买多者无不赚得盆满钵满。而多数旨在消费只买 1 套的，虽然与前者相比难免相形见绌，但至少也还是都赶上了房地产的快速升值。

有需求、有供给，有产品、有市场，有资金、有政策，中国的房地产怎么能够不迅速地崛起和兴盛？于是，"北京学广州、广州学深圳、深圳学香港、香港学欧美"，大陆人的经营才能很快便发挥得炉火纯青。近 10 亿人的"城市梦"，近 8 亿农民工流向（中心）城市，意味着前几十年所储备的

"住房红利"几乎取之不尽用之不竭。"月光族"、"啃老族"、"拼爹族"，乃至几代中国人都纷纷同心同德、勒紧裤带、勇敢出手，一轮又一轮的购房浪潮，完全可与世界史上"美国式道路"的壮观场景相媲美。

与奇迹相伴，中国的银行贷款和货币发行也不断跃上新台阶。改革开放前30年，人民币（贷款）增发总额是50亿元，而如今1年就是10万亿元！2008年全国的M2已高达97万亿元，近年更高到104万亿元以上！超大的需求让有限的城市空间变得供不应求，许多图纸期房只要一出炉即被抢购一空。不经意间高价房地产竟已成了成功人士的财富标志！长期一穷二白的十几亿人的人均住房面积，也从可怜的几平方米骤升为几十平方米！2012年，全国家庭平均住房面积为100平方米（其中城镇和农村家庭分别为80和120平方米），人均30平方米。而到2013年全国户均住房已经达到1.08套！目前，近九成的中国家庭全部或部分拥有现住房的产权，其中超过10%的家庭拥有2套或以上的住房。⑤应该说这些总量指标已经毫不逊色于任何发达的经济体。更甚者，作为新兴支柱产业，房地产还带动上下游的建材、装修、家具、灯饰、工艺品等121个产业，直接影响9%以上的GDP。其结果，中国名义GDP的平均增长速度长期高居9%以上，且几乎每隔五年就能翻上一番。

三 奇迹中的制度创新：呼唤"面上需求" 冲击"点上供应"

现代（都市）经济学表明，提供公共服务是（市）政府的基本职能，其目的是矫正"市场不灵"。但"经营城市"却直接旨在提升城市空间价值，将这个"公共品"或"准公共品"混同于"私人品"，并参照市场私人投资品业态由政府去经营。这显然会埋下隐患，尽管也不失为一种富有正能量的"制度创新"。否则它也不会如此迅速地传遍全国，形成多种"经营城市"的模式。⑥"经营城市"同"GDP导向"和"（硬件）政绩冲动"相平行，都是"追求数量型增长"的时代产物。事后看，其具体的"制度设计"似应包括以下几个方面。

第一，经由"放松管制"和"土地财政"等激励房地产开发。其一，要求开发商的资本金可谓少之又少，名义上20%，事实上还可以更低。这意味着只要能拿得到地，开发公司的融资并不是问题。其二，开发商拥有许多可弥补资金的途径。例如，从"批量买房单位"融资，如北京的"世纪城"项目与中国人民大学的合作，"博雅西园"项目与北京大学的合作等。开发商还可以人造稀缺、内外有别、摇号收费、预交房款、多搞期房等，不仅可以促销，而且可以填补资金缺口。其三，就成本中最重要的"土地支付"和"人工补偿"等问题，开发商和地方政府对农民工也有许多（不规范的）缓冲机制。总之，业内流行的"空手套白狼"并非空穴来风。

至于"土地财政"，则无异于让久旱的地方财政逢上了甘霖。60~70年的"土地出让金"一次收入囊中，可占到地方财政收入的25%~35%，迅速改变了计划经济时代留下的"穷"政府和"小"政府的形象。地方政府财力雄厚之后，与开发商等各方面的合作当然也就更能游刃有余。这些至少是在中国房地产开发的早期阶段。

第二，借助网络媒体大力宣传"造市"，提供融资便利，放宽户籍管理，全方位"呼唤面上需求"。如前所述，广义虚拟经济的新的放大渠道之一是"信息网络"。记者、媒体在新舞台上显然是如鱼得水，迅刻全方位升格。媒体记者的"依附"倾向也许不难理解，既然连（地方）政府部门都统统站位在联盟之中。但容易被等闲视之的是网络的"同步冲击"和"同向冲击"效应。就"同步冲击"而言，发号排队、"房托"培训、捂盘惜售等，都可造成关键瞬间的争先恐后，让买主无法从容；而就"同向冲击"来讲，则可将全国乃至全球的潜在需求都集中在一起，向某一地点，如北、上、广、深、杭等进行强烈冲击，造成极度繁荣，从而大幅推高价格。

"全方位呼唤面上需求"的手段中，"松动户籍政策"等营销优惠也产生了很大作用。在北京密云的"××庄园"，买别墅者可获赠北京户口，表明户籍交易已同经营城市相挂钩。这些做法可能不便统计，但在全国绝不是个别现象。值得提及的还有：北京市政府有关部门还曾向诺贝尔奖得主美国的蒙代尔教授发放"北京绿卡1号"，大张旗鼓地欢迎他成为北京的居民；其他城市也都有类似的颇有声势的行动，以欢迎台胞、欧美华侨和外籍人士等入境购房。此外，关于"温州炒房团"、"山西煤老板"在京购房的报道也是连篇累牍。这些事件单个地看，也许都无可厚非；但若叠加起来并长此以往，则其呼唤需求的加温功效也是不可低估的，尤其是在需要"声援"的那个时点上。今天的首都，在望京一带"韩国村"已成规模，而在通州一带，东北人则很成气候。

第三，着力用"面上需求"冲击"点上供应"，先让北、上、广、深、杭的房价一路高歌，然后再带动二线、三线。就冲击"点上供应"而言，尽力让"人民币低估"和听任"热钱流入",对于扩大外来需求乃至推高点上房价的意义也非同小可。扬州地下钱庄可经营规模大到85亿美元的"热钱"!在南欧人们不难碰到那里的外籍(浙江人)老板不少都拥有北京三环内的房产。而当时人民币是低估而欧元是高估的,1欧元能换10元人民币,十几万欧元就是一套三环内三居室(今天要卖1000多万)!其他边缘性机制还包括:不断刺激货币持有人的自尊心,催化其购房的决心。例如,电视上的《鉴宝》、《天下收藏》、《民间淘宝》等栏目,每每都在轻松地告诉人们:手中的货币血汗并不需要那般地心疼,一套房总比一个花瓶要强很多……。这些日常琐事也许不无自发和巧合,但其直奔主题扩大需求的作用及其背后的逻辑推手却并非没有意愿。中央命令型经济中,"汇率走向"、"热钱监控"和"舆论导向"通常都特别容易受到广泛关注。

当"面上需求"从外地或境外涌向中心城市之际,当温州人、山西人乃至"金人"、"辽人"、"契丹人"(后裔)和"洋人"在购房热潮中备受青睐之时,本地居民的犹豫抵触和持币待购将会遭遇灭顶之灾。在"一视同仁"的政策和不断攀升的房价面前,本地纳税人的荣耀和自豪,将统统灰飞烟灭,只能是凉气逆袭,深感形势逼人!早期北京三环内房价还在5000~6000元/平方米时,有位资深海归专家曾大声疾呼泡沫太大,奉劝大家一定要耐心等待。结果,听了话的一年比一年更难下决心,直等到房价翻了好几番,才顿悟痛悔早就"不该相信经济学家"。倒是心直口快的业内人士"任赢赢"[⑦]良药苦口,金岩石先生[⑧]也似乎说得靠谱。房价敢于长期不断攀高的理由,除了宏观上的"货币供应"勇于扩大,微观上的"实名存款制"也不可忽视。理论上讲,开发商联盟应有可能看着各类潜在买主的银行存款余额来进行要价,也即可以"看着对手的牌来出牌"。若真的如此,则卖方怎能不战无不胜攻无不克?

四 奇迹中的"经济学悖论"及其为"过剩" 和"失衡"所留的隐患

为什么多数经济学家,包括许多谙熟成熟市场的学者,都未能准确地判定房价走势,反而是开发商和实干者更为清醒?重要原因恐在于学者们更容易忽视和低估亿万中国人的经济学"创新",或曰对经典命题、理念或原则的灵活应用甚或巧妙背反的能力。上述"呼唤面上需求去冲击点上供应"这一奇招,是否可以视为一例?答案显然是肯定的。进一步回顾和反思，我们还可以发现这一奇招中存有三大"经济学悖论"或曰"反向优惠"。

第一，先富起来的人实际上享受的是较低的价格和较多的优惠。这显然有违"共同富裕"的改革理念和财税学的"纵向公平原则"。渐进改革模式是让一部分人先富起来，然后再走向共同富裕。而这里所用的"反向歧视"却只能长期劫贫济富，并不断加速扩大贫富差距。再就消费经济学"按能力定价说"而言，对于富人也不应该反而采行低价，且一直让他们享受着巨额升值利润的免税待遇。总之，这些显然都违背"纵向公平"。

"反向优惠"在"奇迹"创造中显然"战功赫赫"。事实上它已参与造就了无数的百万、千万和亿万富翁。目前中国的"高净值人群"（个人资产在 600 万元以上）已达到 270 万人，平均年龄为 39 岁。①其中，亿万资产以上的约 6.35 万人，平均年龄为 41 岁。②2013 年，全国首富的北京千万富翁达到 18.4 万，而亿万富翁已达到 1.07 万！③还传有一种很难确证的说法：北京有 6000 人拥有 300 套以上的住房。这些至少折射出一种情绪，首都房地产的产权归属的确是非常两极化。这与全国各地曝光的"房婶"、"房叔"的骇人听闻的多占情况可谓异曲同工。不断加速扩大财富分配差距，显然不是改革设计人的初衷，因为贫者增多势必导致消费需求不足从而加剧经济停滞。更甚者，富者拥有过多房地产的镜像，是贫者还在等待"棚户区"的改造，是大学毕业生们可能还挤在"超员租用"的"隔断房"之中。

第二，非本地纳税人实际上享受了较低的价格和较多的优惠，经由换汇而买房的（境外）人士的利润则更是丰厚。这显然也有悖于"传统禀赋"和"多劳多得"的原则。没有理由无视本地纳税人的自然权利，无条件普遍地为境外人士削平进入门槛的做法，本质上是牺牲和转移应首先由本地纳税人参议和共享的社会福利。当"无歧视价格"被不适当地用于本应对各群体加以区分的场合，其结果只能是导致福利分布的扭曲，为未来的经济和社会留下隐患：如今北京许多售罄社区的"亮灯率"极低，接踵而至的"睡城"继续在加剧（交通拥堵等）现代都市病；关于"鬼城"（如鄂尔多斯）的报道也经常见于全国各大报端，而在房地产方面一直领先的温州，"炒楼"现已成明日黄花，"高价房"被"腰斩"已为时逾年。

诸多隐患不仅表现在经济上，而且也表现在人性和心理上。较早赚足第一桶金并向中心城市"移民"的人，相当一部分是"海里"经营有成的个体户，或其他有"才干"有"关系"的人士。改革早期"赚钱的不辛苦、辛苦的不赚钱"的说法，应该说并非信口开河。早先相当比例的先富者的巨额利润，很大比例并非来自他们的"生产性努力"，而是来自他们的"分配性努力"。[11]2006 年以前，靠自己劳动收入买房的人，比例应该不大。因为工资与房价相比实在低得可怜，即便你不吃不喝，恐怕也很难在不到 10 年内攒足。多少勤恳敬业的老干部老员工不是一辈子两袖清风？"按揭贷款"也并非天上掉馅饼，事实上还是首先需要借款人勇敢地无视"量入为出"和"房宽不如心宽"等传统原则。

第三，出于投资/投机目的而买房的人所支付的价格比较低，而利润却比较高。更甚者，越是反复贱买贵卖者，其利润就越是丰厚和加倍。买房初潮阶段，房价绝对数额虽不很大，但相对于普通人来说仍然是高不可攀。如果不是那些先富起来并具有投资眼光的人们带动，中国的房地产"奇迹"将无法起步。但是，当"套贷多购"和"反复炒房"已成为高回报行当时，"投资/投机者们"的行为本身就已构成了推高房价的要素。"捷足先购"者一转手就是数以十万、百万计的利润。相反，那些"缺钱后到"的消费型接手者，却要付出多得多的血汗钱。

连续动态地看，在房价不断上升的趋势线上，只有那些不断买进卖出的人，才有可能反复实现其投资利润并享受制度设计的实惠。而那些用于消费自住的购房人，即使房子升值许多，恐怕也无法变卖以实现利润。累积起来看，到一定时段，一个愈买房愈富足的既得利益集团势必形成规模。他们在经济上、政治上、话语权上的影响也势必日益增大。这也是今天的房价只能上而不能下的经济实力博弈上的注解。根据 2013 年胡润财富报告，中国千万富豪可分四种：企业主、"职业股民"、"炒房者"和"金领"；而亿万富豪则可分三种：企业主、"炒房者"和"职业股民"。可见，房地产一直是富豪们的投资首选，至今地产豪富的比例依然高达 64%。[12]

三大"反向优惠"的共同点，是鼓励"分配性努力"而不是鼓励"生产性努力"。其结果，不仅是社会资源严重扭曲，而且也使人心品格深度腐蚀。当社会上的人财物都瞄准"如何多分蛋糕"的时候，还有多少人能够集中精力去"努力做大蛋糕"呢？每天接触到的垃圾邮件和各种行骗行径难道不已经让中国人防不胜防？当所扩大的贷款额度几乎全都流向房地产的时候，虚拟经济怎能不沸沸扬扬，而"实体经济"又怎能不冷冷清清？进而，国民经济又怎能免于陷入近乎停滞膨胀的历史空前的困境？上述三大"经济学悖论"难道就不需要做深刻的反思？

五　经济学反思：房地产调控为何难免
"无奈"与"尴尬"

由以上分析可知，没有上述"反向优惠"，"呼唤面上需求"的效率不可能出奇之高，"冲击点上供应"的力度也不可能出奇之强，北、上、广、深、杭的房价更不可能长期持续攀升到世界称奇的水平。

"奇迹"的另一面是"泡沫"的长久而顽强，是"失衡"的严重而危险。就"房价泡沫"而言，一个农民竟然需要用 260 年的劳动收入才有可能进城买房，而工薪阶层也竟然需要用 10～30 年的不吃不喝的劳动收入才可以拥有自己的"蜗居"。2013 年"国五条"颁布之后，北京五道口附近的学区房竟然报出了 10 万元/平方米的天价，连长期最率真唱多的房地产老总都深感跟不上形势！就"分布失衡"而言：一面是鳞次栉比的公寓大厦及其雪片般的促销广告，另一面则是城市"80 后""年年望房兴叹"和"无奈提倡'裸婚'"。典型的"相对过剩危机"，再加上"结构严重失衡"，已在日益增加社会的不稳定因素，"反腐"、"仇富"、"恨不公"的舆情已经在全国此起彼伏。十八大以来，全国各地拥有百套以上住房的"房婶""房叔"们相继曝光，舆论哗然；其中原铁道部部长刘志军个人名下就涉有 374 套房产，影响极坏，不一而足。

宏观当局对房地产业的调控不仅很早就已经起步，而且一直是高度重视。从 2003 年的"18 号文件"，到随后的"国八条"、"国六条"、"国四条"、"国十条"、"新国八条"，再到 2013 年新出台的"国五条"及其细则，10 年里，国务院先后 9 次常务会议专题研究房地产调控。不过效果却一直不佳，甚至可谓越调泡沫越大。2012 年全国房地产库存已高达 4.2 亿平方米，而 2008 年"次贷危机"期间是 1.8 亿平方米。

原因何在？根源何在？由本文分析可知，"制度设计"和"广义虚拟"，既是"奇迹"的功臣，也是"泡沫"的罪人。解铃还须系铃人，出路只能在于调整"制度设计"，对"广义虚拟经济过度"进行全面而大胆的扬弃。这很可能会超出行政改革的范畴，很有必要深入到"法治"的层面。否则，宏观调控将很难立足恰当的立场、选定恰当的方式并在恰当的时机显示出"壮士断腕"的勇气。

首先，"法治"不到位时，宏观调控很难选定恰当的立场。房地产是政府扶持出来的新兴支柱产业，事实上它已经绑架了整个国民经济。这意味着政府有责任小心呵护，而不能任由出现"硬着陆"。而房价的上升趋势则是履行好这一责任的前提。一旦房价出现趋势性下滑，则开发商、地方政府、银行、已购房人群乃至整个经济（中短期内）都将会成为"输家"。这种压力让政府只能在一条狭窄的通道内苦苦摸索奋力有为，只能将"控制房价过快增长"作为宏观调控的目标。然而，影响价格的因素真可谓数不胜数！货币政策就马首是瞻，可惜它首先必须考虑国民经济整体而不仅是一个局部。当 M2 超出百万亿元的世界高位时，"房地产调控"对于"房价预期"还能有多大的左右能力？

也许正是出于这种"无奈"，2006 年以前政府的立场才不无暧昧。一方面政府允许连篇累牍地"声讨暴利和呼吁降价"，另一方面又不无"明修暗度"。"降价"所要求的是"扩大供给和缩小需求"，但"调控政策"却相反："严格批地"、"收紧贷款"是在"缩小供给"，而"利率优惠"和"鼓励外来购房者"则是在"扩大需求"！2008 年"金融海啸"后，国家曾出台力度空前的 4 万亿元救市基金。尽管房地产最终并没能列进"十大振兴产业"，但宏观当局所给的优惠却是很不寻常，"资本充足率"从 35% 被放宽到 20%。更甚者，鉴于房地产业"虚拟成分"多，旨在短期获利的巨额救市资金势必多选择流向该产业，导致半年内全国房价几乎涨了 100%！"2008 年我国 GDP当中 57% 是钢筋水泥，而消费品则被压缩到只有 35%。2009 年情况更糟，67% 是钢筋水泥，消费品只有 29%。"⑬此后，我国"虚拟经济过度"日益严重，导致本轮政治经济周期绵长和宏观货币信贷政策极其困难。2013 年 6月首次"钱荒"⑭，应该说终于让"社会资金严重流向虚拟经济"这块礁石露出了水面。

其次，"法治"不到位时，宏观调控也很难选定恰当的方式。新兴市场尤其是转型中的中国，许多中肯的税种几乎都是空白，导致地方政府很难相对独立、因地制宜、及时反应。而房地产的区域性又特强，不能及时因地制宜的调控很难成为恰当的调控。宏观当局的这一认识也许直到 2013 年"国五条"出台时才得以公开明确强调。行政调控的短处还在于"一刀切"，这势必容易左右两难。例如，在"利率"和"资本充足率"方面，通常都只能是"全国一盘棋"。由此，2006 年直到"金九银十"之后的 11 月，"利率"这个杀手锏⑮才开始被动用，显然错过了最佳时机。

其他手段如"货币供应"和"信贷政策"也都带有很强的全局性。2013 年上半年，全社会融资总额大约 10 万亿元，其中流向房地产的就达到

5.7万亿元。而银行信贷投放总额也正好是5.7万亿元。各地"新地王"频出的态势，能否从这里找到一点注脚？在这样的金融氛围中房价又如何能调得下来？至于2010年中央下大决心启动的"三限"，也即同时限制价格、贷款和购买人的史上最严厉调控，其效果也只能是"冻结"市场。这也是无奈之后不是办法的办法。其实"行政限制"在房地产调控中本该有重要的位置，作为地方或城市的"准公共品"，经由户籍制度酌情进行"限购"既容易也应该。而若在"相对过剩"和"分布失衡"之后才行动，那恐怕就要被大打折扣，尽管仍可能有一定作用。

最后，"法治"不到位时，宏观调控还很难突破既得利益集团的强大阻力。除了前文所谈的房地产开发联盟，历经千辛万苦才买上新房的广大业主，恐怕也不希望房价滑坡、难以制止竟至"负资产"状态。目前全国拥有两套以上住房的业主已经超过10%。数字也许不算很高，但这个人群的能动性恐怕不可低估，更不用说其中的开发联盟成员。就目前调控的重点和难点，也即"结构失衡"和"走向共富"问题，"法治"手段更有必要尽快创造条件实现有效升级。

若要让过多持房者将多余房源放回市场"出清"，从而缓解结构失衡、改善市场供应、促进房价回归，则必须尽早取消长期以来的低成本甚至零成本的持房优惠。[⑯]这意味着先前各种反向优惠都需要重新掂量，同时也意味着要让某些先富起来的人向社会归还本不应完全属于他们的那部分房地产升值。而在法治还不到位的条件下，这势必要让行政领军人物的政治风险过大，甚至要付出禁止性的代价。否则，本该是开征"持有税"的时机，却如何变成了出台"交易税"的场面？值得注意的还有，"国五条"下达后，全国各地动真格出台了20%交易利得税细则的，最后就仅剩下北京1家。上海虽然也同北京一同表示坚决开征20%的二手房交易税，但细则却一直难以出台。可见利益集团的阻力何等强大，"要触及他们的利益，真要比触及他们的灵魂还要困难！"[⑰]

六 跨越"制度转型陷阱"：矫正"政府不灵" 与推动"法治升级"

当今中国房地产问题的症结在于（广义）虚拟过度，"制度设计"过于强调效率和数量。"GDP冲动"、"经营城市"、"反向优惠"在解决住房短缺和创造"奇迹"的同时，势必会导致"价格畸高"、"相对过剩"和"分布失衡"等严重问题，让中长期经济增长面临一种"制度转型陷阱"。将房地产当成"私人品"、"投资品"并"放任市场杠杆"的负面后果，肯定是"贫富两极分化"和"导致有支付能力的购买力不足"。这也是现代经济学所谈的"市场不灵"中的一类：市场所能解决的只是生产和交换的效率，而无法顾及分配公平。

将发展房地产的大任交由市场之后，政府本应对"市场不灵"这个"幽灵"始终保持高度的警觉。否则，当"为增长而增长"的癌细胞开始批量复制的时候，政府再出面干预恐怕就很难不陷于尴尬。因为政府也并非万能，政府在进行干预之前，首先应该证明不会出现"政府不灵"，这也是重要的为实践证明了的经济学信条。而现行的人事制度和决定干部升降去留的"政绩考核指标"恐怕很难保证这一点；不仅不能，而且还会出现"代理人忠诚"、"造租"、"寻租"等一系列问题。当某一任命既能带来"名"也能带来"利"的时候，要想让官员们"动力不强大"恐怕非常困难。而当"结构失衡"严重到一定程度时，要想让既得利益集团做出让步，那恐怕也要比革命还难。半年多来两千顶乌纱已被"八项规定"吹落，但是"官员房产联网查询"却还在难产之中。

在"法治"没有到位的条件下，"行政干预"出现事与愿违并导致"政府不灵"的案例实在是屡见不鲜，即使是在成熟发达的市场经济体中。而在许多发展中国家，"中等收入陷阱"就更是已经普遍出现，其本质也是一种缘于"政府不灵"的"制度转型陷阱"。再就我国的房地产调控和经济增长态势来看，情况也不可掉以轻心。不妨从利益博弈角度，在艾奇沃斯盒状图[18]中，"房价"的多空双方事实上已经僵持在"你多我少、你增我减、你死我活"的"契约曲线"[19]上，改革早期的那种"你多我也不少"的"潜在的帕累托改善"[20]已经不复存在。打破僵持的出路只能在于引进经济体系以外的所谓的"外部冲击"。换言之，只有改变游戏规则才有可能重新达成均衡。"外部冲击"包括"技术冲击"和"制度冲击"，前者包括技术进步带来的"新的双赢和多赢机会"，后者则包括"政治改革"和"法治升级"。

"政治改革"的任务包括：告别"GDP导向"和"经营城市"，矫正"反向优惠"等制度设计所带来的负面因素；从"让一部分人先富"走向"共同富裕"；从"追求效率和规模数量"走向"追求公平和结构质量"。这势必要求经由法治落实"纵向公平"原则，让社会财富增值的"不合理分布"回归到公正和公平的轨道上来。房地产增值的因素很多，原始积累、经营素质、投资技巧等固然都很重要，但是，中国房地产升值中的大部分利润，毕竟还是来自改革开放等政策因素。区位地段和城市空间的升值，也主要来自经营城市等全社会努力。而要落实"纵向公平"，单凭行政出面"与鹅拔毛"和"与虎谋皮"，肯定容易出现周折并引发冲突。不应要求 Windows 完全取代 DOS 的功能！延安等各地"城管"所出现的问题，应该说是这方面的一个不可小觑的警示。

"法治升级"的任务包括：其一，重新确定政府的功能，建设"关于政府职能的配置机制和保障机制"。为此，不仅应该继续"简政放权"、"民营新政"和逐步"国退民进"，而且还应更多地引入"民主"和"法治"因素。民营企业的政治代表和"有效声音"的比重应当逐步增加。其二，重新制定官员激励机制，鼓励"生产性努力"，抑制"分配性努力"，"将权力关在制度的笼子里"。官员"政绩考核"应更多重视"舆论口碑"、"民意调查"和"网络检举"，考核标准也应更多强调"公共服务满意度"、"官员支持率"、"贫富差距"和"幸福指数"。官员晋升选举程序也可更多引入竞争因素，"不怕不识货，就怕货比货"。其三，要逐步从"后规则、潜规则"升级到"先规则、明规则"。[21]这也是"人治"和"法治"的分水岭。按"选举结果"挑选"选举程序"和"投票人选"的"潜规则"必须努力逐步加以规避。

"政治改革"和"法治升级"将会贯穿中国经济改革开放的第二大战略阶段。这个阶段的任务是告别追求数量型增长和一味追求经济效率的时代，代之以追求质量型增长和同时追求公平公正的时代。时间上也许需要 30～40 年，大约一到两代人，也即可能要到 2050 年"美丽中国"建成和"中国梦"圆满的时候。千里之行，始于足下。在开始升级的第二大战略阶段的起步时期，就摆脱房地产调控困境并给国民经济松绑而言，正确地迈出第一步显然举足轻重。

七 打破博弈僵局：探寻"地根"、"银根" 和"税收"的"中长期规范"

由上述分析可知，理论上的第一步是引入"外部冲击"，打破博弈双方的僵持胶着。但在现实中却需要若干过渡性举措，因为新旧博弈规则很难截然分切，而调控干预又不能长期止步于市场近乎冻结的状态。如何因势利导、呼唤和配合"法治升级"和"政治改革"呢？这显然是不应回避也更为棘手的难题。

初步答案在于，进一步拓展行政体系自我修复的功能，尽力创造超脱"短期调控"的"中长期规范机制"。也即在"法治"到位之前，由行政体制衍生出若干力度稍小但可渐进的过渡机制。十八大以来新一届领导言必信、行必果，"反四风"、"八项规定"、"厉行节约"、"不再盖楼堂馆所"，还有"简政放权"和"民营新政"，都显著地收缩了政府功能边界和升级了行政系统的形象。"中长期规范机制"的着眼点应该是引入更多相对稳定的政企合作和产业组织的新规则，以便房地产重新步入健康持续发展的轨道。其基本抱负应在于"去行政化"、"去广义虚拟"和"矫正 GDP 导向"等。就当前迫切需要解决的问题而言，以下四点应为关键：

第一，还原房地产"准公共品"属性，尽快降低"商品房"比重。重新界定房地产商品属性，行政系统应该已富有历史教训。努力反省并迅速回归到"准公共品"定位，在认识上应能水到渠成。当前困境的症结就在于过多仰仗"政府经营'商品房'"，因而解困办法也只能是让政府重新重视"廉租房"、"保障房"和"经适房"，没有理由继续让买房成为每个劳动者的重负。在新加坡"商品房"比重仅为 5%，在香港"廉租屋"的比重则能高达 50% 以上。而在中国，1998 年"国 23 条"曾将"经适房"、"廉租房"和"商品房"的供应比例依次定为 80%、10% 和 10%。但到 2003 年"国 18 条"又修改成 0%、10% 和 90%！"十二五"规划开始重新强调"廉租房"，并制定了刚性的指标和时间表。十八大以来，"保障房是硬任务硬承诺"，"棚户区改造"战略也在逐步推开。没有理由不继续狠抓落实乘胜前进。可否让过剩和闲置的"商品房"转化成政府的"准公共品"房？这也许是一个经济、法律和技术上的难题。

第二，大力为"土地财政"和"经营城市"紧急降温，以遏制高价土地进一步推高房价预期并误导资源要素流向的态势。2013 年上半年全国 300 多个城市的"土地出让金"比上年高出了六成，一些热点城市半年卖地收入已接近上年全年。据安信证券统计，2013 年前 7 个月一线城市（北京、上海、广州、深圳）的住宅（包括住宅用地和商住综合用地）的土地供应和成交量同比分别增长了 163% 和 137%。在北京，2013 年前 7 个月的"土地出让金"收入比上年同期上涨约 265%！[②]"卖地热"的背后是，调控形势逼人，市场流动性充裕，房地产企业不差钱，而地方政府又急需钱。由此，土地市场想不亢奋、土地价格想不攀高恐怕都很困难，这显然会增大房地产调控走出"越调越涨"的怪圈的难度。遏止的办法可能要求着实改变官员政绩考核指标，认真规范和疏导地方政府融资平台。目前正在铺开的地方财政审计工作应该说已经开了一个好头。其实"统计"也未尝不是一个更基本更深层的需要规范和疏导的平台。

第三，尽快从财税金融上为地方政府扫除后顾之忧。"卖地财政"还是推出房产税的障碍之一。因为二者所要求的房价走势正好相反，前者需要维持高房价，而后者却会抑制房价。地方政府之所以更青睐"卖地"，是因为其收入不仅现时的，而且规模上是无可比拟的。不妨以上海为例，2011年，上海土地出让金总额为 1260 亿元，是 2011 年房产税收入的 57 倍；2012 年，上海土地出让金总额达 875.78 亿元，是 2012 年房产税收入的35.6 倍。㉘除非房产税收入有朝一日能超过土地收入，否则地方政府一定倾向于积极卖地而消极征税。目前地方政府的债务中，银行贷款约占9.3 万亿元，"影子银行"系统融资可能在 6 万亿至 9 万亿元之间，因而债务余额为15 万亿~18 万亿元。而就地方政府收入看，2012 年底税费收入约 6.1 万亿元（其中税和土地出让金收益大约各半）。可见地方政府已经欠缺偿债能力，只能仰仗中央向地方的转移支付，2012 年其规模在 4 万亿元左右，所以还有 5 万亿~8 万亿元的缺口。尽管地方政府国有资产充裕，但毕竟是低流动性和低收益的资产，能否有效抵御高成本负债这一点，显然值得关注。从"节流"方面看，目前三令五申的"节约型政府"，可否更大胆地向"为大政府减肥"的方向挺进？

第四，必须积极有效地设计、推广和深化房产税，这也是解决上述"脑根"、"地根"和"银根"的更长远的法治举措。房产税的推出和推广现已基本达成共识，尽管以往一次收取 70 年土地出让金的问题还需要有所交代。目前主要分歧在于该税收的力度、因地制宜的程度和渐进深化的速度。先行者上海、重庆和杭州等地的税收设计中，税率都明显偏向稳健和温柔，税基也都很窄，且所带来的税入也远未达到应有的规模。这些都完全可以理解，开征和领头都已经难能可贵。需要进一步解决的问题是，未来必须逐步显著加大房产税的累进性质，也即，边际税率需要累进：第 1 套免征，第 2 套较低，之后次第提高和拉开，到第 9 套第 10 套时，边际税率可能会高到让多占者感到烫手，进而选择放回市场出清。好的开头，成功一半。随着要求官员、富豪等全民房产都可以全国联网查询的呼声的落实，房产税的收入，加上逐步跟进的赠予税、遗产税和其他财产税等，将导致未来地方政府税入形成稳定的来源和可观的规模，并能逐步抵消土地财政的收入。动态乐观的理由在于，随着"中长期规范机制"乃至"法治"的臻于完善，能继续那样卖出的土地数量和土地交易的热情势必会拐入一条下行通道。

第五，也许是最重要的，那就是一定要取得共识，坚定不移，锲而不舍，切忌简单冒进，欲速不达。诸多问题都是长期累积而成的，房地产"奇迹"和"泡沫"少说也有十几年了，其治理和康复肯定是一项艰巨复杂的系统工程，需要其他领域改革的配合、跟进和到位。指望在"一夜之间"或"一纸变法"就能"黄河顿清"，肯定不切合中国的国情，也肯定是"不够匹夫"和"不够人道"的。

---

①也即"限价、限贷、限购"，俗称"三限"。

②2013年"国五条"决定开征20%的房地产交易利得税，并要求各地制定实施细则。

③后者的内涵要比前者丰富，因为"资本"不仅是一种"资源要素"，而且还是一种"生产关系"。

④吴敬琏：《近年政府通过造城卖地拿走农民30万亿》，长沙：《潇湘晨报》2013年3月25日。

⑤北京大学社会科学调查中心：《中国民生发展报告2013》，北京：《京华时报》2013年7月20日。

⑥包括北京的密云模式、上海的浦东模式、浙江的杭州模式、河北的衡水模式、辽宁的大连模式等。

⑦北京华远集团总裁任志强先生的昵称之一，还有一昵称是"任大炮"。

⑧房地产专家，曾预言未来房价可高达30万元/平方米。

⑨卫容之：《中国亿万富豪人数达6.35万步入低调守富阶段》，北京：《国际金融报》2012年3月28日。

⑩胡润财富报告：《北京千万富翁超过18万，全国第一》，北京：《北京晚报》2013年8月14日。

⑪这一对概念可参见笔者论文《论美国的"法治设计"对其经济效率的支持》，北京：《美国研究》1995年第3期。

⑫胡润财富报告《北京千万富翁超过18万，全国第一》，北京：《北京晚报》2013年8月14日。

⑬郎咸平："房地产调控我无话可说"（演讲实录），"天涯论坛——房产观澜"，文

公无畏转载，2010年6月7日。

⑭商业银行间同业拆放基金出现普遍短缺，而央行又警示性断奶。原因在于商业银行资金期限结构失调，巨额资金多流向信托和房地产，结果出现头寸紧张，不得不高利率拆借或搪塞拖延。

⑮房地产是资金密集型产业，对于资金的价格"利率"最为敏感。动真格的调控一定会变动利率。

⑯可参见《潘石屹：3套以上住房征收1%房产税房价马上降》，北京：中国经济网，2013年3月14日。

⑰2013年全国"两会"闭幕式上李克强总理答中外记者问时用语。

⑱19世纪末20世纪初英国经济学家的"艾奇沃斯盒状图"分析法。

⑲在"艾奇沃斯盒状图"中，博弈双方的两族无差异曲线所有切点的连线。

⑳也即不在"契约曲线"上的"能够增进某一方福利而又不会减损其他方福利"的可能性的点。

㉑萧琛：《WTO正在加速中国经济持续健康地发展》，北京：《北京大学学报》（哲学社会科学版）2003年第4期

㉒任峰、孔祥鑫：《土地价格推高房价上涨预期土地市场需"退烧"》，北京：《经济参考报》2013年8月23日。

㉓罗莎琳、周金苗：《叶檀：土地卖完才有真正的房产税》，广州：《信息时报》2013年8月13日。

作者简介：萧琛，北京大学经济学院教授、博士生导师，享受国务院政府特殊津贴专家，前世界银行顾问。1978～1985年北京大学经济学系本科生、研究生；1986～1991年获世界银行全奖在美国马里兰大学经济学系攻读博士，后应聘任世界银行顾问；1992～2004年担任北京大学国际经济与贸易系主任；现任北京大学社会科学学部学术秘书，北京大学经济学院EDP/EMBA中心主任，北京泛亚太研究交流中心主任，UNESCO转轨经济教育咨询专家。主要著作有：《"新经济"求索与应对》、《信息网络经济的管理与调控》、《全球网络经济》、《美国微观经济运行机制》、《论中国经济改革：道路转轨接轨》、《效率公平与深化改革开放》、《富强战略》、《财税政策模型与数据库》、《WTO与中国》、《世界经济转型与中国》等。译著包括：第16、17、18和19版的萨缪尔森《经济学》教科书和《美国总统经济报告》等。主要论文有：《论美国"法治设计"对其经济效率的支持》、《论WTO对中国市场机制的成熟效应与升级效应》、《网络金融冲击模型与东亚金融风暴》、《论美国全球负债增长模式的震荡、扩散与前景》、《论现

代西方经济周期理论的成熟、扬弃与回归》、《虚拟经济品的基本特征与市场影响》、《虚拟资本品动态估值：一个整体化模型》、《论中国经济转轨的逻辑程序》、《论中国经济升级的理论内涵与现实取向》等。多年来曾获UNESCO 转轨教育咨询专家奖，全国高校文科优秀成果奖，北京市哲学社会科学优秀著作一等奖；所译萨缪尔森《经济学》教科书被评为"新中国 60周年最具影响力图书"。

［责任编辑：刘泽生］

（本文原刊 2013 年第 4 期）

新形势下的广东民营企业成长

王 珺

[**提 要**] 当前，我国经济正处在以重化工业为特征的发展新阶段，同时，市场环境也正在发生一些新变化。在这种新形势下，大企业在国民经济中的重要性将会日益增加。而民营企业在广东的长期发展中形成了以数量增长为主，企业规模成长不足的模式。面临着新形势，这种模式显现出一定的不适应性。这种不适应性表现为民营企业的成长性缓慢与重化工业对大企业需求之间的不匹配。制约民营企业成长的症结在于金融与资本市场对民营企业成长缺乏足够支撑。深化金融体制改革，加速资本市场发育是下一步加速广东企业成长的关键。

[**关键词**] 民营企业成长 重组与并购 金融与资本市场

本文考察的是广东民营企业在新形势下的整体性成长问题。作为市场经济中的行动主体，民营企业的整体性发展与社会经济环境以及变化是相适应的，这就像一类树种要适应其所处的自然生态环境一样，自然生态环境对树种的影响都可以从气候与地貌，诸如山地、平原以及海拔等两方面加以考察，比如说，在一个相同的气候自然带，海拔不同，树种也有差异。与较低的海拔地带相比，较高的海拔地带的阔叶林要更多一些。对于民营企业来说，社会经济环境也包含了阶段与制度两个维度。虽然阶段与制度都有自己的动态变化过程，但是，两者之间也存在相互影响的关系。在市场制度下，发展阶段不同，竞争环境与面临的问题不同，企业发展的组织形态也会有所差异。工业化的历史经验表明，轻纺工业时期往往与中小企业是相适应的，重化工业与大企业组织是相匹配的。[①]不可否认，大企业组织既可以进入轻纺工业领域，也可以进入重化工业领域。对于中小企业来说，进入轻纺工业比较容易，而在重化工业领域扮演引领者的角色就变得比较困难。随着工业化向重化工业阶段的转变，如果民营企业不能顺应这种发展的需要，那就容易被边缘化。如果民营企业在避免被边缘化的各种努力中主要受到了体制性障碍，那么，推进制度变革就势在必行。从现有的政策文件与研究文献来看，无论是决策者还是从事这个领域研究的学者，对民营企业做大规模的关注都是从体制与政策的视角来考虑的。无疑，这是直接的、明显的，但是，这也容易陷入"头疼医头，脚疼医脚"的狭隘逻辑，只有将包含着阶段性变化的新形势与制度环境相结合，才能更深层次地理解当前"国进民退"的根源，以便找出促进民营企业成长的改革重点。本文从当前我国经济发展所处的新形势入手，首先分析经济发展的新阶段与市场环境的新变化，然后考察民营企业发展的广东模式的优势与不足，即优势在于中小企业数量增长较快，而不足在于成长性缓慢，并进一步找出表现为成长性缓慢背后的症结在于现阶段的金融与资本市场对企业成长的支撑有限，最后提出相应的政策建议。

一　新形势的内涵

本文考察的新形势主要限定在经济范围。对当前经济形势与预期走势的判断是制定战略的关键。分析形势离不开两个维度，即一个地区自身发展的阶段性与面临的外部环境变化。下面从这两个方面加以考察。

1. 经济发展的新阶段

阶段是用一种框架来分析一个地区或国家自身演进的逻辑起点。经济学对发展阶段的研究一般是从人均收入水平入手的。不同的人均收入水平所对应的需求结构与供给结构往往也是不同的。如果把人均收入水平看成是一个地区发展的连续过程，那么，这个过程相对应的一些节点往往是划分发展阶段的依据。而基于需求结构与供给结构的结构性变化是观察这些节点变化的基本证据，而不是在历史进程中所发生的重大事件。因为一个地区的重大事件可能是偶然的，虽然它会改变这个地区的发展轨迹与进程，但是，这不具有普遍性与可比性。结构性变化则是从各国不同的发展实践中提炼出来的，具有共性且不可逆性。在结构性变化中，鉴于消费结构因国家与地区之间的消费偏好与习惯差异而具有更多的特殊性与复杂性，因此，人均收入水平与产业结构的联系是到目前为止经济学家们讨论阶段性划分的普遍做法，比如说，随着收入水平的提高，产业结构从第一产业转向第二产业，再向第三产业转变，这种结构性变化也就成为划分农业社会、工业社会与后工业社会等发展阶段的依据。

根据这个理论，世界银行将世界各经济体按年人均国民总收入（GNI）划分为三组，即低收入、中等收入和高收入，并每年公布新调整的标准。根据 2010 年 8 月的最新调整，把人均 GDP（国内生产总值）在 996 美元以下作为是低收入国家，人均 GDP 在 996～3945 美元之间为下中等收入国家，人均 GDP 在 3946～12195 美元之间为上中等收入国家，12195 美元以上为高收入国家。2012 年，以官方汇率计算的我国人均国内生产总值接近 6500 美元，广东省为 8500 美元左右。相对应的结构性指标主要指产业结构与就业结构等。配第—克拉克定理通过对不同的收入水平下就业人口在三个部门就业分布的分析，揭示了随着人均收入水平的提高，劳动力从第一产业转向第二产业，再从第二产业转向第三产业的过程。库兹涅茨的经验研究不仅证明了配第—克拉克定理，而且提出了产业结构的变动受到人均国民收入变动的影响。在这些结构性分析中，工业化时期的阶段划分往往成为经济学家们关注的重点。这一方面是因为工业化是人类社会历史发展进程中增长最快，也最容易发现两者相关联的时期，另一方面也是因为当前世界上 200 多个国家和地区中的大多数仍处于工业化的前期、中期或后期，不仅更容易观察，也更具有现实性。

对于我国来说，经过 60 余年的社会主义现代化建设，特别是 30 年改革开放的市场化发展，目前从总体上已进入到工业化的中后期。这个判断来自钱纳里和霍夫曼的理论。钱纳里在考察了主要工业国家制造业内部各部门的地位与变动机理的基础上，将经济发展分为准工业化阶段（初级产品生产阶段）、工业化实现阶段（包括工业化初级阶段、工业化中级阶段、工业化高级阶段）和后工业化阶段（包括发达经济初级阶段、发达经济高级阶段）。霍夫曼根据近 20 个国家工业内部结构的时间序列计算分析，将消费资料工业的净产值与资本资料工业的净产值之比作为划分工业化发展阶段的一个依据，并指出了霍夫曼比例不断下降的过程，据此将工业化进程划分成 4 个发展阶段等。按照这些理论，本文用我国轻重工业结构比重变化对当前的工业化发展做一个简要的判断。30 年来，我国轻重工业结构比重的变化大约经历了三个阶段。第一阶段是 1978~1991 年，我国轻重工业的比重从 43：57 调整为大致各占一半。这种结构调整主要是中国共产党第十二次全国代表大会报告为适应 80 年代消费品与日常工业用品短缺的国内市场需求而确定的大力扶持轻纺工业、矫正重化工业过重政策推动的结果。第二阶段是 1992~2000 年，我国重化工业占工业总产值的比重经过了两年的快速上升，然后，总体稳定在 60% 左右。这种调整主要来源于两个方面的推动，一方面随着人均收入水平的提高，国内居民对非耐用消费品需求饱和以及对以家用电器为标志的耐用消费品需求增加，另一方面非耐用消费品生产的更新换代对复杂的技术设备等重型制造业产品的需求增加，从而导致以家用电器为核心的机电工业与为非耐用消费品生产部门提供机器设备的重型制造业快速发展。第三阶段是 2000~2011 年，我国轻重工业比重出现持续向重化工业倾斜的趋势。2010 年我国重化工业比重已达 71.4%，轻纺工业为 28.6%，这已比 2000 年上升了 10 个百分点以上。2011 年重化工业比重进一步提升为 71.9%，而轻纺工业为 28.1%。这种调整除了延续以前的动力之外，随着改善跨地区运输条件的需求增加，以突破交通等基础设施和基础工业瓶颈制约的重型制造业获得了快速发展。

与全国相比，从改革开放之初直到 20 世纪末，广东的轻纺工业发展一直占据整个工业的主导地位。1978 年，广东轻重工业的比例为 52.6：47.4（按工业总产值计算），到 1999 年，轻重工业增加值比例为 54.2：45.8。进入新世纪后，为顺应这种阶段性变化，广东也适度加快了重化工业建设，以石油化工、装备制造及能源原材料等为代表的重化工业迅速崛起，轻重工业的比例发生了变化。到 2000 年，广东轻重工业增加值的比例为 47.6：52.4，重工业首次超过轻工业。此后，重工业所占份额逐年上升，到 2011 年，广东轻重工业增加值分别为 38.5：61.5。其中，重化工业比 10 年前增加了 9 个百分点。鉴于历史、区位与资源的原因，广东省重化工业所占的份额仍低于全国 10 个百分点。由于重化工业是以资本密集型产业为特征的，所以，重化工业的比重上升必然会提高资本对增长的重要性。2000~2010 年，资本增长对我国 GDP 增长的贡献率从 22.4% 上升为 54.1%，广东也从 44.5% 上升为 46.2%。

近 10 年来，无论是全国还是广东省都出现了重化工业比重快速上升的势头，之所以如此，一种观点认为，这是资源要素结构相对价格变化的结果，诸如劳动力短缺与资本相对过剩引起的两种要素的相对价格变化推动

了资本替代劳动力的大量发生。而这种相对价格的变化并不完全反映资源
禀赋的变化，而是价格相对扭曲的结果，因而我国重化工业的发展条件并
不成熟。[②]我认为，这种观点只强调了供给方面的作用，而忽视了需求结构
变动的影响。事实上，自 20 世纪 90 年代中期我国经济进入以买方市场为特
征的发展时期以来，非耐用消费品和日常工业制品市场的相对饱和需要创
造新的市场需求来推动增长。除了扩大出口之外，国内市场需求结构已发
生了三个明显的变化，一是轻纺工业中机器与设备的更新改造；二是汽车
与房地产市场对钢铁、机械设备等重化工业产品的需求增加；三是交通、
运输等基础设施整体推进对重型机械装备制造业等的全面增长。这种需要
变动使从事重化工业的企业利润率明显地高于轻纺工业。[③]一些学者计算了
进入 21 世纪头 10 年我国重化工业中企业利润率高于轻纺工业的数据，这表
明了企业进入重化工业的巨大动力。[④]显然，这是需求结构的明显变化与供
给结构调整共同作用的结果。可见，与全国一样，广东正在步入一个以资
本投入为主、以重化工业为特征的中高收入阶段。只是广东在人均收入水
平比全国平均水平高出 30% 的基础上，重化工业的比重相对于全国平均水
平要低一些，因而资本投入对 GDP 增长率的贡献份额也相对要小一些。

2. 市场环境的新变化

值得指出的是，随着重化工业阶段的来临，我国所面临的内外部环境
也发生了变化，这使我国不同于发达经济体曾经历过的重化工业阶段。四
个因素决定了这种差异，即垄断竞争市场、经济全球化、现代信息网络与
要素结构变化。

首先是垄断竞争市场。现代经济学一般依据产品性质、产品差别、市
场份额、竞争状态等因素，将市场结构划分为完全竞争、垄断竞争、寡头
垄断和完全垄断四种类型。每个具体产业或具体的微观经济主体如厂商、
个体户等究竟面临什么样的市场结构，则取决于以上诸因素的不同组合。
一般而言，以非耐用消费品为主的轻纺工业，因其产品的同质性较强、技
术水平要求不高与资本投入较少而竞争程度趋高，致其市场结构接近于完
全竞争市场。在卖方市场下，激烈的竞争集中在买方之间，虽然同一产业
内的许多厂商生产的都是同质性产品，但是消费者没有选择的机会，生产
同质性产品的几乎所有企业都能赚钱。随着买方市场的来临，如果所有的
企业所生产的依然是同质性产品，那就不一定都能赚钱了。于是，竞相压
价成为同类企业竞争的主要手段，但是竞争的结果容易导致两败俱伤而不

可持续。显然，这不是企业的最优选择。避开竞相压价的更好办法是企业选择有差异的产品进行生产，从而降低相互替代的可能性。诸如企业在市场上通过改进产品品质、精心设计商标和包装、改善售后服务以及广告宣传等手段，来区别本企业与竞争对手的产品，从而在一定程度上争取对产品的自由定价空间。不过，生产有差异的产品还不是避免竞争的最有效办法。如果差异化的产品有赢利，必然会吸引更多的资源流入到这类生产活动中，从而增大同类竞争。要降低这种竞争，先入者往往会通过筑高准入门槛的办法，以防止其他企业的进入。而做大规模就是筑高门槛的一种有效途径，同时，也可以实现规模收益递增。因此，差异化与规模化是企业防止竞争对手的两道防线。一旦差异化与规模化被越来越多的企业在市场竞争中广泛运用，那么，市场结构也会随之发生改变，进而走向垄断竞争。所谓垄断竞争是指同一产业存在着大量的生产差异化产品的同类企业。由于存在产品差别，产品不能相互完全替代，这使它们各自具有一定的垄断力量，对自己产品的价格有一定的控制力。但是，许多不同企业的产品属于同一类产品，彼此之间有相似之处，从而这些企业之间又存在竞争。对于我国来说，随着国内市场竞争日益加剧，许多企业正在从竞相压价的竞争方式逐步转移到差异化生产上来。要在差异化生产上形成可持续发展，规模化就是企业追求的目标，这已成为市场结构变化的新特征。

其次是经济全球化。简言之，经济全球化是指贸易、投资、金融、生产等活动的全球化。这是各国为争取外部资源而不断放宽贸易管制与市场准入门槛下，企业与资本更便利、更低成本地在全球范围内配置资源的过程。经济全球化带来了市场范围的扩大，也极大地加速了信息与技术的扩散以及危机与繁荣的传播，缩小了各国内部在产品与资本价格上与国际市场的不一致，增加了企业走出去的机会以及与更强对手进行竞争的挑战，所以，这是比国内市场竞争更激烈、规则更复杂的市场。对于每个国家和地区来说，经济全球化也是一把双刃剑。[5] 由于不同的国家在经济、科技以及市场活动的"游戏规则"制定上具有不同的位置与话语权，因而每个国家和地区在经济全球化中所面临的机会与挑战是不平衡的。正如联合国计划开发署在1999年的《人类发展报告》中所指出，"迄今为止的全球化是不平衡的，它加深了穷国和富国、穷人和富人的鸿沟"。[6] 这种不平衡的进程与作为经济全球化的组织者和推动者的跨国公司是密切相关的。作为生产和资本国际化的产物，跨国公司的发展不仅使其在世界经济中的地位和作用不断加强，也促进了生产和资本的国际化，推动了经济全球化的进程和世界经济的发展。面对经济全球化的双刃剑，退出这个全球化过程是没有出路的，正确选择只能是顺应世界经济发展的基本趋势，以更积极的姿态融入经济全球化进程。但是，融入全球化也不能不顾本地企业的承受力。处理好这个关系的关键在于，本地企业能在国际经济舞台上与跨国公司较量、竞争与合作。这也需要国内大企业、特别是民营大型企业来担当这种角色。值得注意的是，从 2008 年第四季度美国雷曼兄弟公司倒闭至今已经5 年过去了，全球经济进入了一个如何摆脱金融危机的缓慢复苏阶段。随着全球经济的长期波动与缓慢增长，世界范围内的地区格局也会发生相应的变化，一些经济体崛起，另一些经济体衰落。这对正在崛起的许多新兴经济体的企业提供了进入国际市场的更好机会。要抓住全球经济调整中的机会，也需要民营大企业尽快成长。

再次是现代信息网络。以互联网、大数据与云计算为特征的信息网络已不仅是一种交流、学习与工作以及娱乐的工具，而且变成了一种生活方式。在这种情况下，企业的竞争力不再仅仅依赖于规模经济所带来的效益，也取决于企业利用互联网对市场快速反应、应变与创新的能力。这表现为以下几个方面。一是电子商务市场整体性快速增长。2012 年，我国电子商务市场整体交易规模达到了 8.1 万亿元，比 2011 年增长了 27.9%，超过了同年全社会商品零售总额 15.3% 增长率的十二个百分点以上。相当于当年21 万亿元社会商品零售总额的 38.6%。[⑦]其中，广东占全国网购销售总额的14.06%，成为全国网购消费的第二大省，比 2011 年增长了 67.61%。[⑧]2012年 11 月 11 日，仅这一天的"淘宝网"就创造了 191 亿元的交易业绩，远超美国 2012 年"网购星期一" 15 亿美元交易额水平。据艾瑞咨询机构预测，随着传统企业大规模进入电商行业、移动互联网的快速发展促使移动购物日益便捷，中国网络购物市场整体在今后一段时期内还将保持较快增长速度。此外，在线旅游市场虽然占比较低，但近年来受机票、酒店、旅游度假等细分市场不同程度的驱动，一直保持 30% 以上的增长，逐渐成为电子商务市场重要的组成部分。二是建立在互联网基础上的大数据与云计算将促使传统的产业链与商业模式发生变化。在这个大数据与移动互联时代，企业原有的信息服务水平已经很难满足市场竞争变化的需要，而云计算技术的出现将逐渐代替原有的服务模式。所谓的云计算就是通过网络服务获得企业所需要的数据资源。这个数据网络是由上百万个类似于"云"计算机群构成的。在这种云计算的环境中，企业面临的最大挑战不是数据的存储、管理与分析，而是如何在各种历史记录中发现、梳理并快速地处理数据与信息中找到选择最有利的商业模式与产业链扩展与治理方式。三是基于互联网的应用性开发将会创造更多的企业发展机会。现阶段的互联网就像 19 世纪中后期的公路、电力，20 世纪以来的通信部门一样，具有基础设施的功能。越来越多的商业活动将会在这个平台上展开，而且，目前这种开发所带来的收益是几何级数增长的，比如说，跻身世界 500 强的制造业、汽车、金融与能源等企业大都是经过了几十年甚至上百年的积累与并购形成的，而网络化企业一般只经历了十几年甚至几年就实现了，如 IBM、微软、英特尔、苹果、谷歌、亚马逊等。当然，我们也需要看到，这个方面的商业化开发潜力很大，而目前的挖掘还十分有限。诸如一些新技术应用尚不成熟，这种开发还有一定的风险，所以，这需要通过创新来开发互联网络所蕴含的机会。

最后是要素结构变化。要素结构指的是为增长而投入的生产要素之间的不同组合，诸如土地、资本与劳动等。一个国家或地区生产要素组合以及变化反映了需求结构、资源禀赋与比较优势的变化。波特根据所考察国家的资源禀赋与发展历程，总结出了要素结构变化的一般特征，并作为划分增长动力变化的四个阶段，即资源推动、资本推动、创新推动与财富推动。⑨中国经济经历了超过 30 年的高速增长，低廉的劳动力资源是支撑其高速增长的主要因素。2004 年在广东开始出现的"民工荒"成为我国劳动力资源供求结构变化的转捩点。随后劳动力市场价格进入了持续上升的通道。特别是在 2008 年以后，这种上升势头更加明显，2009～2012 年期间，我国各地最低工资标准年均增长 12% 以上，超过了以往任何一个时期的平均增长率，但是，以广东外来务工人员工资水平为标志的劳动力市场工资水平年均增长了 17.2%。2011 年国务院发展研究中心人力资源研究培训中心企业家调查报告显示，在关于"当前企业经营发展中遇到的最主要困难"中，民营企业家选择比重最高的两项分别是"人工成本上升"（79.7%）和"能源、原材料成本上升"（60.1%），明显高于其他选项，同时要比 2010 年的调查结果提高了 6.7 和 4 个百分点，比 2009 年的调查结果提高了 18.5 和 7.5 个百分点。⑩劳动力市场价格的快速上涨反映了劳动力市场供求结构的变化。在 2012 年发布的人口数据中，15～59 岁的劳动年龄总量减少了 345 万人，占总人口的比重下降了 0.6 个百分点。35 岁以下年轻劳动力下降的趋势，早前就已经出现，而这部分是市场上流动的劳动力主体。随着劳动力成本的快速上涨，资本与劳动的相对市场价格会发生变化，换句话说，相对于不断上涨的劳动力成本来说，使用资本的成本会相对降低，这会促使越来越多的企业采用以资本替代劳动的办法，诸如更多地使用机械设备、机器人等自动化流水线作业等，来降低劳动力成本提高对生产的影响。当越来越多的企业用资本密集型生产方式替代劳动力密集型生产方式，在我国重型机械制造等重化工业也将获得持续发展的同时，企业规模也会相应地扩大。当前的关键在于，企业能否从金融与资本市场获得相应的融资规模。如果不能如期地获得低成本的融资，这种生产方式的转型就会遇到障碍。

经济发展的新阶段与市场环境的新变化相结合，使现阶段我国经济与已走过这个阶段的一些发达经济体的历史背景相区别。这既要借鉴走过这个阶段的国家经验，也要面对这些新变化带来的复杂性与特殊性。这就是我所说的新形势的基本内涵。

二 民营经济的"广东模式"及其适应性

面对这种经济发展的新形势，广东的民营企业要做出什么样的反应呢？考察这个问题离不开对广东民营经济现有特征的认识。

1. 民营经济发展的"广东模式"

经过 30 多年的蓬勃发展，广东省民营企业已成为经济活动中的重要力量。到 2012 年底，广东省民营企业的数量为 502.16 万家，大约平均 20 个人就拥有一家民营企业，在全国是名列前茅的。其中，私营企业 125.62 万家，个体工商户为 361.9 万家，占民营企业总量的 72%。民营企业生产总值达到 2.93 万亿元，占广东生产总值的 54.6%。[①]2010 年广东民营企业中的就业人数就达到了 2305 万人，占广东就业总人数的 39.3%，当年的民营企业生产总值占广东生产总值比重达到了 43.2%，这意味着相对生产效率高于广东省的平均水平，这里所说的相对生产率是指产值比重与就业比重之比，如果这个比值大于 1，这表明相对生产率高于全社会的平均水平，相反，则低于全社会的平均水平。如果这个比值等于 1，这表明民营企业的相对生产率与全社会平均相同。这个指标表明了广东民营企业发展具有较高的相对生产效率。此外，民营企业上交的税收占广东省税收总额的比重为 29.2%，出口总额占全国民营企业出口的 20% 以上。概括广东民营企业的发展实践，以下四个特征是比较明显的。

第一，以中小企业为主。这里仅以 21 世纪头 10 年的数据为例，2000～2010 年间，民营企业从 133.8 万户增至 334.6 万户，年均增长 9.6%，平均注册资本从 1.7 万元增至 2.04 万元，年均增长 1.9%。其中，私营企业从 18.4 万户增至 94.8 万户，年均增长 16.5%，平均注册资本从 102 万元增至 196 万元，年均增长 6.7%。这些数据至少说明了两点。一是广东省民营企业的平均规模偏小，平均注册资本，特别是私营企业的平均注册资本规模及其变动印证了这一点。二是如果把经济产出看成是企业规模扩大与企业数量增加的乘积，那么，广东民营企业的快速发展主要来自企业数量的增加，而不是企业规模的扩大。

第二，以产业集群为主。在广东产业集群被称为专业镇，它已经成为中小企业抱团生存与发展的基本平台。中小企业在市场上的竞争力较弱，这不是源于其规模小，而在于孤独。这种孤独导致了技术与信息获得的相对高成本以及企业支付这个成本的规模收益较低，而集群是减少这种孤独的基本途径。截至 2011 年底，广东省专业镇达 326 个，GDP 总量超 1.5 万亿元，占全省 GDP 的 28.8%，带动形成了陶瓷、机械、五金、电子、纺织服装等 30 多类优势特色产业。在特色产业的拉动下，全省聚集形成了工业总产值超千亿元的专业镇 2 个，超百亿元的专业镇 76 个。[12]专业镇相对完善的配套环境，也促进了高端新型电子信息、新能源、LED 等战略性新兴产业的发展。依托集群会有利于企业更快成长。一项研究结果显示：2003～2007 年间，全国集群内比集群外的企业规模成长率快 3.17 个百分点，广东集群内比集群外企业规模增长快 8.03 个百分点。[13]这主要源于集群可以节省两个方面的成本，一是运输成本，二是相互信任的交易成本。在同等条件下，企业将节省下来的费用用于扩大投资，这是集群内的企业比集群外企业扩展更快的原因所在。

第三，以轻纺工业制品为主。广东民营企业进入的产业主要集中在轻纺工业制品与贸易领域。以 2010 年数据为例，工业、批发零售和贸易业两大行业实现增加值分别为 7865.75 亿元、3670.94 亿元，占整体民营经济的比重分别为 40.1%、18.7%。而建筑业、交通运输、仓储和邮政业、住宿和餐饮业、金融业增加值占民营经济的比重分别为 2.6%、3.7%、4.8%、0.8%。这表明，在制造业与服务业结构中，广东民营企业以生产轻纺工业制品的制造业为主，服务业为辅。在服务业中，消费服务业为主，诸如餐饮、零售与住宿等，而物流、配送与金融等生产服务业所占份额都不大。

第四，以加工出口为主。2001～2010 年间，广东民营企业出口额年均增长 59.96%，进口额年均增长 49.37%。2010 年，广东民营经济出口额跨入千亿美元门槛。到 2011 年，该指标突破 1300 亿美元，占全省外贸出口比重为 24.8%。民营经济出口商品中机电产品、高技术产品出口比重显著提升。2011 年，广东民营经济出口中机电产品出口突破 600 亿美元，占广东民营企业出口总额的比重超过 47%，占整个广东省机电产品出口总额的比重达到了 48% 以上。民营经济进出口贸易集中在以专业镇为主的轻纺工业加工制品上。诸如东莞厚街的制鞋业，出口量占全世界产量的 25% 以上；中山古镇的灯饰，出口额占世界总额的 40%；东莞清溪的电子产品及配件，出口量占全球的 20% 左右；澄海以及潮州的婚纱等产品，出口量都在全球占有相当比重。顺德的微波炉出口大约就占全世界同类产品出口总额的 40%。

上述四个方面构成了广东民营经济的发展特色，我称它为民营经济发展的广东模式。在看到这种发展模式取得成功经验的同时，也需要指出它的不足，即民营企业成长相对缓慢。这可以从一些省份关于民营企业数量与全国民营企业 500 强的数据比较中看出这一点。从民营企业数量来看，2012 年，广东个体与私营企业数量加在一起占全国总量的近 11%。自 2005 年以来，广东省个体工商户与私营企业总量之和连续居于全国首位。2011 年私营企业产值规模占全国民营经济总量的 12.6%。然而，民营大企业的数量却相对较少。2012 年 8 月，全国工商联公布当年的全国民营企业 500 强名单，入选的民营企业产值规模最低达到了近 66 亿元，平均产值规模为 186 亿元。其中，浙江入选 142 家，占 28.4%；江苏有 108 家，占 21.6%；山东有 40 家，占 8.2%；广东有 23 家，占 4.6%，排在第四位。在前 100 强民营企业名单中，江苏 25 家，浙江 18 家，山东 13 家，广东 7 家，河北 6 家，上海 5 家，北京 4 家，广东依然排在第四位。可见，广东民营企业数量增长较快，基础较好，而民营企业成长相对缓慢，发育成长不足。

2. 民营经济的"广东模式"形成机理及其适应性

之所以广东民营企业走出了这样一种数量较多、成长性不足的发展模式，这是与广东经济的两次转型分不开的。第一次是广东的区位从封闭体制下的劣势转变为开放体制下的优势。广东毗邻港澳与国际市场，客观上存在比其他省份更多的国内外贸易差价的机会。在封闭体制下，出于建设军事边防的考虑，国家把战略性资源集中用于京广铁路以西的三线建设，对沿海地区投资较少，这限制了人们对贸易差价机会做出的反应，从而导致了广东生产总值在改革开放前的近 30 年间年均增长率低于全国平均水平，在全国排名第 20 位之后。对外开放政策极大地扩大了境内外之间贸易发展以及资本等要素流入的通道。在政策放开但发展水平较低的环境下，哪些行业最适合当时缺少资金积累又有商业精神的广东人进入呢？对于工业企业来说，从事贸易活动所需要的资本投入较少，商业资金的周转也比较快，这样，稍有商业头脑的人就开始做些小买卖，进行长途贩运，赚些地区之间的差价，所以，贸易就成为当时人们创业的主要领域，被人们俗称的个体户正是这种创业活动的产物，大量专业市场在珠三角地区的许多城市中兴起就是各地自发生成的贸易活动基本平台。^①这就是第一次转型。这次转型表明，一个地区的区位究竟是优势还是劣势，这取决于不同的政策导向。政策导向的转变促进了一大批头脑灵活、善于经营的本地人从农业转入与外贸、外资相关的经济活动。随着各地相继开放以及运输成本的降低，地区之间的贸易差价也不断减少，这些有一定的技能与资本积累的生意人在80 年代后期至 90 年代初期又从贸易转入实体性生产，特别是 20 世纪 80 年代以来的国际产业梯度性转移，也为广东提供了大量的对外简单加工装配的机会。一方面这类行业不需要过多的资本与复杂的技能，靠自我积累、亲戚朋友的资助和从外商企业中学到的技术诀窍，以及凭借人脉关系获得的市场信息等，就可以抓住这些生产机会。另一方面，当时处于温饱阶段的国内市场对耐用与非耐用消费制品与日常工业用品产生了极大的需求，诸如食品、服装以及塑胶制品等，这促进了广东民营企业从以贸易为主转向以轻纺工业为主的实体生产。当时在全国各地流行的珠江水（饮料）、广东粮（饼干）、粤家电（厨房小家电）与岭南装（服装）等非耐用消费品行业，主导着 20 世纪 80 年代后期至 90 年代广东工业的快速发展就是这个时期的典型写照。这类经济活动一直持续到了现在。这就是我所说的广东民营企业的第二次转型。

进入 21 世纪，随着国内市场上的非耐用消费品相对饱和，对诸如汽车与房地产等耐用消费品的需求迅速地增长。与此同时，对非耐用消费品质量、品种与档次的提升，也要求生产这些产品的机器与设备进行更新换代，这就推动了我国对化工、钢铁、重型机械制造等重化工业发展的市场需求。对于企业来说，进入重化工业所需要的资本与技术门槛比轻纺工业都会大幅度地提高。全球工业化历史表明，以股份公司为标志的大企业兴起是与钢铁、汽车、造船等行业的发展相关的。19 世纪后期以来美国大企业伴随着钢铁、铁路、建筑以及汽车行业等重化工业兴起而成长的历史印证了这一点。对于大量民营企业来说，顺应发展阶段与经济环境变化，从以轻纺工业为主转向以重化工业为重要内容的经营活动，这构成了第三次转型的核心。能否顺利实现这次转型，关系到民营企业在新时期的经济舞台上能否扮演重要的角色，而民营企业的成长性不足则制约了其自身的第三次转型。

是什么原因导致了广东民营企业数量相对较多，而成长性相对缓慢呢？一种看法是，500强民营企业的评选是以企业自报为主的，而广东自报的民营企业数量不多。我认为，这是一种本末倒置的说法，因为企业做大了，在社会上的影响力提高了，即使自己不自报，评估机构也会找上门来要求填报，诸如华为、美的、万科、恒大、比亚迪与碧桂园等，所以，这种解释力是不充分的。另一种看法是，在市场制度有待完善的情况下，民营企业是以家族经营为特点，不容易信任外部人，也不容易进行股权合作以及聘用职业经理人，这会放慢转向现代企业制度的进程。比如说，2010年，广东具有规模公司治理模式的仅有9.23万户，比重不到私营企业总量的10%。我认为，从企业自身找原因是需要的，但是，作为企业层面的制约因素在任何省份都存在，也都适用。所以，它并不能完全解释广东与其他省份在企业成长上的差异。还有一种看法是，广东民营企业主要是在省内投资设厂，而浙江民营企业等不仅在省内投资，也到省外或国外投资。跨地区投资不仅组织成本较高，而且管理风险与运输成本也较大，没有一定的规模化生产运作与组织能力是难以实现的。这被看成是广东大型民营企业少于浙江的原因所在。不可否认，这也有一定的道理。但是，由此提出的问题是，在面临本地人工成本与土地成本大幅度上升的情况下，广东民营企业也需要大量地走出去，扩展新的投资场所与市场。但是，为什么广东民营企业不容易走出去呢？所以，把这个根源仅仅归结于广东民营企业家比浙江企业家更愿意固守本土也是不合适的。

再有一种看法是把这种差异归结为政府对大企业的激励性不足，即广东政府对大企业的扶持力度不如其他省份那么大。我认为，这种看法也是经不起推敲的。事实上，在全国推行为增长而竞争的地方分权体制下，各地的地方政府都具有偏向做大企业的共同偏好。这种激励来自三个方面。一是大企业群体对税收的贡献潜力相对会更大一些。比如说，2011年，广东民营经济贡献了44.3%的GDP，而税收总额贡献了31.6%，两者之间的不对称反映了对中小企业征税的边际成本与对大企业征税相比要更高一些的特点。二是大企业经营具有较明显的连续性与规范性。大企业的固定资产投资要明显地大于中小企业，固定资产投资越多，就会越注重投资的长期性，也就越需要管理规范化与制度化。对于管理者来说，与管理少数几个大企业相比，对众多的中小企业的管理成本要相对较高。换句话说，管理者面对的企业结构不同，管理方式与成本也有较大的差异。三是大企业往往作为一个地区经济发展或招商引资中最具显示度的指标。大企业的产业带动性较强，单位税收贡献率相对较大，所以，在一些聚集性较强的地区中，各级地方政府不断提高招商引资的规模门槛以及对大企业的进入增加优惠力度，诸如在土地指标和用地租金等方面对大企业网开一面等。可见，在政府扶持大企业的发展上，各省份之间的共性是远远大于其差异性的。

我认为，比较广东与浙江、江苏与山东等省份在民营企业成长方面的差异，两个方面是重要的。一是企业转制的路径。在 20 世纪 90 年代中后期以及 21 世纪初，江苏、山东等省份大型民营企业的大部分是从乡镇企业转过来的。这些乡镇企业在转制前就有相当的生产规模，诸如 80 年代后期苏南地区的乡镇企业等。鉴于个人资产购买力有限，这类企业的转制主要通过股份化的方式，而不是个人购买方式。对于广东来说，转制前的相当一部分乡镇企业，实际上是戴着"红帽子"的民营企业，诸如佛山、顺德等地的民营企业等，这些企业多数是一家一户的个体经营。对于这些企业来说，转制就是脱掉"红帽子"回归个人所有的产权明晰过程，至于个人产权明晰后是否通过股权方式扩大生产规模，这就取决于市场制度与环境。改革开放以来，为了吸引外资流入，外资企业享有比民营企业更优惠的政策环境，而广东一些民营企业做大后到境外注册一家外资公司的成本并不高，这就促使这些企业在境外注册一家新公司，然后以这个外资公司的名义回来投资，导致了广东外资企业相对多于其他省份，而大型民营企业少于其他省份的情况。

二是金融与资本市场的匹配程度。企业要扩大生产规模，离不开金融借贷和资本市场的融资渠道与机制。在全国金融与资本市场的统一管理中，无论哪一个省份，民营企业要从国有独资、国有控股的银行中获得贷款的数量都是有限的。面对金融借贷活动中的种种行政限制，浙江省通过民间融资市场在相当程度上突破了这种限制。比如说，在浙江省各地市的块状经济中，民间借贷普遍存在。以相互熟悉的社会关系作为相互借贷的信用保证，抵押担保等信用手续被大幅度销减等，这有效地支撑了民营企业在成长中对资本的灵活性需求。当然，由于缺乏正式金融制度的保障，民间资本市场在提供中小企业成长为大企业融资机会的同时，也增大了金融风险，民间融资市场的高利率就是降低这种风险的代价。相对来说，广东缺乏类似温州等地民间的借贷市场，虽然来自民间融资的金融风险较低，但是，这也制约了民营企业的扩展。2011年10月，北京大学国家发展研究院与阿里巴巴集团对珠三角地区中小企业融资调查结果显示，53.03%的企业完全依靠自有资金的周转，而无任何外部融资。46.97%的中小企业有借贷历史，但这也包含了信用卡与房贷项目。其中，经营规模在500万元以下的企业在银行与信用社贷款的比重占23.13%，经营规模在3000万元以上的企业占66.3%。

从上述两方面因素看，广东与浙江是更具可比性的，因为两者都以中小民营企业为主，所不同的是，浙江民营企业成长为大企业的数量要比广东更多一些，两省之间在民营企业成长方面的差异性源于民间资本市场发育与支撑的差异。由于非正式民间融资市场的存在也增加了一定的金融风险，所以，对于广东来说，既要加速大企业成长，又要降低民间融资的风险，加速正式的金融与资本市场发展就必不可少。

概括地说，以中小企业自我积累为主的广东模式比较适合于以轻纺工业为主的发展阶段。随着以重化工业为特征的发展新阶段与市场环境新变化的来临，它将面临更大的挑战。第一，在垄断竞争市场下，企业需要更大的生产规模才能达到规模收益递增。这种规模化生产不仅有利于生产效率提高，也可以防止其他竞争对手的低成本进入，并有利于延长企业的生命周期。第二，在经济全球化浪潮中，相对于中小企业来说，大企业可减少国际市场扩张时遇到的障碍。而中小企业在国际市场扩张中遇到的障碍比大企业要更高一些。中小企业无法有效地扩张国际市场，也难有能力享受市场扩张的利益。不可否认，中小企业往往进入的是对大企业不具有吸引力的规模较小的市场，然而，在全球化经济中，这些市场规模也会相应地扩大，因此，小企业不但难有能力获得新市场，也有可能丧失旧市场。第三，处在生存线上的中小企业，在过度市场竞争中往往没有能力增加对创新活动的投入。没有这种技术投入，只能使用技术含量不高的技术设备与工具，这又使生产效率难以提高；生产效率不提高，产品质量与档次就不可能提升，进而附加值与收益就不可能增加。没有技术带来的较高收益，那么，企业就依然处在生存竞争线上。这就会形成企业持续挣扎在生存线上的循环。以不同类型工业规模以上的企业增加值劳动生产率的比较为例，2010 年，广东省的这个指标平均值为规模以上 13.5 万元/人，而民营工业企业增加值劳动生产率为 12.3 万元/人，与国有企业的 49.6 万元/人相比，差距更大。加速民营企业的成长是适应这种新阶段与新变化的客观要求。总之，广东民营企业发展中的企业成长性不足，主要源于现有的金融与资本市场与民营企业成长的不匹配。如果金融与资本市场不适应民营企业的成长需求，那么，民营企业的第三次转型就难以实现。

三　结论与政策建议

综上所述，改革开放以来，民营企业对广东经济增长的推动主要靠的是企业数量的增加，而不是企业规模的扩大，这适合于以非耐用消费制品为主的发展阶段。在新形势下，大企业在国民经济中的重要性日益增加，这使民营企业发展的广东模式面临挑战。而企业成长是一个系统工程，包括了企业内部与企业外部的共同作用。从企业内部看，对股权多样化的治理能力与对企业边界扩大的组织能力等是企业成长所必需具备的素质。从企业外部看，以并购与重组为特征的金融与资本市场发育与完善是不可缺少的环境支撑。鉴于不同产业中每个企业在内部的治理与组织方面的差异性较大，所以，本文主要从企业外部角度讨论了企业的成长机制，并把依托金融与资本市场的并购与重组，作为不同产业下企业做大规模的共性环境。世界 500 强企业的成长经验表明，在这些大企业中，没有一家企业是靠自我积累成长起来的，通过资本市场的重组与并购是普遍通用的途径。在大企业数量上，浙江多于广东的事实也反映了金融与资本市场在企业重组与并购中的重要性。只是在正规的金融与资本市场没有放开的体制下，非正规的民间融资市场对浙江民营企业发展发挥了重要的作用，但是，由于缺乏合法性支撑，这也带来了较大的金融风险。因此，对于广东来说，在新形势下，既要通过金融与资本市场来促进民营企业的快速成长，以适应适度重型化的发展需要，又要避免非正式的民间融资市场所带来的金融风险，加快正规的金融与资本市场的发育与完善就是不可缺少的。进一步说，有了与民营企业相匹配的金融与资本市场，并不会使中小企业都成长为大企业，但是，没有这个金融与资本市场，中小企业一定不能成长为大企业。所以，一个有效运行的金融与资本市场是企业成长的必要条件。为了促进金融与资本市场的健康发展，本文提出以下四点建议。

第一，将并购与重组从限于所有权内部的不同单位扩展到不同所有制之间的企业。同一所有制内的不同单位之间的重组，主要是指国有资产内的国有企业之间的重组与整合。90年代后期以来对国有企业实施的"抓大放小"政策就是这样的例子。但是，仅仅限于在同一所有权内进行企业的重组与并购是远远不够的。这表现为两个方面，一是资源不是在全社会范围内进行市场重组与并购的，这样会制约国有资产的配置效率；二是作为资产代理人的各级政府在推进其所属的企业重组活动中，可以合法地采用行政手段，而不是市场规则。受到市场制度有待完善的影响，不同所有制之间的企业整合与并购相对是有限的。在新一轮的大企业成长中，需要将并购与重组的重点转向不同所有者之间。不同所有者之间的重组与并购不能采用行政手段，只能是按照市场规则操作。这就需要建设一个有利于市场交易的制度环境，包括与产权交易相关的一系列具体的法律制度与管理规则等，诸如股权评估、资产定价与转让程序、兼并重组的资本市场规则等。2010年以来，国家政策进一步明确了对民营资本通过兼并重组进入垄断行业的竞争性领域实行鼓励的政策取向。比如说，2010年7月1日，国务院常务会议确定了《鼓励民资通过兼并重组进入垄断行业的竞争性业务领域》的基本原则，其目的是，通过并购与重组，加速资产的行业性进入与退出，从而淘汰落后产能，推进产业升级，提高企业竞争力。当前的症结是，国有经济能否按照中国共产党的十五大报告提出的，通过股权转让等重组与并购方式从竞争性产业领域退出来。因为现阶段许多地方政府对国有经济的态度依然是把赢利的企业抓在手里，把亏损的企业放出去，担心对赢利企业的转让容易造成国有资产流失，无法实现保值增值。事实上，对国有资产的转让是一种资产形态的变化，从实物形态变为货币形态等。关键在于转让价格以及这个价格背后作为代理人承担的风险。随着市场化的资产评估制度的完善与定价机制的规范与透明，这个方面的风险将会大幅度降低。特别是在国家与民众都需要地方政府把投入重点转向民生领域的驱使下，各级地方政府增加其所属国有资产转让的必要性会增加。对于地方政府来说，既要寻找国有资产的赢利空间，又要向民生加大国有资产的赢利力度。这是当前推动不同所有者之间重组与并购的核心。如果广东在国有资产从竞争性领域中退出来等方面能先行先试，那么，广东应该也能够在不同所有制企业之间的市场化并购与重组中走在全国的前面。

第二，放开民营企业的金融市场准入，推进民营性金融机构建设，以竞争性的组织化方式吸纳分散的民间资金投入那些高门槛、大项目建设，从而构建民资进入的新方式，形成政府与民间力量共同投资的新格局。国际经验表明，做大企业规模，要么是从实体经济向金融资本渗透，要么从金融资本向实体经济扩展。总之，这需要两种资本的结合。随着收入水平的不断提高，民间的闲散资金大量地增加。2011 年，全国城乡居民储蓄存款总额占当前 GDP 的份额达到了 75% 以上，广东省接近 80%。与此同时，以重化工业为特征的行业准入门槛也大幅度提高了，这包括了技术与资本规模门槛，诸如汽车、飞机制造、石化、银行、通信与电力等。此外，快速的技术变化使投资风险也相应地增大了。面对这种环境，那种曾在 20 世纪 80 年代形成的"只要放开政策，民营企业就自然发展起来"的"村村点火，户户冒烟"的分散化与随机性发展逻辑已变得不完全适用，经济活动组织化的重要性日益增大。从金融机构看，目前我国银行业的金融机构以国有及国有控股为主，虽然网络庞大，但有垄断性，这影响了资金的有效动员与配置。从民营企业看，近年来，民营企业的金融市场准入虽然有所改善，但是金融抑制仍然严重，诸如民营企业组建或者参与组建资本市场机构的门槛较高，审批要求过于严格。民营企业虽然可以参与组建村镇银行，但是村镇银行的发起单位必须为商业银行。因此在参与组建村镇银行方面，民营企业没有主动权。对于多数民营中小企业来说，无论是主板、中小企业板和创业板的门槛都偏高。此外，企业债融资的门槛也较高。而针对中小企业的集合债券，其总体规模也有限。显然，当前的难点是民营企业在进入银行业金融机构上存在着各种障碍，不放开民营企业对银行业后金融机构的市场准入，不仅"鼓励进入的行业不赚钱，赚钱的行业进不去"的局面仍难以破除，而且，缺少金融资本支撑的民营企业也不可能通过并购、重组与参股等方式进入或参与大项目中。

第三，将有效的融资与担保功能实质性地纳入专业镇的准公共服务组织，促进以集群为平台的企业成长。作为中小企业抱团生存与发展的载体，专业镇在促进中小企业低成本发展的同时，也形成了集群式锁定。这种集群式锁定是指中小企业之间围绕着产业链形成的上下游生产环节之间的交易与相互依赖，这种相互依赖对产业链上个别企业率先进行规模扩张具有一定的抑制作用。比如说，在原有生产环节上扩大生产规模，一方面增大了对上游产品的需求，另一方面加大了自己寻找买家的压力，这都会引起整个产业链的较大震动。如果其他企业不能同步推进，那么，这种扩张就比较困难。这只能是个别有能力企业的率先突破。对于这类企业来说，要突破这种集群式锁定，就需要把生产环节上企业间分工内部化，换句话说，一个企业从只做产业链上的一个环节或配件变为生产多个配件，从而减少对其他企业的依赖，增加自己的主动性以及自己扩大规模可能带来的市场风险。显然，要做到这一点，获得金融机构的支持是不可缺少的。经过 10 多年的建设与发展，广东省的几乎每个专业镇都设立了服务于中小企业的准公共服务组织，这些组织的服务功能主要集中在培训、辅导、新产品开发与检测、沟通技术供求联系以及商务与法律的咨询与服务等，还缺少对中小企业融资的担保性服务功能。个别有条件的专业镇可以通过组建村镇银行或社区银行的方式解决中小企业融资难的问题，缺少兴办社区银行条件的专业镇可以通过与农村信用社等金融组织合作的方式，增加其担保功能，进而为集群内的中小企业快速成长提供金融支持。广州增城市新塘区的牛仔服专业镇就提供了这个方面的例子。2012 年新塘镇拥有 4760 多家生产牛仔服装的中小企业，占全国牛仔服装市场的 70% 以上，全国出口牛仔服装的 35% 以上来自新塘，日加工牛仔服可达 250 多万件，年产超过 8 亿件牛仔服装，吸引的投资者超过 10000 人，吸纳就业和带动相关就业超过 35 万余人，贡献的年度税收达 7.1 亿元。在近 20 多年的发展中，一部分中小企业通过准公共服务组织中设立担保功能以及社区银行等两种途径，获得了生产规模的快速扩张。

第四，将金融与网络结合，为企业成长提供更多的渠道。阿里巴巴总裁马云认为，"电子商务不是一个技术，不是一个商业模式，它是一场革命，它是一个生活方式的变革"。这刻画了电子网络在现代经济中的重要意义。电子网络作为有待开发的巨大市场与资源，它激励着金融业务从线下扩展到线上，网络金融的需求不断扩张，从而形成了金融体系与现代科技的有机结合。阿里巴巴在基于淘宝网而建立的支付宝方面的 10 年探索，走出了一条成功的路子。概括地说，会员制、联保治理与信贷服务是支撑阿里巴巴实现互联网技术与金融体系结合的主要内容。无疑，这个成功的案例为企业做大规模提供了新平台与新渠道。一方面进入与构建电子网络平台本身就是企业做大的机会，如马云、马化腾等，我国在这方面的市场潜力依然很大。另一方面网络金融平台为企业通过开发网络市场而扩张规模提供了另一条有效的融资机会。在当前实体经济大举进入网络市场的同时，金融组织也随之进入。这两者在网络平台上的结合，不仅为中小企业的生存提供了融资的机会，也为企业做大创造了更多的市场机会。

总之，在新形势下，与企业成长相适应的金融与资本市场是一个关键性因素。因为这个市场通过并购与重组提供了企业做大规模的平台，而广东的民营企业基本上没有在这个平台上开展经济活动，企业成长缓慢就不可避免。当然，有了这个并购与重组的资本市场平台，并不意味着所有的中小企业都能成长为大企业，这只是增加了企业成长的市场通道，如果缺少这样一个市场通道，那么，少数大企业在大量的中小企业中就不可能脱颖而出。从这个意义上说，民营企业发展的广东模式表现为中小企业成长缓慢，根源在于金融与资本市场发育不畅。因此，争取政策上的空间与扩大在金融领域方面的试点，加快推进金融与资本市场的完善是广东民营企业做大规模的关键。

---

①钱德勒（Alfred D. Chandler）主编《大企业与国民财富》，柳卸林主译，北京：北京大学出版社，2004。

②陈佳贵：《中国工业化进程中报告——1995～2005 年中国省城工业化水平评估与研究》，北京：中国社会科学出版社，2007，第 19～43 页。

③王珺：《中国经济的发展阶段、企业组织与金融体制改革》，广州：《广东社会科学》2012 年第 4 期。

④金碚、吕铁、李晓华：《关于产业结构调整几个问题的探讨》，北京：《经济学动态》2010 年第 8 期。

⑤Rodrik Dani, *Globalization Paradox*：*Democracy and the Future of the World Economy*, W. W. Noton, 2011.

⑥人类发展报告编写组：《1999：富于人性的全球化》，北京：中国财政经济出版社，2002，第 53 页。

⑦《2012 年电子商务市场整体发展状况》，www. iresearch. cn。

⑧《网购控的购物清单》，新华网，2013 年 2 月 16 日。

⑨波特（Michael Porter）：《国家竞争优势》，李明轩、邱如美译，北京：华夏出版社，2002。

⑩国务院发展研究中心人力资源研究培训中心企业家调查系统：《当前民营企业发展面临的困难——2011 年千户民营企业跟踪调查报告》2012 年 3 月 22 日。

⑪《粤重点帮扶 500 家高成长性民企》，广州：《南方日报》2013 年 4 月 12 日。

⑫广东省科技厅关于专业镇数据专门统计。

⑬郭惠武：《产业集群与企业成长》，广州：中山大学博士学位论文，2012。

⑭王珺:《衍生型集群:珠三角西岸地区产业集群生成机制研究》,北京:《管理世界》2005年第8期。

作者简介:王珺,博士,现任广东省社会科学院副院长,中山大学岭南学院经济学教授,博士生导师,中山大学社会科学高等研究院院长,中山大学决策科学研究院常务副院长,兼任广东经济学会会长,南方经济杂志社主编,广州市政府决策咨询顾问、广东省政府决策咨询顾问专家委员会委员。曾于1988年10月至1989年11月在英国兰彻斯特大学经济学系做访问学者,1994年2月至1995年4月在美国哈佛大学费正清东亚研究中心从事中国转轨经济研究,2005年8月至2006年7月作为富布赖特学者在美国麻省理工学院斯隆管理学院从事学术交流与研究。至今已在《经济研究》、《管理世界》等国内外刊物发表论文100多篇,出版著作5部,并主持教育部哲学社会科学重大课题攻关项目、国家社会科学基金重点项目、国家自然科学基金等二十多个项目。其中,学术专著《外向经济论》获1995年广东省第四届哲学社会科学优秀成果一等奖;论文《国有企业经理行为与治理途径》获广东省哲学社会科学第六届优秀成果一等奖;学术专著《经济转轨时期的国有企业行为与激励制度研究》获2005年广东省政府首届哲学社会科学优秀成果一等奖。两次获得教育部哲学社会科学优秀成果三等奖。1993年获国务院特殊津贴奖励;1999年获第二届广东优秀青年科学家称号;2001年获教育部优秀青年教师奖励;2002年获全国宝钢优秀教师奖励。主要研究领域:制度经济学、产业经济学与企业理论。

[责任编辑:刘泽生]

(本文原刊2013年第3期)

市场—社会转型中我国社会政策的制度性发展

——社会政策时代的初级阶段特征

王思斌

[提　要] 改革开放30多年的市场—社会转型也是社会政策孕育和发展的过程，中国的社会政策具有与经济政策密切联系的特点。进入新世纪新阶段以来，在国家经济实力增强和社会矛盾集聚双重因素的推动下，中国政府集中出台了大量社会政策，涵盖了社会救助、社会保障的主要领域，中国开始走向社会政策时代。从价值理念、政策安排、政策实施体系建设和政策效果的角度看，中国的"社会政策时代"具有初级阶段的特征。进入经济发展新常态以来，政府在社会政策方面的主要工作是促使其科学化、制度化。中国的社会保障（社会福利）制度和社会政策需要新的发展，走向经济发展新常态需要积极的社会政策。

[关键词] 市场—社会转型　社会政策的制度性发展　社会政策时代　初级阶段特征

前言：研究的问题与基本理论视角

社会政策是一个重要的学术领域和实践领域，在中国（大陆地区，下同）社会政策的研究还处于起始阶段。在社会快速转型和市场化加深的背景下，在迈向全面小康社会的进程中，社会政策和社会政策体系的发展已经成为一个客观必然的过程。回顾和系统地理解中国社会政策的发展进程和发展逻辑，并对之做方向性前瞻，对于分析社会保障（社会福利）的特点、认识中国社会变迁的全貌有重要意义。本文的一个基本思路是，中国社会政策的发展是社会变迁的产物，是经济体制改革所遇到的问题与社会进步追求共同作用的结果；既要看到社会政策作为一种社会治理工具成为回应改革转型中社会问题的重要手段，也要从制度（制度化）的角度看待社会政策的发展，把它看成是社会进步的组成部分，是中国经济社会发展道路的另一种描述。在论述内容和逻辑上，基本沿着笔者曾提出的"中国将迎来社会政策时代"的命题展开。

一 中国的市场—社会转型与社会政策发展阶段问题

1. 改革开放与市场—社会转型

社会政策是某一时代、某一具体的经济社会发展的产物，是政府回应一定时空下经济社会问题和追求某种社会目标的基本安排和综合行动。要研究社会政策及其变迁，就要涉及社会政策赖以存在并促使其发生变化的社会经济背景。具体到本文，就涉及改革开放这一重大社会历史进程，涉及它所包含的重大经济和社会事件。

过去 30 多年是中国社会政策发生重大变化的时期，也是中国改革开放持续拓展加深、社会转型不断加快的时期。在社会学界，关于 30 多年来中国的社会转型一般从三个方面来观察，即从农业社会走向工业社会，从传统社会走向现代社会，从计划经济体制走向市场经济体制。从农业社会走向工业社会是一个长期的过程，过去 100 多年中国的工业都在成长。但是，称得起从农业社会向工业社会转化的还是 20 世纪 80 年代以后的经济体制改革。从农村开始的经济体制改革快速推动了非农产业的发展，规模日益扩大的农民进城务工不但大大推进了工业和服务业的发展，而且与市场化、国际化等因素一起正在建构着新的产业结构和社会结构，中国社会越来越具有工业社会的特征。在工业化和市场化因素的影响下，加之中国的对外开放和大众传媒的作用，现代的（包括西方的）价值观念、生活方式在城市社会、在新世代中已经产生重要影响，而且这种影响正在急速扩散。中国正在快速向现代社会迈进。至于从计划经济向市场经济过渡，一直是中国改革开放 30 多年来社会变化的主轴，它在诸多层面改变着中国的生产关系、政治关系和社会关系。进入 21 世纪的新时期、新阶段以来，随着市场化、城市化、信息化、国际化的加深，经济关系、政治关系、社会关系发生重要变化。正像中共十六届六中全会通过的《中共中央关于构建社会主义和谐社会若干重大问题的决定》（以下简称《决定》）所指出的，中国已进入改革发展的关键时期，经济体制深刻变革，社会结构深刻变动，利益格局深刻调整，思想观念深刻变化。这种空前的社会变革，给中国发展进步带来巨大活力，也必然带来这样那样的矛盾和问题。[①]国家经济实力的增强、各种社会矛盾的出现促进了中国社会政策的发展，本文正是在上述经济社会背景下来讨论中国的社会政策变迁的。

在关于整个社会转型的分析中，笔者认为要注意两个既互相联系又有所分别的方面，即市场转型和狭义的社会转型两个因素的作用。一方面，中国的市场化改革对社会转型的推动是全方位的，经济是基础，经济关系直接影响着其他方面的社会关系，从而也影响着社会的变化。另一方面，狭义的社会领域也发生着重要变化。改革开放以来，中国的社会结构、家庭关系、代际关系、社会价值理念变化明显，直接影响着中国的社会运行、社会问题的产生以及对它的应对。改革开放是一个市场转型过程，也是一个社会转型过程，二者不可分离地联系在一起。前者是经济领域的重大变迁，在很大程度上是狭义社会变迁的驱动力。当然，社会转型也有自己的内在逻辑，包括老龄化、代际关系的变化等。30 多年来，中国的绝大多数社会问题都与这两个转型相关，所以从市场转型和社会转型两个既密切联系、又有区别的角度分析问题就有重要价值，甚至我们可以称这种转型为市场—社会转型。这也是本文分析中国社会政策发展和变迁的基本视角。

2. 社会政策的发展阶段问题

研究一个时期的社会政策发展和变迁，总要对社会政策的发展阶段做一个说明，虽然笔者无意对这一问题做深入研究。分析社会政策的变迁就要"回溯"经济领域的重大变迁，关注中国经济体制改革和经济发展的重要变化，包括发展阶段。虽然我们不能用经济体制改革的阶段性来替代社会政策发展的阶段性，[②]但是，当我们看到中国的社会问题主要是由经济体制改革推进的市场化所衍生，而且政府又是针对这些问题操起社会政策的治理工具时，以经济体制改革阶段为参照来分析社会政策的发展就不是没有道理的。

关于中国社会政策的发展阶段，国内学者做过一些基础性的研究。有的学者从社会政策的内容、基本理念（包括基本权利）和体系化的角度分析中国社会政策的发展进程，认为从 1949 年到改革开放中国的社会政策开始初步形成；1978 年后社会政策的基本理念走向现代公正，社会政策呈现出一种比较体系化的状态；进入新世纪以来，中国的社会政策在不断地趋于成熟化、体系化和规范化。③这种分析道出了中国社会政策发展的主要特征，但有对社会政策定义过宽之虞。有学者认为，观察中国社会政策的成长，要看它本身的独立性和完整性的形成情况。于是，中国社会政策的发展可以划分为三大阶段：新中国成立到 21 世纪初，中国的社会政策是依附于经济政策的；从以人为本的科学发展观提出到 2020 年后的某一时期，社会政策逐步处于与经济政策相互并立、协调发展的地位；再往以后，社会政策有望处于主导地位。④这种观点从社会政策的独立地位的角度来看待其发展，具有本质性意义，但是这种大跨度、大时间段的划分难以分析各阶段内部的社会政策变迁。也有学者以国家、市场在社会福利供给中的角色为视角考察新中国社会政策的发展演变，认为大致可分为三大阶段，即计划经济时期的国家统揽型社会政策时期、改革开放开始到新世纪初的市场主导型社会政策时期，以及 2003 年之后的国家主导型社会政策时期。⑤从承担社会福利责任的角度看待不同时期社会政策的特征是富有启发的。但是，这些学者对计划经济时期的社会政策的覆盖范围划界不清，把社会政策分为市场主导还是政府主导也是值得讨论的。

本文认为，对于中国社会政策发展过程的现实分析，不宜从过于抽象的理念出发，也不宜从太长的时段出发。如果把社会政策的发展放在一个可观察、可预测的时段，从一些能反映社会政策变化的基本特点上观察问题，可能会有利于对社会政策发展的认识。另外，笔者还认为，基于中国人口众多、经济发展相对落后的现状，对社会政策做过于理想的期望，只能是人们的一厢情愿。所以，本文从经济基础与社会政策的关系、经济实力对社会政策的支持程度、社会政策的内容或其覆盖面、社会政策的制度化几个方面，看待社会政策的发展过程。这是一个比较现实的视角，是对已经发生的和在可预见范围内可能发生的社会政策变化的分析。

二　中国的社会政策话语体系与实践特点

1. 中国的社会政策话语体系

要研究社会政策，首先要界定社会政策的概念。正如学者们所指出的，社会政策的概念并不是一成不变的，而是随着经济发展、政治哲学、社会福利意识形态的变化而发生变化的。社会政策发端于德国的俾斯麦政权时期，俾斯麦政府为了瓦解工人阶级的反抗和革命，用给好处的手段收买工人。在这里，社会政策是手段，而不是基于当代人们所说的社会公正价值。20 世纪中叶在英国和北欧发展起来的福利国家，将社会政策追求社会公正、人的发展的价值突出出来。到 70 年代，社会政策被定义为政府为了满足社会成员的各种需求而采取的社会行动。⑥在英国学者和欧共体学者那里，社会政策是一个与人的基本权利、社会公正、社会进步密切联系的概念，是达致较好社会福利的工具。为了讨论现实问题，本文给社会政策下一个操作定义：社会政策是政府为了满足社会成员的基本社会生活需要而制定和实施的政策，它包括反贫困、对失业风险的保障、对疾病的预防和治疗，以及对困境和脆弱人群的社会服务等安排。

另外，我们还需要讨论中国的"社会政策"概念的含义，即它指的是什么。中国政府很晚、也很少使用社会政策的概念，或者说长期以来社会政策并没有进入政府的话语体系。据初步考察，大陆地区对社会政策概念的使用起始于 20 世纪 80 年代中期。1984 年民政部门的学者和研究人员开始使用社会政策的概念分析民政系统的问题，认为"民政政策是一种有多学科理论指导的社会政策和行政管理政策"。⑦后来，高校和社会科学院系统的学者从 90 年代中后期开始较多地讨论社会政策问题，显然是受到了港台地区和欧美学术界的影响。2006 年中共十六届六中全会的《决定》首次使用社会政策概念，提出要加强社会建设理论和社会政策的学习研究和教育培训，不断提高各级领导班子和领导干部管理社会事务、处理人民内部矛盾、维护社会稳定的本领。⑧另一次是习近平总书记 2014 年在关于经济发展的讲话中提到的，他指出，面对经济发展新常态，"宏观政策要稳住，微观政策要放活，社会政策要托底"。⑨

以上对社会政策概念的简单梳理，是要说明"社会政策"概念还没有成为中国政府的主流话语，它还是在说明社会管理、社会稳定、促进经济发展时被提到的。这样，就带出了一个本文需要处理的重要问题，即在研究中国的社会政策时，是看政府的具有社会政策概念的宣称，还是看实践。当政府对社会政策没有自觉意识（表现为没有使用社会政策概念）时，可否将其某些具有实质意义的政策实施看成是社会政策行动。从政策演化史和学科进化史的角度看，社会政策起初是包含在公共政策之中的。在西方发达国家，虽然德国最早倡导和建立了以社会保险为主体的社会政策，但是在整个西方发达国家，20 世纪中后期社会政策才获得相对独立的地位，特别是在英国和北欧国家，社会政策重要地位的获得与这些福利国家的实践密切联系在一起。而在美国等自由主义占统治地位的国家，政府长久以来强调的是公共政策，而不是社会政策。在中国的计划经济时期，政府的政策（包括公共政策）不是科学研究的对象。改革开放之后，在改革开放的过程中，公共政策、公共行政研究逐渐发展起来，但是相对独立的社会政策研究至今尚未形成较大影响。在政府的政策文件中，有关社会福利、社会救助的政策安排（这是社会政策的主要领域）被置于经济政策、公共政策和社会管理政策之中。这也就是说，长期以来，中国并非没有社会政策实践，而是用其他概念（如经济政策、公共政策、社会保障政策等）指代社会政策的内容。基于上述事实，本文既用社会政策的概念，也用其他相关概念来分析中国社会政策的变迁。

2. 中国社会政策实践的特点

在中国政府很少使用社会政策概念的情况下，中国的社会政策呈现何种发展特征呢？关于这一点，学者们得出了社会政策滞后等类似看法。[⑩]笔者赞同学者们的一般看法，同时认为，长期以来，特别是进入新世纪以前，中国社会政策的发展有以下特点。

第一，社会政策对经济政策的依附性。长期以来中国的社会政策是依附于经济政策的，这种依附性表现为中国的社会政策并没有像一些学者所说的具有其"自性"，[⑪]按照自己的理念逻辑和性质发展，而是表现为依附于经济活动、经济发展和经济政策。在计划经济时期和改革开放以后的相当长时间内，中国除了"五保"制度（十分狭义的社会福利制度）之外，几乎没有独立的、反映其"自性"即其本质特征的社会政策。在计划经济时期，社会政策在全民所有制体制中得到一定发展，这是在社会保障、职工福利的名下开展的。一些有社会政策含义的规定，是在经济政策体系内出现的（比如劳动保险政策、职工退休养老政策）。由于长期以来中国的主要任务是发展经济，所以社会政策依附于经济政策是自然的。

第二，社会政策与经济政策相混合。这表现在两个方面：一是上面所说的社会政策混在经济政策之中，在实施经济政策的同时捎带实施了社会政策，比如计划经济时期，单位要救济困难户，实际上是经济活动的附属部分。政社不分、企社不分，表现在"社会政策"与经济政策的关系上，就是"社会政策"与经济政策相混合。另一个表现是经济政策本身包含了社会政策。在社会政策没有反映出其"自性"的时候，社会政策具有"前"和"准"的特点。在有些情况下，经济政策本身就具有社会政策的功能。在一个普遍贫穷的国家，发展经济，能使民众有饭吃、免于饥饿就是一种社会政策，当然是十分初级的社会政策。通过发展经济，解决城市居民的就业、看病、住房等问题，既属于经济范畴，也具有社会的含义。相当薄弱的"社会政策"融于经济政策和经济制度之中。

第三，社会政策的弱势性。在上述情况下，社会政策与经济政策相比自然就具有明显的弱势性。关于这一点，笔者曾经指出过它的特征，即从社会政策与经济政策、公共政策的关系，立法过程，社会政策系统的特点等角度看，中国长期实施片面追求经济增长的发展战略、社会问题的"非问题化"策略、政策选择中精英的经济偏向、社会政策责权的非专属性等造就了社会政策的弱势性。[12]或者说，长期以来，中国的社会政策问题还没有真正提上议事议程，只是处于边缘状态。进入新时期新阶段以来，这一状况有所改观，但并没有发生根本性改变。

第四，社会政策的发展性。社会政策的发展性是指社会政策作为一种社会现象是在不断发展的。中国的社会政策是弱势的，但又是以不同的方式，或间歇地或相对稳定地往前发展的。在计划经济时期，在经济政策中有以城乡二元结构为特征的"准"社会政策，这种社会政策没有施惠于广大的农村人口，而是给体制内的成员以相对较好的福利。90年代开始的、以国营（国有）企业改革为特征的市场经济体制改革，客观上启动了中国社会政策发展的进程。虽然此时的社会政策（具体表现为社会保障制度及其相关规定）是以支持经济体制改革（经济目标）和维持社会稳定（政治目标）为归依的。中共十四届三中全会通过的《中共中央关于建立社会主义市场经济体制若干问题的决定》指出：建立多层次的社会保障体系，对于深化企业和事业单位改革，保持社会稳定，顺利建立社会主义市场经济体制具有重大意义。[13]后来，政府关于社会保障制度改革的表述发生了某些变化，即把保障民生提到为经济体制改革服务之前，表明政府关于社会保障制度改革目标的某种转向，社会政策对经济政策的附属性在减弱，社会政策的"自性"得到提升。进入新世纪以来，社会政策有了不同于计划经济时期和体制改革初期的发展，社会政策问题在学术界得到更加充分的讨论，而且开始进入政府的话语体系。

三　社会快速转型下中国走向社会政策时代

1. 社会快速转型中的社会政策发展

从社会政策发展史可以看出，一般说来，社会政策的出现和发展与经济社会领域中出现的社会问题密切相关，社会问题越复杂、越尖锐，相关的社会政策越容易出台。这里所说的社会问题，不只是指狭义的与经济相对应的"社会领域"的问题，而是也包括经济、政治问题引发的社会后果。狭义的"社会领域"问题包括家庭问题、儿童和老年人的基本保障问题、社会底层的生活状况低下等，这是更具有"自性"的社会问题。许多社会问题与经济发展的社会生产条件、财富分配、社会政治参与密切相关，比如严重的失业、贫困，劳动条件恶化，劳动群体地位低下，社会财富分配两极分化等，这些社会问题实际上是经济—政治问题。

历史地看，西方发达国家的许多社会政策出台，并不是或主要不是针对上面说的狭义的"社会问题"，不是基于社会的伦理道德和对困难群体的关怀，而是针对经济、政治问题所导致、所衍生的社会问题，是经济—政治—社会问题导致了社会政策的出台。社会政策是执政党和政府的政治意愿表达，他们的社会政策行动更多地属于政治行为而不是道德行为。德国的社会保险法如此，美国的社会保障法也是如此。当一个国家进入高福利国家之后，社会政策的性质（或基本目标）得到了进一步提升，它的"自性"才得以更多显现。

中国不是福利国家，中国社会政策的发展还处于应对经济—社会问题的阶段，是经济增长与社会发展不协调、片面的经济增长导致和衍生严重的社会问题，使得政府出台各种社会政策，实际上它们是具有某种经济意涵的社会政策。改革开放以来，中国的经济获得快速增长，但是社会问题也不断聚集，而且具有危险性。在这种背景下，政府进行社会保障制度建设，虽然不乏改善基本民生的内容，但也反映出社会政策的补救性和安抚性功能。

本文认为，改革开放以来中国经济社会的重大变迁可以分为四个阶段，社会政策在这四个阶段也有自己的表现形态：第一个阶段是 1978 年（实际上大规模的是 1983 年）开始的农村经济体制改革到十四届三中全会（1993年）。这一阶段主要解决农村的普遍贫困问题，并且启动城市经济体制改革。以家庭联产承包责任制为基本内容的农村改革，极大地促进了农业和农村经济的发展，农村居民在改革中得到经济上的好处，解决了绝对贫困问题，这是一次少有的"帕累托改进"。在这一阶段，政府没有出台社会政策。但是，我们完全有理由说，给农民以自主经营权，"交够国家的、留足集体的、剩下的都是自己的"这种经济分配政策，大大增加了贫困农民之所得，使他们摆脱了绝对贫困状态，解决了本应由社会政策解决的问题，应该说是一种经济—社会政策。

第二个阶段是 90 年代初开启的国有企业体制改革到加入世贸组织。这一时期政府所确定的基本任务是进行市场经济体制改革，其基本着眼点是国有企业改革，建立现代企业制度，提高企业效率，参与国际竞争。中共十四届三中全会公报指出：建立社会主义市场经济体制，就是要使市场在国家宏观调控下对资源配置起基础性作用。为实现这个目标，必须建立适应市场经济要求、产权清晰、权责明确、政企分开、管理科学的现代企业制度；建立多层次的社会保障制度，为城乡居民提供同我国国情相适应的社会保障，促进经济发展和社会稳定。在具体做法上是抓大放小，对效益差的国有企业实施破产、合并，同时对一些国有企业进行股份化改造。这样做的结果是，国有企业实现了优化组合，其市场竞争力大大提高，但是这一改革也带来大量社会问题，特别是产生了大量失业下岗人员。为了解决由此带来的社会问题，政府的政策措施是对下岗失业的"40~50 人员"进行大规模的再就业培训，同时开发社区公益岗位吸纳失业者，等等。正如前面已经提到的，这种社会保障制度的制定和实施，是以为经济体制改革配套的角色出现的，而不是以改善这一群体的生活、提高他们的社会地位为出发点。或者说，这一时期的社会保障政策在其本质上也没有反映社会政策的"自性"，其结果是大量社会问题至今未能有效解决。

第三个阶段是中国加入世贸组织到 2010 年前后，这是市场化、城市化加快，经济快速增长，社会矛盾凸显的时期。前一个阶段的改革实际上是将改革发展的中心移至城市。在传统的城乡二元结构没有得到基本改变的情况下，市场化、城市化、国际化的加深，导致大量农村富余劳动力进入城市。中国的"世界工厂"的角色地位，带来了经济的持续高速增长。同时，流动人口大量增加，非城非乡的漂泊状态使他们的基本权利难以得到保障，也带来了社会管理上的难题。另一方面，城乡二元结构的继续、"打工经济"的相对繁荣、政府对农业投入不足，也明显加剧了"三农"问题。

在这种宏观背景下，中共十六届三中全会提出了"完善社会主义市场经济体制，统筹城乡发展、区域发展、经济社会发展、人与自然和谐发展"的总思路，更加明确地关注城乡协调发展和民生问题。到中共十七大，改善民生成为政府工作的重要任务。由于社会问题已经成为阻碍经济持续健康发展的重要因素，所以在这一阶段，执政党明确提出要切实改善民生，也出台了一些基本的社会政策。比较有名的有：《城市生活无着的流浪乞讨人员救助管理办法》出台，农村新型合作医疗制度开始实施，农村社会养老保险制度再兴起，农村最低生活保障制度开始实施。在这一阶段，政府比较注重惠农。取消农业税、对种植粮田者给予补贴虽然是农业政策，但是实际上直接提高了农民的收入，改善着他们的生活。这种政策兼有经济和社会的性质。至于养老制度、医疗制度的实施，基本上属于社会政策。我们可以看到，不管社会政策的水平如何，这些政策正在走出完全依附经济政策的状态，而且政策覆盖领域比较广泛。正是在这种意义上，笔者曾经提出"中国将迎来社会政策时代"的说法。[14]

第四个阶段是受 2008 年美国金融危机的影响，中国经济下行，进入经济发展新常态的阶段。这一阶段大约从 2012 年开始，其基本特征是经济增长速度放缓，政府力图通过优化产业结构，促进创新，来实现经济的高质量、持续稳定发展。按照习近平总书记的说法，就是经济发展进入新常态。经济增长速度下行受到国际经济发展低迷和国内需求不足双重因素的影响，也与中国经济升级换挡、跨越中等收入陷阱的追求密切相关。中央政府提出要主动适应、引领新常态，但是经济增长速度下行对于就业、中低收入群体生活的影响也不能低估，这样，社会政策托底就是必要的。这里不但指出了未来一段时间经济政策的原则，而且指出社会政策要发挥托底功能。走向经济发展新常态之路刚刚开始，中国的经济社会发展将面临新挑战。未来 5～10 年中国社会政策的发展将面临一些重要变化：到 2020 年全面建成小康社会，将基本解决绝对贫困问题，在此过程中，支持贫困人口的经济—社会政策将发挥重要作用；经济的中高速增长将支持已有社会政策的落实和完善。当然，经济增长下行也将使新的社会政策出台变得更加谨慎。

2. 关于"中国将迎来社会政策时代"的判断

"中国将迎来社会政策时代"是笔者在为"2003 沿海城市残疾人事业发展论坛"提交的论文《社会政策时代与残疾人事业的发展》中首次提出的。后来，在一次研讨会上，笔者再次阐明这一观点，并以《社会政策时代与政府社会政策能力建设》为题在《中国社会科学》上发表。这一观点的提出基于下述事实：进入新世纪以后，新一届中央领导人明确地表示了以人为本、关注民生的执政理念，回应"非典"（SARS）事件、孙志刚事件和比较严重的失业下岗等问题，中央陆续集中出台了一系列社会救助、失依儿童保护等社会政策。基于这些事实和一种愿望，笔者提出"中国将迎来社会政策时代"的看法。关于"社会政策时代"，笔者曾指出它应该具有以下基本特征：社会公正理念获得普遍认可；针对贫弱群体的社会福利政策被制定和实施；社会福利政策普遍发展并覆盖人们正常生活的诸多领域；社会上建立了有效实施社会政策的组织体系；经济、政治与社会政策体系是整合的。[15]

这一概念的提出既得到一些学者的赞同，也引起了一些学者的讨论。赞同的观点来自社会工作、社会政策界同行的一定共识，讨论或质疑则来自对"社会政策时代"概念和本质的讨论。[16]实在说，笔者在提出"社会政策时代"这一概念时经过多种比较和恰适性思考，正是因此，笔者对于"社会政策时代"特征的表述，既有现实的基础又不完全来自现实，既有参照国际社会福利经验对我国社会政策发展的期望，又不同于国际上已有的概念和理论模式。这是一个具有现实基础、具有价值合理性，同时又反映了某种期望的概念。按照笔者对"社会政策时代"的理解，它是由国家的制度安排所达致的、制度化的某种社会福利状态，这种状态由政府制定并推动的一系列社会政策来实现，通过社会政策来实现比较普遍的社会福利成为那个"时代"的特征。同时，社会政策时代的到来又是一个过程，它必须经由社会福利理念的发展，社会政策的出台和完善，社会政策被实施并达到普遍性福利效果积累而成。[17]笔者在提出这一观点时，曾有一个比较谨慎的假设：中国处在"前社会政策时代"，所以往前看，中国"将迎来社会政策时代"。

做出这种判断的前提有两个：一个是事实前提，另一个是国际经验的参照。作为事实前提，它是指那个时期已基本具备出台一系列社会政策的背景和能力。所谓社会背景，是指社会中存在众多需要政府用社会政策来解决的问题，包括贫困、流浪、底层群体缺乏关照、疾病对基本民众的威胁，等等。这些可能预示着一些社会风险和政治风险。因此，执政者必须面对这些风险，而其理性行动就是通过制定和实施社会政策，对困境人群给予帮助。这在理念上被称为关注和改善民生，而其政治哲学和福利哲学的理念是民本主义。所谓社会政策能力不只是把为民服务当作一种宣称，而是变为行动。而当政府具备了一定的实现这些宣称的能力时，社会政策的出台就可能成为现实。实际上，90年代末和新世纪初，上述两个方面的事实都在显现，也就是说，中国已经存在"迎来社会政策时代"的可能性。在国际经验的参照方面，"社会政策时代"所标示的普惠性社会福利，在发达国家已以不同的概念和理念成为事实。美国20世纪30年代《社会保障法案》的实施是美国版的"社会政策时代"，英国和北欧各国全面实施社会福利是"社会政策时代"的典范。重大的社会危机、政治危机，以及社会进步的理念催生社会政策的出台，较强的经济实力支持了更多社会政策，这似乎成为发达国家社会福利制度发展的逻辑。

至90年代末和21世纪初，中国改革开放已有20年，经济一直是高速发展，社会问题也变得日益突出，社会正义的追求拷问着政治家、学者和社会。面对上述两个基本前提，做出"中国将迎来社会政策时代"的判断也不是十分冒险。

四 中国走向"社会政策时代"的阶段性特征

如果说，10年前提出"中国将迎来社会政策时代"是一种预想的话，那么今天怎么样了呢？我们必须从发展的角度看待从"前社会政策时代"向"社会政策时代"迈进的过程。以笔者对于"社会政策时代"内涵的基本界定为出发点，需要从政府和社会关于社会福利价值观的发展，社会政策出台的数量和涵盖的领域，政府在社会保障（社会福利）方面的投入，社会政策（公共政策）的效果几个角度来"衡量"走向"社会政策时代"的进程。

1. 政府社会保障理念的变化

社会政策时代具有意识形态的属性，即一定数量的社会政策的集中出台和实施，应该有一定的理论、理念作支撑。有的学者指出，社会政策时代的社会政策应该具有自身的本质特征，它不为了别的什么目的，而只是为了社会政策的自身目的而出现的，这就是以人为本、社会公正和人类的幸福。[18]当然，这种没有任何其他目的的社会政策是高尚的，也是值得追求的。然而从社会现实来说，这种"纯粹的"社会政策却难以寻觅。从社会政策产生那一天起，它就被直接或间接地与政府的政治、经济目的联在一起。政党政治下的社会政策带有明显的政治和经济烙印，这应该说是事实。所以，如果不是从"纯粹的"社会政策的角度看问题，而是看制定和实施政策的价值宣称及其演进，或许可以发现社会福利价值观的某种变化。

我们来看中国政府对于发展社会保障制度（社会政策）的表述。最初中央文件只是提出社会保障制度改革的方向和任务，到中共十四大特别是十四届三中全会明确了社会保障改革的目标，即建立独立于企业的社会保障制度，为经济体制改革保驾护航。在这一阶段，社会保障制度改革主要是市场化、社会化，保障对象在结构上没有多大改变，其获得保障的水平也没有提高，甚至在某种意义上保障对象有相对剥夺感和被抛弃感。在下岗失业比较严重的情况下，国务院1999年出台了《城市居民最低生活保障条例》，目的是"规范城市居民最低生活保障制度，保障城市居民基本生活"。2002年中共十六大指出：建立健全与经济发展水平相适应的社会保障体系，是社会稳定和国家长治久安的重要保证。

2003年10月召开的中共十六届三中全会提出要坚持以人为本，树立全面、协调、可持续的发展观，促进经济社会和人的全面发展，要健全就业、分配和社会保障制度，建立促进经济社会可持续发展的机制。在这里，以人为本、社会发展被明显地提了出来。中共十六届六中全会以"构建社会主义和谐社会"为主题，提出要以解决人民群众最关心、最直接、最现实的利益问题为重点，着力发展社会事业，保障人民权益，切实改善民生。《决议》提出要适应人口老龄化、城镇化、就业方式多样化，逐步建立社会保险、社会救助、社会福利、慈善事业相衔接的覆盖城乡居民的社会保障体系。逐步建立农村最低生活保障制度，加快推进新型农村合作医疗，加强对困难群众的救助，发展以扶老、助残、救孤、济困为重点的社会福利。这里反映了中央更加明确的社会保障和社会福利思想，更加明确的社会政策理念，这就是以人为本，共建共享，尊重和保障人民权益，全面小康。《决议》还首次提出领导干部要加强社会建设理论和社会政策的学习研究和教育培训。虽然《决议》并没有以社会政策来贯穿，但是它实际上反映了执政党对社会政策理念的新理解。在这前后，社会政策、社会福利、基本民生、社会权利成为理论研究的热点，从另一个侧面说明了十六届六中全会在促进社会保障、社会福利、社会政策发展方面的推动作用。

中共十七大以坚持科学发展观、促进经济社会协调持续发展为主题，提出第一要义是发展，核心是以人为本。加快推进以改善民生为重点的社会建设，在经济发展的基础上，着力保障和改善民生，促进社会公平正义，努力使全体人民学有所教、劳有所得、病有所医、老有所养、住有所居。

五个"有所"是社会保障（社会福利）的基本内容，也是社会政策的主要领域。十七大把它突出出来，可以视为是对社会政策范畴的认可。

从上面的简单梳理可以看出，中共十六大、十七大比较集中地提出了社会建设和改善民生问题，把保障人民基本生活、改善民生置于重要地位，反映了政府的社会政策理念的发展。也正是在这种背景下，中国的社会保障制度、社会政策得到了较快发展。

2. 社会政策的较快发展

2003年以来中国社会政策的发展是令人瞩目的。2003年5月"孙志刚事件"从反面提问的角度，促成了限制人身自由的《城市流浪乞讨人员收容遣送办法》的废止，在较短时间内出台《城市生活无着的流浪乞讨人员救助管理办法》，昭示着社会进步和对流浪人员、困境人士政策态度的转折；2003年9月国务院发布《法律援助条例》，对经济困难的公民进行必要的法律服务；2003年11月民政部、卫生部、财政部发布《关于实施农村医疗救助的意见》，通过政府拨款和社会各界自愿捐助等多渠道筹资，对患大病、农村五保户和贫困农民家庭实行医疗救助；2004年8月民政部、教育部发布《关于进一步做好城乡特殊困难未成年人教育救助工作的通知》，对城乡特殊困难未成年人实施教育救助；2005年3月国务院办公厅转发民政部等部门《关于建立城市医疗救助制度试点工作的意见》，帮助城市贫困群众解决最基本的医疗服务问题；2006年3月民政部等14部委联合发布《关于加强孤儿救助工作的意见》，对失去父母和事实上无人抚养的未成年人进行救助保护。可以发现，这一阶段的社会政策基本围绕社会救助展开，而且覆盖了贫困家庭（人士）基本生活的主要方面。社会救助是来自政府和社会的、对困难群体的最基本的经济援助和社会支持，虽然救助水平较低，但是毕竟政府承担起了这一社会责任。这些对社会困难群体、贫困群体的普遍的、制度性的救助和帮助，可以称为那个时段的一个社会"现象"，也可以看作是走向"社会政策时代"的某种前兆。

2007年7月《国务院关于在全国建立农村最低生活保障制度的通知》发布，指出从2007年起在全国建立农村最低生活保障制度。保障对象主要是因病残、年老体弱、丧失劳动能力以及生存条件恶劣等原因造成生活常年困难的农村居民。中央认为，做好这一工作对于促进农村经济社会发展，逐步缩小城乡差距，维护社会公平具有重要意义。由此也可以看到政策制定者的政策理念及其高度。虽然最低生活保障的标准还不高，政策在执行中还有这样那样的问题，但是政府还是迈出了重要一步，展现了政府对处于困难境地的公民应尽的基本责任。

人们最渴望解决的是医疗和养老问题。2006年1月卫生部等部门发布了《关于加快推进新型农村合作医疗试点工作的通知》，指出通过政府拨款、个人缴费的筹资方式，解决农民看病难的问题。2009年9月国务院发布《关于开展新型农村社会养老保险试点的指导意见》，探索建立个人缴费、集体补助、政府补贴相结合的新农保制度，与家庭养老、土地保障、社会救助等其他社会保障政策措施相配套，保障农村老年人的基本生活。养老金待遇由基础养老金和个人账户养老金组成，支付终身。这项制度为解除农村居民养老的后顾之忧，迈出了新的步伐。

中国社会保障的重点在农村。农村最低生活保障、新型农村合作医疗、新型农村社会养老保险等政策的实施，面对广大农村居民，将从未得到保障的农村居民纳入社会保障范围，是中国社会政策的重大进步，也使社会政策体系逐步完善。2006年1月全国废止《农业税条例》，农村居民的物质生活有较大改善。一些惠农的经济政策与社会政策一起，对原来被边缘化的农村居民实施保障，这是中国社会政策最为突出的地方。

关于社会保障政策的执行情况，从受惠数量来说也相当可观。据人力资源和社会保障部统计，到2014年底，全国参加城乡居民基本养老保险的达50107万人，参加职工基本养老保险的34124万人；[19]2014年第4季度城市居民最低生活保障人数1880.2万，农村最低生活保障人数5209.0万。[20]按照国家卫生和计划生育委员会发布的信息，2012年全国参加新农合人数为8.05亿人，参合率达到98.26%。[21]尽管在政策实施中某些地方还存在着标准模糊、水平不高、政策实施随意、人际关系影响政策实施以及社会福利内卷化等问题，[22]但是毕竟这些社会政策的实施已经成为现实，政策对象从中受益是明显的。

在这段时间内，根据经济社会状况的新变化，全国人大修订了针对儿童、妇女、老年人和残疾人的基本法律。2005年8月28日修正通过了《中华人民共和国妇女权益保障法》，2006年12月29日修订通过了《中华人民共和国未成年人保护法》，2008年4月24日修订通过了《中华人民共和国残疾人保障法》，1996年8月29日通过的《中华人民共和国老年人权益保障法》于2009年8月27日全国人大常委会决定予以修正，并于2012年12月28日修订公布，这些修订过的法律都对政策群体的基本权益给予了更充分的保障。

还有一些与经济政策联系紧密或包含在经济政策内部的社会政策也被制定和实施。比如，2007年6月29日全国人民代表大会常务委员会通过了《中华人民共和国劳动合同法》，强调了劳动者的主体地位，明确劳动合同双方当事人的权利和义务，保护劳动者的合法权益，构建和发展和谐稳定的劳动关系，这也是社会政策的重要内容。

如果对照笔者提出的"社会政策时代"的几个特征，我们发现，2003年以来，政府和社会对困难人群给予福利照顾的价值观和社会权利观正逐步形成；过去存在的社会问题个人责任论，逐渐向社会责任的方向变化；一系列社会政策被制定出来，执行社会政策的组织体系基本形成；贫弱群体和城乡居民得到了一定保护。虽然，社会保障（福利）的标准还比较低，政策执行过程中还存在不少问题，社会政策实施的监督体系还没有完全建立起来。正是基于此，我们可以说，中国现在处于"社会政策时代"的入门阶段或初级阶段。

3. 走向适度普惠社会福利的努力

应该指出的是，社会政策得到较快发展，一方面是日益严重的社会问题所迫，另一方面是社会进步的承诺引导，还有一个重要的、不可忽视的因素是学术界和政府就社会保障和社会福利讨论的推动。20世纪末21世纪初市场化改革深入带来的社会问题日益凸显，加强对改革利益受损群体的社会保障，发展困难群体、脆弱群体的社会福利成为政府、社会关注的重要问题。在这一过程中，学术界和政府的角度不同，学术界内部的立足点不同，从而出现了一些争论，主要集中在如下几个问题上：是发展社会保障还是发展社会福利？是从维稳的角度还是从社会权利的角度看待社会保障和社会福利问题？要发展低水平的社会保障还是较好一点的社会福利？这些问题背后依然反映着社会政策的价值理念、对国家责任的看法等根本问题上的不同观点。大略地说，参加讨论的有两大领域四部分人。这两个领域是：关注社会保障的政府部门和有关学者，关注社会福利的政府部门和学者。所谓四部分人简略说来是这两大领域中的政府部门（包括政策研究部门）和学者，即在社会保障问题讨论中政府的主张和对之有某些质疑的看法，在社会福利问题讨论中政府的主张和学者的观点。

在社会保障方面，政府关心的核心问题是建立独立于企业的社会保障制度，其中又包括不同部门和系统社会保障制度的并轨、失业下岗人员的社会保障以及统账结合的社会保障制度的建构。政府的观点是如何顺利地推进这一进程，包括通过再就业培训、开发社区服务岗位等措施消化失业下岗人员。学术界中的重要一支则强调对利益受损者的补偿，强调社会公正。比如在城郊农民城市化问题上、在农民工参保问题上，政府强调它的优点，而一些学者反对在此过程中对农民、农民工的变相剥夺。在最需要加强的农村社会保障问题上，政府主管部门最初的主流观点是我国尚不具备对农民进行社会保障的能力，农民应该实行土地保障和家庭保障。社会保障的非主管部门、一些学者则认为在"三农"问题恶化，农业收入低且不稳、有的农村濒于破产的情况下，必须加快对农民的社会保障，保障社会安全。

社会福利研究是具有国际视野和理论背景的研究领域。这一领域的学者通常受到来自英国和欧洲学术界的影响，推崇的是欧洲盛行的社会权利意义上的社会福利。这一理论的基本点是公民在遇到困难时，应该得到来自政府和社会的、得体的福利关怀。政府的社会福利话语则与之不同，指的主要是对"五保"人员、残疾人、失依儿童和老年人基本的福利照顾，这是很具选择性（或残补型）的社会福利，是对社会中的极弱者的较低水平的福利照顾。这与学者们根据社会理想而倡导的、民众应获得普遍社会福利的理念有很大不同。

在发展社会福利方面，政府与学者的观点既有相同之处，也有一些差异。政府所负责的社会福利是狭义的，但是市场化改革以来，社会上又出现了一些实际上没有人照顾的儿童和老人。比如，因父母犯罪而失去照顾的未成年儿童，因子女弱智或残疾而得不到供养的失去劳动能力的老人。于是，政府部门提出适度普惠的社会福利的想法，[23]即将社会福利对象由原来的"三无"人员、五保对象扩大到实际上无人供养和照顾的困难人群。这自然是一个进步。这种政策理念是务实的，但在一些社会福利学者看来是保守的。

根据学者们所熟知的社会福利理论和当时比较盛行的马歇尔的社会权利理论，结合中国经济快速发展、国家经济实力提高、社会两极分化、城乡差距拉大等现象，一些学者开始呼吁建立中国特色的福利国家（较低水平的福利国家）或福利社会。这些看法的共同之处是要在执政党和政府着力推动构建社会主义和谐社会的过程中，再加一把火，在社会福利制度建设上取得更多进展。这里所说的福利国家、福利社会是有国际背景参照的，但又是基于中国国情的，而不是北欧那样的福利国家。

笔者也参加了这一讨论，提出要建立适度普惠型的社会福利制度。[21]这一主张与政府和其他学者的观点有相同之处，也有自己的视角和内容。它有社会福利制度、普惠型和适度三个基本点。第一，社会福利制度强调的是政策的层次问题，它是涵盖所有国民的、制度化的福利，而不是面对某一具体问题的临时性安排。社会福利制度是现代国家的基本制度之一，中国也要建立自己的社会福利制度。第二，普惠型是指保障的范围。普惠型的社会福利制度是全民共享的制度。这与以劳动者为对象的社会保障制度不同，与对"五保"对象、"三无"人员给予福利照顾的狭义的社会福利概念不同。它跨越城乡、跨越阶层，是对所有符合条件的中国国民的支持和帮助。第三，适度指的是保障和福利给予水平。在政府那里，适度普惠的社会福利指的是保障范围，即除了传统的、狭义的社会福利保障对象外，可以把事实上的无人抚养、无人照管的儿童和老年人，吸纳为社会福利的对象。笔者所说的适度是指福利水平要与中国的国力和发展相适应。

关于中国要建立福利国家（哪怕是较低水平的福利国家）的观点引起了一些政府官员和较保守的社会保障论者的反对。事实上，就中国的经济实力、国情和经济社会发展阶段而言，中国确实不可能建成像北欧那样的福利国家，学者们也并非倡导要模仿北欧，但是学者们不能甘于城乡二元结构、社会财富两极分化和大量贫弱群体存在的现实。政府必须有一种基本的承诺，对所有陷于困境、自身难拔的人给予物质帮助和关怀，这就是适度的社会福利。所以，适度存在于传统、保守的社会保障和较理想的福利国家之间，存在于社会需要和国家与社会的保障能力之间，存在于既能满足民众的基本需要，又不对国家的经济持续发展造成沉重压力的对比之中。

4. 社会政策发展所折射的"社会政策时代"特征

以上之所以讲述这一时期在社会保障、社会福利发展领域发生的讨论和争论，是想说明一定的政策议题是有其经济社会和理论背景的，它是各种力量共同建构的结果。具体到这一阶段社会政策的发展，它的起点是经济发展带来的国力增强和社会贫困现象的凸显，是政府试图平衡改革发展稳定三者关系之间的努力，最有标志性的政府行为是 2006 年 10 月中共十六届六中全会《决定》的出台，其中包含了大量通过发展经济完善社会保障制度、发展社会福利，促进社会和谐的社会政策思想。更可以作为例证的是，《决定》首次提出要建设宏大的社会工作人才队伍，充实公共服务和社会管理部门，提高专业化社会服务水平。发展社会工作，向有需要的人士提供专业化社会服务是走向现代国家的制度建设内容之一，尽管执政党和政府对此有更多寄托，但是它毕竟反映了一种社会建设、社会政策的走向。

我们可以看到，2003年以后的差不多10年时间，中国的社会保障（社会福利）制度和社会政策发生了明显变化。政府更多地强调民生，关于完善社会保障制度的基本目标也从保障经济体制改革转向保障人民生活，甚至中央开始频繁地使用"人民福祉"的概念，解决困难群体的基本生活问题被认为是践行"社会公平正义"。社会政策几乎涵盖了所有困难群体、脆弱群体，针对老弱病残的社会福利制度得以完善和修订；广大农村居民的基本生活得到保障，特别是最低生活保障制度、新型农村社会养老保险制度、新型农村合作医疗制度的制定和实施，使广大农村居民实际受惠；面对特殊群体的政策也逐步制定出来，如社区矫正政策首先在上海实施并得以扩散，面对犯有罪错少年儿童的社会服务令得以实施，对流浪乞讨生活无着人员的合法利益的保护被政府和社会认可，等等。这些社会政策向政策对象提供了最基本的物质帮助、社会保护和服务。社会保障制度的低水平、广覆盖，社会福利范围和内容的拓展，具有适度普惠的特点。

在中央强调社会建设和改善民生的大背景下，不管是基于执行落实中央政策，还是由于改善民生的"道德性强制"，各政府部门、各级地方政府积极响应，争先恐后地出台社会政策，有的以抬高保障和救助标准为荣，以表示对改善民生的赞同。面对这种全国性的发展社会保障、改善民生的现象，应该说政府社会保障的福利意识形态在发生变化，即要为有困难的民众做好事、做善事，不能输在道德的考量标准上。当然我们也不能否认有的地方政府官员有显示政绩的目的。

从社会政策制定和实施的角度看，新时期新阶段政府部门决策发生了一个重要变化，即政府在制定和实施重大决策前，要征求专家学者的意见。从政府的角度看，这是推进决策科学化、民主化，提高政府决策和治理水平的重要举措，同时这也给更加强调改善民生的专家学者以发表意见的机会。虽然在此过程中，政府在进行政策咨询时可能对邀请专家具有选择性，但是毕竟学者们的理论化、更具理想化的取向可能与强调现实约束的政府官员有所不同，从而对政府制定和实施政策发生影响。2003年以后，面对社会转型中的众多问题和社会进步的要求，社会政策领域的学者十分活跃，他们发现和揭示基本民生方面冲击道德底线的现象，倡导更好地改善民生，积极推进社会权利意识，问责政府，要求政府负起责任。在网络发达、信息公开化的背景下，这些不可能不对政府的政策理念发生影响。

但是，我们也发现，政府出台的社会保障、社会福利方面的政策，并没有因为学者的鼓吹而变得"高大上"起来。各地在改善基本民生方面有所突破、有所发展，但也比较谨慎。一些地方最低生活保障还处于较低水平，农村基础养老金的水平较低，农村因病致贫现象还大量存在，许多地方对老人的生活补贴还只是象征性的，等等。另外，作为比较重要的社会政策，2011 年底中央决定调高全国农村的贫困线水平，从 2009 年的 1300 元上调为 2300 元，这使更多贫困农民受惠。但是，如果全面分析这一调整背后的经济、政治和外部背景，就会发现，政府是在国际比较的压力下做出这一调整的，政府实际上是在改善民生的社会政策方面进行一种"自我救赎"。

这些说明，政府在发展社会保障、社会福利方面有所作为，但还是处于很基本的阶段。同时，社会保障、社会救助政策的不配套（或碎片化）现象明显存在，社会政策的执行和实施系统还存在诸多问题。这些也说明，中国走向"社会政策时代"是刚进门槛。

五　经济发展新常态下社会政策的发展前景

当前和未来一段时间中国要进入经济发展新常态，这也会带来复杂的社会影响，因此，经济发展新常态下的社会政策走向及其特点也是值得关注的。

1. 经济发展新常态与社会政策托底

"新常态"是中央领导人用来描述当前和往后一段时间我国经济发展特征的概念，经济发展新常态的含义是：中国经济会从高速增长转向中高速增长，从结构不合理转向结构优化，从要素投入驱动转向创新驱动，从隐含风险转向面临多种挑战。⑤这种新常态既受 2008 年以后美国金融危机、世界经济发展低迷的影响，也受中国过去经济发展中存在的突出问题和调整经济发展战略思路的影响。世界经济发展低迷，使得中国经济发展的外需不足，出口生产受限。同时，持续了 30 多年的靠基本要素（廉价劳动力和自然资源）投入获得高增长的格局也不可持续。经济发展新常态既是挑战，也是机遇。主动引导新常态、适应新常态，顺利步入新常态，是中国政府的努力方向。但是，经济发展新常态也会衍生新的社会问题，经济增长下行、风险挑战聚集会对就业和人们的收入增长预期、对社会秩序的稳定带来一定影响。面对可能出现的经济社会问题，"社会政策托底"已成为中央的一个政治选择。虽然这里的社会政策是围绕保障经济发展和社会秩序稳定而言的，并不专属对社会政策的阐述，但是，这毕竟是中央领导人少有的关于社会政策的言论，由此我们可以对中国社会政策的走向做一些分析。

如果做一些基本梳理就可以看到，相对而言，2012年之后，中国政府出台的社会政策的密度少一些，尽管中国还有许多领域需要出台新的、更加系统的政策。对此，我们可以理解为新一届中央领导将更多注意力放在国家治理上，放在应对新常态对经济发展的挑战上。我们也可以认为，新一届中央党政领导执政时间尚短，新的社会政策的出台尚需时日。但是，我们从现有的社会政策实践中，也可以发现未来一段时间中国社会政策发展的基本取向——从制度建设的角度促进社会政策的发展可能是一个重要特点。

2. 新常态下社会保障（社会救助）的制度建设

在社会保障制度、社会政策方面，中央的基本理念是在全面深化改革、推进国家治理体系和治理能力现代化的总思路下，以促进社会公平正义、增进人民福祉为出发点和落脚点，解决好人民最关心最直接最现实的利益问题，建立更加公平可持续的社会保障制度。这里的更加公平、可持续，可以成为理解经济发展新常态进程中社会政策发展特点的关注点。

2003年之后，中央密集出台了大量社会政策，在某种程度上是应急性的。应急政策可能有一些不完善之处，比如当初的社会救助，各个相关部门都出台了政策，但是它们之间不整合，甚至出现社会福利叠加的现象。在实施城乡最低生活保障制度时，也出现了人情保、关系保、骗保等问题。

新一届政府在这方面力图有所作为。以社会救助为例，2014年国务院发布了《社会救助暂行办法》，对过去碎片化的救助政策进行整合，并在实施体制机制的科学性、可行性上着力。过去的社会救助包括最低生活保障、医疗救助、教育救助、住房救助、就业救助等内容，职责分散在不同政府部门，各行其是。《社会救助暂行办法》决定由民政部门统筹全国社会救助体系建设，相关部门各负其责，并通过家庭资产调查等方式对救助对象予以甄别，引进社会组织（包括社会工作）实施救助。这就在社会救助制度建设上往前走了一大步。

另外，社会救助制度坚持托底线、救急难、可持续的原则。所谓托底线，就是解决救助对象的基本生活问题，避免出现社会风险。尽管社会救助从本质上来说，就是解决救助对象最基本的生活困难，但是可以看到，这里的"托底线"与社会政策托底的说法有着更密切的联系。关于"社会政策托底"的含义，有的学者认为主要是应保尽保、保基本和精准化。应保尽保说的是政府责任问题，政府要对所有陷入困境者实施救助；保基本说的是救助保障水平，这种救助只能是低水平，以解决救助对象的基本生活为目标；精准化则是讲政策实施的科学性，要对准真正的救助对象。讲究社会政策的科学性、制度化也表现在其他相关方面。比如在扶贫方面，中央党政领导多次强调要精准扶贫。当然，强调精准扶贫既与 2020 年要切实解决农村数千万绝对贫困人口的脱贫任务有关，也与扶贫行动的规范化有关。精准化是与科学化、制度化相关的，也是社会政策的关键环节。没有精准的救助、扶贫对象，救助、扶贫资金可能会成为"乱撒钱"，可能会出现救助、扶贫上的目标偏离。救助、扶贫介入缺乏精准，必然会影响救助、扶贫的效果。就整个制度而言，没有精准就难以形成科学、有效、可持续的制度。

我们再回到社会政策发展的话题上。虽然中国现在还有很多空白点需要社会政策填补，相信政府也会陆续出台一些社会政策，但是，像 2003 年以后社会政策的集中频繁出台似乎已不大可能。做出这一判断考虑的基本因素包括：一些最基本的社会保障制度（社会政策）已经出台，更专门、更敏感的社会政策的出台还需认真考量；已有的社会政策发挥了积极作用，但是也存在效率和可持续方面的问题，需要使之制度化和科学化；社会保障制度的可持续和在更高水平上的发展要求更强有力的财政支持，进入经济发展新常态会给中国经济发展、财政收入的增长带来不确定性，而这种不确定性难以支持更高水平社会保障（社会福利）政策的出台。但是，这并不等于政府在发展社会政策上无所作为，就已发生的事实和中国进入新常态的约束条件来看，政府的积极作为主要是进一步实施社会保障和社会福利制度，使相关社会政策更加科学、有效、可行，使其制度化，另外就是在一些重点领域出台相应的社会政策。社会政策的科学化、制度化是进入经济发展新常态过程中，中国走向"社会政策时代"的一个重要特征。

3. 走向多元责任和发展型的社会政策

在走向经济发展新常态的过程中，中国的社会保障（社会福利）制度会进一步完善，社会政策也会进一步发展。但是，经济社会因素和政府的福利意识形态表明，中国不会采取高福利的社会政策。事实上，中国正在形成混合型的社会保障（社会福利）制度。混合型社会保障（社会福利）制度是西方发达国家在经过福利国家的沉重压力，在新自由主义的影响下做出的选择，它表现为政府在部分放弃原来承担的社会福利责任，改由政府、市场和个人共同承担。中国的混合型社会保障（社会福利）制度是在发展中国家、巨大的不断老化的人口和城乡二元结构的基本国情下做出的选择，这表现为政府一直在倡导政府、企业、市场、社会、家庭共同承担责任，去帮助困境人士。虽然这一选择与对计划经济条件下城市实行的"高福利"制度的反思有关，但是真正促成这一选择的是中国庞大的农村人口，是弥合城乡差距、建立覆盖城乡社会保障体系的追求。

在走向新常态、跨越中等收入陷阱的过程中，混合型的社会保障（社会福利）制度在社会政策上的一个重要表现，是采取经济—社会政策和发展型社会政策。在走向经济发展新常态的过程中，社会政策托底应该反映在它的经济—社会功能方面，即通过发展经济、促进就业来实现相关对象的保障和福利。发展型社会政策是既能促进经济发展、促进困难群体就业，又能增加困难群体福利的政策，显然，这种政策对顺利进入经济发展新常态，对社会秩序稳定和社会发展具有重要的现实意义。发展型社会政策是具有国际意义的社会政策新模式，也将成为中国社会政策的重要选择。

社会政策托底可能会成为中国社会政策发展的一个阶段性特征。从中国经济还会中高速增长，社会福利具有不可逆性、要顺利进入新常态等角度看，社会政策托底应该是积极的托底。这里包括两个方面：积极的社会政策和有效的（积极的）托底。积极的社会政策要求理念上、措施上、目标上和效果上是积极的；积极（有效）的托底要求社会政策的实施应该是及时、有效、具有人文性和发展性的。[20]

当然，这绝不是说新常态背景下政府不可能发展福利性的社会政策。实际上，随着中国经济实力的逐步提高，政府在城乡居民的医疗、养老、低保救助、儿童福利等方面的投入应大大增加，应该提高对他们的保障水平，建立中国特色的福利国家应该是中国人的梦想，使人民享受更好的福利也应该成为执政党和政府的奋斗目标。只是不能不顾国情、不分阶段地谈论福利国家问题。西方发达国家的混合型社会福利是在高福利难以为继的情况下往回走（走向较低福利），中国的混合型社会保障（社会福利）则是从缺少社会福利走向初步制度化的、与经济发展水平相适应的、积极的社会保障和社会福利。无论从政策理念、政策实施体系，还是从制度化、政策效果来看，中国的"社会政策时代"还处于初级阶段，还需要有更大的发展。

六　结语

本文以改革开放的进程和社会保障（社会福利）制度的发展为线索，分析了中国社会政策的发展问题，指出就整体而言，中国的社会政策常常是与经济政策连在一起的，可以称为经济—社会政策。自改革开放始至20世纪末的市场取向的改革，一方面带来了经济快速发展，另一方面则是社会矛盾和社会问题的凸显，这孕育了社会政策的发展。进入新世纪、新阶段，中国开始走向"社会政策时代"，在改善民生的理念下政府集中出台了大量社会政策，惠及广大城乡居民，但是这一时期的社会政策并非完全反映其"自性"，而是同时具有促进经济改革、解决社会矛盾、维持社会秩序的目的。中国在走向"社会政策时代"的进程中仍然处于初级阶段。当前，中国正在走向经济发展新常态，这是一个充满机会与风险的过程，应该有积极的社会政策作为回应。就目前来看，政府在社会政策上主要是进行制度化建设，除此之外，还需要积极的、发展型的社会政策。中国要实现全面小康、增进人们福祉，就要发展更好的、与经济发展水平相适应的社会保障和社会福利，需要有更加完备、有效的社会政策体系。在这方面，中国还有许多工作要做，还有崎岖复杂的路要走。

---

①⑧《中共中央关于构建社会主义和谐社会若干重大问题的决定》，北京：人民出版社，2006 年 10 月 18 日。

②④⑯⑱景天魁：《论中国社会政策成长的阶段》，合肥：《江淮论坛》2010 年第 4 期。

③⑩吴忠民：《从平均到公正：中国社会政策的演进》，北京：《社会学研究》2004 年第 1 期。

⑤李迎生：《国家、市场与社会政策：中国社会政策发展历程的反思与前瞻》，上海：《社会科学》2012 年第 9 期。

⑥关信平：《社会政策概论》，北京：高等教育出版社，2004，第 14 页。

⑦卢谋华：《社会工作的理论与实践》，北京：中国社会出版社，2007，第 35 页。

⑨见《宏观政策要稳住，微观政策要放活，社会政策要托底》，北京：《新华每日电讯》2013 年 4 月 26 日。

⑪景天魁：《引致和谐的社会政策——中国社会政策的回顾与展望》，上海：《探索与争鸣》2008 年第 10 期。

⑫王思斌：《我国社会政策的弱势性及其转变》，南京：《学海》2006 年第 6 期。

⑬《中共中央关于建立社会主义市场经济体制若干问题的决定》，人民出版社，1993 年 11 月 14 日。

⑭⑮王思斌：《社会政策时代与残疾人事业的发展》，广州市社会科学界联合会、广州市残疾人联合会编《残疾人社会保障研究》，广州：广东人民出版社，2004，第 18 页。

⑰王思斌：《社会政策时代与政府社会政策能力建设》，北京：《中国社会科学》2004 年第 6 期。

⑲人力资源和社会保障部：《2014 年度人力资源和社会保障事业发展统计公报》，2015 年 5 月 28 日，http://www. mohrss. gov. cn/SYrlzyhshbzb/dongtaixinwen/buneiyaowen/201505/t20150528_162040. htm。

⑳民政部：《社会服务统计季报》（2014 年 4 季度），2015 年 7 月 2 日，http://files2. mca. gov. cn/cws/201501/20150129172531166. htm。

㉑中华人民共和国国家卫生和计划生育委员会：《2013 中国卫生统计年鉴》（13 - 1 - 1 新型农村合作医疗情况），2015 年 7 月 2 日，http://www. nhfpc. gov. cn/htmlfiles/zwgkzt/ptjnj/year2013/index2013. html。

㉒王思斌：《中国社会福利的内卷化及发展》，王思斌主编《中国社会工作研究》第 8 辑，北京：社会科学文献出版社，2012，第 20 页。

㉓窦玉沛：《中国社会福利的改革与发展》，北京：《社会福利》2006 年第 10 期。

㉔王思斌：《我国适度普惠型社会福利制度的建构》，北京：《北京大学学报》（哲学社会科学版）2009 年第 3 期。

㉕人民日报评论员：《经济发展迈入新阶段——新常态下的中国经济》，北京：《人民日报》2014 年 8 月 7 日。

㉖王思斌：《试论经济发展新常态下积极的社会政策托底》，济南：《东岳论丛》2015 年第 3 期。

作者简介：王思斌，北京大学教授。1978 年 2 月入北京大学哲学系本科专业学习，1982 年 2 月毕业后在北京大学社会学系任教至今。曾任北京大学社会学系系主任（1994～2000），现任北京大学—香港理工大学中国社会工作研究中心主任。主要社会兼职：中国社会工作教育协会会长（1999～），中国社会学会学术委员会副主任（2011～），全国社会工作硕士专业学位教育指导委员会副主任（2009～），全国哲学社会科学研究规划社会学学科规划组副组长（召集人）（2000～2014），民政部全国社会工作者职业水平评价专家委员会常务副主任委员（2006～），中国社会工作协会（联合会）副会长（2007～），中国社会工作学会会长（2015～）等。曾任国务院学位委员会第六届学科评议组社会学组成员（2008～2014），教育部高等学校社会学学科教学指导委员会副主任委员（1997～2012），中国社会学会副会长（1996～2011）。主要学术领域：社会政策、社会工作、农村社会学。代表性著作有：《社会工作本土化之路》、《走向社会的基础结构》、《中国社会工作的经验与发展》、《我国适度普惠型社会福利制度的建构》、《中国社会工作教育的发展》等。

［责任编辑：刘泽生］

（本文原刊 2016 年第 1 期）

转型社会的社会监管机制转型

姜明安

[提　要] 社会转型是社会监管机制转变、转换、转型的背景、环境，社会转型决定社会监管机制的转变、转换、转型。要了解、把握社会监管机制的转变、转换和转型，必须研究和探讨社会转型和由社会转型导致的国家管理和社会治理模式的转型。在处于社会经济、政治、文化全方位转型的中国，社会监管转型主要表现在下述八个方面：其一，监管主体的单一性向多元性转变、转换；其二，监管客体的偏经济性向偏社会性转变、转换；其三，监管方式的单向性向互动性转变、转换；其四，监管程序的封闭性、保密性向公开性、透明性转变、转换；其五，监管手段的偏强制性向偏柔性、偏激励性转变、转换；其六，监管标准的自由裁量性向裁量基准限制性转变、转换；其七，监管者责任的只对上负责性向主要对公众、对社会负责性转变、转换；其八，监管目的的重秩序性向重权利性转变、转换。

[关键词] 转型社会　监管　社会监管　规制

　　监管既是维护经济、社会秩序，保障经济和社会正常、有序发展的必要社会规制手段，也是保障人的生命、健康和财产安全以及维护国家和社会公共利益的必需的社会治理工具。监管，从主体角度而言，包括政府实施的监管和社会实施的监管以及被监管者实施的自我监管；从客体而言，包括对经济活动实施的监管和对社会活动实施的监管以及对生态环境活动实施的监管。本文研究的社会监管，主要指相对于经济性监管的社会性监管，也指相对于政府监管的公民社会监管。

一　社会监管的含义与社会监管机制转型的背景

20 世纪后期，随着改革开放的兴起和深入，中国社会开始近代以来的第三次重大转型，[①]这次社会转型，其广度和深度均超过前两次，不仅涉及政治、经济、文化，而且涉及人们的社会生活方式、社会治理方式，以及人与自然的关系和人对待自然的态度：以阶级斗争为纲向以经济建设为中心过渡、转型；计划经济向市场经济过渡、转型；集权政治向民主政治过渡、转型；人治向法治过渡、转型；以意识形态为本向以人为本过渡、转型；以注重 GDP 增长向注重尊重和保障人权，追求人的尊严、自由、幸福过渡、转型；由无视资源、无视环境的与天奋斗、与地奋斗向资源节约型、环境友好型的"两型社会"过渡、转型。这次中国社会转型是一个全方位的社会变革，而不是仅涉及社会表层和皮毛的变革，更不是对任何过去时代的回归或照抄照搬西方制度的"西化"，尽管这种转型有对中国传统文明的继承和对西方现代文明借鉴的一定成分。这次中国社会转型从开始到现在已历时三十多年，目前仍方兴未艾，也许还要经历二三十年。中国只有在全面完成经济体制改革、政治体制改革的任务和人们的观念发生相应转变后，一个新的相对稳定的社会形态才能形成，社会转型的基本任务才能告一个段落。

本文研究的主题是社会监管机制的转型。社会监管机制转型的大背景、大环境是整个社会的转型，直接背景和环境是国家管理和社会治理模式的转变、转换和转型。因此，不研究、不了解整个社会转型和由整个社会转型必然导致的国家管理和社会治理模式的转变、转换和转型，就不可能清晰了解和明确社会监管机制转变、转换和转型的深刻原因。当然，本文由于篇幅限制，不可能深入研究和探讨社会监管机制转型与国家管理和社会治理模式转型乃至整个社会转型的关系。本文研究的重点只是：在当下中国社会转型时期，在中国目前国家管理和社会治理模式正发生根本性变革的时期，我们的社会监管机制究竟发生了和将发生怎样的转变和转换。至于转变和转换的深刻原因，只能留待读者做进一步的思考和笔者在以后另撰写论文做进一步的剖析。

下面我们在对社会监管机制转型这一主题正式进行探讨之前，需要先对"监管"和"社会监管"这两个概念进行适当界定，以确定本文所研究问题的基本领域和范围。

《现代汉语词典》对"监管"的释义是"监视管理"、"监督管理"。②在人们的日常使用中,有人将"监管"等同于"管理",有人将"监管"等同于"监督",也有人将"监管"视为"行政干预"。③但更多的人还是在"监督管理"的意义上使用"监管"。近年来,许多学者研究"监管",则是将"监管"等同于国外的"管制"和"规制"(即英语中的"Regulation"一词),其含义似比"管理"较狭窄,比"监督"较宽泛。例如,周汉华教授所著《政府监管与行政法》④及马英娟教授所著《政府监管机构研究》,都是将"监管"界定为"管制"或"规制"。当然,作为"Regulation"的"监管",与我国传统的"管理"、"监督"和"监督管理"的区别不仅限于含义的宽窄,更在于理念和机制模式的不同。周汉华教授认为,我国传统"行政管理"与西方国家独立监管的最重要区别是,前者的基础是建立在下级服从上级,通过行政命令方式进行管理的上下级关系之上的科层制官僚体制,而后者的基础则是建立在依法独立监管,监管者只对法律负责,发生争议最终通过司法途径或其他第三方途径解决的法治化结构之上。⑤

本文研究的"监管",其含义相当于人们日常使用的"监督管理",内容侧重于"监督"而非"管理"。例如,一般行政管理中的人事管理、财物管理、机关内部事务管理即不属于"监管"的范畴。从应然的角度讲,我国"监管"的理念和机制模式(如相对独立性、从属法律性、专业性等)将循现代规制(Regulation)的方向发展,但在范围上不完全等同于美国等西方国家的所谓"第四种权力"的独立规制(管制)机构所实施的"Regulation",我国"监管"的内容侧重于监督和控制(Supervision and Control)而非"Regulation"中的制定规章(Rulemaking)和裁决纠纷(Adjudication)环节。"监管"是"Regulation"的内容之一,"Regulation"包含"监管"而不等于"监管"。⑥

所谓"社会监管",可以从两个不同的角度界定,具有两种不同的含义。一种含义是从监管主体角度界定,指由公民社会而非由政府实施的监管。这种"社会监管"是相对于"政府监管"而言。另一种含义是从监管内容角度界定,指监管主体对社会事务(涉及安全与健康、环境、生态保护、网络信息交流、消费者保护等事务)的监管而非对经济事务(涉及保护公平竞争、反垄断、市场准入与金融、价格控制等事务)的监管。这种"社会监管"是相对于"经济监管"而言。⑦本文所研究的"社会监管",主要是第二种含义的"社会监管",即相对于"经济监管"的"社会监管"。但是,从转型社会监管发展的趋势看,研究第一种含义的"社会监管"亦非常重要,所以,本文在重点研究政府主体实施的"社会监管"的同时,也会对非政府主体实施的"社会监管"予以较多的关注。

二 社会监管主体和客体的转型

(一)监管主体的单一性向多元性转变、转换

长期以来,人们一直认为,监管是政府的事,是行政机关的事,与社会无关。大量研究监管、规制、管制的专著或行政法教科书所研究的监管主体基本都是如美国、英国、法国一类国家的独立管制机构(Independent Regulatory Agencies),⑧或日本一类国家的从属于政府部门、但对政府有一定独立性的行政委员会,⑨或者如我国的完全从属于政府的行政部门及政府直属机构或政府直属事业单位(如证监会、银监会、保监会等)。⑩然而,在现代社会中,监管除了政府监管以外,还存在着广泛的非政府监管,即公民社会的监管。"一般意义上的监管普遍存在于各类社会组织之中,其涵盖面极广。(1)就监管主体而言,一般意义上的监管的主体既可以是个人,也可以是政府,还可以是企业及其他一切非政府组织。……如行业协会依照行业协会规章对其成员进行的监管……(2)就监管范围来看,非政府监管的范围限于该组织成员属于该组织内的活动以及相关联的个人与非政府组织属于该组织内的活动……(3)就监管依据而言,监管依据既可以是国家的法律,也可以是社会规范……""一般来讲,市场经济需要一个多层次的监管体系。政府监管与行业协会等社会中介组织、企业自我监管等非政府监管是相互配合、相互补充的关系,充分发挥非政府监管的作用将在很大程度上减轻政府负担,促进政府有效监管的实现,而且伴随着市场竞争程度和社会自治程度的逐步提高,行业协会及其他社会中介组织的监管会日益重要,在竞争对手的压力下企业自我监管也会占据越来越重要的地位。"⑪

从目前许多发达国家的监管实践看,监管主体的单一性向多元性转变、转换是一种明显的趋势。在多元监管中,行业协会及其他社会中介组织的监管以及企业自我监管是最主要的形式。英国著名学者哈洛指出,"自我规制是一种在法律和行政中具有当代重要性的现象。……与政府规制相比,自我规制顾及到了更大程度的自由或者自治。……今天,自我规制是最主要的控制手段,涉及的活动领域很广,包括新闻、广告和其他数量繁多的

专业工作"。⑫

就我国目前的情况而言，社会监管或社会性监管存在的问题很多，特别是在食品药品安全、生产安全、生态环境保护、网络虚拟社会秩序等领域，由于监管不到位、监管主体不作为、监管职能虚置等原因，大量侵犯消费者生命、财产权益，损害国家、社会公共利益和公民名誉权、荣誉权、隐私权的案件发生。近年来，我国各级政府针对这些多发、频发的问题，在监管方面采取了一些强化的措施，取得了一定成效，但问题的严重性和甚而继续恶化的趋势并没有得到根本遏制和改观。这一方面是因为政府监管没有因应社会转型而进行根本性的变革、创新，另一方面则是因为监管主体的单一性没有因应社会转型而向多元性转变、转换，没有重视发展和推进各种行业协会、自治组织的监管和企业的自我监管。非政府监管虽然不能采取法律仅授予行政机关采取的强制和制裁措施，但是它们可以通过运用各种软法手段，给被监管对象施加各种经济的、舆论的和其他有形、无形的制约、压力，迫使监管对象遵守保障消费者健康、安全，保护生态环境，保护国家、社会公共利益的规则、标准。这些非政府组织采取的监管措施，虽然不及政府监管措施强硬，但在很多时候可能更为有效。如社会信用评级组织通过对企业信用和企业产品、服务的质量定期评级、发布，行业协会对所属成员执业情况的检查和遵守协会章程、规则信息的公布，消费者组织号召消费者对制造、销售假冒伪劣产品企业的产品的抵制，环保组织发起对破坏生态环境的企业的抗议，等等，都可能起到政府监管难以起到的作用。⑬在转型社会，各种社会矛盾、问题和违规现象不可避免地多发、频发，因应这种情况，社会监管必须转型：由单一主体的政府监管向多元主体的公民社会监管转型。

（二）监管客体的偏经济性向偏社会性转变、转换

西方国家的管制（规制）制度最早起始于"市场失灵"的经济危机，故其管制（规制）的性质和客体主要是经济性的，美国罗斯福时代的"新政"即是以一系列的经济性管制（规制）措施为基本内容。之后，反垄断和价格管制（规制）成为管制（规制）的主要目标和基本任务。"经济学理论认为，当一个产业处于'完全竞争'状态时，分配效率最大，社会资源被充分有效地使用。'完全竞争'存在于'当供应同类商品的生产者其数量很大，而每一个生产者所占有的市场份额又是很小，以至于没有任何一个生产者有能力通过改变产出来影响商品的价格'。"而"与完全竞争相对的另一个极端是完全垄断。……竞争的缺乏将会打击企业追求成本最小化的积极性，从而导致生产的无效率"。⑭"政府管制由任何旨在解决开放自由市场缺陷的行为构成。政府管制尤其关心保护商业免于无情的、你死我活的竞争，阻止垄断的出现，保护消费者不被敲竹杠（尤其是由生产者和销售者定价的商品），也保护商业免于不安全产品和不公平的非法的商业手段。"⑮"政府对企业的价格和利润进行规制，其最传统、最持久的理论根据就是'自然垄断'的存在。"⑯

随着工业化、城市化的发展，导致"市场失灵"的另两大市场缺陷——"信息不对称"和"外部性"问题——愈趋严重，引发出一系列虽与经济有关，但远超出经济范围的社会问题，如产品质量和食品药品安全事故频发、生态破坏和环境污染严重、网络黑客攻击等，从而，社会性监管的重要性愈发显现出来。美国联邦最高法院法官斯蒂芬·布雷耶在分析现代政府规制的必要性的理论时提出了七大根据。在这七大根据中，有五大根据涉及社会性规制。这七大根据分别是：其一，控制垄断，在合理的公共利益限度内保持物价稳定和"天然垄断者"适当利润，以取得"分配效率"。其二，防止"横财式利润"。横财式利润"数量很大且不能反映出生产者的特定才能和技巧，……管制的目标就是把这些非应得的横财式利润从稀缺资源生产者和所有者转移到消费者和纳税人手中"。其三，控制"过高的成本"。"过高的成本是社会真正的、额外的代价（例如，空气和水污染）。这些成本至今公司还没有承担而是强加给了社会。"其四，保障信息披露，解决信息不对称问题。"公众需要信息有助于他们评估竞争市场中不同的服务和产品；信息的公布有助于市场保持竞争力，并产生更多的理智的消费行为，同时又反过来压低物价；信息的披露对于防止销售商故意误导消费者特别有用。"其五，预防过度竞争导致的破坏。"在某种条件下，为公共利益来保护特定公司免于过度竞争以便社会需求的商业不破产。……如果规制者认为日益增加的竞争确实给现存的公司以及消费者带来不必要的麻烦，那么这使得规制行为就要禁止新的竞争者进入市场（当然，对于这种情形，如果能通过非规制手段解决得更好的话，则不应适用规制）。"其六，防止"道德危机"的发生，控制买主不负责任地购买物品和服务。例如，"狂升的医疗费用很大程度上是因为医疗服务不负责任和服务的滥用。因为人们认为政府越来越有义务支付医疗费用，这给政府增加了财政负担：如果人们认识到医疗费用已经占国民生产总值的太大部分，并且也认识到'道德危机'阻碍了对个人资源需求的监督，人们即会拥护规制"。其七，刺激工业结构的合理化。通过监督和协调，"如果政府能总体上控制工业领域发展，公众将获利。政府干预能导致合理的合作计划产生与发展，这就当然地提高了效率并降低了成本"。⑰

布雷耶提出的上述七大规制的根据，同时也都是监管的根据。这些规制或监管根据，除了第一项和第七项主要涉及的是经济性规制或经济性监管外，其他五项主要涉及的均是社会性规制或社会性监管。我国目前正处在社会转型的中期阶段，经济性监管（如银监会、证监会、保监会实施的监管和反垄断、反不正当竞争机构实施的监管）虽然仍具有重要地位，但社会性监管的意义越来越重要，如前述七项规制中第二项的控制超高利润、超高收入，缩小穷富差别，第三项的减少负外部性，防止污染，保护环境，第四项的促进信息公开，维护消费者权益，第五项的避免过度竞争导致公用事业企业破产，保障消费者必须的公共物品供给，第六项的防止"道德危机"，避免过高的社会保险、社会福利需求给公共财政带来难以承受的负担，损害经济发展等，都应该成为我们当前社会监管的重点内容。特别是食品药品安全和环境生态保护，更应该成为我们当前社会监管的重中之重。如果我们不重视这些领域的监管，不尽快改变目前在这些领域监管不力的局面，我国当前日益增多的社会矛盾就难以得到缓解，改革、发展的势头就难以继续，社会转型的任务就难以完成。从这个意义上，我们可以说，不实现社会监管的转型，就难以实现整个社会的转型。社会监管转型是整个社会转型的条件之一。当然，整个社会的转型也必然引发和促进社会监管的转型。

三　社会监管方式、程序、手段和标准的转型

（一）监管方式的单向性向互动性转变、转换

传统的政府监管方式完全是或基本是单向性的：监管主体向监管对象发号施令，监管对象的义务、责任只是服从。监管主体无须就向监管对象所发所施的号令征求监管对象的意见，与之讨论、协商，乃至讨价还价，达成互让互谅的妥协协定。监管主体对监管对象进行监督检查，监管对象的义务、责任只是配合、协助。监管主体无须就监督检查的必要性、范围、内容、方式、期限等事项听取监管对象的意见、建议，监管对象无权就这些事项与监管主体讨论、协商。监管主体对监管对象采取行政强制，实施

行政处罚，无须向监管对象告知强制、处罚的根据和说明理由，听取申辩，监管对象无权要求监管主体对强制、处罚的合法性、适当性进行说明、解释，对监管对象的异议、辩解、疑惑予以答复、阐释等。

20 世纪中期以后，这种传统的单向性的政府监管方式开始逐步转变。"对于行政行为这样单方地确定市民的权利义务的手法，人们提出了各种批评的观点……为了使行政行为亦能适合现代行政的需要，人们正不断改变着其功能……行政机关在决定作出行政行为之前，经常在行政与私人之间进行意见的交换。"这种同私人进行协商做出的行政行为，在德国称为"基于协商的行政行为"（der ausgehandelte）。例如，德国《公害规制法》规定，监管主体与具有多个排污设施的企业协商，"如果其拥有的全部设施的排污总量控制在排污规制的数值范围之内，那么，可以允许其个别设施的排污量超出规定的数值。……借助这样的手法，行政机关可以督促私人先从经济上易于着手处理的设施开始，改善其排污状况"。在德国，"行政机关与私人之间进行协商的过程中被作为交易材料的，不仅包括行政行为这样的个别措施，还包括法规命令这样的行政立法"。[18]

在我国，随着《行政处罚法》、《行政许可法》、《行政强制法》等行政基本法律的制定实施，包括行政监管在内的行政行为方式也开始从单向性向互动性转化。例如，行政主体向行政相对人发布行为规则、准则，事先需要征求行政相对人的意见，与之进行一定的讨论、协商。行政主体对行政相对人进行监督检查，如非特别需要外，应就监督检查的必要性、范围、内容、方式、期限等事项听取相对人的意见、建议，对于相对人合理的意见、建议，行政主体应当采纳。行政主体对行政相对人采取行政强制，实施行政处罚，必须向行政相对人告知强制、处罚的根据和说明理由，听取其陈述、申辩，相对人有权要求行政主体对强制、处罚的合法性、适当性进行说明、解释，并可申请行政主体对法定强制、处罚行为举行听证，与行政主体进行对质、辩论，相对人提出的异议、申辩及相应证据成立的，行政主体应当采纳。[19]当然，这些例子只是我国整个行政行为方式发展呈现的一个总的趋势，有些还仅只是法律、法规的规定，尚未完全付诸实践。在社会监管方面，我国监管主体在行为方式上由单向性向互动性的转变、转换还远没有完成，一些地方、一些部门现在实施的基本监管模式仍然是传统的单方命令—服从式的行政模式，这方面的转型还处在进行时而非完成时，改革、发展的任务还相当艰巨。

2004 年，国务院曾发布《全面推进依法行政实施纲要》，要求"行政机关实施行政管理，除涉及国家秘密和依法受到保护的商业秘密、个人隐私外，应当公开，注意听取公民、法人和其他组织的意见；要严格遵循法定程序，依法保障行政管理相对人、利害关系人的知情权、参与权和救济权"。根据《纲要》的这一要求，监管机关实施监管，应该与相对人互动，与之讨论、协商，以找到既能达致最佳法律效果，又能达致最佳社会效果和经济效果，且能得到有效实施的监管方案。这种互动式监管对于当前解决环境污染、小产权房、非法集资等处理难度大，处理不好可能引发群体性事件或其他社会问题的事项的监管尤具重要意义。解决这些问题的方案显然都不是唯一的，如何在众多方案中找出最佳或较佳方案，必须与行政相对人讨论、协商，甚至讨价还价。

（二）监管程序的封闭性、保密性向公开性、透明性转变、转换

传统行政以封闭性和保密性为基本特征，中外皆然。

行政不同于立法和司法，不可能每一事项、每个行为、每道程序都全方位公开。一定事项、一定行为、一定程序在一定时空的保密对于行政是必须的。否则，某些领域（如国防、外交、调查、追究违法犯罪、突发事件应对等）的行政可能无法运作和有效进行，国家安全和社会经济秩序从而会无法保障。但是，行政的封闭性和保密性，特别是超过必要限度的封闭性和保密性，又是有着极大的弊害的：行政暗箱操作，可能为腐败、滥权提供机会；行政行为的根据、条件、标准、程序不公开，行政相对人知情权被剥夺，对强大的行政权无以对抗，其合法权益即难以保障；另外，政府信息不公开，公民难以监督政府，政府行为的错误、失误即难以发现和纠正，从而可能导致国家和人民利益的不可挽回的重大损失。

像我们中国这样一类东方国家，有着"民可使由之，不可使知之"的传统官治文化，历史上行政的封闭性和保密性就较西方国家尤甚。即使是在中华人民共和国建立以后，我们的政府仍奉行"保密是原则，是铁的纪律，公开是例外，是严加限制的政策"的理念。1951 年，我国就制定了《保密条例》，1988 年又制定了《保密法》，但直至 2007 年，我才制定《公开条例》，至今尚未制定《公开法》。[20]

自 20 世纪中期以后，随着世界民主化、信息化浪潮的兴起，许多国家和地区的行政开始从封闭性和保密性向公开性、透明性转变、转换。1967 年，美国首先制定了《信息自由法》，之后又于 1976 年制定了《阳光下的

政府法》，确定了"公开是原则，保密是例外"的现代行政模式，此后，世界上有七十多个国家和地区仿效，通过立法转换行政模式：从行政的封闭性和保密性向公开性、透明性转变、转换，尽管行政相对于立法和司法，其公开和透明度仍然相对要小些，其封闭和保密度仍然相对要大些，但现代行政向公开透明发展的世界性趋势已经显现。

　　一般认为，在各种行政行为中，监管行为的封闭性、保密性似乎要大于其他行政行为（如行政决策行为、行政规章和行政规范性文件制定行为、行政征收、征用行为、行政裁决行为等），监管行为的公开性、透明性的要求似乎要低于其他行政行为。因为监管过程涉及对监管对象的调查，对监管对象违法行为的收集、认定、核实，监管程序和监管过程的公开，可能导致监管对象转移、隐藏、毁灭证据，或导致监管对象相互串通，制造假证，或威胁、收买证人做假证等。但是，也有学者认为，监管行为的这种封闭性、保密性的需要只存在于监管的某些过程、环节，整个监管行为还是需要公开、透明的。公开性和透明性"是现代民主国家对监管程序的基本要求。与传统行政机关不同，监管机构承担模拟竞争市场的职能，监管过程的透明、公开是实现公正、可信监管的前提，所以对监管程序有着更高的透明度要求。OECD[①]曾指出，一种富有开放性的监管文化是良好监管的特质，封闭式的政府监管模式往往导致低效与腐败，而开放和透明能够保持监管的健康与活力。透明性原则要求监管机构必须公布所有由监管机构产生、获得或控制的信息。通过对监管信息的公开，不仅可以保证监管机构的监管行为随时受到公众的监督，减少腐败现象，而且能够为公众提供稳定的行为预期，减少监管成本和社会成本"。[②]

　　由此可见，公开、透明是现代行政的要求和特质，社会监管程序由封闭性、保密性向公开性、透明性转变、转换是监管转型的必然趋势。在我国，自《政府信息公开条例》实施以后，社会监管程序的公开透明取得了重大进展，但是一些地方和部门在监管标准、监管过程和监管结果的公开方面还存在很多欠缺，例如，不公开监管标准，就同一事项对不同相对人实施不同的标准；不公开监管过程，通过非法手段（如钓鱼执法）调查取证；不公开监管结果，为其监管行为寻租和保护"关系户"与"特殊监管对象"留下空间和机会。因此，进一步推进社会监管的公开透明仍然是我国监管机制改革的重要任务。

（三）监管手段的偏强制性向偏柔性、偏激励性转变、转换

传统的监管手段包括审批、许可、调查、检查、检验、鉴定、查封、扣押、扣留、调阅账册和记录、采取即时强制措施、给予行政处罚和其他制裁、实施强制执行等。"这种传统的确保行政实效性的手段，有直接确保义务履行的行政强制手段和作为间接强制的行政处罚手段。但是，最近，拒绝提供电、水（断电、断水）等手段或者依据法令课以课征金、加算金成为新的义务履行确保手段。另外，虽然没有相关的一般法的根据，但在大多数情况下，公布行政义务违反者的名单是为了确保义务履行的目的。行政行为的撤销、撤回（如撤销、撤回许可证照）也是传统瑕疵论的一部分，或者说是与之相关的问题，这些法制也具有行政上的义务履行确保手段的意义。另外，拒绝授益性行政行为（如拒绝许可、拒绝税收减免申请）也具有相同的意义。"[23]

考察我国和外国行政监管中运用的各种传统监管手段，[24]其最基本的特征是强制性。但是，随着现代社会民主化的发展和人们（包括监管对象）权利意识的普遍提高，加之强制性监管手段运用过多往往产生许多负面作用，故各种偏柔性的监管手段，如行政指导、行政协商、行政契约、信息披露、经济工具、自我规制等，应运而生，补充强制性监管手段的不足，或在一定范围、一定领域替代强制性监管手段。英国有学者提出"迈向'理性的'社会性规制"的主张："提倡优先适用目标标准（由企业自行设计能达成规制目标的成本最低的方式）以及其他更优的规制形式，包括自愿性的行为守则，自我规制以及经济工具。"[25]

所谓"经济工具"，是指"通过财政激励而非法律强制来鼓励某些行为。这种激励既可以是消极的（行为的作出不受法律的限制，但如果行为人选择一种法律不鼓励的方式则需支付一定的费用），也可以是积极的（如果企业选择法律所鼓励的方式行为，则将获得一定的补贴）。"[26]"经济工具"主要包括下述三种形式：（一）征收税费。"为了纠正外部性产生的资源错误配置，征收的总量应当相当于企业或私人给他人造成的边际损失。因为由行为人来承担外部成本，所以，如果该行为发生在竞争性市场中的话，这应当能确保生产和消费的分配效率。"（二）提供补贴。"补贴的作用刚好与税费相反：向企业或私人支付一定金钱，以减少法律禁止的行为。……如果支付的数额反映了消除外部性的边际成本时，就能够保证有效率的配置。"（三）排污权交易。"公共机构根据其对最佳周边环境质量的观察，对气域

和水域的排污量设定绝对限度，并且通过拍卖程序来转让污染排放总额度，并由出价最高者得。一旦企业获得了排污额度，这一权利可在企业间相互交易，如此，最终这些排污额度即由最能发挥其价值的企业获得。因为他们此时达到了减少污染的最高成本，分配效率也将实现。由于成本更低的减污企业，将会发现减少污染比获得排污权的成本更低。"[27]

我国目前由于尚处于转型社会的中期阶段，偏强制性的监管手段不可避免地还会使用较多，但偏柔性的监管手段也开始越来越受到重视，许多监管机构开始有意识地在实践中探索和适用偏柔性的监管手段，[28]有关法律、法规也越来越多地以立法形式将实践中适用较广泛，并证明实际有效的各种偏柔性的、激励性的监管手段加以规定和推广。例如，《清洁生产促进法》即规定，政府通过财政税收政策、产业政策、技术开发和推广政策，促进清洁生产；通过政府财政安排专项资金，支持技术进步和技术改造项目，并以协定形式促使企业自愿削减污染物排放；通过减免增值税，鼓励企业利用废物生产和从废物中回收原料等。[29]近年来，我国像《清洁生产促进法》这样的法律越来越多，国家直接通过立法推进政府监管手段从偏强制性向偏柔性、偏激励性转变、转化。

（四）监管标准的自由裁量性向裁量基准限制性转变、转换

监管行政行为像其他行政行为一样，行政主体享有广泛的裁量权。在社会监管中，监管主体这种裁量权对于监管的顺利、有效实施以及保证实质正义的实现都是必要的和不可缺少的。美国学者戴维斯曾经指出："为什么裁量在这么大的程度上主导着行政正义而没有规则甚至标准的指引呢？答案有三：（1）许多应当受规则支配或指引的裁量而现在没有规则；（2）许多裁量正义之所以没有规则是因为没有人知道如何制定规则；（3）许多裁量正义之所以没有规则是因为裁量比可能制定规则更可取，与明确的规则得出的结果相比，个别化的正义往往更优，或被认为更优。"[30]

对于行政裁量的必要性和合理性，笔者曾经在一篇文章中从四个方面进行过论证。其一，这种必要性和合理性是基于行政管理事务的无限性与法律的有限性的矛盾。行政机关每天要处理大量的有关国家经济、社会、文化等广泛的事务，法律不可能事前对这些事项完全加以明确、具体的规定，不可能事前对之都给出准确界限和确切的行为规范，故需要执法者不断适应新情况、新变化而决定行为路径和行为方式。其二，这种必要性和合理性是基于行政管理事务的专业性与立法者的非专业性的矛盾。在现代

社会，行政管理所涉事项往往具有很强的专业性和技术性。而作为立法者的议会议员、人民代表，往往缺乏专门知识，甚至是外行，故他们就相应事项立法时，只能规定一般原则，具体细则不得不留给对相应行政事项通常具有专门知识、专门经验和专门技能的行政机关及其工作人员裁量处置。其三，这种必要性和合理性是基于政治、政策需要相对灵活性和法律需要相对稳定性的矛盾。行政与政治、政策密切联系。而法治则要求行政必须严格依法，不允许违法行政。为协调法治与政治二者的关系，使之不发生冲突，立法者制定法律时自然要给行政留下一定裁量空间，使执法者执法能适当融入政策的考量。其四，这种必要性和合理性是基于形式正义要求公平性与实质正义要求公正性的矛盾。立法只能针对不特定的人而制定，对任何人平等对待，一视同仁。但现实生活是千差万别的，处在同样法律关系中的人，实施同样法律行为的人的情况是千差万别的，法律不可能针对千差万别的情况做出千差万别的规定。对此，立法者不得不基于现实生活的千差万别，在确定规则时留下弹性空间，赋予执法者以"不同情况，不同对待"的较广泛的裁量空间，以保证实质正义。㉛

就社会监管而言，基于上述四项理由，立法者在为监管主体确定监管标准方面，必然为监管主体留下较大的裁量空间。然而，"裁量之运用既可能是仁行，亦可能是暴政，既有正义，亦有非正义，既可能是通情达理，亦可能是任意专断"。㉜因此，要保证监管裁量标准的正确适用，以之实现正义，防止监管主体滥用裁量权，任意专断，以之施暴政，就必须对监管裁量权加以法律控制。在现代社会，人们创设了各种各样的控制裁量权的方法、途径。笔者曾经在一篇文章中列举了六种方法和途径，㉝其中之一即是通过制定"裁量基准"控制裁量权。所谓"裁量基准"，是指行政机关专门为规范行政执法裁量制定的具体判断、裁量标准，通常是对法律、法规原则性、抽象性、弹性条款或裁量幅度过大的条款具体化、细化和量化。裁量基准不是法律，在一般情况下，执法者必须遵循裁量基准，但出现特殊情形，执法者可不遵循，而应在法律赋予的裁量权大范围内做出行政行为，但执法者对此应在法律文书中说明理由。由此可见，在现代社会，监管标准的裁量空间虽然仍然存在，但它必须受裁量基准对之设定的相应限制。

近年来，我国许多地方和部门的行政监管机关制定了大量的执法裁量基准，如治安管理执法裁量基准、交通执法裁量基准、工商执法裁量基准、食品安全执法裁量基准、环境保护执法裁量基准等，这些执法裁量基准的制定和实施，对于防止行政监管的恣意、滥权，保障监管的准确性和公正性，起了极为重要的作用。

四 社会监管者责任与监管目的的转型

（一）监管者责任的只对上负责性向主要对公众、对社会负责性转变、转换

传统监管的一个重要特征是科层官僚体制：上级领导下级，下级服从上级，监管机关和监管人员与所有其他政府机关和政府工作人员一样，只对上负责而不对人民代表机关、公众和社会负责。[38]监管出现问题（如失职、渎职等）或因监管出现的问题而引发事故、灾难（如食品安全事故、环境污染事故、矿难等），问责主体只是其上级机关，而不是人民代表机关、公众和社会。上级机关因种种原因，问责的随意性往往很大。在很多时候，上级机关会袒护相应下级责任机关和责任人员，大事化小，小事化了，或者为掩人耳目，在事件的"风头"上，对责任者严格追责，如撤职、免职等，待"风头"一过，就让责任者官复原职，甚至让责任者官位不降反升或明降暗升。当然，上级机关及其领导人出于某种原因（如舆论声浪太高，不严格追责会威胁到追责者本身官位，或者追责者早就对相应责任人反感，想找机会给予惩治等），也会严惩相应下级责任机关和责任人员，对之严格追责。很显然，这种问责制不仅对问责对象不公平，对非问责对象的其他所有监管者也很难起到真正的警示作用，促使所有监管者都认真积极履责，依法监管，不滥权，不懈怠。

传统监管负责制和问责制的弊端，随着人们民主意识和权利意识的提高，越来越为人们所认识。行政监管机关是政府的组成部门，而政府是由人民代表机关产生的，首先应接受人民代表机关的监督，向人民代表机关负责。在国外，政府和政府部门因失职渎职导致重大事故、灾难的发生，往往首先是议会对之问责，通过质询或听证查明政府和政府部门及其负责人的责任，然后迫使相应负责人引咎辞职，或启动罢免、弹劾程序，直接追究政府、政府部门及其负责人的责任。在我国，近年来各级人大，特别是一些地方人大，也逐渐开始运用宪法、组织法和人大代表法规定的询问权、质询权和特定问题的调查权，对政府及其监管机关进行监督、问责。当然，目前我国人大和人大代表行使询问、质询和特定问题调查权的情况还很少，很不普遍，但是，人大和人大代表作为重要问责主体进行问责的

趋势已经显现。

对于政府监管失职、渎职的问责，其问责主体除了人民代表机关和监管机关的上级机关以外，随着民主化和信息化时代的到来，公民和公民社会越来越多地开始直接监督监管者，成为社会监管主体，监管者在一定程度上要直接向公民和公民社会负责，公民和公民社会开始通过一定的途径和形式直接或间接对监管者问责。美国行政伦理学教授特里·L.库珀指出："公共行政人员作为一种代理人角色，包括了复杂的责任内容，即对多种委托人负责，这些委托人包括组织的上级、政府官员、职业性协会和公民。"㉟

公民和公民社会直接监督监管者，监管者在一定程度上直接向公民和公民社会负责，公民和公民社会通过一定的途径和形式对监管者问责的监管责任模式之所以能实际运作，这在很大程度上应归功于20世纪末开始蓬勃兴起的互联网的作用。无论是在国外，还是我国，正是由于互联网的神奇功能，传统监管，乃至整个传统行政才真正全面开始从只对上负责转变、转换成不仅要对上负责，而且要直接对行政相对人，对公民和公民社会负责。正是现代互联网为行政相对人、公民和公民社会直接参与对监管者及所属政府的监督提供了强有力的技术支撑。

（二）监管目的的重秩序性向重权利性转变、转换

有一首流行歌的歌词中有这样一句话："我不知道你是谁，但我知道你为了谁。"传统监管之所以必须改革，转换机制，转换模式，其最重要的症结在于，监管者没有搞清楚自己是谁，自己监管是为了谁，为了什么。或者更准确地说，他们把"监管是为了谁，为了什么"的答案给搞错了，把监管的目的、方向、目标、宗旨给界定错了，对监管定错了位。传统监管者将其监管目的界定为主要是维护和保障经济社会秩序。他们视维护和保障经济社会秩序为其第一位的追求、第一位的责任，而对监管对象及其他公民的人权保障，对监管对象及其他公民的人格尊严的尊重，则被他们视为第二位的追求、第二位的责任。甚至监管对象和所有公民的权利、尊严、福祉在他们心目中连第二位的位置都排不上：监管者完全是为监管而监管，为秩序而秩序。

毛泽东曾经说过，"世间一切事物中，人是第一个可宝贵的"。㊱"我们这个队伍完全是为着解放人民的，是彻底地为人民的利益工作的。"㊲毛泽东的这些话无疑是非常正确的，我们的党和政府过去在很多时候也是这样做的。但是我们在执政以后，有一些时候，一些场合，我们却忘了这些话，

不是为了人，不是为了人民利益，不是以人为本，而是为阶级斗争而阶级斗争，以阶级斗争为纲；为 GDP 而 GDP，以 GDP 为中心，为稳定而稳定，以稳定压倒一切。在进行监管时，我们的监管者不是为人民的利益，为人民的安全、健康而监管，而是单纯为追求秩序、稳定而监管，单纯为保发展、保增长而监管。为秩序、稳定、发展、增长进行监管，可以不惜牺牲被监管者的人权，可以不惜牺牲法治。诚然，政府公职人员承担着法律赋予的监管职责，在监管中，努力保障秩序和稳定，保障经济发展，保障一定时期、一定地区中心任务的完成，是义不容辞的。作为政府监管人员，当然有义务和责任去完成政府和上级主管部门交付给自己的监管任务，维护好社会经济秩序，保稳定，保发展，保增长。但是，我们同时一定要记住，我们是人民的公仆，维护秩序和稳定，保障经济发展，保障 GDP 的增长，保障一时一地某种中心任务的完成，其最终目的是为了人，为了实现人的权利、人的尊严和人的福祉，而不是为秩序而秩序，为发展而发展。如果秩序、稳定的维护，经济的发展，GDP 的增长，一时一地某种中心任务的完成与人的权利、人的尊严和人的福祉相矛盾、相冲突，则前者必须服从后者。

现代监管与传统监管的根本区别即在于为谁监管，为什么监管。所谓"监管转型"，最关键的即应该是监管目的的转型：使监管模式由过去的只注重秩序维护和保稳定、保发展、保增长的模式向现代民主法治社会要求的既注重秩序维护和保稳定、保发展、保增长，也注重且更注重人权保障和人格尊严，以人为本的模式转变、转换。目前，在我国监管机制改革的顶层设计及具体实施中，我们已经看到了这种转变、转换的趋势，不过，这一趋势要得以保持、发展，并形成未来社会监管的全新模式，还需要我们经过长时期艰苦不懈的努力。

前不久，中国共产党第十八次全国代表大会在北京召开，胡锦涛在十八大报告中指出，要加强和创新社会管理。所谓"社会管理"，当然包括社会监管；所谓"创新"，自然也意味着转型：社会监管内容和形式、实体和程序、目的和手段、体制和机制的全方位创新，自然构成社会监管机制的转型。我们完全可以预期，十八大以后，我国社会监管机制的转型将会加速和进一步深化。毫无疑义，一个既体现世界发展潮流，又体现中国特色的全新的社会监管机制将逐步在中国社会整体转型的过程中形成，而这个全新的社会监管机制反过来又将推进中国社会整体的进一步转型。

①笔者认为，中国社会近代以来发生了三次重大转型：第一次是 1840 年到 1937 年，中国因外国列强的入侵，由封闭的封建社会向半殖民地半封建社会转型；第二次是 1949 年到 1956 年，中国因中国共产党领导人民推翻"三座大山"，由旧民主主义社会向新民主主义社会再向高度集权的计划经济的社会主义转型；第三次是 1978 年至现在，中国因改革开放，由高度集权的计划经济的社会主义向民主法治的市场经济的社会主义转型。

②《现代汉语词典》（第 5 版），北京：商务印书馆，2005，第 663 页。

③⑪⑫马英娟：《政府监管机构研究》，北京：北京大学出版社，2007，第 18 ~ 20、20、25、258 页。

④⑩周汉华：《政府监管与行政法》，北京：北京大学出版社，2007，第 7 ~ 33 页。

⑤周汉华：《政府监管与行政法》，第 11 页。关于现代监管与传统行政管理的区别，周汉华认为，除了制度基础不同之外，现代监管还有下述五项特色：（一）监管机构的组织、职权由法律确定，未经法律修改，不得随意变更。监管机构工作人员其负责人享有任职保障，非有法定事由不得免职、调动、降职、降薪或降低其他待遇。与之相适应，监管机构工作人员则不得从事任何与其任职行为有利害冲突的活动。（二）监管机构依法独立行使制定规则、执行规则与裁决争议的权力，不受任何组织与个人的干预。（三）监管机构应遵循法定程序行使权力，实行行政公开与公众参与的原则。（四）监管机构的活动经费由财政预算或监管收费加以保障，不得被随意扣减。（五）监管机构的具体行政决定可受司法审查，其监管行为受国家权力机关、行政机关的法定监督和公众的社会监督，监管行为违法造成损害应承担赔偿责任（第 12 ~ 13 页）。

⑥我国政府监管包括专门监管机构（如银监会、证监会、保监会）实施的监管和政府部门（如工商、质监、环保、食品药品监管部门）实施的监管。我国的政府监管机构不完全同于美国的独立规制（管制）机构（independent regulatory commission），后者同时行使立法、行政、司法三权，被称为"第四部门"或"第四种权力"。我国政府监管机构虽有一定的行政立法权和行政司法权，但基本职能是通过检查、调查、实施行政强制和行政处罚等手段行使行政执法权，其执法—监管遵循的规则主要由立法机关制定，其执法—监管中产生的纠纷主要由人民法院裁决。

⑦研究规制（Regulation）的学者通常都将"规制"分为"经济性规制"和"社会性规制"两种："经济性规制"主要关注政府在约束企业定价、进入与退出等方面的作用，重点针对具有自然垄断、信息不对称等特征的行业；"社会性规制"是以确保居民生命健康安全、防止公害和保护环境为目的所进行的规制，主要针对与解决经济活动中发生的"外部性"问题。参阅〔英〕安东尼·奥格斯《规制：法律形式与经济学理论》，骆梅英译，北京：中国人民大学出版社，2008，第 5 ~ 6 页。

⑧参看〔美〕肯尼斯·F. 沃伦《政治体制中的行政法》，王丛虎等译，北京：中国人民大学出版社，2005，第 30～32 页；〔英〕卡罗尔·哈洛等：《法律与行政》，杨伟东等译，北京：商务印书馆，2004，第 580～590 页；〔法〕让·里韦罗等：《法国行政法》，鲁仁译，北京：商务印书馆，2008，第 89～92 页。

⑨参看〔日〕室井力主编《日本现代行政法》，吴微译，北京：中国政法大学出版社，1995，第 296～297 页。

⑫⑯〔英〕卡罗尔·哈洛等：《法律与行政》，第 638～640、559 页。

⑬针对我国食品安全方面不断发生的恶性事件，如毒奶粉、瘦肉精、地沟油等，加强行业协会（如奶粉协会、生猪养殖屠宰协会、食用油协会）的监管非常重要。因为协会每一个成员企业产品的质量、安全关系到协会全体成员企业产品的市场信用，从而关系到协会全体成员企业的生存。故协会对协会成员的监督和协会成员的相互监督的主动性、积极性要比政府部门及其工作人员的监督主动性、积极性大得多。现在的问题是大多数食品生产和销售的行业没有建立协会，少数行业建立了协会则没有通过有效的机制使之真正发挥作用。

⑭㉕㉖㉗〔英〕安东尼·奥格斯：《规制：法律形式与经济学理论》，第 22～23、344～346、248、249～253 页。

⑮⑰〔美〕肯尼斯·F. 沃伦：《政治体制中的行政法》，第 128、131～134 页。

⑱〔日〕大桥洋一：《行政法学的结构性变革》，吕艳滨译，北京：中国人民大学出版社，2008，第 6～14 页。

⑲参见《中华人民共和国行政处罚法》第 6、31、32、42 条；《中华人民共和国行政许可法》第 7、36、46、47 条；《中华人民共和国行政强制法》第 8、18、36、42、51 条。

⑳《保密条例》是指《保守国家机密暂行条例》，《保密法》指《中华人民共和国保守国家秘密法》，《公开条例》指《中华人民共和国政府信息公开条例》。

㉑OECD 是"经济合作与发展组织"（Organisation for Economic Co-operation and Development）的英文缩写。

㉓〔韩〕金东熙：《行政法》，赵峰译，北京：中国人民大学出版社，2008，第 317 页。

㉔如上述韩国学者介绍的韩国行政监管中运用的各种手段：行政强制、行政处罚、断电、断水、课征金、加算金、撤销、撤回许可证照、拒绝许可、拒绝税收减免申请等。

㉘参见马英娟《政府监管机构研究》第三章第三节关于"监管形式发展趋势：从单纯的命令控制型监管到经济激励型监管的兴起"的论述，见该书第 170～176 页。

㉙参见《中华人民共和国清洁生产促进法》第四章，第 30～34 条。

㉚㉜〔美〕肯尼斯·卡尔普·戴斯：《裁量正义》，毕洪海译，北京：商务印书馆，2009，第 15、1 页。

㉛参见姜明安《论行政裁量权及其法律规制》，长沙：《湖南社会科学》2009 年第 5 期。

㉝笔者提出的控制裁量权的六种方法和途径分别是：程序控制、立法目的控制、基本原则控制、行政惯例控制、政策控制和裁量基准控制。参见姜明安《论行政裁量权及其法律规制》一文。

㉞周汉华教授在论述行政管理与独立监管的区别时，曾提出二者最重要的区别是，前者是建立在下级对上级负责、只服从上级的科层官僚体制的基础上，而后者是建立在独立监管、依法监管、监管者只对法律负责的法治治理结构之上（参看周汉华《政府监管与行政法》，第 11 页）。我国传统的监管制度（甚至现行的监管制度）虽然不完全等于"行政管理"，但并非属于独立的监管模式，实际上其基本模式仍属于一般的"行政管理"模式。

㉟特里·L.库珀：《行政伦理学——实现行政责任的途径》（第四版），张秀琴译，北京：中国人民大学出版社，2001，第 64 页。

㊱《毛泽东选集》第 4 卷，北京：人民出版社，1991，第 1512 页。

㊲《毛泽东选集》第 3 卷，北京：人民出版社，1991，第 1004 页。

作者简介：姜明安，教育部人文社会科学重点研究基地——北京大学宪法与行政法研究中心主任，北京大学法学院讲席教授、博士生导师、法学院学术委员会委员，北京大学学术委员会社会科学学部委员；兼任中国行政法学研究会副会长、中国警察法学研究会副会长、最高人民法院特邀咨询员、最高人民检察院专家咨询员；曾任国务院行政审批改革专家咨询组成员、北京市第十三届人大代表、北京市第十三届人大教科文卫委员会委员。1982 年毕业于北京大学法律学系，毕业后留校任教，先后赴美国华盛顿大学、英国剑桥大学、澳大利亚悉尼大学、美国加州大学洛杉矶分校等国外高校访学。主要研究领域为行政法和行政诉讼法，出版著作 60 多种，发表学术论文 150 余篇。代表性著作有《行政法》、《行政诉讼法》、《行政法与行政诉讼法》、《行政执法研究》、《行政程序研究》、《法治的求索与呐喊》（三卷本）、《法治思维与新行政法》等。自 1992 年起享受国务院为有突出贡献专家颁发的政府津贴；多部著作、论文获省部级一等奖和二等奖；以其为首的教学团队获北京市教学成果一等奖和国家级二等奖。作为行政法专家，自 1984 年起即参加中国行政法重要法律、法规试拟稿的草拟。曾参与的主要立法有《行政诉讼法》、《国家公务员暂行条例》、《国家赔偿法》、《行政处罚法》、《行政复议条例》、《立法法》、《行政许可法》、《行政强制法》等。

［责任编辑：刘泽生］

（本文原刊 2013 年第 2 期）

一本期刊与其崇尚的"海纳百川"

——《澳门理工学报》现象分析

张耀铭

[提　要]《澳门理工学报》自 2011 年开始的全新改版，取得了很大的成功，被称为"《澳门理工学报》现象"。"《澳门理工学报》现象"的内涵，体现在栏目特色、专题策划、学术质量、期刊风格等方面的突出表现，并因而得到期刊界、学术界的普遍认可。《澳门理工学报》的做法，对学术期刊的转型、发展具有五点启迪意义：一是开放自由的学术环境，二是海纳百川的文化特质，三是人脉丰厚的期刊主编，四是兼容并蓄的专家团队，五是国际视野的发展方向。

[关键词]《澳门理工学报》现象　学术期刊　海纳百川　人文情怀

一本优秀的社科学术期刊究竟应该具备哪些品质？应该承担何种学术职责？与学术研究、学术争鸣、学术发展是一种什么关系？我曾经说，一本好的期刊"绝不仅仅是漂亮的装帧、华丽的文字和著名学者的署名，最重要的是期刊的编者肩负使命、铭记职责，透过内容的价值营造和学术语言的表达，体现出的一种特色、一种传统、一种境界、一种情怀，以及由此而产生的学术创新力、学术公信力和社会影响力"。①《澳门理工学报》就是一本颇受学界好评和读者信赖的优秀期刊。

一　绿杨影里骤骅骝

澳门地处南海之滨，在中西文化交流史上久负盛名。作为近代中国东西交往最重要的桥头堡，世界多种文化在此碰撞、交融、沉淀，孕育了今天澳门独特的文化氛围。"濠江华洋相处，海纳百川，开放包容，既有东方文明之精髓，又有西方文明之特质。澳门独特的历史城区，是中国现存最古老的西式建筑遗产，中西文化多元共存的独特反映，被列为中国的第31个'世界遗产'项目，成为中国乃至世界文化宝库中的一颗璀璨明珠。林则徐、郑观应、康有为、梁启超，以及传教士利玛窦、汤若望、马礼逊等近代历史名人，都在此留下了他们的足迹。伟大的民主革命家孙中山先生更是从这里走向了世界。"②

虽然早在1594年，澳门就已经诞生了亚洲第一所西式高等学府——圣保禄学院，但1762年圣保禄学院停办以后，这里就再也没有自己的高等教育。直到1981年，来自香港等地的几位知名人士在澳开办私立东亚大学，才成为澳门现代高等教育的开端。澳门目前共有10所高等院校，包括公立的澳门大学、澳门理工学院、旅游学院和澳门保安部队高等学校，以及私立的澳门城市大学、圣若瑟大学、澳门镜湖护理学院、澳门管理学院、澳门科技大学和中西创新学院。

澳门理工学院成立于1991年9月16日，是一所公立、多学科、应用型的高等学府。学院下设语言暨翻译高等学校、管理科学高等学校、公共行政高等学校、体育暨运动高等学校、艺术高等学校、高等卫生学校，以及社会经济与公共政策研究所、中西文化研究所、"一国两制"研究中心、澳门语言文化研究中心、理工—伦敦大学玛丽皇后学院资讯系统研究中心、葡语教学暨研究中心、博彩教学暨研究中心、文化创意产业教学暨研究中心等研究机构。澳门理工学院以"扎根澳门，背靠祖国，面向世界，争创一流"为宗旨，以"教学与科研并重"为方针，为社会培养了大批栋梁之才。尤其是回归以来，澳门理工学院取得了跨越式发展，已经成为澳门地区一所有活力、有影响的综合性高校。

《澳门理工学报》创刊于1998年，最初为年刊、半年刊，后改为季刊。创刊初期，"学院仍在澳葡政府管治之下，刊物的设计理念及出版模式自然受到葡萄牙出版物的影响，与内地正规学术刊物的风格有很大不同。况且由于是葡汉双语刊物，而其中大部分又是中文，在葡萄牙出版风格的影响下令人觉得多少有些怪异"。③从学报的内容质量看，虽然囊括了学院当时的所有学科，作者和编者都付出了极大努力，但与其他高校学报相比尚有很大差距。

《澳门理工学报》自 2011 年开始全新改版，"人文社会科学版"为季刊，中文繁体字，大 16 开本，208 页。常设栏目有：名家专论、港澳研究、区域经济、总编视角、中西文化、文学研究、语言翻译等。该刊总编辑刘泽生对于改版的态度是明朗的，就是要打造一个高水平的学术平台，所以栏目、作者、文章，多为新面孔，气韵也大异于普通学术期刊。其编辑理念的大致脉络是，先关注栏目板块的更替，继而看重学术的更新，再专注于思想的深刻。改版 5 年多来，《澳门理工学报》坚持开门办刊、兼容并蓄的精神，取得了很大的成功，被学术界、期刊界誉为异军突起的一匹"黑马"。元曲张弘范《喜春来》有名句"绿杨影里骤骅骝。得意秋，名满凤凰楼"，或可印证这匹骏马的志气豪迈。

其一，2013 年度发表 86 篇文章，在中国人民大学"复印报刊资料"全文转载的共 20 篇，转载率为 23.26%，在该年度全国高等院校主办学报排行榜的三项排名中，《澳门理工学报》成绩突出，其中全文转载率排名居全国第 13 位；综合指数排名居第 17 位；全文转载量排名并列第 21 位。2014 年度发文 89 篇，全文转载的共 30 篇，转载率达 33.71%；2015 年度发文 83 篇，全文转载的共 26 篇，转载率达 31.33%。在上述三年的转载文章中，共有 25 篇来自港澳台及国外，约占转载总篇数的 32.89%。在 2014 年度及 2015 年度全国高等院校主办学报排行榜的三项排名中，《澳门理工学报》的全文转载率均居全国第 6 位，综合指数排名分别居第 6 位和第 9 位；全文转载量排名则为第 8 位和第 11 位。至此，《澳门理工学报》已经连续三年在排行榜上名列前茅，意味着该刊已在全国高校学报排名中处于一个比较稳定的领先地位。

其二，《澳门理工学报》精心策划的专题、专栏文章，获得了海内外相关学术机构和专家学者的广泛认可与充分肯定。《澳门理工学报》2014 年第 3 期发表的罗钢《从"现代化"拯救传统——中国古代文论研究的危机与生机》、2014 年第 4 期发表的封小云《大珠三角区域经济合作水平效应分析》、2015 年第 2 期发表的陈平原《此情可待成追忆——中国大学内迁的历史、传说与精神》、2016 年第 3 期发表的郭英德《喧嚣与寂寞——1616 年前后剧作家汤显祖的自塑与他塑》，先后被《新华文摘》全文转载，其中有两篇上了封面要目。此外，《中国社会科学文摘》、《高等学校文科学术文摘》也转载或选摘了该刊的多篇论文。

其三，2014 年 11 月，在第五届全国高等学校社科期刊评优活动中，《澳门理工学报》荣获"全国高校精品社科期刊"奖，这是唯一获此殊荣的港澳学术期刊。与此同时，《澳门理工学报》总编辑刘泽生教授荣获"全国高校社科期刊优秀主编"奖，副总编辑陈志雄副教授荣获"全国高校社科期刊优秀编辑"奖。一本刊物能在全国性评比中夺得如此三项大奖，令人刮目相看。另外，桑海博士在 2015 年荣获"首届中国高校社科期刊青年编辑业务技能大赛"第一名，也证明了编辑部的实力。

其四，由澳门理工学院与全国高等学校文科学报研究会联合主办的"华文学术期刊发展趋势国际研讨会"于 2015 年 4 月 20～24 日在澳门召开，来自中国内地、台港澳地区，以及美国、加拿大、德国、新加坡等国家的 60 多位同行专家出席会议。旧雨新知，欢聚一堂，切磋学术，共谋发展。有朋自远方来，不亦乐乎！会议围绕"华文学术期刊发展趋势与战略"、"学术评价与期刊评价"和"华文社科学术期刊与国际化"等专题，展开了热烈而又有深度的讨论，受到学术界和期刊界的高度关注。作为具体承办者，《澳门理工学报》编辑部付出了极大的努力，议题的策划、论文的筛选、讨论的进展、考察的线路、食宿的安排、文集的出版，事无巨细，思虑周详，率亲为之，让人有宾至如归、如沐春风的感觉。

《澳门理工学报》在付出辛勤汗水的同时，也收获了与他的贡献完全相称的那份荣誉，得到了海内外学术界、期刊界的公认和好评。但是，读者和学者在"核心期刊"的方阵里，却找不到《澳门理工学报》的名字——事实上，港澳台地区的人文社会科学学术期刊并没有列入内地"核心期刊"的遴选。在某种意义上，这与其说是坏事，还不如说是幸事。因为在当下的学术评价体制下，发什么不发什么，以什么样的话语方式言说或不以什么样的话语方式言说，常常要受到"无形之手"的操控——经济利益、功利主义、短期行为，以及评价系统、影响因子、转载率，乃至权力、圈子、人情等多重因素的制约。有学者曾如此认为，"'核心'不仅意味着被簇拥，被利用，被裹挟，而且，也容易给主编它的人，带来轻飘飘的晕眩感，使他失去对自我的准确认知和对世界的清醒判断"。④由此，以是否是"核心期刊"或引用率高低来判断期刊的质量，未免以偏概全。

抓铁有印，踏石留痕。短短五年的时间，《澳门理工学报》就实现了"弯道超车"，令人刮目相看。这种"非常时期"采取的"非常之道"、"危"中求"机"进而实现超常规发展的做法,我称之为"《澳门理工学报》现象"。这种"现象"的出现,绝不是个人英雄主义的重新来临,而要归之于其所拥有的较好办刊资源;这种"现象"的出现,绝不是心血来潮的一时冲动,而是深思熟虑、厚积薄发的必然结果。"《澳门理工学报》现象"已经引起学术界和期刊界的高度关注,甚至有人开始研究其发展之轨迹,总结其成功之经验。

二 半江瑟瑟半江红

白居易《暮江吟》中有"一道残阳铺水中,半江瑟瑟半江红"的诗句,描写夕阳余辉铺在江面上,江水一半呈现出碧绿,一半呈现出殷红,波光粼粼,红绿相映,十分优美。细细品味这首诗,我们不能不感叹作者观察之细致,描绘之传神。发思古之幽情,数当今之期刊,毫不夸张地说,《澳门理工学报》不仅在大学学报,甚至在整个学术期刊中,也无疑是卓尔不群的佼佼者。《澳门理工学报》地处南海之滨,远离京沪学术中心,却在短短几年间迅速崛起,并呈"半江瑟瑟半江红"之景色,令人称奇,从而说明一个道理:每一本优秀期刊的崛起都是独一无二的,这种崛起都是探索符合自身特点的成长道路的结果。只可以超越,不可以模仿。

学术期刊的精、气、神,学术期刊的品质、品位、品格,绝不是强制性的权力赋予的,不在于刊物的行政级别,不在于是国家高端智库或者重点大学主办,更不在于被哪家专业评价机构定为"顶级期刊"、"权威期刊"。学术期刊的公信力、权威性,关键体现在栏目特色、专题策划、学术质量、期刊风格等方面是否表现突出而得到学术共同体的普遍认可。

(一) 栏目特色

过去综合性学术期刊策划栏目,大多按一级学科命名,表面上看是学科齐全,而实际就是个学科大拼盘,你有我有大家有,这种同质化的竞争,看似不温不火,实则受伤不轻。最初的冲动和真诚逐渐消失,栏目沦于重复,论文也越见粗糙,栏目特色与学术生命一并枯萎。随着经济社会的转型,办刊理念的更新,部分综合性学术期刊,突破单位"自留地"的束缚,开门办刊,并尝试策划了一些跨学科的专题栏目。一是以地域文化和历史传统为依托,如《湖南大学学报》的"岳麓书院与传统文化"、《内蒙古大学学报》的"蒙古学研究"、《西藏大学学报》的"藏学研究"、《滨州学院学报》的"孙子研究"、《殷都学刊》的"殷商文化研究"等。二是以前瞻性、前沿性问题为中心，如《北京师范大学学报》的"可持续发展战略研究"、《厦门大学学报》的"现代性研究"、《郑州大学学报》的"环境美学研究"、《广州大学学报》的"廉政论坛"、《中南民族大学学报》的"民族理论与政策"、《云南师范大学学报》的"中国边疆学研究"等。三是以多视角、跨学科研究为依托，如《重庆大学学报》的"区域开发"、《东北亚论坛》的"东北亚区域合作"、《中国地质大学学报》的"资源环境研究"、《上海交通大学学报》的"科学文化"、《北京交通大学学报》的"物流研究"、《云梦学刊》的"当代学术史研究"等。不过，仅有一两个特色栏目还远远不够。综合性期刊的转型发展还必须找准突破口，也只有找准突破口，才会有真正的转型发展。

经验可以借鉴，模式可以参考，可是，转型之路、发展之路，还需要自己脚踏实地一步一步地去探索。《澳门理工学报》改版，"力图从专业化、专题化发展的方向突出刊物特色，加强专题策划，在栏目的设置上既突出学科发展的需要，也具有澳门学术研究的地方特色，该院的优势学科也在一定程度上得以在《学报》展示，如港澳研究、旅游博彩、语言翻译、中西文化等研究方向"。⑤板块化的栏目设计，不仅确定了刊物的读者定位，而且也昭示着未来的发展方向。这种从学科拼盘到板块组合、从特色化到专题化的发展，带给我们的最重要的启迪就是：树立具体目标和脚踏实地去做同等重要。

"港澳研究"是《澳门理工学报》的主打栏目，涉及范围相当广泛。正如开栏时刘泽生在"主持人语"中所说："从时间跨度上来说，即涵盖了香港、澳门地区的过去、现在和将来；从地理区域上来说，不仅仅是以香港、澳门作为研究的对象，也包括粤港澳关系、港澳与内地，乃至港澳与世界的关系；从研究内涵上来说，则涉及经济学、政治学、社会学、历史学、法学、文学等诸多学科。港澳问题受到世人的广泛关注，由来已久。尤其是上世纪八九十年代以来，'香港学'与'澳门学'的相继提出和香港、澳门的先后回归，促成了港澳研究的热潮。港澳研究具有重要的学术价值与现实意义。"⑥刘泽生教授从事港澳研究与教学 30 多年，其学识、眼界与人脉，为该专栏的高端筹划提供了良好的学术保障。自 2011 年第 4 期改版以来，截至 2016 年第 4 期，"港澳研究"专栏已连续开办 20 期，共发表 57 篇论文，约 90 万字。论文既有对《粤澳合作框架协议》的理论新思考，也有对澳门经济发展方式路径选择的新建议；既有对澳门历史研究现状中存在的碎片化与系统化矛盾、史学理论的取舍与应用、路径选择与空间拓展等问题的检讨，也有对澳门历史研究话语权的回归、澳门学术自主性的初步建立与澳门学学科建设有条件得以顺利开展给予的肯定；既有大珠三角区域经济合作水平的评估与效应分析，也有内地对香港直接投资的动因、特征与效应的探讨；既有对澳门博彩业监管的深度研究，也有对旅游业与博彩业产业关联的剖析；既有全球经济治理的中国模式与港澳独特作用的论述，也有"十三五"时期粤港澳合作深化的对策，等等。这些论文，有理有据、史料坚实、论证审慎、新见迭出，充分展现了思想深度和学术力度，显示了栏目作者队伍的广度和厚度。

"旅游博彩"是《澳门理工学报》的特色栏目，"旨在探讨与旅游博彩这两个特殊产业有关的经济学、社会学、法学、历史学以及其它相关领域的学术问题，同时为政府部门制定正确的旅游博彩政策法规和产业发展战略提供有益的参考，以促进旅游博彩业的健康、可持续发展，拓展澳门经济适度多元发展新空间"。[⑦]澳门是世界上最早实现赌业合法化的地区之一。澳门回归之后，澳门特区政府坚定执行"一国两制"、"澳人治澳"、高度自治的方针，做出了对澳门赌业实行市场化改造的"赌权开放"决策，并提出了"以旅游博彩业为龙头"的产业政策，使旅游博彩业取得了快速增长，从而带动了澳门整体经济的发展。然而，博彩业自身存在的体制缺陷、一业独大的产业风险、博彩业的激烈竞争，都给澳门的经济发展带来不确定因素，也引起政府和学术机构的高度关注。澳门理工学院设有博彩教学暨研究中心，主要职能是培训娱乐场管理人才、推动区内博彩领域的学术研究。2009 年又与中山大学共同成立"中山大学—澳门理工学院博彩研究中心"，主要研究方向包括澳门博彩业发展与产业适度多元化研究、澳门博彩产业发展战略研究、澳门博彩业发展的社会政治效应研究以及博彩城市的旅游与城市规划研究，同时也为内地发展和管理博彩公益行业提供参考。《澳门理工学报》正是依托两校的研究机构和研究优势，开办了"旅游博彩"专栏，为澳门特区博彩业的健康发展，为特区政府制定产业发展政策，提供了理论和实证的支撑。

"中西文化"是《澳门理工学报》的标志性栏目之一，开栏时"主持人语"强调："中国崛起时代的学术重建面临着双重矛盾：一方面，告别百年'以西为帝天'的学术路向，回到本土文化资源展开创造性研究；另一方面，又必须梳理清明清以来西学东渐的演进与影响，方能完成在历史基础上的学术重建。中西文化研究栏目以此为学术关怀，以历史为主线向东西两个方向展开。向东，展开西学东渐的人物、著作、思想的个案研究，在中西文化交流的背景下研究中国近代思想文化史；向西，展开中学西传的文本、人物、学派与影响的研究，通过对西方汉学史的研究，在世界文化的范围内揭示中国文化的影响与价值。中西文化研究必须在一个更宏大的历史背景下进行学术的重构，并赋予当代的生命与活力。由此，本栏目的研究将不再是仅仅局限于中国本土的狭义的中西文化研究，而是全球史背景下的中西文化研究。"⑧自 2011 年第 4 期改版以来，截至 2016 年第 4 期，已开办 13 期，共发表 36 篇论文。有明清之际《圣经》中译溯源研究，有欧洲人东方认识的拐点探讨，有明末士大夫郭子章与天主教关系新证，有清代荷兰使团贡品与西方科技、文化传华所体现的物质与文化交流意义，等等。这个栏目有两点给我留下了深刻印象：一是多数论文在原始资料的挖掘上有所推进，并能在前人所未发之处探幽发微；二是栏目热心扶植"小人物"，能够拿出不少版面发表青年学者的文章，虽然他们的论文暂时还不能引起众人瞩目，但他们的研究所体现的学术潜力和追求，却可以使我们对这个栏目和这本期刊的未来充满信心。正如《文史哲》主编王学典教授所说："一份杂志的不朽和成功，不仅在于它能团结和吸引多少名家，更在于它能发现、扶植和造就多少名家。杂志造就名家，名家成就名刊。"⑨

"总编视角"是《澳门理工学报》的独创栏目，也是发表期刊总编（编辑）文章最多、影响最大的公共平台。刘泽生总编辑担任专栏主持人，为打造这个栏目用力甚勤，呕心沥血。他在首期的"主持人语"中开宗明义阐述了专栏宗旨："本栏目之所谓'总编视角'，只是借用'总编'的概念，从'编辑—总编'这一特殊群体的视角出发，观察、思考、评论与学术期刊、学术研究有关的问题，阐发个人之所思、所悟、所得，以期有利于学术的传承与学科的建设。""学术期刊是我们共同的精神家园。作为一群特殊的家园守护人，我们衷心地欢迎海内外学术界、期刊界的编辑同行、从事学术研究与期刊评论的专家学者、关注期刊事业发展的各界热心人士，从默默奉献的幕后走向台前，就学术期刊的学术导向、学术规范、学术争鸣、学风建设、学科发展、选题策划、期刊评价、电子网络等选题发表高见。"⑩自 2011 年第 4 期改版以来，截至 2016 年第 4 期，这个专栏已连续出版 21 期，共发表 58 篇论文；举办笔谈 4 期，发表文章 33 篇，总字数约 120 万。这些论文聚焦于学术期刊的体制改革、数字化转型、国际化、学术评价和核心期刊/来源期刊争鸣等热点问题，荟萃了众多总编（编辑）的研究成果和学术观点。这是一个"开放性的栏目",地不分南北,人不分老幼,皆可同台竞技;这是一个"公共学术平台","英雄各有见,何必问出处"。作者们或以厚实的理论功底与丰富的编辑实践为支撑,或以开阔的视野与独到的视角为突破,或以发展的趋势与现实的困境作比较,或以犀利的观点与洗练的文字作批评,其直面问题的勇气,其言之成理的灼见,其学术争鸣的激情,其严谨求实的学风,都给期刊界、学术界留下了深刻印象,也为推动学术期刊发挥文化软实力的作用做出了独特贡献。需要特别指出的是,"主持人语"的率真评述与朗然风格,紧扣时代脉搏,时有点睛出彩之笔——幽默而睿智,质朴而淳厚,为栏目增色不少,成为该刊一道靓丽的风景。

(二)专题策划

《南京大学学报》主编朱剑教授认为,专题化发展是综合性期刊专业化转型之外的另一出路。⑪近几年来,学术期刊越来越注重专题研究,但从何处发现问题、怎么找准问题和怎样应答问题,以及专题研究策划水平的高低,在很大程度上直接影响到学术期刊的质量和特色。

《澳门理工学报》除了设立相对固定的板块化栏目之外,还根据热点问题加强了专题研究的策划力度,比如 2012 年第 4 期的"近代国家观念与民族主义"(3 篇)、2013 年第 2 期的"海洋经济"(3 篇)、2014 年第 1 期的"蒋介石与近代中国"笔谈(6 篇)、2014 年第 3 期的"全球史"笔谈(5 篇)、2016 年第 1 期的"大国文明与教育使命"笔谈(4 篇)、2016 年第 2 期的"孙中山研究"笔谈(8 篇),以及 2014 年以来每年一次的"期刊发展"笔谈等。这些专题,问题意识极强,观点深刻,论证有力,富有新意。尤其是由浙江大学蒋介石与近代中国研究中心主任陈红民教授主持的"蒋介石与近代中国"笔谈,作者均为海内外相关领域的知名学者:浙江大学陈红民教授、韩国新罗大学裴京汉教授、台湾政治大学刘维开教授、日本东京大学川岛真副教授、中国第二历史档案馆副馆长马振犊研究员、香港中文大学郑会欣教授等。近 20 多年来,随着大量珍贵史料,尤其是蒋介石档案与蒋介石日记的开放,相关学术研究已从"险学"变成"显学",成为引人瞩目的课题,越来越多的学术单位与学者介入其中,海内外史学界已开过数次关于蒋介石研究的学术会议,国际合作与交流初显规模。⑫这组笔谈作者长期致力于近代中国研究,或总结评价海内外同行的研究成果,强调应该注重研究台湾时代的蒋介石,研究作为个体的蒋介石;或切实指出蒋介石研究未来在史料、方法论与国际合作的方向,并要注意"因为过度依赖这种史料,最终可能包含的危险性";⑬或基于严谨的史料,研究《蒋介石日记》原本、抄本之异同及其内涵价值。总之,学者们从各种不同的角度对蒋介石予以重新审视,并发表了众多有价值的学术观点,两岸学者在许多问题上的认识也越来越趋于一致。正因为如此,"笔谈"发表之后多家文摘期刊转载,在学界产生了较大的影响。

《澳门理工学报》专题策划的经验在于:第一,好的问题意识是引导学术研究前行的基础,它能使学者清楚地理出最重要的学术路径,找到好的选题;第二,好的专题策划是有特定指向和问题边界的,虽然有明晰的作者定位,但却可以跨学科研究;第三,好的主持人是专题策划成功的关键,他们有学术水平和人脉关系,对所从事研究领域的发展现状及学术前沿有清楚的认知,可以找到合适的作者并保证学术质量;第四,好的专题策划应当是差异化的组合,各有侧重,所持观点可以不同,甚至完全对立,以鼓励学术争鸣;第五,好的专题策划编辑,要敬畏学术,尊重学者,服务学术,协同创新。

(三)学术质量

"学术"这个词,中国古已有之。南朝梁何逊《赠族人秣陵兄弟》诗有:"小子无学术,丁宁困负薪。"北宋苏轼《十八阿罗汉颂》有:"梵相奇古,学术渊博。"明李东阳《求退录》有:"加以志虑日短,学术愈荒。"这都是指学问、学识。1902年,上海南洋公学译书院正式出版严复翻译的苏格兰经济学家亚当·斯密所著《原富》(The Wealth of Nations),并附有译者按语300余条6万字,其中一条按语写道:"盖学与术异。学者考自然之理,立必然之例;术者据既知之理,求可成之功。学主知,术主行。"⑭严复是将近代西学引入中国思想界的第一人,但在解喻或阐释"学"与"术"两个概念时,仍然用的是中国哲学的知行关系。1911年,梁启超在一篇题为《学与术》的文章中写道:"学也者,观察事物而发明其真理者也;术也者,取所发明之真理而致诸用者也……由此言之,学者术之体,术者学之用,二者如辅车相依而不可离。学而不足以应用于术者,无益之学也;术而不以科学上之真理为基础者,欺世误人之术也。"⑮梁启超与严复的说法,有异曲同工之妙。刘梦溪先生认为:"这是迄今看到的对学术一词所作的最明晰的分疏。学与术连用,学的内涵在于能够揭示出研究对象的因果联系,形成建立在累积知识基础上的理性认知,在学理上有所发明;术则是这种理性认知的具体运用。"⑯由此可知,学贵探索,术重实用。"学"是为了"求真"，即追求真理；"术"是为了"求用"，即服务现实。

19世纪末，以来华西人、出洋华人、书籍以及新式教育等为媒介，以香港、通商口岸等为重要窗口，西方的哲学、天文、物理、化学、医学、生物学、地理、应用科技、史学、文学、艺术等大量传入中国，"学术"被赋予了新的内涵。《现代汉语词典》对"学术"的解释为："有系统的、较专门的学问。"[17]

学术质量是学术期刊生存的基础，没有质量，谈什么特色、发展、竞争都是空话。任继愈先生强调文章学术性与科学性的统一，他认为："学术文章，先有'学术'，再谈'文章'，因为文章的支柱是它的学术内容，而不是词藻、结构、章法。旧社会所谓'桐城义法'，写不出学术论文，用'马列义法'装点的文章多短命，有的文章连一两年的寿命也没有维持下来，一点也不奇怪，理应如此，因为文章缺少科学性。"[18]

有人说，大学是生产环节，学术期刊是流通环节，流通决定了生产，这话有一定道理。现实生活中，我们有太多的平庸主编，有太多的平庸期刊，发表了太多的平庸文章。平庸文章的主要表现形式是低水平重复、肤浅分析和把学术变成"娱乐至死"的舞台，其本质特征是思想能力的缺失。"平庸化学术粗制滥造，没完没了地炮制毫无独创性的学术垃圾和学术泡沫，对学术有百害而无一利。"[19]因此，做期刊需要静心和定力，需要一种坚守和沉淀。学术期刊应当拒绝平庸，超越平庸，引领学术，鼓励创新。学术编辑在审读学术论文时，不仅要审查论文形式上的学术规范，更要关注论文内容上的学术创新，是否对所研究的问题具有实质性的推进。何为学术创新？大体应该包括以下几个方面：（1）提出新的问题，或采用不同理论对一个已经做过大量研究的问题给予新的诠释，或采用新的方法对一个旧问题进行再研究；（2）提出新的（或修正完善已有的）学说、理论、观点等；（3）提出新的（或改进运用已有的）研究方法、构造新的研究范式等；（4）发掘新的材料、发现新的证据、获得新的数据，形成新的见解、产生新的思想等。时代呼唤学术创新，但正如时代的转换本身就是异常艰难一样，真正的学术创新其实是十分不容易的。美国作家亨利·詹姆斯（Henry James）曾经说过："人们需要长长的历史才能产生出小小的一脉文学。"写小说是如此，搞学术也是如此，是需要耐心和慢功的，蜻蜓点水、急功近利是不行的。美国自然文学作家玛丽·奥斯汀（Mary Austin）写作《少雨的土地》只用了一个月，但她却花了12年的时光来观察自然，与沙漠一起经历白昼黑夜，春夏秋冬。

"名家专论"是《澳门理工学报》的品牌栏目，追求精品，力争卓越。自 2011 年第 4 期改版以来，截至 2016 年第 4 期，这个专栏已连续出版 21 期，共发表 21 篇论文，约 50 万字。作者既有治学严谨的饱学前辈，也有深味国学流脉的文史中坚：中国社会科学院近代史研究所耿云志研究员（《呼唤新青年传递新思想——〈新青年〉的出世及其反响》）、中国社会科学院语言研究所江蓝生研究员（《生活中的语言学》）、澳门大学中文系杨义教授（《先秦诸子研究与现代文化建设》）、清华大学国学研究院陈来教授（《生气流行——朱子德论中的气论影响》）、华中师范大学章开沅教授（《〈贝德士文献〉述略》）、山东大学儒学高等研究院王学典教授（《中国崛起进程中的史学变迁——近 30 年大陆历史研究的几种主要趋势》）、复旦大学文史研究院杨志刚教授（《中国的孔庙与儒家文化——以"庙学合一"为重点的历史考察》）、国家图书馆詹福瑞教授（《经典：世界性的文化遗产》）、北京大学中文系陈平原教授（《此情可待成追忆——中国大学内迁的历史、传说与精神》）、中山大学历史系桑兵教授（《"新文化运动"的缘起》）、南开大学中华古典文化研究所叶嘉莹教授（《用西方文论诠释诗词文本的"多义"与"潜能"》）、北京师范大学文学院郭英德教授（《喧嚣与寂寞——1616 年前后剧作家汤显祖的自塑与他塑》）等。名家云集，佳作迭出，其选题迥别流俗，立意高远；其文字根底扎实，老而弥高；其学术里的气象，包含着文化的浑厚力量。在学术风气日益浮躁的当下，阅读"名家专论"，不免使人心中流出一股暖意，有对学问与审美的双重尊敬。"板凳须坐十年冷，文章不写半句空"，这应该是学者的追求，也应该是编者的期盼。

（四）期刊风格

学术期刊的"风格"，是指从内容到形式所体现出来的有别于其他期刊的个性和特色。学术期刊既不是速读型的大众刊物，又区别于理论宣传刊物。学术期刊是发表学者借助已有的理论、知识、经验对科学问题的假设、分析、探讨和推出的结论，其结果应该是力求符合事物客观规律的，是对未知科学问题的某种程度的揭示。当然，学术期刊还应把握时代脉动，关注现实问题，探索求解途径。

《澳门理工学报》的风格是什么？李向玉院长在《我们的精神家园——献给〈澳门理工学报〉创刊五十期》中概括为 16 个字："学术厚实、品位高雅、特色鲜明、编辑规范。"[20]

第一，学术厚实，才有力量。

强调"学术"，强调"厚实"，就是要正念坚固，不为时风所动，不走轻浮之路。既重独断之学，也重交叉之科；既重积年之作，也重创新之见。新，"必定要旧中之新，有历史有渊源的新，才是真正的新。那种表面上五花八门，欺世骇俗，竞奇斗异的新，只是一时的时髦，并不是真正的新"。㉑学术乃天下之公器，只求其是，不标其异。一切从学术出发，提倡独立自由的学术研究，博通今古，融贯中西，阐发学理，传播学术，做有思想的学术，出有学术的思想。《澳门理工学报》在"学术厚实"上做足了功夫。学术厚实，期刊才有力量。

第二，品位高雅，才有格调。

《澳门理工学报》设计典雅，版式舒朗，装帧大气，这是其外在之形式；求真、求新、求深，含蓄、深沉、厚实，这是其内在之品位。学术期刊的生命力，是由其内容的品位决定的。品位高的期刊能够站在学术前沿，品位低的期刊只能追风猎奇；品位高的期刊能够提出话题，品位低的期刊只能人云亦云；品位高的期刊能够吸引大家名家，品位低的期刊只能靠炒作噱头吸引眼球。品位是一种宁静，一种涵养，一种气质，一种格调。品位高雅的期刊，就会有旺盛、持久的生命力；反之，品位低俗的期刊，一般都会夭折短命。我们应当重新拾起属于文人的那份对学术的崇敬及对于编辑的执着，只有学术期刊不浮躁，才有可能打磨出学风踏实、境界高雅的论文。正如韦庄《送李秀才归荆溪》诗云："人言格调胜玄度，我爱篇章敌浪仙。"品位高雅，才有格调。

第三，特色鲜明，才有魅力。

从某种意义上说，期刊的魅力来源于特色，有特色才有亮点，才有看点，才有支撑点。著名编辑家邹韬奋先生在总结《生活》周刊经验时说："最重要的是要有创造精神。尾巴主义是成功的仇敌。刊物内容如果只有'人云亦云'，格式如果只是'亦步亦趋'，那是刊物的尾巴主义。这种尾巴主义的刊物便无所谓个性或特色；没有个性或特色的刊物，生存已成问题，发展更没有希望了。要造成刊物的个性或特色，非有创造的精神不可。"㉒

板块化结构、特色栏目、专题策划，精美而不奢华，厚实而不板滞，这些都构成了《澳门理工学报》的独特个性与魅力。前文说过的不再赘述，这里我想特别强调的是其"人文情怀"。随着优质学术论文的日益稀缺，其竞争性亦日趋激烈。"顶级期刊"供过于求、稿件积压，"核心期刊"守株待兔、等货上门，普通期刊捉襟见肘、生死煎熬。《澳门理工学报》自然不在"核心"之列，面对普通期刊的"共同苦难"，刘泽生总编辑没有陷入过多的纠结和痛苦，而是选择了正确的战略：放下身段，用心血去策划，用双脚去约稿，主动贴近读者，体贴阅读感受。虽然现在电子邮件很发达，但他和编辑部同仁还是采用了最笨拙的办法——"用脚约稿"，北京、天津、上海、南京、武汉、西安、广州等地都留下了他们背着行囊步履匆匆的背影，访专家、找作者、探编委、会读者、搞座谈……这里既有酸甜苦辣的经历，也有真诚感人的告白，更结识了一批功力深厚的专家学者。这种人文情怀既成就了这本期刊今天的地位，也蕴藏着这本期刊明天的光荣与梦想。正如刘泽生总编辑所说："交友之道，见仁见智，精彩纷呈，但笔者还是崇尚'君子淡以亲'之境界——学术圈中的师友交谊，更多的是属于这种建立在道义基础上的高雅纯净、清澈如水的友情。笔者从事学术研究与期刊编辑多年，结识了学术期刊界的众多师友，留下了那份清纯如水的情谊，这也是一种缘分。每当捧读着这份众多读者、作者倾力支持的《澳门理工学报》，那份典雅清新，那份纯朴厚实，淡淡的，悠悠的，似水柔情，沁人心脾。此时此刻，唯有感恩于'君子之交'的情谊，尤其是创办'总编视角'一类的专栏，更是一种人脉缘分的体验，有幸的是笔者得到了众多学界师友的倾情扶持。"②

第四，编辑规范，才有价值。

编辑规范大体上包括三个方面：业务技术上的编辑规范、道德上的学术行为规范、法律层面的编辑规范。学术期刊不仅要严格按照办刊宗旨和业务范围出版，而且要遵守学术出版规范，严格执行国家相关质量标准。学术期刊刊发学术论文，其摘要、引文、注释、参考文献等要完备准确；期刊内容、编校、装帧设计、印制质量须符合相关法规规章和学术标准。学术期刊要规范编辑出版流程，努力提高学术质量。学术期刊出版单位要建立完善内部编辑审稿制度、编委会制度和同行评议制度等质量保障机制；认真做好选题策划、稿件组织工作，科学评估稿件的学术水平、创新成果及发表价值，确保出版质量；注重学术道德和学术诚信建设，自觉抵制学术不端行为，不能出卖版面或者权钱交易，杜绝刊发抄袭、剽窃他人成果的文章。编辑规范既关乎学术研究过程中的求真、求新、求实精神，又关乎作者的学术道德和对他人知识产权的保护，更关乎学术期刊的质量、名声和信誉。《澳门理工学报》在稿件的同行评议、匿名评审、文献校订乃至注释标示的编辑流程上，均严格执行规范，整体质量堪称上佳，得到了作者、读者的充分认可，这是难能可贵的。

三 化作春泥更护花

在中国，现代意义上的大学，历史并不悠久。但就在这不长的历史中，有一批中国近代大学校长却做出了重要贡献，留下了许多弥足珍贵的精神文化遗产。蔡元培强调"思想自由，兼容并包"，是对大学精神的最好诠释；梅贻琦倡导"自强不息，厚德载物"，成就了清华的辉煌；张伯苓宣布的"允公允能，日新月异"南开校训，蕴含着不断进取的精神。这些令人激动、意义深远的人与事，物与思，丰富着中华优秀文化的内涵和传统，影响了一代又一代学子。

一本好的学报，是一所高水平大学的重要标志之一，也是学校"文化软实力"的重要体现。"夫学报者，荟萃大学科研成果，传播学人研究心得也。刊曰学报，实奉学术为生命，抒创见卓识；冠以校名，确表学府之品牌，领翰墨风骚。学理昭昭悬日月，激扬文字涵古今；报道频频如青鸟，要言妙道贯中外。担当精神创造，为民族立脊，为社会导航；崇尚理论探讨，展百家著述，播万里书香。"㉙《澳门理工学报》的成功，有人比之为一段无法复制的孤独传奇。我不这么看，任何事情的发生，都有其必然的原因，有因才有果。换句话说，《澳门理工学报》这几年的迅速崛起，是注重天时、地利、人和三方面因素的积累，借鉴成功经验，抓住发展机遇取得的。《澳门理工学报》的做法，对学术期刊的转型、发展，仍然具有借鉴和启迪意义。

启示之一：开放自由的学术环境

澳门虽然是弹丸之地，但在中国近代西学东渐、东学西传的进程中发挥了重要的桥梁作用。1822 年葡萄牙人巴波沙（Paulino da Silva Barbosa）创办的葡文周报《蜜蜂华报》（*A Abelha da China*），是澳门历史上的第一份报纸，也是中国境内出版的第一份近代外文报纸。1833 年基督教传教士马礼逊创办的中文期刊《杂闻篇》，是澳门历史上第一份中文期刊，也是中国境内出版的第一份近代化的中文期刊。虽然大部分内容是宣扬基督教信仰的，但第 2 期刊登的《外国书论》最早介绍了西方活字印刷术和西方报业，并引入"新闻纸"的概念。1893 年，澳门土生葡人飞南第（Francisco H. Fernandes）创办了中文报纸《镜海丛报》。《镜海丛报》原以"振兴商务，扩充智识"，沟通"官绅议论、交涉事宜"为宗旨。创刊不久，甲午战争爆发，其言论也随之注目于救亡图存。"值得注意的是《镜海丛报》还留存了有关维新运动的史料，其中以有关'公车上书'和强学会的记录最为可贵。"㉕《镜海丛报》不仅在广州、杭州、长沙、上海、北京等国内城市发行，还远销里斯本、东南亚及旧金山等地。1897 年，康有为、梁启超、康广仁等人在澳门创办了《知新报》，旨在宣传变法、开启民智，是维新派在华南地区的喉舌。1900 年 3 月改用白话文出版，是中国较早采用白话文出版的报刊。因此，澳门被称之西式近代报刊在中国发展的一个源头，成为"近代中国新闻事业的发祥地"。㉖

1986 年澳门社会科学学会成立，并出版了学报《濠镜》，填补了澳门社会科学期刊的空白。此后，《文化杂志》、《澳门研究》、《行政》、《澳门经济》、《澳门写作学刊》、《法域纵横》、《澳门理工学报》、《中西文化研究》、《澳门历史研究》、《澳门博彩》、《九鼎》、《澳门科技大学学报》、《南国学术》等期刊相继问世。有学者认为，若以人口和土地面积计算，澳门可能是世界上学术期刊密度最高的地区之一。

1999 年 12 月 20 日澳门回归以来，"特区政府对人文社会科学的发展给予了高度的重视和支持，高等学府以及民间研究机构、学术社团以多种形式积极开展学术活动，使得研究队伍不断壮大，研究领域不断扩展，研究内容不断深化，研究水平不断提高……从而催生了一大批有深度、有分量、有说服力和影响力的人文社会科学研究成果"。㉗特别要指出的是，澳门社团数量达 3000 多个，属于人文及社会科学领域的学术社团（或称学会、协会）共计 129 个。㉘这些组织不仅出版学术著作，而且还创办学术期刊。澳门学者完全享有言论自由、结社自由、出版自由和学术自由，这些权利受法律（尤其是《中华人民共和国澳门特别行政区基本法》）的保护。开放自由的学术生态环境，为《澳门理工学报》的迅速崛起、转型发展提供了较好的区位条件。

启示之二：海纳百川的文化特质

澳门理工学院有着鲜明的办学理念："我们崇尚'海纳百川'，是要张扬一种胸怀宽广、兼容并蓄的大学精神，是要倡导一种沟通对话、和而不同的多元文化。作为一名教育工作者，需要修炼这种大海的胸襟，民族大义，家国情怀，教书育人，传承学术，开门办刊，开拓创新，有容乃大。澳门理工学院建院二十多年的风雨历程，正是秉承着这种精神，这种信念，兼容并蓄，一路走来。"㉙正是这种"海纳百川"成就了澳门理工学院开放包容、和睦相处的文化特质，也成就了《澳门理工学报》学术追求、学术担当的办刊理念。澳门理工学院理事会（最高决策机构）对学报的重要性有着清醒的认识，并给予高度的重视。院长、副院长不仅亲自担任学报编委会的主任、副主任，而且还慧眼识珠引进了刘泽生教授，并在人员配备及办刊条件等方面给予强有力的支持与关怀。这对办好一份高层次的学术期刊，是一种非常重要的基础保障与精神支撑。

启示之三：人脉丰厚的期刊主编

古人云"文如其人"，我以为"刊如其人"。一本优秀的学术期刊，总是投映着主编的胆识魄力、学术理念、人文情怀、胸怀气度、操守格调，以及对学术公信力的执着追求。主编是期刊的一面旗帜，有什么样的主编就有什么样的期刊风格。刘泽生总编辑的才华和经验是毋庸置疑的。他长期在科研、教学与编辑第一线工作，先后主编过《港澳经济》、《广东社会科学》和《澳门理工学报》，并在总编辑（社长）岗位上工作达23年之久，历经沧桑，阅人无数，精通业务，沉稳老练。《澳门理工学报》编辑部既有学院自己培养的年轻编辑，也有从广州、北京学术期刊引进的知名总编和优秀编辑。这是一支富有专业经验、勇于开拓创新、具有国际视野、学风严谨、工作尽责尽力的编辑团队，其学养、学识与精诚合作的团队精神，决定了学报参与竞争的实力。其实，高手比到最后，比的是自我。变革的时代，只有改变自己，才能如吹沙见金般地显现出英雄的本色。这个时代并未失去它的精彩，它依然值得我们睁大眼睛，屏住呼吸，去领受一闪一闪的惊奇。

刘泽生总编辑是一位从事港澳研究的资深教授，因为做了编辑而成了社会活动家，出入于高等学府，游走于会议论坛，与专家学者对话，与青年才俊切磋，广交新朋友，不忘老朋友，"投我以木桃，报之以琼瑶"。他把学识和美的感受融到了一起，《澳门理工学报》封面的形与神、意与境，"港澳研究"、"总编视角"主持人语的敏锐与深切、意象与情思，都散发着人文的光泽和智慧。他把对学术的厚爱，生命的眷恋，全都倾注在了一篇篇论文的推敲之中。从某种程度上说，《澳门理工学报》就是他的命，那里有他的血汗，有他的激情，有他的智慧，有他的痛苦！"落红不是无情物，化作春泥更护花"，这是他的追求，也是他的宿命！在这个老将纷纷离去，新人不断出现的期刊界，刘泽生却依然固守着那一本期刊、那一方天地，也守住了时代的尊严、学术的尊严。

启示之四：兼容并蓄的专家团队

荀子在《劝学》中说："登高而招，臂非加长也，而见者远；顺风而呼，声非加疾也，而闻者彰；假舆马者，非利足也，而致千里；假舟楫者，非能水也,而绝江河。君子生非异也,善假于物也。"补短板,要善于借助外力,有时候借助外部力量的催化作用可以实现乘数效应。《澳门理工学报》改版,就善于借用外力,并收到了很好的效果。这里主要包括两个方面的举措。一是成立了独特结构的编委会,成为期刊核心竞争力的重要组成部分。编委会成员一部分是来自澳门理工学院所属的六个高等学校和相关科研机构的专家学者,另一部分则是来自北京、上海、南京、广州等地的十多家著名学术期刊的主编,能把这么多个性各异、观点相左、思想激荡、经验老到的主编尽入囊中并为其出谋划策,这实在是需要一定的智慧和人脉的,在学术期刊界也许还是个特例。编委会不是充门面的摆设,而是一个具有实际运作功能的实体性组织,从内容策划、论文审读、撰写稿件,到学术研讨、数字化转型、品牌建设,都发挥了最强大脑的作用。二是组建了一个具有广泛代表性的审稿专家库,采用"同行评议"的办法对论文做发表前的学术价值鉴定。"公开发表的目的,是要让学术成果为同行所了解,供同行来评价,并给同行的新研究充当继承或超越的对象,从而形成一个知识和思想生产的良性循环。"㉙因此,论文发表前的审稿就显得尤为重要。为保证专家的"自律性",客观鉴别论文的质量,规范学术行为,《澳门理工学报》实行了匿名审稿制度,在制度上确保审稿过程的客观、公平、公正,并郑重承诺尊重和保护审稿专家、作者及稿件的私密权。

启示之五:国际视野的发展方向

澳门"多元文化"的优势,澳门理工学院"面向世界"的理念,《澳门理工学报》特殊的作者群体(来自内地、台港澳和欧美海外)和读者群体,都昭示着《澳门理工学报》应该办成国际化的学术期刊,应该成为中国人文社会科学学术期刊"走出去"的先行者。事实上,《澳门理工学报》改版以来策划的"'蒋介石与近代中国'笔谈"、"'全球史'笔谈"、"'孙中山研究'笔谈"等专题,就做了很好的尝试。

学术期刊国际化的内容通常被学界分为两类:实质性的内容包括稿件来源国际化、论文水平国际化、学术传播国际化;非实质性内容包括编委成员国际化、审稿专家国际化、出版语言国际化。不能简单地认为,刊物出个英文版就是国际化,注释规范就是国际化,匿名审稿就是国际化。学术期刊国际化并不是全盘西化。正如刘泽生总编辑在"主持人语"中所说:"作为学术期刊国际化的最本质特征应该是学术论文的国际化,也即所刊载的学术论文应该是所在领域前沿性的原创性论文,尽可能少用或不用低水平的平庸之作。"⑨《澳门理工学报》稿件来源虽然国际化了，但"论文水平国际化"、"学术传播国际化"还需要走很长的路。如何提升国际化的水平？有三点值得注意：一是在秉持"中国立场"、创新"中国视域"、总结"中国经验"的同时，又要学习与借鉴西方先进的学术话语与叙事方法；二是要寻找中外作者共同关心的话题，在学报这个学术平台上平等地对话与交流；三是要利用好澳门这个"特别行政区"的区位优势，探索、提炼和锻造公共学术话题，应该积极介入到一些重大问题的讨论中，提出的话题越多，拥有的话语权越多，刊物的影响力就越大。总之，拿来主义的国际化，排外主义的本土化，都会成为学报发展的障碍。

在本文结束之前，借用李向玉院长的一段话与学报诸君共勉："海纳百川"既是一种追求，一种修养，也是一种精神，一种境界。为人处世，治学办刊，莫不如此。《澳门理工学报》要在海内外学报之林中奠定自己的学术地位，就要有博采众家之所长、兼容并蓄之雅量。㉒

---

① 张耀铭：《学术期刊肩负的使命和职责》，澳门：《澳门理工学报》2012 年第 3 期。

② 李向玉：《一瓣心香——写在〈澳门理工学报〉改版之际》，澳门：《澳门理工学报》2011 年第 4 期。

③ 李长森：《〈澳门理工学报〉创办往事》，澳门：《澳门理工学报》2012 年第 3 期。

④ 李建军：《一个人与一份杂志》，南宁：《南方文坛》2014 年第 3 期。

⑤ 刘泽生：《华文学术期刊的几点思考——以〈澳门理工学报〉为例》，见李向玉主编《总编视角：华文学术期刊发展趋势国际研讨会论文集》，北京：社会科学文献出版社，2016，第 115 页。

⑥ 刘泽生：《港澳研究·主持人语》，澳门：《澳门理工学报》2011 年第 4 期。

⑦ 王五一：《旅游博彩·主持人语》，澳门：《澳门理工学报》2011 年第 4 期。

⑧ 张西平：《中西文化·主持人语》，澳门：《澳门理工学报》2012 年第 2 期。

⑨ 本刊编辑部：《走一条不为时风所动的厚重办刊之路》，济南：《文史哲》2011 年第 6 期。

⑩ 刘泽生：《总编视角·主持人语》，澳门：《澳门理工学报》2011 年第 4 期。

⑪ 参见朱剑《专题化发展：综合性期刊专业化转型之外的另一出路》，澳门：《澳门理工学报》2012 年第 3 期。

⑫ 参见陈红民《蒋介石研究：做什么？怎么做？》，澳门：《澳门理工学报》2014 年第 1 期。

⑬ 川岛真：《蒋介石研究的新阶段》，澳门：《澳门理工学报》2014 年第 1 期。

⑭严复:《〈原富〉按语》第58节,见王栻主编《严复集》第4册,北京:中华书局,1986,第885页。

⑮梁启超:《学与术》,《国风报》1911年第15期(6月26日),署名"沧江",后收入《饮冰室合集》文集二十五。

⑯刘梦溪:《中国现代学术要略》,北京:三联书店,2008,第6页。

⑰中国社会科学院语言研究所词典编辑室编《现代汉语词典》(第6版),北京:商务印书馆,2014,第1479页。

⑱任继愈:《谈学术文章的写作》,《任继愈学术文化随笔》,北京:中国青年出版社,1996,第217~218页。

⑲李醒民:《学术断然拒绝平庸》,北京:《自然辩证法通讯》2010年第4期。

⑳李向玉:《我们的精神家园——献给〈澳门理工学报〉创刊五十期》,澳门:《澳门理工学报》2013年第2期。

㉑贺麟:《五伦观念的新检讨》,昆明:《战国策》1940年第3期。

㉒邹韬奋:《几个原则》,见《韬奋文集》第3卷,北京:三联书店,1978,第79~90页。

㉓刘泽生:《总编视角·主持人语》,澳门:《澳门理工学报》2015年第1期。

㉔龙协涛:《学报赋》,北京:《北京行政学院学报》2009年第3期。

㉕汤志钧:《甲午战后的〈镜海丛报〉》,北京:《近代史研究》2000年第4期。

㉖姜义华:《镜海丛报·序》,见《镜海丛报》(影印本),澳门:澳门基金会/上海:上海社会科学院出版社,2000。

㉗吴志良:《澳门社会科学期刊的历史与现状》,澳门:《行政》2008年第4期。

㉘参见邓玉华《探讨澳门人文及社会科学学术社团的社会功能》,见程祥徽主编《澳门人文社会科学:回顾与前瞻》(首届澳门人文社会科学大会论文集),澳门:澳门基金会,2007,第127页。

㉙李向玉:《海纳百川 办好学报》,澳门:《澳门理工学报》2012年第3期。

㉚李剑鸣:《自律的学术共同体与合理的学术评价》,北京:《清华大学学报》2014年第4期。

㉛刘泽生:《总编视角·主持人语》,澳门:《澳门理工学报》2012年第4期。

㉜李向玉:《海纳百川 办好学报》,澳门:《澳门理工学报》2012年第3期。

作者简介:张耀铭,《新华文摘》原总编辑、编审。

[责任编辑:刘萱]

(本文原刊《清华大学学报》2017年第2期)

文章索引

后　记

《澳门理工学报》（人文社会科学版）是澳门理工学院主办的综合性人文社会科学学术理论刊物，1998 年创刊，今年刚好迎来了她创刊二十周年、改版八周年的纪念。在这个特别的时刻，精选改版以来的部分专栏文章结集出版，是一件很有意义的事情。

创刊二十年来，《澳门理工学报》得到海内外学术界和社会各界的精心呵护和鼎力支持，我们一直铭记在心。根据学院理事会的批示，本次丛书共出版六卷，其中包括"名家专论"一卷、"港澳研究"两卷、"总编视角"两卷、"中西文化"一卷。为了此次丛书的编辑出版，各卷文集的原作者给予了积极的配合，认真进行了新的校订工作，确保了文集的学术质量。社会科学文献出版社也给予了充分的合作，出色地完成了相关的编辑出版任务。值此文集即将出版之际，谨向为此付出辛劳的专家学者以及支持、关心丛书出版的各界朋友致以深深的敬意。

本卷是丛书的"名家专论"（2011 - 2017）卷。参加本卷具体编辑工作的有《澳门理工学报》编辑部的刘泽生、陈志雄、桑海、陈凤娟、李俏红等；社会科学文献出版社首席编辑徐思彦女士及本书编辑宋荣欣、邵璐璐做了大量的工作，在此一并致以衷心的感谢。

刘泽生

2018 年 3 月 1 日

图书在版编目（CIP）数据

名家专论：《澳门理工学报》专栏文萃：2011～
2017／李向玉，刘泽生主编． -- 北京：社会科学文献
出版社，2018.4
　（澳门理工学报丛书）
　ISBN 978-7-5201-1498-1

　Ⅰ.①名…　Ⅱ.①李…②刘…　Ⅲ.①社会科学-文
集　Ⅳ.①C53

　中国版本图书馆 CIP 数据核字（2017）第 240102 号

澳门理工学报丛书

名家专论
——《澳门理工学报》专栏文萃（2011～2017）

主　　编／李向玉　刘泽生

出 版 人／谢寿光
项目统筹／宋荣欣
责任编辑／邵璐璐　孔　军

出　　版／社会科学文献出版社·近代史编辑室（010）59367256
　　　　　地址：北京市北三环中路甲 29 号院华龙大厦　邮编：100029
　　　　　网址：www.ssap.com.cn
发　　行／市场营销中心（010）59367081　59367018
印　　装／三河市东方印刷有限公司

规　　格／开　本：787mm×1092mm　1/16
　　　　　印　张：40.5　插页：0.75　字　数：669 千字
版　　次／2018 年 4 月第 1 版　2018 年 4 月第 1 次印刷
书　　号／ISBN 978-7-5201-1498-1
定　　价／168.00 元